# GÉNÉRAL TROCHU

# ŒUVRES POSTHUMES

TOME I

LE SIÈGE DE PARIS

ŒUVRE POSTHUME ÉCRITE DE 1878 A 1890

TOURS
ALFRED MAME ET FILS, ÉDITEURS

1896

Tous droits réservés

# LE
# SIÈGE DE PARIS

PROPRIÉTÉ DES ÉDITEURS

# GÉNÉRAL TROCHU

# ŒUVRES POSTHUMES

TOME I

## LE SIÈGE DE PARIS

ŒUVRE POSTHUME ÉCRITE DE 1878 A 1890

> Dans ces temps, le plus grand bonheur qui puisse échoir à un honnête serviteur du pays, c'est d'être inconnu; le plus grand honneur, d'être méconnu.

TOURS

ALFRED MAME ET FILS, ÉDITEURS

1896

Tous droits réservés

*Parmi les nombreux volumes de Mémoires publiés dans ces dernières années, les* Œuvres posthumes du général Trochu *offrent un intérêt exceptionnel par les problèmes politiques qu'ils s'efforcent d'éclaircir.*

*Le premier volume est consacré tout entier au* Siège de Paris.

*Dans le second, qui a pour titre :* la Société, l'État, l'Armée, *le général Trochu livre aux méditations de ses contemporains les pensées qui lui ont été suggérées par une longue et laborieuse carrière. Il y discute de l'avenir de la France et des moyens à mettre en œuvre pour sa prospérité future. L'auteur a joint à ce volume plusieurs récits d'un caractère anecdotique, qui lui semblaient avoir quelque valeur pour l'histoire.*

*Dans son livre sur le* Siège de Paris, *le général a tenu à mettre sous les yeux du public des documents irréfutables destinés à établir les responsabilités et à assurer sa propre justification. C'est le suprême témoignage déposé au tribunal de l'histoire par l'acteur principal du plus terrible drame des temps modernes.*

*On comprendra qu'une œuvre de cette nature ne pouvait conserver toute sa valeur qu'en révélant la vérité tout entière sans souci des amitiés particulières et des susceptibilités personnelles.*

*Cette œuvre, les éditeurs en ont entrepris la publication en raison de vieilles relations d'amitié et d'une estime qu'ils n'ont jamais cessé d'avoir pour l'ancien gouverneur de Paris. Mais il est bien entendu qu'ils laissent à l'auteur toute la responsabilité de ses jugements et de ses opinions.*

*Le général Trochu a écrit ces souvenirs à un âge où l'âme se détache des intérêts du monde et songe à des intérêts plus hauts; il les a écrits, ce sont ses propres paroles, « dans un esprit de justice et de bonne foi, » parce qu'il jugeait utile de substituer les réalités de l'histoire aux travestissements de la légende.*

*Il les soumet à son pays et à la postérité.*

*C'est à eux qu'il appartient de prononcer le définitif jugement.*

LES ÉDITEURS

*Tours, le 23 octobre 1896.*

# AVANT-PROPOS

Les officiers qui ont vécu dans mon intimité militaire au siège de Paris, moins philosophes que moi devant les jugements passionnés qui en ont fait la légende, m'ont supplié pendant des années d'en écrire l'histoire. Mais dès les premiers temps de ma retraite, j'avais commencé une étude de philosophie contemporaine où je me proposais d'exposer les convictions d'ordre social, politique et militaire dont m'ont pénétré les expériences et les enseignements de ma vie. Je n'y travaillais que très lentement, à mes heures, et ce premier livre : *la Société, l'État, l'Armée,* n'était pas terminé, quand les pressantes instances du général Schmitz, ancien chef d'état-major général de l'armée de Paris, m'ont décidé à en écrire un second : *le Siège de Paris.*

Dans cette autre étude j'ai fait, avec des retours et des commentaires sur les événements du passé, le récit détaillé de ceux qui ont précédé, accompagné et suivi le siège de Paris, en expliquant leurs causes et en analysant leurs effets.

D'année en année, d'une main devenue incertaine, j'ai poursuivi ma double entreprise souvent et longuement interrompue, ce qui m'a permis d'introduire dans l'un et l'autre ouvrage les réflexions que me suggéraient les événements qui ont fait suite à ceux que j'avais vus autrefois.

Quand, laborieusement en raison de mon grand âge, j'ai relu ces deux manuscrits dont l'un, — *le Siège de Paris,* — est très étendu, j'ai pu reconnaître qu'ils contenaient des incorrections, des longueurs, des répétitions, qu'enfin un grand travail de revision et de refonte était nécessaire.

Je n'en ai pas eu le courage, et je n'en avais plus la force.

Ainsi ces pages, si elles paraissent un jour, paraîtront comme elles sont. Je les ai écrites avec tant de sincérité, avec un détachement si ancien et si profond de tout ce que le monde peut donner ou refuser, que je ne me trouve aucun intérêt à faire mieux que je n'ai su faire de première intention, en me laissant entraîner par le torrent de mes souvenirs et des impressions qu'ils m'ont laissées.

Général T<small>ROCHU</small>.

# LE SIÈGE DE PARIS

## INTRODUCTION

Tout le monde a parlé du siège de Paris, tout le monde en a écrit. Plusieurs en ont fait l'histoire militaire, politique, anecdotique, où sont exposés les événements avec leurs causes et avec leurs effets, dans des récits qui me font penser, parler, agir.

De ces orateurs, de ces historiens, de ces journalistes, *pas un* n'a eu la pensée, qui semblait naturelle, équitable, nécessaire, de m'interroger. Pas un, par conséquent, n'a eu le scrupule de la recherche de la vérité par les seuls moyens qui soient pour la trouver : « l'examen contradictoire et la pondération des témoignages, » en commençant, au moins en finissant, par ceux qu'aurait produits l'homme à qui échut le douloureux et périlleux honneur d'avoir la direction, par conséquent la responsabilité dans ce grand drame.

Aux divers représentants des partis politiques qui l'ont raconté, si j'avais offert les informations et les preuves que spécialement, je pense, j'étais en mesure de leur fournir, tous auraient pu me répondre que « leur siège était fait ».

Il l'était effectivement, sur des données pleines d'erreurs volontaires ou involontaires qui dénaturaient les intentions, les actes et les faits, soit pour exalter, soit pour accabler les partis et les personnes qui leur étaient ou qu'on leur supposait affiliées.

J'entreprends aujourd'hui de faire à la réalité sa place au milieu de l'explosion de colères, d'accusations, de récriminations, d'injures, de louanges, d'applaudissements, de glorifications, qui se croisent et se heurtent autour de ce procès si disputé. Est-il vraisemblable, est-il possible qu'y étant si directement intéressé, j'aie assez de détachement de moi-même, assez d'impartialité, de sereine et ferme philosophie, pour aller à mon but sans céder jamais aux entraînements de l'apologie personnelle, dans un récit où, résolu à ne dire que les choses que je sais pour les avoir vues ou pour les avoir faites, je serai presque toujours en scène et toujours en cause?

Beaucoup en douteront et je leur pardonnerai sans peine de n'avoir de mon caractère qu'une si mince opinion. Pourtant ils se tromperont, et je veux exposer ici, à ceux qui seraient à cet égard sans parti pris, les raisons très diverses, solides aussi je pense, que j'ai de croire en toute bonne foi à mon désintéressement d'historiographe du siège de Paris et d'oser l'affirmer.

Je dirai d'abord que mon récit ne devra être imprimé et publié qu'après ma mort, c'est-à-dire après que, sorti pour toujours du monde où s'agitent les passions et les préjugés que je vais combattre, je serai en présence du Juge souverain à qui, toute ma vie, j'ai cru fermement. Ainsi, quand ce livre sera lu, je n'aurai ni le souci des injures, ni le bénéfice des louanges. J'échappe par conséquent au soupçon d'avoir voulu, en l'écrivant, m'épargner les unes et m'attirer les autres. Je mériterais d'ailleurs les railleries de tous, si je prétendais à laisser une mémoire, et personne, je pense, n'imaginera que j'aie la sottise de chercher ici des attitudes pour la postérité. Il me suffit de compter, et j'y compte, sur le souvenir de quelques-uns de mes contemporains qui ont pénétré dans ma vie publique et dans ma vie privée, qui ont honoré l'une et l'autre de leur estime et m'en donnent encore dans mon obscure retraite, avec une fidélité dont je sens le prix, de touchantes preuves.

Je dirai encore que, de mon caractère outragé, de mes efforts diffamés par les colères politiques ou par les haines personnelles, je n'ai gardé aucune amertume, presque aucun souvenir. Mon âge, et le sentiment profond que j'ai de ce que sont les grandeurs et les abaissements que fait le monde d'où je vais disparaître, suffiraient à expliquer cet état d'apaisement absolu de mon esprit. Pourrait-on d'ailleurs citer, parmi les Français à qui les événements de ces cinquante dernières années ont fait un rôle dans la direction des affaires publiques, un seul qui n'ait été, à son heure, voué à l'insulte et au décri alternant avec la notoriété brillante et applaudie? Ce n'est pas, dans notre pays, affaire de mérite ou de démérite. C'est affaire de révolution, ou seulement d'évolution politique.

Le parti qui arrive au pouvoir n'a pas de soin plus pressant que de chercher des criminels parmi ses adversaires vaincus, de faire des héros parmi ses amis victorieux, quelquefois des idoles à qui on dresse des autels et qui ont un culte. C'est une église nouvelle, avec un cléricalisme nouveau, dont le caractère particulier est l'intolérance. Et puis, le parti exhume ses morts depuis longtemps oubliés, bien souvent connus de lui seul. Les solennités populaires autour des monuments commémoratifs, autour des bustes de bronze et des statues de marbre, consacrent son triomphe et lui apparaissent comme des gages de sa durée! Aujourd'hui ce vain et puéril dérèglement des passions politiques, qui est l'une des marques historiques de la décadence, se montre à la fois dans l'État et dans les mœurs. C'est que, depuis moins d'un siècle, il n'est pas une génération française qui n'ait, au moins une fois, en matière de gouvernement, brûlé ce qu'elle avait adoré et adoré ce qu'elle avait brûlé, chacun de ces orages politiques emportant une part de la paix des esprits et de la dignité des caractères.

Ces violentes contradictions de l'opinion tourmentée par une presse qui n'est jamais impartiale, qui est rarement respectable, qui est quelquefois vénale, ne sont-elles pas faites pour guérir les hommes publics des illusions de la faveur, pour les libérer du souci de la défaveur? Ne sont-ils pas autorisés par les comparaisons qu'ils peuvent faire tous les jours, à se demander où est le pire pour eux en ces temps-ci, d'être célébrés ou d'être décriés? Pour avoir l'une ou l'autre fortune devant le pays, il suffit de rencontrer dans les dessous d'un journal en vogue un compère ou un ennemi.

Je dirai enfin que toutes les observations, toutes les expériences de ma carrière m'avaient préparé aux épreuves qui devaient en marquer la fin. De ces expériences, celles qui avaient le plus vivement frappé mon esprit résultaient de l'étude que j'avais faite, attentivement et continuellement, de la destinée que la Providence semble réserver de parti pris aux hommes qui, supérieurs aux calculs de l'intérêt personnel, se dévouent librement pour le salut commun dans les crises où il paraît désespéré. Les noms et l'histoire de ces victimes de l'esprit de sacrifice se heurtent dans mes souvenirs aux noms et à l'histoire des habiles et des audacieux, en nombre infini, dont on pourrait dire que, sur la scène militaire comme sur la scène politique, *ils jouent les travestis,* ne tombant jamais sous les coups des événements que pour s'élever plus haut après les événements, conquérant la notoriété, quelquefois l'illustration et revivant après leur mort dans les annales du pays ! De ceux-ci, — les laissant à leurs gloires, — je ne dirai rien. De ceux-là, je dirai brièvement ce qu'ils ont voulu et ce qu'ils ont fait, encore moins pour affirmer ma thèse, que pour rendre à ces dignes mémoires, pour rendre à la justice et à la vérité méconnues, l'hommage que je leur dois. Ce sera une page d'histoire rétrospective.

### Le général Bedeau
### et la révolution de février 1848.

Il était l'un des plus jeunes, des plus instruits, des plus sérieux, des plus considérables officiers généraux que la guerre de la conquête eût donnés à l'armée d'Afrique. Divisionnaire renommé, commandant la province de Constantine, il se rendait en Bretagne dans sa famille en vertu d'un congé qui le libérait des obligations du service militaire, quand, traversant Paris, il vit éclater l'orage de 1848.

C'était le 24 février. Le maréchal Bugeaud, dont j'étais le premier aide de camp, mandé dans la nuit aux Tuileries, où je l'avais suivi, improvisait au milieu de la plus extraordinaire confusion, avec des renseignements contradictoires, entouré de généraux ahuris par la soudaineté et la grandeur des événements, la bataille qu'il avait décidée. J'écrivais ses ordres sous sa dictée, quand un officier général, en uniforme de l'armée d'Afrique, pénétra jusqu'à lui :

« Monsieur le maréchal, — lui dit-il avec simplicité, — « j'apprends les périls de la situation et je viens vous offrir

« mes services dans la pensée que vous voudrez bien conti-
« nuer à l'un de vos anciens lieutenants la confiance dont
« vous l'avez toujours honoré dans des temps plus heu-
« reux[1]. »

Le maréchal, profondément ému, ouvrit ses bras au général Bedeau, le remercia avec effusion et lui donna, séance tenante, le commandement de la colonne principale qui, débouchant par la rue Richelieu sur les boulevards, devait les remonter jusqu'à la place de la Bastille.

Cette colonne, comme celle du général de Saint-Arnaud qui, lui aussi, avait offert son concours au maréchal (marchant, par les quais de la rive droite, vers l'Hôtel de ville), comme toutes les troupes mises en mouvement par le nouveau commandant en chef, sous l'influence de ses fermes habitudes d'initiative militaire, emportait des ordres d'exécution (ordres écrits) du caractère le plus énergiquement précis. Les fusils de l'infanterie devaient être chargés à deux balles (souvenir de la guerre des rues qu'il avait faite au siège de Saragosse, 1808-1809), et la troupe, partout où elle rencontrerait des barricades ou des groupes armés, devait agir avec la plus grande vigueur, dans des conditions et par des moyens que les ordres résumaient. Mais l'état de liberté d'esprit et de commandement qu'avait le maréchal au moment où, avec cette fermeté de vues, il préparait la répression, ne devait pas durer longtemps.

Immédiatement après le départ des troupes, des membres du nouveau ministère, amenés par M. Thiers, des personnages politiques, des députés de l'opposition, dont quelques-uns, comme M. Odilon Barrot, paraissaient et se croyaient

---

[1] Ces paroles, restées profondément gravées dans mon souvenir, sont textuelles.

en mesure d'exercer une sérieuse influence sur le cours des événements, se succédèrent auprès du maréchal. Dans des discussions où, retenu par mes devoirs militaires, je n'assistai que par moments, dont par conséquent je ne puis entièrement préciser les termes, ils soutinrent et firent adopter l'opinion :

*Qu'on n'avait pas à combattre une tentative de révolution; qu'il ne s'agissait que d'une violente surexcitation de l'esprit public due à l'ignorance où était la population des mesures libérales qui venaient de prévaloir dans les conseils du nouveau gouvernement, due spécialement à la faute qu'on avait commise de ne pas convoquer, pour le maintien de l'ordre, la garde nationale, à laquelle, depuis le commencement de la crise, on avait semblé montrer la défiance la plus impolitique et la moins justifiée; qu'avant de verser des flots de sang, comme le maréchal y paraissait résolu, il fallait dissiper le malentendu origine de l'irritation populaire; que le plus sûr moyen de le dissiper était d'appeler sous les armes la garde nationale, à qui on donnerait pour commandant en chef le plus autorisé des généraux du temps et le mieux vu de tous les partis, le général La Moricière; qu'elle s'interposerait entre la troupe et les foules à qui elle ferait connaître la composition et les résolutions du nouveau ministère, effort que M. Odilon Barrot, à cheval à côté du général*[1], *appuierait de son influence politique, de sa popularité, et d'où sortirait l'apaisement.*

---

[1] Je les vis partir tous les deux dans l'appareil le moins fait pour impressionner les Parisiens en train de révolution. Par-dessus son pantalon gris à carreaux, le général de La Moricière, venu aux Tuileries en habits de ville (ne sachant pas pourquoi il y était appelé), avait revêtu à la hâte la tunique d'uniforme du général Jacqueminot, logé aux Tuileries et très malade, qu'il remplaçait dans le commandement de la garde nationale, avec les épaulettes d'argent, la ceinture et le reste. Ils furent reçus par des huées !

J'expose la situation sans m'arrêter à la discussion de ces espérances et de ces vues, me bornant à dire que, venant à cette heure, elles étaient certainement la préface de la révolution. Le maréchal en eut le sentiment et il l'exprima; mais enfin, ne croyant pas devoir assumer seul les responsabilités de la bataille qu'il avait préparée, il céda, et de nouveaux ordres en état de contraste frappant, de contradiction devrais-je dire, avec ceux qu'avaient emportés les troupes leur furent expédiés. Ils énonçaient le but des dispositions qui venaient d'être arrêtées, et que *les généraux devaient faire connaître autour d'eux*. En attendant qu'elles pussent se réaliser par l'intervention de la garde nationale, les troupes ne s'engageraient qu'autant qu'elles seraient attaquées. Avec ces instructions, communes à tous les commandants des troupes, le général Bedeau avait l'ordre de se replier sur la place de la Concorde, le général de Saint-Arnaud de s'établir à l'Hôtel de ville.

Cette volte-face, dans les circonstances très critiques où les généraux et les troupes allaient en recevoir l'avis, devait inévitablement achever l'impuissance des généraux et la démoralisation des troupes, en exaltant l'audace des meneurs qui poussaient les masses.

La colonne du général Bedeau, parvenue aux environs de la porte Saint-Martin, ne pouvait plus avancer. Débordée, enveloppée par des foules innombrables qui ne montraient ni armes, ni dispositions à l'agression, mais surexcitées, houleuses et d'où partaient les cris incessants de : *Vive la réforme! Vive la ligne!* elle s'était arrêtée, ne pouvant plus communiquer avec le quartier général par des officiers à cheval.

Le général, dans un billet apporté aux Tuileries par un négociant du boulevard Bonne-Nouvelle, M. Fauvelle-Deleburre, avait informé le maréchal de cette situation. Ce fut par le même messager très sûr qu'il reçut les nouveaux ordres en vertu desquels, parlant autant qu'il le put à la multitude, il l'informa des résolutions d'apaisement arrêtées par le gouvernement et commença à se replier sur la place de la Concorde. Ses troupes s'allongeaient indéfiniment derrière lui, ne communiquant plus avec lui que par leurs premiers bataillons, dans un état de dépression morale et de désarroi matériel qu'aucune force humaine en un tel moment n'aurait pu, je l'affirme, dominer. La colonne, coupée en vingt endroits, pénétrée par les plus entreprenants, à qui les soldats acclamés exprimaient, en mettant d'eux-mêmes la crosse en l'air, qu'ils ne devaient pas se servir de leurs armes, arriva dans ce désordre révolutionnaire sur la place de la Concorde, où la révolution pénétrait réellement avec ces troupes désormais perdues.

Le spectacle en fut écœurant pour les habitants de ces quartiers paisibles, qui étaient là accumulés en curieux, et encore plus pour les régiments de cavalerie de Paris et de Versailles, non employés, qui bordaient en bataille les quais de la Seine dans l'attitude la plus calme, dans le devoir, ne sachant rien des événements qui venaient de s'accomplir dans le centre de Paris. Les uns et les autres jugèrent, sans appel, le général par l'état de ses troupes. Il fut dit qu'il avait harangué la foule sur le boulevard, qu'il avait ordonné à ses soldats de mettre la crosse en l'air, qu'il leur avait permis de fraterniser avec la révolution!

C'est de la place de la Concorde que sont originaires les commencements de la légende qui devait accabler le général Bedeau et empoisonner le reste de sa vie. D'autres événements allaient suivre qui devaient la confirmer, la compléter, lui donner, aux yeux de ceux qui jugent avec leurs passions sur les apparences, la force de la vérité historique. Ainsi, entre un poste de la garde municipale stationné à l'entrée des Champs-Élysées et sans doute quelques-uns des meneurs qui avaient pénétré la colonne et marché avec elle, une fusillade éclata. Il fut dit par complément que le général, — qui, pour la faire cesser, avait joué là sa vie, — avait pactisé avec les révolutionnaires jusqu'au point de les laisser libres d'assaillir l'armée sous ses yeux et sous les yeux de ses soldats !

Immédiatement après la révolution accomplie, j'eus l'occasion de voir le général Bedeau, que le gouvernement provisoire pressait de prendre le commandement de la 1$^{re}$ division militaire et de Paris. Comme je lui montrais les périls, certains pour lui, de cette investiture qui semblerait bien plus politique que militaire après les terribles événements où on lui avait fait un rôle si douloureux :

« Oui, — me dit-il, avec la simplicité que je lui avais
« vue la veille quand il était venu offrir son concours au
« maréchal, — c'est un sacrifice, je le ferai. Il y a dans
« Paris quarante mille hommes de l'armée, errants, en
« grande partie désarmés, démoralisés, perdus, au moment
« où la guerre extérieure semble inévitable. C'est le com-
« mencement d'une débandade militaire pleine de périls
« pour le pays. Je veux l'arrêter, reconstituer l'armée de
« Paris et me vouer à cet effort en courant tous ses risques.
« Si les hommes ne m'en tiennent pas compte aujourd'hui,
« Dieu me fera plus tard justice. »

Les hommes ne lui tinrent pas compte de cette succession d'actes de libre dévouement. Ils ne voulurent pas les reconnaître, et les conservateurs de ce temps-là, dont les principes avaient été toute sa vie les siens, l'accablèrent de sévices impitoyables. Ils suspectèrent le courage de cet officier général qui avait fait tant d'éclatantes preuves devant l'ennemi, ses intentions, que garantissait une moralité supérieure inspirée par de fermes sentiments religieux. Beaucoup l'accusèrent de trahison et d'apostasie politique, il fut insulté et raillé. Des années d'exil après le coup d'État napoléonien, la maladie et la mort dans l'isolement d'une retraite où il connut toutes les amertumes de l'abandon, achevèrent ses épreuves. Mais entre toutes, celle qui dut le blesser le plus profondément, parce qu'aucune ne violentait plus l'équité, ce fut le coup qu'il reçut du maréchal Bugeaud lui-même.

Les conservateurs, peu après les événements consommés, voulurent faire de cet illustre représentant de l'armée et des idées conservatrices le *Président de la nouvelle république*, honneur qu'il ne déclina pas, bien que, eu égard à son passé, ce projet eût le caractère d'un contresens politique. Ils eurent plusieurs réunions, où quelques scrupuleux élevèrent contre lui l'objection de l'ordre de neutralité et de retraite donné aux troupes le 24 février et demandèrent qu'il y répondît publiquement. Ce fut alors que le maréchal concerta avec ses amis politiques une lettre adressée à M. de Lavergne pour l'explication justificative de son rôle dans les journées de février. Publiée par tous les journaux du temps, elle rejetait sur le général Bedeau, timidement et avec des réticences embarrassées, une part des responsabilités de la journée du 24 février. Elle le mettait seul en cause pour sa retraite par les boulevards et pour les conséquences de cette retraite. Elle ne disait mot de la marche par les quais de la rive droite (marche désastreuse mais moins ébruitée) du général de Saint-Arnaud, qui, à la préfecture de police et sur la place de l'Hôtel-de-Ville, avait dû subir, avec ses troupes et personnellement, une destinée autrement accablante !

La vérité, c'est que ce jour-là tous les généraux engagés au milieu des foules furent les victimes de l'effarement universel, de la force et de la soudaineté des événements qui se précipitaient, de l'incertitude du ministère nommé quelques heures avant l'explosion, expressément de la contradiction des ordres dont ils étaient les exécuteurs.

Aucun lien ne m'unissait au général Bedeau. J'étais trop jeune en 1848, trop au-dessous de lui dans la hiérarchie, pour avoir une place parmi ses familiers. Je n'ai jamais servi sous ses ordres. Au récit des faits que je viens d'exposer et qui ont toujours pesé sur mes souvenirs, je n'ai d'autre intérêt que celui qu'inspirent le souci de la vérité et le sentiment de la justice. J'ai eu dans ces graves événements un rôle spécial, effectif, personnel, bien que très effacé. Je les ai vus naître au centre de la direction militaire qu'ils recevaient. J'ai écrit de ma main tous les ordres qu'ils motivaient. J'étais à la source des causes et j'ai pu leur comparer les effets pour la recherche de la vérité. Cent fois je l'ai dite dans d'autres temps pour honorer la personne du général Bedeau. Je l'écris aujourd'hui pour honorer sa mémoire et pour montrer que les exemples d'abnégation que je l'ai vu donner, rapprochés des aveugles sévices qu'ils lui ont valus, ont été pour moi un avertissement salutaire.

---

### Le général Eugène Cavaignac
### et le gouvernement de la deuxième république.

Élève distingué de l'École polytechnique, capitaine du génie, officier supérieur d'infanterie, le général Cavaignac avait à l'armée d'Afrique une notoriété considérable. Il la devait à des faits de guerre dont les mérites lui appartenaient en propre, car là où il les avait accomplis, capitaine et chef de bataillon, il avait les devoirs, les initiatives et les responsabilités du commandement en chef.

Sa défense du *Méchouar* (citadelle) de Tlemcen, où, laissé avec une troupe d'enfants perdus, loin de toute assistance possible, il lutta quinze mois contre les efforts incessants de toutes les tribus de l'ouest, dans l'isolement, soutenant par son exemple et par la fermeté de son caractère le moral de ses soldats, avait commencé sa réputation. Sa défense de Cherchell, fameuse au temps de ma jeunesse militaire, l'avait consacrée. Il avait montré depuis, dans des commandements importants, des facultés militaires directrices, des qualités de froide résolution et des aptitudes administratives qui avaient préparé l'opinion à le voir atteindre, par la guerre d'Afrique, la seule qui eût cours dans ces temps de paix européenne assurée, les sommets de la hiérarchie militaire.

Ce fut, pour son malheur, par la politique, au milieu de nos discordes civiles, que cet avenir se réalisa et finit.

A la destinée qui attendait Cavaignac après la révolution de 1848, il ne semblait pas possible qu'il échappât. Seul en effet, je pense, entre tous les généraux de l'armée d'alors, il était, par les traditions de sa famille, républicain de naissance, d'éducation et de conviction avouée. Mais avec la foi politique dont, arrivé à la maturité de l'âge et à une situation importante dans l'armée, il ne faisait jamais publiquement état, il avait la foi militaire, et c'est pénétré de tous les devoirs qu'elle impose qu'il servait en Afrique sous le gouvernement de Juillet, sans arrière-pensée, sans esprit d'opposition, avec une loyauté dont aucun de nous ne douta jamais.

L'honorabilité de sa vie publique et privée, sa droiture, sa modération, la gravité simple, froide et bienveillante de ses manières, sa physionomie pleine de caractère, son attitude pleine de dignité, révélaient une de ces originales et fortes personnalités, destinées dans des temps faits comme les nôtres à rencontrer la lutte, à se heurter aux passions aveugles, à être méconnues. Mais il semblait aussi que la fortune, en donnant un tel auxiliaire au parti maître du pouvoir, un tel serviteur à la nouvelle république, ajoutât beaucoup à ses chances de consolidation et de durée. Elle n'en pouvait trouver aucun qui lui fût plus ardemment et sincèrement dévoué, qui eût l'âme plus haute et les mains plus nettes.

Dès son avènement au pouvoir par le ministère de la guerre, au milieu d'agitations grosses de périls et qui préparaient les terribles journées de juin, il fut suspect, en attendant qu'il devînt odieux aux radicaux et aux foules, en faisant prévaloir une résolution qui fut, eu égard à la composition du gouvernement et à l'état des esprits, un acte de courage, *le retour des troupes dans Paris*. Elles en avaient été tenues éloignées depuis la révolution de février, dans une pensée de défiance qui révoltait le nouveau ministre de la guerre, attentif à sauvegarder la dignité de l'armée et pénétré du sentiment que, sans son concours, c'en était fait du maintien de l'ordre et du respect des lois dans *Paris* dominé par les ateliers nationaux en armes.

Ce fut son premier combat, non seulement contre les violents de son parti, mais contre lui-même, car en se déclarant pour la république modérée, en se constituant le défenseur de l'ordre et de la loi au besoin protégés par la force, il s'aliénait des sympathies et rompait avec des attachements sur lesquels, à la première heure, il avait cru pouvoir compter. Les grandes déceptions allaient commencer pour lui avec les grands devoirs.

Quand, après les sanglants combats de juin qui avaient sauvé la société française en arrachant Paris à la domination révolutionnaire dont la tyrannie et les crimes devaient l'accabler en 1871, le général remit simplement et noblement à l'Assemblée les pouvoirs extraordinaires qu'il en avait reçus pour vaincre l'anarchie, il semblait que sa louange fût dans toutes les bouches et son nom dans tous les cœurs. Le pays, dans un élan qui fut directement proportionnel à la peur qu'il avait eue, ratifia par acclamation les résolutions de l'Assemblée nationale qui l'avait nommé chef du pouvoir exécutif, en déclarant solennellement *qu'il avait bien mérité de la patrie.*

Élevé par la gratitude publique à la plus haute situation qu'un citoyen eût jamais eue, il ne lui restait plus qu'à concerter avec son gouvernement et avec l'Assemblée les mesures qui pouvaient assurer à la nation le bénéfice de l'effort qu'elle venait de faire avec lui[1], par la pratique des principes libéraux, des vues de tolérance et d'apaisement qui formaient son programme politique. C'est la guerre qui l'attendait dans l'Assemblée et hors de l'Assemblée, une guerre sans justice, sans trêve et sans merci, comme la font en France les violents, les ambitieux, les décavés des partis ! Sous le couvert des principes de la démocratie, les radicaux ardents à la revanche de juin entrèrent dans cette croisade avec les modérés revenus de leur peur. Les uns l'accusaient de trahir la république, les autres de lui sacrifier les intérêts conservateurs. Beaucoup étaient entraînés ou joués par le parti qui naguère avait eu la main dans les coupables entreprises de Boulogne ou de Strasbourg.

Dans cette guerre à outrance, les colères politiques et les haines personnelles s'épuisèrent en efforts contre la brève, fière et quelquefois hautaine éloquence du général, et on

---

[1] Des détachements de toutes les gardes nationales des villes de France avaient marché sur Paris à la nouvelle des événements de juin, appelés à la défense commune par une proclamation du gouvernement. Quelques-uns, les premiers arrivés, furent engagés contre l'insurrection.

vit là Émile de Girardin, représentant de la vertu publique, poursuivre avec emportement dans la personne d'Eugène Cavaignac le crime gouvernemental!... Au dehors, la conjuration impérialiste agissait activement par les promesses, par l'argent, par l'exploitation du trouble profond de l'esprit public et en faisant revivre dans les foules le souvenir des gloires d'autrefois.

Je ne referai pas l'histoire de cette déplorable évolution politique, consacrée par des millions de votes, et que le pays, avec les trompeurs et les trompés, devait un jour payer si cher. Je me borne à rappeler la tranquille dignité avec laquelle le général Cavaignac accepta ce verdict du suffrage universel qui allait bientôt sanctionner le coup d'État, en atteignant pour toujours la confiance des hommes d'honneur dans la valeur morale, des hommes de raison dans le bien jugé des arrêts rendus par les grandes majorités populaires. Revenu à son banc de représentant, l'ancien chef du pouvoir exécutif put entendre, par l'un de ses adversaires, l'énumération des fautes qui *l'avaient fait tomber du pouvoir* :

« Je ne suis pas tombé du pouvoir, dit-il avec une
« noblesse de sentiment, d'attitude et de langage qui émut
« profondément l'Assemblée, j'en suis descendu. »

J'étais présent dans l'assistance, et le dépossédé m'apparut ce jour-là comme un Romain de la grande époque égaré dans notre décadence.

Le général Cavaignac était un beau caractère, et son ardent patriotisme était rehaussé par les mérites qui n'appartiennent qu'aux organisations morales très élevées, le désintéressement, l'impersonnalité! Quand il mourut, jeune encore, soudainement emporté par une affection du cœur dont les origines n'étaient que trop apparentes, il était depuis longtemps tout entier à la vie de famille, dans une retraite obscure où, comme Bedeau, il ne voyait que bien rarement pénétrer ses anciens compagnons d'armes et les politiciens qui l'avaient autrefois acclamé. L'entraînement était aux splendeurs du nouveau règne, et les esprits se mettaient de plus en plus d'accord pour reconnaître que cette brillante contrefaçon du premier empire, c'était la sécurité, la prospérité, peut-être même la paix solennellement promise, la gloire dans tous les cas, *puisqu'on avait la première armée du monde!*

Cette fin prématurée épargnait au patriotisme du général Cavaignac la plus douloureuse des épreuves, le spectacle des calamités qui devaient désoler et humilier la France sous son successeur. Il ne vit pas s'appesantir sur son pays la main de la Providence, qui allait consacrer une fois de plus, aux yeux du monde, ce principe de justice souveraine, *que les nations éclairées par la civilisation, responsables par conséquent, ont les gouvernements et les destinées qu'elles méritent.*

---

### Le général de La Morcière.

Entre tous les hommes considérables de notre pays, auprès desquels j'ai vécu et dont le sort m'a préparé à la sérénité devant les revers de la vie publique et les disgrâces de l'opinion, le général de La Morcière a le premier rang.

Les générations militaires et le monde d'aujourd'hui dont l'attention et l'intérêt, en quelque sorte surmenés, ont dû se fixer sur tant de grands événements et sur tant d'hommes mêlés à ces événements, ne peuvent se faire qu'une idée très incomplète ou n'ont qu'un souvenir très effacé de l'éclat qui entourait, au temps de la guerre d'Afrique, le nom de ce général de trente-six ans !

La prise de Bougie, la brèche de Constantine, le col de Mouzaia, le combat de Loha, la conquête de la province d'Oran, de la mer au désert, la soumission d'Abd-el-Kader, qui n'avait pas cru humilier sa fortune en se rendant au plus tenace et au plus ardent de ses adversaires, avaient fait à La Moricière, parmi les Arabes, sous le nom de *Bou-araoua*[1], parmi nous, sous toutes les formes brillantes qu'admet le chauvinisme français, une légende populaire. Dans ce temps-là, lorsqu'il traversait la France, voyageant par relais, l'affluence des foules qui se pressaient autour de lui à chaque poste était telle, que ses officiers ne pouvaient suffire à contenter leur curiosité et à le soustraire à leurs démonstrations sympathiques. Et quand éclatait à Paris, après la révolution de 1848, la terrible insurrection des journées de juin, sa renommée s'augmentait de tout le retentissement qu'avait devant le pays épouvanté le récit dramatique de l'attaque de la place de la Bastille et de la prise du faubourg Saint-Antoine, où tant de sang fut versé.

Assurément, dans les efforts de cette période si brillante de sa carrière, le général de La Moricière fut soutenu par une perception très nette de ses devoirs publics, par un patriotisme sincère, par tous les principes et tous les sentiments qu'il devait à de bonnes inclinations naturelles développées par l'éducation et par l'exemple dans la famille. Mais enfin, l'ambition exaltée par le succès avait certainement à cette heure, entre tous les mobiles de sa vie, une place prépondérante. Jeune comme il était, il n'avait encore

---

[1] A pied, à cheval, dans toutes les circonstances qui comportaient l'activité, le général de La Moricière avait la canne à la main. Les Arabes l'appelaient *Bou-araoua* (l'homme au bâton), et ne le connaissaient que sous ce nom qui produisait sur eux un effet moral extraordinaire.

reçu aucun de ces coups qui font comprendre le néant de nos agitations et de nos luttes pour la grandeur, et qui font revivre dans les âmes, avec la pensée de la fin, le sentiment religieux.

Le malheur l'épiait et il allait dépasser le bonheur d'autrefois. La revanche du sort fut imprévue, continue, cruelle, imméritée. L'orage éclata le 2 décembre 1851, en un jour qui devait être plus tard, pour le pays complice, pour l'armée instrument du viol par l'État de la loi morale, de la loi politique et de la foi jurée, l'origine des plus douloureuses et des plus humiliantes calamités de leur histoire, le *démembrement après les ruines du champ de bataille*.

Le 1<sup>er</sup> décembre 1851, mis en éveil par les dires très osés, caractéristiques et en même temps concordants, de deux des officiers qui devaient avoir une part principale à l'attentat du lendemain, j'allais presser La Moricière de ne plus passer les nuits dans son logis de la rue de Las Cases. « Quoi ! — « me dit-il avec une naïveté militaire que nous n'avons « plus, — je serais saisi chez moi comme un malfaiteur ! « Pour que cela fût, il faudrait que la police eût l'assistance « de nos officiers et de nos soldats ! » Elle l'eut, et le général put mesurer, cette nuit-là même, le chemin que nous avions fait dans le sens de la ruine des principes et de l'abaissement des caractères.

Sept ans d'exil, la mort, pendant l'exil, de l'unique héritier de son nom, la fin de toutes les ambitions de sa vie publique, des plus chères espérances de sa vie privée, les premières atteintes et les premiers avertissements de l'âge, avaient transformé, je pourrais dire converti La Moricière. Les ardeurs de son imagination s'étaient refroidies, et la fougue de son esprit, naguère difficile à contenir et à régler, s'était apaisée. Les mensonges et les déceptions d'en bas l'avaient ramené aux vérités et aux espérances d'en haut.

C'est dans la pensée du sacrifice et de l'effort chrétien qu'il assuma la périlleuse responsabilité de la défense du saint-père contre un ennemi qu'il supposait ne pouvoir être que la révolution radicale et antireligieuse. Ce fut contre une armée catholique, régulière, fortement constituée, chargée de faire triompher par la guerre, sans déclaration de guerre, des ambitions politiques, qu'il vint se heurter à Castelfidardo. Ses bataillons formés d'hier, moralement puissants par les sentiments de foi et les sentiments d'honneur qui les animaient, militairement incapables de cohésion et d'efforts d'ensemble, sans expérience, sans organisation, sans matériel de guerre suffisant, sans réserves pour prolonger la lutte, allaient là à la boucherie. Ils y allèrent avec une fermeté qui les eût hautement honorés dans les temps héroïques, qui ne leur valut que les insultes des spéculateurs politiques et les railleries des spéculateurs militaires du monde nouveau.

Le coup d'État et l'empire, acclamés par la presque totalité de la nation, avaient appliqué à La Moricière le « væ victis ». Il ne comptait plus dans les souvenirs de l'armée, qui était à présent plus brillante, plus vaine encore de sa supériorité que l'armée de son temps, et déjà pleine de nouveaux grands hommes de guerre que la politique, encore plus que la guerre, avait faits. Castelfidardo l'acheva. Il ne lui fut tenu compte, par le gros de l'opinion, ni de l'éclat, ni de la durée des services qu'il avait rendus au pays, ni de la grande pensée de devoir qui l'avait conduit en Italie, ni de l'étonnante et glorieuse inégalité de la lutte qu'il venait d'y soutenir.

Les politiciens du temps, qui avaient sommé l'empire de lui appliquer les sévices, et plus que les sévices, « des lois existantes », *pour avoir servi un gouvernement étranger sans autorisation*, plaisantèrent cette fin de *soldat du pape*. Et quand arrivèrent les récits douloureux de ce drame où avait péri une élite de la jeunesse française, le populaire dit : *Fallait pas qu'y aille !* Ainsi la période de la vie de La Moricière où avait dominé l'ambition des grands rôles, avec les succès, avait été glorifiée ; celle qu'avait inspirée le dévouement désintéressé jusqu'au sacrifice, avec les revers, avait été décriée et raillée : c'est la loi.

A cinq ans de là, dans l'humble cimetière de Saint-Philbert de Grandlieu, tout ce que notre pays compte encore de croyants, d'amis de la justice et de la vraie gloire, entourait le cercueil du général. Les représentants de l'armée, réunis officiellement le matin dans la cathédrale de Nantes en vertu du décret de Messidor, s'étaient par là tenus pour libérés envers lui. Aucun ne l'avait suivi jusqu'à la fosse, et il avait fait, sans l'escorte de ses compagnons et de ses sous-ordres d'autrefois, sa dernière étape !

J'étais là, plein de souvenirs émus, d'affliction, faisant revivre par la pensée cette carrière, avec les contrastes saisissants de ses commencements et de sa fin. Je recevais de mon ancien général, après tant d'autres leçons, la grande leçon de ma vie, celle à laquelle je dois la profonde sérénité de la retraite où j'ai voulu disparaître quand, à mon tour, quoique bien au-dessous de lui, j'ai été frappé comme lui. Et cette leçon, devant la tombe qui allait se fermer sur La Moricière, je l'interprétais dans des termes que je rappelle ici parce qu'ils montrent que, pour m'en pénétrer, je n'ai pas attendu les vicissitudes de la vie publique et les conseils de la vieillesse :

« Des officiers qui formaient, il y a vingt-cinq ans, à

« l'armée d'Afrique, l'état-major du général de La Mori-
« cière, la plupart sont morts avant l'heure. Je suis l'un de
« leurs survivants et j'ai le droit de réclamer le privilège
« si douloureux, si enviable aussi, de représenter cette
« armée devant sa tombe.

« Il était alors dans tout l'éclat d'une renommée créée
« par les plus brillants services militaires, accrue chaque
« jour par des succès nouveaux, rehaussée par la jeunesse.
« Devant nous, il était l'homme du présent; il était encore
« plus l'homme de l'avenir, et nos imaginations, dont les
« ardeurs n'étaient pas alors réglées par les expériences de
« la vie, n'assignaient pas de limites à cette magnifique
« carrière.

« Lui-même se sentait poussé en avant par une force qui
« était en lui et dont il disposait, c'était un ensemble de
« facultés supérieures, et par une autre force qui était en
« dehors de lui, mais dont il avait disposé jusque-là, c'était
« la fortune. Il s'abandonna tout entier à l'incroyable acti-
« vité de corps et d'esprit où nous l'avons vu se consumer,
« menant de front la guerre, l'administration, la colonisa-
« tion, la politique. Il avait la fièvre des idées, des vues,
« des projets. Il lisait, il écrivait, il argumentait dans les
« sens les plus divers, quelquefois les moins prévus. Jamais
« on ne poussa plus loin la puissance de l'intelligence et
« du travail, avec la passion de la lutte sous toutes les
« formes que crée la vie publique contemporaine.

« Un jour vint, — que tous les hommes heureux devraient
« prévoir et qu'aucun ne prévoit communément, — où la
« fortune l'abandonna. Elle voulut que la grande part qu'il
« avait à la direction des affaires lui fût retirée; que la
« haute position, bien plus ancienne et légitime, qu'il avait
« dans l'armée, disparût; que sa vie privée et son cœur
« et toutes ses espérances de père de famille fussent atteints
« par les plus cruels revers. C'est à ce comble d'épreuves

« que la Providence l'attendait. Elle se révélait à lui, il
« revint à elle, subissant l'influence de la douce piété, des
« vertus, de la ferme résignation dont il avait à côté de lui
« l'exemple. Il chercha dans la foi chrétienne des consola-
« tions et des forces contre les coups dont la destinée et le
« monde l'accablaient, car ceux-là qui l'avaient exalté au
« temps de sa haute fortune liée à leurs intérêts, avaient
« disparu, et d'autres cherchaient à l'abaisser. Et lui, qui
« avait si ardemment discuté les personnes et les choses,
« s'entendit passionnément discuter à son tour dans ses
« actes les plus dignes, dans ses intentions les plus sin-
« cères.

« Quand, avec un désintéressé et rare dévouement au
« grand intérêt religieux dont il était convaincu que la
« ruine entraînerait la ruine de l'ordre moral tout entier,
« il alla, malgré l'impuissance militaire évidente de l'effort
« qu'il méditait, offrir au souverain pontife l'appui de son
« nom et de son épée, il fut suspecté d'ambition, et ce fut
« une injure. Et quand il succomba dans une lutte que sa
« prodigieuse inégalité suffisait à ennoblir, il fut raillé.
« A présent, il meurt avant l'âge, laissant dans un deuil
« indicible une famille digne de toutes les sympathies et
« de tous les respects ; il meurt, achevant d'offrir au monde
« l'exemple le plus saisissant qui soit de la fragilité et de
« l'inconstance des prospérités humaines.

« Mais votre vie et votre mort, mon général, offrent
« d'autres enseignements. Si, dans la période des agitations
« de votre illustre et courte carrière, vous avez dû rencon-
« trer des adversaires, des contradicteurs parmi lesquels
« vous m'avez vu moi-même quelquefois, l'histoire de votre
« pays vous rendra la justice que vous l'avez bien aimé,
« que vous l'avez bien servi et que vous avez bien vécu.
« Les derniers bataillons que vous avez conduits marchaient
« pour le faible contre le fort, insigne et rare honneur qui

« demeure attaché à votre nom aux yeux des honnêtes
« gens de toutes les croyances et de tous les pays. Votre
« existence tourmentée restera comme un drame douloureux
« et touchant devant lequel viendront s'éteindre tous les
« ressentiments que vous avez pu soulever. Dieu vous a
« recueilli parce que vous avez cru et parce que vous avez
« souffert. A la vue de votre cercueil, je me sens accablé
« par des souvenirs qui remontent au temps de mes débuts
« dans l'armée et de ma jeunesse à présent évanouie. Mais
« si par eux j'ai le cœur gonflé de chagrin, j'ai l'âme
« sereine en pensant à vos nouvelles destinées.

« C'est avec le double caractère qui est en moi, que je
« vous fais les adieux et que je vous promets le fidèle
« souvenir des gens de guerre et des Bretons. »

---

### Les généraux Brunet, Mayran et Frossard
### au siège de Sébastopol.

Distingués par l'éducation, par l'instruction, par la culture de leur esprit et l'équilibre de leurs facultés, par la dignité de leur caractère et de leur vie, par les mérites de leurs services, Brunet et Mayran, l'un et l'autre originaires de l'école militaire, étaient aux premiers rangs parmi les divisionnaires qui avaient l'estime et la confiance de l'armée.

Les alliés étaient depuis plus de sept mois devant Sébastopol, soumis dans l'effort commun aux terribles vicissitudes, encore bien éloignées de leur fin, de cette bataille de tous les jours et de toutes les nuits. Les sanglants épisodes de *Balaklava*, d'*Inkermann*, du *Mamelon vert* et des **Ouvrages blancs,** avaient déjà leur place dans l'histoire des grandes tueries de cette guerre. Ces deux dernières conquêtes sur l'assiégé, premiers résultats de la vigoureuse offensive inaugurée par le général Pélissier, avaient rendu tout son ressort au moral des deux armées. Elle avait exalté les espérances et la confiance du général en chef français jusqu'au point de lui faire oublier, sous l'influence des passions qui faisaient le fond de son tempérament et dominaient son esprit, les règles que commandaient la science et l'expérience de tous les temps, pour la préparation et l'exécution des entreprises de guerre qui doivent aboutir à une attaque de vive force contre des ouvrages fortifiés très énergiquement défendus.

La conquête nécessaire, brillante, inévitablement coûteuse du Mamelon vert et des Ouvrages blancs par les Français, de l'ouvrage des Carrières par les Anglais, datait du 7 juin. Sous la protection de leur feu, on avait pu ouvrir en avant des deux premiers une nouvelle parallèle, d'où l'assiégeant se trouvait établi à *six cents mètres* de la courtine (objectif de la division Brunet) qui reliait Malakoff au petit Redan, à *huit cents mètres* de la batterie de la pointe et ouvrages annexes (objectif de la division Mayran). La division d'Autemarre, à *quatre cent cinquante mètres* du saillant de Malakoff, devait y pénétrer par la batterie russe Gervais, qui en formait l'avancée. Les divisions anglaises du général sir George Brown étaient à peu près à pareille distance du grand Redan, qu'elles avaient mission d'enlever.

A ces distances, une attaque de vive force par des troupes sortant en désordre de l'inextricable réseau de nos tranchées, cheminant sur un terrain inconnu et semé d'obstacles contre la série continue des grandes défenses de la place, sous la fusillade des bataillons russes accumulés derrière elles, sous le feu direct des canons de rempart tirant à mitraille, sous le feu latéral des vapeurs embossés dans la baie du Carénage, était certainement l'entreprise militaire la plus chanceuse qui fut jamais tentée. Jamais la responsabilité des généraux, jamais la fermeté des troupes ne furent soumises à de plus dures, à de plus redoutables épreuves, et elles allaient être portées au comble par certains actes de commandement qui pouvaient préparer le désastre, par l'insouciance qui devait dans tous les cas l'aggraver.

Quelles raisons d'engager les troupes dans les hasards d'une si dangereuse entreprise et d'en fixer l'exécution au 18 juin, *onze jours seulement* après la prise de possession des ouvrages d'où, en cheminant pendant quelques semaines vers la place à la sape et par voie d'approches successives, on était assuré de conduire les assiégeants jusqu'au pied des défenses de Malakoff, en leur épargnant toutes les impossibilités et plus de la moitié des périls d'un tel assaut à de si grandes distances ?

De ces raisons, une seule avait une valeur qui semblait décisive et faisait illusion au plus grand nombre, qui n'était que contingente en réalité : c'était l'ardeur que montraient les deux armées sorties de leur état d'incertitude énervée, et ranimées par les actes d'agression hardie et réussie qu'avait déjà accomplis le nouveau commandement. Il était explicable que le général Pélissier subît les effets de l'entraînement général ; il ne l'était pas que, mesurant comme nous tous la grandeur de l'effort qu'il allait demander aux troupes, il semblât se complaire à en compromettre le succès, à rendre plus sûrs et plus lourds les sacrifices qu'il exigerait, en éloignant, à la veille de l'action, comme je l'expliquerai tout à l'heure, le chef militaire qui avait pour la conduire la compétence et l'autorité, en négligeant de parti pris, avec un froid dédain, les mesures de prévoyance et jusqu'aux devoirs d'exactitude personnelle que l'exécution commandait.

Il y avait en fait, pour jouer immédiatement ce *va-tout*, une autre raison dont le général en chef faisait incessamment argument devant nous, dans une pensée de revendication des gloires nationales qui n'excluait pas les calculs de l'intérêt personnel : c'est que le 18 *juin*, célèbre dans les fastes de la guerre moderne, était l'anniversaire de la grande bataille qui consomma la ruine du premier empire. *J'entends*, disait-il, *offrir à l'héritier de Napoléon la revanche de Waterloo!*

Les préoccupations qui agitaient cet esprit passionné et complètement insoucieux de l'opinion, se révélèrent d'abord à tous par la résolution la plus imprévue, la moins justifiée, la plus dommageable à l'exécution de l'entreprise, et qui fut la première, la plus grave et la moins avouable des fautes du commandement.

Depuis le commencement des opérations devant Malakoff, les troupes appliquées aux travaux de cette partie du siège, devenue de beaucoup la plus importante, étaient commandées par le général Bosquet, avec l'autorité que son rôle aux batailles de l'Alma et d'Inkermann lui avait faite dans l'opinion de l'armée. Il suivait les travaux d'approche avec la compétence qu'il devait à sa spécialité d'ancien officier d'artillerie, et le fouillis des cheminements formant sur une immense étendue un labyrinthe dont les seuls officiers du génie savaient bien les détours, lui était familier comme à eux. Enfin il avait au plus haut point la confiance des troupes, et, onze jours avant les événements dont je fais le récit, le 7 juin, il l'avait brillamment justifiée par la conquête des formidables redoutes du Mamelon vert et des Ouvrages blancs, dont l'effet moral, je l'ai dit, avait relevé toutes les espérances.

On admirait le bien jugé des prévisions, la netteté des ordres d'exécution. L'opinion, très bruyante et allant d'ailleurs au delà du vrai comme toujours, attribuait au général Bosquet presque tous les mérites de cette importante et réconfortante victoire, sans faire au commandant en chef la part à laquelle il avait droit. Les officieux, — les quartiers généraux des armées comme les gouvernements des nations en ont toujours, — ne manquèrent pas d'exploiter auprès de lui cette veine de faveur, et leur dévouement intéressé lui montra que son sous-ordre n'allait à rien moins qu'à l'accaparement de son influence sur l'armée et de sa gloire.

L'avant-veille de l'assaut, le 16 juin, les deux armées apprirent, dans la stupéfaction, que le général Bosquet était relevé de son commandement devant Malakoff; qu'il allait prendre dans la vallée de la Tchernaia celui du corps d'armée d'observation qui y était réuni; qu'il était remplacé pour la préparation et la direction de l'assaut par le général Regnaud de Saint-Jean-d'Angély, récemment arrivé de France avec la garde impériale, et qui était notoirement, à la cour, *persona grata*. Cet honorable officier général, absolument étranger aux travaux et à la pratique du siège, avait pour ses études sur le plan très compliqué des approches, pour ses études sur le terrain, pour se concerter avec les chefs d'attaque qui n'avaient eu jusque-là aucun rapport avec lui, trente-six heures, nuit comprise !

J'omets, pour ne pas surcharger mon récit, l'énumération des fautes de détail (relatives aux dispositions prises pour l'emplacement des troupes d'assaut dans les tranchées et pour la formation des réserves), fautes dues à l'intraitable indifférence du général en chef pour toutes les mesures de prudence ou de précaution que suggérait l'entourage, et j'arrive au dernier acte de la tragédie militaire du 18 juin.

La veille, de la pointe du jour à la nuit et pendant la nuit, le feu de toutes les batteries françaises et anglaises, de celles notamment qui avaient des vues sur Malakoff et sur les divers objectifs de l'assaut (trois cents pièces de siège), les avait foudroyés et en grande partie ruinés, en infligeant à l'ennemi une perte de quatre mille tués ou blessés. C'était le combat d'artillerie préparateur des attaques de l'infanterie, dont les rôles avaient été distribués et les dernières dispositions réglées dans le conseil international du 15 juin, conformément aux propositions que lui avait faites personnellement le général en chef français.

Il avait été entendu *que les troupes s'élanceraient hors des tranchées un peu avant l'aurore, vers trois heures du matin (montres réglées au quartier général le 17 au soir), au signal (un groupe de fusées) que le général Pélissier, posté avec lord Raglan à la redoute Victoria, s'était expressément réservé de donner lui-même.*

Dans l'après-midi du 17, les généraux Brunet et Mayran vinrent successivement au quartier général. Dans l'audience qu'ils eurent du commandant en chef, aucun de nous ne sut ce qui s'était passé; mais quand Mayran en sortit, son agitation, l'expression de sa physionomie, ses brèves paroles, nous dirent assez qu'elle avait été orageuse : *Impossible de raisonner, il ne nous reste plus qu'à nous faire tuer,* et il s'en alla sans rien ajouter.

Brunet, plus froid, causa quelques instants avec moi après l'audience. Il avait été naguère, au 51ᵉ régiment d'infanterie, où il était capitaine de grenadiers, l'un de mes premiers chefs militaires, et nos échanges avaient le caractère de la confiance réciproque la plus entière. Au sujet de la crise du lendemain, il se montra plein de résolution, comme il convenait à un soldat éprouvé; mais il en mesurait tous les risques et jugeait toutes les fautes déjà commises dans sa préparation, bien que sa pensée ne se révélât à moi tout entière que par ces mots qui terminèrent notre entretien : *Je vous recommande mes enfants*[1].

A minuit, les chevaux du général en chef et de son état-major étaient sellés, bridés, tenus en main par les ordonnances. Tous les officiers du quartier général étaient debout, prêts pour le départ à l'heure fixée, *une heure du matin.* Nos calculs, réglés sur l'allure du pas que ne dépassait jamais notre chef déjà appesanti par l'âge et par un commencement d'invalidité dû aux fatigues de la guerre, avaient fixé avec précision la durée, — deux heures, — du parcours que nous avions à faire du quartier général à la redoute Victoria, rendez-vous des deux généraux en chef, et d'où le signal de l'assaut devait partir.

Le lieutenant-colonel Cassaigne, collaborateur intime du général Pélissier, chargé de l'éveiller à minuit, fut accueilli par une rebuffade qui le découragea. Il revint en nous annonçant que le général trouvait notre zèle excessif, notre impatience hors de sa place, et qu'il se refusait à sortir de son lit avant l'heure utile. Les efforts d'un autre aide de camp, le colonel de Waubert, renouvelés à vingt minutes de là, ne furent pas plus heureux.

Le retard devenait inquiétant et je me décidai, après une autre attente, l'esprit tourmenté par la gravité des consé-

---

[1] Il avait deux fils. L'aîné, qui terminait alors ses études militaires, aujourd'hui officier supérieur d'état-major, de grand mérite et du plus digne caractère, devint l'un de mes aides de camp dès la campagne d'Italie, où je commandais une division d'infanterie (1859). Jusqu'au jour de mon retour à la vie privée (1872), il est resté l'un de mes plus dévoués et plus sûrs officiers. Le cadet, aujourd'hui chef de service très distingué dans une grande administration publique, a toujours vécu dans mon intimité. L'un et l'autre sont au premier rang parmi les amis fidèles que ma retraite a gardés.

quences qu'elle pouvait avoir, à aller moi-même secouer cette torpeur de parti pris et subir à mon tour, bien que n'appartenant pas à son état-major, les effets de la mauvaise humeur du maître. (J'avais le commandement d'une brigade du siège de gauche, dont le titulaire, général de La Motterouge, récemment promu, était encore en possession.) Je réussis, au prix de quelques bourrades accompagnées de quelques railleries sur mon agitation, et enfin le départ s'effectua sous un retard de près d'une heure, qui ne pouvait être désormais racheté que par la rapidité et la continuité de l'allure au trot. Celle du pas prévalut en dépit des observations que notre anxiété n'épargnait pas au général, et nous étions encore à près de deux kilomètres de la redoute Victoria quand les premières lueurs de l'aurore apparurent sur les sommets autour de nous.

Dans une dernière supplication pressante, enfiévrée, je lui montrai ces lueurs du doigt, et, cédant lui-même à l'émotion commune, il avait mis son cheval au trot, quand en avant de nous, du côté de la place, avec une effrayante intensité, le pétillement d'une fusillade continue et le tonnerre roulant du tir à mitraille vinrent nous frapper de stupeur en nous avertissant qu'avant le signal et sans le signal l'assaut était commencé!...

Le général avait lancé son cheval au galop. Quand il fut à la redoute Victoria (où lord Raglan l'attendait depuis près d'une heure), le jour s'était fait, et bien avant que fussent arrivés les trois officiers envoyés pour lui annoncer le désastre, nos yeux avaient pu le juger!

Que s'était-il passé? Ce qui se passe presque infailliblement, quand le laisser aller et le dédain de l'exactitude militaire remplacent la ferveur professionnelle et la précision qui sont les conditions nécessaires, — je ne dis pas suffisantes, — du succès dans toutes les entreprises de guerre, encore plus dans celles qui sont pleines de périls et où sont engagés tant et de si grands intérêts !

Le général Mayran, sa montre à la main, constate que l'heure est venue ; que le jour qui sera, dans les premiers moments de sa marche à distance et à découvert, l'ennemi le plus dangereux de sa troupe, va paraître, et il attend anxieusement le signal. Il le voit enfin, mais ce n'est pas le signal du général en chef, qui n'est pas arrivé à son poste pour le donner. C'est une bombe ou un faisceau de bombes à traînée fusante, qu'un subalterne envoie à Sébastopol de l'un des ouvrages placés au-dessous de la redoute Victoria.

Mayran enlève sa division. Brunet quelque temps après, retardé par les difficultés de la marche à travers les tranchées, enlève à son tour la sienne. Mayran est blessé à mort, Brunet est tué, leurs troupes sont écrasées : voilà le drame du 18 juin ! Dans son ensemble, complété par l'effort de la division d'Autemarre et des divisions du général sir George Brown, il coûtait à la France deux généraux et trois mille cinq cent cinquante-trois officiers[1] et soldats tués, blessés, disparus ; à l'Angleterre, un général et dix-sept cent vingt-huit officiers et soldats tués, blessés, disparus...

Quand parut devant le général en chef l'officier porteur du douloureux avis de la fin de Brunet et de Mayran : *Ils ont bien fait de mourir,* — dit-il froidement et à haute voix ; — *s'ils étaient revenus vivants, je les aurais déférés au conseil de guerre !*

Telle fut, par le commandant de l'armée française, l'oraison funèbre de ces dignes serviteurs du pays, de ces nobles

---

[1] Parmi eux deux jeunes officiers supérieurs d'un grand avenir et qui avaient acquis, au cours du siège, une brillante réputation, le lieutenant-colonel d'artillerie de la Boussinière, le lieutenant-colonel d'infanterie Larrouy d'Orion.

martyrs du devoir des armes. Son injuste brutalité me pénétra d'une indignation qu'en retraçant ces événements, vieux d'un quart de siècle, je sens bouillonner en moi comme au temps où, jeune encore, j'en reçus l'ineffaçable impression. Lord Raglan, qu'affectaient profondément les pertes de son armée et la mort, qu'il venait d'apprendre, du général sir John Campbell tué devant le Grand Redan, avait entendu ces cruelles paroles de son collègue en commandement. La noble physionomie de ce vétéran amputé de Waterloo exprimait clairement le désarroi où elles avaient jeté sa droiture, et le profond sentiment qu'il avait, comme nous tous, de la réalité des faits et de la distribution des responsabilités.

Le sort de Brunet et de Mayran, par les sévices immérités qui le caractérisent, comme par l'enseignement philosophique qu'il contient, est peut-être plus frappant encore que le sort des généraux dont j'ai précédemment rappelé le souvenir, qui les avaient précédés dans la digne mais rude carrière du dévouement méconnu, insulté, couronné par le sacrifice[1]

Si la sécheresse du cœur, si les actes d'une ambition impitoyablement concentrée sur l'objectif du succès, d'une ambition qui a le mépris de la vie des hommes, qui n'a pas

---

[1] Du court exposé technique auquel j'ai fait une place dans ce récit, *de visu et auditu,* du drame militaire du 18 juin, il résulte clairement qu'alors même que le commandant en chef fût arrivé à temps pour donner le signal convenu, l'impossible entreprise eût échoué avec les mêmes effets de destruction pour les assaillants.

Mais le général Pélissier, qu'on n'avait guère vu dans la tranchée pendant la durée du siège, qu'on n'avait jamais vu dans les ambulances, manifesta ce jour-là, pour les principes et pour les sentiments qui à la guerre lient ordinairement le commandement, un dédain que j'ai dû caractériser, parce qu'il dépassait tout ce qu'on pouvait attendre de ce tempérament d'exception.

le souci de leurs plus chers intérêts, peuvent être rachetés par les preuves de la force du caractère, j'ai le devoir de reconnaître que le général Pélissier les fournit ce jour-là. L'événement du 18 juin ne le démonta pas un instant.

Il y avait pour lui du mérite à demeurer calme et maître de lui-même devant ce grand revers, car il semblait donner pleinement raison, contre le commandant en chef responsable, à l'empereur dont l'idée fixe, autant que déraisonnable et impraticable, était que, le siège abandonné, réduit à la surveillance de l'immense étendue de nos travaux d'approche et de nos cent batteries, le gros de l'armée, qui n'avait pas de transports, qui n'avait aucun moyen de vivre et d'opérer hors de la portée immédiate de sa base d'opérations de mer, *devait entreprendre une campagne dans l'intérieur de la Crimée!*

Le général Pélissier, qui ne s'était pas troublé devant la crise du 18 juin, n'avait pas cédé non plus à ces exigences renouvelées. Cette tranquille et ferme attitude ne put désarmer les ressentiments que son insouciance, achevée par son injustice, avait gravés dans nos cœurs; mais elle nous confirma dans la confiance où nous étions que cet homme, ainsi fait, triompherait des derniers obstacles qui nous séparaient encore du succès final.

### Le général Frossard.

L'erreur des assauts improvisés à grande distance ne pouvait résister à une si dure leçon, et on revint, comme il arrive toujours, aux principes qu'il aurait fallu d'abord appliquer, c'est-à-dire aux lents mais sûrs procédés de la guerre de siège, qui consistent à creuser à la sape des cheminements à ciel ouvert, dont l'exécution exige des efforts et comporte des périls qui allaient, dans les conditions présentes de l'entreprise, devenir infinis quand on se rapprocherait de l'objectif.

Le général du génie Frossard fut chargé de ces travaux, et deux mois durant, avec une confiance, une énergie, une ténacité que des accidents graves, de pénibles déceptions et d'énormes sacrifices d'hommes ne purent un seul instant déconcerter, nous le vîmes appliqué à cette œuvre véritablement effrayante qu'il se faisait fort de conduire jusqu'à *trente mètres* des contrescarpes de l'assiégé ! Il tint parole, donnant à l'armée l'un des plus considérables exemples de savoir spécial, de constance, de courage personnel et de hauteur d'âme que, dans les grandes crises des guerres contemporaines, j'ai été dans le cas d'observer.

Si dans la prise de Sébastopol, due à l'assaut réussi du 8 septembre, le général en chef eut la part déterminante qui appartient à la vigueur de la pensée directrice, le général Frossard eut la part effective qui appartient à la vigueur de l'action personnelle et continue. Sa bataille des tranchées, où il fut soixante jours à la peine devant Malakoff, lui méritait d'être le second à l'honneur devant l'opinion. On parla de lui dans les états-majors et dans les rangs, ce fut tout. Pour les officiers des armées en opérations, la mode commençait alors à se répandre, mais ne sévissait pas comme aujourd'hui, d'avoir dans les journaux en vogue des amis chargés de publier leur gloire au double profit des intéressés et du parti politique qu'ils représentent. Celle de Frossard ne dépassa guère le cercle des travailleurs-combattants où elle était née.

Et c'est le même officier général qui, victime en 1870, comme nous tous, d'une guerre qui se fit sans préparation, sans effectifs par comparaison avec ceux de l'ennemi, sans programme d'exécution et comme au hasard, mourut avant le temps, dans l'amertume, poursuivi comme chef militaire par les récriminations injurieuses, comme gouverneur du prince impérial par les haines et par les railleries de la politique.

Son corps d'armée avait été battu à Forbach (Spickeren). Je ne sais si les dispositions qu'il prit au cours de l'engagement furent bien ou mal entendues. Ce que je sais, par les rapports mêmes de l'ennemi, c'est que ses attaques (général de Kamecke), d'abord vivement repoussées, furent successivement et incessamment renouvelées, comme toujours dans cette guerre, par les divisions de deux corps d'armée allemands (un troisième arrivait), masqués par les grands bois de la région, et que si le corps de Frossard avait défendu à outrance les hauteurs de Spickeren, il eût succombé sur place, accablé par le nombre. Ce que je sais encore, c'est que le corps d'armée français qui était dans le voisinage de la lutte, à portée de concours, n'intervint pas.

Ces considérations de fait, infiniment plus sûres que les jugements de théorie qu'on porte après coup sur les dispositions prises pour la bataille, montrent que le général Frossard, le soldat intelligent, obstiné et hardi du siège de Sébastopol, méritait une autre fin que celle que lui ont faite les passions de ce temps, acharnées à la recherche des coupables, indifférentes au sort des sacrifiés.

## M. Jules Favre
### avant, pendant et après les événements de 1870.

La renommée de M. Jules Favre, qui m'était et de qui j'étais absolument inconnu avant les événements de 1870, ne m'attirait pas. Il me semblait que le mobile, je ne dirai pas unique, mais principal, de sa carrière politique très bruyante et très agitée, était la recherche ardente, et peu soucieuse du choix des moyens, d'une popularité malsaine. Il avait d'ailleurs brillamment atteint son but, et toute cette partie de sa vie publique saluée par les applaudissements de la foule, de ses adhérents républicains, et vers la fin, de beaucoup des adversaires de l'empire, l'avait conduit à l'apogée de sa fortune politique.

Quand je le vis, il était le chef reconnu et l'oracle du parti républicain que le désastre de Sedan et l'explosion corrélative du 4 septembre portaient à la direction des événements. Sexagénaire, de haute et déjà pesante stature, avec une physionomie fortement caractérisée, un peu dure, et qui semblait parfois hautaine, une attitude grave, attristée, presque sévère, montrant un très considérable talent de parole, que déparait à certains moments une disposition naturelle à l'emphase, il m'impressionna plus vivement que sympathiquement. Je ne tardai pas d'ailleurs à reconnaître que, comme tous les républicains ses collègues et les miens dans le gouvernement provisoire, il avait la pensée qu'en dehors de l'objectif militaire exclusif que j'annonçais, — le siège de Paris, — je devais avoir un objectif politique que je n'annonçais pas. Leur secrète préoccupation, que déguisait beaucoup de bienveillance habituelle, même beaucoup de déférence, ne me blessait pas le moins du monde, car j'avais l'esprit ailleurs, j'oserai dire plus haut. Et puis, je ne me trouvais aucun droit à la confiance absolue de ces hommes, avec qui je n'avais de commun que l'angoisse et l'élan patriotiques, dont les précédents différaient si complètement des miens, qui ne savaient rien de mon caractère, rien de ma vie privée, presque rien de ma vie publique.

Un jour vint où je sentis que s'affaiblissaient mes préventions contre M. Jules Favre, et, ce jour-là, je pus reconnaître une fois de plus à quel point sont inconsistants les jugements que nous portons sur les hommes publics que nous ne connaissons pas, que nous n'avons vus ni à l'œuvre, ni à l'épreuve, que nous mesurons à l'opinion qu'on en a dans le cercle où nous vivons, aux assertions des journaux, aux impressions du monde !

Les armées allemandes marchaient sur Paris, leurs éclaireurs se montraient dans les communes suburbaines ; et dès le 18 septembre, presque toutes nos communications avec le dehors étaient devenues impossibles. Avec les éléments les plus divers et les plus disparates, je cherchais à constituer l'armée de Paris. C'est à ce moment que M. Jules Favre, l'esprit sans doute tourmenté par la prévision du douloureux complément de calamités que l'avenir réservait au pays, conçut et réalisa la pensée de l'entrevue de Ferrières où il se proposait de traiter avec le comte de Bismarck des conditions de la paix.

Pour se rendre compte de ce que l'entreprise avait de périlleux et d'osé, il ne suffit pas d'avoir habité Paris pendant cette période d'incubation du siège ; il faut y avoir été dans le gouvernement, à qui échappaient successivement, non seulement les moyens de gouverner, mais les moyens de contenir les esprits, de leur donner une direction, d'assurer la paix de la rue. La population, considérablement accrue par l'affluence des familles de la banlieue, avait tout entière la fièvre patriotique, mais elle se subdivisait en groupes, d'importance numérique très inégale, qui avaient aussi la fièvre politique, la fièvre révolutionnaire, même la fièvre des violences à main armée.

On faisait la chasse aux Allemands, aux espions qu'on voyait partout, aux sergents de ville de l'empire. La justice était désarmée, la police n'existait plus. Les raisonnables étaient débordés, entraînés par les exaltés qui rêvaient des volontaires de 92 refoulant l'invasion prussienne, tenaient leur exaltation pour une force invincible, supérieure à celle des armées disciplinées, et affirmaient le triomphe de la défense nationale, à moins de connivence avec l'ennemi ou d'incapacité absolue du fait de ses directeurs!

Je me persuade que si, dans cet état des esprits, le bruit se fût répandu à l'avance que le gouvernement représenté par M. Jules Favre allait traiter de la paix au quartier général prussien, nous n'aurions pas attendu le 31 octobre pour être violentés par les énergumènes, et que le négociateur n'aurait pas été assuré de rentrer vivant dans Paris. Il en eut sans doute le sentiment, ne voulut pas associer le gouvernement aux responsabilités de son effort, et ne le lui fit connaître qu'à son retour, par le rapport officiel du 21 septembre, qui est encore dans tous les souvenirs.

L'effet de cette hasardeuse tentative de négociation ne pouvait manquer d'être complètement négatif. Le roi de Prusse, il est vrai, avait solennellement déclaré naguère que, forcé de prendre les armes, il distinguerait dans cette guerre entre le peuple français qui y était entraîné, et son gouvernement qui avait entendu la rendre inévitable et la faisait de parti pris. Ce gouvernement n'existait plus, et M. Jules Favre, confondant avec une sorte de naïveté patriotique les paroles royales d'avant la victoire et les actes d'après, croyait que le peuple français, resté seul en scène, allait bénéficier auprès du gouvernement prussien de ce haut engagement moral. Il fut accablé quand le comte de Bismarck, sans précaution oratoire, lui fit la déclaration suivante :

*Strasbourg est la clef de la maison, nous devons l'avoir. Il nous faut aussi les deux départements du Haut et du Bas-Rhin, une partie de celui de la Moselle avec Metz, enfin Château-Salins et Soissons.*

(Rapport officiel de M. Jules Favre, — 21 septembre, — au gouvernement de la Défense nationale.)

Ce qui me frappa le plus vivement dans cette crise imprévue, ce fut la généreuse initiative qui l'avait provoquée. M. Jules Favre n'avait pas seulement voulu que le gouvernement échappât à ses responsabilités devant la foule et aux périls qu'elles comportaient. Il lui en avait épargné, en les gardant pour lui seul, les humiliations et les amertumes qui, en raison de l'attitude des victorieux, furent infinies. Le tribun m'apparaissait sous un aspect nouveau. J'eus pour la première fois la pensée, où devaient m'affermir les épreuves qui nous attendaient au cours et à la fin du siège, que ce vieillard, las de ses fausses grandeurs, le cœur déchiré par les malheurs publics, découvrait toutes les douloureuses réalités de la situation qui était faite au pays, et s'efforçait de les adoucir, inclinant à finir dans l'esprit de sacrifice une carrière vouée jusque-là aux enivrements de la popularité.

Avant d'aller plus loin, j'introduis ici quelques réflexions. Après les événements de 1870-71, tous les passionnés et tous les crédules de notre pays, — une légion, — ont admis, sur la foi de cent journaux et d'autant de livres, que la

France avait payé de la perte de l'Alsace-Lorraine la coupable folie de la guerre à outrance par le gouvernement de la Défense nationale. Les meneurs de la célèbre enquête parlementaire dirigée contre ses actes, — qui fut, hélas! deux années durant, la tâche supérieure d'une assemblée nationale censée réparatrice, en même temps que la manifestation attristante de nos divisions et de nos haines, — n'avaient rien omis pour que cette lourde responsabilité fût définitivement acquise à ce gouvernement. Eh bien, des déclarations authentiques qu'à l'entrevue de Ferrières M. de Bismarck fit à M. Jules Favre, et que je viens de rappeler, il résulte :

*Qu'avant que la Défense nationale eût pu tenter un acte d'hostilité, avant même qu'elle eût improvisé ses armées, non seulement la cession de l'Alsace-Lorraine, mais celle de Soissons* (à laquelle la Prusse a renoncé depuis), *était la condition* sine qua non *de la paix!* Mais il y a plus, un ordre du cabinet du roi de Prusse, daté du quartier général d'Herny (14 août 1870), *antérieur de plus d'un mois à l'entrevue de Ferrières, antérieur de dix-huit jours au désastre final de Sedan, et alors que l'empire était encore debout*, constituait le gouvernement d'Alsace-Lorraine dans les limites mêmes où il est aujourd'hui !

C'est ainsi que dans notre pays déchiré par les partis se fixe l'histoire. A l'heure où j'écris (février 1882), à douze ans de ces événements déplorables, tous les Français, qui ne sont pas républicains, disent encore et beaucoup croient, malgré l'afflux des preuves matérielles contraires, que sans les criminels efforts des hommes de la Défense nationale, la France n'aurait pas été dépouillée de ses provinces du nord-est!

C'est au moment où la population de Paris résistant

encore aux épreuves qu'elle avait si courageusement supportées jusque-là, mais succombant à la faim, l'accablant devoir de la capitulation s'imposait au gouvernement, que l'attitude de M. Jules Favre acheva de lui concilier mon estime. La situation, en face des masses populaires qui venaient de faire la preuve du plus rare et du plus persévérant dévouement, mais qu'exaspéraient les excitations des sectaires criant à la trahison, n'était pas seulement périlleuse, elle semblait tragique. Les masses avaient pu être relativement contenues pendant le siège par la force morale qui résultait de la permanence de la lutte à laquelle elles avaient été quelquefois associées, et par l'espoir de la défaite des Allemands, espoir tenace dans l'esprit des foules incapables de juger le possible et l'impossible des choses militaires.

A présent que, le combat et les anxiétés du combat cessant, elles étaient livrées à elles-mêmes, à leurs souffrances, à leurs défiances, à tous les genres d'affolement, comment le gouvernement pourrait-il entamer et suivre une négociation encore plus désespérée que la lutte, car il fallait qu'à peine d'incalculables calamités elle eût un résultat immédiat, le ravitaillement de Paris? C'était, nous le sentions tous, *une négociation à merci.*

Qui en serait chargé? Qui aurait l'écœurante mission d'attacher son nom à l'œuvre de la destruction finale des espérances françaises? Serait-ce le gouvernement tout entier? Une délégation du gouvernement? Et dans ce cas, à quels procédés de désignation aurait-on recours pour la former?

Le conseil était réuni pour en délibérer, tout entier aux angoisses de la crise, quand M. Jules Favre rendit la discussion inutile, en déclarant avec simplicité qu'il considérait son mandat de ministre des affaires étrangères et ses précédents échanges avec M. de Bismarck comme le désignant naturellement pour le rôle de négociateur agissant par délégation et avec les pouvoirs, *ad referendum,* du gouvernement.

Pour le coup, j'apercevais là se manifestant clairement l'esprit de sacrifice que déjà, je l'ai dit, j'inclinais à reconnaître à M. Jules Favre, et par complément, le sacrifice lui-même, entier, sans réserve, car notre collègue n'insista pas un instant pour qu'à son effrayante responsabilité d'autres responsabilités gouvernementales fussent solidairement associées. Et ma conscience m'oblige à dire ici qu'à cette heure, la grandeur de cet acte de dévouement aurait pu se mesurer à l'effet de soulagement qu'il produisit sur tous nos esprits et à la sérénité qu'il rendit momentanément à tous nos visages !

Qu'étaient les douleurs et les humiliations que M. Jules Favre avait rencontrées à Ferrières où, secrètement et à titre personnel, il cherchait à traiter, alors que la Défense nationale se constituait, auprès des douleurs et des humiliations qui l'attendaient à Versailles où il allait négocier officiellement des préliminaires de paix, la Défense nationale aux abois et Paris affamé ! Elles furent intolérables, et c'est là, je pense, qu'épuisé par des émotions et par des fatigues qui dépassaient de beaucoup ses forces sexagénaires, il contracta le germe de la maladie de cœur qui devait finir sa vie.

De l'ensemble des épreuves qu'il subit alors et depuis, je ne rappellerai ici qu'une circonstance particulière, dénaturée par les passions politiques qui s'en servirent pour lui porter le dernier coup, comme elles s'étaient servies de la perte de nos provinces pour achever le gouvernement de la Défense devant l'opinion. Je veux parler de l'imputation, passée à l'état de légende, qu'elles firent peser sur M. Jules

Favre *d'avoir oublié l'armée de l'Est* dans les stipulations d'où sortit l'armistice de Versailles avec la suspension des hostilités.

Pour mettre la légende à néant, il semblerait qu'il suffît d'en montrer l'invraisemblance. Est-il vraisemblable, en effet, que parti pour Versailles avec des instructions générales dont le double objet était : 1° *la suspension des hostilités;* 2° *l'élection dans toute l'étendue du territoire et la convocation d'une assemblée nationale appelée à convertir ces préliminaires de paix en un traité de paix,* le négociateur frappé d'insanité *ait oublié* de comprendre, dans ces préliminaires, celle des armées françaises qui était le plus en évidence par le but de ses opérations ?

Mais, après l'invraisemblance de la légende par le raisonnement, sa fausseté par les faits se démontre encore plus clairement. Est-il possible, en effet, que le résultat des négociations se traduisant par ce télégramme historique, *concerté avec M. de Bismarck, approuvé et transmis par lui* (nous n'avions aucun moyen de communication avec le dehors), de M. Jules Favre à M. Gambetta : « Nous avons signé un armistice, *faites-le exécuter partout,* » puisse moralement et matériellement laisser l'ombre d'un doute sur l'extension, à toutes les armées, des mesures suspensives des hostilités, que prescrivait le télégramme du délégué du gouvernement ? Il en laisse si peu, que M. Gambetta les exécute à l'instant, bien qu'à contre-cœur, et que l'avis de l'armistice arrive par lui à l'armée de l'Est comme à toutes les autres armées. Et les partis ont pu soutenir et faire prévaloir dans l'esprit public cette énormité que M. Jules Favre l'avait oubliée ! Mais alors comment et pourquoi fut-elle avertie ?

Ce qu'il fallait rechercher de bonne foi, — si les passions politiques étaient capables de bonne foi, — *c'est comment et pourquoi l'armée de l'Est, avertie de la suspension des hostilités, s'en était vu refuser le bénéfice par les généraux prussiens qui pressaient sa retraite vers la Suisse,* alors que le comte de Bismarck avait admis et transmis le télégramme avertisseur, alors que le roi de Prusse, présent à Versailles, adressait à la reine Augusta, le lendemain (29 janvier) de la signature de la convention portant armistice, le célèbre télégramme qui lui annonçait, sans aucune restriction, la fin des hostilités et de l'effusion du sang !

C'est qu'il y avait là une équivoque dont le profit fut pour les généraux prussiens, le dommage pour les nôtres, et qui résultait, je vais le démontrer, *de la coïncidence fatale des événements qui se pressaient dans l'est, autour des derniers efforts de la Défense nationale, avec la conclusion de l'armistice que M. Jules Favre signait à Versailles.*

Il était fixé, quand il se rendit au quartier général prussien, sur le douloureux état de nos affaires militaires dans le nord et dans l'ouest; mais il ne savait rien, comme nous tous, de l'armée du général Bourbaki, dont les premières opérations, plus heureuses en apparence qu'en réalité, avaient enflammé toutes les espérances; rien de la situation présente des importantes places fortes de cette région, notamment de Belfort, dont l'énergique défense avait été jusque-là, dans nos malheurs, l'une de nos rares consolations. Le comte de Bismarck annonçait, il est vrai, que l'armée de l'Est, battue et tournée, n'avait plus que l'alternative de mettre bas les armes ou de passer la frontière; que la place de Belfort, écrasée par le feu de l'assiégeant, était hors d'état de continuer la lutte, et il en demandait la reddition immédiate. Le patriotisme de M. Jules Favre n'y put consentir qu'à la condition que les nouvelles allemandes de M. de Bismarck fussent confirmées par les nouvelles françaises du général Bourbaki, et c'est alors qu'après un vif débat, fut insérée dans la convention de Versailles la clause qui, exceptant de l'armistice les trois départements de l'est et Belfort, semblait en contradiction avec le télégramme : *Nous avons signé un armistice, faites-le exécuter partout,* et créait l'équivoque.

Cette contradiction n'existait pas. Elle n'était qu'une fiction de protocole, dont l'effet devait être limité au temps très court (quelques heures) nécessaire au général Bourbaki pour faire connaître au gouvernement, par le télégraphe allemand, la situation de son armée et de la région où elle opérait. Le télégraphe resta muet par la raison décisive, autant que douloureuse, que dès le 26 janvier, *deux jours avant la signature de l'armistice,* le général Bourbaki, dont la compétence militaire et la fermeté sont connues, avait jugé son armée irrévocablement perdue et s'était résolu au suicide.

De cette succession de faits indéniables résulte la preuve : 1° que c'est sans vérité, sans justice, que les haines politiques de ce temps ont imputé à M. Jules Favre la faute inconcevable, dont la légende charge à présent sa mémoire, d'avoir oublié l'armée de l'Est dans les négociations de Versailles ; 2° que, dès l'ouverture des négociations, le sort de l'armée de l'Est était fixé et que son commandant en chef, n'en pouvant supporter la pensée, accomplissait avant l'armistice, par conséquent avant tous les effets qu'on lui attribue, l'acte de désespoir qui achevait les déplorables complications dont furent entourés les derniers moments d'existence de cette armée. Sa retraite forcée sur le territoire helvétique, au moins de quelques-unes de ses fractions désorganisées, ordonnée ou non, commençait au moment où M. Jules Favre signait la convention de Versailles.

A deux jours de là, le gouvernement, surpris et inquiet

de rester sans nouvelles de l'est, fut définitivement alarmé, quand M. Jules Favre, revenant de Versailles où il pressait l'exécution des stipulations relatives au ravitaillement de Paris, lui annonça que le comte de Bismarck avait exprimé l'intention d'exclure de l'armistice Garibaldi et ses Italiens. Au commencement de la guerre de la Défense nationale je m'étais opposé, en conseil de gouvernement, avec la plus ferme conviction, à l'admission dans nos rangs de tout officier ou soldat étranger, expressément de Garibaldi, et mon opinion motivée avait rencontré, je dois le dire ici, l'appui de M. Jules Favre. Mais l'avis qu'il nous apportait de Versailles me mit hors de moi.

« Messieurs, — dis-je aux membres du conseil, — ayant
« été naguère admis[1], contre notre avis, le concours de
« Garibaldi et de son monde, vous avez à présent le devoir
« de subir les conséquences de cette résolution. Garibaldi
« est sous le drapeau français, et la protection lui en est
« acquise comme à nos propres soldats. De quel droit le
« comte de Bismarck séparerait-il de l'armée de l'Est un
« groupe de combattants qui en fait partie? Si l'exécution
« de l'armistice dépend de ses volontés arbitraires, leur
« effet peut s'étendre demain à toute autre partie de cette
« armée, à cette armée elle-même. La situation que nous
« fait cette communication est effrayante pour nos respon-
« sabilités. Il faut qu'elle soit précisée et que nous sortions
« de cette douloureuse incertitude. »

A ces protestations, que M. Jules Favre portait immédiatement à Versailles, les événements avaient répondu. L'armée de l'Est, souffrant de la faim, du froid, excédée, démoralisée, avait cherché un refuge en Suisse.

Si les partis, et entre tous, le parti de l'empire directement responsable de cette guerre funeste, n'avaient pas été

---

[1] Par la délégation de Tours.

dominés par le haut intérêt qu'ils avaient à décrier la Défense nationale, spécialement dans la personne de M. Jules Favre quant aux négociations de Versailles, ils auraient reconnu que les malheurs qu'ils ont imputés à son incapacité, à sa négligence, à *ses oublis,* avaient deux causes principales très apparentes :

C'est 1°, que l'implacable fatalité qui, dès l'origine de cette guerre et indépendamment des irréparables erreurs de sa préparation, a pesé sur notre pays, a voulu que la désorganisation finale de l'armée de l'Est coïncidât jour pour jour, en quelque sorte, avec la désorganisation finale de la défense de Paris, acculé à la famine et privé de toute communication avec le dehors. Si le gouvernement, aux prises à Paris avec de si pressantes calamités, avait eu quelques jours, une semaine seulement, pour se reconnaître, pour échanger des informations avec le général Bourbaki tenant encore la campagne, l'armée de l'Est aurait eu la même destinée que les autres armées de la Défense nationale.

C'est 2°, que l'autorité allemande, au cours de ces négociations, par des raisons qu'expliquent surabondamment son état d'omnipotence absolue et la nature du gouvernement de hasard avec lequel elle traitait, ne s'est jamais tenue pour liée vis-à-vis de lui que dans la mesure qui convenait à ses intérêts et à ses vues. Et je répète ici ce que j'ai déjà dit et écrit ailleurs [1] :

« Vous cherchez les responsables des incertitudes, des
« malentendus, des sous-entendus, sans vous arrêter un
« instant à ce fait accablant que l'ennemi, après avoir com-
« pris ou interprété les stipulations comme il lui a plu, est
« resté maître, exclusivement maître de leur exécution,
« puisque tout lui appartenait, non pas la force seulement,
« mais les télégraphes, les chemins de fer, les voies ordi-

---

[1] *Pour la vérité et pour la justice* (1873).

« naires, les informations sûres, tout l'ensemble des moyens
« dont nous ne disposions pas. Et où sont les responsables
« de ces durs sévices dont furent çà et là les victimes (pen-
« dant l'armistice et sous peine d'exécution militaire qui
« maintenait en réalité l'état de guerre dans l'armistice)
« les populations qui ne devaient que les réquisitions pour
« les besoins journaliers des troupes allemandes, et qu'acca-
« blaient des impositions extraordinaires, dépassant de plu-
« sieurs années les revenus des communes ? Où sont les
« responsables de la destruction par le feu de Montretout,
« de Garches, de la ville de Saint-Cloud dont l'embrase-
« ment s'achevait le jour même de la signature de l'armis-
« tice ? »

La thèse que je soutiens ici m'oblige à rappeler ces événements, dont je ne fais pas aux Allemands un grief irrémissible. La guerre n'est jamais exempte de violences.
Celles que nous avons autrefois commises en Allemagne,
quand nous y étions à l'état d'envahisseurs, avaient souvent
révolté le maréchal Bugeaud, qui en avait gardé le souvenir
et nous en faisait le frappant récit.

J'aurai terminé cette discussion pour la vérité et pour la
justice quand j'aurai dit que M. Jules Favre, s'affirmant de
plus en plus et s'isolant jusqu'au bout dans l'abnégation,
n'exigea pas que la signature de chacun des membres du
gouvernement vînt se joindre solidairement à la sienne, sur
l'acte international qui consacrait l'ensemble des conventions arrêtées à Versailles ! Ce dernier trait achevait la con-
version qui s'était faite graduellement dans mon esprit à
l'égard des mérites patriotiques de cet homme singulier, et
c'est après l'avoir fait connaître que je placerai les réflexions philosophiques qui seront la conclusion de cette
notice, comme elles ont été la conclusion de toutes les
notices qui l'ont précédée :

Pendant une longue carrière publique, celle qui lui fit le piédestal qu'il eut longtemps dans son parti et lui valut dans tous les autres l'autorité qui le conduisit aux honneurs de la représentation nationale, de l'Académie française et à une sorte de notoriété universelle, M. Jules Favre n'avait en réalité bien mérité que de lui-même, en mettant toutes ses facultés et tous ses talents au service de ses passions politiques, de sa popularité, de son ambition.

En 1870, devenu accessible à de plus hautes aspirations par la pensée de l'écrasement du pays, par les expériences d'une vie pleine d'agitations, par les avertissements de la vieillesse, il s'était, peut-être à son insu, transformé. Dans la ruine des intérêts publics et privés, il semblait qu'en allant au-devant des plus périlleuses responsabilités, en bravant froidement toutes les amertumes et toute l'impopularité qu'elles portaient avec elles, il voulût s'offrir en victime expiatoire des erreurs de son passé et des égarements de ses contemporains. Ce fut une digne fin de carrière. Aussi aucun genre d'accusation, de raillerie, de décri, ne lui a-t-il manqué, et à l'heure qu'il est, lui mort et déjà oublié, si quelques-uns de ses anciens coreligionnaires politiques, restés ses amis, font un retour sur sa mémoire, c'est pour dire avec toutes les marques d'une commisération attristée :

*Quel malheur qu'il ait si mal compris sa mission de négociateur à Versailles!*

La carrière de M. Jules Favre est caractéristique du régime des jugements à outrance qui, dans les partis, vont sans raison jusqu'à l'apothéose et sans justice jusqu'à l'insulte, régime auquel la société française, tourmentée et jetée hors de ses voies par les révolutions, soumettra désormais tous les hommes publics arrivés à la notoriété[1].

---

[1] Au moment où je termine cette notice, on me dit que M. Jules Favre a publié lui-même un livre sur les événements de 1870-1871.

## Le général Clément Thomas
## et les meurtres révolutionnaires du 18 mars 1871.

Le général Clément Thomas avait été appelé par ses coreligionnaires républicains, membres du gouvernement de la Défense, au commandement en chef de la garde nationale, après l'insurrection du 31 octobre qui rendit à l'état-major allemand l'espoir de la prochaine capitulation de Paris et mit fin aux négociations commencées auprès de lui par M. Thiers. Il avait d'anciens états de service républicains qui expliquaient le choix dont il était l'objet. La révolution de 1848 lui avait apporté l'évidence politique avec le mandat de représentant, et une sorte d'évidence militaire avec le commandement d'une légion de la garde nationale de Paris.

Il avait autrefois servi dans l'armée et montré qu'il s'en souvenait quand avait éclaté l'insurrection du 15 mai 1848, suivie de l'envahissement, par la foule armée, de l'enceinte où siégeait la représentation nationale. Colonel chef de légion, il avait concouru à la répression de ce soulèvement révolutionnaire avec une énergie fort remarquée, et qui lui avait valu, une première fois, le commandement en chef de la garde nationale de Paris.

Je ne l'avais jamais vu, et quand il me fut présenté après cette nomination au même haut emploi, l'expression de franchise de sa physionomie et la correction de son attitude m'impressionnèrent très heureusement. Grand, d'apparence

---

Je ne sais comment il les a envisagés et comment il s'est expliqué, notamment sur la question de l'armée de l'Est, dont l'oubli lui fut si vivement reproché. Ce que j'affirme, c'est que l'explication que j'en ai donnée est la vraie.

vigoureuse, portant entière une barbe et des moustaches grisonnantes qui, seules, annonçaient ses soixante-deux ans, il avait au plus haut degré l'aspect d'un colonel de cavalerie sorti de sa retraite pour remplir le devoir commun.

Il prenait possession de son commandement au milieu d'événements assez graves pour troubler les esprits les plus résolus et déconcerter les espérances patriotiques les plus fermes. Les complots anarchiques, ourdis par des sectaires absolument insoucieux de l'avenir du siège et qui avaient groupé autour d'eux tous les aventuriers, tous les déclassés dont fourmille Paris, avaient succédé aux manifestations antiprussiennes, bruyantes et folles, qui en avaient agité les commencements. Et presque tous ces hommes qui devaient, après le siège, former le noyau de la Commune de Paris, soutenir un second siège contre l'armée française et présider aux effroyables attentats dont le souvenir est dans tous les esprits, avaient obtenu de l'élection des commandements et comptaient des milliers d'affidés dans la garde nationale dont Clément Thomas devenait le chef.

Dans les échanges de vues que j'avais eus avec lui au sujet de cette périlleuse situation et de l'avenir qu'elle nous préparait, je l'avais trouvé calme, ferme, modeste, déférent et, ce qui me surprit agréablement, exempt des préoccupations de politique républicaine exclusive dont les malheurs de la France foulée par l'invasion et les épreuves de Paris soumis aux sévices du siège, n'avaient pu délivrer l'esprit des adeptes même les plus éclairés du parti. Il m'avait montré les principes et tenu le langage d'un soldat de profession pénétré des grands devoirs qui s'offraient à lui, se rendant compte des conflits qu'il allait rencontrer, décidé à remplir les uns, à lutter énergiquement pour le règlement des autres, dans l'intérêt de la redoutable direction d'affaires qu'il prenait en mains.

A l'œuvre, le général Clément Thomas, secondé par le patriotique dévouement de son chef d'état-major général le colonel Montagut, ancien élève de l'École polytechnique, ancien officier d'artillerie, et qui était aussi une notoriété républicaine, avait pleinement justifié les espérances que j'avais mises en lui. Empêché comme nous tous par les menées des sectaires et par le débordement des passions populaires, placé à leur centre par sa fonction, il ne leur avait jamais rien cédé, et c'est avec la plus louable fermeté que, jusqu'au terme de son mandat, tout entier à ses responsabilités de chef militaire, il avait lutté pour le maintien de l'ordre dans les foules désordonnées qu'il commandait. Ses efforts, impuissants à faire le bien, avaient empêché beaucoup de mal.

En moins de deux mois, par des rapports sévèrement motivés, il avait provoqué auprès du gouverneur et obtenu la destitution de plus de six cents officiers de la garde nationale que des actes publics ou privés, contraires aux devoirs ou à la dignité de leur mandat, avaient compromis. Enfin, par des ordres du jour empreints du plus vigoureux esprit militaire et d'un vif sentiment de la grandeur du péril public, il avait signalé à la garde nationale ceux de ses groupes qui s'agitaient bruyamment dans les rues de Paris sans agir sur le champ de bataille, et avait voué à son mépris ceux qui avaient lâché pied devant l'ennemi.

C'est par ces courageuses exécutions, par son dédain des clameurs de la foule, que le général avait assumé les haines qui devaient armer contre lui les lâches assassins du 18 mars, quand la défection de quelques bataillons leur livra Paris.

Ce jour-là, Clément Thomas, rendu à la vie privée depuis quelques semaines, cheminait en observateur sur les confins des lignes gardées par les insurgés maîtres de Montmartre, l'âme remplie des douloureuses émotions dont la grandeur des événements qu'annonçait leur attitude menaçante, pénétrait tous les bons citoyens. Il recueillait des renseignements quand, l'agitation et les clameurs grossissant autour de lui, il apprend que le général Lecomte, abandonné par ses troupes, a été saisi, outragé, et qu'il est entraîné par les gardes nationaux en armes.

Clément Thomas s'élance dans cette direction, comme les bons soldats vont au feu, sans s'arrêter à la pensée de son impuissance présente, de son propre péril, croyant même, je me le persuade, avec la naïveté qui est propre aux hommes de cœur et de bonne foi, que son double caractère d'ancien commandant en chef de la garde nationale et de vétéran de la cause républicaine impressionnera ces foules en délire et que son intervention sauvera l'infortuné général.

Il est saisi, outragé, entraîné à son tour, et ces deux bons serviteurs du pays, fusillés côte à côte au pied du même mur, tombent, Lecomte pour mourir sur le coup, Clément Thomas pour se relever trois fois et crier trois fois à ses assassins de sa vaillante et forte voix : « Lâches! »

Il ne s'était pas souvenu, il n'avait pas voulu se souvenir que vingt-trois ans auparavant, dans les mêmes sentiments de naïve confiance, de patriotisme et d'abnégation, le général de Bréa était tombé sous les coups des précurseurs de la Commune...

## Le chef d'escadron d'état-major Capitan.

Ancien élève très distingué de l'École polytechnique, lieutenant d'état-major stagiaire d'infanterie dans l'un des régiments de ma brigade au siège de Sébastopol, ce jeune officier avait fait sous mes yeux de telles preuves d'énergie et de capacité militaire, que j'avais demandé et obtenu qu'il me fût attaché à titre d'aide de camp.

Dans cette guerre d'Orient, dans la guerre d'Italie, je l'avais vu dépensant sa vie avec une ardeur de dévouement qui m'avait pénétré pour lui d'une affectueuse estime mêlée d'une sorte de respect, car à sa vie se rattachaient de grands et chers intérêts. Encore sous-lieutenant élève à l'école d'application d'état-major, il avait épousé une jeune femme dont les mérites égalaient les siens, et quand avec cette rare fermeté il allait dans la guerre au-devant du péril, il était déjà père de deux enfants tendrement aimés; il était le modèle des chefs de famille à l'âge où le commun des hommes n'aspire qu'aux revenants-bons des premières années de liberté.

Capitaine d'état-major, légionnaire et déjà entouré parmi ses compagnons d'une notoriété brillante, il se reposait auprès de moi, dans le service de l'inspection générale, des fatigues de nos guerres passées, quand celle du Mexique apparaissait à l'horizon. L'amiral Jurien de la Gravière, à la fois chargé d'un commandement naval et d'un commandement militaire, me demandait de lui céder, au titre de cette dernière mission, mon aide de camp dont il connaissait le dévouement, l'expérience acquise et les grandes facultés. Profondément affligé de cette séparation et hanté par de sombres pressentiments, je me rendais cependant aux instances de l'amiral, sous la double préoccupation, hélas!

trop exclusive, d'assurer à cette jeune carrière si bien commencée tous les développements qu'elle devait rencontrer dans cette guerre, et d'acheminer vers le commandement, dans l'intérêt de l'armée, un officier appelé à être un jour l'un de ses chefs les plus considérables.

L'armée du Mexique, dès ses débuts, va au-devant des douloureuses péripéties qu'on sait, et que la prudence de l'amiral, par le judicieux traité de *La Soledad*, avait voulu lui épargner. Chef d'escadron d'état-major et officier de la Légion d'honneur à trente-trois ans, Capit in prend au siège de Puebla, si disputé et si meurtrier, une part qui lui fait dans le corps expéditionnaire une place de premier rang. On le voit constamment aux postes les plus périlleux, encourageant, dirigeant, se multipliant sous le feu.

Dans les travaux d'approche, un passage où vingt de nos hommes avaient péri dans la matinée avait été interdit. Un soldat du génie mal informé y pénètre. Capitan l'aperçoit, court à lui, le saisit à bras-le-corps et l'entraîne à l'abri. Le soldat est sauvé, mais le sauveur a été mortellement frappé...

C'est ainsi que périt, au seuil d'un avenir sans limites, « le plus distingué et le plus digne » de tous les jeunes officiers qu'au cours d'une longue carrière j'ai pu juger. Ce fut l'un des grands deuils de ma vie. Depuis, son infortunée veuve est parmi nous le plus haut exemple qu'on ait jamais vu peut-être de l'esprit de sacrifice, de soumission chrétienne, de dévouement dans l'effort maternel.

Je remplis un devoir en même temps que j'acquitte une dette, en recommandant au souvenir des amis du pays ce généreux officier, sa femme, ses enfants, tous victimes de l'une des plus folles entreprises qui aient préparé l'abaissement de la France dans le monde.

## CONCLUSION

### J'ai toujours vu les généreux périr.

M. Guizot, venu de Nîmes à Paris, ses études terminées, avait été accueilli par un sénateur comte de l'Empire, à qui sa famille l'avait recommandé. Ce haut personnage avait échangé, selon la loi du temps, les doctrines et la gêne de son passé républicain contre les nouvelles croyances césariennes et l'opulence qui les récompensait. Il avait expérimenté les réalités de la politique et de la vie.

Le débutant, avec l'ardeur de ses dix-neuf ans, lui exposait ses vues d'avenir en des termes qui témoignaient de sa foi dans la liberté, la vérité, la justice, dans tout ce qui ennoblit la destinée des nations et la carrière des hommes publics.

« Mon jeune ami, — lui répondait le sénateur, — défiez-vous et défaites-vous de ces tendances idéologiques : *j'ai toujours vu les généreux périr.* »

Maxime réaliste que l'expérience spéciale du maréchal Bugeaud confirmait sous une autre forme, dans l'une de ces causeries philosophiques et pratiques où il se plaisait : « Observez attentivement, — me disait-il, — ce qui se passe à la guerre, vous verrez que *ce sont toujours les mêmes qui se font tuer.* »

Je le dis à mon tour : « j'ai toujours vu les généreux périr, » et par les exemples que j'ai cités, me bornant à quelques-uns, je crois en avoir fait la preuve. J'ajoute que le bénéfice du dévouement des généreux revient aux habiles servis par l'inconsistance du jugement public, encore plus souvent qu'aux heureux servis par la fortune.

Dans l'histoire de ce pays, entre toutes les illustres victimes de l'effort généreux, notre Jeanne d'Arc est à une hauteur qui ne sera, je pense, jamais dépassée. Mais à l'heure même où j'achève cette digression philosophique, le précepte de l'avisé conseiller de M. Guizot reçoit une éclatante et douloureuse consécration par la mort tragique, à Khartoum, — entre l'abandon et la trahison, — du général anglais Gordon.

Le jugeant non seulement par les entreprises extraordinaires, par les actes d'une audacieuse énergie dont fut remplie sa courte carrière, mais encore et surtout par sa correspondance qui révèle tant d'équilibre de caractère et de hauteur d'âme, j'estime que cet homme a été, parmi les contemporains, le type achevé du courage chevaleresque et du désintéressement généreux.

Il devait finir comme il a fini.

Au chapitre *des généreux qui périssent,* j'aurais à joindre le chapitre *des habiles qui triomphent.*

On y verrait qu'après chacune de nos guerres et de nos révolutions, plusieurs des noms auxquels le journalisme, et par suite la légende, ont décerné la notoriété, même l'illustration, étaient les noms de calculateurs bien doués, adroits à saisir l'heure de paraître ou de disparaître, quelques-uns de purs charlatans.

Mais à quoi bon? Je me suis cru le devoir d'honorer les uns. Je ne me sens aucun goût à diminuer les autres.

# CHAPITRE I

CONTENANT L'EXPOSÉ SOMMAIRE DES FAITS QUI ONT PRÉCÉDÉ
EN LE PRÉPARANT
LE DERNIER EFFORT DE MA CARRIÈRE, LE SIÈGE DE PARIS

### La légende.

Le récit que je vais faire des événements qui ont préparé le *siège de Paris*, des événements qui en ont marqué les commencements, la suite et la fin, ne sera ni technique au point de vue militaire, ni spécial au point de vue politique. Je croirais en rabaisser l'objet, si je le réduisais sous ce double rapport aux proportions d'une nouvelle controverse à joindre à toutes celles, en nombre infini, que ces événements ont fait et feront naître. Je sais, d'ailleurs, que ce livre posthume peut encore moins prétendre à rectifier la légende du siège de Paris, que l'irréfutable livre du colonel Charras à rectifier celle de la campagne de Waterloo. Les légendes populaires françaises sont aussi indestructibles dans l'esprit de la foule que contraires à la réalité, et il n'en saurait être autrement, car elles sont créées par la vanité nationale qui survit à toutes les défaites, et par les haines des partis que les malheurs publics, dont ils s'attribuent réciproquement la responsabilité, rendent intraitables.

Au milieu de ce désordre profond, peut-être irréparable,

de l'esprit public, on trouve encore en France des hommes de caractère, isolés dans la masse sociale, qui gardent le souci de la vérité, de la justice, de l'impartialité, et qui, se refusant à juger par les autres, entendent juger par eux-mêmes et s'y préparent par l'étude attentive et personnelle des faits. C'est à ceux-là, à ceux-là seulement, que j'offre les éléments d'examen et d'information que je réunis dans ce livre.

---

## Ma famille, mon éducation. —
### Mes vues sur nos institutions militaires et sur l'armée avant la chute du second empire.

En France aujourd'hui, il n'y a pas d'hommes publics, si peu connus qu'ils soient, qui échappent aux entreprises de l'industrie particulière des biographes spéculant sur leur vanité. Toujours je leur ai refusé systématiquement les renseignements qu'ils m'ont demandés, et sur ma naissance et ma famille[1], sur les commencements de ma vie, ils en ont publié d'imaginaires Je ne me propose pas de les rectifier ici, en substituant à des inventions qui sont sans intérêt, des réalités biographiques qui n'en auraient pas davantage. Mais comme, loué ou décrié, l'effort que j'ai fait à Paris quand s'accomplit à la frontière la ruine de notre fortune militaire, ne fut pas le résultat du hasard des événements; comme cet effort se liait étroitement à des précédents personnels qui me le rendaient obligatoire, il faut,

---

[1] On a dit et écrit que j'étais le fils d'un garde-magasin. Mon père, connu dans le monde agricole de la Restauration et du gouvernement de Juillet, était officier principal de l'administration de la guerre, officier de la Légion d'honneur, et il fut trente ans, comme moi-même après lui, conseiller général du Morbihan.

quoi qu'il m'en coûte, que je fasse connaître ces précédents. Seuls ils peuvent expliquer comment j'ai envisagé les devoirs que me créait, en 1870, une situation dont personne, je pense, ne trouvera que j'exagère les périls, en affirmant qu'elle était sans issue.

Je dirai d'abord qu'appartenant à l'une de ces familles bourgeoises de Basse-Bretagne dont les chefs, entourés de l'estime publique, élevaient leurs nombreux enfants : moralement, dans la croyance, dans les respects et dans le devoir entendu jusqu'à l'esprit de sacrifice; politiquement, dans le libéralisme le plus large et le plus sincère, je dois aux leçons de mon enfance et à ma première éducation les principes qui m'ont guidé et les sentiments qui m'ont soutenu dans les grandes épreuves. S'il était possible qu'à l'âge où je suis elles me fussent encore une fois infligées, je reprendrais, sans souci des railleries, des injures et des calomnies, le rôle dont j'ai librement assumé les responsabilités au temps de l'invasion et du siège de Paris.

Ces premiers renseignements sur un passé qui a dominé ma vie entière suffiront, avec les explications qui vont suivre, à faire comprendre que si, pendant la douloureuse crise de 1870, j'ai pu me tromper, je n'ai pas pu juger et agir autrement que je n'ai jugé et agi. On ne refait pas au gré des événements les principes et les sentiments qui ont été la règle, bien ou mal entendue, de toute une carrière. Mon attachement aux uns et aux autres était assez ferme pour aller jusqu'à la révolte contre ma famille de qui je les tenais, comme le montre la lettre suivante[1] :

[1] Au cours de ce récit que je veux appuyer de toutes les preuves qui témoigneront de son entière sincérité, je reproduirai plusieurs lettres qui, comme celle-ci, ont été autrefois publiées, et des extraits de quelques livres que j'ai écrits avant les événements de 1870 et après.

« Paris, le 15 décembre 1851.

« Votre lettre politique du 10 de ce mois exprime, au
« sujet de la révolution militaire du 2 décembre, un sen-
« timent de satisfaction intérieure et de quasi-enthousiasme
« que je m'explique sans peine. Vous êtes tous ensemble
« des types bourgeois accomplis et vous avez dû consé-
« quemment passer, avec toute la bourgeoisie parisienne
« que j'ai sous les yeux, par les impressions successives
« que voici :

« Premier jour (avant la réussite certaine de l'entreprise),
« consternation et colère.

« Deuxième jour (après la réussite), rassérénement.

« Troisième jour, retour à une sécurité absolue.

« Quatrième jour, enthousiasme.

« Cinquième jour, indignation contre les hommes restés
« dans l'effroi de l'avenir. La Bourse monte de dix francs,
« toutes les valeurs industrielles et commerciales suivent
« le mouvement ascensionnel, l'hydre socialiste est anéantie,
« vive le président ! vive l'empereur !

« Est-ce que je n'avais pas vu de mes yeux le préfet de
« police Caussidière[1], considéré comme le ferme rempart
« de l'ordre, caressé, fêté par tous les bourgeois conser-
« vateurs de Paris et, finalement, réunissant pour entrer
« à l'Assemblée nationale le chiffre incroyable de cent
« quarante-huit mille voix, que personne n'a atteint depuis !

« C'est qu'en effet l'absence des croyances religieuses, les
« longues prospérités de la paix, le culte de l'argent, ont
« livré la classe intelligente et raisonnante de notre pays
« à l'homme ou à la chose qui lui assure la sécurité des

---

[1] Célèbre révolutionnaire de 1848, l'effroi des conservateurs avant cette révolution, leur espoir après.

« intérêts matériels et la possession du moment, quel que
« soit l'homme et quelle que soit la chose.

« Au milieu de tant de naufrages révolutionnaires, un
« principe avait cahin-caha surnagé, le principe de la léga-
« lité. Des hommes considérables dans le pays, tendant
« d'ailleurs à des buts politiques très divers, avaient cher-
« ché à faire prévaloir ce principe autour duquel commen-
« çait un certain travail de l'esprit public. Ce travail et la
« force qu'y pouvait trouver un jour la société en péril,
« sont anéantis en vingt-quatre heures!

« D'autre part, l'armée avait puisé jusqu'à présent dans
« sa mission qui était d'assurer le règne de la loi, mission
« pleine de grandeur, d'austérité et indépendante des per-
« sonnes et des choses, une ferme confiance en elle-même
« et un légitime prestige devant la nation. Aujourd'hui
« l'armée n'est plus qu'un instrument politique. Elle défait
« la loi à coups de fusil, elle la refait le lendemain à coups
« de vote[1], et la voilà fière de la prétendue importance
« qu'elle vient d'acquérir dans l'État!

« Bonnes gens, gardez votre joie. Vous m'avez traité de
« visionnaire quand je vous dénonçais le retrait par le pou-
« voir, en vue de préparer la ruine de l'Assemblée, de la
« loi du 31 mai[2]; d'illuminé, quand je vous révélais l'exis-
« tence probable d'un complot militaire prêt à éclater dans
« Paris. *Aujourd'hui je vous affirme que, à moins que la*
« *Providence ne change par quelque faveur spéciale le*
« *cours de vos destinées, l'édifice où vous allez vous abriter*
« *s'écroulera sur vos têtes et vous écrasera.*

« J. Trochu. »

---

[1] Après le coup d'État, l'armée avait voté, et, par une disposition qui dut être rapportée en raison du scandale qu'elle fit, *les officiers avaient été astreints à signer leurs votes.*

[2] Cette loi, apportant quelques restrictions à l'exercice du suffrage universel, avait réduit le nombre des votants.

Tel était, dans ma pensée intime, l'aspect sous lequel m'apparaissaient le coup d'État et les actes de compression violente ou de corruption qui préludaient à l'empire. Le pays en jugea autrement. Dans un élan de confiance enthousiaste, exprimée par des millions de suffrages, il courut au-devant de ses destinées. Elles devaient être, pour la seconde fois dans ce siècle, l'éclatante et douloureuse confirmation de cette profonde maxime de Franklin :

*Les nations qui sacrifient leur liberté à leur sécurité n'ont ni liberté ni sécurité, et méritent de perdre l'une et l'autre.*

Comme tous les officiers de ce temps-là, je m'étais soumis à la volonté du pays, et c'est loyalement, sincèrement, sans aucune arrière-pensée politique, que j'ai servi l'empire dans l'armée; mais, ne pouvant effacer de mon esprit le souvenir de ses origines et les défiances qu'elles m'inspiraient, je m'étais lié par un *vœu*[1] à l'obligation de refuser, dans la suite de ma carrière, tout commandement, en dehors du temps de guerre, et toute direction d'affaires qui m'associeraient par des emplois supérieurs à la responsabilité morale des actes du nouveau pouvoir. A cet engagement je n'ai pas cessé d'être fidèle, et voilà comment il se fait que, de 1855 à 1870, dans une période de quinze ans de généralat, les guerres de Crimée et d'Italie exceptées, je me suis exclusivement renfermé dans l'emploi de membre d'un comité d'armes, qui ne comportait que la discussion des avis consultatifs demandés par le ministre, et dans la mission d'inspecteur général de l'infanterie, qui ne comportait que le contrôle de l'état disciplinaire et organique des troupes à pied[2].

[1] Vieille tradition du pays bas-breton, spécialement du département du Morbihan. On s'y lie, dans les circonstances critiques de la vie, par une promesse qui a le caractère d'un engagement religieux.

[2] J'ai été trois ans directeur-adjoint, en sous-ordre, au ministère de la guerre, où l'état de santé de mon chef m'a souvent obligé de le remplacer.

Voilà pourquoi, pendant la même période de quinze ans, j'ai décliné plusieurs mandats considérables, dont le refus systématique acheva de me rendre suspect à l'empereur qui cependant, j'ai le devoir de le dire, parut me rester bienveillant, et à l'impératrice à qui on persuada et qui disait tout haut que j'étais l'un des agents les plus actifs de la politique orléaniste.

Je n'avais pas, je n'ai pas encore aujourd'hui l'honneur d'être personnellement connu des princes d'Orléans, pour qui j'ai toujours eu, d'ailleurs, le respect que méritent leur patriotisme et la dignité de leur vie publique[1].

De ces refus d'emplois, la nomenclature ne serait pas ici à sa place, et je me borne à rappeler le premier en date, parce qu'il est caractéristique du ferme sentiment que j'avais, *quatorze ans avant la chute du second empire,* et quand l'héritage des gloires militaires du premier lui semblait acquis, des périls que préparaient à ses armées les erreurs de principe et de fait qui présidaient à leur constitution et à leur direction.

Je rentrais en France après le siège de Sébastopol, avec l'évidence relative, méritée ou surfaite, qu'a toujours un général de quarante ans, et je recevais du ministre de la guerre, maréchal Vaillant, la lettre autographe suivante :

« Paris, 27 novembre 1855.

« Mon cher général,

« J'ai été bien heureux de recevoir de vos nouvelles et
« je vous aurais remercié plus tôt de votre bonne

---

[1] Les journaux du parti orléaniste se sont toujours signalés, — par des raisons que je ne puis saisir, — entre les feuilles publiques qui

« lettre[1], si j'avais été un peu plus libre. Vous voilà avec
« une belle et honorable blessure qui, j'espère, se guérira
« bientôt tout à fait et ne vous laissera plus que l'honneur
« de l'avoir reçue. Vous avez été un des plus fermes dans
« cette armée d'Orient où plusieurs ont eu des défaillances.

« Cette force d'âme ne m'a pas surpris chez vous,
« mais j'aime à vous dire qu'elle m'a fait grand plaisir.

« Voulez-vous venir au ministère prendre la direction du
« personnel? Vous voyez que je vais droit au but et sans
« ambages. Le bon, l'excellent Pessard est trop empêché
« par son état maladif. Le colonel-adjoint ne peut le sup-
« pléer que bien imparfaitement. Le ministre ne peut tout
« voir par lui-même, et dans les circonstances actuelles
« il faut absolument qu'il ait un homme sûr, comprenant
« à demi-mot et suivant une affaire commencée jusqu'à ce
« qu'elle soit absolument terminée. Telle n'est pas la posi-
« tion; si M. Leroy[2] tombait malade, je ne sais pas ce
« que deviendraient les mouvements de troupes.

« Tout orné de béquilles que vous êtes, il me semble que
« vous pouvez venir travailler et que la besogne prise
« modérément ne vous retarderait en rien dans votre gué-
« rison. Répondez-moi sur-le-champ. Je n'ai parlé à per-
« sonne de ce que je vous demande, mais j'ai besoin de
« prendre une prompte décision.

« A vous de cœur, mon cher Trochu.

« Maréchal VAILLANT. »

m'ont le plus violemment attaqué. J'étais depuis longues années ense-
veli dans ma retraite et passé de l'état de disparu à l'état d'inconnu,
quand les organes attitrés de ce parti, *le Soleil* et *le Moniteur universel*, m'insultaient encore par intermittence.

[1] J'avais écrit au maréchal pour lui dire que, condamné à une invalidité dont la chirurgie ne pouvait pas fixer le terme, je le priais de
m'admettre à la disponibilité pendant un an.

[2] Chef du bureau des mouvements.

Cette lettre, d'un caractère si cordialement et personnellement affectueux, m'émut. Elle offrait, par complément, au plus jeune brigadier de l'armée le plus haut emploi qui pût être attribué à un officier général de ce grade. Mais à l'obligation de me soustraire à cet honneur, je n'étais plus lié seulement par mon vœu d'autrefois. Je venais de constater, par une longue suite d'expériences faites au ministère de la guerre[1] et au quartier général de l'armée d'Orient, dans deux missions successives, où j'avais pu juger les causes, puis dans le commandement d'une brigade au siège de Sébastopol, où j'avais pu juger les effets, que le gouvernement impérial ne savait ni ne voulait préparer la guerre, qu'il s'y jetait délibérément et comme à l'aventure, sans voir ni prévoir, en vertu de la croyance dont il était pénétré que l'armée française, l'aigle rendu à ses drapeaux, devait faire triompher partout et toujours la fortune des Napoléon !

Je jugeais autrement. Je n'étais pas de ceux à qui l'éclat qu'avait eu devant le monde le glorieux et coûteux effort qui venait de terminer la guerre d'Orient, pouvait faire oublier ses longues, douloureuses et périlleuses vicissitudes, dues à l'incertitude de la conception politique et à l'incohérence des vues militaires du gouvernement[2].

---

[1] Comme directeur-adjoint, 1851-1854.

[2] « ..... Les assemblées délibérantes avaient entendu, le public avait
« lu, sur ce thème de la supériorité militaire française, les plus répé-
« tées et les plus brillantes affirmations. Si quelques-uns en con-
« testaient la complète réalité, ils rencontraient l'incrédulité, le
« dédain, l'indignation. On ne les admettait pas à la preuve. On leur
« opposait le triomphe de nos armées en Orient et en Italie, alors que
« ces contradicteurs du sentiment public, tous militaires ayant eu rôle
« de témoins et d'acteurs dans ces deux campagnes, y avaient expres-
« sément rencontré les avertissements, les leçons, les prévisions
« dont ils demandaient instamment et impuissamment que l'avenir
« tînt compte ! » Cet extrait du livre que j'ai publié sous l'empire :

Je répondais au maréchal Vaillant :

« Lyon, le 3 décembre 1855.

« Monsieur le maréchal,

« Votre bienveillance me comble et je vous exprime toute
« la gratitude que j'en ai ; mais permettez-moi d'espérer
« qu'honorant mon caractère et mes efforts de l'estime
« dont votre lettre m'apporte le témoignage, vous com-
« prendrez et accueillerez les raisons que j'ai de décliner la
« grande situation que vous voulez bien m'offrir. Je les
« résume dans cette déclaration dont la franchise vous fera
« excuser la liberté :

« *Toutes les idées appliquées à la nouvelle organisation*
« *de l'armée (notamment la loi sur l'exonération), tous les*
« *projets en cours, heurtent violemment mes convictions*
« *militaires et le résultat des études de toute ma vie. Je ne*
« *puis, ni utilement pour l'armée, ni honorablement pour*
« *moi, me faire l'instrument de ces idées et de ces projets.*

« Veuillez agréer, monsieur le maréchal, l'hommage de
« mon profond respect.

« Général Trochu. »

Pourquoi ne dirais-je pas qu'en relisant dans ma vieillesse
cette lettre respectueuse et résolue, je sais gré à ma jeunesse
de l'avoir écrite ? N'était-elle pas comme la préface du
livre [1] qu'à douze ans de là, après l'écrasante victoire de la
Prusse sur l'Autriche, je devais publier sur l'état vrai de

*l'Armée française en 1867*, qui m'a valu la haine irréconciliable de
ceux que je voulais sauver avec nous, montre que mon sentiment sur
l'inconsistance militaire qu'avaient révélée ses guerres n'a jamais varié
et que je l'ai soutenu, à dater de la guerre d'Orient, par tous les
moyens à ma portée.

[1] *L'Armée française en 1867.*

notre armée, et comme une avant-prophétie des douloureux revers qui l'attendaient en 1870? Cette lettre ne montre-t-elle pas que les illusions qui sont naturelles à l'âge que j'avais alors, que les éblouissements qui naissent des succès d'une carrière trop heureuse, ne m'empêchaient pas d'apercevoir la vérité, et que si je désespérais de la faire prévaloir contre l'incurable aveuglement de l'empereur et de ses conseilleurs, je n'hésitais pas à la leur dire?

De la longue suite d'efforts restés individuels, isolés, décriés, impuissants par conséquent, que j'ai faits pendant toute la durée de l'empire pour le sauver de lui-même et sauver l'avenir militaire du pays, celui-là est le premier. Je les ai continués quinze ans par les rapports officiels de l'inspection générale de l'infanterie, par la parole dans les conférences militaires, par la publicité. C'est alors que les railleries des courtisans de l'empire et de l'armée ont fait de moi le *général-orateur* et le *général-rhéteur*, en attendant que leurs colères, irritées par la ruine de leurs idoles, — ruine qui était la justification accablante pour eux, désolante pour le pays, de mes révélations sur l'armée, — fissent de moi le *général qui trahit!*

Si, dès mon retour du siège de Sébastopol, j'étais, au sujet de nos institutions militaires, tourmenté par cette inquiétude raisonnée, que pense-t-on qu'elle devint quand, après la guerre d'Italie, qui fut pleine d'incohérence, de hasards et resta sans dénouement politique; après la guerre du Mexique, qui fut l'effet d'une aberration de l'empire destructive de son autorité morale dans le monde et l'un des signes précurseurs de la catastrophe prochaine..., je vis apparaître la guerre contre la Prusse, avec le double caractère *de parti pris dans la résolution de la faire, d'imprévoyance et d'inexpérience dans la préparation et dans l'emploi des moyens, qu'avaient eues les deux autres!*

C'est à cette époque qu'entendant l'un des membres du comité d'officiers généraux, dont je faisais moi-même partie, parler avec une légèreté qui me semblait coupable, des événements qui s'annonçaient :

« Je ne puis, quant à moi, lui dis-je, envisager l'avenir qu'avec les plus sombres pressentiments. Nous allons encore une fois improviser la guerre; c'est un jeu plus que périlleux et où la légende ne suffira pas toujours à nous assurer le gain de la partie. Ne voyez-vous pas, d'ailleurs, la loi fatale qui semble présider depuis le commencement du siècle aux destinées de notre pays ? *Elle veut que tous nos gouvernements contrôlés périssent dans les rues de Paris par l'émeute, et que tous nos gouvernements sans contrôle périssent à la frontière par la bataille !* »

On trouva que j'étais pessimiste et que j'allais beaucoup trop loin. Les événements devaient aller plus loin.

---

### La guerre austro-prussienne. — Sadowa.

En juillet 1866, le monde politique et le monde militaire passant coup sur coup de l'attention à l'étonnement, à l'émoi, à la stupeur, apprenaient que dans une marche en avant de dix jours, marquée par les combats de *Turnau*, de *Münchengratz*, de *Bitschin*, de *Nachod*, de *Trautenau*, de *Skalitz*, de *Konisgshof*, terminée par la sanglante et décisive bataille de *Sadowa*, l'Autriche venait de trouver ses maîtres dans la guerre ! A la France, avant qu'elle ne trouvât les siens, la Providence avait résolu d'accorder un répit de quatre ans, un répit d'un prix inestimable, à la condition que toutes ses heures, — à défaut d'une longue paix consacrée à la refonte de nos institutions militaires, dont le gouvernement impérial devait méconnaître le besoin, — fussent appliquées à la préparation du *combat pour la vie!* Mais le gouvernement de la France et la France elle-même avaient sur les yeux l'épais bandeau du chauvinisme napoléonien qui, leur laissant voir ces grands événements, leur cachait les audaces *du plan de domination politique et militaire* qui les avait voulus, — aussi bien que la redoutable puissance de l'instrument de guerre qui venait de les produire.

La victoire de Sadowa (de Königgratz pour les Prussiens) différait essentiellement, par la grandeur de ses résultats immédiats, de nos victoires de Magenta et de Solférino, qui furent d'un effet moral considérable, mais dont le dommage pour l'armée autrichienne s'était à peu près réduit à l'abandon forcé des positions qu'elle occupait devant nous. A Sadowa, elle laissait entre les mains de l'ennemi vingt mille prisonniers, cent quatre-vingts bouches à feu, onze drapeaux et la plus grande part de son matériel de transport. Plus de dix mille de ses morts et de ses blessés restaient sur le champ de bataille. Elle était irréparablement désorganisée.

La soudaineté, l'intensité, la portée actuelle et ultérieure de ces événements extraordinaires devaient déplacer en Europe l'axe du monde politique, achever la rupture du vieil équilibre qu'avait déjà fortement ébranlé notre guerre de 1859 en Italie, et introduire dans la vie des nations, par l'adoption généralisée du service obligatoire et par la transformation corrélative des voies et moyens de la guerre, une révolution dont toutes les conséquences sociales, politiques et militaires, ne se révéleront qu'avec le temps.

C'est une loi de tradition, pour toutes les nations qui ont

une armée, que la guerre ne puisse se faire autour d'elles sans que des rassemblements de troupes, formés en corps d'observation à titre d'en-cas, ne reçoivent la mission d'en surveiller les phases et les suites.

La Russie, au moment où la guerre austro-prussienne éclatait, n'avait pas manqué de se donner cette sûreté. La France, qui, sous le gouvernement de Juillet, au temps de la guerre intestine des cristinos et des carlistes en Espagne, dont assurément les conséquences ne menaçaient pas sa sécurité, avait mis au service de ce droit d'observation deux divisions d'infanterie; qui après la révolution de 1848, au temps de la lutte du roi de Piémont Charles-Albert contre l'occupation autrichienne en Lombardie, avait réuni au pied des Alpes et dans la vallée du Rhône une armée de soixante-dix mille hommes, s'abstint *absolument* en 1866 devant la grande levée de boucliers qui se faisait à sa frontière de l'est!

*Absolument et systématiquement,* car l'empereur choisit ce moment de crise pour prescrire, — c'était la première mesure de ce genre qu'il eût décidée depuis son avènement, — une réduction partielle des cadres de l'infanterie, partielle aussi, mais plus étendue, des cadres de l'artillerie.

Ce fut comme un gage donné à la Prusse, qui put, en toute sécurité, dégarnir de troupes et de matériel les territoires et les places où la présence de quatre-vingt mille soldats français postés l'arme au pied entre Strasbourg et Metz l'eût forcée de laisser une armée entière.

Ce parti pris d'aveuglement ne peut s'expliquer que par la pensée où se complaisait secrètement l'empereur, que les deux grandes puissances militaires, luttant à forces égales[1], allaient s'épuiser en efforts qui dureraient longtemps et les

---

[1] C'était en France l'opinion générale, commune au public, à l'armée et officiellement professée dans nos écoles militaires, que la vieille armée autrichienne formée, comme la nôtre, de soldats faits, était

réduiraient à un état d'affaissement militaire et budgétaire auquel il devrait d'avoir dans l'avenir, au profit de la France et sans lui avoir fait porter le poids accablant d'une nouvelle guerre, un rôle presque omnipotent dans les arbitrages qui mettraient fin au conflit. C'était là un calcul de pure théorie conjecturale, une sorte de rêverie politique et militaire, résultat de l'ignorance où était l'empereur, avec la France à peu près tout entière, de la valeur respective des facultés et des moyens que les deux gouvernements engagés dans la guerre allaient mettre en œuvre.

---

### La commission impériale de réorganisation de l'armée.

La catastrophe éclatant au milieu de l'Europe confondue, l'aveuglement d'après ne fut pas moindre en France que l'aveuglement d'avant.

Au point de vue politique, ses hommes d'État, à bout de diplomatie, non pas d'audace, pour déguiser le désarroi de leurs déplorables combinaisons, *s'efforcèrent de prouver au pays que cet effrayant déplacement de puissance ne menaçait pas sa fortune*[1].

Au point de vue militaire, ses hommes de guerre, revenus d'un instant de stupéfaction, retrouvèrent leur équilibre avec leur dévotion à la légende napoléonienne :

— un instrument de guerre très supérieur à la jeune armée prussienne composée de soldats qui ne faisaient que passer sous le drapeau. Ils sont plus nombreux, disait-on, mais ils valent moins !

[1] Discours du premier ministre, M. Rouher, à la tribune du corps législatif.

*Une nouvelle lutte avec l'Europe coalisée, il conviendrait d'y regarder, mais un duel avec la Prusse !...*

C'est ainsi qu'ils raisonnaient et que je les entendis raisonner au cours d'une réception militaire officielle au palais des Tuileries, puis réunis autour de l'empereur présidant une « haute commission de réorganisation de l'armée », dont après la campagne de Sadowa, et malgré son apparente sécurité, il avait prescrit la formation.

Dans leur esprit, l'armée française gardait son ascendant traditionnel sur les autres armées de l'Europe, et les avertissements de la campagne de Sadowa ne devaient pas l'émouvoir. Mais ils lui conseillaient de modifier la loi de recrutement et lui créaient l'obligation de substituer sans délai, dans l'armement de l'infanterie, le fusil à tir rapide au fusil à tir intermittent.

Deux membres de cette commission, — le prince Napoléon était l'un de ceux-là et j'étais l'autre, — soutenaient « que les enseignements de la guerre austro-prussienne « avaient une bien plus haute portée ; qu'ils montraient à « la France et à l'Europe entière que non seulement les « vieilles méthodes en fait de luttes entre les armées, mais « les vieux principes et les vieilles croyances en fait d'ins- « titutions militaires, étaient à remplacer par d'autres ; « que la France restée fidèle à ces méthodes, principes et « croyances, parce qu'elle en avait été longtemps bien servie, « était expressément menacée par cette métamorphose des « choses de la guerre, et qu'elle rencontrait l'impérieuse « nécessité, non pas d'une transformation, mais d'une « révolution militaire qui exigeait le recueillement, le « temps et de grands efforts auxquels il fallait associer « l'opinion et le pays[1]. »

---

[1] Le prince Napoléon alla jusqu'à montrer la nécessité de l'adoption immédiate du service obligatoire, que je conseillais également, mais pour un avenir auquel je jugeais qu'il fallait d'abord préparer le pays.

Non seulement ces idées, considérées comme des rêveries qu'inspirait l'esprit de contradiction et d'opposition, ne prévalurent pas, mais *elles furent supprimées*. Après de confuses et interminables discussions dont on jugeait que la durée et l'insuccès étaient dus à cette opposition tenace et incommode, l'officier général qui la représentait ne reçut plus de convocation. Je cessai donc, *sans qu'on m'en avertît*, de faire partie de la haute commission, et quand le journal officiel de l'empire fit connaître avec quelque solennité au pays le projet qu'il déclarait le résultat des *résolutions unanimes* de cette assemblée, c'était, au moins en ce qui concernait l'un de ses membres, une tromperie peu digne d'un gouvernement.

Je ne ressentis pas l'injure, mais je crus que le patriotisme et l'honneur me défendaient de rester officiellement associé à cette œuvre et de subir la solidarité que m'imposait une telle violence morale. C'est alors que pour m'y soustraire, résumant les observations que j'avais faites depuis trente ans dans l'armée, je publiai le livre : *l'Armée française en* 1867, qui impressionna l'opinion et révolta le gouvernement et la cour. Telle fut l'origine, inconnue jusqu'à présent, de cette étude hâtée, incomplète, insuffisante, parce qu'elle n'avait pas été éclairée par les événements de 1870, bien plus probants que ceux de 1866. Elle était, telle quelle, l'expression mesurée, sincère, douloureuse, de prévisions qui vouèrent l'auteur, serviteur fidèle du pays et du gouvernement du pays, pour le reste de sa vie, à la haine des hommes dont les prévisions contraires firent la catastrophe de 1870.

Par cette publication dont j'imaginais, dans ma bonne foi, que la hardiesse provoquerait la réflexion des hommes de gouvernement, je voulais contribuer selon mes forces à la réalisation de cette pensée qui formait la conclusion du livre et qui en résumait toute la discussion et toutes les propositions :

*Que la France, satisfaite de la grande situation qu'elle a dans le monde, s'appuie dans sa force sans arrière-pensée, sur son épée remise au fourreau, consacrant des années de paix à la réforme de ses institutions militaires et à la réorganisation de son armée.*

C'est qu'en effet, ces grands travaux de réformation sont exclusivement l'œuvre des longues paix. Pour en étudier et en trouver les principes, pour en fixer les règles, pour les faire pénétrer dans l'esprit public et dans les mœurs, pour les perfectionner graduellement à l'aide des expériences qu'on fait et des expériences que font les autres, il faut beaucoup d'efforts et beaucoup de temps.

C'était donc, préalablement aux réformes dont j'indiquais le but et les moyens, la paix que je demandais en 1867. Ne m'est-il pas permis de dire aujourd'hui que si l'empire, que ses fanatiques m'accusent, en me qualifiant de « général-rhéteur », d'avoir renversé, s'était laissé convaincre par ma rhétorique, il serait encore debout et la France avec lui ?

Pour convaincre le gouvernement, le pays, l'armée, je leur montrais dans ce livre :

Premièrement, qu'ils s'étaient endormis dans la contemplation du passé, vivant sur des traditions glorieuses, mais vieillies, qui n'étaient plus en rapport *avec les institutions militaires élargies et renouvelées ; avec les effectifs quadruplés ; avec les longs, minutieux et continuels efforts de préparation ; avec l'énergique ressort et avec la vitesse des mouvements des troupes ; avec les manœuvres simplifiées ; avec les perfectionnements mécaniques* qui étaient les exigences absolues de la guerre contemporaine ;

Secondement, que la Prusse, au contraire, par soixante ans de travaux commencés au lendemain de ses désastres d'autrefois, longuement étudiés, patiemment poursuivis pendant une période presque égale de paix, soutenus par l'esprit public et par le tempérament militaire national, avait réalisé la plupart de ces *desiderata* de la guerre;

Troisièmement, que la Prusse, assurée par les résultats en quelque sorte foudroyants de sa lutte contre l'Autriche, — dont les forces militaires avaient été jugées jusque-là les plus consistantes de l'Europe après celles de la France, — qu'elle disposait d'institutions militaires et d'une armée supérieures, était en possession d'une puissance morale et matérielle à laquelle il ne pouvait être sage et il devait être périlleux de se heurter sans examen, sans des efforts de transformation et de préparation équivalents à ceux qu'elle avait faits elle-même.

Je le demande aux hommes de bonne foi et de jugement impartial, quels mobiles autres que la sollicitude de l'intérêt public, la conviction d'un péril national, le sentiment d'un grand devoir, pouvaient inspirer à un officier général en activité de service, et, par son âge en pleine carrière, une discussion si compromettante pour lui?

Au cours de « cet exposé des motifs », tendant à prouver le besoin pour notre pays d'une paix durable, je faisais justice en passant, au profit du vaincu de Sadowa, de l'opinion invariablement admise par la foule, que les grandes victoires sont toujours dues à la capacité supérieure des généraux victorieux, les grandes défaites à l'insuffisance des généraux vaincus. *Si haut que soit, à la guerre, le rôle des hommes qui la conduisent, il ne vient, sur l'échelle graduée des causes du succès, qu'après le rôle des gouvernements qui la préparent.*

L'État autrichien n'était pas préparé à ce redoutable choc. Il l'était si peu, que sa vieille et solide infanterie ne put opposer, de Turnau à Sadowa, à la jeune infanterie prussienne, armée depuis quinze ans du fusil à tir rapide et à longue portée, que l'arme à tir intermittent et à courte portée des anciens jours, accablante condition d'infériorité qui suffisait, presque à elle seule, à expliquer l'irrésistible marche en avant et les succès ininterrompus des masses prussiennes. L'esprit rempli de ces réflexions, j'écrivais dans *l'Armée française en* 1867 :

« Un général, — le général Benedeck, — qui avait
« vieilli dans le service et dans l'estime de son pays, que
« l'opinion publique faisait le premier la veille, qu'elle fai-
« sait le dernier le lendemain, porte seul aujourd'hui, dans
« une retraite obscure et raillée, le poids de ce grand
« désastre. A l'envi, l'opinion et le gouvernement l'ac-
« cablent. Dussé-je rester seul devant tous, avec d'inébran-
« lables convictions, je protesterai contre ces jugements
« sans examen, qui ne sont ni équitables ni judicieux, et
« qui abaissent la dignité des armes dans l'esprit des
« peuples. Ils ont pour but de déguiser et ils révèlent,
« à mon avis, l'incurable faiblesse des pouvoirs publics,
« incapables d'assumer la part de responsabilité qui leur
« appartient *par l'insuffisance de la préparation;* capables,
« pour se soustraire à cette responsabilité, d'en faire re-
« tomber tout le poids sur les généraux des armées, en les
« abandonnant aux colères ou aux dédains de la multitude. »

De la sincérité et de la portée de ces convictions qu'à cette époque j'allais exprimant partout, un témoignage singulier s'est produit en 1872 devant la justice, qui peut-être mérite d'être rappelé ici. Le comte de Maillé, membre de l'Assemblée nationale, à l'occasion des diffamations dont j'avais été l'objet après les événements de 1870-1871 et dont j'avais demandé la répression aux tribunaux, faisait la déposition suivante devant le jury de la Seine :

« A la fin de l'année 1866, discutant chez moi avec
« plusieurs de mes amis sur la campagne de Sadowa, le
« général Trochu défendit avec beaucoup de chaleur le
« général autrichien Benedeck. Après la conversation, je
« lui demandai pourquoi il plaidait cette cause avec tant
« d'ardeur. Il me répondit :

« — Je l'ai défendu comme il faudra défendre un jour tous
« les généraux français. *Oui, un jour nous serons tous des
« Benedeck*, victimes de la détestable organisation militaire
« de notre pays. » Et le comte de Maillé termina sa déposi-
« tion en disant : *Je ne connais pas de plus douloureuse
« prophétie que celle-là*[1]. »

Les Prussiens, qui jugent les choses militaires avec une
clairvoyance pratique que le chauvinisme, bien qu'ils en
aient un, n'obscurcit jamais, ne se sont pas trompés sur la
nature et sur la valeur des circonstances auxquelles ils ont
dû principalement, non pas uniquement, la sûreté et la
rapidité du succès de leur entreprise. Il faut, disent-ils
dans une relation de la campagne de Sadowa qui a été
remarquée parmi nous :

*Chercher les causes de la catastrophe dans les erreurs de
l'État.*

J'achèverai de caractériser mes sombres pressentiments
et l'état d'esprit où j'étais quand j'écrivis *l'Armée française
en* 1867, en rappelant ici un dernier document qui fut produit, au cours du procès en diffamation dont j'ai parlé plus
haut, par les héritiers du docteur Philippe, ancien médecin
principal de l'armée d'Afrique, attaché en cette qualité au
quartier général et à la personne du maréchal Bugeaud,

---

[1] Extrait du compte rendu sténographique du procès que j'avais fait
au journal *le Figaro*.

comme je l'étais moi-même à titre d'aide de camp. Le docteur Philippe était un grand homme de bien, un philosophe, un sage; il avait au plus haut point la confiance et l'affection du maréchal et de ses officiers. En retraite à Bordeaux, il lut mon livre et m'en écrivit. Je lui répondais :

« Paris, 26 avril 1867.

« Cher vieil ami, merci de votre bonne lettre, merci de
« votre affectueuse approbation.
 « Mon livre comprend des *principes* et des *sentiments*
« que je crois absolument indiscutables, et des *propositions*
« *de fait* qui sont, au contraire, discutables. De celles-
« ci, je ne demande pas l'adoption, mais l'examen.
 « Par malheur, l'État ne veut pas admettre que les prin-
« cipes soient la base obligée de toutes les institutions. Il
« n'admet pas davantage l'examen et la discussion des
« faits. Et voilà pourquoi notre pays se trouve acculé, au
« dedans comme au dehors, à d'inextricables difficultés
« *qui sont ou seront, avant peu, de grands périls.*
 « Mon livre blessera les exploitants, mais il encouragera
« les honnêtes gens et relèvera les âmes. Et puis, si la
« maison s'écroule, il faudra la rebâtir. J'aurai fourni des
« matériaux aux générations à venir qui voudront refaire
« une armée nationale.
 « J'ai cinquante-deux ans et dix-huit campagnes de
« guerre, je succombe sous les revers et sous les charges
« de famille. Il m'a semblé que ma carrière, à son déclin,
« s'honorerait par un respectueux, réservé, mais ferme
« exposé des vérités militaires, morales et conservatrices
« qu'on méconnaît. Et j'ai voulu mettre le tout sous la
« tutelle du dernier des grands soldats, des grands profes-
« seurs de guerre que notre pays ait eus, de celui-là qui
« dort aux Invalides et à qui nous devons tout ce que nous

« sommes, comme tout ce que nous savons (le maréchal
« Bugeaud).

« Que Dieu conserve vos chères santés et vous continue,
« au milieu des tempêtes prochaines, la paix où vous êtes.

« Général TROCHU. »

Par une succession de faits choisis entre beaucoup, commençant avec les premiers jours de l'empire, continués jusqu'à l'approche de ses derniers jours, attestés par des documents authentiques déjà livrés à la publicité dans d'autres circonstances et dans d'autres temps, j'ai montré :

1° Que de tout temps j'avais eu la pensée, et qu'à dater de Sadowa j'avais eu la conviction que ce gouvernement périrait par la guerre ;

2° Que j'ai fait, pour empêcher la guerre, ou au moins pour qu'elle fût préparée par la réforme des institutions militaires et par la réorganisation de l'armée, tout ce que pouvait faire une individualité perdue dans la foule française, mais qui avait, sur le terrain des armes, une situation relativement autorisée.

On ne me rendrait pas justice si, de cette démonstration à présent faite, on inférait que j'ai voulu, par elle, prétendre au prophète et me donner la misérable satisfaction de prouver que, sous l'empire, j'avais mieux jugé que la plupart de mes contemporains. Non, j'ai eu, en posant ces prémisses, un but plus avouable, j'oserai dire plus digne. Elles préparent l'explication, non pas la justification à laquelle je ne descendrai pas, de l'acte de ma vie publique où j'ai mis tout ce qui était en moi de résolution et d'abnégation, en assumant, quand l'empire s'écroulait sur la France envahie, les écrasantes responsabilités d'une cause sans espoir, alors qu'au temps de l'omnipotence impériale, j'avais systématiquement décliné toute participation responsable à la conduite des affaires militaires.

### La déclaration de guerre à la Prusse.

Les événements se pressaient. L'abandon par la Prusse de la candidature Hohenzollern au trône espagnol avait donné à notre pays la fausse joie de la paix. Mais la cour impériale, plus encore que l'empereur, voulait la guerre. Là, deux partis, en état de dissentiment sans conflit, se trouvaient en présence.

Le parti (en minorité) des sages, groupés autour de l'empereur vieilli, atteint d'un commencement d'invalidité, et qui sans doute avait gardé le souvenir de ses angoisses des premières heures à Magenta et à Solférino, inclinait à la consolidation du présent par la paix et par l'octroi de quelques-unes des libertés nécessaires.

Le parti (en majorité) des ardents groupés autour de l'impératrice, très ardente elle-même et en possession dans l'État d'une influence devenue considérable, voyait dans une guerre terminée par d'éclatants succès qui ne faisaient pas doute, le gage de l'affermissement, au profit du prince impérial, d'un avenir que le réveil des oppositions politiques dans le pays semblait mettre en péril.

A la dernière heure, le parti des ardents l'emporta, et par des exigences nouvelles autant qu'imprévues, la politique impériale, qui avait d'abord paru satisfaite des concessions que la politique prussienne lui avait faites, rendit la guerre inévitable.

Les armées se mobilisèrent : en France bruyamment, dans une confusion qui allait jusqu'au désordre çà et là le plus alarmant, les effectifs insuffisants ne se constituant qu'avec peine, signes précurseurs du destin au-devant duquel, en chantant la *Marseillaise* et criant : « A Berlin ! » nous allions courir; en Prusse silencieusement, dans un ordre parfait, avec une rapidité dès longtemps expérimentée, sous des effectifs presque partout doubles des nôtres, préludes des irrésistibles marches en avant qui ne devaient s'arrêter que sous Paris!

La vieille et vaillante armée française, comme en 1866 la vieille et vaillante armée autrichienne, déconcertée dans ses traditions de guerre, dominée par l'invincible effet moral des premiers échecs, débordée par des masses pleines de confiance en elles-mêmes, allait subir à son tour la cruelle leçon qui avertit les nations, les gouvernements et les armées que les souvenirs et les entraînements d'un passé militaire glorieux ne suffisent pas à soutenir l'effort de la guerre. Il y faut le travail assidu pendant la paix, l'étude attentive et comparative des expériences que font et des progrès que réalisent les autres armées, l'adoption des principes nouveaux, des méthodes nouvelles et des engins incessamment perfectionnés, tout un ensemble de transformations graduelles et continues dont notre vanité nationale, jusqu'en 1870, s'était refusée à reconnaître les mérites et le besoin.

Je suivais à Contrexéville un traitement thermal, quand les journaux, depuis longtemps entrés dans la discussion de la crise, commencèrent à révéler les dispositions qu'arrêtait le ministère de la guerre pour la constitution des armées, des corps d'armée, des divisions, faisant connaître les noms des officiers généraux à qui ces commandements seraient confiés. Dans ces nomenclatures où figuraient tous les généraux valides de l'armée, je n'avais pas ma place, omission singulière et qui semblait inexplicable à mon entourage, mais dont je croyais apercevoir la raison. A cinquante-cinq ans, avec onze ans d'exercice dans mon grade, j'étais l'un des plus anciens divisionnaires de l'armée. Le maréchal Le Bœuf, ministre de la guerre, mon ancien camarade, et de tout temps très affectueux pour moi, devait éprouver quelque embarras, tous les maréchaux employés ayant déjà leurs divisionnaires, à me mettre sous les ordres de ceux de mes cadets qui, notoirement désignés par l'empereur pour le maréchalat, recevaient des commandements de corps d'armée. J'en écrivis d'abord au général-directeur du personnel, et puis je me décidai à adresser au ministre lui-même la lettre suivante :

« Contrexéville, le 11 juillet 1870.

« Monsieur le maréchal,

« La guerre est à présent certaine, et j'ai lieu de craindre
« que, pour la distribution des commandements division-
« naires dans les corps d'armée que vous formez, ma grande
« ancienneté de grade ne vous soit un embarras. Permet-
« tez-moi de m'en expliquer devant vous avec la sincérité
« qu'autorise l'affectueuse estime que vous m'avez toujours
« témoignée.

« Je dirai d'abord qu'à aucun titre, comme à aucun
« degré, je ne puis prétendre à un commandement de
« corps d'armée dans cette guerre. J'en ai trop souvent
« parlé et trop librement écrit, pour que je n'aie pas le
« sentiment des raisons qui s'opposent à ce que je reçoive
« du gouvernement de Sa Majesté, dans un emploi de cette
« importance, la direction d'une part des opérations, et
« pour que j'aie moi-même le désir d'en porter les respon-
« sabilités. J'ajoute que vous me connaissez trop pour
« admettre que des préoccupations d'amour-propre et de
« préséance puissent un seul instant, au milieu de circon-
« stances si graves, entrer dans mon esprit.

« C'est sans aucune arrière-pensée que je viens vous
« assurer du dévouement avec lequel je servirai comme
« divisionnaire, dans tel corps d'armée qu'il vous plaira de

« désigner, sous les ordres de celui de mes collègues,
« quelque nouveau qu'il puisse être dans son grade, qui
« en aura le commandement. »

« Veuillez agréer, monsieur le maréchal, l'hommage de
« mon respect.

« Général Trochu. »

---

### Pseudo-craintes de guerre avec l'Espagne. — Le maréchal Le Bœuf.

Revenu à Paris le 15 juillet, j'étais, dès le lendemain, chez le ministre de la guerre, qui me reçut très cordialement.

« En ne vous voyant pas, me dit-il, sur nos listes de commandement pour cette guerre, vous vous êtes ému et cru en disgrâce. Vous êtes, au contraire, l'objet d'un choix particulier pour une mission dont l'importance est telle à mes yeux, que je l'aurais réservée à un maréchal de France, si tous les maréchaux, d'ordre de l'empereur, n'étaient employés à la grande armée du Rhin.

« Sachez que l'Espagne, s'entêtant dans ses vues sur le prince de Hohenzollern, médite de s'allier à la Prusse et prépare, pour le moment où toutes nos forces seront engagées contre les armées allemandes, l'invasion de nos provinces du sud, où je vais réunir une armée de quatre-vingt mille à cent mille hommes. C'est à vous que le commandement en sera confié. Votre quartier général, au centre de la région pyrénéenne à défendre, sera à Toulouse, où j'ai laissé le général Schmitz qui sera votre chef d'état-major général. »

J'étais frappé de stupéfaction. Personne, jusque-là, n'avait dit, personne n'avait ouï dire que la Prusse eût négocié l'alliance de l'Espagne en vue de la guerre qui allait s'ouvrir ; encore moins que l'Espagne, alors fort occupée chez elle, eût promis ou seulement offert à la Prusse son concours contre nous. Et puis, si le gouvernement de l'empereur croyait sérieusement à cette éventualité infiniment grave, comment, par des ordres donnés sans aucun mystère, avait-il prescrit à *tous les régiments de notre région sud,* en ce moment en marche vers le nord, de venir prendre leur place dans les armées en formation contre les Allemands ?

A cette objection décisive, le ministre, quelque peu embarrassé, répondit que l'impérieuse nécessité de réunir de gros effectifs vers l'est pour les premiers chocs offensifs qui allaient se produire, avait dû l'emporter sur toute autre considération d'ordre défensif, mais que des dispositions étaient prises pour que quatre-vingt mille à cent mille mobiles fussent concentrés dans la région pyrénéenne, et qu'il s'en rapportait à mon expérience d'organisateur pour les mettre promptement en état de tenir la campagne.

Cette réponse du maréchal Le Bœuf, si courtoise qu'elle fût, me fixait définitivement sur la réalité de la guerre contre l'Espagne, comme sur la réalité de la grande mission dont me chargeait la confiance du gouvernement de l'empereur. La mission était évidemment imaginaire, et jamais, en effet, cette armée de mobiles ne fut constituée, même sur le papier, à titre d'en-cas. Je n'en entrai pas moins, à dater de ce jour et en attendant ma nomination qui ne parut jamais, en échanges officieux de vues avec mon futur chef d'état-major général, le général Schmitz, à Toulouse, échanges où, au sujet de l'entreprise, nous ne pouvions nous dissimuler notre commune incrédulité.

Si des circonstances singulières et entièrement inconnues, je pense, que je viens d'exposer, on inférait qu'elle sont restées dans mon souvenir comme un grief contre le maréchal Le Bœuf, on se tromperait absolument. J'ai toujours admis, au contraire, que voulant me donner dans cette guerre un commandement en rapport avec ma situation dans l'armée et rencontrant à la cour, sur ce point, des résistances insurmontables, il avait voulu en tempérer et en déguiser les effets en imaginant, dans une pensée bienveillante, ce grand commandement sur les Pyrénées. Dans tous les cas, par ce simple récit, j'ai répondu aux insinuations des hommes de parti qui, à quelques mois de là, faisaient précéder les calomnies dont ils poursuivaient mes efforts, par cette interrogation pleine de malveillants sous-entendus : *Pourquoi, lorsque tous les officiers de l'armée étaient à leur poste de guerre, le général était-il encore à Paris?*

Et puisque j'ai mis ici en cause le dernier ministre de la guerre de l'empire, devenu depuis 1870 le point de mire de toutes les colères et de toutes les railleries françaises, j'oserai, obéissant à l'impérieux besoin de justice que je me crois et que je me sens, expliquer et excuser l'erreur de très bonne foi où il était quand, à la veille de la guerre, il dit aux représentants du pays : « Nous sommes prêts. »

Le maréchal Le Bœuf était parmi nous considérable par la distinction de ses services, par les preuves qu'il avait faites à la guerre, par la notoriété que de grands emplois spéciaux lui avaient value. Ardent au travail, entouré au ministère de la guerre de collaborateurs capables et de beaucoup d'auxiliaires entendus, il avait fait, on ne saurait le contester, pour l'organisation improvisée de la guerre de 1870, d'extraordinaires et patriotiques efforts. Et quand il dit que *l'armée était prête*, il croyait sincèrement qu'elle l'était. Il le croyait avec le haut entourage militaire de l'empereur, avec les maréchaux, avec les généraux ; car parmi tous ceux-là, — un seul excepté (moi-même) qui resta voué à la haine des fauteurs de la guerre, — le ministre ne rencontra pas de contradicteurs. Et de cet universel silence des représentants de l'armée, qui équivalait pour le pays à leur assentiment, il ne faut pas chercher la cause dans l'abaissement des caractères déjà grand en ce temps-là. Non, le ministre disait vrai, on croyait être prêt.

L'armée était prête dans la mesure que son organisation et sa tradition comportaient, prête comme elle savait et pouvait l'être, prête comme elle l'avait été pour la guerre d'Orient, pour la guerre d'Italie, pour l'aventure du Mexique, pour toutes les entreprises militaires de ce temps, c'est-à-dire prête pour combattre avec succès, quelquefois avec éclat, les armées constituées et préparées comme elle.

Elle n'était pas prête, elle ne pouvait pas l'être, pour entrer en conflit avec l'armée prussienne, cet instrument des guerres nouvelles, dont l'existence reposait sur des principes nés d'un grand sacrifice national, et l'action sur des organes, des méthodes et des règles qu'un demi-siècle d'incessants travaux dans la paix avait perfectionnés. Notre indifférence pour tout ce qui se passe à l'étranger, notre engouement pour tout ce qui se fait chez nous, la croyance devenue, je l'ai déjà dit, article de foi patriotique, que l'armée française était « la première armée du monde », nous avaient conduits à méconnaître la haute valeur des institutions militaires de la Prusse, jusqu'à ce point que l'accablante défaite de l'armée autrichienne en 1866 ne suffit pas à éclairer l'empereur, ses ministres, ses conseillers militaires, les représentants du pays et le pays lui-même, sur les périls de la guerre qu'ils allaient provoquer.

Voilà, qu'elle plaise ou déplaise, la vérité. Elle réduit notablement, en les partageant entre tous les ayants droit qui furent infiniment nombreux, les responsabilités du ministre de la guerre maréchal Le Bœuf.

### Projet de diversion politique, navale et militaire dans la Baltique.

De plus grands étonnements m'attendaient, des étonnements qui, pour moi, devaient tous aboutir à la claire démonstration du décousu, de l'incertitude, du pêle-mêle des vues que les auteurs et les directeurs de cette guerre avaient sur son exécution.

Le 18 juillet, le prince Napoléon me fit appeler au Palais-Royal et me tint ce langage :

*Voilà une guerre que je déplore; mais il ne s'agit plus de la discuter, il s'agit d'examiner et de fixer les moyens d'en rendre l'issue favorable aux grands intérêts qu'elle engage. Parmi ces moyens, il en est un dont m'a entretenu l'empereur, qui paraît résolu à l'adopter. Ce serait, avec le concours du Danemark, une succession d'entreprises maritimes et militaires dans la Baltique et les provinces danoises devenues prussiennes. L'effet moral et matériel d'une diversion qui prendrait en quelque sorte la Prusse à revers, pourrait être considérable.*

*Comment envisagez-vous cette entreprise dont j'aurais le commandement général, l'amiral de la Roncière commandant la flotte, le général Trochu commandant les troupes?* »

Je répondis au prince :

Que c'était là une conception à la fois stratégique et politique d'une valeur telle, que son influence sur les résultats du conflit pourrait être décisive; elle associait directement à l'effort commun la flotte française, qui, hors de cet emploi spécial de sa puissance, n'aurait eu dans cette guerre qu'un rôle secondaire et effacé; elle offrait au Danemark les moyens de reprendre possession des provinces que la Prusse venait *de lui arracher, au Hanovre les moyens d'échapper à la domination prussienne qu'il subissait impatiemment, et de ressaisir son autonomie.*

*J'estimais que trente mille hommes d'une infanterie choisie, une division de cavalerie démontée (dont les chevaux se trouveraient facilement en Danemark), trois pièces d'artillerie de campagne par mille hommes et un parc de siège devraient former le fond du corps expéditionnaire, auquel se joindrait l'armée danoise de quarante mille hommes avec son matériel et ses réserves disposées pour les renouvellements. L'ensemble constituerait une armée respectable, vivement soutenue par le patriotisme local, par l'opinion, et qui pourrait opérer hardiment. Son objectif immédiat serait le siège (par les moyens maritimes et militaires réunis) et la prise de l'importante place, à présent prussienne, de Düppel, suivis d'une marche rapide à travers les populations soulevées du Schleswig-Holstein, sur le Hanovre où il ne semblait pas douteux qu'une révolution au profit des princes dépossédés n'éclatât avec toutes les conséquences politiques et militaires qu'on devait en attendre. La mer, les îles danoises et le continent danois formant, à courte distance en arrière, la base d'opérations et le centre des renouvellements, cette marche en avant des forces alliées s'effectuerait dans toutes les conditions désirables de sécurité matérielle et d'appui moral.*

*Permettez-moi, Monseigneur,* — disais-je en terminant, — *de vous faire remarquer que cette grande diversion resterait à l'état de rêve politique et militaire, si la pensée en était née d'hier seulement dans l'esprit de l'empereur, c'est-à-dire si les moyens de la réaliser étaient encore à créer, savoir : l'alliance défensive et offensive entre le Danemark et la France, avec les conventions complémentaires qui devraient en régler les effets ; la réunion d'une flotte de combat et d'une flotte de transport, l'une et l'autre pourvues des approvisionnements nécessaires ; la réunion des troupes et du matériel disposés pour l'embarquement.*

*Il ne faut pas perdre de vue que ces apprêts très compliqués exigent le concert de trois départements ministériels et d'un nombre considérable de services différents, beaucoup de temps par conséquent. Si de cette laborieuse préparation rien n'était encore fait, la flotte et le corps expéditionnaire n'arriveraient dans la Baltique que pour la voir à bref délai envahie par les premières glaces de l'hiver. Les opérations dans cette région deviendraient impossibles et elles seraient inutiles, car la rencontre sur les frontières de France et de Prusse des armées réunies avec la rapidité de concentration qui est le caractère des guerres d'aujourd'hui, aurait déjà décidé de notre sort.*

Le prince, admettant la justesse de ces réflexions, me dit qu'il n'était pas fixé sur leur objet ; que toutes les questions relatives à l'état de la préparation comme aux procédés d'exécution seraient traitées au conseil que l'empereur devait présider le lendemain matin ; que je recevrais l'ordre d'y assister et que je pourrais présenter là toutes les observations que me suggérerait l'état de choses révélé par la discussion.

De ce conseil et des incidents plus qu'imprévus auxquels il donna lieu, je devais emporter des impressions si pénibles, que les années et les événements eux-mêmes n'ont pu en effacer le souvenir dans mon esprit. J'en sortis confirmé dans les douloureuses prévisions qui m'obsédaient depuis le commencement de la crise, et je puis dire que ce qui se passa là fut pour moi comme la préface du livre où nos destinées étaient écrites.

Parlant avec lenteur et une sorte d'indifférence tranquille, l'empereur exposa l'objet de la discussion, terminant par l'invitation au ministre de la guerre de faire connaître à l'assemblée les moyens militaires dont il pourrait disposer pour les opérations de la Baltique. Le ministre, dans un état d'esprit et dans une attitude qui révélaient sa tiédeur pour l'entreprise et peut-être un parti pris, déclara, en justifiant, je dois le reconnaître, sa déclaration par des chiffres, qu'à l'exception des troupes d'infanterie de marine, une dizaine de mille hommes, il lui serait matériellement impossible de faire entrer un seul des régiments de l'armée dans l'effectif de l'expédition qu'il offrait de compléter par des régiments de mobiles en cours de formation.

L'exposé du ministre de la guerre avait suffi pour me démontrer que l'improvisation spéciale de la guerre dans la Baltique n'avait été associée que de la veille à l'improvisation générale de la guerre contre la Prusse ; que, par conséquent, rien pour cette diversion n'avait été prévu, encore moins préparé ; qu'elle était enfin, par les raisons que j'ai dites, *une chimère*, qui ne passerait jamais, même par un commencement d'exécution, de la théorie dans les faits.

Cette conviction qui me décida à rester silencieux, reçut tout à coup, par l'incident le plus violent, la confirmation la moins attendue.

Le ministre de la marine, amiral Rigault de Genouilly, se levant tout à coup, le visage empourpré et la parole cassante, signifia que *tant qu'il aurait la direction responsable, vis-à-vis de l'empereur, du département de la marine, il se refuserait à donner au prince Napoléon la haute main sur une flotte de guerre !*

Qu'on juge de l'effet d'une telle explosion en un tel lieu,

devant l'empereur, dont le ministre, en un point, déclinait l'autorité ; devant le prince, auquel le ministre déniait les pouvoirs consentis par l'empereur ; devant les principaux conseillers de la couronne ; devant un officier général absolument étranger au gouvernement ! Ce fut tout à la fois la déroute de la discussion dans le conseil et la déroute de l'expédition dans la Baltique....

L'empereur sourit sans paraître disposé à relever l'incident. Le prince, très maître de lui-même, allait, je pense, répondre, quand l'empereur, levant la séance, dit que l'examen de la question n'avait pas été suffisamment préparé et qu'il serait repris ultérieurement. Chacun s'en alla, moi bien content de m'en aller, car je ne me sentais pas là à ma place. Comme je traversais le salon de service, un diplomate que je connaissais de vue, M. de Cadore, vint à moi et m'interrogea sur les résolutions prises en conseil au sujet de la Baltique, *se déclarant autorisé à me poser la question par l'avis qu'il venait de recevoir de sa désignation pour aller négocier avec la cour de Danemark les conditions de l'alliance offensive et défensive !...*

### Les vues de l'empereur et les vues de l'impératrice.

Par tant de preuves accumulées, j'avais acquis la certitude de l'inconsistance des travaux d'étude et de préparation qui avaient présidé à la conception de la guerre contre la Prusse. Je pouvais, par voie de conséquence, prévoir et presque mesurer les hasards de tout genre auxquels son exécution serait soumise. Et puis, les douloureuses réflexions qui vinrent, après la conférence des Tuileries, assaillir et troubler mon esprit, s'aggravaient de la découverte que j'y avais faite d'une sorte d'anarchie, au moins d'indiscipline, dans les hautes régions du pouvoir. Je n'aurais pas cru qu'un tel désordre se rencontrât dans un gouvernement d'autorité, et il n'était pas fait pour assurer, dans la redoutable aventure où le pays venait d'être engagé, l'unité de direction et d'action.

L'amiral ministre de la marine, homme de mérite, mais soumis à toutes les exigences de son état devant les passions et les intérêts qui s'agitaient à la cour, aurait-il rompu en visière avec cette hardiesse au prince Napoléon, sous les yeux de l'empereur et devant ses ministres, s'il ne s'était senti soutenu par une puissance hostile au prince, qui allait de pair avec celle de l'empereur? Il ne me semblait pas téméraire d'admettre que la scène de la conférence révélait l'existence, au sommet de l'empire, de deux pouvoirs dirigeants et, sur certains points, divergeants : le pouvoir du souverain qui paraissait sans volonté, le pouvoir de la souveraine qui en avait une, et autour d'eux, les ministres déférant à l'un ou à l'autre de ces pouvoirs selon leur tempérament ou leurs calculs.

Quand, sortant du conseil impérial, je m'en allais tourmenté par ces inquiétantes réflexions, je ne prévoyais pas qu'à moins de quatre semaines de là, j'en verrais se dresser devant moi la réalité dans ses effets les plus désastreux. Je ne prévoyais pas qu'à une autre conférence, celle de Châlons, les grands périls venus avec les grands revers, le premier de ces pouvoirs, bien conseillé, déciderait que les cent quarante mille hommes du maréchal de Mac-Mahon viendraient se reconstituer et prendre position sous Paris, excellent point d'appui et unique base d'opérations possibles pour la continuation de la guerre ; que le second de ces pouvoirs, mal conseillé, serait à la fois assez fort et assez fou pour arrêter l'exécution, déjà commencée, de cette mesure de salut commun et déterminer le maréchal à faire, contre toute raison et contre tout espoir, un effort offensif qui devait aboutir, pour son armée désorganisée à Reischoffen, au gouffre de Sedan !

Rentré chez moi, je reçus la visite du ministre du Danemark à Paris, le comte de Moltke, que j'avais l'honneur de connaître et qui, très légitimement anxieux, venait me demander ce que je savais et pensais des projets en cours.

« Monsieur, lui dis-je, je ne suis pas diplomate et c'est sans aucune hésitation que, dans l'intérêt de la vérité comme dans l'intérêt du Danemark, je vous déclare que ces projets sont mort-nés. Leur réalisation est impossible, et si votre pays s'y engageait, il se perdrait sans aucun profit pour le mien. »

# CHAPITRE II

LA GUERRE DE 1870 ET SES PREMIÈRES CONSÉQUENCES

**Wissembourg. — Reischoffen. — Spickeren.**

Les événements militaires, des événements funestes, se succédaient avec une rapidité et une continuité accablantes, avant que nos armées eussent achevé leur concentration et trouvé leur équilibre.

Le 2 août, nous avions attaqué sans la prendre la ville de Saarbrück, dans une sorte de parade militaire qui semblait n'avoir d'autre but que de mettre en scène l'empereur, le prince impérial, et de provoquer de retentissants articles de journaux.

Le 4 août, la division Douay, en pointe avancée, — trop avancée, — assaillie à Wissembourg par une armée tout entière, celle du prince royal de Prusse, était écrasée, son général tué, mille prisonniers avec son campement et ses bagages aux mains de l'ennemi.

Le 6 août, à Reischoffen (Freschwiller), cinq divisions françaises étaient attaquées par quatre corps d'armée et demi (cent cinquante mille hommes), succombaient sous le nombre comme la division Douay, après une lutte de neuf heures qui avait honoré leur constance, laissant à l'ennemi six mille prisonniers, beaucoup d'artillerie, de bagages et d'équipements.

Le même jour, le 2ᵉ corps d'armée était battu par des forces supérieures à Spickeren (Forbach), avec des pertes énormes; et sa retraite, qui avait eu un moment le caractère d'une déroute, avait péniblement impressionné l'armée et l'opinion.

Dans la campagne de Sadowa, je l'ai dit, dix jours avaient suffi pour amener l'Autriche à composition devant la Prusse. Dans la campagne de Wissembourg — Reischoffen — Spickeren, quatre jours avaient suffi pour abaisser le moral de nos troupes, élever proportionnellement la confiance de l'ennemi, déconcerter l'empereur, ses conseillers et les fauteurs de la guerre, livrer une part de nos frontières aux armées allemandes, qui y avaient immédiatement commencé des établissements, créant en terre française ces premiers services d'étapes qui devaient les conduire en quelques semaines à Paris.

L'humiliation publique succédant tout à coup à l'orgueil public, à cet orgueil que nous avions vu descendre jusqu'à des explosions de puérile vanité, produisait sur les esprits de saisissants effets. Les récriminations commençaient. A Paris, elles étaient violentes et semaient les germes de ces colères furieuses qui devaient éclater le 4 septembre à la nouvelle du désastre de Sedan, se développer au cours des terribles épreuves du siège, créer la Commune dont les crimes ont étonné le monde, et préparer dans la France entière, par un commencement de ruine de l'esprit public, l'état où nous la voyons aujourd'hui (février 1883).

J'étais toujours à Paris, où, comme il fallait s'y attendre, personne dans le gouvernement n'avait le souvenir des craintes qu'on avait eues du côté de l'Espagne et des velléités de guerre qu'on avait eues du côté de la Baltique. Je voyais se réaliser les douloureuses prévisions que j'avais naguère exprimées dans mon étude militaire (*l'Armée française en* 1867), avec des aggravations que je n'avais pas prévues. Nous n'avions pas seulement rencontré à la frontière des armées solidement organisées, formées par l'éducation et par une rigoureuse discipline à l'observation des règles de la guerre, bénéficiant enfin de tous les mérites que j'avais reconnus dans ce livre aux institutions militaires prussiennes. Ces armées, *dès les premiers moments,* étaient entrées avec cinq cent mille hommes, suivis à quelques jours de marche de trois cent mille autres, dans une lutte où nous n'avions pu mettre en ligne que trois cent vingt mille hommes à soutenir par des réserves qui, pour la plus grande part, n'étaient pas constituées, encombraient les chemins de fer cherchant une destination, et, pour tout dire, étaient et allaient on ne savait où !

Étudiant la situation avec toute l'intensité d'application et de sollicitude que me suggérait la grandeur du péril public ; ne sachant rien encore du sort de l'armée battue et désorganisée du maréchal de Mac-Mahon, ni de la direction qu'elle avait prise, mais informé de la concentration de toutes les autres autour de Metz ; suivant enfin sur la carte les mouvements actuels et pressentant les mouvements futurs des masses allemandes, je demeurai convaincu qu'une voie de salut nous restait ouverte. Il s'agissait, l'effort directement offensif nous devenant impossible, de concentrer toutes nos forces pour la défensive-offensive dans la région qui s'y prêtait le mieux, autour de Paris, place forte de premier ordre et unique par son étendue, point de concours de toutes les voies ferrées françaises, centre inépuisable de renouvellements de toute sorte, et qui allait devenir l'objectif immédiat des opérations de l'ennemi victorieux.

Comment faire parvenir ces vues jusqu'à l'empereur ? Comment en obtenir, sans perdre une heure, l'examen et l'exécution ? J'avais auprès de lui un ami, le général de Waubert, l'un de ses plus anciens aides de camp, dont l'intelligente sagacité et la solidité d'esprit m'étaient connues. Je lui écrivis, lui demandant de mettre sous les yeux de l'empereur une lettre étudiée en vue de cette communication, qui exposait brièvement, mais fermement, la périlleuse situation faite aux armées réunies autour de Metz par les événements militaires accomplis, en même temps qu'un programme sommaire, pour ces armées, d'opérations défensives-offensives dont Paris serait le point d'appui, dont le territoire de Paris, dans un large rayon, serait le théâtre.

Je reproduis ici cette lettre qui déjà a été publiée. Ses attristantes prophéties devaient se réaliser toutes, et elle est, je pense, l'un des documents écrits les plus caractérisés de la guerre de 1870. Il n'a cependant pas trouvé place dans les dix gros volumes de la célèbre enquête qui occupa trois ans, sans lui faire honneur, l'Assemblée nationale.

*Au général de Waubert, aide de camp de l'empereur.*

« Paris, le 10 août 1870.

« Si haute que soit l'importance des événements qui pa-
« raissent devoir se passer entre Metz et Nancy, celle des
« événements complémentaires qui pourront se passer à
« Paris au double point de vue politique et militaire, n'est
« pas moindre. Il y a là, vous le croirez sans peine[1], des
« périls spéciaux qui peuvent faire explosion d'un jour à

---

[1] Avec le général de Waubert, j'étais au *tu* et au *toi* depuis le collège. Je crus devoir le supprimer dans cette lettre écrite pour être mise sous les yeux de l'empereur et de ses conseillers militaires.

« l'autre, par suite de la tension infinie de la situation quand
« l'ennemi viendra déployer ses masses autour de la capi-
« tale. *Il faut la défendre à tout prix* avec le concours de
« l'esprit public, qu'il s'agira d'entraîner dans le sens du
« patriotisme et des grands efforts.

« Si cette défense est active et vigilante, si l'esprit pu-
« blic tient ferme, l'ennemi se repentira de s'être engagé
« si loin dans le cœur du pays.

« Dans cette idée, j'exprime l'opinion dont le développe-
« ment suit :

« Le siège de Paris peut être longuement disputé, *à la*
« *condition nécessaire pour tous les sièges, impérieusement*
« *nécessaire pour celui-là, que la lutte soit appuyée par*
« *une armée de secours.* Son objet serait d'appeler à elle
« tous les groupes qui seraient ultérieurement organisés
« dans le pays, d'agir par des attaques répétées contre
« l'armée prussienne, *qui serait, par suite, incapable d'un*
« *investissement complet,* de protéger les chemins de fer
« et les grandes voies du sud par lesquels se ferait l'appro-
« visionnement de la ville.

« Cette armée de secours existe, dit-on, au ministère de la
« guerre. Mais ce sont là de futurs contingents, tout aussi
« incertains que ce qu'on a espéré des régiments de marche,
« que ce qu'on a espéré des régiments de mobiles qui peuvent
« être et seront d'un si grand secours plus tard, mais non
« pas dans le moment présent et immédiat.

« *Je crois qu'il faut que l'armée de secours de Paris soit*
« *l'armée qui est réunie devant Metz,* et voici comme je
« l'entends :

« Le répit que vous donne l'ennemi veut dire qu'il éva-
« cue ses blessés, qu'il fait reprendre leur équilibre à ses
« têtes de colonne, enfin qu'il opère sa concentration défi-
« nitive. *Elle comprendra trois armées, dont l'une au moins*
« *aura mission de vous tourner.* L'effort lui coûtera cher,

« mais il sera soutenu par des forces considérables et in-
« cessamment renouvelées. *Si vous tenez trop longtemps
« ferme devant Metz, il en sera de cette armée qui est le
« dernier espoir de la France, comme il en a été de celle
« qui vient de périr à Reischoffen après de si magnifiques
« preuves !*

« Il faut que l'armée de Metz étudie soigneusement et
« prépare les lignes d'une retraite échelonnée sur Paris,
« les têtes de colonne combattant sans s'engager à fond,
« l'ensemble arrivant à Paris avec des effectifs qui devront
« suffire pour remplir l'objet de premier ordre que j'ai in-
« diqué. Nous ferons ici le reste.

« Adieu, bon courage et bon espoir.

« Général Trochu. »

*Post-scriptum.* « A l'heure qu'il est, vous avez encore
« trois routes pour effectuer cette retraite. *Dans quatre jours*
« vous n'en aurez plus que deux. *Dans huit jours* vous
« n'en aurez plus qu'une, celle de Verdun. Ce jour-là,
« l'armée de Metz sera perdue !

« Général Trochu. »

Les affirmations convaincues, peut-être hardies, de cette lettre du 10 août devaient recevoir la sanction des événements dans cette période critique de *huit jours* qu'elles signalaient comme pleine de menaces pour la sécurité de l'armée de Metz. La bataille de Borny du 14 août (à forces presque égales), celle de Rezonville du 16 (un contre un et demi), celle de Saint-Privat du 18 (un contre deux), coûtèrent à l'ennemi, en tués et en blessés, près de cinquante mille hommes ; mais, conformément à mes prévisions, l'armée de Metz, enveloppée par les masses allemandes, fut définitivement rejetée sous la place et dès lors perdue pour la défense nationale. Elle ne devait pas tarder à être perdue pour le pays !

Du rapprochement de ces dates certaines et de ces faits authentiques, il résulte que si, dès l'arrivée de ma lettre le 11 août au matin, les ordres de préparation avaient été donnés dans la journée et si leur exécution avait été commencée le lendemain 12, l'opération de retraite réussissait pleinement. J'incline même à penser, — mais ce n'est là qu'une conjecture, — que si le lendemain (15 août) de la bataille de Borny, qui fut un succès sans être une victoire, l'armée avait continué son mouvement en avant, elle pouvait échapper au sort fatal qui l'attendait sous Metz.

La réponse que je recevais du général de Waubert[1], bien que très réservée et très brève, faisait pressentir les causes de l'inactivité relative des dispositions prises pour effectuer ces difficiles et pressants mouvements de retraite de cinq corps d'armée.

« Metz, le 13 août 1870.

« Voilà, en effet, de graves événements. Leur imprévu,
« leur rapidité, leur coïncidence ont produit ici quelque dé-
« sarroi et beaucoup d'incertitude. Il faut renoncer à tout
« ce qu'on avait projeté, trouver de nouvelles résolutions et
« les exécuter. Ta lettre en apportait une.
    « Elle a été lue et a paru bien motivée. Soumise aux

---

[1] Dans des publications aujourd'hui oubliées, notamment dans la brochure de 1873, intitulée *Pour la Vérité et pour la Justice*, je m'étais borné à indiquer le sens de cette réponse, qui ne pouvait être rendue publique sans l'autorisation du général, resté très légitimement fidèle à ses affections napoléoniennes. Sa mort, en m'affranchissant des scrupules que j'avais à cet égard, m'autorise à en publier le texte.

« généraux réunis en conseil, *elle a eu leur unanime appro-*
« *bation* et les ordres pour l'exécution sont donnés ; mais
« c'est à contre-cœur qu'on s'en va, qu'on laisse à l'en-
« nemi ces belles provinces. Et puis, des considérations
« d'ordre politique, contraires à ces vues de retraite, pré-
« valent à Paris et arrivent ici sous forme d'objections
« sérieuses. On hésite tout en agissant.

« Amitiés attristées.

« WAUBERT. »

---

### Paris base d'opérations défensives et offensives après nos premières défaites.

Par le récit qui précède et par les documents qui le complètent, j'ai montré le profond sentiment que j'avais du désastre auquel étaient exposés les cinq corps d'armée réunis autour de Metz. Ne suis-je pas fondé, après avoir fait cette preuve, à insister ici sur les avantages considérables, je pourrais dire uniques, qu'offrait la résolution que je recommandais d'adopter immédiatement, à titre de base d'opérations nouvelles, *Paris et la région de Paris?* La douloureuse expérience qu'on venait de faire de l'écrasante supériorité numérique de l'ennemi, à présent doublée de tout l'ascendant moral que lui apportaient ses victoires, ne prouvait-elle pas jusqu'à l'évidence que partout où, entre Metz et Paris, les forces qui nous restaient tenteraient de l'arrêter, elles seraient débordées, tournées et fatalement dispersées?

Qu'on imagine, au contraire, l'armée de Metz venant s'établir sous Paris ; l'armée désorganisée du maréchal de

Mac-Mahon venant s'y reconstituer à l'aide des inépuisables ressources en personnel de remplacement et en matériel qu'elle y aurait rencontrées ; le 12ᵉ corps, en préparation à Châlons, ralliant cet ensemble ; les détachements qui erraient actuellement par toute la France sans destination certaine, recevant l'ordre de se diriger sur Lille, sur Besançon, sur Tours, sur Lyon, où ils seraient entrés dans la composition des corps de réserve à former...

C'était en quatre jours la concentration autour de Paris d'une armée régulière de *trois cent vingt mille combattants* presque tous éprouvés, que les forces de l'ennemi, quelle que fût leur importance numérique, *ne pouvaient dans aucun cas déborder, ni tourner;* d'une armée postée au point de convergence de quatorze chemins de fer sillonnant la France dans toutes les directions et dont les lignes, dans un rayon de dix lieues à partir de Paris, sont assez rapprochées les unes des autres pour que tout corps porté en avant pour arrêter de front l'une des têtes de colonnes allemandes, eût toujours pu être appuyé latéralement par un ou par deux autres corps, les voies ferrées (transport de l'infanterie et d'une part du matériel) utilisées pour ces concentrations !

C'est ce que j'ai appelé la *défensive-offensive de Paris.* Elle eût été effectuée sur un incomparable échiquier, par de bonnes troupes non seulement assurées de leurs derrières, mais pouvant compter sur des efforts d'assistance incessamment renouvelés, par conséquent en confiance et soutenues par un moral excellent. Que n'aurait-on pas pu attendre, dans ces conditions de lutte privilégiée, des soldats qui firent à Reischoffen, à Borny, à Rezonville, à Saint-Privat, dans des conditions absolument contraires, les preuves dont tout le monde reconnaît que fut honorée leur défaite ?

Dans cette conception de la guerre défensive-offensive transportée autour de Paris, la capitale, centre de toutes les forces d'impulsion et de direction qui donnent au pays le ressort et la vie, échappait aux entreprises de l'ennemi. Elle devenait le point d'appui d'une défense nationale, bien moins difficile et moins risquée dans ses procédés, bien plus sûre dans ses effets, que celle qui fut improvisée dans toute la France avec tant de patriotisme et d'énergie, quand, après la disparition de toutes nos armées régulières et de l'immense matériel qui les suivait, Paris réduit aux seules forces qui purent être organisées dans son enceinte, fut étroitement investi par les masses allemandes et resta sans communications, sans concert possible par conséquent, avec le pays.

Par ces considérations que je soumettais en 1870, que je soumets encore aujourd'hui aux hommes de bon jugement autant qu'aux hommes de savoir technique, je n'entends pas faire prévaloir l'opinion que la défaite des armées envahissantes dût être le résultat de cette transformation de nos vues dans la conduite de la guerre et de ce redoublement d'efforts sur un terrain nouveau. Je me borne à montrer qu'ils devaient opposer aux entreprises de l'ennemi, en lui infligeant des pertes incessantes, assez de difficultés et même d'obstacles, pour qu'au lieu d'être réduits à traiter avec lui à merci, en vue de la fin des hostilités, nous eussions pu prétendre à obtenir des conditions de paix qui auraient épargné à la France des sacrifices accablants et sauvé l'honneur de ses armes.

## La politique du désarroi. — Ses effets en ce qui me concerne.

Les défaites successives de Wissembourg, de Reischoffen, de Spickeren, avaient jeté le gouvernement, le corps législatif, l'esprit public dans un profond désarroi. Il se traduisait dans les sphères dirigeantes par une anxiété fiévreuse qui excluait l'examen, la pondération, le concert, et dans les foules par d'inquiétantes agitations qui préparaient, je l'ai dit, de graves événements à l'intérieur, surtout à Paris. Il me fut fatal à moi-même, en ce sens que le souvenir des hardies déclarations de mon livre *l'Armée française en 1867* revenant à tous les esprits, je cessai d'être l'homme dont l'empire avait fait un *général-rhéteur,* pour devenir un *général-prophète*. Je fus, du jour au lendemain, considéré en haut, populaire en bas, appelé à cette périlleuse notoriété et à cette redoutable évidence qui sont, au temps des grandes calamités publiques sans remède, le présage certain des grands malheurs personnels.

Les représentants de l'empire qui m'avaient, au début de cette guerre, écarté de toute participation au commandement des troupes, venaient à présent me demander mon avis sur les chances de retour de fortune qu'offrait l'avenir assombri. Quelques-uns, allant bien plus loin, jugeaient que puisque j'avais prévu nos revers, c'était à moi qu'il appartenait d'en réparer les suites !

M. Émile Ollivier, garde des sceaux, me fit appeler à l'hôtel de la place Vendôme, et me pressa, dans les termes les plus obligeants, de prendre le ministère de la guerre. Je lui répondis :

« Que renoncer dans les circonstances présentes aux scr-

« vices du général Dejean ministre par intérim, qui avait
« été antérieurement associé à la préparation de la guerre ;
« qui avait collaboré au programme des opérations ; qui
« savait les dispositions prises pour la formation, la réunion
« et la mise en route des réserves, pour le renouvellement
« du matériel et des approvisionnements de toute sorte,
« était une erreur considérable ;

« Que substituer en pleine crise à cette direction d'af-
« faires sûre et bien informée, une direction improvisée,
« ignorante de tout et nécessairement incompétente comme
« le serait la mienne, était une faute grave ; qu'au surplus,
« ma sincérité comme la confiance que me montrait le
« ministre, me faisaient un devoir de lui dire que ma col-
« laboration ne pouvait pas retarder d'un jour la chute du
« cabinet, que les événements militaires accablaient d'un
« poids trop lourd pour qu'il pût leur survivre. »

Pour rendre hommage à la vérité, il faut que j'ajoute ici que M. Émile Ollivier, aux prises avec les angoisses d'une situation politique et personnelle sans issue, accueillit cette franche déclaration en homme d'équilibre, avec beaucoup de philosophie et de sérénité.

Quand le ministère Ollivier fut tombé, je vis arriver chez moi un personnage politique que je ne connaissais pas, M. Schneider, président du corps législatif. Il venait me presser d'accepter le portefeuille de la guerre avec la présidence du conseil, mettant toute une longue et doucereuse dialectique au service de cette idée fausse, qu'ayant autrefois révélé, à l'encontre du sentiment général, les vices de notre organisation militaire dans des appréhensions que de graves événements venaient de justifier, j'avais le devoir de prendre la direction des efforts que l'État allait faire pour conjurer les périls survenus.

« C'est expressément ce précédent, lui dis-je, qui me défend d'accepter le mandat, encore plus politique que militaire aujourd'hui, que vous me faites l'honneur de m'offrir. Immédiatement engagé dans les débats de l'assemblée, pressé par les questions que ne manqueraient pas de m'adresser les députés très justement inquiets de la situation, je n'échapperais pas au péril de dire ce que j'en pense, dans un langage dont toutes les précautions ne pourraient pas déguiser les vues si malheureusement sanctionnées par les faits, et que j'ai tant de fois exprimées sur l'état de notre armée, sur les risques d'une grande guerre quelle qu'elle fût, sur l'aveuglement des conseillers militaires de l'empire à l'égard de celle-ci, sur l'insuffisance notoire de sa préparation.

« J'aurais ainsi devant le corps législatif et devant le pays, comme ministre de l'empire, un rôle déplorablement faux, compromettant pour tout le monde, auquel répugnent absolument ma loyauté aussi bien que le sentiment que j'ai de mon impuissance à relever l'état des affaires. »

Le président obstiné à sa thèse et persistant à soutenir diffusément que, sur le terrain politique, *on pouvait tout penser et ne rien dire*, devait se heurter à un refus péremptoire, et nous nous séparions en hommes qui renoncent à s'entendre et même à se comprendre, dans des sentiments qui n'accusaient pas, je pense, une sympathie réciproque bien marquée.

A quelques heures de là, le même jour, l'amiral Jurien de la Gravière, aide de camp de l'empereur, avec qui j'avais de bonnes relations, vint officiellement, de la part de l'impératrice-régente, m'apporter les mêmes offres et recevoir la même réponse.

Il y eut cette différence, qu'il comprit du premier coup et approuva sans hésitation mon refus, dont la conséquence fut la nomination du général Montauban, comte de Palikao, au ministère de la guerre et à la présidence du conseil. Par son caractère comme par ses précédents, qui n'avaient aucun rapport avec les miens, cet officier général était, bien plus que moi, apte à remplir la mission que lui offrait la confiance de l'impératrice.

## De Paris à Châlons.

Le nouveau ministre de la guerre, peu après son installation, me désignait pour le commandement d'un corps d'armée en formation, le 12e, que je devais organiser au camp de Châlons avec les éléments suivants : quatre régiments d'infanterie venant du sud de la France et restés jusque-là en dehors des forces mobilisées ; — trois régiments coupés, par suite des événements, du 6e corps d'armée ; — quatre régiments d'infanterie de marine ; — deux régiments de marche à former (réservistes et mobiles) ; — quatre régiments de cavalerie, coupés, par suite des événements, de leurs corps d'armée ; — ensemble, trois divisions d'infanterie et une de cavalerie.

Partant de Paris pour Châlons dans la nuit du 15 août avec les officiers de mon état-major, j'étais retenu plusieurs heures à la gare de l'Est par suite des difficultés d'encombrement que présentaient à la fois la gare et la ligne de parcours. Pendant cette longue attente, je recueillais de premières données sur l'irréparable désordre qu'en arrivant à destination, j'allais rencontrer dans les esprits aussi bien que dans les faits, par les déclarations que me fit M. l'ingénieur en chef Jacqmin, directeur des chemins de fer de l'Est.

Avec une abondance et une précision de détails compliqués, qui révélaient une organisation intellectuelle supérieure et la compétence la plus étendue, ce fonctionnaire me représenta que sur son réseau, tout entier au service de la guerre dont il transportait avec une incessante activité et avec tous ses moyens le personnel, le matériel et les renouvellements, personne ne centralisait et ne coordonnait les dispositions à prendre. Les ordres se succédaient venant de toutes parts, dans la confusion, dans la contradiction, gaspillant le temps, l'argent, et dispersant le matériel roulant à ce point que la direction technique ne savait plus où le saisir pour être appliqué à des besoins qui se présentaient partout à la fois avec des degrés très différents d'importance et d'urgence ! *Personne en réalité ne commandait, tout le monde donnait des ordres.*

Des émotions d'une autre nature m'attendaient à la gare de Châlons. Là, venait d'arriver et allait partir pour le camp, sous une chaleur accablante, un régiment de zouaves appartenant à l'armée du maréchal de Mac-Mahon défaite à Reischoffen, et qu'une laborieuse retraite, effectuée d'abord par étapes, ensuite par chemin de fer, ramenait au camp de Châlons. Les hommes de ce régiment, déjà logés dans les wagons, faisaient retentir la gare de clameurs, de chansons sans nom, et une douzaine d'entre eux entièrement nus, quelques-uns ayant des bouteilles aux mains, exécutaient sur l'impériale des voitures, sautant de l'une à l'autre, des danses d'un cynisme révoltant ! Indigné, hors de moi, je me précipitai sur la voie, interpellant ces drôles, cherchant leurs officiers et les appelant à la répression de ce honteux désordre, dont le départ précipité du train nous déroba le spectacle écœurant.

Ces gens-là avaient eu à Reischoffen, où ils avaient été décimés, la ferme attitude qui était dans la tradition des zouaves de l'armée d'Afrique. Je savais par expérience qu'à de certaines heures le sans-gêne, presque autant que la bravoure, était aussi dans les habitudes de ces vieux soldats ; je n'aurais jamais pu supposer qu'il pût aller, dans ces jours de deuil public, jusqu'à l'excès de démoralisation dont je venais d'être le témoin.

Il n'eût été ni juste ni raisonnable, assurément, de juger par cet exemple d'exception, de l'état de la discipline dans l'ensemble du corps d'armée si cruellement éprouvé à Reischoffen ; mais la conviction entra dès lors dans mon esprit que ces troupes [1] ne pourraient plus être conduites à l'ennemi qu'après avoir été rendues, hors du théâtre de la guerre, par des efforts soutenus de relèvement moral et de réorganisation militaire, à l'équilibre qu'elles avaient perdu.

Au terme de ce voyage dont la durée avait été triple de celle qu'il exige en temps régulier, nous étions en gare de Mourmelon et le train s'arrêtait. Nous y occupions encore nos sièges, quand un autre train composé de wagons de troisième classe, glissant lentement et silencieusement sur les rails, se croisa avec le nôtre et vint se fixer à côté de lui. Dans la voiture à bancs et à dossiers de bois, qui était portière à portière avec la mienne, je reconnus l'empereur

---

[1] Avec d'énormes sacrifices en officiers, en sous-officiers et en soldats, plusieurs régiments de ce corps d'armée avaient perdu leurs havresacs, la totalité de leur matériel de campement, leurs ustensiles de cuisine, etc.

en uniforme de campagne, entouré de toute sa cour militaire ! On comprendra mon saisissement.

Quelle pouvait être la cause de ce retour, en si humble équipage, du souverain que, quelques jours auparavant, on avait vu partir de Saint-Cloud pour aller prendre solennellement le commandement de ses armées, dans ce train impérial qui était la représentation spéciale des splendeurs du règne? Nous étions confondus, honteux de l'éclat comparatif de notre installation de voyage. Dans mon esprit obsédé par tant de sombres prévisions, la pensée se fit jour que cette étrange apparition, complément des deux autres incidents de ce voyage tourmenté, était comme une première révélation de l'écroulement de l'empire entraînant la ruine de la fortune française.

Sans perdre un instant, je montai dans la voiture de l'empereur pour lui offrir mes respects et l'informer des ordres ministériels qui m'appelaient au camp de Châlons pour organiser le 12ᵉ corps d'armée et en prendre le commandement. Il me reçut et m'écouta avec sa bienveillance ordinaire, mais distraitement, et il me dit tout à coup : « Avez-vous reçu ma lettre ? » Et comme, surpris, j'allais répondre négativement, il ajouta : « Savez-vous où est le roi de Prusse ? »

Je tombais d'étonnement en étonnement. Comment l'empereur, à qui je venais de dire que j'arrivais de Paris, pouvait-il admettre que je fusse informé des mouvements du roi de Prusse ? Ma physionomie, celle de tous les officiers de l'état-major impérial, exprimaient la pénible impression dont nous ne pouvions nous défendre, et comme je prenais hâtivement congé de l'empereur, il répéta une seconde fois, me voyant disparaître par la portière ouverte : « Ainsi, vous ne savez pas où est le roi de Prusse ? »

Quelques instants après, à la nuit tombante, un aide de camp m'apporta l'ordre d'être rendu le lendemain matin au logis impérial, où devait s'ouvrir une conférence militaire. Il m'apprit que l'empereur avait remis le commandement de l'armée au maréchal Bazaine, et que son départ de Metz[1], devenue le point de convergence des corps d'armée prussiens et dont les environs étaient fouillés par leur cavalerie, s'était effectué précipitamment et non sans péril, comme on avait pu, et avec les moyens qu'on avait eus sous la main.

---

### La conférence de Châlons.

S'il est dans la destinée de la France, comme j'en ai depuis bien longtemps le sentiment, *de ne savoir jamais la vérité* que défigurent irréparablement les passions et les intérêts politiques, conséquemment de ne bénéficier jamais des leçons de sa propre histoire, c'est peut-être dans ce qui a été dit et écrit officieusement ou officiellement sur la conférence de Châlons que se trouve la plus frappante justification de ce sentiment. Sur ce qu'elle a été, sur les résultats qu'elle a eus, je vais dire, ou plutôt redire, car je l'ai déjà écrite ailleurs, la vérité, sans la prétention et sans l'espoir qu'elle remplace jamais *la légende*, mais pour lui rendre une fois de plus l'hommage auquel, pour l'unique satisfaction de mes principes, ces récits sont consacrés.

---

[1] C'est le 11 août au matin, le jour même de la bataille de Rezonville-Gravelotte, que le départ de l'empereur avait eu lieu sous la protection de deux régiments de chasseurs d'Afrique, du régiment des guides et des cent-gardes qu'appuyait un bataillon de la garde.

La conférence de Châlons est, en importance historique, l'un des plus considérables événements de la guerre de 1870, car à tous ceux qui étudieront ce livre sans parti pris, je montrerai jusqu'à l'évidence :

1° Que là furent prises, à l'unanimité des personnes présentes, des résolutions qui replaçaient la fortune de la France, très gravement mais non irrémédiablement compromise encore, sur le terrain des conceptions hardies, conseillées par l'expérience, et des probabilités raisonnées de salut ;

2° Que ces résolutions, arrêtées par des discutants qui tous, — je n'en excepte pas l'empereur lui-même, — avaient été plus ou moins ouvertement opposés à cette guerre, se heurtèrent, après la conférence, aux résolutions contraires des personnages politiques de Paris qui avaient expressément voulu cette guerre et y avaient fatalement engagé le pays ; qu'après comme avant nos premières défaites, leurs vues l'emportèrent et qu'elles furent, pour une part principale, l'origine des catastrophes ultérieures de Sedan, de Paris (révolution du 4 septembre) et de Metz (capitulation).

Le 17 août au matin, arrivant, après une nuit passée dans l'un des bureaux de la gare, au logement qui m'était assigné au camp et où je devais attendre l'heure de la conférence, j'y trouvais mes aides de camp, le commandant Faivre et le capitaine Brunet, encore tout à l'émotion où les avait laissés le prince Napoléon, qui, venu en mon absence, s'était assis familièrement au milieu d'eux et leur avait exposé avec beaucoup de force et de logique ses idées qui ne différaient pas des miennes, sur la nécessité et sur l'urgence de concentrer sous Paris toutes les forces considérables dont le pays disposait encore.

C'était pour s'entendre avec moi à ce sujet qu'il m'avait fait l'honneur de sa visite, mais il avait traité d'autres questions. Voulant notamment leur expliquer les causes de la résolution que l'empereur avait prise de quitter l'armée à Metz après la remise du commandement au maréchal Bazaine :

*Imaginez*, leur dit-il, caractérisant dans son langage coloré et osé les inconvénients et les difficultés de la présence à l'armée de l'empereur sans commandement, à côté du maréchal désormais responsable, *un infortuné général en chef condamné à penser, à parler, à agir au milieu des troupes, à aller au combat, en transportant une soupière pleine dont il lui est défendu de répandre une seule goutte !*

Et le prince, levant les bras en marchant, montrait dans une pantomime expressive la soupière au-dessus de sa tête et le supplice du commandant en chef dans son rôle d'équilibriste. . . . . . . . . . . .
. . . . . . . . . . . .

———

J'entrais à la conférence pénétré de la grandeur des périls du pays, absolument fixé sur le choix des moyens qui s'offraient encore à lui pour y échapper, résolu par conséquent à soutenir les vues de ma lettre du 10 août à l'empereur sur *Paris préparé à un siège et base d'opérations militaires nouvelles*, avec cette douloureuse différence que les armées s'appuyant à Paris pour opérer semblaient à présent réduites à une seule, celle du maréchal de Mac-Mahon désorganisée, et qu'il s'agissait de réorganiser au plus vite. Mais, par suite des renseignements que j'avais recueillis depuis mon arrivée au camp, j'étais tourmenté par un autre souci, celui de l'imminence d'un désastre spécial à l'agglomération de troupes et de matériel qui se formait au camp lui-même.

Là, en rase campagne, sur une sorte de plage sans défense, ouverte à toutes les entreprises, à deux ou trois jours de l'ennemi victorieux, s'entassaient, sans but déterminé et sans ordre, avec une impéritie dont on ne peut se faire l'idée, un matériel immense ; des détachements envoyés de l'intérieur à tous les corps de l'armée, qu'ils ne savaient où et comment rejoindre ; huit mille à dix mille isolés sans lien entre eux et sans chefs ; dix-huit mille gardes mobiles de Paris, dont huit mille sans fusils, huit mille pourvus d'armes anciennes, deux mille seulement armés du chassepot, — troupes vouées en cas d'attaque à une affreuse débandade et à une destruction certaine ; — enfin, versées par tous les trains au milieu de cet irréparable désordre, les colonnes désorganisées de l'armée de Reischoffen !

J'avais l'inébranlable conviction que cet agglomérat militaire *devait avoir disparu dans les deux jours,* tous ses éléments ralliés et coordonnés sous Paris, où les premiers trains rapporteraient, *sans une heure de délai,* les gardes mobiles parisiens pour y être armés, instruits, préparés au seul effort qu'ils fussent en état de faire, la défense de leurs foyers derrière des remparts. Leur chef, le général de brigade Berthaut[1], officier d'une valeur morale et d'un mérite professionnel incontestés, était plus que de ce double avis. Il regardait la situation faite à ses bataillons et à lui-même

[1] Le général Berthaut, nommé divisionnaire pendant la guerre (siège de Paris), était l'un des hommes les plus réellement considérables de l'armée. Grand travailleur et habile organisateur autant qu'homme de bien, il a été ministre de la guerre au milieu des continuelles agitations de la politique contemporaine, et il était expressément désigné par ses rares qualités de cœur et d'esprit pour en être la victime. Il l'a été, et nous l'avons vu mourir jeune encore dans la disgrâce des politiciens et dans l'oubli.

comme engageant à faux toutes les responsabilités dont le commandement porte le poids. Il me le dit avec une animation singulière, me demandant d'y mettre un terme; et comme je l'interrogeais sur le parti qu'il pourrait tirer de ses gardes mobiles pour la défense de Paris, il se montra très confiant et très affirmatif sur ce point. Il ne le fut pas moins devant l'empereur, à la conférence où il fut mandé. L'empereur agréa ses raisons qui appuyaient les miennes, et donna, séance tenante, des ordres pour le retour immédiat à Paris des gardes mobiles de la Seine.

Voilà l'histoire vraie, authentique, puisqu'elle s'accomplit devant témoins, irrécusable par conséquent, de *cette garde prétorienne* à laquelle, au dire de mes diffamateurs, je destinais un rôle dans le complot ténébreux que je préparais au profit de la démagogie et de la révolution, en trahissant l'empire. Si j'ai relevé cette vilenie, dont j'étais suffisamment vengé par le souverain et tranquille mépris qu'elle m'inspirait, c'est que, demandant justice pour tous, je la demande pour la *garde mobile de Paris*.

Oui, cette garde prétorienne a fait honneur à la garantie qu'en offrait son digne général. A Paris, elle n'a pas quitté les forts et les avant-postes. Elle n'a figuré, même par des individualités, dans aucune des émeutes isolées qui ont paralysé l'effort du siège. Malgré l'insuffisance de son organisation, de son instruction militaire, de sa discipline intérieure, elle a fait d'honorables preuves marquées par la mort glorieuse devant l'ennemi de quatre de ses chefs et d'un grand nombre de ses officiers et de ses soldats. Elle a bien mérité du pays, elle n'a pas mérité d'être déshonorée par les haines et les indignes manœuvres de la politique.

Étaient présents à la conférence, qui fut une sorte de conseil de guerre où la solution des questions militaires proposée par les généraux fut appuyée des considérations politiques présentées par le prince Napoléon :

L'empereur,

le prince Napoléon,

le maréchal de Mac-Mahon,

le général Schmitz, mon chef d'état-major général,

le général Berthaut, commandant les mobiles de la Seine,

le général Trochu,

le général de Courson, à la suite de l'empereur.

Ce dernier officier général, allant et venant pour son service, ne prit aucune part aux délibérations du conseil. Elles s'ouvrirent par l'examen des questions très graves, très pressantes, que soulevait l'entassement toujours croissant des isolés et des groupes sans cohésion, arrivés ou arrivant incessamment au camp, spécialement des dix-huit mille gardes mobiles de la Seine, mal armés ou sans armes, dont le général Berthaut demandait le renvoi immédiat à Paris, assurant l'empereur que, préparés par l'organisation et un commencement d'éducation, ils feraient leur devoir. Comme, à défaut de cette destination, il proposait de les répartir entre les places du nord, *ce fut l'empereur lui-même*[1] qui exprima l'opinion, entièrement conforme d'ailleurs à celle que j'avais d'abord émise, que ces troupes ne pouvant combattre que derrière des remparts, il était naturel que ces remparts fussent ceux qui protégeaient leurs familles et leurs biens.

Cette question subsidiaire venait d'être résolue quand,

---

[1] Le général Berthaut, dans un procès célèbre, a déposé de cette circonstance devant la justice, le général Schmitz également.

le maréchal de Mac-Mahon arrivant à la séance, le grand problème, celui de la nouvelle direction à donner aux efforts de la guerre, fut posé par l'empereur dans des circonstances de fait et de lieu qu'il me paraît intéressant de préciser.

L'empereur était assis au centre d'un cabinet de travail ou petit salon, ayant à ses côtés le prince Napoléon et le maréchal de Mac-Mahon également assis. Le général Berthaut, le général Schmitz et moi, nous étions debout devant eux. Le général Berthaut demanda et obtint l'autorisation d'aller préparer l'exécution des ordres relatifs au départ de ses gardes mobiles.

Avec sa lenteur et sa concision accoutumées, sans exposer les faits qui caractérisaient la situation, sans exprimer son sentiment personnel, s'adressant à tous, je pense, mais paraissant m'interroger expressément par le regard, l'empereur parla quelques instants dans le sens de ce résumé :

« Vous connaissez les événements, vous en jugez la gravité; quelles mesures propres à en conjurer les suites proposeriez-vous ? »

Les yeux fixés sur le prince et sur le maréchal, je ne me décidai à répondre que lorsqu'il fut acquis qu'ils s'abstenaient. Rappelant sommairement à l'empereur les termes et le but de ma lettre du 10 août[1], mes attristantes prévisions sur le sort que devaient craindre les corps d'armée restés sous Metz, mes vues de concentration générale autour de Paris, je conclus en quelques mots, à la fois très brefs et très nets, aux trois propositions suivantes :

1° Départ immédiat pour Paris de toutes les forces arrivées ou arrivant au camp de Châlons, — le corps d'armée

---

[1] Reproduite page 99.

désorganisé du maréchal de Mac-Mahon, — le corps d'armée moralement affaibli du général de Failly, — le corps d'armée matériellement incomplet du général Douay, — le corps d'armée en formation du général Trochu, ensemble cent quarante mille hommes, sans compter les mobiles, les détachements arrivant sans cesse et les isolés ;

2° Constitution sous Paris, à l'aide des ressources presque infinies de la capitale, d'une armée refaite dans son moral, son personnel et ses moyens matériels, dont le maréchal de Mac-Mahon aurait le commandement en chef ;

3° Mise en état de défense de Paris en vue d'un siège.

Ce thème était simple, raisonnable, je pense, exclusivement militaire dans tous les cas. Il ne me faisait, sous un commandant en chef, comme à mes collègues le général de Failly et le général Douay, qu'un rôle subordonné. Voici ce qu'il est devenu sous la plume d'un des rapporteurs de l'Assemblée nationale[1], chargé d'instrumenter contre les membres du gouvernement de la Défense :

« *On peut croire* qu'entre ces deux esprits (l'empereur
« et le général Trochu) il y avait des affinités secrètes
« d'imagination. Dans l'empereur, une intelligence rêveuse,
« que des malheurs récents et imprévus ouvraient aisément
« aux projets et aux systèmes qui pouvaient le consoler ;
« dans le général Trochu, *l'idée d'être le principal acteur*
« *d'un drame hardi et nouveau : l'empire conservé et res-*
« *suscité avec l'empereur et par l'empereur, sans le ministère*
« *et sans la régente;* un plan conçu, expliqué, réalisé par
« la pensée ardente et presque effective du général ; un
« espoir inattendu restitué à une cause perdue et qui croyait
« déjà l'être. Voilà les sentiments, les prestiges à l'aide

[1] M. Saint-Marc Girardin.

« desquels le général, pour me servir d'une expression de
« M. Jérôme David, *empoigna* l'empereur et fut nommé à
« Châlons gouverneur militaire de Paris. »

Bon Dieu! que d'efforts d'imagination politicienne, quelle recherche et quels effets de style, d'ailleurs parfaitement réussis, je le reconnais, pour fausser, pour dénaturer une situation, des intentions, une combinaison militaire aussi nettement définies que celle qui aboutit aux trois propositions ci-dessus!

Voilà l'ingénieux roman, signé du nom le plus autorisé, qui sera l'histoire de cette conférence de Châlons où se joua, au milieu de la douloureuse anxiété des assistants, le drame de l'avenir de la guerre, de l'existence de l'empire et du sort du pays!... C'est à désespérer à la fois de la vérité, de la justice, de l'histoire et des beaux esprits.

Si le rapporteur, au lieu de s'en tenir à l'opinion de son informateur parlant *au jugé*, puisqu'il n'était pas à Châlons, avait posé une question, une seule, à l'un de ceux qui y étaient, il aurait appris :

Que l'empereur fut en effet *empoigné*, et nous tous avec lui, par l'éloquence de deux membres de la conférence, le prince Napoléon et le général Schmitz, dont le rôle, qui fut décisif ce jour-là, paraît inconnu du rapporteur;

Que l'un et l'autre, soutenant ma proposition de concentration générale sous Paris des forces commandées par le maréchal de Mac-Mahon, y ajoutèrent et firent prévaloir celle de mon départ immédiat pour Paris avec le titre de gouverneur commandant l'état de siège, et chargé de préparer la défense, précédant l'empereur, dont j'avais la mission d'annoncer le retour à la population;

Que, par conséquent, je demeurai complètement étranger *aux sentiments et aux prestiges,* pour parler comme le rapporteur, qui me valurent, d'après lui, ce redoutable mandat ;

Qu'enfin le retour à Paris de l'empereur qui devait reprendre, l'impératrice à côté de lui comme par le passé, la direction du gouvernement avec sa présidence accoutumée du conseil des ministres, ne menaçait d'aucun complot d'exclusion l'impératrice et le ministère.

De souvenir, — mais croyant ce souvenir absolument exact, — j'ai publié il y a dix ans, dans un livre[1] auquel j'emprunte une grande part de ce récit, le résumé des saisissantes paroles qu'à la conférence de Châlons le prince Napoléon adressa à l'empereur. Je faisais suivre ce résumé de la mention ci-après :

*Si l'exactitude de ce souvenir est contestée, il sera certainement rectifié.*

Il ne l'a pas été, et je reproduis ici ce discours reconnu authentique. Il ne fut en réalité qu'une improvisation faite par le prince, qui parla debout, sur le ton d'une véhémente causerie.

« Pour cette guerre, dit le prince, vous avez abdiqué
« à Paris le gouvernement. A Metz, vous venez d'abdi-
« quer le commandement. *A moins de passer en Belgique,*
« il faut que vous repreniez l'un ou l'autre. Pour le com-
« mandement, c'est impossible. Pour le gouvernement,
« c'est difficile et périlleux, car il faut rentrer à Paris.
« *Mais que diable! si nous devons tomber, tombons comme*
« *des hommes!*

« Voilà un général, — le prince me désignait de la main,
« — dont vous connaissez les vues de concentration et de
« reconstitution de nos forces militaires sous Paris dé-
« fendu à outrance et servant de point d'appui à de nouvelles

---

[1] *Pour la Vérité et pour la Justice* (1873).

« opérations. Il était, de notoriété, opposé à cette guerre
« et aux précédentes. Seul, de tous les généraux, il a mon-
« tré naguère à quel point on s'illusionnait sur le mérite de
« nos institutions militaires, dont il demandait la réforme,
« et de l'armée, dont il demandait la réorganisation. Cela
« l'a compromis. A présent, il a une autorité et une popu-
« larité particulières. Qu'il les mette à votre disposition,
« comme un brave homme qu'il est et que vous avez mal
« jugé. *Nommez-le gouverneur de Paris, chargé de la
« défense de la place; qu'il vous y précède de quelques
« heures et vous annonce à la population dans une procla-
« mation qu'il saura faire. Vous verrez que tout ira bien.* »

Après, peut-être avant le prince, — car l'une des marques du profond désarroi de la situation était que, les respects demeurant, les règles de l'étiquette n'avaient plus cours, — le général Schmitz avait parlé dans le même sens avec une singulière énergie, démontrant que la concentration autour de Paris et la préparation du siège étaient les voies de salut expressément indiquées par les événements déjà accomplis et par ceux qu'il fallait craindre.

« Vous avez entendu Napoléon, me dit tranquillement l'empereur; est-ce que vous accepteriez cette mission? »

*Voilà la conférence de Châlons.* La voilà dans sa vérité si différente des inventions de la légende. Trois questions seulement y furent discutées et arrêtées sans contradiction, même sans objection : *Rentrée immédiate à Paris des gardes mobiles de la Seine; — Retour de l'empereur à Paris, où, partant sur l'heure avec le titre de gouverneur commandant l'état de siège, je le précédais de quelques heures et l'annonçais à la population; — Retraite sur Paris de toutes les forces disponibles, réunies sous le commandement du maréchal de Mac-Mahon.*

Sur ce dernier point, déposant devant la commission d'enquête législative *qui a fait la légende,* le maréchal de Mac-Mahon n'a eu que des souvenirs incertains. Il s'est rappelé qu'à la conférence la question de la concentration des troupes autour de Paris avait été discutée. Il ne s'est pas rappelé qu'elle eût été formellement résolue!

Je ne sais si, par ce doute imprévu, le maréchal a entendu atténuer l'effet de l'effrayante résolution qu'il devait prendre à quelques jours de là, de marcher de Reims, avec *cent quarante-cinq mille hommes* désorganisés, contre un rideau de quatre armées victorieuses, de près de *cinq cent mille combattants,* lesquelles, en admettant qu'elles dussent laisser *deux cent mille hommes* autour de Metz pour contenir l'armée du maréchal Bazaine, allaient infailliblement l'accabler en un jour sous l'effort de *trois cent mille soldats!* Ce que j'affirme, ce que personne n'oserait contester devant les témoignages de la télégraphie officielle, c'est que:

L'avis télégraphique des trois propositions arrêtées à la conférence de Châlons fut, *séance tenante,* adressé à l'impératrice-régente et au ministre de la guerre, général comte de Palikao;

Que l'impératrice et le ministre, se constituant en *conseil aulique*[1] avec le conseil de régence, le conseil des ministres et les présidents des deux chambres, répondirent par les télégrammes *depuis rendus publics,* qui s'opposaient formel-

---

[1] Cette dénomination de « conseil aulique », très heureusement trouvée, se rencontre dans un remarquable livre, le meilleur, à mon avis, qui ait été publié en France sur la guerre de 1870, *la Campagne de 1870, par un officier de l'armée du Rhin,* dont l'auteur est le capitaine d'état-major Robert, aujourd'hui officier supérieur.

lement à leur exécution et qui annonçaient, si elle avait lieu, une révolution ;

Qu'enfin le mauvais génie de la France impériale, M. Rouher, fut dépêché à Reims, qui entreprit sur le même thème l'empereur, le maréchal, et leur prouva que de la marche en avant de l'armée de Châlons, à la rescousse de l'armée de Metz, dépendait le salut de l'empire !

Comment d'ailleurs le maréchal de Mac-Mahon put-il concilier ses incertitudes ou ses doutes à l'égard des résolutions prises et des ordres donnés à la conférence, avec la marche, — *de Châlons sur Reims* (21 août), — de ses quatre corps d'armée *tournant le dos à l'armée de Metz* en exécution de ces résolutions et de ces ordres ? C'est à Reims que les résolutions furent abandonnées, les ordres contremandés, après qu'on eût perdu en hésitations des heures de répit d'un prix inestimable, les dernières que, dans ce concours véritablement inouï de nos erreurs et de nos revers, la fortune dût nous accorder !

A la question de l'empereur : « Vous avez entendu Napoléon, est-ce que vous accepteriez cette mission ? » je répondis sans un instant d'hésitation par l'affirmative. Comment aurais-je hésité ? Les événements qui se précipitaient, dépassant de beaucoup les prévisions attristées que j'opposais depuis des années au chauvinisme napoléonien, allaient réaliser dans quelques jours cette prévision spéciale qui était dans ma pensée le complément de toutes les autres : *le siège de Paris !*

Oui, de tout temps, j'avais été pénétré de la certitude raisonnée que là se ferait le dernier effort. De tout temps, à mes officiers réunis en conférence autour de moi pour m'entendre discuter les différentes éventualités d'une guerre malheureuse, j'avais dit :

« Paris est le réduit, la réserve en quelque sorte, de nos
« places fortes du nord et de l'est. C'est sous Paris que se
« réfugieront les armées françaises de l'ancien modèle bat-
« tues par les armées étrangères du nouveau. C'est alors
« aussi qu'on jugera de la sagesse des vues de nos prédé-
« cesseurs quand, malgré les clameurs que j'entends encore
« des politiciens de ma jeunesse, — dépassés en inexpé-
« rience et en aveuglement par les politiciens de ma vieil-
« lesse, — ils voulurent (selon le langage du temps) *embas-*
« *tiller Paris!* »

Un sentiment, encore plus vif en moi peut-être que celui du devoir militaire, le sentiment chrétien qu'on raille et qu'on insulte aujourd'hui, me faisait une loi d'accepter la proposition de l'empereur. Pour son gouvernement, que je servais loyalement et sans arrière-pensée, je n'avais, on le sait, aucune sympathie ; mais, en m'invitant à me charger de l'annoncer à la population de Paris où il ne pouvait rentrer sans de grands périls, — on les a mesurés le 4 septembre après Sedan, — l'empereur, ployant sous l'infortune, vieilli avant le temps, presque déchu déjà, m'associait directement à ces périls, et l'idée que je m'en faisais ennoblissait dans mon esprit ce côté imprévu de ma mission. Et au moment où il me la donnait, il la jugeait pressante ; car, après m'avoir convié au déjeuner profondément silencieux qui suivit la conférence, il fit emprunter un break dont l'artillerie campée autour du logis impérial disposait, et me prescrivit de partir sans délai dans cet équipage, que menait un canonnier, pour Châlons où je monterais dans le premier train partant pour Paris.

### Physionomie des assistants à la conférence.

#### L'EMPEREUR

L'empereur vieilli, mais encore valide en apparence, courtois et bienveillant selon son ordinaire, remarquablement calme, mais comme absorbé, presque muet, me parut moralement affaibli et peu capable de trouver en lui-même, au milieu de la tempête des événements, une direction et des résolutions.

Au cours de la conférence, il ne prit l'initiative d'aucune proposition, la laissant à peu près tout entière au prince Napoléon et à nous-mêmes, n'entra dans la discussion que par quelques courtes réflexions qui n'objectaient ni n'approuvaient. Enfin il me sembla que cet homme destiné, du commencement à la fin de sa vie, à de si extraordinaires fortunes, se laissait aller au courant de la dernière avec un certain degré de philosophie.

Cette philosophie manquait certainement de ressort, mais elle n'aurait pas été sans quelque grandeur, si la grandeur pouvait se concilier avec le scepticisme, le fatalisme et l'incertitude du sens moral.

#### LE PRINCE NAPOLÉON

Portant l'uniforme des généraux de division en campagne, avec le complément de la culotte de peau et des grandes bottes (l'ensemble était mal en ordre et témoignait de l'influence sur la correction de la tenue des mauvais jours par lesquels le groupe impérial venait de passer), le prince Napoléon, très animé, très maître de lui en même temps, eut à la conférence de Châlons, comme je l'ai dit, l'initiative, la parole et une autorité que l'empereur me parut accepter pleinement.

Je crois d'abord, — mais je n'ai pu m'en assurer auprès du prince, ne l'ayant jamais revu, — que la pensée de cette sorte de conseil de guerre statuant sur les résolutions suprêmes lui appartenait ; et puis il semble que l'explication du rôle directeur et prédominant qu'il s'y attribua, se trouve tout naturellement dans la situation nouvelle, très forte, que les malheurs de cette guerre lui faisaient vis-à-vis de l'empereur et de son gouvernement.

Il faut se rappeler que, seul et le premier entre les représentants de la légende napoléonienne, il avait osé, dès les commencements de son avènement princier, dire bien haut, dans un pays où de telles déclarations et une telle attitude sont périlleuses, *qu'il détestait la guerre et la regardait comme le pire moyen de gouvernement*. A l'instant, comme il devait infailliblement arriver, ses adversaires dirent qu'il en avait peur et prouvèrent leur dire en argumentant du dédain du *qu'en-dira-t-on* qu'il avait montré au début du siège de Sébastopol, lorsqu'il s'y fit remplacer dans son commandement. Mais ces clameurs très répandues, et qui furent sa *légende personnelle*, ne l'avaient pas détourné de sa voie. Il s'était notoirement opposé à la guerre du Mexique et à cette guerre de Prusse, où il n'avait ni commandement ni emploi et suivait le grand quartier général, *volens nolens*, dans une situation fausse et mal définie.

Toute-puissante sur l'esprit de l'empereur sans volonté, devenue très influente dans ses conseils où le prince Napoléon n'avait pas de place, l'impératrice, qui ne l'aimait pas et qu'il n'aimait guère, avait pu faire décider, avec le concours de quelques hommes politiques bien connus, ces deux guerres qui furent les causes médiates et immédiates de la ruine de l'empire. Son contradicteur avait donc, à la conférence *in extremis* de Châlons, l'équilibre et l'autorité qu'apportent à tous les hommes qui ont soutenu une thèse, de grands événements qui viennent en démontrer le bien jugé.

Je n'ai aucune raison d'être l'apologiste de ce prince, mais il a droit à une place considérable dans le sincère et impartial récit que je fais. Sa ferme attitude, sa logique et intelligente discussion des hauts intérêts sur lesquels il s'agissait de statuer, m'autorisent à dire *qu'il n'y eut à Châlons d'autre Napoléon que lui.*

### LE MARÉCHAL DE MAC-MAHON

Il était à cette réunion la grande personnalité militaire, celle qui effaçait toutes les autres, et nous jugions que sa présence au camp de Châlons avait été la cause déterminante de la résolution prise par l'empereur et par le prince Napoléon d'ouvrir cette consultation spéciale sur ce que, militairement, il convenait de faire et de ne pas faire. Tous, nous attendions ses propositions, il ne s'en produisit aucune. Tous, sur nos propositions faites à défaut des siennes, nous attendions son avis, il n'en eut aucun. Immobile sur son siège, il semblait écouter attentivement, mais demeurait silencieux et comme désintéressé dans l'examen, la discussion et le choix des moyens que nous suggérions pour résoudre l'effrayant problème.

Par quelques signes qui paraissaient approbatifs; par quelques paroles d'adhésion qu'il prononça quand fut exposée pour son armée la nécessité de se reconstituer avant de retourner au combat; par un très court échange de vues qu'il eut avec le général Schmitz au sujet des deux lignes de retraite sur Paris[1] que l'armée de Châlons pouvait

---

[1] Le maréchal, sans se prononcer, semblait incliner pour la direction de Reims et Soissons. Le général Schmitz, judicieusement, conseillait la ligne traditionnelle de Vertus, Champaubert et Montmirail, plus courte et couverte sur sa droite, jusqu'à Paris, par la Marne.

adopter ; enfin et surtout par l'absence de toute déclaration, même de toute réflexion opposée aux résolutions qui prévalurent, nous pûmes croire que le maréchal de Mac-Mahon les admettait sans réserve. Je le crois encore aujourd'hui.

Je crois que c'est contre son sentiment qu'il a été entraîné à commettre la faute militairement énorme qui aboutit au désastre de Sedan, désastre irréparable pour l'empire, car ce coup l'achevait, et bientôt irréparable pour le pays, car il préparait la ruine de l'armée de Metz. Mais le maréchal pouvait-il se soustraire aux exhortations, aux obsessions, à l'ensemble des circonstances violentes qui triomphèrent, à Reims, de ses incertitudes rendues manifestes par le temps qu'il perdit pour agir et par le choix de la route, en arc de cercle, démesurément et dangereusement allongée, qu'il prit pour aller au-devant de l'armée de Metz? C'est là une question qu'aucun juge impartial ne peut se refuser à examiner.

L'empereur, détourné par l'impératrice de la virile résolution qu'il avait prise à la conférence de rentrer à Paris et de ressaisir le gouvernement, était resté auprès du maréchal de Mac-Mahon. Avec l'empereur au quartier général, l'effort politique prenait une place à côté et bientôt au-dessus de l'effort militaire. Le maréchal était condamné, **par la présence du souverain**, au supplice dont le prince Napoléon avait donné l'originale et hardie définition que **j'ai rapportée** dans les pages qui précèdent.

Par les incessants messages qu'on connaît, par les efforts de M. Rouher et des personnages politiques arrivés à Reims, la régente, le ministre de la guerre général de Palikao, « le conseil aulique » enfin, pesaient sur l'empereur et sur le maréchal en vue d'arrêter la retraite de l'armée sur Paris, de forcer sa marche en avant sur Metz. Et tous, pour exercer cette formidable pression politique qui enlevait au chef militaire son libre arbitre, avaient un auxiliaire peut-être plus puissant qu'eux tous : *le sentiment public*, qui ne juge pas, qui ne mesure pas, qui ne sait pas, mais qui reçoit des impressions, s'en pénètre et les fait prévaloir avec une force souvent insurmontable.

Oui, avant de condamner le maréchal de Mac-Mahon[1], il faut plaindre cet éminent et vaillant soldat d'avoir été assailli, au moment où il allait entrer dans la voie que lui avait tracée la conférence de Châlons et que devaient lui indiquer ses instincts militaires, par une tempête politique qui l'en écarta violemment.

J'ai quelque mérite peut-être à le faire bénéficier ici, pour ses épreuves de quelques jours, de cette pensée de justice, moi qui ne l'ai pas rencontrée, même auprès de lui, je pense, pour les épreuves de cinq mois que j'ai subies à Paris, et que j'ai subies parce qu'il n'avait pas exécuté les résolutions qui le liaient à l'obligation d'y conduire son armée.

A Reims, il cédait aux instances du gouvernement de l'impératrice, qui affirmait l'imminence d'une révolution s'il n'effectuait pas sa marche en avant sur Metz. A Paris, je trouvais *la révolution elle-même* faisant son irrésistible explosion devant la catastrophe de Sedan, qui fut la conséquence de cette marche désespérée !

### LE GÉNÉRAL SCHMITZ

Avec une ferme conviction, beaucoup d'animation et beaucoup de compétence, le général Schmitz soutint à la

---

[1] Arrivé au Chêne (Ardennes) et se sentant entouré par les masses prussiennes, le maréchal avait donné des ordres pour que son armée faisant à gauche marchât vers les places du nord. Un télégramme de Paris et un avis de Bazaine annonçant son départ de Metz, l'arrêtèrent.

conférence les mêmes vues militaires et politiques que le prince Napoléon. Après les campagnes d'Afrique, il avait fait toutes les guerres contemporaines, presque toujours associé comme officier d'état-major aux travaux du commandement. Il eut dans cette discussion, avec l'autorité que donne l'expérience, l'équilibre particulier qu'il tenait de ses rapports personnels avec l'empereur au temps où il avait été l'un de ses officiers d'ordonnance. Je répète que son influence sur l'adoption des mesures que la conférence arrêta fut, après celle du prince Napoléon, la plus considérable.

### LE GÉNÉRAL TROCHU

Après l'exposé de considérations militaires que j'avais fait et les propositions par lesquelles j'avais conclu, je m'étais abstenu, me renfermant dans un rôle entièrement passif à dater du moment où le prince Napoléon m'avait mis personnellement en cause. Je ne sortis de cette réserve que pour exprimer, sur l'invitation de l'empereur, mon adhésion au programme d'action qui m'appelait à Paris à titre de gouverneur commandant l'état de siège, sous les ordres du maréchal de Mac-Mahon commandant en chef et dirigeant les opérations de l'armée de secours, l'empereur, dont j'allais annoncer le retour à la population, me suivant à quelques heures d'intervalle.

## De Châlons à Paris.

Quand après l'expérience acquise par quarante ans de vie publique, complétée par les observations faites dans une retraite de douze ans[1], je reviens par le souvenir aux

[1] J'écris ces lignes à la fin de 1883.

sentiments et aux espérances qui agitaient mon esprit le 17 août 1870 après la conférence de Châlons, je reste étonné de la candeur militaire avec laquelle j'envisageais l'imprévue et redoutable mission qui me ramenait à Paris.

Je rêvais d'une population parisienne oubliant devant la grandeur du péril commun ses griefs contre l'empire, pour s'associer à l'effort suprême que nous allions faire avec lui ; de Paris, avec ses immenses ressources, mis en état de défense par le travail de cent mille bras, et, à bref délai, rendu imprenable ; de l'armée du maréchal de Mac-Mahon, reconstituée dans son moral et dans son organisme, portée à un minimum de deux cent mille hommes, surveillant au point de concours de nos chemins de fer l'arrivée des colonnes prussiennes, fondant sur elles, les accablant, revenant au centre pour se refaire et retournant au combat soutenue par les vœux, exaltée par les applaudissements des patriotes de tous les partis ; de l'armée allemande, s'épuisant en efforts devant cet invincible obstacle, appelant à elle ses réserves, forcées de s'affaiblir autour de Metz et de rendre à l'armée du maréchal Bazaine assez de liberté pour qu'elle pût agir sur les flancs, sur les derrières de l'invasion ! . . . . . . . . . . .
. . . . . . . . . . . . . .

Militairement, était-ce là un rêve et les soldats de l'avenir tiendront-ils pour chimérique cette conception d'un soldat du passé ? J'avais alors, il est vrai, un reste de jeunesse, et les grandes ardeurs ne m'étaient pas encore interdites ; mais à l'heure où presque septuagénaire et pour toujours refroidi, j'écris ces lignes, je crois encore à ces vues, à ces espérances d'autrefois ! Elles ne s'exagéraient rien, elles ne s'élevaient pas jusqu'au mirage de la victoire finale, — car le mérite de l'entreprise résultait uniquement, à mes propres yeux, de la difficulté d'en trouver et de l'impossibilité d'en exécuter une autre, — mais je croyais, je le redis, qu'elle devait assurer à mon pays le bénéfice d'une paix acceptable.

Non, ce n'était pas là un rêve; mais, en conseillant pour la seconde fois cette guerre localisée et d'un genre nouveau, je comptais sans les méfaits de la politique, sans l'affaissement des caractères, sans les égoïsmes intéressés, sans les défiances, les aveuglements, les haines dont les effets allaient éclater, remplaçant dans les esprits des politiciens et de leurs adhérents la confiance, le concert patriotique, le calme, la raison et l'équité.

Comment, dans mon loyal et sincère empressement à déférer au vœu de l'empereur, aurais-je pu prévoir que l'impératrice et ses conseillers suspecteraient la sincérité et l'honneur de son envoyé; qu'ils verraient en lui un ennemi de l'empire préparant, au profit de l'orléanisme, la trahison; qu'ils repousseraient avec hauteur, eux qui avaient souhaité et décidé cette guerre, l'unique et dernière chance de salut qu'elle nous laissât; qu'ils rendraient vaines les résolutions de la conférence, exigeraient la folle marche en avant de l'armée de Châlons et qu'après Wissembourg, Spickeren et Reischoffen, ils nous conduiraient à Sedan?

. . . . . . . . . . . . . . .

---

Au cours de ce voyage en retour de Châlons sur Paris, retardé par de fréquents temps d'arrêt dus à l'obstruction de la voie, je devais être impressionné par des incidents caractéristiques du désarroi de la situation. Ils révélaient les périls présents, les malheurs à venir; et on va voir qu'à l'amertume des avertissements qu'il nous en donnait, le sort ajoutait l'ironie!

Près d'Épernay, en pleine campagne, nous étions depuis longtemps arrêtés sur la voie. Je me décidai à descendre de voiture avec mes officiers pour m'enquérir des causes de ce retard indéfiniment prolongé. Arrivés à la hauteur de notre locomotive, nous aperçûmes en avant d'elle une interminable série de wagons chargés, à ciel ouvert, d'une immense collection d'outils de toutes sortes et de fascinages. Un dérangement dans la traction les avait immobilisés là. D'un sous-officier et de quelques soldats du génie qui convoyaient ce train extraordinaire, j'appris que son chargement représentait *l'approvisionnement spécial destiné aux premiers besoins du siège de Mayence*[1]! . . . . . .

. . . . . . . . . . . . . . . .

C'est pendant ce temps d'arrêt de plusieurs heures que, me préparant aux devoirs de mon arrivée à Paris et de mon entrée en fonctions conformément aux dispositions arrêtées par la conférence, j'écrivis dans mon wagon, sur mes genoux, la proclamation à la population de Paris qu'on va lire. Elle était tout entière imprégnée de cette confiance naïve dont j'ai parlé plus haut, que j'avais dans

---

[1] Au moment de la déclaration de guerre, j'assistais à Paris chez M. Gibiat, directeur du *Constitutionnel*, à une soirée où se trouvaient l'amiral Fourichon, M. Léon Say, M. Émile de Girardin et quelques autres personnes. Je ne connaissais pas M. de Girardin, mais je savais qu'il avait été l'un des plus ardents conseillers de cette guerre. Avec une entraînante conviction, il dit et démontra *que nous serions dans Mayence avant quarante jours, à Berlin six semaines après.*

Plus froidement, mais très résolument aussi, je soutins de mon côté, en me fondant sur le degré de préparation respective des deux armées, que les premiers chocs se produiraient infailliblement, et très malheureusement pour nous, sur le territoire français.

Il y eut là comme un duel assez vif, où il semblait que M. de Girardin fût le général d'expérience et sûr de son fait, moi le journaliste parlant inconsidérément des choses de la guerre.

Nous sommes ainsi faits en France.

les effets du *pacte de Châlons* et dans l'union patriotique des partis, confiance dont à quelques heures de là je devais déjà commencer à revenir, dont à quelques mois de là il ne restait plus trace dans mon esprit.

### PROCLAMATION

« Paris, le 18 août 1870.

« Dans le péril où est le pays, l'empereur, que je pré-
« cède ici de quelques heures, m'a nommé gouverneur de
« Paris et commandant en chef des forces chargées de la
« défense de la capitale en état de siège. Paris se saisit du
« rôle qui lui appartient ; il va être le centre des grands
« efforts, des grands sacrifices et des grands exemples. Je
« viens m'y associer avec tout mon cœur. Ce sera l'hon-
« neur de ma vie et l'éclatant couronnement d'une carrière
« restée jusqu'à présent inconnue de la plupart d'entre
« vous.

« J'ai la foi la plus entière dans le succès de notre glo-
« rieuse entreprise, mais c'est à une condition dont le carac-
« tère est impérieux, absolu, et sans laquelle nos communs
« efforts seraient frappés d'impuissance. Je veux parler du
« bon ordre, et j'entends par là non seulement le calme de
« la rue, mais le calme de vos foyers, le calme de vos
« esprits, la déférence aux ordres de l'autorité responsable,
« la résignation devant les épreuves inséparables de la situa-
« tion, enfin la sérénité grave et recueillie d'une grande
« nation qui prend en main avec une ferme résolution,
« dans des circonstances solennelles, la direction de ses
« destinées.

« Et je ne m'en référerai pas, pour assurer à la situation
« un équilibre si désirable, aux pouvoirs que je tiens de

« l'état de siège et de la loi. Je le demanderai à votre pa-
« triotisme, je l'obtiendrai de votre confiance en montrant
« moi-même à la population de Paris une confiance sans
« limites. Je fais appel aux Français de tous les partis,
« n'appartenant moi-même, on le sait dans l'armée, à au-
« cun autre parti qu'à celui du pays. Je fais appel à leur
« dévouement. Je leur demande de contenir par l'autorité
« morale les ardents qui ne sauraient pas se contenir eux-
« mêmes et de faire justice par leurs propres mains de ces
« hommes qui ne sont d'aucun parti, et qui n'aperçoivent
« dans les malheurs publics que l'occasion de servir des
« appétits détestables.

« Et pour accomplir mon œuvre, *après laquelle, je l'af-*
« *firme, je rentrerai dans l'obscurité d'où je sors,* j'adopte
« l'une des vieilles devises de la province de Bretagne, où
« je suis né :

« *Avec l'aide de Dieu pour la Patrie!* »

(*Journal officiel* du 20 août 1870.)

Mon dévouement et mes principes faisaient, dans ce premier appel au patriotisme de Paris, leur profession de foi. Elle posait des conditions qui n'ont pas été tenues. Elle exprimait des espérances qui ne se sont pas réalisées. — *L'armée du maréchal de Mac-Mahon ne vint pas à Paris, qui fut réduit à un effort isolé, improvisé, sans soutien et, par rapport au salut du pays tout entier, sans avenir.* — *L'impératrice et son gouvernement me reçurent en ennemi qui se déguise, s'emparèrent de toutes les attributions qui m'appartenaient et, jusqu'à leur chute, me tinrent sous le séquestre.* — *L'esprit public, dès le désastre de Sedan, tourna à l'affolement et, en dehors de quelques éclaircies, y resta.* — *Les partis, en état de défiance réciproque et de colère, se préparaient à la lutte dans les journaux, quelques-*

*uns à la lutte dans la rue. — L'heure vint où le gouvernement de convention, qui combattait l'ennemi par devant, fut attaqué à main armée par derrière, et on vit là, comme il arrive toujours, une minorité factieuse, révolutionnaire et qu'aucun scrupule patriotique n'arrêta jamais, tenir en échec par l'agitation permanente, par la guerre civile à certains moments, une immense majorité de bons citoyens prêts à toutes les épreuves comme à tous les sacrifices!*

Ma conscience me dit que, malgré cette longue suite d'amères déceptions, j'ai été fidèle, comme j'ai su et comme j'ai pu, aux engagements que je prenais, le 18 août 1870, devant la population de Paris. C'est de l'obscure retraite où je lui disais qu'après notre commun effort je m'enfermerais pour toujours, que j'écris ces lignes, sans la plus lointaine pensée de récrimination, mais dans un état d'affliction patriotique qui va s'aggravant tous les jours.

Arrivé à Paris après minuit, je jugeai que la préoccupation d'étiquette et d'heure indue devait s'effacer devant les soucis du moment, et que j'étais tenu de me présenter immédiatement à l'impératrice-régente. J'avais à mettre sous ses yeux la lettre autographe[1] de l'empereur qui m'investissait de mon mandat, à lui dire tout ce que je savais et pensais de l'état des choses militaires, enfin à lui expli-

---

[1] « Camp de Châlons, 17 août 1870.

« Mon cher général,

« Je vous nomme gouverneur de Paris et commandant en chef de toutes les forces chargées de pourvoir à la défense de la capitale. Dès mon arrivée à Paris, vous recevrez notification du décret qui vous investit de ces fonctions; mais, d'ici là, prenez sans délai toutes les dispositions nécessaires pour accomplir votre mission.

« Recevez, mon cher général, l'assurance de mes sentiments d'amitié.

« NAPOLÉON. »

quer les résolutions que la conférence avait prises. Dans cette vue, j'allai droit au ministère de l'intérieur pour demander au titulaire de ce département de m'accompagner aux Tuileries et d'obtenir de l'impératrice qu'elle voulût bien me recevoir sur-le-champ. Il était une heure du matin quand, conduit par M. Chevreau, j'arrivai au palais.

# CHAPITRE III

### PARIS. — L'IMPÉRATRICE EUGÉNIE

En faisant aujourd'hui le récit de cette entrevue dont les circonstances ont été si indignement défigurées par la haine et par l'intérêt politiques ; en disant ici ce que je pensais alors, ce que je pense encore à présent de l'impératrice Eugénie, c'est sans effort que je serai maître de moi-même ; sans effort que j'oublierai, en les expliquant, les odieux soupçons qu'elle me montra ce jour-là, aussi bien que les assertions outrageantes dont elle devait payer plus tard le sincère dévouement que je lui apportais.

Pour juger cette brillante et séduisante étrangère dont une passion de l'empereur avait fait la souveraine de mon pays, je n'avais pas attendu les tragiques événements qui me mettaient inopinément en sa présence et m'appelaient, je le répète, à jouer, quand l'empire tombait, un rôle d'évidence que j'avais obstinément décliné quand l'empire triomphait. J'avais contre elle, avec tous ceux des Français que n'aveuglaient pas les grandeurs conventionnelles du gouvernement impérial, d'irrémissibles griefs.

Elle avait contribué, par l'enseignement personnel et par l'exemple, à fixer, à généraliser en France les habitudes de luxe et le goût de paraître qui ont si profondément altéré les mœurs publiques.

Elle avait voulu, dans une pensée chimérique de restauration et d'union des races latines, la *guerre du Mexique,* franco-espagnole à ses débuts, qui avait déconsidéré l'empire, affaibli la France et préparé les revers de l'avenir.

Elle avait voulu, dans une pensée non moins chimérique et bien plus dangereuse de consolidation du trône destiné à son fils, la guerre fatale où nous étions engagés, une guerre sans raison, sans but saisissable, improvisée, devant laquelle l'empereur reculait d'instinct, où il ne semblait à présent que trop évident qu'allaient périr à la fois, dans la déplorable solidarité qui les liaient, l'empire et le pays.

Si je refusais à l'impératrice, que les précédents de sa vie n'avaient pas préparée au trône, la portée d'esprit, la solidité de jugement, le tact et l'expérience pratique qui font la science du gouvernement des nations, je rendais très sincèrement justice aux mérites dont elle avait fait la preuve dans son rôle imprévu de souveraine.

Ni la publique notoriété des manquements de l'empereur à la foi conjugale, ni les exemples et les entraînements du milieu fort brillant, mais aussi fort mêlé, qu'elle présidait dans l'éclat d'une incomparable beauté, n'avaient pu la faire dévier un instant d'une ligne de conduite personnelle très honorable, très correcte, et que n'avaient jamais effleurée de leurs calomnies les insulteurs les plus osés de l'empire. Enfin, je croyais qu'avec une âme résolue et capable de sacrifice elle avait, jusque dans ses caprices et jusque dans ses erreurs de gouvernement, de bonnes et très françaises intentions.

De ces deux aspects sous lesquels la personne de l'impératrice m'apparaissait, le dernier, — je l'ai dit ailleurs et j'en renouvelle ici l'affirmation, — était le seul qui fût présent à ma pensée quand, dans la nuit du 18 août 1870, je franchissais le seuil du palais. Oui, je venais à elle pénétré des sentiments de sympathie que m'inspirait l'horreur de la situation où, en quelques jours, du faîte de ses hautes visées, de ses espérances et de ses rêves, elle se voyait précipitée. Mais mon dévouement ne devait pas trouver grâce devant les préjugés politiques et les défiances que, toujours, elle avait eus contre moi.

Au pays, au gouvernement du pays, dont mon expérience militaire me criait que la fortune était désespérée, j'apportais, avec le programme de Châlons, un dernier espoir. Je m'offrais à seconder sa réalisation à Paris dans ce qu'elle avait de plus périlleux. A cet effort plein de hasards, qui devait me mettre aux prises avec les erreurs, les passions, les colères des foules, je sacrifiais librement ma réputation militaire, ma carrière jusque-là heureuse, ma vie, si les événements me la prenaient, et j'allais être accueilli comme un conspirateur qui apporte, sous les apparences de l'abnégation dans le devoir, la trahison !...

———

Je fus introduit auprès de l'impératrice. A côté d'elle se tenait le vice-amiral Jurien de la Gravière, aide de camp de l'empereur et très avant dans l'intimité du souverain et de la souveraine, un homme distingué, bienveillant, officier de grand mérite, écrivain de grand talent, mais d'un caractère faible, impressionnable et incertain. De tout temps, j'avais eu avec lui les meilleures relations.

J'exposai à l'impératrice l'objet de ma mission, mettant sous ses yeux les ordres dont j'étais porteur et cherchant à en compléter le sens par des explications qu'elle ne me laissa pas achever. Debout, l'œil ardent, nerveuse, les joues vivement colorées :

*Général,* dit-elle en me regardant fixement, et avec une inflexion de voix où se révélait l'ironie interrogative, *je vous demande un conseil. Ne pensez-vous pas qu'en l'extrême péril où nous sommes, il conviendrait d'appeler en France les princes d'Orléans ?*

Surpris au plus haut point, abasourdi, devrais-je dire, tout entier d'ailleurs à l'émotion du récit que j'avais commencé et à cent lieues, par conséquent, de me rappeler en un tel moment que l'impératrice m'avait toujours considéré comme l'un des principaux agents de l'orléanisme, je ne saisis pas du premier coup ce que cette extraordinaire proposition avait d'insultant pour mon caractère, et je répondis naïvement :

*Madame, il m'est impossible d'apercevoir en quoi la présence des princes d'Orléans pourrait simplifier une situation qui est si périlleusement compliquée.*

Mais l'amiral, qui connaissait bien sa souveraine, avait compris avant moi. Il me connaissait aussi. Il voyait qu'à la réflexion je ressentirais profondément cette injure, et pressentant une explosion, il me poussa vivement vers l'impératrice et me jeta littéralement dans ses bras en s'écriant :

*Mais vous êtes faits tous deux pour vous comprendre. Donnez, Madame, toute votre confiance au général, il la mérite.*

Telle fut, dans l'absolue vérité des paroles et des faits, vérité que j'atteste ici sur l'honneur, cette scène émouvante dont je retrouve dans mes souvenirs toutes les circonstances, — personne n'en sera surpris, — avec autant de netteté que si elle datait d'hier. Elle était pour moi l'avertissement et la préface des intolérables défiances, des amertumes de toute sorte, que j'allais rencontrer dans mes rapports avec l'impératrice-régente, avec tous ses conseillers de gouvernement, avec la plupart de ses conseillers de cour. Les moins malveillants n'admettaient mon dévouement que sous bénéfice d'inventaire ; mais le pays restait. Il était menacé comme l'empire, autant que l'empire, et je me devais à lui.

C'est soutenu par cette pensée du devoir commun à tous ses enfants que j'ai traversé, sans succomber au dégoût, les épreuves qui, du 18 août au 4 septembre, m'ont asssailli ; les épreuves bien plus cruelles qui m'attendaient au delà du 4 septembre, quand, après la tragédie de Sedan, il n'y eut plus de gouvernement, plus d'armée, plus de justice répressive, plus d'équilibre dans les esprits affolés, et quand du milieu de ces ruines la politique se dressa pour commencer son œuvre de division, la démagogie pour commencer son œuvre de destruction et pour être, — je l'ai déjà dit et j'y reviendrai plus d'une fois, — l'auxiliaire à main armée des soldats du roi Guillaume !

Appelé à témoigner de ces faits devant la justice, l'amiral Jurien de la Gravière, si dévoué qu'il fût à l'impératrice, ne pouvait pas les nier. Il les interpréta. Invité à dire s'il était vrai qu'elle eût fait au général Trochu l'étrange proposition du rappel en France des princes d'Orléans :

*Oui,* répondit-il, *l'impératrice pensait que, si on mettait à la tête de l'armée un général populaire, il était d'une bonne politique de rappeler les princes dont elle avait toujours regretté l'exil.*

(Compte rendu sténographié de l'audience.)


Si, comme on peut le supposer (car la réponse de l'amiral est aussi obscure qu'embarrassée), ce général populaire c'était moi-même, alors à peu près inconnu et infiniment moins populaire que M. le duc d'Aumale, le contresens presque ridicule de mettre cette haute personnalité militaire sous mes ordres, dit assez ce que valait cette incroyable explication des vues de l'impératrice. Et puis, n'ayant pas fait et ne faisant pas cette proposition de rappel des princes à l'empereur et aux conseillers de l'empire, pourquoi la souveraine la jetait-elle à la tête du gouverneur de Paris?

Ce brevet d'*orléanisme latent* décerné publiquement par l'amiral Jurien de la Gravière à l'impératrice Eugénie est, je pense, l'une des plus étonnantes comédies qui ait fait suite à la grande tragédie nationale de 1870.

J'étais suspect. Je ne pouvais pas descendre à me justifier devant l'impératrice par une profession de foi politique. Je m'efforçai de la rassurer par une profession de foi patriotique. Je lui dis que j'étais un honnête homme, un bon citoyen, que j'étais pénétré des grands devoirs que j'assumais, que je saurais les remplir. Je n'eus, à aucun degré, l'attitude théâtrale que la légende faite par les courtisans de l'empire et par l'impératrice elle-même m'a prêtée. Je ne lui dis pas que j'étais « Breton, catholique et soldat », quoique je sois très Breton, très catholique et que je me croie soldat; mais je n'en ai jamais fait état, encore moins étalage, et l'heure n'était pas aux grands mots.

Je croyais l'impératrice rassurée, elle me dit avec véhémence : *Ceux qui ont conseillé à l'empereur les résolutions que vous m'annoncez sont des ennemis. L'empereur ne reviendra pas à Paris ;* — et comme se parlant à elle-même, — *il n'y rentrerait pas vivant. L'armée de Châlons fera sa jonction avec l'armée de Metz.*

Ainsi, le prince Napoléon, le maréchal de Mac-Mahon (quoique à la conférence de Châlons il fût resté à l'état de personnage muet), le général Schmitz et moi, nous étions des ennemis ! C'était, en ce qui me concernait, une autre insulte sous une forme nouvelle ; mais en admettant que l'irritation nerveuse à laquelle cédait l'impératrice la conduisît à l'exagération de sa propre pensée, c'était la ruine du plan de guerre arrêté à Châlons, la ruine des conventions qui faisaient la valeur de mon mandat.

Paris n'était plus la base des opérations militaires nouvelles que j'avais rêvées. Paris allait être une ville assiégée sans armée active de soutien, c'est-à-dire condamnée, aux termes des principes élémentaires de la guerre de siège, après une défense plus ou moins obstinée, à une capitulation certaine. Le gouvernement de l'impératrice avait précédemment arrêté la retraite sur Paris de l'armée de Metz, en y objectant. Il arrêtait à présent la retraite sur Paris de l'armée de Châlons, en s'y opposant. Il n'y avait plus d'espoir !

Comme, devant ces déclarations de l'impératrice, je lui représentais que ma mission était désormais sans objet : *L'empereur vous a confié le gouvernement de Paris pour en organiser et en diriger la défense. Cette mission reste entière et vous la remplirez.*

Je ne pouvais m'arrêter à la pensée de la faire juge de la conception militaire, d'un caractère exclusivement technique, que mettaient à néant les résolutions prises par elle et par son gouvernement. Me réservant d'aller, au sortir du palais, l'exposer au ministre de la guerre et la défendre contre lui avec toute l'énergie de mes convictions, je lus à l'impératrice, avant de prendre congé d'elle, la proclamation que j'avais préparée. Elle m'arrêta dès les premiers mots :

« Dans le péril où est le pays, l'empereur, que je précède « ici de quelques heures, m'a nommé gouverneur de Paris... »

*Il ne faut pas, général, que le nom de l'empereur figure dans une proclamation à l'heure présente.*

Et comme j'insistais, montrant que je ne pouvais faire connaître à la population de Paris la mission dont j'étais chargé, sans dire de qui je la tenais :

*Non, cette indication n'est pas nécessaire. Il y a de sérieux inconvénients, dans l'état d'excitation où sont les esprits, à la laisser subsister. D'ailleurs, l'empereur ne devant pas revenir à Paris, vous ne pouvez pas dire que vous le précédez de quelques heures* [1].

Ces paroles de l'impératrice étaient certainement caractéristiques du degré de trouble et d'anxiété où étaient son esprit et tous les esprits, avec cette aggravation particulière que le sentiment de la part prépondérante qu'elle avait prise à la déclaration de guerre devait en ce moment l'accabler. Les tourments d'une situation qu'elle sentait perdue justifiaient ses craintes au sujet de l'empereur à Paris. Si j'en fus très vivement impressionné, je n'eus pas un seul instant la pensée de les considérer comme une marque de faiblesse. L'impératrice me parut au contraire, pendant toute la durée de cette pénible entrevue, pleine de courage, mais d'un courage bien plus exalté que raisonné.

Quand donc, au sincère récit que je fis devant l'Assemblée nationale des faits qui précèdent, l'impératrice opposa et fit opposer par ses journaux des dénégations et des déclarations qui déguisaient la vérité, rabaissaient mon caractère, travestissaient mes intentions, retournaient contre moi les loyales et cordiales assurances par lesquelles j'avais cher-

---

[1] L'empereur, depuis nos revers, n'était plus nommé dans les débats du corps législatif, et à quelques jours de là, quand vint la nouvelle de l'effondrement de Sedan, l'impératrice-régente ne le fut plus. Le 4 septembre, le ministre de la guerre comte de Palikao soumit à la chambre le projet de constitution d'un *Conseil de gouvernement et de défense nationale qui nommait les ministres*. L'impératrice-régente, après l'empereur, était en fait supprimée.

ché à désarmer ses insultantes défiances, elle s'est moins respectée que je ne l'ai moi-même respectée toujours. Formée au pouvoir souverain par le régime de l'adulation personnelle et de l'exploitation politique qui l'entourait, elle était hors d'état de distinguer entre l'honnête homme qui se dévoue et le spéculateur politique qui cherche dans les périls publics l'occasion d'un rôle.

Bien avant la douloureuse tragédie du Zoulouland, qui vint ajouter aux malheurs de la souveraine les déchirements de son cœur de mère, et lui faire à titre trop légitime une première place dans la sympathie universelle, je lui avais pardonné de m'avoir indignement méconnu. Mais je ne puis oublier qu'entre les mains de la Providence résolue à châtier mon pays, l'impératrice Eugénie a été l'instrument principal de sa ruine finale.

———

L'impératrice avait un inspirateur militaire, le ministre de la guerre, général comte de Palikao, en état d'accord avec ses inspirateurs politiques, dont M. Rouher était le chef. Tous ensemble formaient une ligue qui, me considérant comme l'obstacle à l'accomplissement de ses vues, mais tenue à ménager l'envoyé de l'empereur et l'autorité que lui concédait momentanément l'opinion, allait me faire subir, en les déguisant, d'insupportables sévices. Le rapporteur de la commission d'enquête, si mal informé qu'il fût, les a aperçus et définis :

*Comme on ne pouvait, dit-il, à cause de l'état des esprits, ni révoquer le général Trochu, ni même accepter sa démission, il fallait l'annuler, sans l'écarter visiblement.*

Le ministre de la guerre, chez qui je me rendis en quittant l'impératrice, me reçut mal. Il me dit qu'indépendamment de ses pouvoirs ministériels, il avait devant le corps législatif une situation qui le mettait en mesure de conduire utilement les difficiles affaires du moment, et que ma mission, — *dont il ne pouvait comprendre l'opportunité,* — allait apporter autour de lui le trouble et le désaccord[1].

Je lui répondis respectueusement, mais avec assurance, qu'en acceptant cette mission en temps de grand péril national, j'avais cru faire un acte de dévouement; que je le faisais parce que l'empereur me l'avait demandé; que je le faisais avec le ferme propos de remplir loyalement mon mandat, sans être un embarras pour personne; que ce mandat consistait à défendre Paris qui allait être défendable, parce que j'espérais que l'effort de Paris, bien qu'à mon profond étonnement l'impératrice fût personnellement contraire à cette double entreprise, se combinerait avec les opérations actives de l'armée du maréchal de Mac-Mahon.

---

[1] Le ministre, que ma nomination par l'empereur au gouvernement de Paris, sans sa participation, avait profondément irrité; qui manifestait son irritation en me faisant, dans la matinée du 18 août, cet accueil si désobligeant *et en me déclarant qu'il ne pouvait comprendre l'opportunité de ma mission,* osait dire *le soir du même jour* au corps législatif :

. . . . . . . . . . . . . . . . . . . . . . . . . . .

« Cherchant un homme intelligent, actif, énergique, capable de
« réunir dans ses mains tous les pouvoirs nécessaires pour effectuer
« l'armement de Paris, *j'ai songé à M. le général Trochu et je l'ai*
« *rappelé moi-même du camp de Châlons,* où il pouvait être remplacé
« par un autre général.
« *Voilà, Messieurs, le motif qui m'a fait appeler à Paris le général*
« *Trochu. Il n'y en a pas d'autres. Nous n'avons pas la moindre in-*
« *quiétude, au contraire!* » (Vive approbation et applaudissements.)

(*Journal officiel* du 19 août 1870.)

Quelle audacieuse, honteuse et déplorable comédie !

Le ministre se récria. Avec une autorité que ne justifiaient pas les uniques opérations de guerre qu'il eût suivies en Algérie et dirigées contre les Chinois, *il me dit que le plan d'opérations admis par la conférence de Châlons était mal entendu, et que mes idées sur la guerre étaient fausses; qu'il s'opposait absolument à la retraite sur Paris de l'armée de Châlons, qui allait se porter au-devant de celle de Metz et coopérer avec elle; qu'au contraire, de tous les points de la France, et de Paris en particulier, il prescrivait l'envoi incessant, vers le théâtre de la guerre, de toutes les troupes et de tout le matériel qui pourraient être réunis; que le 13ᵉ corps d'armée notamment, qui venait d'être formé dans la capitale sous le commandement du général Vinoy, s'acheminait vers cet objectif; que troupes et matériel apporteraient à l'armée en péril un appoint considérable et qui la dégagerait.* . . . . . . . . . . . . . . .

. . . . . . . . . . . . . . . . . .

Je combattis avec toute l'énergie qui était en moi ces fatales résolutions, et le général Schmitz, mon chef d'état-major, présent à cet entretien, joignit ses efforts aux miens pour persuader le ministre, dont il avait été, dans la campagne de Chine, le collaborateur fort écouté. Notre argumentation, très simple, se réduisait aux affirmations suivantes :

*Tout ce qui sera dirigé vers le théâtre de la guerre, les corps constitués, les isolés, le matériel, les approvisionnements, iront tomber et disparaîtront dans le gouffre commun. Affaibli moralement et organiquement par une succession de combats malheureux, un seul ne peut pas combattre en rase campagne contre deux et peut-être trois, quand ses adversaires sont enflammés par la victoire. Il lui faut un point d'appui à la fois sûr et étendu qui ne puisse être débordé par les masses ennemies. Paris seul ré-*

*pond à cette impérieuse nécessité. Paris est, dans la crise présente, le vrai, l'unique centre possible de la défense nationale. C'est là qu'il faut réunir toutes les forces disponibles et à former.*

Rien n'y fit. Le ministre, gourmé et quelque peu hautain, contrairement à sa nature facile, avait cet aplomb artificiel que donnent souvent, dans les positions supérieures improvisées au milieu des périls, l'amour-propre surexcité et, pour dire ma pensée tout entière, l'*inexpérience,* soit au point de vue de la préparation théorique des armées, soit au point de vue de la pratique personnelle des choses de la guerre ailleurs qu'en Afrique ou en Chine. Persistant dans ses résolutions, il dit *que le siège de Paris n'était qu'un futur contingent* auquel il pourvoirait avec les compagnies de marche qui se formaient dans tous les dépôts d'infanterie, avec cent mille mobiles demandés à tous les départements, avec la garde nationale de Paris !

Quel inconcevable aveuglement ! Et comme ce parti pris d'erreurs endiablées montre la vérité de cet adage de l'antiquité :

*Que la divinité ôte le sens à ceux qu'elle veut perdre !*

A cet aveuglement je m'étais heurté naguère quand avait été résolue la guerre du Mexique, et dans le temps présent, quand s'était décidée la guerre de Prusse. Je m'y heurtais encore quand, la guerre de Prusse tournant au désastre, je m'efforçais d'en atténuer les effets.

A l'heure où j'écris, je m'y heurterais de nouveau, si j'avais encore une place dans le monde et la parole dans l'armée. A la France sans frontières du côté de l'Allemagne, vulnérable sur toutes les autres par l'hostilité concertée des monarchies qui l'entourent ; à la France qui a dans l'Algérie, à ses portes, un incomparable empire colonial à développer, je dirais :

« Que ses entreprises coloniales lointaines et son refus
« d'intervention en Égypte avec l'Angleterre sont des contre-
« sens déplorables ! »

### Le conseil de l'impératrice.

Le conseil de l'impératrice se composait des ministres, des membres du conseil privé, des présidents du sénat et du corps législatif. L'impératrice m'avait invité à assister à ses délibérations, et dès sa première réunion je pus constater que tous, M. Magne (membre du conseil privé) excepté, m'avaient dans la plus injurieuse défiance et m'étaient ouvertement contraires. La sincérité de mes réponses aux questions de toutes sortes dont ils m'accablaient, ne faisait qu'irriter leurs soupçons. J'étais là entouré d'ennemis et bientôt je me sentis entouré de pièges.

M. Rouher paraissait mener cette sourde conspiration dirigée tout à la fois contre ma mission, ma personne et mon honneur. Cet homme d'État avait mis au service de la république après la révolution de 1848, au service de l'empire après le coup d'État, de grandes facultés et de remarquables talents, avec une merveilleuse aptitude à bâtir l'édifice de sa haute fortune personnelle sur la base solide, en temps de césarisme, de la formule de Tacite :

*Omnia serviliter pro dominatione.*

Il avait naguère démontré très éloquemment que la guerre du Mexique était l'une des grandes conceptions du règne ; que la tempête de Sadowa ne menaçait à aucun degré l'avenir de notre pays, et, le 16 juillet 1870, au palais de Saint-Cloud, dans un discours qui fut comme un hymne en l'honneur de la guerre de Prusse, il avait dit à l'empereur, parlant au nom du sénat qui l'entourait :

« . . . La dignité de la France est méconnue, Votre
« Majesté tire l'épée, la patrie est avec vous frémissante
« d'indignation et de fierté.

« . . . Depuis quatre années, l'empereur a porté à sa
« plus haute perfection l'armement de nos soldats, élevé
« à sa toute-puissance l'organisation de nos forces mili-
« taires. Grâce à vos soins la France est prête, Sire, et par
« son enthousiasme elle prouve que, comme vous, elle est
« résolue à ne tolérer aucune entreprise téméraire.

« . . . Que l'empereur reprenne avec un juste orgueil
« et une noble confiance le commandement de ses légions
« agrandies de Magenta et de Solférino, qu'il conduise sur
« les champs de bataille l'élite de cette grande nation.

« . . . Si l'heure des périls est venue, l'heure de la vic-
« toire est proche. Bientôt la patrie reconnaissante décer-
« nera à ses enfants les honneurs du triomphe.

« . . . Et Votre Majesté se dévouera de nouveau à la
« grande œuvre d'amélioration et de réformes dont la réa-
« lisation, — la France le sait et le génie de l'empereur
« le lui garantit, — ne subira d'autre retard que le temps
« que vous mettrez à vaincre. »

Les événements n'avaient pas fait rentrer sous terre l'homme qui, après les avoir préparés, avait osé un tel langage digne des derniers temps de la décadence romaine. Il était à présent devant moi[1], soutenu par l'impératrice,

---

[1] Et on l'a revu depuis dans nos assemblées politiques, représentant l'empire, la tête haute, raillant ou décriant les généraux de la Défense nationale, toujours éloquent, toujours audacieux, toujours lui-même.

par ses conseillers, me déclarant âprement, à moi qui avais annoncé les malheurs de cette guerre et qui avais tout risqué pour l'empêcher, que j'étais là pour sauver l'empire ; me sommant, lui qui l'avait perdu, de le sauver ; me sommant de justifier devant le conseil des moyens dont j'entendais me servir pour le sauver !...

Au cours du siège de Paris, j'ai été aux prises avec les pires révolutionnaires ; après le siège, j'ai été en butte à la haine des diffamateurs les plus violents des partis politiques : rien de ce passé n'a laissé dans mon esprit l'équivalent du souvenir empreint d'étonnement et de dégoût que j'y retrouve, après tant d'années écoulées, quand je me représente M. Rouher au conseil de l'impératrice dans le rôle que je décris.

A l'une des premières séances du conseil, M. Rouher me demanda, avec une insistance et en des termes dont les offensantes intentions étaient très apparentes, comment, en cas de soulèvement populaire, je défendrais les Tuileries et le corps législatif. Gouverneur de Paris, j'étais alors très éloigné de soupçonner que le ministre de la guerre était résolu à se substituer à moi dans mon commandement ; qu'il avait limité mes attributions à la direction de la défense sur les remparts ; qu'enfin il donnait directement des ordres, sans m'en informer, aux officiers généraux qui dépendaient de moi. Je répondis à M. Rouher :

« Je sais les devoirs qui m'incombent, et soyez sûr, Monsieur, que je les remplirai ; mais sachez à votre tour la vérité et envisagez la situation comme elle est. *L'existence de l'empire est à la merci d'un nouveau désastre militaire.* Si par malheur il se produit, ne croyez pas que vous puissiez, ayant perdu une quatrième et décisive bataille devant l'ennemi, en gagner une dans Paris sur la

« population de Paris. Il faut, par l'autorité morale, s'ef-
« forcer de prévenir le conflit. Celle dont je dispose, je l'offre
« tout entière au gouvernement, convaincu qu'il ne doit
« pas compter sur les baïonnettes de la troupe qui, accablée
« par le sentiment de nos revers au dehors, serait démo-
« ralisée et incapable de combattre, au dedans, des Fran-
« çais affolés de désespoir. Croyez-en mon expérience des
« choses dont je parle. Laissez-moi tenter d'écarter par des
« efforts personnels une lutte déplorable autant qu'impos-
« sible. Considérez par surcroît que le départ pour l'est
« du corps d'armée du général Vinoy, en exécution des
« ordres du ministre, laisse Paris sans garnison effective. »

Ce langage si convaincu, si conforme aux dures réalités
de la situation, m'acheva vis-à-vis de cet auditoire dont
l'impérialisme aveuglait le patriotisme. Par les plus violents,
de toute part, je fus interpellé rudement, et aux moins violents il fut démontré que je me refusais à livrer bataille
dans Paris pour l'empire. J'étais jugé, condamné, et si je
ne fus pas révoqué, c'est qu'on ne l'osa pas ; mais, à dater
de cette séance du conseil, le ministre de la guerre prit
toutes ses dispositions et les fit exécuter comme si je l'étais.
Les documents authentiques qu'on lira plus loin montrent,
jusqu'à l'évidence absolue, qu'au gouverneur de Paris il ne
resta que le titre de sa fonction.

Un événement imprévu vint éclairer d'une vive lumière
cette période de crise et la porter à l'état aigu. J'appris un
jour *par les journaux* qu'un officier ou ancien officier prussien, le lieutenant Hart, soupçonné d'espionnage, avait été
arrêté à quelques lieues de Paris, traduit sur l'ordre du
ministre devant l'un de mes conseils de guerre, condamné
et passé par les armes !

Ainsi, dans le ressort judiciaire de mon commandement,

un fait de cette gravité avait pu s'accomplir sans que le commandant de l'état de siège, seul investi par la loi du droit d'informer, de poursuivre, d'assurer l'exécution du jugement rendu, fût intervenu, sans même qu'il en eût reçu l'avis! Le ministre ne se bornait pas à l'usurpation des attributions judiciaires du gouverneur de Paris, il violait la loi! Il substituait le pouvoir politique au pouvoir de la magistrature militaire instituée par la loi, en dépouillant le prévenu de la garantie qu'elle entendait lui assurer, à la manière d'un ministre garde des sceaux qui, sur le terrain de la justice criminelle, prendrait la place du chef du parquet!

Cet événement, si grave au point de vue de mes responsabilités spéciales, l'était plus encore à mes yeux quand j'envisageais, le jugement étant nul de plein droit, les conséquences qu'il pourrait avoir pour les Français tombés entre les mains de l'ennemi, qui auraient à répondre devant lui d'une accusation d'espionnage!

A la fois irrité et indigné, je me présentai au conseil pour me plaindre d'une si violente et dangereuse infraction à la loi et aux règles de l'état de siège. Il y avait là des juristes qui, si hostiles qu'ils me fussent, entendirent mon exposé avec une émotion qu'ils ne purent pas déguiser. Le ministre de la guerre, hors de lui, se leva, déclarant qu'il ne se laisserait pas régenter par moi qui étais pour lui un embarras permanent, dit à l'impératrice qu'il lui remettait le portefeuille de la guerre, et s'en alla furieux, démissionnaire, et faisant claquer les portes.

Je ne sais comment l'impératrice apaisa la colère du général de Montauban et le décida à reprendre sa démission. Pour moi, à partir de ce jour, pénétré de l'impossibilité morale que le sentiment de mon devoir, de mes droits, de ma dignité professionnelle et personnelle, me faisait de de continuer ces rapports avec le gouvernement, je cessai de paraître au conseil, de voir l'impératrice, et je me renfermai étroitement dans l'œuvre très compliquée et très ardue de la préparation du siège.

---

### Il fallait donner votre démission.

Quand, à la tribune de l'Assemblée nationale, je me suis efforcé de dégager les réalités militaires et politiques du siège de Paris de la légende que lui ont faite les passions des partis et les inimitiés personnelles ; quand j'ai révélé le caractère désolant pour la défense du pays, injurieux pour moi, de l'accueil que me fit l'impératrice le 18 août, et de l'attitude plus injurieuse encore de ses conseillers à l'égard du gouverneur de Paris, l'extrême droite et l'extrême gauche de la Chambre me crièrent à l'unisson :

« Il fallait donner votre démission. »

Oui, dans l'Assemblée et hors de l'Assemblée, la conception patriotique des partis ne dépassait pas cette hauteur ! Entre le pays foulé par l'invasion et le pays équilibré dans la paix, ils ne faisaient aucune distinction quant aux devoirs que ses enfants avaient envers lui. Ils déclaraient sans hésitation que, pour me soustraire à l'insupportable situation qui m'était faite et aux dangereuses responsabilités qui en découlaient, j'étais tenu de donner ma démission; que, ne l'ayant pas donnée, je demeurais comptable des événements, par conséquent reprochable aux yeux des moins malveillants, coupable aux yeux des autres !

Cette théorie du devoir public, émise par des représentants d'une nation écrasée par l'ennemi victorieux, n'accuse-t-elle pas la ruine des principes et l'abaissement des caractères, qui sont les avant-coureurs de la décadence ?

J'ai obéi, je le déclare à mon tour, à d'autres sentiments que ceux-là. Tant qu'a pesé sur le pays l'effroyable orage qui l'a dévasté, j'ai jugé que j'avais l'impérieuse obligation de le servir envers et contre tous, selon mes facultés et mes moyens. Aucune violence, aucun péril n'auraient pu me décider à disparaître par la commode échappatoire de la démission donnée à propos. Elle eût chargé ma conscience de citoyen du crime de lèse-patrie, et ma conscience de soldat du crime de désertion devant l'ennemi.

La légende qui me représente comme démissionnaire, à la fin du siège de Paris, de mon mandat de chef militaire, m'a indignement calomnié. Cette démission me fut violemment imposée par mes collègues en gouvernement réunis aux maires de Paris, les uns et les autres obéissant à la pression de la foule[1]. Ce fut une destitution, aggravée par les paroles blessantes de quelques-uns[2], adoucie par les témoignages d'estime et de regret de quelques autres.

J'avais aperçu, mesuré, librement accepté les périls et les sévices du rôle dont les malheurs de mon pays m'imposaient le devoir. Je n'avais pas eu la pensée des invincibles obstacles qu'opposeraient à son exécution l'aveuglement, la passion, la folie qui dominaient à la cour et dans les sphères dirigeantes. Si je n'étais pas désespéré personnellement, je l'étais patriotiquement. On sait que je jugeais perdue (lettre du 10 août à l'empereur) l'armée du maréchal

---

[1] Une lettre de M. Jules Ferry, rendue par lui publique, a établi sur ce point la vérité tout entière. Membre du gouvernement de la Défense, il assistait à la séance où ma destitution fut décidée.

[2] MM. Tirard, Clémenceau et autres figuraient parmi mes plus bruyants adversaires. Tous étaient maires d'arrondissement dans Paris.

Bazaine restée sous Metz. On sait aussi que je tenais pour certain que l'armée du maréchal de Mac-Mahon, marchant à l'ennemi dans les conditions de désarroi organique et d'infériorité numérique accablante que j'ai définies, allait à un désastre.

Comment le gouvernement impérial préparait-il la nation à la constance, aux sacrifices que demandait ce sombre avenir qui pouvait se réaliser demain ? par des déclarations et des assurances dont la déplorable emphase (on en pourra juger par l'œuvre déclamatoire que reproduit la note ci-dessous [1]) abusait l'esprit public et le berçait des plus dangereuses illusions. Brutalement dissipées par l'avis télégraphique du grand effondrement militaire de Sedan, elles devaient aboutir, *en quelques heures et sans débat*, à une révolution, mais à une révolution bien différente de toutes celles dont le pays avait la fatale tradition, et qui ne s'étaient pas accomplies sans contestation et sans lutte !

Plus la situation me semblait perdue, plus s'affirmait dans mon esprit la pensée d'un suprême effort de résistance dans Paris secouru ou non secouru. Il serait, je le reconnaissais, impuissant à relever la fortune de la France, mais il recommanderait ses malheurs à la sympathie des nations, son avenir à leur intérêt. L'Angleterre avait été notre alliée. L'Italie était notre obligée. A leurs sentiments déconcertés par la foudroyante rapidité des événements militaires, il fallait donner le temps de se produire.

[1] (*Journal officiel* du 23 août 1870).

. . . . . . . . . . . . . . . . . . . . . . . . . . . . . . . . .

« Palikao, qui, aussi habile administrateur que grand général, con-
« centre avec une rapidité foudroyante les immenses ressources dissé-
« minées dans le pays; qui remue et dirige avec une incroyable acti-
« vité des masses énormes d'hommes et de chevaux, des mondes de
« munitions et d'approvisionnement; qui organise en un mot les vic-
« toires que Bazaine remporte...

« Bazaine et Palikao sont les sauveurs de la France. »

La défense de la capitale, si je parvenais à la faire durer, rendrait possible la réalisation de ces espérances. Dans tous les cas, cette défense, que beaucoup d'esprits sérieux tenaient pour une entreprise chimérique, en raison des obstacles que lui opposeraient les aptitudes révolutionnaires de la population soumise par le siège à d'inévitables et sans doute cruelles souffrances, ne serait pas sans gloire. Paris, centre de la vie nationale, était la représentation de la France entière, et il me semblait que la France, après cette lutte désespérée, pourrait redire la grande parole du vaincu de Pavie :

*Tout est perdu fors l'honneur.*

---

### Les fortifications de Paris.

C'est l'âme remplie de ces sentiments que je m'appliquai sans relâche, le jour et la nuit, pourrais-je dire, à la préparation *de la défense de Paris*. Sur ce terrain particulier, l'impératrice-régente et ses conseillers, le ministre de la guerre et son entourage, me laissaient libre.

Le gouvernement était ardemment et tout entier à la préparation de Sedan, poussant en avant le maréchal de Mac-Mahon et faisant converger vers son armée, dans un encombrement et une confusion inexprimables, toutes les ressources en personnel et en matériel qui restaient au pays. Il considérait le siège de Paris et ma mission *comme un hors-d'œuvre* dont on aurait le temps de s'occuper. Je n'avais plus avec lui que quelques rares relations écrites, et toute mon activité se concentra sur l'étude de la vaste enceinte et de ses forts détachés, sur les travaux faits ou à faire, sur l'état de l'armement, des munitions, de l'approvisionnement de Paris, l'ensemble formant un domaine spécial fort étendu où je rencontrai des collaborateurs pleins de zèle et de dévouement.

L'audacieuse déclaration à la tribune du corps législatif (séance du 19 août, *Journal officiel*) du ministre de la guerre général de Palikao : *Nous n'avons pas la moindre inquiétude, au contraire*, avait calmé l'anxiété du public, non pas la mienne, et les conditions dans lesquelles la future défense de Paris s'offrait à mon examen n'étaient pas faites pour relever ma confiance. Je les expose ici très sommairement.

Les fortifications de Paris, en parfait état de conservation *dans leurs maçonneries* par l'effet de travaux d'entretien bien entendus, n'étaient plus, *quant à leur valeur pour la défense*, ce qu'elles avaient été lorsque les créateurs de l'œuvre, en 1841, en avaient arrêté les plans d'après la puissance des moyens dont l'artillerie de leur temps disposait pour l'attaque des places.

Cette puissance était à présent plus que quadruplée. Plusieurs des forts détachés qu'ils avaient considérés comme mettant l'enceinte et la ville à l'abri des feux de l'assiégeant, étaient, en 1870, dominés eux-mêmes par des hauteurs d'où la nouvelle artillerie (les gros obusiers de siège) pouvaient, *en quelques heures,* les rendre intenables, ruiner certaines parties de l'enceinte et bouleverser les quartiers de Paris qui y confinaient.

Telles étaient, au nord, les hauteurs de Pinson (ou des Faucilles), dont les feux auraient pu battre directement et détruire les forts de la Briche, de la Double-Couronne, *la moitié de la ville de Saint-Denis* et incommoder sérieusement le fort de l'Est; à l'ouest, les hauteurs de Montretout et de Saint-Cloud; au sud, les hauteurs de Meudon, Clamart-

Châtillon, Villejuif (plateau des Hautes-Bruyères), tenant sous leurs feux les forts d'Issy, de Vanves, de Bicêtre, même de Montrouge, et, sur une étendue de près de quatre kilomètres en longueur et en profondeur, le Paris de la rive gauche!

L'inquiétante insuffisance d'une grande part des fortifications de Paris avait frappé le gouvernement impérial, et avant la déclaration de guerre, dès qu'il eut le sentiment d'une lutte prochaine avec la Prusse démesurément agrandie par l'effet de ses victoires sur l'Autriche, il avait prescrit l'étude et fait commencer l'exécution de travaux complémentaires pour l'occupation, par de nouveaux forts, des hauteurs de Montretout, de Châtillon-Clamart et de Villejuif (Hautes-Bruyères). Mais ce n'étaient là, aux yeux de l'empereur alors convaincu de la toute-puissance de ses armes, que des mesures de précaution, des *en-cas* auxquels l'évidente invraisemblance de la défaite, d'une invasion, d'un siège de Paris, ôtait le caractère de l'urgence.

*On avait donc le temps* et on procéda méthodiquement à la construction, sur ces points réputés les plus dangereux (ils l'étaient, mais il y en avait d'autres), de *véritables forteresses fondées et bâties à pierre et à chaux*. A l'heure où j'en faisais l'examen pour la préparation de la défense (quelques jours après nos défaites dans l'est, quelques jours avant l'écrasement de Sedan), ces considérables travaux de terrassement et de maçonnerie étaient :

A Montretout, au niveau du sol naturel ;

A Châtillon-Clamart, un peu au-dessus ;

Aux Hautes-Bruyères, plus avancés, assez avancés pour qu'on pût espérer leur achèvement ultérieur que, sous la la protection presque immédiate des canons du fort de Bicêtre, on s'efforcerait de poursuivre pendant le cours du siège si l'ennemi se montrait prochainement sous Paris.

En attendant, les travaux sur ces trois points, travaux de jour et de nuit, étaient poussés avec une ardente activité.

Sur le développement de l'enceinte bastionnée, nous avions reconnu quelques parties spécialement faibles, par exemple le point par lequel la petite rivière des Gobelins pénètre dans Paris, formant ce que nous appelions *la trouée de la Bièvre,* mais surtout la portion de l'enceinte (rive droite) que traverse, au lieu dit *le Point-du-Jour,* la Seine sortant de Paris entre Auteuil et Grenelle. Là, en observation sur le rempart, j'avais pu constater que l'artillerie allemande établie sur les hauteurs de la rive gauche battrait d'enfilade toute la partie des fortifications en ligne droite qui couvre le Point-du-Jour, Auteuil et Passy. Elle était donc directement en prise au canon de l'ennemi par les hauteurs de Saint-Cloud, latéralement par celles de Châtillon-Clamart, et tout indiquait que c'était là que nous serions forcés.

C'est ainsi que s'expliquent les immenses travaux de défense qui furent accumulés dans cette zône : un cavalier-traverse de dimensions extraordinaires, pour défiler des hauteurs de Châtillon-Clamart la partie de l'enceinte que leur feu pouvait atteindre, et, en arrière, une succession de retranchements intérieurs qui assuraient, contre l'assaut direct, une énergique défense pied à pied.

Si les maçonneries de l'enceinte et des forts étaient en état, les masses couvrantes en terre destinées à recevoir l'armement et à l'évolution des services de la défense pendant le siège, restées ce qu'elles étaient à la fin des travaux entrepris en 1841, étaient à remanier dans toute leur étendue. L'enceinte, notamment, n'avait sur son développement de quarante kilomètres aucun magasin à poudre (à l'abri), et il en fallait des centaines pour satisfaire aux besoins prévus des combats d'artillerie et des assauts. Il y avait à construire en avant de toutes les portes de la place, dont les abords allaient être minés, des ouvrages défensifs en terre. Enfin, à l'extérieur, sur les bords de la Marne, dans la plaine de Gennevilliers, sur les hauteurs de Meudon, etc., de grands travaux de fortification passagers étaient entrepris par le service du génie.

Jamais les remparts de Paris n'avaient été armés. Jamais même le plan d'ensemble dont cet armement, unique au monde par la grandeur de ses proportions et de son coût, avait dû être autrefois l'objet, n'avait été exécuté. Mais des dépôts d'artillerie de place avaient été formés à Vincennes, à Bourges, dans quelques places et ports de guerre. Ces pièces, toutes d'un modèle relativement ancien, mais quelques-unes (provenant des places maritimes) d'un puissant calibre, arrivaient à Paris par tous les trains et prenaient leur place, non sans quelque confusion et beaucoup d'efforts, sur les remparts de l'enceinte et des forts détachés.

C'est à dessein que j'ai abrégé, en le dégageant des détails techniques, cet exposé des conditions dans lesquelles, à la fin d'août 1870, s'offrait la défense de Paris pour une lutte que je jugeais prochaine, mais dont la tragédie de Sedan allait bien avancer l'heure. Il suffit pour démontrer aux mal informés, même aux malveillants :

1° Qu'au point de vue des principes qui fixent, dans les sièges, la situation respective de l'attaque et de la défense, nous étions à Paris, vis-à-vis de l'assiégeant maître des hauteurs dominantes (sans tenir compte de la difficulté des subsistances et du péril des mouvements populaires), dans un état d'infériorité qu'aucun effort de l'assiégé ne pouvait compenser;

2° Que la défense de Paris, qui aurait exigé des mois, même des années, de travaux préparatoires, eut, comme toutes les autres entreprises de la Défense nationale, le caractère d'une improvisation patriotique. Plus de cent mille travailleurs y peinèrent tous les jours avec un zèle infini, et si je fais ressortir ici la grandeur du spectacle que j'ai eu sous les yeux pendant ces jours d'attente fiévreuse, c'est uniquement pour renouveler la déclaration que, le 30 mai 1871, à la tribune de l'Assemblée nationale, j'ai faite aux représentants du pays, dans un sentiment dont j'étais et dont je reste pénétré :

*Le siège de Paris a été un grand effort public, auquel se sont associés tant d'énergiques bons vouloirs et tant d'ardents dévouements, que je ne puis à aucun degré en revendiquer l'honneur. J'en parlerai donc librement.*

(*Journal officiel* du 31 mai 1871.)

## Paris avant le désastre de Sedan.

A dater du jour où la périlleuse marche en avant de l'armée du maréchal de Mac-Mahon fut connue, l'anxiété publique alla croissant dans Paris. Au corps législatif, le ministre de la guerre était accablé de questions auxquelles il ne pouvait répondre qu'en renouvelant les déclarations de confiance dans la situation, dont j'ai montré précédemment l'étonnante hardiesse.

Dans les réunions publiques et privées, dans les familles, dans les rues, on s'interrogeait, on discutait, et enfin mon quartier général devint le rendez-vous des chercheurs de nouvelles qui, ne me sachant pas séquestré par le gouvernement, jugeaient très naturellement que le commandant en chef de l'armée de Paris, chargé de la défense de la place en cas de siège, était informé.

Tous les jours, avant et après la séance des chambres, les sénateurs et les députés, en groupes presque toujours nombreux, arrivaient au Louvre et, très agités, pénétraient dans mon cabinet. Ils réclamaient de moi, sur les événements militaires en cours, des informations que j'étais hors d'état de produire, ou des avis personnels que je leur donnais au contraire très nettement et librement. Ces avis aboutissaient toujours à la conclusion que j'avais exprimée naguère devant le conseil de l'impératrice, au grand scandale de ses conseillers :

« L'existence de l'empire et le sort du pays sont à la
« merci d'un nouveau désastre militaire. »

Cette déclaration très convaincue, et que j'appuyais toujours de considérations militaires dérivant des événements accomplis, ne satisfaisait ni ceux qui venaient chercher au Louvre des consolations impérialistes, sentant bien qu'il y allait de leur fortune personnelle, ni ceux qui venaient y chercher des consolations patriotiques, sentant bien qu'il y allait de la fortune du pays. Tous se retiraient médiocrement contents, et ma réputation déjà commencée de général pessimiste qui manquait de confiance, qui se refusait à l'espoir, devint par ces colloques avec les politiciens définitive et me suivit pendant toute la durée du siège de Paris.

Parmi ces visiteurs se trouva un jour M. Jules Favre avec plusieurs députés ses collègues et quelques notables habitants de Paris. Je ne l'avais vu de ma vie et je ne connaissais aucun de ceux auxquels il était mêlé. Ma conversation avec eux fut générale comme toujours, et ne sortit pas un instant de l'invariable thème des opérations militaires et de leurs redoutables hasards.

Quand, à quelques jours de là, le 4 septembre, au plus fort de l'effervescence populaire, me rendant à cheval et en uniforme au corps législatif où le général Lebreton, questeur, m'avait supplié de me présenter, je rencontrai au milieu de la foule hurlante et affolée M. Jules Favre, qui m'annonça l'envahissement de l'assemblée, je ne le reconnus pas et lui demandai son nom.

C'est en s'emparant de ce fait et en montrant qu'il était en contradiction avec le récit de M. Jules Favre, qui disait (ce qui était vrai) m'avoir vu précédemment au Louvre, que mes diffamateurs impérialistes ont affirmé que j'avais joué ce jour-là une misérable comédie et que je connaissais parfaitement M. Jules Favre par la raison que, *depuis longtemps, je complotais avec lui et avec le consortium républicain la révolution du 4 septembre.*

Cependant les journaux, le *Journal officiel* lui-même[1], constataient par un ensemble de nouvelles qu'apportaient les télégrammes des préfets, des sous-préfets, des maires, des particuliers, que l'ennemi faisait dans sa marche sur Paris d'incessants progrès. Le gouvernement, systématiquement muet avec moi, me laissait dans l'ignorance la plus

---

[1] *Les nombreux employés civils et militaires partis de Berlin pour administrer l'Alsace-Lorraine sont installés. Ils commencent à prélever, au profit de la Prusse, les contributions et impôts ordinaires, en dehors des réquisitions de guerre. Le service postal est organisé à la prussienne pour les deux provinces, avec timbres-poste prussiens de dix centimes.* » (*Journal officiel* du 23 août 1870.)

Voilà comment, dès leurs premiers succès, les Allemands s'installaient (pour parler comme le journal de l'empire), administrativement autant que militairement, dans ces deux provinces, que nous n'avons perdues, au dire des calomniateurs de la Défense nationale, que parce qu'elle a, criminellement, voulu et fait la guerre à outrance !

absolue des faits militaires qui intéressaient le plus étroitement la préparation de la défense. J'étais, devant les avis des journaux, de plus en plus tourmenté de l'abandon où elle était laissée, et je me décidai à m'en plaindre, dans les termes les plus déférents et les plus mesurés, au ministre de la guerre, qui me répondit brutalement *que je n'avais pas qualité pour être associé aux secrets du gouvernement.*

Officiellement et de ma main, je lui écrivis la lettre suivante[1] :

Paris, le 25 août 1870.

« Monsieur le ministre,

« Permettez-moi de vous assurer qu'il n'est jamais entré
« dans ma pensée de chercher à pénétrer les secrets du
« gouvernement, à quelque point de vue que ce soit. Je
« puis dire que je n'y ai aucun intérêt comme aucune pré-
« tention, et que j'ai bien assez à faire pour arriver à des
« informations précises sur la mission difficile et impro-
« visée que le gouvernement m'a fait l'honneur de me
« confier.

« Je me borne à établir ce qui suit :

« Au moment où je prenais possession de mon comman-
« dement, l'ennemi occupait la ligne de Nancy à Bar-le-
« Duc, où ses éclaireurs venaient seulement d'arriver. Je
« rapportais ces renseignements du camp de Châlons.

« Depuis huit jours que je suis installé, l'ennemi a fait
« brusquement à gauche, marchant vers le sud-ouest, c'est-
« à-dire vers Paris. Les journaux ont annoncé qu'il s'était
« successivement montré à Saint-Dizier, à Joinville, à
« Vassy, etc. Ils disent aujourd'hui qu'il arrive à Troyes,

[1] Cette lettre a été autrefois publiée (1872).

« à Sézanne, etc. S'il en est ainsi, ils se portent sur la
« capitale avec une vitesse de près de cinq lieues par jour
« (qui me paraît extraordinaire pour de gros effectifs); et
« quand je considère l'état de préparation de la défense,
« incomplet au plus haut point malgré les énormes efforts
« qui sont faits, je dois reconnaître que la ville et ses dé-
« fenseurs pourraient être surpris par l'arrivée des colonnes
« ennemies dans des conditions morales et matérielles on
« ne peut plus défavorables.

« *Or, monsieur le ministre, pendant toute cette période,*
« *je n'ai reçu du gouvernement, ni verbalement ni par*
« *écrit, ni directement ou indirectement, ni à titre confi-*
« *dentiel ou autrement, aucune communication quelconque*
« *relative à ces mouvements de l'armée prussienne. La dé-*
« *fense de Paris en est réduite, sur ce point qui est capital*
« *pour elle, aux on-dit des journaux et des porteurs de*
« *nouvelles.*

« Telle est la situation que j'ai cru devoir vous signaler
« avec toute la respectueuse déférence que je dois à votre
« haute position de ministre de la guerre responsable et
« président du conseil.

« Général Trochu. »

Cette lettre, qui resta sans réponse, suffirait, je pense, à caractériser l'attitude du pouvoir à l'égard du gouverneur de Paris.

## Sedan et le 4 septembre 1870.

> . . . . . . . . . . . . . .
> « ...Aujourd'hui, je vous affirme que, à moins
> « que la Providence ne change par quelque fa-
> « veur spéciale le cours de vos destinées, l'édifice
> « où vous allez vous abriter s'écroulera sur vos
> « têtes et vous écrasera. »
>
> (Lettre à mon père, du 15 décembre 1851,
> après le coup d'État (page 62).

De cet effondrement, que je croyais éloigné quand je l'annonçais à ma famille dans les termes que rappelle l'épigraphe ci-dessus, j'allais voir la réalisation dans un drame à la fois militaire et politique dont je n'avais prévu ni l'horreur (Sedan) ni l'invincible puissance de destruction (la journée du 4 septembre). J'en ferai connaître les effets, — ceux-là seulement qui se sont accomplis sous mes yeux, — avec la plus sincère impartialité; mais il serait impossible de les bien saisir si leur récit n'était pas précédé de l'étude des causes qui ont déterminé l'irrésistible explosion du 4 septembre 1870.

La France, à cette période de son existence contemporaine, avait vu les révolutions de 1789, — 1792-1793, — 1795-1799, — 1804, — 1814-1815, — 1830, — 1848, — 1851-1852. Soit qu'elles fussent démocratiques, soit qu'elles fussent autocratiques, soit qu'elles fussent intermédiaires entre la démocratie et l'autocratie, elle les avait toutes acceptées, quelquefois applaudies, souvent acclamées.

A ce redoutable jeu, tous les genres de doute ou d'indifférence que peut créer le scepticisme moderne avaient remplacé dans les esprits tous les genres de foi qu'avait pu créer le passé. Les respects avaient disparu après les prestiges.

Mais à cette nation, ainsi préparée à tout croire et à ne rien croire, restait une foi traditionnelle, profonde, universelle, la foi dans la puissance, même dans la toute-puissance de ses institutions militaires et de son armée.

Cette foi, une longue suite d'événements extraordinaires, glorieux, retentissant dans le monde entier, l'avait faite. Les brillantes victoires de la première république, la prodigieuse épopée militaire de l'empire, la prise d'Alger et la conquête de l'Algérie, le siège si longtemps disputé et la prise de Sébastopol, la guerre d'Italie avec les victoires de Magenta et de Solférino, la campagne du Mexique elle-même, qui, si misérable et douloureux qu'en eût été le résultat politique, avait vu nos bataillons traverser, de l'Atlantique au Pacifique, le continent américain; telle était la succession presque ininterrompue des guerres qui avaient conduit la France, aveuglée par l'éclat qu'elles avaient jeté sur ses destinées, oublieuse des sacrifices et des épreuves dont elle avait payé cette coûteuse gloire, à tenir ses armées pour à peu près invincibles.

Que les esprits impartiaux, ceux que ne dominent ni la passion politique ni l'intérêt personnel, et qui cherchent de bonne foi la vérité de l'histoire sous les mensonges de la légende, se figurent la stupeur et la colère du monde français, en particulier du monde enflammé de Paris, devant les avis se succédant sans trêve des défaites de Wissembourg, de Reischoffen et de Spickeren, de l'armée de Metz!...

C'est dans cet état d'angoisse irritée que, le 3 septembre 1870, il apprenait que, dans une catastrophe militaire inouïe, les généraux, les officiers, les soldats, le matériel de guerre, les approvisionnements de l'armée sur laquelle on comptait pour une revanche prochaine, étaient avec l'empereur, avec la fortune de l'empire par conséquent, aux mains de l'ennemi !

A cette population de Paris, les soldats qui rejoignaient, chantant la *Marseillaise* dans les gares et criant : *A Berlin!* dans les rues, avaient, quelques jours auparavant, affirmé la victoire. Elle y croyait comme eux et plus qu'eux. Elle ne pouvait plus maintenant se soustraire à l'intolérable vision de l'invasion allemande et de la marche sur Paris, sans obstacle, des soldats allemands !

Quelle distance écrasante pour l'orgueil national, entre ce Waterloo du second empire succombant dans un duel avec la Prusse, et le Waterloo du premier succombant sous l'effort de toutes les puissances militaires de l'Europe coalisée ! . . . . . . . . . . . . .

Les politiciens du second empire ont soutenu qu'il pouvait survivre à cette incroyable série de revers achevés par la tragédie de Sedan. Ils ont parlé de trahison, de conspiration républicaine, de *l'insurrection* du 4 septembre. Quel audacieux déni des réalités !

Quoi ! ce peuple de Paris qui avait brisé le trône du roi Charles X pour lui faire expier l'erreur, encore aujourd'hui discutée, des ordonnances de 1830 ; qui avait brisé, en un jour de fièvre révolutionnaire, le trône du roi Louis-Philippe, innocent de toute entreprise contre la loi, aurait paisiblement subi le gouvernement impérial après Wissembourg, Reischoffen, Spickeren, Borny, Rézonville, Saint-Privat et Sedan, qui venaient, dès les premiers chocs d'une guerre que ce gouvernement avait expressément voulue, de livrer la France aux Allemands et de ruiner, en l'humiliant, la confiance aveugle qu'elle avait dans l'ascendant de ses armes ! Cette visée des impérialistes est, je pense, l'un des plus étonnants exemples d'aberration audacieuse qu'aient jamais donnés au monde les passions d'un parti politique.

La journée du 4 septembre 1870, je le reconnais avec toute la sincérité de mes sentiments conservateurs, mettait le comble au désarroi du pays en greffant une révolution sur les accablantes calamités de la guerre, mais aucune force humaine n'aurait pu l'empêcher. La chute de l'empire après Sedan, je le redis, ne fut pas l'effet d'une de ces révolutions trop connues des générations parisiennes, où le gouvernement, attaqué par les foules, se défend comme il peut et succombe. Elle fut l'effet d'un transport patriotique encore plus que politique, que son affolement, sans violence à main armée, rendait irrésistible.

Personne n'attaqua, personne n'eut à se défendre. C'est que les foules qui remplissaient les rues de leurs flots roulants et l'air de leurs cris assourdissants, comptaient bien plus d'hommes hors de sens que de malintentionnés. C'est d'instinct, je pense, qu'elles se dirigèrent en masses innombrables vers le palais du corps législatif et supprimèrent, sans employer les sévices, cette assemblée qu'elles considéraient comme responsable, l'empereur disparu, des malheurs de cette guerre et de la ruine de la fortune nationale. Si la république hérita de l'empire, c'est qu'elle était présente et se porta héritière sans rencontrer l'objection, encore moins la compétition des partis, bien que les anarchistes, comme je le dirai plus loin, eussent tenté de s'établir à l'hôtel de ville et de prendre la direction des événements.

L'héritage était effrayant, et ses bénéficiaires, assurés de périr sous les ruines qu'ils allaient essayer de relever, devaient être, aux yeux des hommes d'expérience et de raison, de grands patriotes, ou des politiciens fanatiques, ou des fous. Ils étaient tout cela en effet. Ce ne fut qu'après la tempête, et quand vint l'accalmie qui succéda aux énergiques et impuissants efforts de la Défense nationale, que commencèrent les revendications des partis et des groupes dissidents dans les partis. Elles sont arrivées aujourd'hui à un degré d'emportement et d'âpreté qui ne laisse presque aucune place à la discussion des intérêts généraux de la patrie française.

Telle est l'histoire vraie, raisonnée, philosophique, de la journée du 4 septembre 1870. En France, elle ne prévaudra pas sur les inventions intéressées et passionnées de la légende. Hors de France, elle est consacrée par le jugement du monde entier. Le monde entier sait que cette campagne de quelques jours, commencée par des revers, continuée par des défaites, terminée par l'écroulement de presque toutes les forces vives du pays et par la captivité du chef de l'État, c'était en France la condamnation, à Paris la condamnation et l'exécution de l'empire.

Et à ceux qui croient que les souverains, maîtres comme l'empereur du sort des nations, sont expressément, à ce titre, les justiciables de la Providence, je redis que la révolution du 4 septembre fut le châtiment de la solennelle tromperie qui avait inauguré la série à peu près continue des guerres de ce règne :

« L'empire, c'est la paix. »

# CHAPITRE IV

## LA RÉPUBLIQUE

J'ai exposé la situation que le gouvernement de l'impératrice-régente et l'impératrice elle-même m'avaient faite. J'ai dit qu'à dater de la rupture de mes relations avec le monde officiel, j'avais concentré tous mes efforts autour des travaux de préparation du siège. En consacrant à leur examen mes journées entières, sur l'immense étendue périmétrique où ils s'exécutaient, j'arrivais à peine à me rendre compte de leur état d'avancement et de la valeur des points d'appui qu'offriraient à la défense ceux d'entre eux qui pourraient être achevés avant l'apparition de l'ennemi.

Le 3 septembre 1870, parti le matin de mon quartier général du Louvre, j'avais parcouru à cheval les hauteurs qui s'étendent de Bagneux à Clamart, visité la redoute ébauchée de Châtillon, les forts de Montrouge, de Vanves, d'Issy, et je rentrais exténué dans Paris à la chute du jour, quand, passant devant le ministère de la guerre, je vis s'avancer vers moi le général d'artillerie Guiod qui en sortait dans un état d'agitation inexprimable :

*Mon général, un immense désastre ! L'armée du maréchal de Mac-Mahon tout entière, l'empereur et son entourage militaire, ont été enveloppés à Sedan et pris !*

Mes prévisions les plus assombries, quand j'avais vu le maréchal allant au-devant de sa destinée, étaient restées bien en deçà d'une si terrible catastrophe. Quelques instants de réflexion m'en montrèrent toute l'étendue et tous les aspects.

Pour l'empire, elle était plus politique encore que militaire, c'était un coup mortel.

Pour le pays, c'était l'invasion triomphante, la ruine avec l'humiliation.

Pour Paris, c'était l'investissement à bref délai et la redoutable épreuve du siège, sans le répit dont j'avais gardé l'espoir que la Providence nous accorderait le bienfait, pour aider à l'avancement des travaux encore si incomplets de notre défense improvisée.

Je ne pouvais plus douter que, *dans quinze à vingt jours,* l'ennemi ne fût en mesure de déployer ses masses sur les hauteurs qui bordent le bassin de Paris, et c'est l'esprit dévoré d'inquiétude que je rentrai au Louvre, à la nuit, pour préparer et pour donner les ordres d'urgence qu'exigeait cette douloureuse aggravation de nos revers et de nos périls.

C'est à l'étude de la crise où elle nous jetait, à l'examen et à la discussion des solutions très controversées qu'il fallait trouver, que furent consacrées cette soirée et la plus grande part de la nuit. C'est là que furent agitées pour la première fois les questions d'importance capitale qui ne purent être résolues que les jours suivants par un attentif examen que, assisté des commandants du génie, de l'artillerie et de mes principaux sous-ordres, je fis sur les lieux :

1° De savoir si les travaux des avancées de Montretout, de Meudon, de Châtillon, des Hautes-Bruyères, pouvaient être mises en état, sinon terminés, avant l'arrivée de l'ennemi ;

2° dans la négative, de statuer sur les dispositions à prendre en vue de la déplorable infériorité où l'abandon forcé de ces hauteurs dominantes laisserait la défense de Paris.

Tel fut, pour le gouverneur de Paris, l'emploi de cette journée militairement laborieuse et de cette soirée militairement et patriotiquement tourmentée par des soucis auxquels vint se joindre celui d'un acte du ministre de la guerre, plus officiellement injurieux que tous ceux dont, jusque-là, j'avais eu à me plaindre. Du général de division Soumain, commandant sous mes ordres immédiats les troupes du gouvernement de Paris, je recevais la lettre suivante :

Paris, le 3 septembre 1870.

« Mon général,

« Le ministre de la guerre vient de m'adresser une lettre
« par laquelle, en prévision des manifestations contraires à
« l'ordre qui pourraient avoir lieu ce soir dans Paris, il me
« prescrit de prendre immédiatement les dispositions néces-
« saires pour réprimer toute tentative de désordre.
« Je m'empresse d'avoir l'honneur de vous en informer,
« en vous faisant connaître que, dans chaque caserne, il y
« a un bataillon prêt à marcher. Les deux bataillons de
« gendarmerie à pied et deux escadrons du régiment de
« gendarmerie à cheval, caserné au Palais de l'industrie,
« doivent également se tenir prêts. Je n'ai reçu aucun avis
« de M. le préfet de police, à qui je viens d'envoyer un
« officier pour être renseigné sur la situation.
« Le bataillon de garde au corps législatif y a été main-

« tenu et a reçu des vivres par les soins de M. le président
« Schneider.

« Le général Mellinet a été prévenu, ainsi que le général
« commandant le 14ᵉ corps, des dispositions que j'ai prises.

« Veuillez agréer, mon général, l'hommage de mon res-
« pect.

« *Le général commandant la 1ʳᵉ division militaire,* »

« SOUMAIN. »

Ainsi, le gouvernement de Paris était, en fait, supprimé. Les généraux commandant les troupes sous le gouverneur ne dépendaient plus de lui. Les ordres du ministre de la guerre lui étaient celés et, passant par-dessus lui, allaient directement à son subordonné, à qui ils prescrivaient les mesures nécessaires pour assurer la paix de la rue et la sécurité du corps législatif. Mais ce subordonné, un officier général de la vieille école et d'une droiture éprouvée, s'était ému de cette extraordinaire violation de la loi hiérarchique, du déplacement de responsabilités qu'elle créait, de l'insulte qui était faite à son chef, et, s'en croyant le devoir, il l'informait !

Sur ce coup, les officiers de mon entourage m'avaient de nouveau pressé de répondre à cet inqualifiable procédé par ma démission. J'en eus la tentation. J'hésitai un instant, je dois le confesser, entre le sentiment de mon devoir et le ressentiment de mon injure; puis, me relevant par la pensée de la détresse du pays, des sacrifices que j'avais déjà faits, de l'aveuglement des gouvernants, de l'inconsistance de leurs vues, je me résignai *à peser sur mon mal,* comme on dit en Bretagne, en restant à ma tâche.

C'est au sujet de cette journée et de cette soirée du 3 septembre que les impérialistes ont écrit *que tous les fidèles*

*de l'empire avaient apporté ce jour-là leurs condoléances à
l'impératrice, que seul le gouverneur de Paris ne parut pas
aux Tuileries.*

Il est vrai, pendant que les fidèles de l'empire mettaient
aux pieds de la souveraine leurs protestations de dévouement, j'étais avec les fidèles du pays, mettant à son service
ce jour-là et cette nuit-là tous les efforts que me suggérait
le sentiment de mon devoir envers lui. A la souveraine,
je l'avoue sans honte, je ne pensai qu'après. Elle avait
suspecté mon honneur, elle me refusait sa confiance, elle
n'avait plus, ni personnellement ni par ses ministres, de
rapports avec moi. Je croyais, je crois encore que je ne lui
devais que le respect et la sympathie que commandait son
malheur.

Dès le lendemain, à la première heure, j'allai lui exprimer ces sentiments, oubliant sans peine mes griefs, oubliant
même qu'entre tous les aveuglements qui avaient précipité
la France dans cette guerre fatale, le sien avait dominé et
entraîné les autres. Je ne me dissimulais pas que l'apparition aux Tuileries de l'homme qui naguère avait dit à l'impératrice-régente, entourée de ses conseillers, *que l'empire
était désormais à la merci d'une autre grande bataille perdue*,
l'impressionnerait péniblement. Pourtant son accueil fut
courtois. Elle me parut relativement calme, courageuse et
comme résignée à son sort. Autour d'elle, beaucoup d'agités, allant, venant, discutant entre eux, et des consternés
qui restaient silencieux.

Dans la foule, je reconnus M. de Lesseps et j'allai à lui.
Il conseillait l'abdication de l'empereur comme une solution
possible, solution *in extremis*, qui ne pouvait pas plus sauver l'empire que l'abdication du roi Louis-Philippe n'avait
sauvé, en 1848, la monarchie de Juillet, que l'abdication

du roi Charles X n'avait sauvé, en 1830, la monarchie de la branche aînée des Bourbons. A Paris, en délire de révolution, les expédients politiques de la dernière heure n'ont jamais suspendu le cours des événements. Encore moins pouvaient-ils arrêter les effets de la crise d'affolement que l'irréparable catastrophe nationale de Sedan allait faire éclater.

Au moment même où elle éclatait, le ministre de la guerre, général Montauban de Palikao, gardant l'équilibre d'attitude et l'atticisme de langage qui lui étaient propres, rassurait le corps législatif justement inquiet pour lui-même de l'agitation qui se manifestait dans Paris. Il le rassurait, en déclarant à la tribune :

1° *que le gouverneur de Paris n'avait que le commandement des troupes chargées de la garde de l'enceinte et des forts ;*

2° *qu'il avait prescrit lui-même, sous sa responsabilité par conséquent* (ordres au général Soumain, page 177), *les dispositions militaires jugées nécessaires pour le maintien de l'ordre dans Paris et pour la protection de l'assemblée.*

Il disait : . . . . . . . . . . . .

« De quoi vous plaignez-vous ? que je vous fais la ma-
« riée trop belle ? Comment ! je mets autour du corps
« législatif un nombre de troupes suffisant pour assurer
« parfaitement la liberté de vos discussions, et vous vous
« plaignez ! Si je n'en mettais pas, vous vous plaindriez que
« je livre le corps législatif à des pressions extérieures. »

(*Journal officiel* du 5 septembre 1870.)

Qui aurait dit alors au gouverneur de Paris, témoin en même temps que victime des erreurs et des fautes de ce gouvernement, des audaces de ce ministre aux abois, que les impérialistes, rentrant en scène après une éclipse de quelques mois, l'accuseraient à la face de son pays *de n'avoir pas protégé, le 4 septembre 1870, l'assemblée dont il avait la garde et d'avoir été le complice de ses envahisseurs!*

L'un des éminents de ce parti, un juriste considérable et même un moraliste, à ce que j'entends dire, M. Oscar de Vallée, ne craint pas d'écrire en ce moment même (juin 1884), dans un journal grave, conservateur et notoirement orléaniste (le *Moniteur universel*), *que je me suis fait, le 4 septembre 1870, le capitaine de l'émeute!...* On peut juger par là de ce que disent de l'ancien gouverneur de Paris les hommes de l'impérialisme et de plusieurs autres partis, je pense, qui ne sont ni éminents, ni juristes, ni moralistes !

En lisant dans ce journal le jugement porté par un Français éclairé, après quatorze ans d'examen, sur la révolution du 4 septembre 1870, ce n'est pas à mon obscure retraite que ma pensée s'arrête tristement. C'est à la destinée de ce grand pays, champ de bataille permanent de partis politiques qui ont perdu toute notion de vérité, tout sentiment de justice, tout respect des intérêts généraux et particuliers qui ne sont pas les leurs. Aux uns, la Terreur de 1793 et les attentats de 1871 ; aux autres, Waterloo et Sedan n'ont rien appris.

---

Revenu des Tuileries à mon quartier général du Louvre, je n'y reçus, soit de la cour, soit du ministère de la guerre, aucun ordre, aucun avis. Des officiers de mon état-major, arrivant du dehors, m'informèrent avec des détails précis de l'exécution des ordres donnés la veille par le ministre de la guerre à mon subordonné le général Soumain.

Ils avaient vu le palais du Corps législatif occupé dans ses cours intérieures et entouré par de nombreux bataillons dont le général de Caussade avait reçu le commandement. De fortes réserves de troupes à pied et à cheval stationnaient au Palais de l'industrie et aux Champs-Élysées. Le général Mellinet, avec les disponibles de la garde impériale, s'était établi au palais des Tuileries. Tous les reliquats de troupes restés à Paris après le départ des régiments pour l'armée du Rhin avaient été consignés dans leurs quartiers.

Ces officiers rapportaient que les rues de Paris, spécialement celles qui aboutissaient aux quais de la Seine, et les quais eux-mêmes, débordaient de monde. Le spectacle de ces foules, livrées à la plus violente irritation et remplissant l'air de leurs cris, les avait pénétrés d'une émotion que, en me faisant leur récit, ils avaient peine à dominer. Les troupes qu'ils avaient vues étaient immobiles, l'arme au pied, dans un silence morne et une attitude accablée. Enfin, ils jugeaient que la crise, avec des effets impossibles à prévoir, allait éclater immédiatement et irrésistiblement.

Ces prévisions répondaient trop exactement à celles que j'avais naguère exprimées devant le conseil de l'impératrice, à celles qui tourmentaient mon esprit depuis que je savais le désastre de Sedan, pour que je pusse m'arrêter un seul instant à l'espoir qu'elles ne se réaliseraient pas.

J'ai fait autrefois, à la tribune de l'Assemblée nationale, l'exposé des événements qui forment la matière du livre que j'écris aujourd'hui (séances des 30 mai, 2, 13, 14 et 15 juin 1871). J'en extrais (*Journal officiel*) le récit textuel des commencements de la journée du 4 septembre, parce qu'il est caractéristique et parce qu'il fut fortuitement confirmé par l'inspirateur de mon effort de ce jour-là, le général Lebreton, que j'aperçus dans la tribune des anciens députés et dont j'invoquai le témoignage :

« Vers une heure de l'après-midi, le général Lebreton,
« questeur du corps législatif, se présenta à moi inopiné-
« ment. (*J'aperçois le digne général*[1] *dans les tribunes, il
« me contrôlera.*) « Général, me dit-il, le péril est à son
« comble. Une foule immense se presse autour de l'assem-
« blée et va l'envahir. Les troupes se sont laissé immé-
« diatement pénétrer par la multitude. Vous seul, par une
« intervention personnelle, pourriez peut-être dominer la
« tempête. »

« Je répondis au général : « Je suis ici la victime d'une
« situation sans précédents. En fait, je ne commande rien ;
« en fait, les troupes que vous avez vues ont été postées
« par des ordres qui ne sont pas les miens. (*Messieurs,
« je ne veux pas prétendre que si j'avais donné ces ordres,
« la situation eût été différente, et que si j'avais réellement
« exercé le commandement, la crise eût tourné autrement;
« je suis convaincu du contraire.*) Vous voulez, mon
« général, que seul je puisse arrêter un demi-million
« d'hommes qui se précipitent vers l'assemblée. Vous savez
« comme moi, votre expérience plus grande que la mienne
« sait qu'il y a là une impossibilité absolue. Un seul homme
« n'arrête pas les foules en démence. Mais cet effort que
« vous venez me demander au nom du corps législatif,
« convaincu qu'il ne peut aboutir, je le tenterai néan-
« moins. »

Quelques minutes après, je montais à cheval sous les
yeux du général Lebreton, et accompagné de deux aides de
camp, les capitaines d'état-major Faivre et Brunet, je me
dirigeais vers le palais du Corps législatif, prescrivant au

---

[1] Le général Lebreton était comme moi divisionnaire, mais il était octogénaire et depuis longues années en retraite. Il avait autorité pour tenter la démarche qu'il avait faite auprès de moi, et j'étais devant lui en état de respectueuse déférence militaire.

général Schmitz, chef d'état-major général, de se rendre auprès de l'impératrice pour l'informer de l'entreprise où je m'engageais.

Je traversai sans trop de peine la cour du Carrousel, quoiqu'elle fût pleine de monde; mais ce monde était relativement calme et se pressait vers le quai sans paraître en vouloir au palais des Tuileries. Arrivé au delà du guichet et pénétrant laborieusement au milieu de cette foule immense, qui commençait au delà du Pont-Neuf et allait au delà des Champs-Élysées, je fus le témoin attristé et effrayé d'un spectacle qui ne s'était jamais offert à moi, bien que j'eusse vu à Paris les révolutions de 1830 et de 1848.

Une multitude innombrable d'hommes sans armes, de femmes et même d'enfants, s'agitait autour de moi, vociférant en tous sens, m'interpellant violemment, tantôt par des cris patriotiques désespérés, tantôt par des clameurs révolutionnaires pleines de menaces. Des hommes à la figure sinistre se jetèrent à la tête de mon cheval : *Crie : Vive la sociale ! — Je ne crierai rien. Vous voulez enchaîner ma liberté, vous ne l'enchaînerez pas.* Et d'autres, qui paraissaient comprendre la situation, criaient : *Il a raison*, et venaient à mon aide en m'ouvrant un passage qui ne tardait pas à se refermer.

Après une interminable lutte pendant laquelle les brusques mouvements de mon cheval effrayé produisaient de dangereux froissements dans la foule qui le pressait, j'arrivai à l'entrée du pont de Solférino où je dus m'arrêter définitivement. Je ne pouvais plus avancer, je ne pouvais pas reculer. J'étais comme figé au milieu de cette multitude qui avait marché jusque-là, qui à présent s'immobilisait, n'ayant devant elle que des entassements impénétrables. Je n'apercevais plus mes deux officiers qui, noyés loin de moi dans le flot populaire, avaient désespéré de me rejoindre.

Un homme de haute taille, et que je ne reconnus pas[1], pénétra jusqu'à moi. *Général, où donc allez-vous ? — Je vais à l'assemblée menacée d'envahissement. — L'envahissement de l'assemblée est un fait accompli; elle s'est dispersée, j'y étais, j'en viens, je suis M. Jules Favre.* Il ajouta, parlant avec une émotion singulière : *C'est une révolution au milieu de la défaite des armées; la situation est effrayante, et si l'anarchie s'en empare, elle jettera la France dans l'abîme. Je vais à l'Hôtel de Ville, c'est là que doivent se rendre les hommes de dévouement qui voudront offrir leur concours au pays en péril. — Monsieur, je n'ai pas à me prononcer sur ce point, et il ne m'est pas permis, en ce qui me concerne, de prendre à présent une telle résolution.*

M. Jules Favre disparut sans insister.

C'est pendant que, pour me retirer, je luttais dans la foule au milieu des mêmes péripéties, cherchant à remonter le torrent dont j'avais subi la poussée jusqu'au pont de Solférino, que l'impératrice-régente quittait le palais des Tuileries, en se dérobant par les moyens qu'on sait à la sollicitude éprouvée de ses amis et à la colère possible de ses ennemis. Le général Schmitz, que je lui avais envoyé, m'attendait au quartier général, apportant l'avis de cette disparition de la souveraine, qui consacrait, avec la captivité du souverain, la chute de l'empire.

En dehors de la dispersion du corps législatif, coupable assurément, mais qui fut exempte de sévices, l'empire, — je le dis encore, — s'effondra sur lui-même sans que l'impératrice qui était aux Tuileries entourée de ses conseillers et de ses amis, sans que le sénat qui était en séance, sans que les ministres qui occupaient leurs hôtels, sans

---

[1] J'ai expliqué cette circonstance pages 166-167.

que les personnages qui étaient à Paris la représentation spéciale du régime impérial, fussent molestés ou seulement inquiétés.

De cette mansuétude inaccoutumée, — qui d'ailleurs n'aurait pas, je pense, duré bien longtemps, — je suis loin de faire honneur à l'esprit de modération des foules parisiennes. Elle prouve uniquement l'*irrésistible soudaineté* de l'agression et de la chute. La veille de Sedan, elles n'étaient pas plus préparées à renverser l'empire, que l'empire à tomber. Le lendemain de Sedan, la colère enfiévrée d'un côté, la stupeur accablée de l'autre, furent telles, que le populaire, en renversant, n'eut ni la pensée ni le temps d'employer la violence ; que l'empire, en tombant, n'eut ni la pensée ni le temps d'essayer la lutte.

Voilà la vérité. Elle se démontre par l'évidence des faits. Elle se démontre expressément par la singularité des conditions dans lesquelles l'impératrice Eugénie crut devoir se dérober aux périls du moment. On sait par ses déclarations personnelles répétées que, pénétrée du souvenir de l'infortunée reine Marie-Antoinette, elle s'était préparée, dans la prévision des drames politiques de l'avenir, à une fin plus grande que celle qu'elle rencontra le 4 septembre 1870.

J'exprime ici une pensée d'intérêt purement philosophique, qui ajoute aux preuves que j'ai déjà fournies du degré d'aveugle et criante injustice auquel, en temps de révolution, atteignent les partis politiques, ceux-là surtout qui succombent sous l'excès de leurs propres fautes :

Il est irréfutablement acquis que le 4 septembre, dans Paris tout entier, un seul homme fit pour l'empire, qu'il n'admirait pas, un effort qui ne pouvait pas aboutir, mais qui était sincère, personnel et entouré de circonstances fort pénibles, sinon périlleuses. Ce fut le gouverneur de Paris qui, suspecté, injurié et enfin supprimé par l'empire, alla librement, sur les instances d'un membre autorisé de l'assemblée, tenter d'arrêter au seuil du palais législatif la multitude furieuse que ne devaient pas arrêter un instant les ordres donnés, les dispositions militaires prises, les bataillons et les escadrons postés par le général Mautauban de Palikao.

C'est justement cet homme-là que le parti de l'empire accuse d'avoir été le complice et même, — selon M. Oscar de Vallée déjà cité, et selon nombre de ses consorts, — le capitaine des envahisseurs ! C'est de cet homme-là, qui était depuis plus de deux heures aux prises avec la foule, quand l'impératrice disparaissait dans l'incognito, qu'ils disent pour la seconde fois : « Les principaux fonctionnaires « de l'État se pressaient autour de l'impératrice en ce « moment suprême. *Seul, le gouverneur de Paris ne parut* « *pas...* »

L'impératrice et son entourage, qui m'avaient vu et entendu le matin de ce jour-là aux Tuileries, ont permis que s'accréditât la calomnieuse légende de mon abstention ; mais voilà qu'elle est mise à néant par M. de Lesseps, parent de l'impératrice, qui, lui aussi, présent aux Tuileries comme je l'ai dit (page 179), adresse aux journaux, après quatorze ans écoulés (journal *le Temps* du 30 novembre 1884), le récit de ce qu'il a tenté pour sauver l'empire. J'y relève le passage suivant :

« Au moment où M$^{me}$ de Las Marismas m'annonçait, le « général Trochu était en conférence avec l'impératrice. « Bientôt après il sortait, et j'entrais à mon tour, le priant « de m'attendre pour nous concerter, s'il y avait lieu, au « sujet de la communication que j'allais faire. »

Voilà un témoin. J'étais aux Tuileries dans la matinée du 4 septembre, en même temps que M. de Lesseps, et je l'avais précédé auprès de l'impératrice. J'ai déjà dit ce qu'avait été la courte conversation que j'eus avec lui. Il croyait sauver l'empire par l'abdication de l'empereur et, — ajoute-t-il dans son récit, — en déterminant la régente à remettre tous ses pouvoirs au corps législatif.

M. de Lesseps se trompe d'ailleurs, en disant que j'étais *en conférence* avec l'impératrice. Elle m'avait reçu entourée de plusieurs personnes de sa cour, et toutes avaient pu entendre les paroles que j'avais échangées avec elle.

Quand je reviens par la pensée à ces funestes jours qui m'ont laissé des souvenirs que se disputent la douleur, l'indignation et le mépris, je trouve l'apaisement dans d'autres souvenirs du même temps, que j'ai consignés naguère dans une précédente publication et que je veux rappeler ici :

« Une jeune femme de sang royal, engagée elle aussi
« dans cette guerre par son présent, par son avenir, par
« ses intérêts d'épouse et de mère, était à Paris au milieu
« de ce déchaînement des passions publiques.

« La princesse Clotilde Napoléon me faisait, elle, sans
« me connaître, mais en s'en rapportant aux précédents de
« ma carrière et de ma vie, l'honneur de m'accorder sa
« confiance. Plusieurs fois, depuis mon arrivée à Paris,
« elle m'avait interrogé sur la marche des événements, sur
« les progrès de l'ennemi, sur l'état d'avancement des tra-
« vaux de la défense, sur les espérances que tant de revers
« accumulés laissaient au pays désarmé. Elle n'oubliait
« rien, si ce n'est elle-même et ses angoisses secrètes et
« les périls que chaque jour multipliait autour d'elle.

« Après Sedan, la ruine de l'empire consommée et l'im-
« pératrice disparue, elle me fit appeler au Palais-Royal
« pour me demander conseil sur le parti qu'elle devait
« prendre. Je la trouvai bienveillante comme toujours, dou-
« cement résignée, pleine de bon sens et de ce courage
« tranquille qu'inspire seule une ferme et profonde piété.

« Effrayé de la voir encore dans Paris où, la démagogie
« venant à prévaloir, tout était possible et tout était à
« craindre, je la suppliai de s'éloigner immédiatement avec
« ses enfants pendant qu'il en était temps encore. D'un
« calme incroyable en un tel moment, elle jugeait que rien
« ne pressait et ne voulait pas que son départ eût l'appa-
« rence d'une fuite. Ce ne fut pas sans effort que je lui fis
« partager mon souci, et *c'est le lendemain seulement* qu'ac-
« compagnée du général de Franconière, aide de camp du
« prince, et de quelques amis, elle s'en alla, traversant
« Paris révolutionné, dans un état d'équilibre qui témoi-
« gnait de la dignité et de la fermeté de son caractère.

« A côté des emportés de patriotisme, des affolés de poli-
« tique, des effarés et des trembleurs que je voyais s'agi-
« tant en tous sens, la princesse Clotilde m'apparut comme
« un ange de vertu, de courage et d'honneur. Je me sen-
« tis pénétré pour elle d'une admiration que le respect me
« défendait alors de lui exprimer, que je lui exprime aujour-
« d'hui du fond de ma retraite, l'âme remplie de ce souve-
« nir qui ne blessera pas, je l'espère, ses habitudes de
« simplicité et son incomparable modestie. »

---

### Le gouvernement de la Défense nationale et ma présidence.

Au Louvre[1], après mon retour, se succédaient, venant des divers quartiers de la ville, des officiers dont les rap-

---

[1] C'est à ce moment que je reçus du prince Napoléon, partant pour l'Italie où il allait solliciter du roi Victor-Emmanuel l'intervention d'une armée, un télégramme où il me demandait mon avis sur la destination à donner à cette armée, s'il l'obtenait.

Je lui répondis que ce serait une faute de l'opposer *directement à*

ports concordaient sur un point, la débandade des troupes mises sur pied ou gardées en réserve par les ordres du général de Palikao. L'un d'eux avait vu le ministre de la guerre qui sortait du corps législatif, injurié et serré de près par la foule.

J'entendais ces officiers, quand me fut annoncée et pénétra, eux présents, dans mon cabinet une députation composée de personnes qui m'étaient inconnues. Trois d'entre elles se nommèrent : c'étaient MM. Glais-Bizoin, Steenackers, Wilson, membres du corps législatif. Tous les trois, livrés à une émotion qu'expliquait la violence des événements, me dirent qu'ils m'étaient envoyés par un gouvernement provisoire dont les membres, — ils m'en remettaient la liste signée par M. Jules Favre, — étaient :

MM. J. Favre,
    E. Arago,
    J. Ferry,
    L. Gambetta,
    Garnier-Pagès,
    E. Pelletan,
    E. Picard,
    J. Simon,

qui s'étaient réunis à l'Hôtel de Ville et m'envoyaient une députation pour m'exposer :

*Qu'ils allaient s'efforcer de donner une direction aux pas-*

l'invasion; que de Lyon elle devrait aller au *nord-est* et s'établir, appuyée aux places fortes de cette région, *parallèlement à l'invasion;* qu'elle serait là pour les armées allemandes et pour leurs communications une menace très incommode.

C'est le rôle que l'armée improvisée du général Bourbaki, traversant la France en plein hiver, a cherché à remplir au prix d'énergiques efforts, de cruels sacrifices et enfin d'une catastrophe. La conception de l'entreprise était très juste, mais il fallait pour la réaliser une armée régulière et que cette armée fût adossée aux Vosges au moment, déjà tardif, où je conseillais de diriger l'armée italienne vers cette région.

*sions déchaînées en tous sens, aux mouvements populaires désordonnés qui créaient au pays sans gouvernement, après une révolution et devant l'invasion, des périls qui menaçaient son existence même. De la grandeur de ces périls, le gouvernement provisoire ne doutait pas que je ne fusse pénétré comme lui-même. Il en appelait à mon patriotisme, demandait mon concours et exprimait le vœu de me voir entrer dans les délibérations qu'il venait d'ouvrir, immédiatement après la chute du gouvernement impérial, à l'Hôtel de Ville où ses membres étaient en séance.*

A répondre à cette invitation, je n'eus pas l'ombre d'un combat avec moi-même, et je suspends ici mon récit pour exposer les causes de l'équilibre où elle me trouvait :

Je jugeais, je jugerai jusqu'à la fin de ma vie que cette invitation m'appelait au devoir, et je savais qu'elle m'appelait au sacrifice. Il n'y avait là, pour un soldat croyant, rien qui pût le faire hésiter ; et puis, je ne pouvais être ni surpris ni troublé. Comment l'aurais-je été? Je n'étais pas, on le sait, un de ceux qui, aveuglés par les traditions de la vanité française *sur la puissance de nos invincibles armées,* en avaient attendu d'éclatantes victoires et tombaient à présent dans l'accablement devant leurs irréparables défaites.

Au contraire, depuis des années, j'exprimais, sans aucun déguisement, les doutes qui assiégeaient mon esprit au sujet de notre avenir militaire. Bien plus, après l'effrayant monitoire providentiel de Sadowa, je les avais révélés au public, à tout risque, dans ce livre où, du décousu de nos institutions et de notre préparation militaires, de la solidité de celles de la Prusse, je n'avais rien dissimulé. Enfin, pour montrer à quel degré *j'étais prêt à tout* quand m'arriva, le 4 septembre, le message du gouvernement provisoire, j'interromps mon récit pour y introduire, avec quelques réflexions appropriées, un document privé dont seront frappés, je pense, les hommes de bonne foi, parce qu'il contient des prédictions qui devaient plus que se réaliser, et parce qu'il est l'expression de sentiments intimes et sincères qui me semblent mériter quelque respect.

J'ai dit qu'à dater du jour où j'avais été le témoin du désarroi gouvernemental indicible qui avait fait échouer misérablement le projet de diversion maritime et militaire dans la Baltique, il m'avait été démontré qu'à l'insuffisance de la préparation et des moyens se joindrait, dans la crise où nous allions nous jeter, la divergence et l'incohérence des vues des pouvoirs dirigeants. Les doutes attristés que j'avais eus jusque-là sur son issue étaient devenus des certitudes douloureuses. Elles m'obsédaient à ce point que, pressentant, voyant, pourrais-je dire, les catastrophes prochaines, j'avais écrit mon testament et j'en avais fait le dépôt dans l'étude de M⁰ Ducloux, le doyen des notaires de Paris, qui me fut désigné par la notoriété dont l'entourait l'estime publique.

Sans enfants, bien qu'ayant de lourdes charges de famille, ne possédant rien et n'ayant jamais eu d'affaires, je n'avais pas à me préoccuper de leur règlement. C'est un testament de soldat que j'écrivais, d'un soldat qui se sent menacé par tous les malheurs, par tous les sévices qui attendent, en France expressément, les gens de guerre dont les efforts pour sauver leur pays doivent être vains. Je relève dans sa première partie le passage suivant, qui suffit à faire voir comment, après la déclaration de guerre, j'envisageais devant mon pays l'avenir qu'elle lui préparait, devant ma famille l'avenir qu'elle me préparait à moi-même, et que j'étais loin, si douloureux qu'il m'apparût, d'apercevoir tout entier !

. . . . . . . . . .

« Je demande à Dieu d'écarter de mon pays les cruelles
« épreuves qui semblent le menacer. Elles différeront peu,
« quant à leur origine et à leurs effets [1], de celles qui acca-
« blèrent le premier empire. Dans les deux cas la France,
« et plus encore son gouvernement, les auront méritées.

« Si par malheur la chance tournait contre nous, si nous
« avions à combattre l'ennemi sur notre propre territoire,
« on verrait, comme autrefois, l'opinion s'égarer dans des
« accusations de refus de concours, d'impéritie, de trahison,
« contre les généraux. Il y aurait encore des Dupont, des
« Marmont, des Grouchy, des Benedeck, sur qui le gou-
« vernement (car c'est la loi de ces situations) ne man-
« querait pas de faire peser la plus lourde part qu'il pour-
« rait de ses propres fautes, et à qui le sentiment public,
« conduit par un violent chauvinisme, ne pardonnerait pas
« les revers du drapeau et les malheurs du pays !

« Il y a des raisons pour que je sois l'un de ces géné-
« raux-là, si j'en juge par la défiance que me montre le
« pouvoir. C'est pour défendre, le cas échéant, ma mémoire
« contre d'injustes et douloureuses imputations que, dans
« l'exposé qui précède [2], j'ai fait en quelque sorte l'histoire
« morale de ma vie, et que j'ai exprimé, *avant les événe-*
« *ments,* les réflexions que me suggèrent l'examen impartial
« de la situation et les expériences de ma carrière.

« Je charge en conséquence ma chère femme, mes frères
« et mes sœurs, tous les membres de ma famille et tous
« ceux de mes vieux amis que préoccuperait l'honneur de
« ma mémoire, de discuter, s'il y a lieu, dans une sorte de

---

[1] Origine commune aux deux empires, *la folie de la guerre.* Effets communs, *l'invasion.*

[2] C'est par cet exposé, qui ne figure pas ici, que commence le testament.

« conseil de famille, l'opportunité de la publication du pré-
« sent testament, et de faire cette publication s'ils la jugent
« nécessaire ou utile.

« Général Trochu. »

Fait en entier de ma main, à Paris, le 21 juillet 1870, avant l'ouverture des hostilités.

Quand, après la libération du territoire, les partis, reprenant les armes, firent succéder à la guerre extérieure la guerre intestine qui a jeté la France dans l'irréparable désordre où elle est aujourd'hui (1884), je fus leur premier objectif. Les impérialistes, sachant les mérites de l'offensive, la prirent, et leurs efforts, secondés par les opposants de toute nuance, tentèrent de prouver au pays que, dans les calamités qui venaient de l'accabler, *les responsabilités de l'empire n'étaient rien, que les responsabilités du gouvernement de la Défense nationale étaient tout!* Le thème fut soutenu, selon la loi de ce temps, par un concert, je pourrais dire une conspiration, de décri et d'injures dont, en ce qui me concerne, le souvenir est peut-être encore présent à quelques esprits.

J'avais cinquante-sept ans, l'expérience de la vie publique française, et j'avais vu naguère, — je l'ai dit au commencement de ce récit, — les hommes les plus considérables du passé, ceux que j'avais le plus estimés et respectés, soumis avec de dures aggravations au régime auquel j'étais soumis à mon tour. Devant cette entreprise, dont tous les meneurs n'étaient pas recommandés par leurs antécédents, je restai longtemps calme, parce que j'étais sincèrement indifférent. Mais au décri, à l'injure, avaient succédé la diffamation et l'outrage. Avec l'approbation d'un homme qui m'honorait de son amitié, qui, lui aussi, s'est heurté aux misères de la politique contemporaine, mais à qui son patriotisme, sa droiture et ses rares talents ont fait un nom resté cher aux honnêtes gens, M. Dufaure, garde des sceaux, j'appelai devant la justice mes calomniateurs.

Ce procès, qui passionna au plus haut point la curiosité publique, fut, à mon sens, encore plus révélateur de l'inextricable avenir politique qui attendait notre pays, que retentissant. Là, presque au lendemain des grandes tragédies de la dernière guerre, de Reischoffen, de Spickeren, de Sedan, des capitulations de Metz, de Strasbourg, de Paris, de la perte de l'Alsace-Lorraine, du payement encore inachevé des milliards du rachat, on vit paraître, non pas en accusés incertains de leur contenance, mais en accusateurs violents et calomniants, tous les ministres de l'empereur Napoléon III, tous les hommes d'État de l'empire qui avaient voulu et acclamé la guerre, avec les généraux de l'entourage qui l'avaient regardée comme un jeu, avec tous les dépossédés de l'empire que MM. Rouher, le général Montauban de Palikao et leurs ayants cause avaient pu grouper autour d'eux. C'était l'empire ressuscité, menaçant et revendiquant !...

Ils accusaient, ils vouaient à la haine et au mépris public, dans ma personne, les hommes qui, après Sedan, avaient recueilli, sans réclamer le bénéfice d'inventaire, l'héritage de leurs méfaits, héritage de sang, d'invasion, de ruine ! Les légitimistes, avec quelque mesure, les orléanistes durement, les démagogues âprement, se joignirent à la croisade par la plupart des journaux dont ils disposaient. Le procès fut, je le répète, comme l'esquisse du tableau désolant que nous avons aujourd'hui sous les yeux, du sort que préparaient à la France les partis qui se la disputent. Et, en vérité, les jurés de ce temps-là eurent quelque mérite à condamner à la prison les gens que je leur demandais de juger. J'étais bien plus écœuré que victorieux, quand je sortis du prétoire.

J'avais eu à faire devant le jury la preuve des sentiments où j'étais à l'égard de la guerre quand l'empire s'y jetait, et des convictions que j'avais sur l'inégalité de préparation et de force numérique effective dans laquelle nous allions combattre la Prusse. Cette preuve, elle était tout entière dans le testament que j'avais déposé chez Mᵉ Ducloux. Je l'en retirai, et l'éminent avocat qui me représentait dans la cause en lut à l'audience quelques passages. Depuis, il a été publié en entier.

La divulgation, avant décès, de cet acte où, pressentant et montrant les calamités qui allaient fondre sur le pays et sur ses défenseurs, j'avais mis toute mon âme de citoyen et de soldat, devint le thème des railleries les plus variées et les plus acérées. Il fut entendu que j'y avais introduit *un plan de guerre* qui aurait sauvé le pays s'il avait été suivi. Cette absurde invention prévalut, et *le plan* imaginaire eut les honneurs de la légende. Longtemps le peuple de Paris, resté « le plus spirituel de la terre » jusque dans ses malheurs, chantonna dans la rue :

> Connais-tu
> L'plan d'Trochu?

Et à l'heure qu'il est, après quatorze ans, des journalistes en vogue font encore de joyeuses et ingénieuses allusions, avec un succès qui ne paraît pas s'éteindre, au testament et au plan.

Qu'on ne fasse pas à mon caractère et à ma philosophie le tort de croire que ces piqûres, venant après les injures, m'ont ému. Je n'ai pas sauvé mon pays. L'héroïque et infortunée vierge de Domrémy, Jeanne d'Arc, qui l'avait sauvé contre toute apparence et contre toute espérance, a été raillée dans son œuvre et diffamée dans sa vie par un écrivain qui fut, avec une autorité et dans un éclat auxquels ne prétendent pas les petits pamphlétaires que je viens de citer, le grand publiciste du temps passé. Il s'appelait Voltaire. C'est que le tempérament français s'est toujours prêté à ces écarts et que, dans notre pays, un certain monde est toujours disposé à y applaudir, un monde plus apte à saisir ce qui amuse qu'à juger ce qui abaisse.

Je reviens à mon récit.

———

A leur allocution patriotique, les ambassadeurs du gouvernement provisoire avaient joint, pour caractériser l'urgence de la résolution qu'ils me demandaient, l'exposé de la situation, fort tendue et fort incertaine, où ils l'avaient laissé à l'Hôtel de Ville. Au dehors, c'était la continuation de la révolution de ce jour, représentée par une immense multitude, houleuse, menaçante, mais encore hésitante, au milieu de laquelle s'agitaient et péroraient les meneurs. Au dedans, la même confusion, la même agitation; et les membres du nouveau gouvernement n'étaient pas seuls en possession. Les chefs de la démagogie, sous la direction de Blanqui, étaient installés comme eux et délibéraient à côté d'eux.

« Messieurs, dis-je aux membres de la députation qui, groupés autour de moi, semblaient attendre avec quelque anxiété ma réponse, vous serez fixés dans quelques minutes sur ma décision. » Et, les laissant là, j'allai chercher l'adhésion solidaire et l'appui moral de la chère compagne de ma vie, étroitement associée depuis un quart de siècle à tous les efforts, à toutes les vicissitudes de ma carrière. Comme moi, elle savait que la situation politique et militaire du pays était désespérée, et, comme moi, elle jugeait que notre devoir n'en était que plus impérieux et que, chrétiennement, les amertumes certaines de notre sacrifice seraient compensées par l'intime contentement de l'avoir accompli.

En conformité absolue de principes et de sentiments sur tous ces points, nous renouvelâmes, selon la tradition de Bretagne, le vœu auquel nous avons été fidèles, de sortir pour toujours de la vie publique et de disparaître tous les deux dans une obscure retraite, si nous échappions vivants aux périls de l'entreprise sans issue où nous allions nous engager.

———

C'est laborieusement, en parlementant avec la foule sur la place, dans les escaliers et jusque dans les couloirs de l'Hôtel de Ville, que, conduit par les délégués du gouvernement provisoire, je pus pénétrer dans la pièce où il délibérait. C'était un réduit étroit, médiocrement éclairé, expressément fait pour être le point de départ de ce pouvoir de circonstance qui s'élevait de lui-même sur des ruines croulant sous chacun de ses pas. Il allait entreprendre, avec un patriotisme sincère, mais troublé par la passion politique et trompé par beaucoup de préjugés, la tâche impossible de relever la fortune du pays!

Je fus accueilli avec le plus bienveillant, je pourrais dire le plus vif empressement. Politiquement, les républicains qui étaient là n'avaient en moi qu'une confiance infiniment restreinte, mais je leur étais nécessaire. Ce fut M. Jules Favre qui, éloquemment et avec l'accent de la sincérité patriotique, renouvela devant moi, en la développant, l'énumération des périls publics du moment, de ceux de l'avenir et les adjurations que, par ses délégués, j'avais déjà entendues au Louvre. Il concluait en me demandant d'entrer dans le gouvernement de la Défense nationale avec la situation qui me conviendrait le mieux, et qui lui paraissait devoir être celle de ministre de la guerre. M. Favre ajoutait :

« A l'heure qu'il est, les meneurs de l'anarchie, surpris
« par la soudaineté des événements, n'ont pu en saisir la
« direction, mais ils sont réunis, ils se concertent. Il y a
« devoir impérieux pour nous, urgence extrême pour le
« pays, à ce qu'un gouvernement soit constitué et se mani-
« feste par des actes qui rassurent et apaisent les esprits.
« Si vous consentez à prendre la direction des affaires
« militaires, les officiers et les soldats, à présent dispersés
« dans Paris, se rallieront demain autour de vous. L'ordre
« pourra être rétabli, l'espoir reviendra aux bons citoyens,
« le gouvernement sera institué, appuyé, en mesure d'agir. »

Je répondis à M. Jules Favre par une brève déclaration, dont je résume ici le sens :

« Je suis pénétré comme vous, peut-être plus que vous,
« au point de vue de ma spécialité professionnelle, de la
« détresse où les événements militaires achevés par les évé-
« nements politiques ont précipité le pays. Elle nous fait
« à tous des devoirs que, en ce qui me concerne, j'ai la
« ferme résolution de remplir. Mais pour répondre à votre
« vœu j'ai besoin, premièrement, d'une garantie que je
« vais immédiatement vous demander à vous-mêmes; secon-
« dement, de l'adhésion morale du ministre de la guerre,
« qui, en réalité, n'est plus en fonctions par le fait de la
« révolution de ce jour, mais dont je resterai le subordonné
« tant qu'il ne les aura pas officiellement résignées en quit-
« tant l'hôtel de la guerre où il est encore.

« La garantie que j'ai à vous demander, la voici :

« *Votre gouvernement, dans l'effort qu'il va tenter, s'en-*
« *gage-t-il à respecter la religion, la famille, la propriété ?* »

L'unanime affirmation des huit personnes présentes fut immédiate, et ne donna lieu à aucune discussion explicative, encore moins restrictive. L'instant d'après, accompagné des députés Steenackers, Wilson, et dans la voiture qui nous avait amenés tous les trois à l'Hôtel de Ville, je me rendais à l'hôtel de la guerre où le ministre de l'empire, général Montauban de Palikao, me reçut dès que je lui fus annoncé.

Les précédents, que j'ai fait connaître, de mes relations avec ce personnage militaire depuis mon arrivée à Paris m'autorisaient à n'attendre de lui qu'un accueil pour le moins désobligeant. Il fut au contraire, à ma profonde surprise, empressé, affectueux, cordial. Écoutant gravement le récit des événements qui venaient de s'accomplir autour de moi et la requête que je lui apportais, le ministre me dit :

« La révolution, mon cher général, est à présent un fait
« acquis. Si vous ne prenez pas la direction des affaires
« militaires qui vous est offerte, tout ici sera perdu. Si
« vous la prenez, tout sera peut-être encore perdu, mais
« les troupes iront à vous et vous pourrez être utile. Je
« vous recommande ma famille. Quant à moi, dans l'acca-
« blante douleur où je suis, je n'ai plus qu'une pensée,
« celle de me rendre immédiatement en Belgique, avec
« l'espoir de revoir encore mon fils qu'un télégramme m'an-
« nonce avoir été mortellement blessé à Sedan et transporté
« de l'autre côté de la frontière. »

Saisissant les deux mains de ce malheureux père dans un élan qui était naturel autant que sincère, je m'associais à sa trop légitime affliction, et lui partant sur l'heure pour la Belgique, moi retournant à l'Hôtel de Ville, nous nous séparions dans les meilleurs termes.

On en peut juger par la lettre d'un caractère tout à fait

amical et quelque peu solliciteur, qu'à deux jours de là le ministre de l'empire m'écrivait de la résidence qu'il avait choisie à l'étranger.

« Namur, le 6 septembre.

« Mon cher général[1],

« Lorsque j'ai quitté le ministère de la guerre, par suite
« de la révolution qui s'est produite dans Paris, mon pre-
« mier soin a été de venir dans ce pays chercher des nou-
« velles de mon fils dont le sort m'inquiétait vivement.
« Je viens d'écrire à Bruxelles, et je compte me rendre à
« Bouillon si je puis obtenir un sauf-conduit.

« Je croyais, en partant, que vous me succéderiez comme
« ministre de la guerre, et, à ce titre, je vous ai recom-
« mandé les miens.

« Quant à moi, j'ignore quelle position me sera faite et je
« n'en sollicite aucune, n'appartenant par aucune attache
« aux membres actuels du gouvernement. Seulement, je
« crois pouvoir faire appel à d'anciens souvenirs et aux
« services que j'ai rendus à mon pays, pour vous dire que
« je n'ai aucune fortune[2], et que ma solde de disponibilité
« est indispensable pour moi et pour ma famille.

« Je ne demande que ce qui m'est bien légitimement dû
« d'après toutes les lois. Je n'ai aucune ambition et je n'en

---

[1] Cette lettre, déjà publiée, a été lue à l'audience, le général de Palikao présent, au cours du procès.

[2] Le général de Palikao avait reçu du gouvernement impérial, prélevée sur l'indemnité de guerre imposée à la Chine, une somme de *cinq cent quatre-vingt-neuf mille cinq cents francs* en 1862, après le rejet par le corps législatif de la loi qui lui conférait une dotation.

(Discours de M. de Janzé, rapporteur du budget, à l'Assemblée nationale, dans la séance du 16 mars 1872.)

« ai jamais eu. Je désire finir tranquillement ma carrière
« déjà longue et traversée par bien des péripéties dont la
« dernière est la plus douloureuse. Je termine cette lettre
« en vous disant qu'il existe à Namur une grande quantité
« de matériel : voitures, bagages, chevaux qui arrivent à
« chaque instant et sont internés au camp de Beverloo.
« Hommes et chevaux paraissent en très bon état et sont
« l'objet des soins les plus sympathiques de la population
« belge.

« Je vous prie d'agréer, mon cher général, l'expression
« de mes sentiments d'ancienne affection et de haute con-
« sidération.

« Comte DE PALIKAO. »

L'homme qui m'écrivait avec cette affectueuse confiance, dans le but intéressé qu'on aperçoit, deux jours après la révolution du 4 septembre, devait en 1872, le calme rétabli et sa situation refaite en France avec son traitement, être à la suite de M. Rouher, dans le procès dont j'ai décrit la physionomie, l'un de mes accusateurs et s'associer contre moi aux haines et aux indignes calomnies des personnages qui y représentaient l'empire !

Le général de Montauban, loin d'être sans fortune, était riche, car dans les circonstances que rappelle le *Journal officiel* cité dans une note précédente, il avait reçu de l'empereur près de six cent mille francs. Et les lois qu'il invoquait auprès de moi pour être payé à l'étranger de sa *solde de disponibilité*, m'interdisaient expressément de déférer à son vœu. Il n'était pas sur le territoire belge dans la situation d'un officier général en disponibilité. Il y était à l'état d'émigré volontaire, dans l'intérêt de sa sûreté personnelle.

Le jour même où m'arrivait sa lettre du 6 septembre, discutant avec le directeur et les principaux agents de l'administration des télégraphes les conditions de l'établissement d'un réseau télégraphique spécial pour le service du siège, j'apprenais d'eux fortuitement qu'aucun télégramme n'avait annoncé que le fils du ministre eût été mortellement blessé à Sedan! Je ne regrettai pas les frais de sensibilité que très sincèrement j'avais faits devant le père de famille éploré, à l'occasion de l'événement; mais il me parut acquis qu'il avait été imaginé, ingénieusement d'ailleurs, pour la préparation et l'explication de la retraite précipitée du ministre sur la Belgique dans la soirée du 4 septembre.

Du rôle à l'origine et au milieu des funestes événements de l'année 1870, de l'impératrice Eugénie, de M. Rouher et du général Montauban de Palikao, tous les deux descendus dans la tombe à l'heure où j'écris, je n'ai dit que ce que je devais à la vérité, à la justice, à l'honneur, de dire. Je n'ai pas incriminé leurs intentions comme ils ont incriminé les miennes. J'ai montré que cette trinité fatale, inconsciemment, mais avec un intraitable entêtement dans la passion, dans l'orgueil, eut une part principale d'abord, décisive ensuite, aux conceptions et aux résolutions qui ont fait la ruine de mon pays.

---

Retournant à l'Hôtel de Ville avec mes deux accompagnateurs, MM. Steenackers et Wilson, — dont j'invoque ici le témoignage, s'ils vivent encore quand ces récits seront publiés, — je leur fis connaître mes vues sur la situation et sur le rôle que j'allais assumer :

« Je fus toute ma vie étranger à la politique, et vous croi-
« rez sans peine que, pour y entrer à mon âge, je ne vais

« pas saisir l'occasion de l'effondrement politique et mili-
« taire que nous apportent la révolution et l'invasion. Il
« s'agit exclusivement pour moi de tenter un effort que
« beaucoup croient impossible, que j'envisage au contraire
« avec quelque confiance, si les masses populaires con-
« sentent à s'y associer. Je veux soutenir dans Paris, qui
« sera investi dans quelques jours, un siège longtemps dis-
« puté. Par là, nous donnerons à la France, qui est comme
« anéantie, le temps de se reconnaître, aux puissances
« amies ou intéressées à son salut le temps d'intervenir,
« et si, abandonnée de tous, elle doit succomber, nous
« aurons honoré ses malheurs et sa chute.

« Je ne puis admettre que le directeur d'une telle entre-
« prise soit entouré de contrôleurs qui aient, au milieu des
« redoutables péripéties de la lutte, d'autres vues que les
« siennes et qui puissent les faire prévaloir. Le partage du
« commandement crée à toute action militaire des périls
« certains; ici, il en serait l'empêchement permanent et la
« ruine. Pour les conjurer autant qu'il est en moi, je suis
« résolu, si étrange que puisse paraître une telle déclaration
« aux hommes politiques qui réclament mon concours pour
« la Défense nationale, à me substituer dans la présidence
« à M. Jules Favre. »

A mes deux auditeurs, qui ne cherchèrent pas à me détourner de ce dessein, je ne disais pas ma pensée tout entière, pas plus que je ne la dis quelques instants après aux membres du gouvernement provisoire, qui tous acceptèrent ma présidence sans élever contre elle aucune objection.

Ma pensée tout entière, — j'en suis encore aujourd'hui pénétré, — était que pour la lutte désespérée qui allait s'engager, l'*union des esprits et des cœurs*, le fléau de la politique écarté, était la loi suprême; que cette union ne se formerait pas autour de M. Jules Favre représentant avéré, même exclusif, du parti auquel appartenaient tous les membres de ce gouvernement, mais dont l'avènement imprévu à la direction des affaires allait jeter le trouble, avec la défiance, dans beaucoup d'esprits ; que cette union pourrait se former, au contraire, autour d'un officier général qui, peu connu dans le pays, mais connu dans l'armée, échappait, par la notoriété de ses précédents, à toute solidarité politique et pouvait prétendre, à défaut de plus autorisés, à être le représentant vrai de la Défense nationale.

Oui, je crois encore, je crois plus que jamais que si le gouvernement sorti de la révolution du 4 septembre et le parti républicain s'étaient cordialement associés, dans Paris et au dehors, à ce plan directeur à peu près exclusivement militaire, la politique ajournée, la guerre de la défense aurait été faite avec plus d'ordre, de méthode, de confiance, je ne dis pas de succès ; et que si la république des républicains, à dater de son établissement en 1876, avait continué l'application dans la paix du thème de gouvernement libéral, tolérant, ouvert à tous, que j'avais rêvé en 1870 pour la guerre, elle relevait le pays de ses ruines et pouvait se fonder.

C'était plus qu'une illusion, c'était une chimère dont mon zèle patriotique m'empêchait d'apercevoir l'ingénuité. Il en est du concert des partis, en France, comme de la quadrature du cercle en géométrie ; c'est l'impossible. Sous la pression des événements, ils semblent se rapprocher, ils ne s'unissent jamais, et chacun d'eux, en cet état, épie attentivement les événements contraires qui, en lui donnant la main, lui permettront d'opprimer sans merci les autres.

Je jugeais mal, comme on voit, la situation politique.

Je ne jugeais pas mieux ma situation personnelle. Je croyais me dévouer en assumant librement d'accablantes responsabilités dans la défense d'une cause que je savais perdue. Non ! Je faisais acte d'ambition, je trahissais mon devoir, au dire des hommes qui devaient, après les événements, se donner la tâche de déshonorer devant la France et devant le monde l'effort que nous allions tenter.

Les ultra-politiciens, radicaux intransigeants et les conservateurs, allaient se trouver d'accord pour faire cette démonstration patriotique. L'un d'eux, le comte Daru, qui a mis au service de ses passions et de ses regrets politiques une ardeur qui n'a reculé devant aucun parti pris d'injustice et, en ce qui me concerne, de calomnie ; qui m'a reproché d'avoir armé toute la population de Paris, d'avoir prolongé la lutte dans Paris contre toute raison et contre toute espérance, d'avoir outrepassé tous mes droits, d'avoir manqué à tous mes devoirs, a écrit dans son réquisitoire, pour caractériser les aveuglements de mon ambition, cette réflexion de philosophie transcendante :

« Le général avait oublié que toute grandeur qui s'élève
« en France depuis près d'un siècle est suivie d'un abaisse-
« ment et d'une chute, et que cette chute est d'autant plus
« profonde que l'élévation a été plus rapide et plus haute. »

On voit que le comte Daru ne concevait la grandeur que telle qu'il l'avait aperçue pendant sa facile carrière de grand seigneur héréditaire, de pair de France, de député, de ministre de l'empire disparu, la grandeur des cours dans les temps de sécurité, grandeur brillante, entourée, applaudie, décorée, rentée.

Ma grandeur à moi, entre l'invasion assiégeant Paris et l'émeute assiégeant le gouvernement dans Paris, grandeur dépourvue de sanction, par conséquent d'autorité, grandeur sans espoir et sans sommeil, grandeur sans traitement et qu'un coup de fusil prussien par devant, un coup de fusil français par derrière, pouvaient interrompre tous les jours, était une grandeur spéciale où les sévices remplaçaient, sans compensation, les bénéfices. Elle ne peut être comprise, elle n'est recherchée que par les hommes qui croient que le sacrifice vaut, et que les applaudissements du monde, loin d'ajouter à ses mérites, les effacent.

Ces principes, qui dérivent du sentiment chrétien, sont, je le sais, hors de la portée des politiciens de toute nuance dont nos révolutions ont rempli le pays; mais il semble que ceux qui, comme le comte Daru, avaient paisiblement attendu, réfugiés dans l'un de leurs châteaux, la fin de la tempête militaire pour reparaître au premier rang dans la déplorable bataille politique qui l'a suivie, étaient tenus à moins de passion, à plus de pudeur si l'on veut, à l'égard des hommes qui avaient été sans trêve à l'effort et au péril.

———

De retour à l'Hôtel de Ville où m'attendaient en séance les membres du gouvernement, je les informai des résultats de mon entrevue avec le ministre de la guerre et de l'entière liberté d'action qu'ils me laissaient. J'exposai les raisons que j'avais de croire qu'en vue du siège de Paris, qui allait être notre grand et dernier effort (personne ne pensait alors à celui que pourrait faire la province), il convenait que le mandat présidentiel fût confié à un soldat, et qu'à ce titre j'étais prêt à en assumer tous les devoirs et toutes les responsabilités.

Je parlais avec la conviction, avec le désintéressement les plus absolus. J'exprimais dans un ferme langage les sentiments d'un honnête homme, d'un bon citoyen qui, sans illusion sur la destinée qu'il se prépare, va librement au-devant d'elle et demande à combattre au premier rang, non pour s'élever sur des ruines qu'il sait irréparables, mais pour se dévouer.

Peut-être m'abusé-je, mais je crois qu'à cette heure-là, les défiances des républicains qui m'entouraient à l'Hôtel de Ville, si naturelles à l'égard d'un général qui n'était pas des leurs, furent momentanément désarmées par l'évidente sincérité de mes intentions et de mes vues. J'ai déjà dit que pas une objection ne fut faite à la proposition si inattendue que je leur soumettais. C'est sans discussion et à l'unanimité des voix que je fus investi de la présidence.

Là, me fut présenté un nouveau gouvernant dont le nom n'avait pas figuré sur la liste que m'avait apportée au Louvre la délégation du gouvernement provisoire, qui, je pense, en ma courte absence, se l'était adjoint, M. de Rochefort, la grande notoriété démocratique du moment.

Comme, de ce procédé, j'exprimais mon étonnement à mon voisin qui était, je crois, M. Picard : « Oh ! me dit-il, « ne jugez pas la situation avec vos sentiments particuliers, « jugez-la par les faits qui vont se dérouler autour de nous. « Elle est entre les mains des foules désordonnées qui nous « assiègent. Les meneurs sont contre nous et pour les « démagogues qui délibèrent ici à côté de nous[1]. Ils vont « se diviser autour du nom de Rochefort entrant dans le

---

[1] Les meneurs, Blanqui, Félix Pyat, Delescluze, Millière, et beaucoup d'autres, non seulement délibéraient à l'Hôtel de Ville à côté de nous, mais revendiquaient hautement, parlant à la foule, leurs droits à constituer un gouvernement révolutionnaire.

M. Gambetta, dans un discours véhément, avait accablé Félix Pyat et, aux applaudissements de la majorité de ses auditeurs populaires, l'avait réduit au silence.

« gouvernement, et peut-être nous laisseront-ils le temps
« de nous constituer. »

La vérité pratique était là, et je ne tardai pas à la reconnaître. Si le gouvernement de la Défense, dénué de tout point d'appui, a pu vivre le 4 septembre, a pu vivre le lendemain et le surlendemain, — trois jours qui m'ont été nécessaires pour rendre quelque cohésion aux troupes désorganisées, dispersées dans Paris, et pour constituer autour du pouvoir nouveau l'apparence d'une force protectrice, — c'est parce que la démagogie, qui aurait eu le temps de se concerter et d'agir sans rencontrer aucune résistance, est restée incertaine et hésitante devant l'admission de M. de Rochefort aux honneurs du gouvernement.

Les politiciens conservateurs ont dit et écrit, avec une noble indignation, que par cet acte de faiblesse le gouvernement avait inauguré la série « des *malheureuses concessions* qu'il devait faire pendant le siège à la démagogie ».

Cela est vrai, et il est sûr que le gouvernement n'a fait durer le siège plus de quatre mois, c'est-à-dire conjuré les grandes luttes à main armée dans les rues de Paris, que par *des concessions* de ce genre, dans certaines circonstances critiques où son impuissance l'y obligeait (pas de police, pas de justice, pas de force armée régulière dans Paris). Mais ce qui est encore plus vrai et ce que les politiciens se sont gardés de reconnaître, c'est que si le gouvernement fit, le 4 septembre, à la démagogie la malheureuse concession de l'élection de M. de Rochefort, la démagogie fit au gouvernement l'heureuse concession de le laisser s'installer au lieu et place de la Commune, c'est-à-dire au lieu et place de l'anarchie devant l'invasion !

Je sais bien qu'on trouverait aujourd'hui, dans les partis extrêmes de droite et de gauche, des Français qui ne reculeraient pas, par haine du gouvernement de la Défense, devant la déclaration de leur préférence pour la Commune; mais ce n'est pas pour ces Français-là que j'écris ces souvenirs.

Le gouvernement avait plusieurs secrétaires. Aucun n'était sténographe, et leur rôle se bornait à prendre, au cours de ses délibérations, des notes qui les résumaient sommairement. Jamais, pendant le siège, elles ne furent lues en séance ou contrôlées individuellement par les membres du gouvernement, qui ne pensaient guère, au milieu des événements dont la succession les accablait, à se mettre en garde par des procès-verbaux réguliers contre les passions de l'avenir.

Après la guerre, ces travaux de secrétariat restèrent entre les mains de leurs auteurs, et l'un d'eux, M. Dréo, député à l'Assemblée nationale, fut invité par la célèbre commission d'enquête à lui livrer ceux qu'il possédait. Il ne crut pouvoir déférer à cette invitation qu'après avoir reçu des intéressés une autorisation qu'aucun de nous, sans rien savoir du contenu de sa rédaction, n'hésita à lui accorder. Telle est l'origine de la publicité que la commission d'enquête donna à ces notes, en condensant dans un résumé de quelques lignes des délibérations qui avaient toujours duré plusieurs heures. J'ai ce document sous les yeux et j'y lis :

Séance du 4 septembre 1870.

*Le général Trochu signale la nécessité pour la république, de ne pas se montrer exclusive dans le choix des personnes qui s'offriront pour la servir.*

(Commission d'enquête, rapport de M. Chaper, page 4.)

Voilà donc, par le fait de la commission d'enquête dont l'ardente préoccupation est de trouver en moi un grand coupable, la constatation de mon premier effort de gouvernement au moment où je prenais possession de la présidence. Si bref et incomplet que soit ce résumé de la séance du 4 septembre, il suffit à montrer comment j'envisageais les devoirs de la nouvelle république à l'égard du pays, à montrer d'après quels principes et dans quel esprit je jugeais qu'elle devait l'associer à l'effrayante entreprise dont elle assumait la direction et les hasards.

Oui, dans un de ces discours qu'on a raillés, qu'on raille encore aujourd'hui par habitude, mais où je mettais toute ma conviction et tout mon cœur, j'adjurais mes collègues de n'être pas un parti au pouvoir. Ne leur déguisant rien de la grandeur du péril commun, — déclaration qui transpira au dehors et commença ma réputation de *général sans espoir*, — je les suppliais de n'être qu'un gouvernement de Défense nationale, s'élevant au-dessus des systèmes, des passions, des rancunes de la politique, laissant le pays constitué comme il l'était, appelant à l'aide les hommes de bonne volonté et de bon propos de tous les partis. M. Picard, ministre des finances, esprit très ouvert, très fin, et qui me parut, entre tous ces hommes d'État improvisés, l'un de ceux qui avaient les plus solides vues de gouvernement, parla à peu près dans le même sens.

Ce qu'on croirait à peine, aujourd'hui (1885) qu'on a vu les républicains en possession régulière du pouvoir poursuivre âprement leur œuvre d'exclusion et d'intolérance, c'est que ceux qui m'entouraient le 4 septembre 1870 à l'Hôtel de Ville, se laissèrent momentanément convaincre par mon libéralisme conservateur, et que tous acceptèrent sans difficulté l'insertion dans leur proclamation d'avènement de la déclaration suivante rédigée par M. Jules Favre :

« Nous ne sommes pas au pouvoir, nous sommes au com-
« bat. Nous ne sommes pas le gouvernement d'un parti,
« nous sommes le gouvernement de la Défense nationale.

« Première proclamation du gouvernement. »
(*Journal officiel* du 6 septembre 1870.)

Mais ces sages, libérales, politiques et patriotiques résolutions étaient trop contraires au tempérament de la république pour qu'elles pussent durer, et dès les jours suivants le choix des maires de Paris, le choix des préfets des départements allaient fournir la preuve de son retour à ses traditions d'absolutisme politique.

Je n'ai eu, pendant toute la durée de mon éphémère et tourmenté gouvernement, que ce seul jour d'influence sur mes associés. Ce n'est pas sans quelque contentement que j'ai trouvé dans le compte rendu abrégé de notre première réunion les moyens de fixer ici, par des témoignages irrécusables, le sens dans lequel cette influence s'est exercée.

J'ai dit que, *politiquement*, mes collègues républicains n'avaient en moi que peu de confiance. J'ajoute que, *militairement*, ils attendaient pour en avoir que j'eusse ramené la victoire sous les drapeaux de la république ; car il en est de la renommée des généraux comme de la renommée des médecins. On ne les juge pas par l'effort qu'ils font et par les circonstances où ils le font. On les juge par les résultats qu'ils obtiennent, et c'est ce qui fait qu'à l'égard des uns et des autres on se trompe quelquefois si gravement et si dangereusement.

N'ayant pas dès mon début l'ombre de l'autorité politique républicaine ; n'ayant pas acquis dans la suite, par la victoire, l'autorité qui naît du prestige militaire, on voit de quel poids, vers la fin du siège, je devais peser dans l'esprit des membres de ce gouvernement et dans l'esprit de la foule! Et comme, soldat vieilli dans la guerre, je savais pertinemment que je ne relèverais pas la fortune militaire de mon pays, espérant d'ailleurs fermement sauver la dignité de sa chute et de son malheur, la preuve est faite, je pense, devant les hommes de bonne foi et de bon cœur, de l'esprit de sacrifice auquel j'obéissais en entrant spontanément dans cette galère et y restant jusqu'à la fin malgré les haines, les calomnies et les dégoûts que j'y devais rencontrer.

Mes collègues, d'ailleurs, valaient beaucoup mieux que le mauvais renom qu'ont voulu leur faire devant le monde les récriminations passionnées et intéressées des partis. Je vais les juger ici, non pas individuellement et par leurs actes personnels, — ce que je tiendrais pour un misérable racontage, — mais collectivement et par leur rôle public, avec l'impartiale sincérité qui est le caractère de ces récits posthumes et qui en fera peut-être, dans l'avenir, tout l'intérêt.

On a dit que le gouvernement de la Défense nationale était un produit révolutionnaire, et on a dit vrai. Mais tous les gouvernements qui l'avaient précédé, l'empire, la république de 1848, le gouvernement constitutionnel de 1830, étaient eux aussi, pour le malheur et pour le châtiment de notre pays, des produits révolutionnaires, et, devant cette commune origine, il n'est pas équitable de faire de celle du gouvernement de la Défense nationale un grief spécial contre lui. Il y a même à sa décharge morale, par rapport à l'empire qui se vit acclamé par la presque unanimité du pays, cette circonstance frappante, que l'empire avait été le fauteur et l'auteur de la révolution dont il entendait être le bénéficiaire, tandis qu'au gouvernement de la Défense ne peuvent être imputés les premiers désastres de la guerre contre la Prusse et la tragédie complémentaire de Sedan qui fit irrésistiblement, en quelques heures, sans combat et sans débat, comme je l'ai dit et démontré, les événements du 4 septembre.

Si la passion politique inspira pour une part la résolution que prirent ces républicains d'essayer de fonder un gouvernement sur les ruines accumulées autour d'eux, il est souverainement injuste de ne pas reconnaître : premièrement, que le dévouement patriotique y entra pour une part plus grande encore; secondement, que leur effort n'écarta du pouvoir ni l'empire qui n'était plus là, ni les princes de la maison de Bourbon qui étaient loin de là, ni aucun autre parti politique, mais les représentants de la Commune et de l'anarchie, seuls en état de compétition, heureusement hésitante, devant le gouvernement qui s'improvisait.

Parmi ces gouvernants et leurs principaux auxiliaires, il y avait des hommes de grande valeur. Quelques-uns ont eu depuis et ont encore (1885) dans le pays un rôle considérable; mais le mérite de tous c'est d'avoir eu, au cours des événements pendant lesquels j'ai pu juger leurs intentions et leurs actes, *les mains nettes,* mérite secondaire dans les temps d'intégrité, appréciable dans les temps de corruption des mœurs politiques et des mœurs publiques.

Mais ils apportaient au pouvoir, avec l'inexpérience, bien que deux ou trois eussent beaucoup d'acquis, les fausses traditions, les préjugés, les vues systématiques de leur parti. Plusieurs croyaient à la puissance de la *proclamation de la patrie en danger et des décrets de levée en masse, à l'enthousiasme populaire qui crée d'incomparables soldats, enfin à la légende des volontaires de 92 et des quatorze armées de la première république,* sans tenir compte de l'incommensurable différence des temps, des situations, des voies et moyens de la guerre, des faits réels.

Devant la manifestation de ces croyances et de ces espérances, ils me trouvaient froid, réservé, quelquefois sceptique, sans ressort dans tous les cas, et ce fut là, comme on le verra plus loin, l'un des premiers sujets de nos dissentiments qui d'ailleurs, pour le moment, ne devaient pas aller loin. Lorsqu'en effet il me fut démontré que, sur le terrain des principes militaires, presque autant que sur le terrain des affaires publiques, mes vues ne pourraient jamais prévaloir dans les conseils du gouvernement républicain, je cessai d'y prétendre et j'agis à ma guise ; mais je ne cessai pas de les exprimer dans des exposés que mes collègues écoutaient avec courtoisie, même avec déférence ; seulement ils n'en tenaient aucun compte et gardaient leurs traditions militaires de 92.

Il ne m'importait guère, et mes grands soucis, mes grands devoirs n'étaient pas là. Pour deux ou trois heures de nuit que je devais à la présidence des séances de l'Hôtel de Ville, j'en consacrais dix-huit de jour et de nuit à la préparation du siège : le jour, au milieu des travailleurs ou des troupes en formation ; le soir, aux études de cabinet, avec l'ardeur fiévreuse dont me pénétrait la certitude que, *dans un délai de deux semaines, l'ennemi serait devant Paris !*

Ce qui s'est fait dans cette quinzaine de répit, par mes collaborateurs militaires, par mes auxiliaires de tout ordre et de tout rang et par la population de Paris :
— pour la continuation des travaux de défense,
— pour l'achèvement de quelques-uns,
— pour l'armement des forts et de l'enceinte,
— pour la constitution des troupes,
— pour l'habillement, l'armement, l'encadrement, l'instruction (par des exercices de jour, par des exercices de nuit à la lueur du gaz et des feux de bivouac) de plus de deux cent mille mobiles et gardes nationaux,

— pour la construction des retranchements intérieurs et des barricades,

— pour les approvisionnements, etc., etc.,
représente une somme immense, unique, je pense, dans l'histoire des guerres, de travaux militaires et d'efforts patriotiques généralisés qui remplissaient mon âme, en l'affermissant et en l'élevant, de contentement et de gratitude. Ils étaient l'expression, plus apparente que réelle, de l'union des cœurs et des volontés, de la solidarité française devant l'invasion de la France, union et solidarité qui, à Paris, ne devaient pas durer deux mois !

Pas un instant, d'ailleurs, je ne m'étais laissé gagner par cet enthousiasme bruyant qui s'agitait autour de moi. Au temps de ma jeunesse, j'avais eu pour professeur de guerre, dans l'intimité militaire la plus étroite, le maréchal Bugeaud, un illustre vétéran qui, d'Austerlitz à la bataille de Toulouse, avait fait toutes les guerres du premier empire et couronné sa grande carrière par la conquête de l'Algérie. Je n'affirme pas que j'aie su profiter de ses leçons. J'affirme que je les ai retenues. Il disait :

« Défiez-vous de l'enthousiasme des masses armées, *des*
« *ardeurs du commencement,* ardeurs éphémères qui ne ré-
« sistent ni aux fatigues écrasantes, ni aux effets souvent
« accablants des intempéries, ni aux épreuves morales long-
« temps continuées, encore moins aux revers. Par une réac-
« tion inévitable et très dangereuse, elles sont remplacées
« dans les imaginations françaises, mobiles et facilement
« impressionnées, par une tiédeur qui tourne court au décou-
« ragement quand arrive la mauvaise fortune [1]. »

---

[1] Dans mon livre : *l'Armée française en 1867*, j'avais déjà cité les paroles du maréchal Bugeaud, qui étaient l'un des thèmes habituels de son enseignement. On n'a que trop vu, au moment de la déclaration de guerre en 1870, ce que valaient l'enthousiasme apparent des soldats qui rejoignaient et leurs clameurs : *A Berlin ! à Berlin !*

Je restais donc sérieux et souvent soucieux au milieu de ces explosions du patriotisme parisien, et quand, dès le 6 septembre, M. Emmanuel Arago, appuyé par tous les membres du gouvernement, m'adjura en conseil, de sa voix tonnante, de profiter de cette excitation guerrière des esprits pour passer une *revue monstre* de toutes les forces qui se constituaient et s'armaient, je m'y refusai nettement. Mais lui, et tous avec lui, revenaient chaque jour à la pensée de ce qu'ils appelaient *un grand acte destiné à montrer l'union indissoluble de l'armée et de la population dans la foi des destinées de la patrie*...

« Vous allez, leur disais-je, élever cette foi dans les des-
« tinées de la patrie à un diapason qui dépassera la mesure.
« Cet appareil, ces acclamations, cette ivresse patriotique
« vont pénétrer les foules d'une autre foi qui est grosse de
« dangers, la foi dans la victoire certaine. Et si elles ne la
« voient pas venir?
   « Si les souffrances, si les épreuves s'accumulant autour
« de nous et pesant sur ces foules du poids le plus lourd,
« comme il arrive dans la guerre de siège, nous tardons à
« être les libérateurs dont, à l'avance, nous allons prendre
« le rôle, la réaction qui ne manquera pas de se produire
« ruinera votre autorité morale et tout spécialement celle
« du général en chef, qui va se voir, avant la lutte, applaudi
« comme un victorieux.
   « A cette lutte qui sera violente dans ses péripéties, qui
« reste incertaine dans ses résultats, c'est par le calme de
« l'attitude, par l'énergie et par la continuité de l'effort, non
« par l'exhibition tumultueuse, devant une population
« affolée, de troupes sans organisation et sans discipline,
« qu'il faut se préparer. »

Les Français qui liront paisiblement ces pages au coin de

leur feu, — si l'avenir leur rend la paix que nous n'avons plus, — trouveront peut-être (je n'affirme rien) que j'avais raison.

Les Français qui m'entendaient à l'Hôtel de Ville, en proie à la fièvre de ce temps, et ne sachant de la guerre que ce que leur avaient appris les journaux et les livres, trouvaient que j'avais tort. Leur opinion se fit définitivement que j'étais un brave homme, de bon vouloir, réactionnaire au fond, entendu dans les choses militaires, capable d'activité, mais tiède, sans confiance, doutant de la puissance du patriotisme surchauffé, insuffisant, par conséquent, pour la tâche que j'avais assumée; et cette opinion de l'Hôtel de Ville ne tarda guère à être l'opinion de la ville.

Mon opposition à la revue patriotique se manifestant toutes les fois que la discussion en revenait, mes collègues, pour vaincre mon obstination, mirent officiellement la question aux voix dans la séance du 9 septembre, et leur unanimité, *après en avoir arrêté le principe à titre de mesure politique,* décida que la revue aurait lieu le 14 septembre. Elle se fit et on en imagine sans peine le tableau :

*Plus d'un million de créatures humaines : soldats et marins sous l'uniforme; mobiles sous un commencement d'uniforme; gardes nationaux et bourgeois en armes; curieux et curieuses remplissent à rangs confondus et pressés les grandes voies qui s'étendent de la place de la Bastille à l'Arc de triomphe, par les boulevards, la place de la Concorde et les Champs-Élysées ! A toutes les ouvertures des édifices qui les bordent, sur les balcons, sur les terrasses, des rangs superposés de têtes agitées, des drapeaux, des emblèmes patriotiques ! Toutes les bouches criant, tous les bras se démenant, c'était un délire ! On m'interpellait, on m'acclamait, j'étais ahuri.*

Patriotiquement et politiquement, c'était peut-être beau. Militairement, c'était déplorable. Quand, grave, froid, par moments agacé, poussant de l'épaule de mon cheval effrayé les hurleurs qui me pressaient, je cheminais laborieusement, au petit pas, au milieu de ce grand désordre où étaient déjà confondus les soldats des futurs combats et les meneurs des futures émeutes, j'eus comme la vision de l'avenir qu'il nous préparait.

La revue dura toute une mortelle journée, jusqu'au coucher du soleil. De retour au Louvre, comme mes aides de camp, réunis autour de moi, prenaient congé, l'un d'eux, le chef d'escadron Nicolas Bibesco, me dit :

« Je doute, mon général, que jamais, à la veille de la
« bataille, chef d'armée ait été réconforté par un si vif mou-
« vement de l'esprit public et par de si ardentes ovations.
« — Gardez, mon cher commandant, lui dis-je à mon
« tour, le plus longtemps que vous pourrez, ces illusions
« qui sont naturelles et nécessaires à votre âge. Mais que
« deviendront-elles si, à un jour donné de notre entreprise,
« vous voyez mes acclamants d'aujourd'hui me fusiller au
« pied d'un mur ? »

Ils vinrent le 19 mars suivant (le lendemain de la prise de possession de Paris par la Commune) me chercher à mon domicile, l'hôtel de Maillé, d'où j'étais parti la veille pour aller siéger à l'Assemblée nationale, à Versailles. De vingt-quatre heures, j'avais manqué le sort des généraux Clément-Thomas et Lecomte, et, des mêmes vingt-quatre heures, le commandant Bibesco avait manqué l'occasion de perdre le peu d'illusions que le siège de Paris avait pu lui laisser.

Ces réflexions philosophiques ne se présentaient d'ailleurs à mon esprit et je ne les exprimais que lorsque j'avais à tempérer, dans l'attitude et le langage des officiers qui formaient mon intimité, les élans d'une sorte de lyrisme militaire que, dans le déplorable état de nos affaires, je trouvais déplacé.

Devant la foule, je parlais autrement. On en jugera par l'ordre du jour ci-après que j'adressais immédiatement après la revue aux irréguliers qui y avaient figuré et qui devaient, dans mes futures armées, représenter le nombre. Je reproduis ce document, parce qu'il est la première révélation, absolument incomprise alors et depuis, de mon plan de défense, *de ce fameux plan* dont les journalistes se sont si longtemps égayés de confiance, c'est-à-dire sans examiner s'il existait ou n'existait pas et si, existant, il valait ou ne valait pas.

Je l'expose plus loin pour l'édification des bonnes gens qui recherchent la vérité au milieu des inventions et des contradictions dont se compose la légende du siège de Paris. Ils reconnaîtront, j'espère, que *le fameux plan,* sans avoir été déposé chez un notaire, comme l'affirment les railleurs, était rationnel et conforme aux principes de la guerre aussi bien qu'aux dures nécessités de la situation.

« *Aux gardes nationaux et aux gardes mobiles.*

« Jamais aucun général d'armée n'a eu sous les yeux le
« grand spectacle que vous venez de me donner : trois cents
« bataillons de citoyens, organisés, armés, encadrés par la
« population tout entière, acclamant dans un concert immense
« la défense de Paris et la liberté !

« Que les nations étrangères qui ont douté de vous, que
« les armées qui marchent sur vous ne l'ont-elles vu !
« Elles auraient eu le sentiment que le malheur a plus fait
« en quelques semaines pour élever l'âme de la nation, que
« de longues années de jouissances pour l'abaisser. L'esprit
« de dévouement et de sacrifice vous a pénétrés, et déjà vous

« lui devez le bienfait de l'union des cœurs qui va vous
« sauver.

« *Avec notre formidable effectif, le service journalier de*
« *garde dans Paris ne sera pas de moins de soixante-dix*
« *mille hommes. Si l'ennemi, par une attaque de vive force,*
« *ou par surprise, ou par la brèche ouverte, perçait l'en-*
« *ceinte, il rencontrerait les barricades dont la construction*
« *se prépare. Ses têtes de colonnes seraient renversées par*
« *l'attaque successive de dix réserves échelonnées.*

« *Ayez donc confiance entière et sachez que l'enceinte de*
« *Paris, défendue par l'effort persévérant de l'esprit public*
« *et par trois cent mille fusils, est inabordable.*

« *Gardes nationaux et gardes mobiles,*

« *Au nom du gouvernement de la Défense nationale, dont*
« *je ne suis devant vous que le représentant, je vous re-*
« *mercie de votre patriotique sollicitude pour les chers*
« *intérêts dont vous avez la garde.*

« *A présent, à l'œuvre dans les neuf secteurs de la dé-*
« *fense. De l'ordre partout, du calme partout, du dévoue-*
« *ment partout! Rappelez-vous que vous demeurez chargés*
« *de la police de Paris pendant ces jours de crise, et pré-*
« *parez-vous à souffrir avec constance. A ces conditions*
« *vous vaincrez.*

« Le Président du gouvernement de la défense,
« Gouverneur de Paris,

« Général Trochu. »

« Paris, le 14 septembre 1870. »

*Relèvement des âmes par le malheur, esprit de sacrifice,*
*union des cœurs, de l'ordre et du calme partout...,* c'étaient
mes propres sentiments que j'exprimais là, avec mes illu-

sions patriotiques. On va voir que les passages de ce premier ordre du jour du siège qui sont écrits en italiques, avaient une signification spéciale. *Ils résumaient presque en son entier le plan initial de la défense de Paris contre des attaques dont l'ennemi, mettant à néant toutes les chances de réussite de notre entreprise, allait s'abstenir systématiquement.*

# CHAPITRE V

## LE FAMEUX PLAN

J'ai expliqué que l'opposition obstinément faite par le gouvernement de l'impératrice-régente, à la retraite sur Paris des armées du maréchal Bazaine et du maréchal de Mac-Mahon, avait éteint à mes yeux nos dernières lueurs de salut. Depuis, pour l'achèvement de nos infortunes, l'armée de Bazaine, bloquée dans Metz, était perdue pour le pays, et l'armée de Mac-Mahon s'était anéantie à Sedan.

Paris assiégé ne pouvait plus attendre de secours extérieur et devait infailliblement, je l'ai déjà dit, succomber après une défense plus ou moins prolongée, comme toutes les places soumises à cette loi d'isolement, et bien plus sûrement que toutes les autres places, en raison de l'immensité de son développement périmétrique, de la composition et des habitudes de sa population, de la grandeur de ses besoins. Mais cette défense du grand centre politique d'où dépend l'existence de l'autonomie française était encore un espoir. Il s'agissait de l'organiser, surtout de la faire durer, et on a vu que, depuis le jour de mon arrivée à Paris, je n'avais pas cessé un instant de m'appliquer et d'appliquer tous les moyens d'action, toutes les forces morales et matérielles dont je pouvais disposer, à la préparation de ce vaste champ de bataille défensive.

J'étais ardent à l'entreprise, soutenu théoriquement et guidé pratiquement par un autre souvenir de l'enseignement militaire du maréchal Bugeaud, qui affirmait, au sujet de la guerre obsidionale, le principe suivant :

« Si dans la défense d'une place forte, *même d'une ville
« ouverte dont les abords ont été convenablement disposés
« pour le combat,* vous vous sentez soutenu par le patrio-
« tisme de la population et par un vif mouvement de l'es-
« prit public, comptez que vous repousserez toutes les
« attaques de l'assiégeant, que vous lui infligerez des pertes
« énormes, et que votre résistance ne finira qu'avec l'épui-
« sement de vos vivres ou de vos munitions. »

Et il rappelait le siège de Saragosse (1809), dont les périls avaient laissé sur son esprit une si forte empreinte, qu'entre toutes ses leçons, celle de Saragosse était la préférée et la plus souvent répétée.

« Imaginez, nous disait-il, une ville d'environ quarante
« mille habitants, bien défendue par son site, mal défendue
« par une vieille enceinte non terrassée, même non bas-
« tionnée.

« Nous resserrons, puis nous investissons la place (pre-
« miers jours de janvier 1809), qu'aux mois de juillet et
« d'août précédents nous avions tenté, vainement et avec
« des pertes très considérables, d'enlever par deux attaques
« de vive force préparées par des feux violents d'artillerie.

« Ce double échec coïncidant avec notre désastre de Bay-
« len, l'exaltation patriotique des Espagnols s'était élevée
« jusqu'au plus ardent fanatisme politique et religieux. Les
« insurgés de l'Aragon et des provinces voisines s'étaient
« jetés dans Saragosse, dont Palafox, investi du commande-
« ment, avait organisé la défense. Tous les grands édifices
« qui confinaient à l'enceinte s'étaient transformés en forte-
« resses de point d'appui, les églises et les couvents en
« petites citadelles intérieures. Les rues, dans toute leur

« étendue, étaient couvertes de barricades échelonnées et
« défendues par le canon. Les maisons qui les bordaient
« étaient occupées militairement, et toutes celles qui étaient
« en saillie percées de meurtrières de flanquement.

« Avertis par les événements du passé, nous procédons
« avec beaucoup de monde à un siège régulier. Nous em-
« portons le faubourg, les grands édifices fortifiés, mais au
« prix de tels sacrifices que quelques symptômes de décou-
« ragement se produisent parmi nos soldats.

« Les batteries de brèche ont ouvert en divers endroits
« l'enceinte, dont plusieurs assauts simultanés, tous meur-
« triers, nous rendent maîtres. En tout, sa conquête n'a
« pas exigé plus de vingt jours de lutte, *mais c'est là,*
« *quand nous espérions la partie gagnée, que commence le*
« *véritable siège qui devait durer près d'un mois.*

« En possession du débouché des principales rues sur
« l'enceinte, nous reconnaissons, après d'énergiques efforts
« qui nous coûtent cher, l'impossibilité de pénétrer par elles
« dans la ville. Nous reconnaissons du même coup la né-
« cessité, nouvelle dans l'histoire des sièges, de cheminer
« à la sape à travers les maisons qui bordent les deux côtés
« des rues par où s'avancent, à mesure que les maisons sont
« conquises, nos colonnes d'attaque. C'est une horrible et
« longue tuerie qu'accompagnent les clameurs des farouches
« défenseurs de Saragosse, le bruit du canon, l'explosion
« des mines, le roulement de la fusillade, scènes affreuses,
« éclairées la nuit par les lueurs sinistres des incendies qui
« s'allumaient partout.

« Nous avions perdu trois mille des quatorze mille hommes
« engagés dans cette bataille sans nom et sans fin, dix-sept
« officiers du génie, et, parmi eux, leur chef, le général
« Lacoste, officier général de réputation, qui avait conduit
« les opérations spéciales du siège. »

On ne sera pas surpris que le principe obsidional du maréchal Bugeaud, affirmé par le récit vraiment saisissant qu'on vient de lire, fût profondément gravé dans ma mémoire. Il s'appliquait directement à ma situation présente, et je me disais :

Si dans une ville sans étendue, dont le centre, qu'il s'agissait de conquérir, était très peu éloigné du périmètre déjà conquis, les soldats de l'empereur Napoléon I$^{er}$ durent montrer tant d'énergie et faire tant de sacrifices pour vaincre la population unie aux troupes ; comment les soldats du roi Guillaume, après avoir perdu leur élite à la conquête des forts extérieurs, de l'enceinte de Paris et des retranchements intérieurs, pourraient-ils pénétrer jusqu'à la place Vendôme, considérée comme le centre de la capitale, si les voies qui y conduisent étaient disposées pour la défense comme le furent en 1809 les rues de Saragosse, les troupes, leurs auxiliaires et la population s'associant pour la résistance dans l'excellent esprit qu'on leur voit ?

Je n'hésite pas à affirmer ici qu'aucune armée, si nombreuse et vaillante qu'on la suppose, n'aurait pu venir à bout d'une telle entreprise, qu'elle aurait dû se retirer avec des pertes accablantes autant de fois qu'elle l'aurait tentée, et qu'enfin, à défaut d'une intervention des puissances et d'un de ces retours de fortune qui naissent de l'imprévu, la défense de Paris ainsi conduite aurait au moins interrompu l'étonnante série de nos revers et consolé le pays.

Pour réaliser cette conception défensive, la surface entière de Paris fut divisée en neuf secteurs triangulaires dont les sommets se réunissaient à la place Vendôme, leurs bases aboutissant à l'enceinte. Chacun d'eux formait un champ de bataille particulier, qui allait se rétrécissant de l'enceinte à la place, et où tout était disposé à l'avance pour une succession de combats à livrer à l'ennemi qui aurait forcé le rempart et chercherait à pénétrer dans la ville.

Les officiers généraux chargés du commandement des secteurs avaient leur quartier général sur la rue de rempart à portée de l'enceinte, et chacun d'eux disposait :

1° D'un corps principal prêt à répondre à une attaque de vive force ;

2° D'une troupe de soutien immédiat ;

3° D'une suite de réserves échelonnées sur les principales voies du secteur jusqu'à la place Vendôme (troupes et emplacements désignés).

Ces réserves, outre leur mission de soutien des troupes engagées en avant d'elles, devaient défendre les barricades fixes qui obstruaient, à partir de l'enceinte, les rues sur une longueur variable ; occuper pour la fusillade les maisons qui les bordaient ; former, au moment du besoin, à l'aide de voitures renversées et avec tous les matériaux qu'elles auraient sous la main, les barricades complémentaires qui feraient suite aux premières.

Un chemin de fer de quarante kilomètres, construit en moins de trois semaines par le service des ponts et chaussées, courait en dedans de l'enceinte sur toute l'étendue de rempart, assurant le transport rapide des troupes et du matériel sur les points où se prononceraient les attaques. Les abords de cette rue s'étaient couverts de baraquements pour le service des troupes de garde.

Soixante-dix magasins voûtés, à l'épreuve, recevaient sous le rempart les poudres et le matériel de remplacement. Plus de deux millions de sacs à terre couronnaient les parapets.

Enfin le service des incendies à prévoir par le feu des obus et les explosions était assuré dans tous les secteurs par le régiment des sapeurs-pompiers de Paris et par les compagnies de pompiers venues, sur mon ordre, en grand nombre des départements.

Au moment où s'achevaient ces travaux et ces préparatifs de guerre intérieure qui s'étendaient au périmètre entier de la ville et au quart de sa surface, ceux qui avaient pour objet la défense de nos dehors marchaient aussi vers leur fin. J'en donne ici un aperçu très sommaire, dégagé de tout détail technique. Tel quel, il représente, acquis en quelques semaines, des résultats d'une si extraordinaire grandeur, qu'ils pourraient paraître incroyables à ceux-là même qui ont une haute idée de ce que peut donner l'ensemble des forces actives et productives que renferme Paris, excitées par le péril et *momentanément* unies par le patriotisme.

Vitry, Villejuif, Arcueil, Cachan, Issy, Suresnes, Puteaux, Courbevoie, Asnières, la presqu'île de Gennevilliers, La Courneuve, Aubervilliers, Noisy, Rosny, Fontenay-sous-Bois, Nogent, Joinville avec tête de pont sur la Marne, Créteil, sont mis en état de défense et reliés par des retranchements d'une étendue considérable aux forts ou aux redoutes qui les avoisinent. Leur ensemble forme une ligne extérieure de défense *à intervalles*, sur un développement de quatre-vingts kilomètres, servie en partie par le chemin de fer externe de ceinture, et qui peut être longtemps disputée.

Celles des anciennes carrières de la banlieue sud, qu'on considère comme pouvant être utilisées par l'ennemi pour ses approches, sont comblées. Les galeries des catacombes qui pourraient lui donner accès dans la place sont murées.

On travaille jour et nuit à l'achèvement jugé possible du

grand ouvrage permanent des Hautes-Bruyères. Les redoutes du Moulin-Saquet, de la presqu'île de Gennevilliers, de Charlebourg, d'Asnières, du pont de Clichy, s'achèvent et vont être armées.

La navigation sur la Seine et sur les canaux est interceptée par des estacades. Des barrages sont établis sur la Seine pour maintenir le niveau de l'eau dans la ville; pour rendre toujours possible, en amont et en aval, l'action des cononnières blindées de la marine; enfin pour assurer par des machines élévatoires l'approvisionnement d'eau de la ville réduit, par le fait de l'ennemi, de tout l'apport des eaux de la Dhuys dont l'aqueduc sera infailliblement coupé.

Par des destructions reconnues nécessaires, la zone militaire a été déblayée. Une part des bois de Boulogne et de Vincennes a été rasée. Un décret autorise, dans la mesure qui sera jugée nécessaire, l'incendie des forêts, bois et portions de bois des environs de Paris, qui pourraient servir les desseins de l'ennemi et compromettre les intérêts de la défense.

Dans les forts et sur l'enceinte, l'ouverture ou la réparation des embrasures, l'établissement des plates-formes, la construction des traverses et des abris, les défenses accessoires qui protègent les abords des ouvrages, sont achevés, travaux immenses que tous les gouvernements avaient jusque-là ajournés. Les soixante-neuf portes de la ville reçoivent des ponts-levis dont les abords, défendus par des ouvrages en terre, sont minés.

Au parc Saint-Ouen, sur les hauteurs de Montmartre et aux buttes Chaumont, sont établies, avec les pièces de gros calibre et à longue portée de la marine, les plus puissantes batteries du siège. Elles battent directement les grandes plaines de Gennevilliers, de Saint-Denis, de Pantin.

Un réseau télégraphique relie entre eux les postes principaux, extérieurs et intérieurs, de la défense, et les met tous en communication avec mon quartier général au Louvre. Des observatoires permanents sont construits sur les hauteurs et soudés au réseau télégraphique par un fil spécial. Le plus important, au sommet de Montmartre, est pourvu d'appareils télescopiques qui permettent l'observation du périmètre entier de la ville et de sa banlieue.

En dehors des excellents canonniers, malheureusement trop peu nombreux, que le département de la marine venait d'appeler à Paris pour le service du siège, nous n'avions pas de personnel d'artillerie. Il semblait que ce manquement d'importance capitale, et bien plus préjudiciable que tous les autres à notre entreprise, dût rendre vains les efforts d'activité et de dévouement qui s'accomplissaient sous mes yeux. Il n'en fut rien.

Par les officiers d'artillerie retraités ou démissionnaires, par les anciens sous-officiers ou canonniers rappelés à l'activité, par la formation de compagnies auxiliaires d'artillerie recrutées dans la population, dans la garde nationale, dans les cadres des bataillons de mobiles réunis à Paris, le service de l'artillerie de la défense put être constitué. En officiers, sous-officiers et hommes de troupe, il ne comptait pas moins de quinze mille hommes.

Ce personnel, promptement organisé, a mis en batterie, avec l'aide d'auxiliaires tirés de l'infanterie, dans les forts qui n'avaient précédemment que trois pièces par bastion, sur l'enceinte qui n'en avait jamais eu, dans les redoutes nouvellement construites, dans les batteries nouvellement établies, *deux mille deux cents bouches à feu,* matériel de toute origine, de tout modèle, fort décousu, mais faisant feu.

De dix coups par pièce, l'approvisionnement en munitions confectionnées a été porté à cinq cents coups pour les forts, à quatre cents pour l'enceinte.

Des ateliers de fabrication de canons du nouveau modèle, se chargeant par la culasse et à longue portée, dont nous manquions absolument[1]; de chassepots du modèle en usage dans l'armée; de transformation du fusil à percussion en fusil à tabatière; de mitrailleuses avec leurs munitions; d'affûts de siège; de projectiles de toute sorte, etc. etc., ont été organisés par l'industrie et par les usines des grandes compagnies de chemins de fer.

L'approvisionnement des poudres est porté de cinq cent mille à trois millions de kilogrammes, et, malgré les difficultés considérables que présente la création d'une poudrerie dans Paris, elle est fondée et fonctionnera pendant le siège. Enfin, des cartoucheries dont l'organisation a été laborieuse à défaut d'un personnel préparé à ce travail de spécialité, sont en mesure de livrer deux millions de cartouches par semaine à la défense.

Si incomplet que soit ce tableau réduit à une nomenclature abrégée, il semble qu'il suffise pour donner une idée de la grandeur, de la diversité, de la complexité des travaux entrepris avec tant d'ardeur, accomplis en quelques semaines avec tant de constance pour la préparation du siège de Paris.

C'est une œuvre que je puis juger avec la plus entière

---

[1] *Cent* de ces canons nouveau modèle, fondus et outillés par l'industrie parisienne, étaient en batterie sur nos remparts vers la fin du siège et fonctionnaient bien.

liberté d'esprit, car je n'en fus pas l'ouvrier, et je ne pourrais pas dire que j'en fus toujours l'inspirateur et le directeur. Tout le monde travaillait, et je travaillais comme tout le monde ; mais beaucoup, aux prises avec l'urgence extrême, avec l'énormité des distances à parcourir, avec les pertes de temps que motivaient la demande et la réception des ordres, avec la confusion des pouvoirs mal définis, avec les difficultés du concert, prenaient la direction sur le terrain de leur spécialité et agissaient. On verra plus loin qu'en certaines circonstances graves, cet entraînement à l'initiative directrice de quelques-uns de mes sous-ordres a été sérieusement préjudiciable aux intérêts généraux de la défense dont j'avais seul les responsabilités.

« Ce tout le monde qui travaillait » c'étaient les marins, qui, terrassiers aussi bien que canonniers, avaient fait des forts qu'ils occupaient de véritables *vaisseaux-citadelles* merveilleusement aménagés pour le combat et pour la sûreté de leurs défenseurs ; c'étaient le génie, l'artillerie, l'infanterie, corps militaires à peine constitués, mais dont l'activité et le dévouement dépassaient en efforts faits et en résultats obtenus tout ce que j'aurais pu attendre de vieilles et bonnes troupes ; c'étaient enfin, à titre d'armée auxiliaire, riche en patriotisme, en capacités spéciales et en ressources de toute sorte, les services des ponts et chaussées, des mines, des télégraphes, des eaux, les ingénieurs civils, le personnel dirigeant et ouvrier des chemins de fer, les industriels, toutes les administrations constituées, et, je puis l'affirmer, tous les habitants de Paris qui n'étaient pas des sectaires ou que les événements n'avaient pas jetés dans l'affolement, c'est-à-dire l'immense majorité de la population urbaine.

Non, jamais citoyens de toutes conditions, unissant leurs

cœurs, leurs têtes et leurs bras pour assister le pays accablé, ne firent plus pour lui et ne méritèrent mieux de lui. Ces braves gens qui travaillaient pour le salut commun avec tant d'ardeur patriotique devaient y joindre avant longtemps l'exemple de leur fermeté à subir les épreuves du siège, le froid, la faim, les tristesses écœurantes de l'insurrection qui allait s'organiser dans la cité au profit de l'ennemi. Et combien parmi eux périrent autour de Paris dans la guerre offensive, sans issue, dont l'assiégé, désespérant d'être attaqué dans sa formidable barrière de retranchements, dut prendre la périlleuse initiative contre l'assiégeant retranché lui-même sur les hauteurs du bassin de Paris!

Mais, ayant été si durement à la peine, ils ne devaient pas être à l'honneur. Les sévices permanents de la politique succédant dans notre pays aux sévices transitoires de l'invasion, il n'y eut plus de place dans l'esprit public, tout entier à la lutte des partis, pour le souvenir de ces dévouements, pour l'admiration de l'œuvre, unique, je le redis, dans les annales de la guerre, qu'ils avaient faite!

Sur l'opinion ainsi dévoyée, je sais que je ne puis rien. Mais j'ai des devoirs à remplir envers les collaborateurs, — les grands et les humbles, les connus et les inconnus, — que j'ai rencontrés au siège de Paris. J'attache un haut prix à ce qu'ils trouvent ici, quand j'aurai disparu, les marques de la gratitude que jusqu'à la fin de sa vie leur ancien chef et associé militaire leur aura gardées.

Les marins du siège, par exception, échappèrent à l'oubli. Ils méritaient d'être loués et honorés. Ils furent *glorifiés* avec légendes à l'appui, et la mode se fit, — tout est mode en France, — d'exalter la marine, comme depuis le commencement du siècle jusqu'au temps présent la mode s'était faite d'exalter l'armée. De ce déplorable régime de l'apothéose, on a vu les effets en 1870 sur l'esprit de l'armée et du pays. Beaucoup de ceux qui remplissaient nos rues et nos gares de leurs clameurs guerrières croyaient, sur la foi de leurs mérites, qu'en criant : « A Berlin! » ils y allaient!

---

Tel était le plan de la défense de Paris, — *le fameux plan*, — celui qui devait exercer si longtemps, sans qu'ils l'eussent compris ou même aperçu, la verve joyeuse des politiciens. Le parti pris de dénigrement est entré si avant dans les habitudes de la publicité contemporaine, quand le dénigrement sert ses passions ou ses intérêts, qu'aucun des auteurs des livres, des brochures, des articles de journaux, en nombre infini, qui ont raisonné du siège de Paris, n'a eu, que je sache, la pensée d'étudier et de résoudre les deux seules questions effectivement intéressantes qu'il soulevât :

En quoi consistait le plan de défense?
Pourquoi n'a-t-il pas réussi?

En quoi consistait le plan de défense? On le sait à présent, et on le sait, je pense, pour la première fois. Je viens de l'exposer sommairement, mais complètement, par une succession de faits dont personne ne peut contester l'authenticité, qui s'enchaînent logiquement et forment un tout. C'est un ensemble de dispositions *d'un caractère exclusivement défensif,* par la raison que Paris, *sans armée régulière au dedans, sans armée de secours au dehors, pouvait prétendre à se défendre, mais ne pouvait pas prétendre à attaquer.*

Pourquoi n'a-t-il pas réussi? C'est que l'effort de la défense ne peut avoir lieu que lorsqu'il répond à l'effort de l'attaque, et que *l'ennemi s'est, du commencement à la fin du siège, systématiquement refusé*, je le répète, *à attaquer*, seconde question que je vais traiter comme j'ai traité la première.

J'ai dit que j'étais plein de confiance dans les effets de notre *préparation défensive*. Sur ce point, les notes du secrétaire du gouvernement publiées par la commission d'enquête fournissent des indications précises. On y lit :

### GOUVERNEMENT DE LA DÉFENSE NATIONALE

*Séance du 13 septembre 1870.*

*Le gouverneur expose la situation militaire de Paris. Elle est désormais à peu près invincible.*

C'est qu'en effet, dans une inspection générale des zones de la défense que je considérais comme les plus faibles, je venais de constater que les travaux étaient assez avancés pour qu'il me fût permis de rassurer le gouvernement sur les conséquences de l'arrivée devant Paris, à cinq jours de là, des têtes de colonne allemandes. Si nous étions encore incomplètement *fermés*, nous l'étions assez, non pas seulement pour être hors d'insulte, mais pour être à l'abri d'une surprise, pour repousser victorieusement toute attaque de vive force et enfin pour répondre aux entreprises de siège régulier, la tranchée ouverte, qui seraient commencées par l'ennemi.

J'étais content. Je l'étais pour la première fois depuis mon arrivée à Paris, et la déclaration de *presque invincibilité*, — pour parler comme le secrétaire du gouvernement, — que je faisais au conseil n'était pas propos de rodomont. C'était l'expression ferme et alerte d'une conviction militaire raisonnée. Je me sentais fort dans mon *inextricable réseau défensif*. Je me savais en mesure de l'achever, en mesure de le défendre même avec des troupes sans expérience et sans cohésion. J'attendais avec calme l'agresseur. Il ne vint pas.

---

Un impérialiste attitré, M. Clément Duvernois, voulant caractériser mon insuffisance militaire, a dit, je crois même écrit : *Qu'au commencement du siège de Paris, je rabâchais sans trêve du siège de Saragosse.*

Hé oui, M. Duvernois, et laissez-moi vous dire que si l'empereur avait consenti à m'entendre rabâcher :

1° De l'état de l'armée qu'il tenait pour la première de l'Europe ;

2° De la guerre du Mexique ;

3° De la guerre contre la Prusse ;

sujets dont j'ai beaucoup rabâché verbalement et par écrit, il serait sans doute encore aux Tuileries, vous seriez peut-être son ministre, et certainement en 1870, dans Paris assiégé, je n'aurais pas eu à rabâcher de Saragosse ! Mais l'empereur n'avait pas assez de hauteur morale pour distinguer entre les avertissements incommodes d'un soldat qui le servait loyalement, et les flatteries intéressées des courtisans qui l'exhortaient *à faire grand*.

Je n'ai aucune difficulté à reconnaître que les raisonnements, les calculs, les espérances sur lesquels j'avais fondé la conception de la défense de Paris, péchaient par leur base, une base toute française et qui dérivait de notre tempérament militaire particulier. C'est au point de vue du tempérament militaire allemand que j'aurais dû me placer, pour juger des dispositions que l'armée prussienne allait prendre pour réduire Paris.

Qui, en renversant par la pensée le rôle des belligérants de 1870, oserait soutenir qu'une armée française victorieuse en trois semaines de toutes les forces qui lui auraient été opposées, pénétrant par l'invasion au cœur du pays ennemi, emportée par *la furia* dont l'auraient remplie de si étourdissants succès, se fût arrêtée plus de quatre mois, *sans attaquer*, devant l'objectif final de la guerre, la capitale fortifiée de l'ennemi ?

J'affirme que, sans perdre une heure, par des entreprises de vive force sur les points faibles, qu'autorise souvent l'ascendant moral des grandes victoires ; par le siège régulier des parties fortement défendues ; par tous les moyens que conseille l'expérience de la guerre, l'armée française se fût mise à l'œuvre sans en calculer les risques et sans se laisser arrêter par ses pertes. Toutes nos grandes défaites historiques, celles d'autrefois comme celles d'aujourd'hui, montrent qu'au fond de nos instincts et de nos traditions militaires se rencontrent toujours quelques réminiscences de l'ancienne chevalerie.

Les Allemands, plus réfléchis, plus positifs quant au but, plus méthodiques quant aux moyens, et je n'hésite pas à le dire, *mieux inspirés*, devaient procéder autrement. Ils arrivaient devant Paris complètement édifiés, par les informateurs qu'ils y avaient en nombre illimité, sur les difficultés et les périls que présentait pour eux un tel siège entrepris dans les conditions d'offensive continue qui sont la règle de tous les sièges.

Ils savaient que pour obtenir la reddition à venir de la place, ils avaient des auxiliaires sûrs : *le temps, l'émeute, la faim*. Résolus à les utiliser tous, sans faire, s'ils le pouvaient, le sacrifice d'un soldat allemand, et disposant de beaucoup de monde, ils formèrent à distance, sur tous les points qui dominaient le bassin de Paris, des lignes d'investissement organisées dans *un parti pris de défensive absolue* et avec un art dont personne, je crois, n'a décrit les procédés très ingénieux qui avaient un double but :

1° *Mettre leurs lignes défensives en état de repousser victorieusement toute attaque venant des assiégés;*

2° *Rendre le blocus si étroitement hermétique qu'il fût impossible, même à un messager isolé, de le franchir.*

De ces deux objectifs, le premier fut réalisé par l'application de ce principe judicieux que, pour défendre des voies de communication, *il ne faut pas se mettre dessus, mais à côté,* en conservant leur usage pour les mouvements des troupes, pour les transports du matériel, des munitions et des vivres.

J'ai étudié autour de Paris, après la paix, ces travaux des assiégeants. Toutes les routes par lesquelles ils pouvaient être attaqués étaient bordées d'épais abatis, étagés quand le terrain s'y prêtait, derrière lesquels ils dissimulaient des postes d'infanterie dont les feux foudroyaient ces voies. Quand elles offraient une longue étendue en ligne droite, ils avaient disposé perpendiculairement aux abatis des tambours palissadés, qui flanquaient ces lignes droites et les couvraient de feux croisés. Enfin de puissantes batteries fixes, établies très loin en arrière sur des hauteurs dominantes, battaient les routes, les sommets, les plateaux où notre effort offensif aurait pu nous conduire et où nous aurions voulu établir notre artillerie.

Ces lignes de circonvallation avaient çà et là pour points d'appui des villages pourvus de toutes les défenses que la fortification passagère met au service de l'artillerie et de la mousqueterie. Pour les enlever au cours d'un engagement, il eût fallu des troupes régulières, rompues à la discipline, préparées aux entreprises et aux sacrifices de la guerre.

C'est contre ces obstacles qu'échouèrent incessamment les défenseurs de Paris devenus forcément agresseurs. Ils se portaient en avant avec un entrain que soutenait, pendant les premiers kilomètres, le canon des forts et des batteries extérieures. Cet appui leur manquait à distance, et l'artillerie de campagne (d'ancien modèle et de tout modèle), qui les soutenait, ne pouvait pas résister au tir rapide et à longue portée de l'artillerie prussienne. Au moment où ils abordaient l'ennemi derrière ses défenses, ils pliaient après de longs et honorables efforts, avec des pertes qui témoignaient de leur patriotique dévouement. C'est alors que s'effectuaient ces retraites qui révoltaient les frondeurs de Paris, qui devenaient le thème de ces objurgations et de ces railleries devant lesquelles devait s'affaiblir la confiance publique et succomber l'autorité du commandement.

L'histoire vraie du siège de Paris, étudiée à son point de vue spécialement militaire, est tout entière dans le court récit que je viens de faire des vicissitudes désorganisatrices de la défense, auxquelles les troupes furent soumises, depuis le combat de Chevilly qui fut le début de nos entreprises à l'extérieur, jusqu'à la bataille de Buzenval qui en fut la fin.

Quant au second objectif des Allemands, *rendre le blocus si étroitement hermétique qu'il fût impossible, même à un messager isolé, de le franchir,* ils le réalisèrent par des procédés scientifiques autant que militaires qu'un spécialiste distingué, M. de Fonvielle, a étudiés sur place et mis en lumière. Avec un nombre limité de postes d'observation reliés par des *fils électriques* avertisseurs en état d'activité de jour et de nuit, le gros des troupes au repos en arrière, à distance de soutien, le problème fut résolu. Il n'exigea pas, comme on le croit communément, l'emploi de beaucoup de milliers d'hommes formant autour de Paris une chaîne presque ininterrompue de veilleurs.

On peut comprendre, dès à présent, le douloureux revirement qui se produisit dans mon esprit quand, après de pénibles incertitudes dont je ne confiai le secret à personne, il me parut démontré que les chefs de l'armée allemande avaient résolu de nous attendre dans leurs lignes et de laisser, suivant la formule d'un de leurs écrivains militaires : *Bouillir l'eau dans la chaudière de Paris jusqu'à ce qu'elle éclatât.*

C'était la ruine des grands intérêts dont j'avais librement assumé les responsabilités, la ruine de mes convictions militaires raisonnées et de mes espérances, la ruine de tout ! Ce que l'armée française en possession de son prestige et de ses moyens, commandée par ses généraux et ses officiers de guerre, appuyée par sa réserve d'élite, la garde impériale, n'avait pu faire *contre l'armée allemande en rase campagne,* je serais appelé à le faire avec une agglomération militaire sans cohésion, sans expérience, dont les nouveaux appelés et la garde nationale formaient les quatre cinquièmes, *contre l'armée allemande appuyée à des retranchements !*

Les hasards de cette lutte inégale, j'allais les aborder sous les yeux et au milieu des irrésistibles agitations de la population la plus impressionnable du monde entier, et patriotiquement affolée, — renfermant un contingent énorme de repris de justice, d'anarchistes indigènes et étrangers, — soumise avant longtemps aux plus dures privations, aux plus cruelles épreuves, — poussée à toutes les violences par une presse sans frein, — convaincue par la tradition de 92 et par les suggestions de la vanité nationale, que non seulement le flot de l'invasion allemande allait s'arrêter devant Paris, mais que Paris, le refoulant au loin, relèverait la fortune de la France, — prête enfin, si ce glorieux programme de revanche parisienne ne réussissait pas, à en imputer l'insuccès à l'incapacité, la lâcheté ou la trahison des chefs militaires...

Voilà presque tout entière l'histoire militaire, politique et philosophique du siège de Paris. Il se peut que j'aie été au-dessous de la tâche que j'avais assumée; mais les esprits impartiaux reconnaîtront, je pense, qu'elle fut bien plus lourde que celle des généraux, mes camarades, qui luttaient en même temps que moi contre l'invasion. Ils conduisaient à l'ennemi des armées improvisées comme les miennes, mais qui opéraient *en rase campagne,* au milieu de populations dont les sympathies et le concours leur étaient acquis. Ils étaient les maîtres de leurs efforts. Ils n'avaient pas derrière eux et au milieu d'eux les clubs, une presse enragée et la révolution en permanence.

On connaît à présent la genèse du *fameux plan* et l'histoire de ses vicissitudes; mais il y avait beaucoup d'autres plans qui auraient peut-être mérité leur part de railleries.

Il y avait *les plans* des colonels de la garde nationale qui avaient eu autrefois, comme officiers ou sous-officiers, des contacts avec l'armée. Il y avait *les plans* du journalisme. Enfin il y avait *le plan,* — et c'est celui-là qui aurait dû rester fameux dans la mémoire des patriotes, — de *la sortie torrentielle* effectuée par la population tout entière réunie à l'armée. Un de mes collègues en gouvernement la préconisait!

. . . . . . . . . . . . . .

J'introduis ici quelques douloureuses réflexions qui montrent à quel point devait être implacable jusqu'à la fin le châtiment dont le pays n'avait subi, au moment de la capitulation de Paris, que les commencements.

Non seulement les immenses travaux défensifs de Paris, l'ennemi ne venant pas s'y briser, et l'ardeur qu'y avaient apportée tant de braves gens, devaient demeurer inutiles ; mais c'est à l'insurrection la plus odieuse, la plus criminelle qui ait jamais souillé l'histoire d'une nation, qu'ils devaient presque exclusivement profiter !

Oui, dans un avenir prochain, sous les yeux de l'ennemi victorieux, une poignée de scélérats allaient devenir les maîtres de la grande cité que, vaniteusement et follement, nous appelons « la capitale de la civilisation », y ériger par décret le meurtre et l'incendie en moyens de gouvernement, et tenir en échec des mois entiers devant Paris tout ce qui restait à la France de son armée ! . . . .

Par quels moyens ?

En retournant contre la population terrifiée et contre l'armée stupéfiée les puissantes défenses, restées intactes, que nous avions accumulées contre l'ennemi commun, c'est-à-dire les forts rendus inabordables, *les portes de l'enceinte converties en forteresses, les amoncellements de canons et de fusils, les munitions toutes faites et à portée de main* dont les magasins des forts et de l'enceinte étaient encore remplis.

. . . . . . . . . . . . . . . . . .

J'ai dit qu'après nos défaites de Wissembourg, de Reischoffen, de Spickeren, j'avais été longtemps arrêté sur la voie de Châlons à Paris par l'interminable série de wagons qui portaient vers l'est *l'outillage et le fascinage destinés au siège de Mayence !*

Qu'était-ce que cette raillerie du destin auprès de cette atroce ironie de *la défense de Paris contre l'armée française par la Commune, héritière des efforts, des sueurs et des armes du patriotisme français,* l'ennemi présent et comme repu du spectacle de nos malheurs et de nos hontes ?

L'exposé qui précède suffit pour que je puisse résumer ici, en quelques faits principaux, toute l'histoire militaire proprement dite du siège de Paris.

— Lorsque l'armée allemande s'est présentée devant Paris,

il n'y avait pas d'armée de Paris, mais jour et nuit nous l'organisions, et la préparation d'une résistance à des assauts qui ne vinrent pas était très avancée.

— Lorsque, après de longs et laborieux efforts, l'armée de Paris a été constituée, l'armée allemande était retranchée sur toutes les hauteurs du périmètre de Paris dans ses positions d'attente.

— Ainsi l'armée allemande a investi Paris *sans l'avoir jamais assiégé*.

*C'est l'armée de Paris, et Paris pourrais-je dire, tous les deux adossés à la faim prochaine et à la révolution, qui ont fait le siège de l'armée allemande, dans une succession de combats qui tous ont eu d'abord les apparences du succès. Puis, tous ont abouti à la défaite devant des retranchements défendus par des troupes, une artillerie et une mousqueterie dont nous étions bien loin d'avoir l'équivalence.*

Hors de ces trois périodes de l'histoire du siège, — que pas un témoin militaire, allemand ou français, ne contestera de bonne foi, — pas de réalité, pas de vérité, pas de justice, et la légende des passions et des intérêts continuera à remplacer l'histoire de la guerre.

## Constitution et commandement des forces de la Défense.

J'énumère sommairement les moyens dont je disposais *en troupes de combat*, pour démontrer jusqu'à l'évidence qu'au double point de vue de leur infériorité numérique et surtout de leur insuffisance professionnelle, *la défensive* m'était absolument imposée.

A Paris, en troupes offrant l'apparence de l'organisation, le fond des ressources de la Défense était représenté par les 13e et 14e corps d'armée formés à la hâte au commencement de la guerre, après l'épuisement, pour la constitution des douze corps de l'armée du Rhin, de tous les effectifs réguliers et préparés que la France militaire possédait au moment de l'ouverture des hostilités. C'est dire que ces deux corps, résultats d'un effort d'improvisation accompli au milieu des événements eux-mêmes, n'avaient ni cohésion, ni solidité, ni même l'équilibre particulier qu'ont les troupes dont l'éducation a été faite à loisir dans les garnisons.

Le 13e corps, sous le commandement du général Vinoy, possédait seul deux régiments réguliers : les 35e et 42e de ligne, venus de Rome où ils formaient la brigade d'occupation française, arrivés trop tard pour être incorporés dans l'armée du Rhin.

Incessamment en contact avec l'ennemi du commencement à la fin du siège, ces deux régiments bien disciplinés et bien commandés se couvrirent de gloire au prix des plus douloureux sacrifices. Ils furent à eux seuls la démonstration frappante de ce qu'aurait été le rôle de Paris dans la défense du territoire et dans la suite de la guerre, si au lieu des masses confuses, inconsistantes et mal disciplinées qui s'y accumulaient autour de moi, l'armée de Mac-Mahon et l'armée de Bazaine s'étaient repliées sur la capitale devenue, selon ma demande à l'empereur, la base des opérations défensives-offensives des forces françaises.

C'est à la tête de ces deux régiments qu'au combat du 30 septembre, le vaillant et regretté général Guilhem se fit tuer en menant sa brigade à l'assaut du village fortifié de Chevilly.

Le 14ᵉ corps, sous le commandement du général Renault, encore plus improvisé et plus incohérent que le 13ᵉ, ne comptait pas un seul bataillon de formation antérieure et régulière.

L'ensemble des deux corps, avec leurs annexes, représentait un effectif combattant d'environ soixante mille hommes, dont je donnai le commandement au général Ducrot, beaucoup plus jeune que ses deux sous-ordres, mais beaucoup plus autorisé, sans tenir compte des froissements que cette mesure devait inévitablement motiver et qu'elle motiva.

Autour de ce noyau d'armée dont la garde de Paris (devenue garde républicaine), la gendarmerie de la Seine et le régiment des sapeurs-pompiers étaient indépendants, nous formions des compagnies, des bataillons, des régiments, successivement habillés, équipés, très inégalement armés, comprenant les mobiles, les rappelés, la garde nationale mobilisée, les bataillons et escadrons de volontaires, les francs-tireurs, la garde nationale sédentaire, les vétérans.

A cet ensemble, à titre de force militaire dont les services furent appréciés, il faut ajouter les sergents de ville de l'empire, qui, incessamment menacés et quelquefois assaillis par le populaire, avaient été organisés en compagnies de guerre auxquelles des postes à l'extérieur furent assignés.

Les détails techniques et statistiques dans lesquels, au sujet de cette extraordinaire composition des forces de la Défense, j'entrerais ici, n'auraient aujourd'hui qu'un bien faible intérêt, et je ne répondrais pas de leur exactitude. Quant aux résultats obtenus, ils se définissent rigoureusement ainsi :

*Les armées de Paris, pour les quatre cinquièmes de leur effectif, n'étaient que des foules armées.*

Et comme, après l'investissement, tous les groupes qui étaient militairement constitués ou pouvaient y prétendre, durent être établis, pour faire face à l'ennemi, sur l'immense périmètre extérieur dont la possession nous restait, l'action de la garde nationale, toujours présente dans Paris, y fut prépondérante, tantôt dans le sens des manifestations anarchiques, tantôt dans le sens de leur répression, comme il arriva au commencement et à la fin de la journée du 31 octobre.

Quelle situation pour un gouvernement, pour des chefs militaires tous les jours en présence de l'ennemi! Elle est, je pense, unique dans l'histoire, et, entre les hommes de plume ou d'épée qui en ont fait passionnément le récit, lequel a eu la justice d'en mettre en lumière les angoisses et les périls?

Dans ces masses en état de fièvre permanente, le très petit groupe des anarchistes était d'ailleurs absolument noyé. Les bons citoyens, les hommes de sang-froid étaient haut la main les maîtres de la situation; mais là se réalisait dans sa plus frappante application cette brève et énergique définition de l'état révolutionnaire :

*Pauci audent facinus, plures volunt, omnes patiuntur.*

vraie au temps de Tacite, vraie de notre temps et dans tous les temps, vraie en France depuis près d'un siècle, à ce point que quelques milliers d'hommes représentant un parti *quel qu'il fût*, ont pu dicter périodiquement leurs lois à Paris, et par Paris révolutionné, *à la France entière!*

Les zélateurs de l'enquête sur les actes du gouvernement de la Défense nationale lui ont amèrement reproché d'avoir armé les foules à Paris sans distinguer entre les bons et les mauvais citoyens, c'est-à-dire entre les patriotes éprouvés et les anarchistes, les repris de justice et les hommes dangereux à divers titres, dont Paris est le quartier général.

Je dirai d'abord que c'était l'empire que les accusateurs de la Défense de Paris, la plupart ardents impérialistes, mettaient là en cause sans le savoir. Oui, le gouvernement impérial, qu'avaient épouvanté nos premiers désastres, avait appelé à faire partie de la garde nationale, en vertu d'une loi insérée au *Journal officiel* du 13 août 1870, *tous les citoyens à partir de l'âge de vingt et un ans,* sans autre condition qu'une année de domicile. C'était une véritable levée en masse et l'armement, *par la loi,* des Français en état de porter les armes, abstraction faite de ce qu'ils valaient ou ne valaient pas.

Je répéterai ici ce qu'autrefois j'ai dit sur ce point à la commission d'enquête devant laquelle j'étais appelé à déposer :

*Quoi! devant la détresse nationale et l'invasion du territoire, vous appelez les Français aux armes, expressément la population de Paris que dans un délai de quatorze jours l'ennemi aura investi. Vous la surexcitez, vous l'enfiévrez pour la défense de ses foyers. Et quand elle répond tout entière à votre appel, vous croyez qu'il est possible de choisir entre les conservateurs et les démagogues, entre ceux que vous estimez les bons et ceux que vous jugez les mauvais, entre ceux qui n'ont pas eu de démêlés avec la justice et ceux qui en ont eu! Mais dans les villes de province où vous aviez l'ordre, la paix, une administration régulière et le temps d'étudier, avez-vous fait, avez-vous pu faire ces distinctions, ces choix, et les francs-tireurs des départements étaient-ils plus exempts d'alliage que les francs-tireurs de Paris?*

Un membre de l'Assemblée nationale, M. de Rainneville, l'un des rapporteurs de l'enquête contre le gouvernement de la Défense, avait, entre beaucoup d'autres griefs, élevé à la hauteur d'un acte d'accusation contre moi cette question de l'armement généralisé de la garde nationale de Paris. Dans un livre qui n'a guère été lu (1873 — *Pour la vérité et pour la justice*), je répondais aux incriminations passionnées de ce personnage :

« En 1845, après le grand désastre de Sidi-Brahim et
« l'insurrection générale qui en fut la suite, Abd-el-Kader
« tournant par le désert le massif du Tell algérien où opé-
« rait au loin, en quatorze colonnes, la totalité des troupes
« françaises disponibles, apparut tout à coup au bas de la
« vallée de l'Isser. Il n'était là qu'à quelques lieues d'Alger.
« Il menaçait directement la Mitidja où étaient accumulées
« toutes les richesses de la colonisation et que ne défendait
« pas un soldat !

« Le péril était immense, immédiat, et il ne semblait
« pas qu'il pût être conjuré. L'alarme fut proportionnelle.
« Pour défendre la Mitidja, on arma tout le monde à Alger;
« On vida les prisons de tous les condamnés qui avaient
« autrefois servi, on forma des bataillons de marche, et
« les officiers des dépôts de nos régiments, des officiers en
« retraite (comme au siège de Paris), ne se firent aucun
« cas de conscience de commander, dans cette redoutable
« crise, ces troupes improvisées où les états de service et
« les casiers judiciaires étaient mêlés. Elles ne furent heu-
« reusement pas utilisées pour le combat, et un événement
« militaire providentiel, une surprise de nuit jetant la
« panique dans le camp d'Abd-el-Kader, dispersa ses
« forces et ruina son audacieuse entreprise.

« Et ce que, dans ce temps-là, nous avons fait avec
« tous nos cœurs pour les colons de la Mitidja contre l'*in-*
« *vasion menaçante* de quelques milliers de cavaliers arabes,

« nous aurions hésité à le faire pour Paris et pour la
« France devant l'*invasion réalisée* des armées allemandes !

« Vous êtes infiniment trop jeune, monsieur de Rainne-
« ville, pour savoir ces choses, mais moi je les ai vues.
« Et je vous déclare que dans l'état d'esprit où j'étais
« quand je vins à Paris pour organiser la résistance et
« préparer le siège, j'aurais pris sans hésitation le com-
« mandement de tous les démagogues et repris de justice
« de France réunis sur le rempart ! Je ne vais pas plus
« loin, sentant bien que ces principes et ces aspirations
« font rougir votre vertu. »

Mon accusateur, grande autorité, je pense, dans son pays, n'était au siège de Paris qu'un médiocre chef de bataillon de mobiles, qu'un jour, — comme je l'ai dit avec quelques détails de plus dans le livre où je retrouve ces souvenirs, — j'avais eu le devoir de rappeler à l'observation des règles de la discipline et au respect de la hiérarchie[1]. Il ne m'avait pas pardonné cette exécution que j'avais pourtant faite avec toute la modération que comportait son inexpérience des armes. La suite de ces récits montrera que *la légende* du siège de Paris, substituée à son histoire par les passions politiques, a été inspirée pour une part, spécialement en ce qui me concerne, par les colères personnelles, originaires des déceptions d'ambition, des froissements d'amour-propre ou d'intérêt, de toutes les circonstances qui m'ont conduit à reprendre, à redresser, à blesser sciemment ou inconsciemment quelques-uns des hommes qui comptent aujourd'hui parmi mes plus ardents adversaires.

En quelques semaines, l'effectif de soixante mille combattants représenté par les 13ᵉ et 14ᵉ corps avait été porté

---

[1] Envers son chef le colonel baron Reille, qui s'est hautement distingué au siège de Paris.

à trois cent mille hommes armés (chiffre approximatif et qui ne fut jamais bien connu), par tous les efforts réunis dont j'ai fait ressortir ailleurs les mérites patriotiques, sous la direction et l'impulsion du général Schmitz, chef d'état-major général, du général Foy, son premier auxiliaire, et des officiers sous leurs ordres, tous accourus volontairement pour former l'état-major du siège.

Ce fut, je l'ai dit, une œuvre immense où le général Schmitz fit des preuves d'expérience organisatrice, d'opiniâtreté au travail, de ressources d'esprit, de dévouement, qui justifient, avec de beaux services de guerre antérieurs, la grande fortune militaire qui lui est échue depuis. Elle est la légitime compensation du régime de railleries et d'injures dont, à la fin du siège et après, il a vécu en participation avec moi.

Le général Schmitz était mon collaborateur intime au dedans. Le général Ducrot était mon collaborateur principal au dehors, et je veux fixer ici quelques-uns des traits de cette forte, originale et attachante physionomie de soldat.

Le général Ducrot était un véritable homme de guerre et je dis « véritable » à dessein, parce que dans notre pays le hasard des événements, la passion, l'intérêt, l'engouement, l'inconstance de l'opinion, servis par le journalisme, en font beaucoup de faux [1].

Celui-là avait des facultés naturelles et des qualités acquises, l'énergie dans ce qu'elle a de plus viril, la conception prompte et résolue, le travail ardent, le goût des armes.

---

[1] « ... Trop d'hommes incapables arrivent au sommet en vieillissant.
« *Leur nombre dans le cadre de l'état-major général est effrayant pour*
« *l'avenir de la patrie. Ils peuvent nous ramener plusieurs journées de*
« *Waterloo !* »

Lettre du 3 juin 1847 du maréchal Bugeaud au roi Louis-Philippe (depuis longtemps publiée).

Des mérites de cet officier général dont il faut déplorer la perte, j'avais et je garde une telle opinion, que je le mets au-dessus de beaucoup d'illustrations militaires qu'on faisait de son temps, qu'on fait par continuation aujourd'hui avec un si dangereux abandon de tout examen et de tout contrôle sérieux.

Mais cet homme, soldat émérite, patriote éprouvé et, dans la vie privée, le meilleur et le plus respectable chef de famille, était absolu dans ses vues du moment, violemment passionné dans ses affections et ses aversions, intransigeant sur le terrain de la politique comme sur le terrain de la guerre. Ainsi fait, il pouvait, à certaines heures, rendre d'éclatants services ; à certaines autres, créer de sérieux embarras à la direction des affaires, quelquefois des périls.

En politique, il croyait que le pays devait être mené *manu militari,* que l'armée était un instrument de gouvernement autant qu'un instrument de guerre. Il avait été l'un des conseillers et des admirateurs convaincus du coup d'État napoléonien qui m'avait révolté, moins peut-être parce qu'il violait la loi et la foi jurée, que parce qu'il avait été précédé d'un travail souterrain de captation militaire que je tenais pour destructeur des principes qui étaient la tradition, l'honneur, et qui faisaient l'autorité morale de l'armée.

En guerre, il était pour l'offensive *quand même et toujours,* abstraction faite, par conséquent, de l'examen et de la pondération des moyens qui devaient la conseiller ou en démontrer le péril, préparant ainsi à l'État, et se préparant à lui-même, comme il arriva au cours du siège de Paris, de redoutables déceptions.

C'est ainsi que commandant en chef à Strasbourg au moment où la guerre allait éclater, averti par sa très solide expérience et avertissant avec une louable franchise le gouvernement impérial de l'évidente insuffisance de la préparation, le général Ducrot concluait à la guerre ! Son thème que, dans ses voyages à Paris, il essayait vainement de me faire accepter, que, par malheur, l'empereur et l'impératrice, au dire du général, paraissaient accueillir, était celui-ci :

*Nous ne sommes pas prêts; mais en faisant suivre la déclaration de guerre d'une foudroyante invasion de l'Allemagne du Sud par Strasbourg et le pont de Kehl, nous nous assurons le concours de tous les États dont, en 1866, la Prusse a violenté l'autonomie. Ils se soulèveront contre leurs oppresseurs et nous apporteront un complément de force politique et militaire qui égalisera, entre la Prusse et nous, les chances ultérieures de la guerre.*

Dans ce dangereux rêve, le général se montrait tout entier. Les ardeurs de son imagination militaire substituaient à l'unanimité bien connue de l'esprit allemand toujours prêt à la revanche contre la France, « l'ennemi héréditaire, » les dires de quelques politiciens mécontents de Francfort et des provinces naguère annexées par la Prusse.

C'est ainsi encore qu'arrivé à Paris où, après son évasion des mains de l'ennemi, — correcte et loyale, quoi que les Prussiens en aient dit, — je l'avais appelé, sachant bien quel vigoureux auxiliaire je me donnais, le général Ducrot jugea que j'avais tort de restreindre mon programme de guerre à la défense des forts, de la banlieue qu'ils commandaient, de l'enceinte de Paris et enfin des faubourgs barricadés. Il fut incessamment préoccupé, dès les commencements du siège et avant que le système d'immobilité de l'ennemi dans ses lignes se fût révélé à nous, de prononcer l'offensive. Je l'autorisai quelquefois, en la réduisant toujours par mes instructions à des essais peu compromettants qu'il convertit dans l'exécution (combats de Châtillon et de Rueil) en efforts de fond, qui ne réussirent pas et ne pouvaient pas réussir.

D'autre part, établi *hors de Paris* avec ses troupes et vivant de la vie du soldat en campagne, il ne tenait aucun compte des difficultés insurmontables, des périls incessants de la situation qui m'était faite *dans Paris*.

Chef d'un gouvernement sans pouvoir, d'une armée sans organisation, la nuit aux conseils agités et impuissants de l'Hôtel de Ville, le jour à mes avant-postes, toujours entre les Allemands et l'émeute, et ne faisant durer le siège au dehors qu'à force de ménagements et de transactions au dedans, je me soumettais sans peine aux sévices actuels et à venir de ce rôle que j'avais librement assumé. Mais, comptant sans l'absolutisme politique qui était alors, qui est encore aujourd'hui si éloigné de mon esprit, je me croyais quelques droits à être compris par ceux de mes compagnons que j'avais associés à mon sacrifice.

Ces dissentiments ne pouvaient manquer d'atteindre les rapports de très affectueuse camaraderie que j'avais avec le général Ducrot depuis notre commune jeunesse militaire. Il n'a pas toujours été juste pour moi. J'ai la conscience de l'avoir toujours été pour lui. Si je me suis étendu dans ces récits sur les souvenirs que me rappelle sa collaboration au siège de Paris, c'est qu'ils me sont restés chers. Sans déguiser les imperfections de son ardente nature, j'ai voulu rendre hommage à son dévouement, aux efforts désespérés qu'il a faits pour relever la fortune de nos armes, et recommander au respect des soldats de l'avenir la mémoire de ce grand chef militaire qui fut aussi un grand patriote.

Dans le même esprit et les mêmes sentiments, j'écris ici

les noms de quelques-uns de mes principaux coopérateurs militaires à qui, dans des temps moins tourmentés que les nôtres, l'opinion aurait fait une place considérable parmi les serviteurs du pays dont l'histoire nationale doit fixer le souvenir.

La notoriété militaire du commandant du 14ᵉ corps, général Renault, commencée au siège d'Alger en 1830, était devenue légendaire dans l'armée, à la suite de vingt ans de guerre qui nous avaient donné l'Algérie tout entière. Au siège de Paris, en 1870, l'énergique vétéran n'avait plus qu'un corps et une tête affaiblis. Il avait gardé son cœur de lion. A Champigny, comme il menait lui-même, avec l'ardeur des jeunes années, ses troupes à la bataille, il fut mortellement blessé, trouvant à l'ennemi le glorieux couronnement d'une carrière qu'une légitime popularité militaire avait entourée de ses commencements à sa fin.

Le général de Chabaud-la-Tour, presque septuagénaire, mais dont l'étonnante activité était soutenue par le sentiment du péril national et du devoir public, était le commandant en chef du génie, directeur supérieur des travaux de la défense. Ce vénérable représentant des grandes traditions d'une arme dont les sièges ont toujours fait ressortir le ferme dévouement, terminait au milieu de nos épreuves, par d'éminents services et par de considérables travaux, une vie militaire pleine d'honneur.

Au commandement en chef des troupes de la marine, l'amiral de la Roncière avait joint (au mois de novembre) celui des troupes réunies à Saint-Denis et dans les forts de la région (une agglomération d'environ vingt-cinq mille hommes), où des symptômes d'indiscipline et quelques désordres s'étaient produits à la suite des graves événements qui venaient d'avoir lieu autour du Bourget.

Amiral et général tout à la fois, très capable de porter ce double fardeau, il avait fait loyalement abstraction de son passé et de ses sympathies impérialistes bien connus, pour se dévouer sans réserve à l'effort commun. Il fut un de mes auxiliaires les plus fermes, les plus autorisés, et, jusqu'à sa mort qui mit la marine en deuil, j'ai échangé avec lui des souvenirs auxquels je fais une place ici, en rendant hommage aux mérites de ce fidèle serviteur de la France.

# CHAPITRE VI

## LE GOUVERNEMENT DE LA DÉFENSE A PARIS
(DE LA RÉVOLUTION DU 4 SEPTEMBRE A L'ARRIVÉE DE L'ENNEMI, 15-18 SEPTEMBRE).

Des dates que rappelle le titre de ce chapitre, il résulte que le gouvernement improvisé de la Défense eut *moins de deux semaines* pour s'annoncer au pays, se constituer dans son redoutable rôle et arrêter les mesures que les circonstances semblaient conseiller.

Je dis « semblaient conseiller »; parce que, du pays comme de l'ennemi, les nouvelles étaient incertaines, souvent contradictoires, et que le gouvernement opérait dans une obscurité que le blocus ne devait pas tarder à épaissir. Sa tâche était effrayante, je l'aurais jugée impossible si, à cette heure, j'avais su que les Allemands ne se heurteraient jamais à nos lignes de défense et nous attendraient dans les leurs. Le gouvernement allait d'ailleurs, je l'ai déjà dit, aggraver les difficultés de la situation, en faisant une place à l'esprit de parti dans une gestion d'affaires presque désespérée qui ne pouvait avoir d'autre auxiliaire que l'esprit patriotique, toute dissidence politique effacée.

La logique de cette proclamation solennelle que j'ai déjà

rappelée : *Nous ne sommes pas au pouvoir, mais au combat. Nous ne sommes pas le gouvernement d'un parti, nous sommes le gouvernement de la Défense nationale*, c'était, je le répète, de prendre la France comme elle était, avec son personnel d'agents directeurs compétents, avec ses ressorts administratifs fonctionnant, avec le concours de tous les groupes politiques, et de la mener à l'ennemi. Elle n'aurait pas été sauvée, mais ce libéralisme patriotique du gouvernement lui aurait donné, à défaut d'autorité légale, une autorité morale qu'il n'a pas eue.

Par malheur, les partis en France n'ont pas de logique, pas même celle de leurs plus chers intérêts ; et comme l'empire, qui devait tout à la paix, fut à la guerre incessante, le gouvernement du 4 septembre, qui devait être tout à la défense nationale, fut à la politique républicaine autant qu'il le put.

On comprend que mon isolement au milieu de ces républicains m'enlevât tout ascendant sur eux et toute influence sur leurs votes ; mais l'un d'eux, qui semblait avoir de l'ascendant, de l'influence, et qui était un homme de grand mérite, M. Ernest Picard, ministre des finances, ne réussit pas mieux que moi, je l'ai dit, à faire prévaloir ce thème de politique gouvernementale, libérale et conservatrice, qu'il défendait avec conviction et avec talent.

Au milieu de discussions qui étaient d'intérêt supérieur, sur l'approvisionnement de la ville (évalué dans la séance du 4 septembre à quarante-cinq jours) ; sur la constitution et l'armement de la garde nationale en vue du siège ; sur la nécessité de convoquer une assemblée constituante ; sur la liberté du commerce des armes de guerre ; sur l'apparition du drapeau rouge à Lyon et l'arrestation par la foule du préfet du Rhône ; sur la situation menaçante et menacée de l'Algérie, où grondait l'insurrection [1] ; sur la formation d'un comité de défense ; sur l'urgence de transférer en province, avec une délégation du gouvernement, les services publics indispensables à l'existence du pays, notamment ceux du département des finances, etc., *on nommait des préfets républicains, des maires* (à Paris) *qui l'étaient encore plus, on délibérait sur la suppression ou le maintien de l'institution du conseil d'État ; on supprimait le timbre des journaux* (malgré l'opposition du ministre des finances) ; *on abolissait le serment politique ; on examinait le possible et l'impossible de la dissolution de la garde impériale* (elle était à Metz en présence de l'ennemi) ; *on décidait* (malgré moi) *la fameuse revue patriotique dont j'ai fait le récit ; on examinait l'étrange proposition de M. Crémieux de former un corps de cavaliers polonais, et la proposition non moins étrange de M. de Kératry, préfet de police, de supprimer la préfecture de police ; on discutait, en vue de faire disparaître quelques officiers des gardes mobiles, signalés comme hostiles à la république, la dangereuse proposition de soumettre à l'élection tous les officiers de ces gardes ; on la votait malgré l'opposition du président du gouvernement et du ministre de la guerre, etc., etc.!...*

Ainsi cette assemblée de gouvernants, certainement patriotes, mais restés politiciens en face des plus effrayants périls, était assez hors de sens pour prétendre à réglementer et à réformer selon ses vues, alors que tout lui montrait qu'elle allait être impuissante à sauver le pays !

[1] Le conseil avait la pensée de rappeler en France les troupes qui restaient en Algérie. *C'en est fait de la colonie,* dis-je à mes collègues, *si vous réalisez ce projet. Le rappel de ces bataillons ne sauverait pas la France et perdrait l'Algérie.* (Compte rendu de la séance du 11 septembre.)

Entre toutes les questions si diverses qui furent agitées pendant cette courte période d'attente de l'ennemi, la plus considérable fut celle de la convocation d'une Assemblée nationale, à qui serait remise la direction des incertaines destinées de la France. La commission d'enquête, et la légende après elle, ont calomnié le gouvernement de la Défense en cherchant à démontrer que c'est *de parti pris et en cédant à l'orgueil de sa confiance en lui-même,* qu'il s'abstint. Rien n'est plus contraire à la réalité des intentions et des faits.

En premier lieu, on peut juger de sa confiance en lui-même et dans les effets de l'action gouvernementale sur les événements, par ce qui suit :

En séance de nuit, le 8 septembre, le gouvernement envisageait, dans un échange de vues qui ne pouvaient aboutir à aucune résolution, mais qui étaient caractéristiques de la situation générale et de l'état des esprits, le possible et l'impossible des bases éventuelles d'un traité avec la Prusse :

*Céder la flotte française à l'ennemi victorieux? Abandonner les bords du Rhin? Céder la flotte française en échange de l'intégrité du territoire, etc.?*

Tout homme de bonne foi conviendra qu'un gouvernement qui pouvait s'arrêter à de si douloureuses discussions était dans l'angoisse; qu'il n'avait pas de sa puissance sur les solutions à intervenir une bien haute opinion; qu'il ne se faisait pas d'illusion sur la grandeur du péril national, et que mesurant toute l'étendue des écrasantes responsabilités qui lui incombaient, il était directement intéressé à y associer le pays par ses représentants, aussi bien qu'il en avait le devoir.

En second lieu, les dates, avec les faits, montrent la sincérité des intentions du gouvernement de la Défense au sujet de la convocation de l'Assemblée.

C'est le jour même (8 septembre) de la discussion que je viens de rappeler (quatre jours après l'installation du gouvernement) *qu'est signé le décret fixant les élections au 18 octobre.* A huit jours de là (le 16 septembre), le gouvernement, ému des avis qui signalent la rapidité extensive de l'invasion et considérant (compte rendu de cette séance) *que l'ennemi ne voudrait traiter avec lui qu'autant que ses pouvoirs seraient régularisés par une Assemblée nationale,* rend un nouveau décret qui avance les élections de quatorze jours *en les fixant au 2 octobre.*

Ces faits ne caractérisent-ils pas nettement la sincérité des résolutions du gouvernement de la Défense à l'égard de la convocation de l'Assemblée, et la réalité de ses intentions à l'égard des négociations avec l'ennemi pour la paix? La vérité, c'est :

1° Que la succession en quelque sorte foudroyante des événements, le blocus de Paris, la hâte et la confusion au milieu desquelles la délégation de Tours dut improviser l'organisation des armées de la défense extérieure, rendirent les élections générales moralement et matériellement impossibles ;

2° Que la tentative spontanée de M. Jules Favre d'entrer avec l'ennemi en échange de vues pour la paix, dans l'entrevue de Ferrières dont j'ai précédemment rappelé les principales circonstances, aboutissant à la déclaration du comte de Bismarck, que *l'Allemagne voulait les clefs de la maison,* c'est-à-dire *l'Alsace, une part de la Lorraine avec Metz, Château-Salins et Soissons,* tout espoir de paix fut perdu ;

3° Que c'est par cette déclaration froidement violente que le gouvernement, n'en pouvant accepter les effets sans déshonorer le pays et se déshonorer lui-même, se vit acculé à la résolution de continuer la guerre et de chercher à réaliser, par les efforts et les sacrifices de tous, la pensée que M. Jules Favre, ministre des affaires étrangères, exprimait dans sa circulaire du 6 septembre 1870 aux agents diplomatiques de la France, et que je résume ici :

« La France demande la paix et croit y avoir droit, « parce qu'elle n'a pas voulu cette guerre qui est, — le « roi de Prusse l'a solennellement reconnu, — l'œuvre du « gouvernement disparu. Si la Prusse, abusant de la vic- « toire, veut la lutte à outrance, nous la soutiendrons. « *Nous ne lui céderons ni un pouce de notre territoire,* « *ni une pierre de nos forteresses.* »

Sur ce thème, après les événements qui ont donné à sa conclusion de si douloureux démentis, les partis ont amèrement raillé M. Favre, et ils en invoquent encore à présent le souvenir pour insulter à sa mémoire. C'était là pourtant un langage digne d'être compris par la France, et même par la Prusse. Il était conforme à la réalité des faits, à la vérité morale comme à la vérité politique, conforme à la justice. A l'heure où ce manifeste parut, — avant l'explosion des haines à la fois politiques et personnelles dont, après la guerre, l'Assemblée nationale devait donner l'exemple au pays, — il eût été signé sans hésitation, à tout risque, par la France entière. C'est qu'il restait alors à la France une part des élans de solidarité nationale qu'elle n'a plus.

Il est vrai, j'ai le devoir de le dire, qu'unanimes sur le principe de la convocation d'une Assemblée, les membres du gouvernement furent divisés sur la question du moment à choisir pour l'effectuer. Il y eut à ce sujet dès cette époque, dans le conseil, *des radicaux* et *des opportunistes*. Les premiers voulaient que, malgré les incertitudes et le trouble de l'heure présente, on tentât de réaliser la réunion de l'Assemblée. Les seconds montraient la nécessité de l'ajournement. Les discussions qui eurent lieu, comme les deux décrets de convocation qui furent rendus, comme le fait lui-même de la convocation, furent mis à néant par l'arrivée de l'ennemi et, je le répète, par les intolérables exigences qu'à titre de préliminaires d'arrangement le comte de Bismarck exprimait à l'entrevue de Ferrières.

---

C'est dans cette période d'agitation, je pourrais dire de tumulte patriotique, que furent prises deux résolutions et que se produisit un accident, auxquels je dois faire ici une place parce que, bien que sans aucun rapport entre eux, ils sont caractéristiques de la situation :

1° L'envoi à Tours, pour y représenter le gouvernement assiégé, de deux délégués, MM. Crémieux et Glais-Bizoin ;

2° La nomination, à l'élection, des officiers des gardes mobiles (résolution précédemment votée) ;

3° L'affaire Ambert.

### La délégation de Tours.

Le gouvernement de la Défense n'avait, dans la ville de Paris livrée à tous les égarements [1] que les événements avaient fait naître, et en province, à Lyon par exemple et

---

[1] Des perquisitions violentes se faisaient dans les maisons particulières et jusque dans les hôtels des ambassadeurs étrangers, à la recherche des Allemands, des espions, des traîtres dont rêvait l'imagination de la foule. On arrêtait partout et à tout propos.

Moi-même, revenant de mes avant-postes, en uniforme, accompagné d'un aide de camp et suivi de mon escorte ordinaire de deux gendarmes, je fus un instant arrêté, à titre de général dont les allures semblaient suspectes, par un poste de garde nationale de service à l'une des portes de la ville.

à Marseille, où se produisaient de graves désordres, qu'une autorité très précaire et à chaque instant méconnue. Il était naturel, inévitable, qu'il fît choix de deux de ses coreligionnaires politiques pour leur déléguer ses pouvoirs.

Je n'avais aucune objection à faire, ne les connaissant pas, à la désignation de MM. Crémieux et Glais-Bizoin; mais je ne jugeais pas qu'elle pût ajouter beaucoup à l'autorité du gouvernement, et c'est sur mon instante demande que leur fut adjoint le vice-amiral Fourichon, ministre de la marine, considérable par les services rendus, par l'expérience acquise pendant une longue et belle carrière, par la dignité de sa vie. C'est à lui qu'au moment même où, après Sedan et la révolution du 4 septembre, je m'engageais dans la tourmente, j'écrivais la lettre suivante qui peut à elle seule, je pense, suffire à montrer les sentiments dont j'étais pénétré, dont je cherchais à le pénétrer lui-même, quand j'assumais librement et gratuitement les responsabilités d'un effort sans espoir, en lui demandant de s'y associer [1].

« Paris, le 5 septembre 1870.

« Mon cher ami,

« Les événements qui se succèdent autour de nous,
« terribles, inévitables, créent à chacun de nous des
« devoirs et des périls. Voilà comment, à la veille d'un siège
« qui sera sans précédent dans l'histoire des sièges et que
« de grands efforts n'ont qu'incomplètement préparé, je me
« trouve à la tête d'un gouvernement républicain...

« A la tête d'un gouvernement républicain! Je me trouve,
« moi votre vieux camarade, à la tête d'un gouvernement

---

[1] Cette lettre a été publiée dès 1872 par l'amiral Fourichon.

« républicain ! Il faut que la patrie soit bien menacée, il
« faut que le péril public soit bien grand, pour expliquer
« la situation de ce vieux camarade devenu le chef d'un
« gouvernement républicain !

« Le sentiment unanime de ce gouvernement, bien avant
« que mon propre sentiment se fût exprimé à ce sujet, a
« été de vous appeler au ministère de la marine. Je ne com-
« prends que trop la vive contrariété que vous en éprouve-
« rez, et Anna (M$^{me}$ Fourichon), apprenant l'événement,
« est venue m'en dire des choses que je savais à l'avance.
« Mais, cher ami, il n'est plus permis à aucun de nous de
« choisir la voie et le genre de fin qui lui conviendraient.
« Votre dévouement aux intérêts qui périssent, et, je le
« crois aussi, votre dévouement à un vieil ami dont vous
« aurez quelque satisfaction à partager la fortune, vous
« conduiront à courber la tête devant la destinée qu'il vous
« offre.

« Général Trochu. »

### La nomination des officiers des gardes mobiles à l'élection.

La nomination des officiers des gardes mobiles par le vote fut l'erreur républicaine la plus grave que commit pendant le siège le gouvernement de la Défense.

D'une part, ces officiers, légalement pourvus au temps de l'empire de leurs grades et de leurs emplois, n'avaient assurément pas démérité en venant avec leurs troupes, de tous les points du territoire, concourir à la défense de Paris. D'autre part, ils connaissaient déjà leurs subordonnés, et ils en étaient connus, condition d'équilibre relatif très importante pour le commandement de ces bataillons qui n'étaient que des rassemblements formés à la hâte, dépourvus d'esprit militaire et de cohésion. Enfin le péril de l'élection qui est, dans les armées, le moins raisonné et le plus risqué des modes de constitution des cadres, s'aggravait de cette circonstance très inquiétante, que la préparation du vote et le vote allaient avoir lieu en présence de l'ennemi !

Ces raisons, exposées par le général Le Flô, ministre de la guerre, et par moi, firent d'abord ajourner la mesure ; mais cet ajournement ne pouvait pas tenir longtemps contre les idées républicaines, surtout contre les passions anti-impérialistes des membres du conseil. Leurs idées républicaines, évoquant le souvenir des élections dans les armées de la première république, devant « la patrie en danger », leur conseillaient d'en faire l'essai dans les mêmes circonstances de péril national. Leurs passions anti-impérialistes les poussaient à faire disparaître, par l'élection des chefs de corps, des officiers supérieurs notoirement affiliés à l'empire, nommés par lui, et en possession d'une incontestable autorité sur leurs troupes.

M. Gambetta menait ardemment cette campagne, et avec lui, à mon étonnement, M. Picard, qui défendait ordinairement les intérêts conservateurs. L'unanimité du conseil, le président du gouvernement et le ministre de la guerre exceptés, fut acquise à l'élection.

L'élection se fit sans désordres très graves, assez inquiétants toutefois dans les premiers moments, pour qu'à leur occasion je dusse exprimer devant le conseil le regret d'avoir été lié par des devoirs supérieurs à l'obligation de garder la présidence. Et, comme il arrive souvent en matière de votation par les foules, les résultats de cette bruyante et dangereuse opération furent très différents de ceux qu'attendaient ses conseillers. Tous les anciens officiers nommés par l'empire furent, à quelques très rares exceptions près, remis en possession, et *toutes les notabilités impérialistes qu'on entendait écarter par le vote furent élues.*

La leçon n'en fut pas perdue pour M. Gambetta, qui commençait là, avec une vive intelligence et une sagesse intermittente, son apprentissage de gouvernant. Quand, ayant assumé la direction des affaires en province, il créa et mit sur pied les armées de la Défense, la pensée ne lui revint pas un instant de recourir à l'élection pour la constitution du commandement et des cadres.

### L'affaire Ambert.

Il y avait dans l'armée, au temps de ma jeunesse militaire, un officier de cavalerie déjà mûr et de quelque talent d'écrivain, qui avait parmi nous une notoriété spéciale. Rédacteur en chef d'un journal militaire très accrédité, il avait fait de cette publication, pendant toute la durée du gouvernement constitutionnel, l'instrument d'une carrière qui l'avait conduit par étapes successives, sans faire la guerre, au commandement d'un régiment, et enfin, sous l'empire, au généralat.

Son journal, *la Sentinelle de l'armée*, avait été, tant qu'il avait vécu, une puissance militaire qu'on ménageait. Les souvenirs qu'elle avait laissés servirent encore au général baron Ambert, atteint par la limite d'âge dans le grade de brigadier, à obtenir du gouvernement impérial une haute situation très lucrative et enviée, celle de conseiller d'État. Lui-même allait racontant partout qu'indigné de l'injustice qu'on lui faisait en lui refusant le grade de divisionnaire, il avait déclaré au ministre que, si la compensation du conseil d'État ne lui était pas accordée, il allait faire revivre la *Sentinelle de l'armée*, et qu'on entendrait parler d'elle.

Je n'avais pour le caractère de cet officier général qu'une

médiocre sympathie, et les mérites de sa carrière me paraissaient plus que contestables ; mais quand il fit la demande, comme tous les généraux en retraite présents à Paris, d'un commandement en vue du siège, je m'empressai de déférer à son vœu. Il eut celui du secteur des Ternes.

L'ennemi se montrait devant Paris sud-est, et j'avais passé l'après-midi du 18 septembre à observer, du fort de Charenton et du donjon de Vincennes, ses premiers mouvements, quand, rentrant au Louvre à la chute du jour, je trouvai les officiers du quartier général livrés à une inexprimable agitation.

Ils me dirent que le général Ambert était entré en discussion, au sujet de la république, avec les foules armées et non armées au milieu desquelles, comme tous les commandants des secteurs de la Défense, il fonctionnait ; que ces foules exaspérées l'avaient saisi, battu, traîné par les rues en l'accablant de sévices ; que passant en cet état devant l'hôtel de l'Intérieur où se trouvait heureusement le ministre (M. Gambetta), il avait été recueilli par lui ; que la multitude s'était dispersée, qu'enfin le général était en sûreté.

« Il est en sûreté ! J'en remercie Dieu, car il y avait là
« tous les éléments d'une tragédie qui aurait pu être fatale
« au général Ambert et à la défense de Paris. A présent,
« qu'il aille au diable ! »

Telle est l'exclamation par laquelle je répondis au récit que venaient de me faire mes officiers.

Que pouvais-je fonder, devant l'explosion des passions patriotiques, politiques et bientôt anarchiques au milieu desquelles j'opérais, sur un collaborateur ainsi fait ? J'ai eu l'honneur d'avoir, au siège de Paris, beaucoup de généraux sous mes ordres. Ils n'avaient pas contre la république, comme le général Ambert, le grief particulier d'avoir perdu par elle une grande situation ; mais je ne crois pas me tromper beaucoup en disant que *pas un* n'avait le goût de cette forme de gouvernement, que *pas un* n'avait de sympathie pour les hommes politiques qui le représentaient. Quelques-uns, comme le général Ducrot, en avaient la haine ; mais tous avaient aussi le sentiment profond des devoirs de réserve, de prudence, d'abnégation même, que leur créaient l'invasion et la grandeur des périls du pays.

Le général Ambert ne reparut plus. Rendu par cette crise au rôle de simple spectateur des événements de 1870-71, il s'en est fait l'historien. Il a écrit sur cette guerre, et sur les opérations de toutes les armées qui y ont concouru, de gros livres où il juge souverainement les hommes et les choses, distribuant l'admiration, l'éloge, le blâme, l'injure ou le dédain, avec l'autorité d'un général d'armée qui a porté toute sa vie le harnais des batailles et les responsabilités du commandement à la guerre. Le journalisme, le reconnaissant sans doute pour un des siens, a exalté le mérite de ses travaux, « digne couronnement d'une glorieuse carrière, » disent les feuilles dont la mission est d'en pénétrer le public.

Cela ne se voit et n'est possible qu'en France.

Ce déplorable incident dont les conséquences, au début du siège, pouvaient être si graves, me suggère quelques réflexions qui se feront jour plus d'une fois dans ces souvenirs, parce que j'en ai l'esprit rempli :

Entre toutes les fictions d'origine démocratique ou autoritaire qui, de révolution en révolution et de guerre en guerre, ont fait le fond de l'état social tourmenté que nous avons aujourd'hui, les plus dangereuses sont les fictions militaires, celles qui concernent les personnes et celles qui concernent les choses. Des articles de journaux intelligemment échelonnés autour de la carrière d'un officier assurent sa fortune et suffisent quelquefois à le conduire au généralat. Vienne une guerre d'accident en Algérie, à Madagascar, au Tonkin, ils illustrent les services de leur officier favori, son nom devient populaire, il est proclamé général d'armée, et, dans la prochaine guerre en Europe, il commandera cent mille hommes !

Laquelle des personnalités militaires que les malheurs de la dernière guerre ont vouées à la colère publique ou au décri, n'avait pas bénéficié de ces apothéoses de convention ? Aucune, je pense, n'ont eu une part plus large et plus continue que le maréchal Bazaine, au cours d'une carrière qui, commencée dans le rang, devait, de panégyrique en panégyrique, aboutir au maréchalat et au commandement des grandes armées. Mais à quoi nous servent ces dures leçons infligées par la réalité à la fiction militaire ? La politique et l'intérêt personnel, avec le journalisme pour instrument et la légèreté publique pour auxiliaire, continueront à grandir démesurément certains officiers, en transfigurant les faits à leur profit. La France comptera toujours beaucoup d'éminents généraux, et elle aura encore plus d'une fois, à l'heure des luttes sans merci, de douloureux mécomptes.

### L'effort de M. Thiers auprès des neutres.

Je ne consacre ici que quelques lignes au patriotique et laborieux effort que M. Thiers, avec la grande autorité de son nom et de ses services, allait faire auprès des principales cours d'Europe pour les déterminer à une intervention, — qui ne pouvait plus être que diplomatique, — dont la France, prête à négocier tout en se préparant à la dernière lutte, aurait tiré quelque avantage. L'espoir en était plus qu'incertain.

D'une part, les puissances, surprises autant que nous-mêmes par la foudroyante évolution des événements, étaient comme interdites, et attendaient ceux qui décideraient de l'existence d'un État républicain auquel elles n'avaient aucune raison d'être sympathiques.

D'autre part, les gouvernements aussi bien que les peuples éprouvaient une satisfaction, secrète chez les uns, manifeste chez les autres, à voir une nation, qui se croyait et se proclamait à cor et à cri la première du monde par les armes, aux prises avec l'humiliation d'une défaite écrasante, non pas devant leur coalition comme autrefois, mais dans un duel entre deux armées.

### Le scandale des caricatures.

C'est dans le même temps que la ville de Paris, soumise à tous les désordres dont j'ai parlé, fut inondée de caricatures ignobles qui mettaient spécialement en scène l'empereur, l'impératrice et les personnalités de l'ancienne cour. Ce fut écœurant, et plusieurs publicistes, notamment M. Veuillot, en prirent texte pour lancer contre le gouvernement de violentes philippiques. Fondées en principe et facilement éloquentes, car le sujet s'y prêtait, elles étaient en fait absolument injustes.

Comment ce gouvernement, aux prises avec l'effrayant problème de l'existence nationale, qui était sans force devant les passions que les événements avaient déchaînées, qui ne pouvait pas invoquer les lois de l'empire devant la justice elle-même frappée d'impuissance, qui n'avait plus de police urbaine, aurait-il arrêté cette abjecte invasion? Est-ce qu'il put se protéger lui-même contre ces passions quand, en pleine action de guerre autour de Paris, il se voyait assailli dans Paris le 31 octobre, et tombait au pouvoir de forcenés à qui il n'échappait que par le miracle d'un retour au patriotisme et au bon sens de la majorité des citoyens?

A l'heure présente (1886), après quinze ans de paix, le gouvernement ne parvient pas à arrêter la diffusion dans Paris des obscénités du livre ou de l'image, qui révoltent l'honnêteté. Peut-être la législation républicaine est-elle insuffisante. Ne serait-ce pas plutôt l'une des marques de l'altération des mœurs publiques?

*Quid leges sine moribus?*

C'est au cours des événements qui remplissent ce chapitre qu'eut lieu l'entrevue de Ferrières, où Jules Favre tenta d'entrer en négociations pour la paix avec M. de Bismarck.

J'ai fait (Introduction, — Jules Favre, page 44) l'exposé complet des circonstances qui ont précédé, accompagné et suivi cette hardie et patriotique entreprise. Je n'y reviens pas ici.

# CHAPITRE VII

L'ENNEMI FORME LE BLOCUS. — LE GRAND QUARTIER GÉNÉRAL ALLEMAND A VERSAILLES. — PREMIERS ENGAGEMENTS

Nous sommes en présence de l'ennemi. Il a écrasé en quelques jours toutes les forces organisées du pays, l'armée de Metz exceptée, qu'il enveloppe et qu'attend la douloureuse destinée qu'on sait. Il a déjà fait entrer en France plus de huit cent mille hommes, il est en force partout. Nos généraux, nos officiers, nos soldats, notre matériel et nos approvisionnements de guerre sont en Allemagne.

C'est sous ces douloureux auspices, désespérés pour quiconque a le sentiment du possible et de l'impossible de la guerre moderne, que s'ouvrent le siège de Paris et les opérations des rassemblements armés de la Défense nationale. Tableau saisissant par la prodigieuse inégalité des éléments qui vont entrer dans la lutte. Les haines des partis ont obscurci ce tableau. Ils ont quelquefois décrié la lutte et souvent les lutteurs, mais je crois que dans l'histoire universelle, sinon dans l'histoire de France, le tableau et la lutte seront grands.

Personne, je pense, ne s'attend à trouver ici un exposé de stratégie et de tactique à propos de cette guerre de plus de quatre mois, commencée dans l'insuffisance des moyens, continuée et terminée dans les dures épreuves de la guerre civile et de la faim. Je n'hésite pas à déclarer que, tant qu'elle a duré, je n'ai eu ni une idée de stratégie, ni une idée de tactique.

Je n'avais, je l'ai dit, d'autre vue que de mettre les Allemands aux prises avec une autre Saragosse. Moralement et militairement, c'était l'unique conflit dont j'eusse les moyens, et je les avais pleinement. Quand cette laborieuse préparation et cette espérance furent rendues vaines par le parti pris d'immobilité défensive de l'ennemi, ma première conception du siège de Paris ne fut remplacée dans mon esprit par aucune autre. Mon expérience et ma conscience s'y refusaient; mon expérience, parce que j'avais fait et observé la guerre pendant la plus grande part de ma vie, que j'y avais exercé des commandements, que je savais quelle serait toujours l'issue finale d'un combat sérieux en rase campagne de nos bataillons improvisés contre les forces prussiennes; ma conscience, parce qu'elle me défendait de sacrifier des milliers d'existences françaises, hors des cas où je m'en croirais le devoir, aux obsessions qui me pressaient *d'en finir avec les Prussiens,* car beaucoup de gens en étaient là. Leur incurable chauvinisme avait résisté à la foudroyante et humiliante leçon des calamités de cette guerre.

C'est au hasard des circonstances, souvent au hasard des visées personnelles des généraux qui exerçaient le commandement sur les divers points d'un champ de bataille démesurément étendu, que se sont déroulés les événements militaires dont la légende, selon ses affinités ou ses répulsions politiques, a fait des récits que ces pages rectifient, sans prétendre, je le répète, à remplacer la légende.

Pendant le siège et depuis, j'ai été fidèle à ce principe

supérieur de commandement, qui veut que la *responsabilité du chef couvre absolument la responsabilité des subordonnés*. Jamais, pour répondre aux accusations ou aux injures dont j'ai été et suis encore quelquefois l'objet, je n'ai mis en cause un seul des généraux sous mes ordres, poussant le scrupule de ce devoir jusque-là, que devant la prise du Bourget, par exemple, qui fut l'un des plus inattendus revers et aussi l'un des plus grands scandales militaires du siège, je suis resté muet.

Mais quand ce livre sera lu, j'aurai été délié par la mort de l'observation des principes qui furent la loi de ma vie. Pour la première fois, avec toute la modération que je dois, mais très nettement, je montrerai comment, au milieu de l'universel désordre social, politique et militaire qui formait l'atmosphère où le drame en préparation allait s'accomplir, l'inévitable relâchement des liens de l'obédience hiérarchique dans le haut, de la discipline dans le bas, fut l'un des caractères les plus apparents et les plus inquiétants de la situation.

Les généraux chargés à l'extérieur de Paris des principaux commandements n'étaient pas comme moi dans la fournaise, aux prises avec les passions qui l'alimentaient et dont j'avais le devoir de conjurer, au moins de retarder l'explosion qui devait nous frapper, moralement, d'impuissance devant l'ennemi. De tout cela, ils n'avaient pas souci. Vivant hors des murs au milieu de leurs soldats, toujours en présence des avant-postes prussiens, toujours à la veille d'une action possible, ils lui donnaient, quand elle était engagée, les proportions et quelquefois les directions qui convenaient à leurs vues, trop souvent à leurs ambitions particulières. Tous assurément étaient animés d'un patriotisme sincère; mais tous, avec des degrés, avaient cette liberté d'allures propre aux *irresponsables* qui savent qu'au-dessus d'eux l'*État* n'existe plus, qu'il n'y a plus d'autres lois que celles que les événements créent, que les desseins comme les volontés du commandement sont dépourvus de toute sanction gouvernementale aussi bien que de toute sanction nationale.

Ceux de ces généraux qui ont écrit sur le siège n'ont pas manqué d'établir que, si le général en chef avait adopté leurs projets ou secondé opportunément leur exécution, la défense de Paris aurait pu avoir d'autres résultats. Les gens de guerre, qui apporteront dans l'examen de la question l'impartialité à laquelle je fais appel, jugeront de la valeur de ces théories de défense par les réalités que je fais connaître.

Dès le 17 septembre, l'ennemi procédant, comme on devait s'y attendre en raison des effectifs dont il disposait, par voie d'enveloppement, se montrait un peu partout dans la banlieue de Paris. Il était en force autour de Villeneuve-Saint-Georges, où il jetait un pont sur la Seine. Il était signalé à Chelles, Montfermeil, Livry, Gonesse, Cormeille, Herblay, etc.

L'escadron des éclaireurs volontaires de la Seine aux ordres du commandant Franchetti eut, ce jour-là, l'honneur de la première rencontre avec les Allemands. En reconnaissance du côté de Créteil, il se heurtait à leurs éclaireurs, les chargeait, avait quelques volontaires blessés, quelques chevaux tués, et se repliait après avoir fait de bonnes preuves de début.

Cet escadron était composé d'une élite de jeunes hommes animés d'un très bon et très patriotique esprit. Riches pour la plupart et propriétaires de leurs chevaux *qu'ils ne ménageaient pas*, ils étaient très allants, entreprenants et toujours prêts à bien faire. Leur commandant Franchetti, ancien officier de cavalerie, montrait beaucoup de dévouement et des qualités militaires qui me le firent remarquer. Après avoir activement servi pendant le siège, il devait succomber après la bataille de Champigny aux suites d'une blessure mortelle. Au souvenir particulier que j'ai voulu donner ici à l'escadron des éclaireurs volontaires de la Seine, je joins l'hommage que je dois à la mémoire de son chef tué à l'ennemi.

### Combat de Châtillon (19 septembre 1870).

J'ai dit, en discutant l'état des défenses de Paris, que le plateau de Châtillon, qui les dominait de si près au sud-ouest, ne pouvait être occupé et défendu par nos troupes qu'à la condition qu'elles y eussent l'appui d'un ouvrage de fortification permanente, à l'abri d'une attaque de vive force par conséquent, et armé de canons couvrant de leurs feux les bois dangereux et les hauteurs qui le bordent ; que l'empire, au moment de la guerre, en avait ordonné la construction, dont les fondations, sortant à peine du sol, ne pouvaient être utilisées pendant les quelques jours de répit que l'invasion nous laissait.

C'est ce plateau sans défense, et que ne pouvait atteindre le canon d'aucun de nos forts, que le général Ducrot vint me proposer de disputer à l'ennemi cheminant en grandes masses vers la ville de Versailles, en lui livrant bataille avec toutes mes forces actuellement disponibles. Je m'y refusai péremptoirement, motivant ma résolution non seulement par les considérations d'ordre technique qui surabondaient, mais en faisant ressortir l'état d'insuffisance actuelle de nos rassemblements armés, vis-à-vis des troupes allemandes régulières, entraînées au feu, en pleine possession de l'ascendant moral que crée une suite ininterrompue de victoires. Mais je reconnus qu'en les laissant se fixer, sans coup férir, sur le plateau de Châtillon, nous courions le risque de leur donner de l'étroitesse de nos moyens et des misères de notre situation une idée excessive qui grandirait leur confiance, qui surtout affaiblirait celle de nos troupes et de la population.

En conséquence, je décidais :

« Que le général Ducrot avec son corps d'armée occupe-
« rait le plateau, s'avançant jusqu'au village du Plessis-
« Piquet que nous allions fortifier passagèrement aussi bien
« que les fermes et tous les points du plateau qui pourraient
« servir de soutiens successifs à nos jeunes troupes pour la
« retraite qui suivrait l'engagement ; que le village et les
« hauteurs environnantes seraient la limite extrême et les
« points d'appui de cet engagement ; qu'enfin après un
« combat de canon, de mousqueterie si les distances le
« permettaient, la retraite s'effectuerait par échelons sur
« Paris, laissant à l'ennemi, qui ne pouvait nous entamer
« sérieusement dans de telles conditions, une impression
« qui servirait utilement les intérêts de la défense. »

Dans cet ensemble, il n'y avait rien d'héroïque, j'en conviens, rien non plus, je pense, qui ne fût logique, raisonnable, conforme à l'état de nos forces et de nos affaires. Mais le bouillant général, sans l'avouer, l'entendait autrement. Il se réservait de s'engager bien plus à fond. Il espérait battre les Allemands, rester maître du plateau et s'y établir. Dans ces vues, n'ayant en artillerie, comme tous les généraux du siège, que des pièces de divers modèles anciens, il y avait joint des pièces de 12 (gros calibre peu maniable), destinées à la défense de la redoute en terre qu'il se proposait d'élever (ce qui n'était guère praticable) sur les commencements d'ouvrage maçonnés laissés par l'empire.

En tenant indéfiniment, avec sa vaillance ordinaire, au Plessis-Piquet, dans les fermes du plateau, partout où la résistance lui parut possible, le général Ducrot donna le temps à l'ennemi de se condenser en masses de plus en plus considérables autour de la position, de faire occuper par son infanterie les bois qui la bordaient, par son artillerie les hauteurs qui avaient des vues sur le plateau. Sous ce feu grandissant en intensité, nos jeunes soldats se troublèrent à ce point qu'un bataillon de mobiles, voyant les Allemands partout, en fusilla un autre qui arrivait en auxiliaire par un bouquet de bois que nous occupions; à ce point encore, qu'un régiment provisoire, formé tout récemment sous l'uniforme des zouaves, se débanda, s'enfuit vers Paris et jusque dans Paris où il jeta l'alarme par d'effrayants récits; à ce point enfin, qu'une division tout entière (de deux brigades), qui était en réserve, jugea par ce mouvement de recul que le combat était terminé, que la retraite s'effectuait, et se replia spontanément sur Paris.

Le général Ducrot, qui avait sous la main ses meilleures troupes et de bons officiers que son exemple soutenait, prolongea quelque temps encore le combat; mais, reconnaissant l'inutilité et le péril de son effort, il ordonna la retraite et ne descendit des hauteurs de Châtillon que parmi les derniers. Il avait fallu abandonner les huit pièces de 12 restées sur l'emplacement de la redoute, à l'ennemi qui envahissait le plateau, mais n'avançait qu'avec lenteur et, fort heureusement, ne pressait pas la retraite.

Comme à mon tour je traversais l'enceinte pour monter à Châtillon, jugeant que notre combat de convention devait être en cours et que j'allais assister à une retraite en bon ordre devant l'ennemi resté à distance, c'est à une déroute, au moins aux apparences d'une déroute, que je me heurtais.

La division qui s'était repliée, comme je l'ai dit, rentrait en ville passant les portes, sans désordre; mais je ne pouvais comprendre que la retraite des troupes fût à ce point avancée. Interrogeant le général commandant[1] avec une vivacité qui se comprend, je le trouvai hors d'état de me renseigner sur les circonstances de l'engagement. Il se bornait à affirmer que tout le corps d'armée du général Ducrot se retirait.

A mon étonnement succédait peu après une vive émotion, quand j'aperçus descendant en désordre les pentes du plateau, dans la direction des portes de Vanves et d'Issy, des isolés et des groupes en fuite. Ma première impression fut que le général Ducrot, dont je demandais vainement des nouvelles, avait pu être pris ou tué. Il ne me parut pas impossible, — c'était encore un jugement à la française, — qu'au cas d'une défaite caractérisée, l'ennemi suivant de près les fuyards tentât un coup de force sur l'enceinte; et, installé dans l'un de ses bastions, je prescrivis les dispositions que comportait cette éventualité.

Dans son livre sur la défense de Paris, le général Ducrot, rapportant les instructions écrites, très détaillées, qu'il avait reçues de moi pour le combat de Châtillon, s'arrête au passage suivant qui était en effet très caractéristique de mes intentions :

« Si l'ennemi s'allongeait devant vos positions, cheminant
« vers Versailles, vous pourriez tâter son flanc, mais avec
« la plus grande circonspection, car en sortant de la posi-

---

[1] L'enquête dont cet officier général (mort pendant le siège) fut l'objet amnistia sa retraite par la déclaration motivée d'un malentendu. Oui, il y avait eu un malentendu, mais il témoignait du trouble profond où étaient les esprits.

« tion défensive où vous êtes et perdant l'appui des forts,
« vous perdriez du même coup une part notable de vos
« avantages. »

Et il ajoute : *Je ne fus pas de cet avis.*

On ne le vit que trop, et pour qu'il ne fût pas de cet avis, il y avait deux raisons infiniment plus solides que celles qu'il en donne :

La première, c'est qu'au cours de sa belle carrière, le vaillant général, qu'il fût chef ou subordonné, n'a jamais été, notoirement, d'un autre avis que le sien.

La seconde, c'est que le rôle effacé qui consistait à tâter avec la plus grande circonspection le flanc de l'ennemi, n'allait pas à ce tempérament offensif. Le général, *in petto*, entendait obliger l'ennemi par l'énergie de son attaque à lui faire face, le rejeter hors du plateau et, comme je l'ai dit, y rester établi, en délivrant la défense de Paris du cauchemar des hauteurs de Châtillon (d'où devait venir plus tard une part des sévices du bombardement).

C'était tentant, personne plus que moi ne le reconnaît, mais c'était impossible. Le péril de l'entreprise et la gravité de ses conséquences étaient tels, que le combat de Châtillon, dans les proportions que le général Ducrot voulut lui donner, fut un acte de haute imprudence militaire, racheté par la grandeur des efforts qu'il fit personnellement pour en assurer le succès.

Il a encore écrit à ce sujet :

« Nos essais malheureux d'offensive semblaient donner
« raison à ceux qui, comme le gouverneur de Paris, pen-
« saient que nos jeunes troupes n'étaient ni moralement,
« ni matériellement en état de tenir en rase campagne. Je
« dis *semblaient*, car il est bien évident que si le gou-
« verneur avait voulu nous donner le 13ᵉ corps, s'il avait
« consenti, pour nous servir de son expression, *à mettre*

« *tous ses œufs dans le même panier,* afin de frapper un
« coup décisif, nous aurions vu couronner de succès notre
« tentative contre les têtes de colonne prussiennes. »

A cette étonnante assertion si tristement démentie par les événements de Wissembourg, Reischoffen, Spickeren, Sedan, Borny, Rezonville, Saint-Privat (pour nos vieilles troupes); par l'issue finale des efforts de l'armée de la Loire, du Nord, de l'Est et de Paris (pour nos jeunes troupes), j'oppose l'assertion suivante que je soumets avec conviction et confiance à tous les militaires compétents :

Si, selon les vues du général Ducrot, le 13ᵉ corps (alors l'unique réserve à peu près organisée de l'armée de Paris) eût été joint à celui qu'il commandait, pour le combat de Châtillon devenu une grande bataille offensive; si j'avais eu la faiblesse de céder à ses instances en mettant (comme je le lui dis en effet) tous mes œufs dans le même panier, *le siège de Paris finissait là !*

Je sais qu'il y a des Français qui trouveront que c'eût été bien heureux. C'est une opinion que le sentiment que j'ai de l'honneur national me défend d'examiner.

### Souvenir aux morts.

Au point de vue militaire, les effets de l'insuccès du 19 septembre furent tempérés par une circonstance heureuse.

Le général Ducrot, comme on l'a vu, ne parvint à engager qu'un petit nombre de bataillons, et nos pertes, par suite, restèrent fort au-dessous de ce qu'elles pouvaient être, environ cent tués et cinq cents blessés. Parmi les premiers, quatre officiers qui payèrent de leur vie un dévouement que je dois honorer en rappelant ici leurs noms :

Le lieutenant-colonel de Colasseau,

Le capitaine Fauveau,

Le capitaine Patriarche,

Le sous-lieutenant Lenglin.

Le général, au contraire, avait engagé son artillerie tout entière, et elle avait vaillamment combattu jusqu'à la fin. Il croyait, me dit et je publiai que les pertes de l'ennemi avaient été très considérables [1].

Au point de vue de l'esprit public, ou plutôt de l'esprit des masses populaires, l'insuccès du 19 septembre eut des résultats graves. Il fut le point de départ de ces rumeurs sourdes, de ces accusations haineuses qui devaient, avec les épreuves du siège et les excitations d'une presse abominable, s'accréditer de plus en plus ; qui allaient devenir dans quelques semaines l'arme de combat des anarchistes contre le gouvernement de la Défense, contre le commandement, contre tout ce qui était ou semblait un obstacle à la démagogie indifférente aux calamités de la guerre et de l'invasion, à la présence de l'ennemi autour de Paris, aux efforts du siège.

### Engagement de Villejuif.

Du combat de Châtillon, 19 septembre, au combat plus disputé et plus meurtrier de Chevilly, 30 septembre, divers engagements eurent lieu autour de Paris, dans la région du

---

[1] Les rapports allemands, toujours véridiques, montrèrent postérieurement que leurs pertes avaient été d'un tiers inférieures aux nôtres.

sud et du sud-est, résultats de reconnaissances qui nous fournirent de premières données sur les dispositions d'investissement que prenait l'ennemi. Il fut acquis que sur certains points de la banlieue dont nous pouvions tenter l'occupation parce qu'ils étaient défendables, les hauteurs de Villejuif, par exemple, les Allemands n'avaient que peu de monde.

Dans cette zone, outre l'important village de Villejuif que quelques travaux pouvaient mettre à l'abri d'un coup de main, nous avions des points d'appui. D'un côté, la redoute du Moulin-Saquet, commencée avant le siège et presque achevée; de l'autre, l'ouvrage maçonné des Hautes-Bruyères commencé par l'empire, comme je l'ai dit, et dont les vues sur L'Hay, occupé par les Prussiens, et sur la vallée de la Bièvre, pouvaient être utilisées par notre artillerie. Presque toute cette zone, d'ailleurs, était à portée de coopération des forts de Bicêtre et de Montrouge.

L'ensemble de ces occupations se fit le 23 septembre. L'ennemi nous les disputa faiblement et presque exclusivement par le canon. Un bataillon allemand qui vint avant le jour se heurter à nos barricades de Villejuif, se retira fort malmené avec de grosses pertes.


Tel fut cet engagement de Villejuif qui ne nous coûta qu'un officier, le capitaine Benoît, et un peu plus de soixante tués ou blessés. Intéressant pour nous par le fait de la prise de possession de bonnes positions défensives, il n'avait en réalité aucune importance militaire. Paris en fit un beau succès, aussi déraisonnablement que du combat de Châtillon il avait fait un grand désastre. Les complimenteurs m'arrivèrent, et comme je leur montrai que leur enthousiasme était hors de propos, ils se confirmèrent et confirmèrent leurs amis les politiciens dans l'opinion que je n'étais pas l'homme qui convenait pour mener les armées républicaines à la victoire, pour refaire Jemmapes et Valmy.

C'est ainsi que peu à peu, sans pertes appréciables, la défense put s'établir dans une succession de postes avancés dont l'ensemble formait autour de Paris la barrière à claire-voie dont j'ai déjà parlé, qui n'était pas sans quelque valeur de résistance.

Ces faciles conquêtes, suivies d'établissement, étaient bien accueillies par l'opinion. A mes yeux, elles étaient de mauvais augure pour notre avenir. Les Allemands, en ne s'y opposant que faiblement et quelquefois en ne s'y opposant pas du tout, me laissaient déjà entrevoir leur résolution de ne risquer ni l'attaque de notre zone défensive, ni l'attaque des forts de Paris, encore moins celle de son enceinte bastionnée et de ses retranchements intérieurs ; leur résolution, par conséquent, de nous enfermer dans la redoutable alternative que j'ai définie précédemment, de finir par l'émeute et par la faim, ou de risquer nous-mêmes, en portant l'offensive hors de nos lignes, l'attaque de l'armée allemande retranchée.

Pourtant, à ces dates (fin de septembre et commencement d'octobre) j'espérais encore que, ses effectifs et son matériel de siège arrivant sous Paris, l'ennemi entrerait en opérations, refoulerait nos avant-postes, ruinerait quelques-uns de nos forts et en viendrait enfin à la lutte autour de l'enceinte où je l'attendais avec une confiance entière.

### Scies patriotiques.

La fièvre belliqueuse était dans tous les esprits, — je serais plus exact en disant dans toutes les têtes, — et c'est à cette époque que je vis commencer contre moi *une scie* qui devait durer autant que le siège. Des délégations de chefs de bataillon de la garde nationale (qui ne comptait alors que des bataillons), que leur notoriété républicaine ou démagogique mettait en évidence, se présentaient devant le gouvernement, lui déclarant *que leurs troupes, qu'ils disaient organisées, s'indignaient de leur inaction et demandaient qu'on les menât à l'ennemi !*

Aux membres du conseil, à M. Gambetta notamment, qui étaient toujours disposés à accueillir cette patriotique requête, je répondais invariablement par ce refus motivé :

*Le rôle de la garde nationale, considérable et tout tracé, consiste dans la défense du rempart et des secteurs, conjointement avec la troupe, quand l'ennemi attaquera, et dans le maintien de la paix publique à l'intérieur, tant que l'ennemi n'attaquera pas.*

D'autres venaient incessamment demander, — et à leur tête M. de Rochebrune, l'un des chefs de la garde nationale les plus réputés pour son exaltation patriotique et qui devait plus tard se faire tuer glorieusement à la bataille de Buzenval, — *que le gouvernement déclarât solennellement la patrie en danger et proclamât la levée en masse.* A quoi je ne me lassais pas de répondre :

*Que tous les actes publics du gouvernement avaient déclaré la patrie en danger et que la levée en masse existait en fait, puisque toutes les armes dont l'État disposait ou qu'il avait pu recueillir étaient distribuées.*

Ma double réponse, dans les deux cas, n'avait pas d'autre effet que d'achever ma réputation de tiédeur patriotique et militaire.

### En conseil de gouvernement.

C'est au cours de ce mois de septembre que se produisaient, dans le gouvernement et autour du gouvernement, divers incidents dont je parlerai brièvement, en me bornant aux principaux :

1° L'entrevue à Ferrières (dont j'ai écrit ailleurs l'histoire vraie) de M. Jules Favre avec M. de Bismarck en vue de négociations pour la paix.

2° Les manifestations patriotiques dans la rue, spécialement autour de la statue de Strasbourg (place de la Concorde). Elles entretenaient une dangereuse agitation qui devint à peu près permanente, que le gouvernement voulut et ne put pas réprimer.

3° La proposition, incessamment présentée, de la suppression de la préfecture de police par le préfet de police lui-même, M. de Keratry.

Je m'arrête ici un instant sur la physionomie de ce fonctionnaire du siège, l'un des plus singuliers entre tous les personnages d'allure patriotique imprévue, avec qui les événements m'avaient mis momentanément en contact.

Je ne le connaissais que par une visite qu'il m'avait faite dans les premiers jours de septembre, pour m'exprimer le souhait de voir figurer ma signature au folio de l'état-civil de son enfant nouveau-né. Ne sachant rien de lui, j'étais très étonné et comme étourdi de l'attitude plus qu'agitée qu'il avait devant le conseil quand son mandat l'y appelait. Il n'y apportait que des nouvelles ou des avis extraordinaires, des révélations saisissantes, qui semblaient devoir aboutir aux plus graves conséquences et n'aboutissaient jamais à rien. C'est ainsi qu'il dit et répéta pendant plusieurs jours qu'il avait découvert dans les archives de la préfecture de police la preuve « de faits d'ordre politique et administratif « d'une si révoltante immoralité, qu'il considérait l'institu- « tion comme un abominable foyer de corruption dont il « demandait la suppression ».

Au conseil qui l'invitait à produire les pièces, à démontrer les faits gravement compromettants, disait-il, pour une foule de personnages, il n'apporta et ne démontra jamais rien. Ses révélations « de haute importance » en restèrent là. De la part du premier préfet de police du siège, ces exhibitions de « beaucoup de bruit pour rien » se succédèrent ainsi jusqu'à la plus étonnante de toutes, dont je parlerai en son temps, qui mit fin à cette singulière magistrature. Ses successeurs furent infiniment plus sérieux.

Garibaldi avait offert ses services à la république. Ses propositions, chaudement accueillies par quelques membres du conseil, notamment par M. de Rochefort, furent repoussées par la majorité des membres présents, notamment et très vivement par MM. Jules Favre et Jules Ferry. Je fis ressortir à mon tour les inconvénients certains, les périls possibles, de l'intervention de combattants étrangers dans une guerre de défense nationale. Nous ne pouvions admettre dans nos rangs aucun étranger, quel qu'il fût.

Le conseil parut se rendre à ces observations et dans tous les cas ne vota pas ce jour-là. Je n'ai aucun souvenir du retour de cette question devant lui, et je ne sais quand, comment et par qui, Garibaldi et ses gens ont été invités à entrer en France[1].

---

[1] Je supposais, quand j'écrivais ces lignes, que Garibaldi était entré en France à la faveur du désordre universel qui régnait dans le pays.

Je me trompais. Il y avait été appelé par *la délégation de Tours,* sur la proposition de M. Crémieux vainement combattue par l'amiral Fourichon.

Je suis dans la même ignorance au sujet d'un autre incident qui a justement ému l'opinion. L'un des ministres ayant annoncé au conseil qu'on avait découvert aux Tuileries un nombre considérable de documents politiques et privés, il fut décidé (séance du 24 septembre) *qu'une commission spéciale serait formée pour leur dépouillement et leur classement*. Rien de plus.

Jamais, je pense, cette question n'est revenue au conseil. Par qui et comment cette commission d'examen a-t-elle été formée? Qui a voulu et autorisé la publication de ces documents? Je n'en sais rien.

Singulier gouvernement, a-t-on dit, et singulier chef de gouvernement! Oui, et bien plus singuliers que ne l'imaginent leurs plus ardents détracteurs. L'État était une fiction, le chef de l'État une fiction encore plus caractérisée. Les délibérations, les discussions, les résolutions, les décrets étaient des fictions. On en vivait misérablement, au jour le jour, chacun sentant bien, sans le dire, qu'il n'y avait là qu'une réalité, une écrasante réalité : l'*invasion*. Pour moi, je n'en voyais pas d'autre, et à cette réalité j'appartenais en entier, impuissamment mais cordialement, sans aucun souci de tout le reste.

J'étais dès la fin de septembre, à la suite de nos premiers combats, serré de près par les demandes de décorations, et j'en pouvais prévoir le débordement futur. Je crus devoir en entretenir le conseil, et, à cette occasion, on a dit et écrit que j'avais proposé la suppression de la Légion d'honneur.

Non, je n'avais pas proposé la suppression, — désirable à mon avis, — d'une institution entrée trop profondément dans les mœurs publiques pour qu'un gouvernement sans autorité et qui avait le devoir exclusif de la défense nationale pût entreprendre une telle réforme. Mais j'avais montré en termes très vifs au conseil les déplorables abus qui avaient faussé cette institution, devenue, au civil, l'auxiliaire de toutes les politiques et un moyen de gouvernement qui avait propagé dans la société française, avec le besoin de paraître, de honteuses habitudes de sollicitation et de servilité ; dans l'armée, des appétits de convention avec des sentiments de banalité dus à la facilité avec laquelle ces récompenses s'accordaient.

« Allons-nous, avais-je dit, donner au monde, dans le
« douloureux abaissement où nous sommes, le spectacle
« de la dispute des décorations autour de nos foyers
« envahis ? Je voudrais que l'effort de la défense nationale
« fût gratuit. S'il ne peut pas l'être, que nos récompenses
« soient rares, qu'elles ne soient accordées que pour d'écla-
« tants services ; elles seront proportionnellement honorées.
« Je chercherai, quant à moi, à faire pénétrer dans l'es-
« prit de mes troupes la pensée qu'*une citation*, qui sera
« difficile à obtenir, *à l'ordre de l'armée de Paris* est un
« titre d'honneur au-dessus de tous les autres. »

J'avais conclu en demandant que le gouvernement décidât *par décret* que les décorations ne seraient accordées, en nombre infiniment restreint, qu'à des mérites militaires supérieurs et bien constatés ; que les noms des décorés ou médaillés ne figureraient qu'à l'ordre du jour du groupe auquel ils appartiendraient, procédé restreint et tout militaire de publicité qui ne propagerait pas la contagion.

Telle était restée, à travers cinq générations et autant de révolutions autoritaires ou démocratiques, la force de la création impériale, que le gouvernement républicain de 1870 recula devant ces propositions assurément fort tempérées ! Comme, peu après (17 octobre), dans une instruction [1], —

---

[1] J'avais adressé aux généraux de l'armée de Paris l'instruction suivante qui fut rendue publique :

« Je suis absolument résolu à faire cesser les vieux errements origi-

qui resta sans effet, — je traçais aux généraux de l'armée de Paris les règles dont ils devaient s'inspirer pour réaliser dans leur sphère les vues que je viens d'exposer, *tous* m'apportèrent des observations qui leur étaient contraires.

Nous étions loin du temps où les généraux de la première république ne réclamaient pour leurs soldats que des distributions régulières de vivres :

« Pas de pain, pas de lapins. Pas de lapins, pas de victoires. »

« naires de la guerre d'Afrique, qui consistent à citer après chaque
« engagement une foule de noms, à commencer par ceux des généraux,
« à finir par ceux de quelques soldats. Ce système a créé la banalité
« dans un ordre de principes, de sentiments et de faits qui devraient
« garder une haute valeur aux yeux des troupes comme aux yeux du
« pays, et qui sont l'une des bases de l'état moral des armées.
« Je veux qu'une *citation à l'ordre de l'armée de Paris* soit une
« récompense qui prime toutes les autres, qui soit enviée par les plus
« haut placés comme par les plus humbles défenseurs de la capitale.
« Nous avons à faire pénétrer dans l'esprit de nos officiers et de nos
« soldats cette grande pensée dont les monarchies n'ont pas voulu et
« que la république doit consacrer : *que l'opinion seule peut récom-*
« *penser dignement le sacrifice de la vie.*
« Dans ces vues, vous m'adresserez pour les combats des 19 et
« 30 septembre et du 13 octobre une liste de quarante noms, sans plus.
« Et rappelez-vous que si la notoriété publique militaire ne ratifie pas
« *un à un* les choix que vous allez faire, vous aurez gravement com-
« promis votre responsabilité devant moi et gravement compromis le
« grand principe que je veux faire prévaloir.
« Que vos investigations soient lentes et sûres, qu'elles descendent
« jusqu'aux derniers échelons de la hiérarchie, qu'elles soient contrô-
« lées sévèrement, que ce soit une enquête d'honneur faite avec le
« temps et la maturité nécessaires. Les titres antérieurs doivent s'effa-
« cer devant les titres spéciaux que le combat a créés et qui font
« ressortir des individualités qu'il est de notre devoir d'honorer publi-
« quement et de montrer aux troupes comme un encouragement et
« comme un exemple.
« Paris, le 17 octobre 1870.

« *Le Gouverneur de Paris,*
« Général Trochu. »

Les généraux de la troisième république, sans parler de victoires, déclaraient que les croix, médailles et revenus joints, étaient des stimulants indispensables aux soldats de la Défense nationale. Nous avions fait du chemin dans le sens du positivisme patriotique !

Toutes les armées de la Défense, les réguliers, les irréguliers, les notables des populations envahies, ont donné au pays le spectacle que je prévoyais, d'une compétition infiniment plus ardente que décente autour des décorations. Si je me suis étendu sur ce sujet, c'est que l'insuccès, je pourrais dire la déroute, des vues que j'avais exprimées devant le gouvernement et devant l'armée de Paris fut, entre toutes les déceptions que mes espérances devaient rencontrer dans la tâche que j'avais assumée, l'une des premières.

A côté du patriotisme désintéressé, obscur, qui ne se montrait pas, j'allais voir à l'œuvre le patriotisme « donnant donnant », qui s'affichait avec le plus d'éclat qu'il pouvait. Et comme, dans ce temps-là, avec une confiance que m'inspirait l'excès des malheurs qui châtiaient nos erreurs et nos fautes, je croyais à une grande réforme des institutions nationales et des mœurs publiques, j'eus le pressentiment que ma croyance était un rêve.

### Combat de Chevilly (30 septembre 1870).

Le combat de Chevilly-L'Hay-Thiais devait inaugurer brillamment, quant à l'effort des troupes, douloureusement, quant à leurs pertes et aux résultats obtenus, la série des luttes que les circonstances allaient nous conduire à engager avec l'ennemi. Ce fut le général Vinoy, commandant le

13ᵉ corps, qui mena l'entreprise. De cet officier général, du 13ᵉ corps et des circonstances qui donnèrent lieu au combat de Chevilly, je dirai quelques mots.

Originaire du rang, d'une instruction générale et militaire limitée, d'une portée d'esprit ordinaire, mais doué de beaucoup de finesse sous des apparences un peu lourdes, le général Vinoy avait été à l'armée d'Afrique un très bon officier de troupes, et, par l'effet des guerres qui suivirent, il avait honorablement atteint les sommets de la hiérarchie.

En 1870, arrivé avec son corps d'armée sur le théâtre des opérations pour y apprendre nos désastres, il se décidait sagement à se soustraire à leurs conséquences, en battant en retraite sur Paris. Dès qu'il sut que ses éclaireurs avaient aperçu ceux de l'ennemi, il marcha rapidement en arrière, sans être inquiété, jusqu'à la ligne ferrée dont il n'était qu'à quelques lieues, et y embarqua ses troupes et son matériel.

Un journaliste qui suivait son quartier général, évoquant à cette occasion le souvenir des grandes retraites de l'histoire, celle de Prague-Egra dans les temps modernes, celle des Dix Mille dans l'antiquité (des bords du Tigre aux rives du Bosphore de Constantinople), détermina dans la presse une véritable explosion admirative. D'abord qualifié d'éminent, puis d'illustre, le général Vinoy arriva tout à coup devant le gouvernement de la Défense et devant l'opinion à une haute renommée militaire.

Personne ne s'avisa d'examiner, de comparer, de considérer que le maréchal de Belle-Isle, dans sa retraite de quarante lieues, était entouré; que Xénophon, dans sa retraite de trois cents lieues à travers toute l'Asie Mineure, avait à la fois sur les bras l'ennemi et les populations; que surtout ni l'un ni l'autre n'eurent à leur disposition, pour réaliser leurs périlleuses entreprises, une inépuisable série de wagons (des trois classes) cheminant paisiblement à la vapeur loin, de plus en plus loin de l'ennemi...

Déplorable manie française qui nous conduit à surfaire les personnes après les choses, et à substituer les puériles satisfactions de la vanité nationale aux réalités, aux dures leçons de la guerre, au milieu même de ces réalités et de ces leçons !

J'ai déjà dit que le 13e corps, que le général Vinoy allait mener à l'ennemi, était le dernier formé par l'empire après l'épuisement de toutes les réserves instruites, avec les disponibilités qu'on avait pu recueillir dans les dépôts. Il se composait de régiments de marche, de constitution fort mêlée en officiers, en sous-officiers et en soldats, troupes sans cohésion, sans esprit de corps, et dont l'instruction professionnelle était tout à fait sommaire ; mais elles avaient beaucoup de bon vouloir et assez de discipline au milieu de l'indiscipline universelle.

Le 13e corps n'avait pas vu l'ennemi (en dehors de quelques échappés de Sedan qui l'avaient trop vu), mais il avait voyagé en chemin de fer, un peu marché, un peu bivouaqué. Il offrait un certain ensemble auquel j'avais beaucoup ajouté en lui adjoignant la brigade venue de Rome (35e et 42e de ligne, mes deux uniques régiments réguliers), brillamment commandée, comme je l'ai dit, par le général Guilhem. Il m'était donc permis d'espérer que le 13e corps abordât vigoureusement l'ennemi.

Cette espérance ne fut pas trompée, mais l'événement vint péniblement confirmer les vues, différentes de celles de plusieurs de mes collaborateurs, que j'avais sur la puissance relative des moyens de l'assiégé et des moyens de l'assiégeant.

Quelques jours avant l'engagement, le général Vinoy vint me demander, dans l'esprit de prouesse plus patriotique que sensé qui régnait alors, l'autorisation de faire sur Choisy-le-Roi, qu'il ne croyait occupé que par des troupes de landwher, un pointe *dont il déclarait l'exécution facile.* Il s'agissait de marcher rapidement vers l'objectif et de s'y établir de manière à obliger l'ennemi à élargir l'investissement après avoir détruit le pont qu'il avait jeté là sur la Seine.

Devant cet inconcevable programme d'opérations, je restai, aussi bien que mon chef d'état-major le général Schmitz, présent à cet entretien, frappé d'étonnement. Quoi ! faire une telle marche en avant de nos lignes, hors de portée de toute assistance, vers un point sans aucune valeur pour nous, où nous ne pourrions pas tenir un instant, après avoir détruit un pont qui serait rétabli une heure après notre retraite ! Faire cette marche par des voies que commandaient, que barraient en quelque sorte Thiais, Chevilly, L'Hay, occupés par l'infanterie et par l'artillerie prussiennes !

*Il se peut,* dis-je au général Vinoy, *que, contre les probabilités et parce que tout arrive à la guerre, vous alliez par surprise à Choisy-le-Roi, mais que vous en reveniez, c'est ce que je nie absolument.*

Comme le général m'objectait qu'il était pénible de ne pas utiliser la confiance et l'ardeur dont ses troupes, presque régulières, se montraient animées :

« Oh ! lui dis-je encore, je suis disposé à mettre à l'épreuve
« cette confiance et cette ardeur, non pas dans une marche
« sur Choisy-le-Roi, mais dans une opération qui, bien que
« chanceuse, me paraît possible parce qu'elle ne nous éloigne
« pas de nos lignes et qu'en cas d'insuccès, notre retour
« sera protégé et facile.

« Ce sera *une reconnaissance offensive* dans la même

« direction, mais qui aura pour objectifs L'Hay, Chevilly et
« Thiais. Elle nous fera connaître, quoi qu'il arrive, la force
« de l'ennemi que nous avons devant nous et comment il
« est établi dans ces positions. J'y emploierai tout votre
« corps d'armée. Sa marche en avant sera flanquée à droite,
« et à gauche sur l'autre rive de la Seine, par des troupes
« qui occuperont les forces allemandes dont l'intervention
« latérale pourrait vous compromettre. De plus, vos troupes
« ne se mettront en mouvement qu'après qu'un feu très
« vif d'artillerie, dirigé de nos positions sur celles de l'en-
« nemi qui sont à portée de nos coups, aura préparé leur
« action. Vous arrêterez à l'avance toutes les dispositions
« nécessaires pour que leur retraite s'effectue sans désordre,
« si les événements tournent contre nous. »

La veille du combat, j'avais employé toute l'après-midi à l'étude des positions allemandes, avec l'aide d'une lunette très grossissante qui m'avait cependant laissé incertain sur la nature des défenses que nos troupes allaient y rencontrer. Un habitant très intelligent du village de Rungis (en arrière et à proximité de L'Hay, Chevilly et Thiais) vint me dire que les Allemands, depuis qu'ils occupaient ces trois villages, n'avaient pas cessé de travailler à leur défense, et que, dans le pays, on croyait qu'ils avaient spécialement réuni leurs efforts sur celui de Chevilly, centre des positions qui couvraient leur grande communication militaire de Choisy-le-Roi à Versailles par la route nationale.

Cet avis me préoccupa vivement. Faisant appeler le général Vinoy pour en conférer avec lui, je lui montrai :

« Qu'attaquant à peu près simultanément les trois villages
« selon nos projets arrêtés, si notre attaque de droite
« échouait sur L'Hay, notre attaque du centre sur Chevilly
« solidement défendu serait absolument compromise ; qu'au
« contraire, si nous enlevions d'abord L'Hay, qui était

« à portée de canon de Chevilly, l'entreprise de notre
« colonne du centre sur cette dernière position serait moins,
« beaucoup moins chanceuse, et que sa réussite faciliterait à
« son tour l'attaque de notre colonne de gauche sur Thiais,
« ces trois villages s'échelonnant devant nous sur une ligne
« oblique à de courtes distances entre eux ; que, par con-
« séquent, il convenait de substituer à nos attaques simul-
« tanées, des attaques successives, les dernières ne devant
« avoir lieu que si la première (sur L'Hay) réussissait. »

Comme pour le combat de Châtillon, je dirai encore ici que ce raisonnement et ces vues n'avaient, j'en conviens, rien d'héroïque, et je sais qu'ils parurent timides à plusieurs des officiers qui m'écoutaient. Le général Vinoy, si confiant qu'il fût, n'y fit pas dans tous les cas assez d'objections pour que je pusse croire qu'il n'en tiendrait pas compte.

Soit que ses ordres antérieurs n'eussent pas été modifiés en temps utile, c'est-à-dire dans la soirée même et dans la nuit; soit que ses troupes, en effet, très animées, se fussent laissé emporter en avant, les colonnes d'attaque débouchèrent presque simultanément de nos lignes après le grand feu d'artillerie dont j'avais prescrit l'exécution.

Quand celle du centre (brigade Guilhem) vint se heurter aux défenses de Chevilly, celle de droite (brigade Dumoulin) était arrêtée par les défenses de L'Hay, celle de gauche (brigade Blaise) était arrêtée par les défenses de Thiais, et la retraite de ces deux colonnes, inévitable après d'infructueuses attaques et de grandes pertes, allait découvrir les flancs de la brigade Guilhem et la laisser sans appui.

Quand je dis que nos troupes furent arrêtées par les défenses des trois villages, j'emploie une formule militaire qui est bien loin de donner la mesure des efforts qu'elles firent pour les enlever. Ceux de la brigade Guilhem, entraînée par son vaillant général qui trouva là une mort glorieuse, furent extraordinaires et lui auraient mérité, dans d'autres temps, l'admiration et la gratitude du pays.

Le 35ᵉ régiment (colonel de la Mariouse)[1], franchissant sous le feu tous les obstacles accumulés devant lui, pénétra jusqu'au centre du village et s'y maintint longtemps au prix de cruels sacrifices, donnant des preuves de constance et de bravoure auxquelles s'associa, avec des sacrifices moins douloureux, son compagnon de brigade et d'attaque le 42ᵉ régiment. Les Allemands leur rendirent hommage, en nous remettant, avec des honneurs militaires inaccoutumés, le cercueil du regretté général Guilhem mortellement frappé au milieu d'eux[2].

Je ne puis m'empêcher de reproduire ici une réflexion que j'ai déjà faite. Que n'aurait pu tenter la défense de Paris si, au lieu des soldats improvisés qui formaient ses innombrables milices, elle avait disposé d'une armée faite comme la brigade Guilhem dont les deux régiments, incessamment

---

[1] Le colonel de la Mariouse, officier d'un rare mérite et d'une grande modestie, atteint par la limite d'âge dans le grade de général de brigade, était une espérance pour l'armée. La république ne l'a pas jugé assez républicain pour en faire un divisionnaire. Dans ma retraite, j'ai été outré de cette erreur gouvernementale et de ce déni de justice contre lequel je ne pouvais rien.

[2] Guilhem fut le premier officier général de l'armée de Paris tué à l'ennemi pendant le siège, et ce douloureux événement fit une impression profonde.

Je relève dans les journaux du temps les paroles qu'entouré de mes généraux sous mes ordres, je prononçai sur sa dépouille mortelle (l'un des interminables discours, sans doute, que me prête la légende) :

« A l'heure présente, l'appareil de la mort n'a rien qui doive nous ac-
« cabler. C'est là qu'avec notre devoir à tous, est l'avenir qui attend
« beaucoup d'entre nous.

« Les discours de tradition et de convention seraient ici déplacés.
« Je ne dirai que quelques mots devant le cercueil du général Guilhem.
« Il a bien vécu, il a bien servi son pays, il est mort en soldat donnant
« un grand exemple. Je le recommande à votre souvenir. »

décimés par le feu, furent jusqu'à la fin du siège les premiers à la peine et qui, dans mon souvenir fidèle, sont restés les premiers à l'honneur !

Si, selon mes intentions, le général Vinoy eût opéré par voie d'attaques successives, le succès eût-il été acquis à l'entreprise ? Je suis loin de l'affirmer. Ce qui est démontré, c'est que les pertes considérables qu'il subit eussent été infiniment moindres, résultat de haute importance et que du commencement à la fin du siège de Paris j'ai cherché à obtenir, autant que l'ont permis les conditions de plus en plus difficiles et périlleuses de la lutte à outrance où nous étions engagés.

### Souvenir aux morts.

Nos pertes, en y comprenant celles (très peu importantes) du général d'Exéa qui fit le même jour, en exécution de mes ordres, pour occuper l'ennemi, une diversion sérieuse sur la rive droite de la Seine (combat de Notre-Dame-des-Mèches), s'élevèrent à un peu plus de deux mille hommes (officiers et hommes de troupe tués ou blessés).

Je ne dispose dans ma retraite que d'un petit nombre de documents officiels, mais j'ai gardé le nécrologe des officiers qui ont payé de leur vie, pendant le siège, leur dévouement au pays. Je fais à leurs noms, dans ces récits vrais, la place que ne leur a pas réservée la légende inspirée par des passions qui excluent l'examen attentif des faits et le souci de la justice distributive.

| | |
|---|---|
| Le général | Guilhem. |
| Les chefs de bataillon | Benedetti, |
| | Aubry. |
| Les capitaines | Durand, |
| | Guyot; |

| | |
|---|---|
| Les capitaines | Charrière, |
| | Laurent, |
| | Rameaux. |
| Les lieutenants | Esbaupin, |
| | Marignier, |
| | Gagneur, |
| | Nicard. |
| Les sous-lieutenants | Vincent, |
| | Roussel, |
| | Tourné, |
| | Paulinier, |
| | Chauvet, |
| | Desty, |
| | Aubert, |
| | de Castries. |

Dans ces combats du 30 septembre, les 9ᵉ et 12ᵉ régiments de marche furent directement engagés et firent, eux aussi, des pertes considérables, dans un début qui fut dur et mérita d'être remarqué. J'en dirai autant d'un bataillon des mobiles de la Côte-d'Or, qui virent le feu d'assez près pour en souffrir gravement et inaugurèrent honorablement, tout constitués de la veille qu'ils fussent, la ferme attitude que devaient avoir pendant le siège les soldats improvisés de ce département.

Le combat de Chevilly, où les meilleurs contingents de l'armée de Paris avaient donné avec une énergie qui pour quelques-uns avait été jusqu'à la plus valeureuse opiniâtreté, était une fois de plus pour moi la confirmation des vues que j'ai déjà exprimées sur le possible et l'impossible des entreprises que l'avenir du siège nous réservait. Le possible, avec la probabilité raisonnée du succès, c'était, je le redis encore, la bataille sur nos lignes successives de défense attaquées par l'ennemi. L'impossible, c'était la bataille contre l'ennemi retranché dans les siennes. S'il n'attaquait pas, c'est contre l'impossible qu'il faudrait lutter, *hors Paris*, jusqu'à l'extinction de nos forces.

Je commençai, dans un douloureux état d'esprit que j'avais le devoir de ne révéler à personne, à me préparer à cet effort qui devait durer encore près de quatre mois.

Quant au public, aux foules et à la presse déjà violente qui les excitait, ils ne virent dans le combat de Chevilly, comme dans celui de Châtillon, qu'une marque de l'insuffisance directrice. Il fut décidément admis *qu'à sortir quelquefois et rentrer toujours,* se bornaient le savoir-faire et le ressort du commandement militaire, alors qu'il avait le mandat et les moyens de chasser les Allemands après les avoir battus...

# CHAPITRE VIII

### LES ÉVÉNEMENTS POLITIQUES ET MILITAIRES D'OCTOBRE

C'est dans le courant d'octobre, second mois du siège, surtout à la fin de ce mois, que se dessinèrent d'abord la gravité et bientôt l'horreur de la situation que la démagogie de Paris, — nationale et internationale, — nous préparait.

Jusque-là, les progrès de l'ennemi depuis le désastre de Sedan, l'anxiété des esprits par suite de l'établissement du blocus et du refoulement violent dans Paris d'une grande part des populations suburbaines, les émotions de nos premiers combats, le deuil des morts, les sollicitudes qui s'agitaient autour des blessés déjà très nombreux, avaient entretenu dans le public l'illusion du concert patriotique de tous les partis en face du péril commun.

Les mêmes causes avaient entretenu dans le gouvernement une sorte d'unité de vues et d'action. Ses politiciens, les moins et les plus avancés, disputaient à huis clos pour aboutir à des concessions réciproques, à des résolutions qui, bien que témoignant de la faiblesse du pouvoir aux yeux des clairvoyants, la déguisaient assez aux yeux de la foule pour que le gouvernement parût exister et diriger.

Cet équilibre relatif de l'état des esprits dans le public et cet accord apparent des membres du gouvernement entre eux, devaient bientôt disparaître devant les événements qu'allaient exploiter les partis politiques par la presse, les partis anarchiques par la presse et par l'action à main armée.

Paris avait déjà parmi les anarchistes un groupe de *sans patrie* qui n'affichaient pas comme aujourd'hui l'impiété de leurs négations antifrançaises, mais qui agissaient, entraînant à leur suite quelques démagogues inconscients. Ce furent eux qui mirent à néant, par l'attentat du 31 octobre, les négociations déjà avancées que M. Thiers, d'accord avec le gouvernement, suivait à Versailles pour un armistice (avec faculté de ravitaillement de Paris) dont le but était la convocation d'une Assemblée nationale appelée à délibérer sur la situation et à statuer.

M. Picard, membre du gouvernement et ministre des finances, dont j'ai déjà eu l'occasion de faire ressortir les mérites et de louer les tendances conservatrices, se montrait sceptique quant aux résultats du siège. Il me mit sur ce point au pied du mur, dans l'une de nos premières séances d'octobre, en me sommant de dire nettement ce que j'espérais, au point de vue militaire, de la redoutable épreuve à laquelle nous soumettions Paris et les grands intérêts qu'il représentait.

M. Picard aurait montré plus de prudence gouvernementale en s'abstenant de m'obliger à une déclaration qui ne pouvait manquer d'être connue et commentée au dehors; mais je ne crus pas devoir reculer devant les effets possibles de la situation qu'il me faisait, et je lui répondis :

« Pas plus que vous je ne puis prévoir l'avenir qui nous
« attend, mais je vous dirai sans aucun déguisement le
« sentiment que j'en ai. Nous battrons l'ennemi autant de
« fois qu'il nous attaquera dans nos retranchements, en

« lui infligeant de grandes pertes. S'il s'abstient, s'il nous
« force à l'offensive, le siège deviendra *une héroïque folie*
« que nous ferons ensemble pour sauver, quand tout sera
« perdu, l'honneur national. »

M. Picard, après ma réponse, ne se trouva pas beaucoup plus avancé dans la connaissance de l'avenir. On dit au dehors que non seulement le général en chef ne croyait pas à la victoire, mais que le siège n'était à ses yeux qu'*une héroïque folie*. Mon crédit militaire baissa encore dans Paris, et les partis, après le siège, invoquèrent le souvenir de ma déclaration à M. Picard pour montrer à quel point était coupable l'homme qui avait fait durer près de cinq mois l'effort inutile et ruineux que lui-même avait ainsi jugé. . . . . . . . . . . . . . . .

## M. Gambetta délégué à Tours.

Nous apprenions à la fois, le 1er octobre, l'évacuation d'Orléans, — la reddition de Strasbourg après une énergique résistance [1], — celle de Toul, — la marche (disaient les dépêches) d'une armée allemande sur Lyon. Enfin, à notre grande surprise, la délégation de Tours venait de convoquer les électeurs pour nommer (le 15 octobre) une Assemblée nationale au milieu de ces calamités complémentaires de la guerre et de l'effrayante extension de l'invasion.

[1] Le général Uhrich d'abord porté aux nues, puis décrié après sa belle défense de Strasbourg qui fut entièrement improvisée quant aux moyens dont elle disposait, avait fait là tout son devoir et plus que son devoir. Il a été l'une des plus intéressantes victimes de cette guerre et des passions du temps.

La délégation, avec laquelle le gouvernement pouvait encore communiquer par intermittence, le laissait sans informations. Il n'avait rien su de cette préparation d'élections irréalisables sans armistice. Il ne savait rien non plus des dispositions qui avaient dû être prises pour constituer en province, comme à Paris, les corps de troupe destinés à former les armées de la Défense nationale.

Nous sentions très vivement le désordre et les périls de cette situation qui allait s'aggraver par l'impossibilité probable où nous serions avant longtemps de nous concerter avec la délégation de Tours. M. Gambetta, qui s'était élevé avec beaucoup de vivacité contre la résolution qu'elle avait prise pour les élections, fit ressortir la nécessité de lui assurer plus de force effective et plus d'influence, en lui donnant un président qui fût homme d'énergie personnelle et d'autorité politique. (Séance du 3 octobre.)

Le rapporteur de la commission d'enquête contre le gouvernement de la Défense[1] ne doute pas qu'en faisant cette proposition, M. Gambetta ne se désignât lui-même pour la mission qu'il recommandait, et il montre avec son impartialité ordinaire que le gouvernement, voulant avant tout que l'esprit révolutionnaire pénétrât la province, ne pouvait faire choix d'un plus sûr importateur révolutionnaire que M. Gambetta. Voilà la légende.

La vérité historique, c'est que le gouvernement tout entier, sur le fait de ce renforcement nécessaire de la délégation, jugeait comme M. Gambetta; que sans discussion il désigna M. Jules Favre *à l'unanimité,* pour aller en prendre à Tours la présidence avec la direction des affaires; qu'enfin M. Favre déclina formellement ce mandat en exprimant dans un langage élevé que le poste du péril était

---

[1] Le comte Daru.

à Paris, qu'il entendait y rester et que, le péril venu, il serait là beaucoup plus utile qu'en province. Les événements de la fin du siège ont prouvé qu'il jugeait bien.

Le conseil n'invoqua pas la raison d'État pour contraindre la volonté de M. Jules Favre. C'est que tous mes collègues en gouvernement avaient, je crois, dans l'esprit l'arrière-pensée, qui inquiétait le mien, de l'inaptitude notoire de ce président délégué, déjà fatigué, lourd et très âgé, *aux entreprises aéronautiques*. Elles commençaient à ce moment, et les imaginations n'y étaient pas faites comme elles le furent depuis. Je pris moi-même l'initiative d'une proposition pour la succession de M. Favre.

« Je ne vois parmi vous, dis-je en souriant, que M. Gam-
« betta qui réunisse aux conditions d'autorité politique que
« vous souhaitez, la jeunesse, l'activité et l'indépendance
« célibataire qui semblent nécessaires pour répondre aux
« diverses éventualités du mandat en discussion, *à celles*
« *de son commencement surtout.* » Et tous de rire, car tous assurément pensaient à *cet avènement par ballon* du nouveau président élu de la délégation provinciale. Si sa prise de possession avait été moins incommode, je me persuade que le conseil aurait unanimement substitué à M. Favre M. Jules Simon que sa vieille et très grande notoriété dans le parti républicain, aussi bien que ses considérables talents, désignaient naturellement à son choix.

C'est ainsi que, dans les affaires humaines, des faits de première importance que le monde attribue à des combinaisons préméditées et d'une haute portée, ont souvent pour origine, je ne dis pas unique, mais principale, de petits incidents inaperçus du plus grand nombre de ceux qui en parlent et en écrivent.

Les pouvoirs que reçut M. Gambetta ne pouvaient être

rigoureusement définis, et il était évident pour tous que la mesure de leur étendue serait faite par les événements, — comme il arriva, — bien plus que par les prévisions et les résolutions du gouvernement enfermé dans Paris, *qui se borna à lui donner la présidence de la délégation avec voix prépondérante en cas de partage.*

Il partit le 7 octobre, emportant une proclamation au peuple français où je relève le paragraphe suivant qui montre l'étonnante et certainement patriotique naïveté de la confiance que le gouvernement, — *à vingt-quatre heures de la première tentative d'émeute parisienne devant l'ennemi* (8 octobre), — avait dans l'étroite union des esprits et des cœurs :

« Français,

. . . . . . . . . . . . . . . . . . . .

« Les Allemands croyaient trouver Paris en proie à
« l'anarchie. Ils attendaient la sédition qui égare et qui
« déprave, la sédition qui, plus sûrement que le canon,
« ouvre à l'ennemi les places assiégées.

« Ils l'attendront toujours ! »

### Premières manifestations démagogiques.

C'est, je le répète, le lendemain de la signature de cette proclamation vraiment française et du départ de notre délégué qu'averti, le 8 octobre au matin, par un télégramme alarmé de l'Hôtel de Ville, de la présence sur la place d'un gros rassemblement, et voulant juger par moi-même des causes et des effets de cette agitation imprévue que je ne croyais pas sérieuse, je montai à cheval et me rendis sur les lieux avec l'escorte qui me suivait tous les jours dans Paris et aux avant-postes : un officier et deux gendarmes.

Il y avait là, non pas vingt mille Parisiens comme on l'a dit, mais sept à huit mille, très houleux et poussant des cris confus. La plupart m'avaient vu déboucher par la rue de Rivoli; un silence relatif s'était fait, et je sentis l'impossibilité morale où j'étais de me replier. Mon cheval au petit pas, je pénétrai, en l'interrogeant, cette foule dont les groupes périmétriques, s'ouvrant devant moi, m'accueillirent chaleureusement, comme satisfaits de la confiance que je montrais.

Mais quand j'arrivai au groupe du centre formé des quelques centaines d'anarchistes qui menaient l'affaire, des clameurs violentes m'assourdirent. Il y eut des cris de : *Vive la Commune!* immédiatement couverts par les cris de : *A bas la Commune!* et ce fut un vacarme. Le commandant en chef de la garde nationale, qui avait mis en mouvement plusieurs de ses bataillons, arrivait à son tour sur la place de l'Hôtel-de-Ville. C'était le général Tamisier, ancien officier d'artillerie, connu pour l'ancienneté et la sincérité de ses convictions républicaines, dévoué, déférent, excellent homme, déjà pesant et un peu étonné devant le redoutable commandement auquel l'avait appelé la confiance de ses coreligionnaires.

L'un de ses bataillons, aux ordres de Maurice Bixio, fils d'Alexandre Bixio, l'un des hommes les plus considérables et les plus généreux qu'eût comptés autrefois dans ses rangs le parti républicain, prit immédiatement attitude devant l'Hôtel de Ville qu'il couvrait, pendant que les autres bataillons occupaient la place. Les manifestants se dispersèrent devant eux et la journée finit là.

Pour le public, c'était beaucoup de bruit pour rien. Pour moi, ce rien était douloureusement caractéristique. Il montrait que le sentiment de M. de Bismarck : *Nous viendrons à bout de Paris par l'émeute,* était juste, et que le sentiment du gouvernement de la Défense : *L'ennemi attend la sédition, il l'attendra toujours,* était faux.

### Pseudo-pourparlers américains.

C'est dans les premiers jours d'octobre (avant le départ de M. Gambetta) que deux personnages américains, le général Burnside et le colonel Forbes, venant du quartier général allemand, se présentaient à nos avant-postes, demandant l'entrée dans Paris. Ils étaient, disaient-ils, porteurs de communications de leur gouvernement pour le ministre américain à Paris, M. Washburne.

Les États-Unis d'Amérique avaient reconnu la république française; mais leur représentant à Paris ne semblait pas favorable à l'effort de la Défense nationale, et leur ministre à Berlin s'était nettement et publiquement montré hostile à la France dès la déclaration de guerre. La majorité du conseil, et M. Gambetta très vivement, avaient exprimé l'opinion qu'il convenait d'éconduire ces étrangers. Je fus d'un avis contraire, motivé par le sentiment qu'un officier américain de la notoriété du général Burnside ne pouvait avoir de mauvaises intentions, et par la conviction qu'alors même qu'il en aurait, ses rapports au quartier général allemand n'ajouteraient rien à ce que l'ennemi apprenait tous les jours par les mille émissaires, très sûrs et très informés, qu'il avait parmi nous.

Ils restèrent plusieurs jours à Paris, s'y promenant librement, conduits sur le terrain militaire, quand ils le souhaitaient, par un officier d'ordonnance du général Schmitz, le comte d'Hérisson[1], fort intelligent, très Parisien, parlant

---

[1] C'est le comte d'Hérisson qui a publié sur le siège de Paris (*Journal d'un officier d'ordonnance*) un livre humoristique, original et plein de verve, où la vérité, l'imagination et même l'invention ont chacune leur part.
Ce livre, très amusant et fort lu, servira mieux la légende que l'his-

plusieurs langues, apte à toutes les missions qui veulent de l'esprit, de la présence d'esprit et du savoir-faire.

Je reçus deux fois le général Burnside et son compagnon. Comme ils entendaient et parlaient très bien notre langue, je pus échanger facilement avec eux sur un sujet qui fut toujours le même, *les conséquences de la guerre, la situation de Paris, l'avenir du siège,* etc., M. Jules Favre, ministre des affaires étrangères, s'étant réservé les échanges diplomatiques.

Comme ils me répétaient que le comte de Bismarck croyait que la sédition populaire serait son plus sûr auxiliaire contre nous, je m'animai quelque peu en constatant que, toujours très courtois, ils n'exprimaient, soit au nom de leur pays, soit à titre personnnel, rien qui fût sympathique à la cause française et qui pût nous réconforter.

« Je ne sais, leur dis-je, quel avenir est réservé à mon
« pays et à Paris dans cette guerre déplorable, mais soyez
« sûrs que, pour nous réduire ici, l'émeute ne suffira pas,
« il faudra y joindre la faim. »

J'avais les larmes aux yeux, je me levai, mettant fin à l'entretien qui me fatiguait, et je ne revis plus les officiers américains. Mais M. Jules Favre eut avec eux plusieurs conférences. Il gardait, vainement selon moi, l'espoir de renouveler auprès de M. de Bismarck sa patriotique tentative de Ferrières par l'intermédiaire de ces étrangers, bien qu'ils n'eussent ni qualité ni mandat pour intervenir.

toire, car il a pour principal objet de mettre en vive lumière, d'abord les mérites de l'auteur et la grandeur de son rôle, même de ses rôles, pendant le siège; ensuite les mérites des hommes dont il a eu à se louer, le général Montauban de Palikao, M. Rouher, le général Schmitz, etc.; enfin les démérites de ceux dont il a eu à se plaindre, M. Jules Favre et quelques autres.

C'est, comme toutes les publications de ce temps, *l'histoire autour des personnes et des intérêts.* Ce n'est pas *l'histoire autour des faits et de leurs enseignements.*

Je restai complètement en dehors de ces pourparlers qui eurent pour effet le départ des Américains pour le quartier général allemand, et leur retour à Paris où ils apportaient, non des propositions, mais l'avis verbal qu'ils avaient trouvé le comte de Bismarck disposé à consentir *un demi-armistice pour la préparation des élections, un armistice de quarante-huit heures pour les élections,* L'ALSACE ET LA LORRAINE EXCEPTÉES [1].

Les bases principales de l'arrangement à intervenir s'offraient au gouvernement de la Défense, avant la défense, comme une insultante raillerie. Que peut bien être *un demi-armistice* ? Une suspension d'hostilités, je pense, au cours de laquelle, arbitrairement, les contractants peuvent reprendre ou ne pas reprendre les armes, au gré de leurs intérêts du moment.

L'ensemble de ces conditions apportait à la France l'avantage problématique de la réunion d'une Assemblée qui se formerait et délibérerait au milieu des menaces et des calamités de l'invasion, à l'ennemi l'avantage certain de son installation dans le pays sans avoir rien à craindre de l'armée de Metz, de l'armée de Paris, des armées qui pourraient se constituer dans les provinces non envahies, et c'était l'acceptation tacite par la France de la mainmise de l'Allemagne sur l'Alsace-Lorraine !

[1] Nouvelle preuve, qui s'ajoute à celles que j'ai déjà données, de l'absolue résolution de la Prusse de se saisir de nos provinces de nord-est avant l'effort de la Défense nationale. C'est seulement à la reddition de Paris que les Allemands, désormais assurés de leur conquête, ont consenti le vote des Alsaciens-Lorrains pour l'Assemblée nationale.

## M. de Rochefort.

C'est encore dans cette première quinzaine d'octobre que se produisirent, — outre un événement militaire dont je parlerai plus loin, le combat de Bagneux-Châtillon (13 octobre), — divers incidents à l'intérieur, dont l'effet fut de mettre en lumière les dissentiments qui séparaient et devaient séparer de plus en plus, dans le conseil, les républicains moins avancés des républicains plus avancés. Mes efforts pour les apaiser furent vains et tournèrent contre mon autorité, qui, déjà nulle au point de vue politique, allait s'affaiblir de plus en plus au point de vue militaire par l'insuccès de nos entreprises contre les lignes prussiennes.

Avant d'exposer ces incidents qui touchaient à l'état politique intérieur, je dirai quelques mots de celui qui se présenta (inopinément pour moi) devant le conseil dans sa séance du 9 octobre et qui touchait aux intérêts particuliers de ses membres.

M. Étienne Arago, alors maire de Paris, entrant dans la salle de nos séances, annonça à haute voix qu'un agent du trésor se tenait dans son cabinet, prêt à délivrer au président et aux membres du gouvernement, contre leur quittance, le traitement auquel ils avaient droit.

Ma surprise fut grande. J'étais absent quand, dans une séance précédente, le conseil avait statué sur ce droit et fixé les quotités d'après les chiffres autrefois appliqués au traitement du président et des membres du gouvernement issu de la révolution de 1848.

Reprenant devant le conseil le thème de l'*effort gratuit* que je lui avais déjà fait entendre sans succès au sujet des décorations, je dis qu'à aucun degré je ne prétendais à être, dans une question si délicate, le conseiller, encore moins l'exemple, de mes collègues en gouvernement, mais que j'avais, quant à moi, un traitement considérable attribué à ma mission effective de commandant en chef; qu'en recevoir un autre au titre de mon mandat d'occasion et très provisoire de président du gouvernement de la Défense, serait un acte inavouable; qu'il me semblait naturel que ceux de mes collègues qui n'avaient pas le même avantage que moi eussent un traitement, mais limité aux besoins de l'existence de chacun d'eux; qu'enfin j'allais remettre à l'agent du trésor une déclaration motivée de renonciation.

Si on me fait l'injure de croire que mon but, en rappelant ici cet incident fort connu, a été de célébrer mon désintéressement qui n'était d'ailleurs, comme on voit, que très relatif, on aura tort. J'en fais le récit au profit d'une personnalité dont la notoriété dans le monde français contemporain dépassa de beaucoup la mienne, M. de Rochefort. Il se leva, rompant le silence qui avait suivi mon court exposé, et dit qu'associé aux principes comme aux sentiments que je venais d'exprimer, il refusait aussi le traitement qui lui était alloué et remettrait à l'agent du trésor une déclaration motivée de refus.

Depuis le 4 septembre, M. de Rochefort, que je m'attendais, sur la foi de sa réputation, à trouver excentrique et violent, montrait au contraire, avec beaucoup de calme dans son attitude, avec beaucoup de modération et souvent de bon sens dans son langage, des aptitudes gouvernementales inattendues. Je ne l'ai jamais vu qu'en conseil, jusqu'au jour où, après l'insurrection du 31 octobre, il se démit. Je ne l'ai pas revu depuis, et je puis dire que tant que dura son mandat de gouvernant, son patriotisme évidemment sincère et très vif, sa retenue, ses habitudes déférentes, et, dans le cas présent, son dédain de l'argent, triomphèrent des sentiments répulsifs qu'au titre conservateur j'avais contre lui. Les événements ultérieurs me les ont rendus, mais je devais à cet homme singulier, pour la période du siège qui s'arrête aux derniers jours d'octobre 1870, la justice que je lui rends ici. J'en serai plus à l'aise pour le juger sous un autre aspect dans la suite de ce récit.

### M. de Kératry.

M. de Kératry, poursuivant son rôle de directeur transcendant d'une police qui avait encore quelques moyens de surveillance et d'information, qui n'avait plus de moyens d'action et d'exécution, dénonçait tous les jours au conseil les trames de la démagogie et proposait l'arrestation des principaux meneurs, qui, tous chefs de bataillon élus de la garde nationale, étaient constamment entourés de leurs adhérents en armes.

Le conseil, selon le tempérament et le passé politique de ses membres, se divisait sur les noms et aucune résolution n'était prise. J'appuyais toujours très vivement, quant à moi, les propositions du préfet de police; mais, connaissant ses habitudes de vaillance devant le gouvernement et l'insuffisance de ses moyens devant les centres anarchiques, je faisais toujours ressortir aussi que quand un gouvernement avait rendu un décret d'arrestation dans de telles circonstances, il fallait qu'il fût exécuté, à peine pour le pouvoir de faire la démonstration publique et très dangereuse de son impuissance.

Un jour vint où M. de Kératry, encore plus animé et plus résolu que d'habitude, apporta au conseil plus que des paroles. Il prouva que des chefs de bataillon, Flourens, Blanqui et Millière à leur tête, avaient signé une déclaration tendant au renversement du gouvernement de la Défense et à la proclamation de la Commune.

Pour le coup, la presque unanimité du conseil décida les arrestations, et comme, toujours très sceptique à l'égard des facultés d'exécution du préfet de police, je l'invitais à nous les faire connaître, il me dit allègrement que c'était là sa responsabilité, qu'il savait ce qu'il entreprenait et se portait garant du résultat à la condition que, *par un ordre spécial signé de moi, je le misse en mesure de requérir à tout instant et dans la forme qui lui paraîtrait utile le concours de la garde nationale.*

Séance tenante, je rédigeai et signai cet ordre revêtu du cachet présidentiel, et le préfet l'emporta en déclarant qu'il opérerait cette nuit même les arrestations décrétées.

Le lendemain, un peu avant le jour, je sommeillais lourdement, n'étant revenu de l'Hôtel de Ville au Louvre qu'à une heure du matin, quand ma porte s'ouvrit bruyamment devant l'officier de service de nuit, qui, s'excusant de son mieux, introduisait le commandant en chef de la garde nationale, général Tamisier.

Suant, soufflant, la physionomie au rouge vif, dans un état d'agitation inexprimable et aussi de déférence absolue, le digne général me dit à mots entrecoupés :

« Le préfet de police est chez moi, m'annonçant qu'en
« vertu de vos ordres il me requiert pour arrêter Flourens,
« et il m'en indique le moyen, qui consiste à le faire appeler
« pour affaire de service dans mon cabinet où il sera saisi.
« Stupéfait du rôle qu'on me fait jouer là, décidé pourtant
« à vous obéir toujours, j'accours à vous pour entendre
« de votre bouche la ratification de cet extraordinaire
« mandat. »

Il n'avait pas fini que je saisissais toute la trame. Le préfet, comme toujours, avait fait blanc de son épée. Il n'avait pu arrêter personne, et pour sauver son prestige à l'aide des ordres qu'il m'avait demandés, comptant sur le zèle bien connu et la parfaite simplicité du commandant en chef de la garde nationale, il avait imaginé le transfert d'emploi et de responsabilité devant lequel le brave général se cabrait.

On pourrait croire qu'au conseil du lendemain, où je reçus un peu chaudement M. de Kératry, sa contenance fut plus modeste qu'avant l'incident. C'est le contraire qui arriva. Se sentant désormais impossible, il nous donna avec éclat sa démission, déplorant la faiblesse d'un gouvernement qui courait volontairement à sa perte, alors que la clairvoyance et la fermeté du préfet de police pouvaient et devaient tout sauver.

Il avait contre ce gouvernement un autre grief. Il lui avait officiellement proposé, sans succès, de partir (*via aérostatique*) pour l'Espagne, d'où il se faisait fort de ramener, avec le concours des hautes intimités politiques et militaires qu'il avait dans ce pays, *une armée de secours de quatre-vingt mille hommes, à la condition que la république française garantît à l'Espagne, devenue son auxiliaire, l'avenir de l'unité ibérique avec la possession de Cuba.*

Et dire que dans Paris assiégé par deux cent mille allemands, le gouvernement entendit ces vaniteuses chimères sans en rire, qu'elles eurent les honneurs d'une sorte de discussion, que peut-être même, — mais je ne puis l'affirmer, — le patriotisme du ministre des affaires étrangères, M. Jules Favre, les prit un instant au sérieux !

## La justice militaire pendant le siège.

J'omets quelques événements d'origine démagogique qui n'eurent qu'une gravité relative, réservant mes souvenirs pour le récit détaillé de l'insurrection de la fin de ce mois (31 octobre), qui rendit à l'ennemi sa confiance qu'une longue attente commençait à ébranler, en pénétrant nos cœurs d'affliction et de honte patriotique. Je me borne à la relation d'un fait (suivi de beaucoup d'autres de même nature pendant le siège) qui montre à quel point, à Paris, nous étions dépourvus de tous les moyens d'action et de répression sans lesquels, même dans les temps de calme, aucun gouvernement ne pourrait vivre.

Dans les commencements du siège, la majorité de la population ouvrière, encore indemne des grandes souffrances et dont la presse anarchique n'avait pas encore perverti l'esprit, inclinait plus du côté du gouvernement de la Défense que du côté de la démagogie. Le bataillon des Gobelins, entièrement composé d'ouvriers ordinairement fort agités, s'était donné pour chef par l'élection Sapia, déclassé de bonne famille et l'un des hommes les plus dangereux de Paris (celui-là même qui, à la tête de quelques centaines de sectaires, devait attaquer l'Hôtel de Ville à la fin du siège, 22 janvier, et s'y faire tuer).

Le 9 octobre, sans tenir compte de la décision gouvernementale qui interdisait aux chefs de la garde nationale de réunir sans ordres leurs troupes en armes, Sapia assemble son bataillon. Il l'excite à marcher sur l'Hôtel de Ville, déclarant hautement qu'il s'agit de renverser le gouvernement. Il ne peut achever le discours enflammé qu'il a commencé dans ce sens. Ses hommes se jettent sur lui, le renversent, le lient et me l'amènent, couché au fond d'une charrette, dans la cour du Louvre !

J'avais déjà beaucoup vu depuis le 4 septembre, je n'avais pas encore vu cela. C'était une scène complètement révolutionnaire dans sa forme, absolument conservatrice dans l'intention de ses acteurs !

Je fais transférer Sapia à Mazas, et, avertissant le gouvernement qu'un grand exemple est là absolument nécessaire, j'ordonne la convocation d'un des conseils de guerre institués, sur le modèle et d'après la législation de nos tribunaux militaires, pour la garde nationale mobilisée. Les officiers, juges en fonctions, ont été nommés sur la présentation et sous la garantie du commandant en chef de la garde nationale, et la présidence du conseil de guerre appartient à l'amiral en activité de service du Quilio, commandant l'un des secteurs de la Défense, réputé très ferme. *Sapia est acquitté !*

Pourquoi acquitté ? Pourquoi, pendant le siège, au milieu des crimes et des attentats perpétrés par la démagogie, les conseils de guerre jugeant sans hâte, les cours martiales jugeant sommairement, n'ont-ils pas prononcé une seule condamnation ? Pourquoi, au contraire (c'est l'unique exécution du siège), un soldat de l'infanterie de marine, surpris hors de nos lignes, marchant vers les avant-postes prussiens, est-il immédiatement jugé, condamné comme déserteur à l'ennemi et fusillé ? Je vais le dire ou plutôt le répéter, car je l'ai déjà dit ailleurs :

« C'est que les hommes, au milieu de si terribles épreuves
« et d'un drame dont l'avenir est si incertain, *n'ont pas le*
« *cœur attaché à sa place ordinaire*. On ne sait pas ce qui
« arrivera demain. On attend, on ménage. On n'a pas

« l'énergie de conviction, encore moins l'énergie de résolu-
« tion des temps tranquilles. »

Les juges se demandaient, inconsciemment sans doute, si la démagogie n'aurait pas son jour dans Paris. Elle l'a eu en effet au temps de la Commune, et qui oserait affirmer aujourd'hui (1886) qu'elle n'en aura pas d'autres dans l'avenir? Les mêmes juges étaient absolument assurés qu'aucun pouvoir, révolutionnaire ou non, ne s'attarderait à rechercher les origines de l'exécution du soldat déserteur.

Voilà la vérité, vérité attristante, j'en conviens, mais indéniable, parce qu'elle sort de la force des choses et des infirmités de la nature humaine, non pas des jugements conventionnels, passionnés et violents de la politique. Quand le rapporteur de la commission d'enquête, ancien ministre de l'empire, reproche en termes insultants au gouvernement de la Défense de n'avoir pu maintenir l'ordre et la paix dans Paris pendant les épreuves du siège, il manque de parti pris à la vérité et à l'équité.

Il sait que l'origine principale de ce grand désordre des esprits, du relâchement de la discipline sociale, de la résurrection des espérances et des violences démagogiques, est à Sedan, un nom qu'on chercherait vainement dans son livre. C'est que ce nom, qui résume toutes les causes et tous les effets de nos calamités nationales, accable le gouvernement impérial que lui, comte Daru, avait dénoncé le jour du coup d'État à l'indignation des honnêtes gens, dont il fut depuis l'agent comme ministre, dont il s'est fait ensuite le défenseur, sans oser l'avouer jamais.

## M. Adam. — Réflexions sur la situation.

M. Adam, coreligionnaire politique des membres du gouvernement, avait remplacé à la préfecture de police M. de Kératry, qui n'était, je pense, qu'un républicain d'occasion. Simple d'attitude, avec une bonne physionomie et des manières cordiales, le nouveau préfet paraissait connu de tous mes collègues, et il était lié avec plusieurs. Très au courant, assuraient-ils, des visées de la démagogie dans Paris, mûri par l'âge et par l'expérience des affaires, il conduirait bien celles dont la direction lui était confiée. Enfin il était riche, condition propre à réveiller, à un certain degré comme à un certain moment, ses instincts conservateurs. Il me parut que M. Adam serait pour le gouvernement un auxiliaire utile, mais qu'il ne pourrait rien changer au fond de la situation que j'ai cherché à définir jusqu'ici et que je résume en quelques mots :

« Impuissant par son origine, par ses divergences de
« vues, par le passé politique de quelques-uns de ses
« membres, par l'absence dans Paris de toute force publique
« et de police sur laquelle il pût s'appuyer, le gouverne-
« ment de la Défense commençait à voir se dresser devant
« lui l'effort de la plus redoutable agglomération déma-
« gogique qui soit en Europe.

« D'autre part, sans préparation effective de guerre,
« sans armée constituée, il avait à lutter contre l'armée
« allemande, victorieuse partout, maîtresse des chemins
« de fer qui lui versaient à flots les hommes et le matériel,
« moyens d'action auxquels elle paraissait résolue à joindre
« l'investissement immobilisé qui affame et qui révo-
« lutionne. »

Oui, c'était une lutte désespérée, une lutte pour l'honneur. Et au milieu de ce concours véritablement unique de menaces, de périls et d'épreuves, qui faisait naître dans tous les rangs d'admirables exemples de dévouement et d'abnégation patriotiques, la vanité et le charlatanisme du terroir avaient, on l'a vu, leur représentation et leur action.

L'ensemble offrait des contrastes si violents et si impressionnants, que je m'étonne de finir dans ma paisible retraite de Tours au lieu de finir aux Petites-Maisons.

---

### Combats de Bagneux, Clamart, Châtillon.
### (13 octobre 1870.)

Ces événements intérieurs, et les discussions presque toujours vaines qu'ils motivaient, m'occupaient la nuit à l'Hôtel de Ville. Le jour, j'étais tout entier à la Défense, et, à dater du 9 octobre, des renseignements d'origine différente et qui concordaient entre eux m'apprirent que l'ennemi formait des rassemblements considérables au sud de Paris et semblait se préparer à une attaque sérieuse.

J'y crus, peut-être parce que je la souhaitais ardemment et aussi parce que j'avais dans cette partie de mon périmètre défensif un point qu'il était de tradition de considérer comme faible, la pénétration de la vallée de la Bièvre. Enfin, mon esprit travaillant sur cette espérance, je me rappelai que l'anniversaire de la bataille d'Iéna (14 octobre) approchait et j'arrivai à me persuader que les Prussiens avaient choisi ce jour-là pour faire un grand effort sur le front sud de Paris.

J'adressai au général Vinoy, commandant sur les lieux,

une longue et minutieuse instruction pour un *combat dans nos lignes défensives,* en vue duquel j'ajoutais aux trente-cinq mille hommes et à l'artillerie dont il disposait, deux divisions d'infanterie de réserve et vingt-deux batteries, soit cent trente-deux pièces. De cette instruction qui a été publiée, je ne reproduis que la conclusion, qui exprime l'attente réelle où j'étais d'un grand événement militaire :

« Joignant à cet ensemble l'action de l'artillerie de nos
« forts, avec l'effet moral et matériel qu'elle produira,
« nous aurons un appareil de bataille défensive que je
« considère comme formidable si les troupes bien postées
« font leur devoir. »

C'était encore un vain espoir. L'ennemi s'était en effet rassemblé, mais de nouveaux avis, de même source que les premiers, exprimaient à présent que cette concentration allemande ne semblait avoir pour but que l'envoi en province d'un groupe important des forces assiégeantes à relever par d'autres.

Devant ces contradictions, déjà à moitié déçu, j'étais dans la plus profonde perplexité et je résolus d'en sortir en ordonnant au général Vinoy, dans la nuit du 12 au 13, de mettre immédiatement en mouvement vers le plateau de Châtillon, *en reconnaissance offensive,* la division Blanchard, qui avait tous les moyens nécessaires pour tâter l'ennemi sans se compromettre et pour l'obliger à se montrer, afin de juger, s'il était possible, de la position, de l'importance et du but probable des rassemblements annoncés. Deux brigades d'infanterie et le régiment des mobiles de la Vendée formaient la réserve de la division Blanchard, prêts à la soutenir s'il y avait lieu.

Telle est l'origine des combats de Bagneux-Clamart-Châtillon (13 octobre) dont je ne décrirai pas les péripéties, mais dont je ferai connaître les résultats au point de vue de l'avenir du siège, en rendant hommage à la valeur très effective, même brillante, des officiers et des troupes qui abordèrent l'ennemi ce jour-là.

Les 35⁰ et 42⁰ régiments de ligne (la brigade de Rome), ceux-là même qui avaient si bien mérité et qui avaient été si éprouvés au combat de Chevilly ; les régiments de marche, notamment les 13⁰ et 14⁰ ; les mobiles de la Côte-d'Or, conduits par un chef de haute valeur, le lieutenant-colonel de Grancey (qui devait tomber glorieusement plus tard sur le champ de bataille de Champigny) ; les mobiles de l'Aube, dont l'intrépide et regretté commandant, le comte de Dampierre, fut tué en enlevant à la tête de son bataillon le village de Bagneux ; le bataillon des sergents de ville (gardiens de la paix) ; l'artillerie, le génie, rivalisèrent de patriotisme et de bravoure.

Le général de Susbielle, blessé dès le commencement de l'action, avait jusqu'à la fin gardé son commandement, donnant à tous l'exemple de la plus ferme constance dans le péril.

Au fond, les combats de Bagneux-Clamart-Châtillon eurent la même physionomie que ceux de Chevilly-L'Hay-Thiais, nos troupes s'épuisant en efforts devant des villages barricadés, crénelés, de longue main préparés pour la défense, les enlevant en totalité comme Bagneux et Clamart, en partie comme Châtillon, et à la fin de la journée obligées à battre en retraite. Pourquoi ? parce qu'ils n'auraient pu s'y maintenir, ni indéfiniment devant l'arrivée successive des renforts d'infanterie et d'artillerie que l'ennemi faisait incessamment converger vers les points attaqués, ni utilement dans l'intérêt de la défense de Paris, en raison des distances qui les en séparaient.

Il y eut cette différence importante que nos pertes furent infiniment moindres (400 hommes environ au lieu de 2 000); qu'elles restèrent notablement inférieures à celles de l'ennemi, qui eut beaucoup à souffrir cette fois du feu de quelques-unes des pièces des forts de Vanves, Montrouge et Issy; qu'enfin près de deux cents prisonniers allemands furent amenés à Paris, alors que nous ne comptions que huit à dix disparus. Je pus faire afficher dans Paris, sans emboucher la trompette, l'avis suivant :

« Dans le combat d'hier la division Blanchard, les batail-
« lons de la garde mobile, le corps des gardiens de la paix
« ont acquis de nouveaux droits à la reconnaissance du
« gouvernement de la Défense nationale et du pays.

« Les troupes ont montré de la vigueur, de l'aplomb,
« des habitudes d'ordre et de discipline dont j'ai à les louer.

« Le 35ᵉ régiment d'infanterie, les bataillons de la Côte-
« d'Or qui déjà s'étaient brillamment conduits au combat de
« Villejuif, les bataillons de l'Aube qui abordaient l'ennemi
« pour la première fois, les gardiens de la paix qui ont
« perdu un officier et plusieurs de leurs camarades, se sont
« hautement distingués.

« Le lieutenant-colonel de Grancey, des bataillons de la
« Côte-d'Or, a énergiquement contribué au succès de la
« journée. Le commandant de Dampierre, des mobiles de
« l'Aube, entraînant sa troupe à l'attaque de Bagneux où
« il est entré le premier, a succombé glorieusement, et je
« donne ici à ce vaillant officier des regrets que l'armée
« partagera tout entière.

« Paris, le 14 octobre 1870.
« *Le Gouverneur de Paris*,
« Général Trochu. »

Les combats de Bagneux-Clamart-Châtillon, qui furent très honorables pour nos jeunes armes, apaisèrent quelque peu l'opinion dans Paris. Elle parut nous accorder un succès d'estime, et c'était en réalité tout ce que nous méritions. Mais ils eurent d'autres résultats, restés inaperçus, et ceux-là étaient graves.

Ils avertissaient l'ennemi pour la seconde fois que des troupes sans organisation et sans cohésion, qui se battaient ainsi à découvert et contre de sérieux obstacles, faisaient de rapides progrès et seraient, derrière leurs positions retranchées, puis derrière leurs remparts, enfin derrière leurs barricades urbaines, difficiles à déloger.

Ils avertissaient le gouverneur de Paris que ses espérances étaient vaines ; que l'ennemi ne se rassemblait pas pour l'attaquer ; qu'il ne l'attaquerait jamais ; que la triple ligne de défense de Paris, — tout l'effort des jours et des nuits écoulés, — resterait inutile.

Et il crut, — coupable selon ses détracteurs, jugeant bien selon les amis de l'honneur public, — qu'il avait le devoir de renfermer en lui-même ses douloureuses prévisions et de combattre, dans les conditions qui lui étaient faites, jusqu'à la dernière heure, celle où la population de Paris succomberait à la faim.

### Souvenir aux morts.

Les officiers qui furent tués à l'ennemi le 13 octobre, avaient été frappés en entraînant leurs soldats à l'assaut des défenses allemandes, et je recommande ici leur mémoire :

Le chef de bataillon de Dampierre, des mobiles de l'Aube,
Le capitaine Arnaud, du 14ᵉ régiment de marche,
Le lieutenant Leblanc, du 35ᵉ de ligne,
Le sous-lieutenant Seybel, du 14ᵉ régiment de marche,
Le sous-lieutenant Lerminier, des gardiens de la paix.

### Projet de sortie à l'ouest. — Le combat de la Malmaison (21 octobre).

Je ne ferai pas mention des petits engagements partiels (fusillade et coups de canon) qui eurent lieu pendant cette période du siège, le plus souvent sur l'initiative des chefs militaires locaux ou même de leurs troupes qui, comme toutes les jeunes troupes sommairement organisées et dépourvues d'expérience, faisaient parler la poudre avec une intempérance qu'il nous fut impossible de modérer. Mais le combat de la Malmaison fut sérieux, assez longtemps disputé, honorable pour le 14$^e$ corps que le général Ducrot mena ce jour-là à l'ennemi. Ce combat avait été préparé par des circonstances qu'il me paraît intéressant de faire connaître.

Nous étions d'accord, le général Ducrot et moi, pour juger improbable que les troupes dont la Défense nationale en province s'efforçait de rassembler les effectifs, de former les cadres, d'assurer le commandement et l'armement, fussent de longtemps constituées, et pour juger impossible qu'elles fussent, de bien plus longtemps encore, en état de tenir la campagne.
*Nous nous trompions,* et par cette déclaration, on peut dès à présent, — je reviendrai sur ce sujet, — mesurer l'opinion que j'ai des prodiges que la patriotique activité de M. Gambetta et de ses auxiliaires a pu, en matière d'improvisation d'armées combattantes, réaliser en quelques semaines.
Nous connaissions aussi tous les deux l'axiome de guerre que « toute place assiégée qui ne peut compter sur l'effort d'une armée de secours, doit avec le temps succomber ».
Les entretiens que nous avions sur ce double thème mili-

taire, très inquiétant pour notre avenir, firent naître dans l'esprit du général Ducrot une pensée qu'il étudia avec passion et d'où sortit le projet suivant :

« Nous formerions nous-mêmes, avec quarante mille
« hommes de nos meilleures troupes déjà quelque peu
« aguerries, le noyau de notre armée de secours. Nos pré-
« paratifs faits (nous jugions qu'ils voudraient six semaines
« de travail assidu), nous porterions inopinément notre
« corps expéditionnaire à l'ouest, vers les points de notre
« périmètre investi où l'ennemi pouvait le moins nous
« attendre et où il se gardait le plus faiblement, en raison
« de la double barrière que les circuits de la Seine nous
« opposaient de ce côté. Maîtres dès à présent incommu-
« tables de la presqu'île de Gennevilliers, où nous allions
« élever des redoutes armées de nos plus forts calibres,
« nous passerions sous leur protection, avec l'appui latéral
« de l'artillerie du mont Valérien, le deuxième bras de la
« Seine auprès de Bezons, sur sept ponts de bateaux
« amenés là pendant la nuit par le chemin de fer de Paris
« à Rouen.

« Le passage très rapidement effectué, nous battrions de
« surprise les premiers rassemblements allemands (gênés
« par de fausses attaques de la garnison de Paris), qui
« s'opposeraient à notre marche en avant, nos blessés
« abandonnés à leur sort. Cette marche sans temps d'arrêt
« dans une plaine couverte de bonnes routes nous condui-
« rait aux hauteurs de Sannois et de Cormeille, maîtresses
« de la plaine qui s'étend vers la Seine jusqu'au confluent
« de l'Oise. Cette rivière franchie, de Pontoise au confluent,
« sur l'équipage de pontons à la suite de la petite armée,
« elle était hors du cercle dangereux de l'investissement.

« Elle cheminait vers Rouen par la vallée de la Seine
« (rive droite), sa marche protégée du côté de la rive

« gauche par un mouvement de troupes que la délégation
« de Tours serait invitée à effectuer dans cette direction.
« En avant de Rouen, elle rencontrait la forte position
« militaire formée par le plateau que couvrent la Seine et
« l'Andelle. Elle s'y établissait en se retournant face à
« l'ennemi, adossée à la grande ville, aux voies ferrées,
« fluviales, maritimes, par où ses approvisionnements de
« toute sorte devaient affluer, en communication par sa
« droite avec les armées qui se formaient sur la Loire,
« par sa gauche avec l'armée qui se formait dans le
« nord. »

*C'était encore un plan.*

Non pas un *plan de guerre* comme celui que, si ridiculement, la légende veut que j'aie déposé chez un notaire de Paris (j'ai déjà dit pourquoi j'étais arrivé à n'en avoir plus aucun), mais un plan de sortie auquel se rattachaient des vues ultérieures de guerre. L'idée première, je l'ai dit, en appartenait au général Ducrot, et ce plan fut le seul auquel furent consacrés tous les efforts du siège (près de deux mois), jusqu'au moment où des événements de force majeure, que j'exposerai plus loin, vinrent en rendre la réalisation impossible à l'heure même où il allait se réaliser. Il était ingénieux, hardi, infiniment hasardeux, mais pas plus hasardeux que le siège lui-même et que toutes les autres entreprises de la Défense nationale.

Avec l'ardeur de son imagination militaire, avec l'ardeur de son désir personnel d'échapper à ce qu'il appelait *l'étouffoir de Paris*, le général Ducrot voyait là le salut. Moi, je ne le voyais nulle part, mais j'étais résolu à le chercher partout, et c'est avec une fiévreuse activité que je me mis à l'œuvre de la préparation, dans un secret absolu dont cinq personnes seulement étaient les dépositaires : le gouverneur de Paris, le général Ducrot, chargé de l'opération à venir, le général Schmitz, chef d'état-major général[1], et mes deux aides de camps secrétaires intimes, commandant Nicolas Bibesco, capitaine Arthur Brunet.

Ces explications étaient nécessaires pour faire comprendre le but du combat de la Malmaison. Nos préparatifs matériels pour la sortie dans la direction de la basse Seine commençaient à avancer. L'organisation du corps expéditionnaire avait été prévue dans ses détails, faite sur le papier par le général Schmitz, et je comptais que dans la première quinzaine de novembre nous serions en mesure de tenter cette fortune. Mais il nous importait de savoir jusqu'où et avec quelles forces l'ennemi, solidement établi autour de Versailles et de Saint-Germain, s'étendait vers sa gauche dans la direction de cette presqu'île de Gennevilliers qui allait être la base de notre opération et le point d'appui, par son artillerie de position, des premiers et plus périlleux efforts de notre corps expéditionnaire.

C'est dans ces vues spéciales et aussi pour aguerrir le 14ᵉ corps, qui entrait dans la composition des troupes de sortie pour une part importante, qu'avait été résolu le combat de la Malmaison, qui ne fut, comme tous nos engagements précédents, qu'une reconnaissance offensive. Mais le public parisien le considéra comme une bataille dont le but était, — aurait dû être, selon lui dans tous les cas, — de déloger les Allemands des hauteurs de l'ouest et le roi Guillaume de Versailles. . . . . . . . . . .

[1] Pendant toute la durée du siège, nous avons presque invariablement trouvé l'ennemi en mesure, sur les points où nous nous jugions fondés à espérer le surprendre. Toute opération dont l'objet devait être connu, avant l'exécution et pour l'exécution, par un certain nombre d'officiers, était éventée dans les vingt-quatre heures.

Le combat, malgré l'intelligente et énergique direction qu'il reçut du général Ducrot, commandant le 14ᵉ corps, malgré l'admirable constance de quelques-uns, malgré le bon vouloir de tous, eut la même physionomie que ceux dont j'ai fait jusqu'ici le récit sommaire, celle que devaient avoir tous nos combats à venir.

Après une violente canonnade de nos pièces de position, les troupes avaient marché à l'ennemi avec un vif élan, et nos colonnes, précédées de leurs tirailleurs, avaient poussé devant elles les avant-postes allemands et leurs premières réserves. Mais, comme toujours, elles avaient trouvé en arrière, à des distances variables selon la configuration du terrain, des positions solidement retranchées, — à la Malmaison, à la Jonchère, au delà du parc de Buzenval, — qu'il fallut contourner en se désunissant, ou attaquer de front en gravissant des pentes bordées de maisons, de murs, de bois mis en état de défense, sous un feu de mousqueterie et d'artillerie de plus en plus intense.

L'élan ne suffisait plus et la situation exigeait les facultés militaires qui nous manquaient, le calme, la cohésion, l'expérience, qui font la solidité des troupes préparées à la guerre. Après cinq heures d'une lutte qui devenait de plus en plus inégale parce que les réserves allemandes affluaient, la retraite était ordonnée par le général Ducrot, retraite prévue, en bon ordre, et qui se fût effectuée sans aucun incident si deux pièces de 4 d'une batterie légère qui s'était audacieusement portée en avant, trop loin de l'infanterie, ne fussent restées à l'ennemi, la plupart de leurs hommes et de leurs chevaux hors de combat.

Nous savions désormais jusqu'où s'avançaient vers sa gauche, c'est-à-dire vers le terrain de notre future sortie par l'ouest, les établissements de l'ennemi les plus rapprochés de nous, et combien de temps il lui fallait pour y réunir deux divisions ou un corps d'armée. Lui-même savait à présent que nous barrions la presqu'île de Gennevilliers par des batteries de position et par des effectifs assez importants pour qu'il ne pût songer à s'étendre de ce côté-là. Nous n'avions pas à modifier le plan de notre entreprise vers Rouen.

A Paris, le roi de Prusse étant venu de Versailles se poster sur les hauteurs de Marly où j'avais en effet aperçu à la lunette un groupe très nombreux d'officiers, on dit et on écrivit que la lutte avait inquiété les Allemands *au point de motiver dans Versailles une sorte de panique,* et que si le général Ducrot avait su profiter de ses avantages, il aurait pu y arriver et frapper là un coup décisif. La grande et légitime notoriété militaire du général en fut atteinte devant la foule.

C'est par de tels contes, si éloignés de la réalité des situations et si peu conformes à la dignité des armes, que dans la mauvaise fortune nous consolons notre orgueil en commettant l'injustice.

### Souvenir aux morts.

Au combat de la Malmaison, nos pertes qui, au rapport de l'état-major allemand, ne dépassèrent pas de beaucoup celles de l'ennemi, furent de cent cinquante tués, dont six officiers; de trois cent cinquante blessés, dont vingt-trois officiers.

Au nécrologe ci-après des six officiers qui périrent ce jour-là, je dois ajouter, avec une mention d'honneur toute spéciale, le chef de bataillon Jacquot, du régiment de zouaves nouvellement formé. Ce vaillant homme, qui avait pénétré avec quelques compagnies au milieu des positions prussiennes d'où il fut très difficile de les dégager, avait reçu deux blessures sans déserter le combat. Atteint grièvement pour la troisième fois, il succombait à quelques jours de là emportant nos universels regrets.

Le chef de bataillon Jacquot, des zouaves (régiment formé).

Les capitaines Collin,    —         —
      — Garnier, des mobiles de Seine-et-Marne.
      — Couvès, du 36° régiment de marche.
      — de Boysson,    —         —
      — Chapuis, des francs-tireurs.

Le sous-lieutenant Didio, du 19° régiment de marche.

# CHAPITRE IX

LES ÉVÉNEMENTS POLITIQUES ET MILITAIRES D'OCTOBRE (SUITE)

### Événements précurseurs
### de l'insurrection du 31 octobre.

J'ai dit que lorsque le 4 septembre j'avais pris en mains à Paris la cause de la Défense nationale, je la savais militairement et je la jugeais politiquement désespérée. Mais je croyais au relèvement social.

L'effort que nous allions faire, pour tenir tête à des adversaires incomparablement plus forts que nous, honorerait notre infortune. Et le pays, frappé dans son orgueil militaire traditionnel, dans toutes les fictions de son existence vaniteuse, dans sa richesse et dans son luxe, dans sa frivolité, dans ses divisions sur le terrain politique, dans son scepticisme moral et religieux, reviendrait à la modestie, à la simplicité, aux réalités de la vie nationale sérieuse et laborieuse, à l'union des esprits et des cœurs, à la croyance, et la France referait ses destinées.

Encore un rêve! Un rêve que les événements du siège de Paris allaient commencer à dissiper, dont les événements postérieurs au siège ne devaient rien laisser subsister, et qu'ont remplacé pour toujours l'affliction patriotique et d'insurmontables dégoûts.

Entre tous les événements du siège, celui qui eut sur l'avenir de la Défense nationale les effets les plus décisifs en même temps que les plus désastreux, ce fut l'insurrection du 31 octobre avec les troubles intérieurs sans cesse renaissants qui la suivirent. Je les ai déjà stigmatisés, mais comment ne pas envisager sous tous ses aspects un sujet si plein de douloureux avertissements !

L'explosion de la guerre civile devant l'invasion étrangère, *sous les yeux de l'ennemi et pendant le combat*, n'est pas seulement, comme je l'ai dit, une tache ineffaçable sur l'histoire de notre pays, c'est une révélation imprévue de la grandeur des attentats auxquels peuvent se livrer pendant la guerre les sectaires qui tourmentent l'existence nationale. C'est une menace incessante pour la France et pour ses armées.

Qui oserait affirmer désormais que, dans les guerres futures, l'insurrection à Paris et dans les grandes cités où l'anarchie s'agite, ne répondrait pas à une défaite que la fortune si incertaine des champs de bataille infligerait à nos armes, ne fût-ce qu'une défaite d'un jour ?

Le comte Daru et ses consorts, dans leur violent et inique réquisitoire contre le gouvernement de la Défense, ont représenté l'insurrection du 31 octobre comme l'effet d'un vaste complot démagogique qu'il avait laissé s'ourdir et éclater. C'est une assertion absolument erronée.

Il est pourtant certain qu'au cours du siège, la démagogie fut en état de conspiration permanente contre la société, contre le gouvernement, contre l'ordre, contre tout ce qui paraissait encore debout, mais pas plus pendant le siège qu'avant ou après, et certainement beaucoup moins qu'aujourd'hui (1886) où elle est une puissance en quelque sorte légale et reconnue, avec de bruyants représentants dans nos assemblées délibérantes et d'ardents adhérents dans les foules urbaines, qui semblent prêts à tout.

Si le mouvement du 31 octobre avait été concerté dans son but, préparé dans ses moyens, comme l'affirme M. Daru, il eût infailliblement réussi et bien plus facilement que celui qui vient d'aboutir en Bulgarie à l'enlèvement d'un prince victorieux, d'un prince populaire qui se croyait en sécurité dans son palais, entouré de ses gardes au milieu d'une armée et d'un peuple en apparence reconnaissants qui l'acclamaient tous les jours.

Le gouvernement de la Défense n'était pas victorieux, il n'était pas populaire, il n'avait pas de gardes, il vivait au jour le jour au milieu de foules armées et d'un peuple infiniment plus agité que reconnaissant qui ne l'acclamait jamais. Il se croyait en sécurité par le fait de la guerre qu'il soutenait dans Paris pour Paris et pour le pays. Le soir d'une agression bien étudiée et bien conduite, il aurait été sous clef et Paris dans l'anarchie.

Ce qui avait déterminé l'explosion, ce qui avait spontanément inspiré aux démagogues (quelques milliers au plus) l'audace de leur entreprise, en mettant dans leurs mains un puissant instrument pour l'action, c'était le nouveau transport d'affolement, presque égal à celui du 4 septembre, qui avait saisi la population de Paris devant la coïncidence vraiment fatale de trois événements de très inégale importance pour l'avenir de la Défense nationale et pour le pays :

1° La capitulation de Metz et de l'armée de Bazaine ;

2° L'occupation (sans combat) du Bourget par nos troupes et sa réoccupation immédiate (de vive force) par les Allemands ;

3° Les négociations de M. Thiers à Versailles pour un armistice.

La capitulation de Metz, complément tragique de la journée de Sedan, achevait la ruine de ce qui restait à la France de forces organisées. C'était un désastre national irréparable.

L'occupation (sans ordre) d'un village de la plaine de Saint-Denis, suivie de sa reprise par l'ennemi, était un accident de guerre sans conséquence d'aucune sorte. Il était rendu douloureux pour nous par la mort inutile de quelques vaillants officiers et de braves soldats qui furent sacrifiés là au charlatanisme ambitieux d'un chef militaire sans scrupules. L'opinion, habilement excitée par lui, considéra cette prise de possession comme *une grande victoire*, et, par suite, la perte du Bourget comme une grande défaite.

Les négociations de M. Thiers à Versailles, en vue d'un armistice dont l'initiative appartenait aux puissances neutres, soulevèrent à Paris la colère publique et devinrent le thème des plus violentes accusations contre le gouvernement.

### Metz et le Bourget.

C'est le 28 octobre, — le jour même de l'occupation du Bourget par nos troupes, — que commença à se répandre dans Paris, venant sans doute des avant-postes de l'ennemi, le bruit que le maréchal Bazaine avait capitulé dans Metz. Un journal de la démagogie écrivait :

« Fait vrai, sûr et certain, que le gouvernement de la
« Défense retient par devers lui comme un secret d'État,
« ce que nous dénonçons à l'indignation de la France
« comme une haute trahison : le maréchal Bazaine a envoyé
« un colonel au camp du roi de Prusse pour traiter de la
« reddition de Metz et de la paix. »

Pour nous tous, ce bruit ne pouvait être qu'une machination nouvelle que la démagogie dirigeait contre le gouvernement. Mes collègues, sur la foi de *la légende* qui avait consacré depuis plus de trente ans l'illustration militaire de Bazaine, étaient pleins de confiance en lui et dans la solidité de l'armée qu'il commandait. Personnellement, je savais, j'avais annoncé (lettre du 10 août, page 99) que cette armée, laissée à Metz contre toutes les indications militaires fournies par les événements, était perdue. Mais j'avais la conviction absolue qu'elle tiendrait autour de Metz et dans Metz aussi longtemps que durerait la guerre de la défense nationale.

C'est donc unanimement et avec une entière bonne foi patriotique que le gouvernement, dans une proclamation véhémente, déclara *infâme et fausse* l'accusation qui lui imputait l'indignité de *tromper le public en lui cachant, avec d'importantes nouvelles, que le glorieux soldat de Metz avait déshonoré son épée par une trahison.*

Qu'on juge de la situation du gouvernement et de l'état des esprits dans une population faite comme la population de Paris, quand à deux jours de là, avec la nouvelle du combat et de l'abandon du Bourget, arriva l'avis confirmatif de la capitulation de Metz! Ce fut un *tollé* de récriminations sans examen, de colères et de clameurs sans fin. Le groupe anarchique crut son heure venue. Il tenta et réussit l'invasion de l'Hôtel de Ville et la mainmise sur le personnel gouvernemental, mais ne put pas, faute d'assistance et de moyens, pousser son entreprise au delà de ce commencement de succès.

Après en avoir expliqué les causes, je ferai, quand il en sera temps, le récit de la journée du 31 octobre et de ses suites; mais elle fut précédée par les journées du Bourget, dont je veux d'abord écrire l'histoire qui me paraît intéressante à plus d'un titre. D'abord elle ne laissera rien subsister de la légende, et puis elle montrera la gravité des complications que peuvent faire naître, à la guerre, les actes d'initiative d'un général qui veut à tout prix avoir un rôle et en qui ses supérieurs ont mis une confiance qu'ils n'ont pas assez étudiée [1].

De cette histoire, j'ai déjà écrit le commencement (tout ce que j'en savais alors) il y a quatorze ans (1872), dans des circonstances singulières dont le secret a été loyalement gardé jusqu'à présent (1886) par les parties qui le détiennent. Elle consiste dans des documents écrits dont les originaux, sous ma signature, sont entre les mains d'une personnalité parisienne bien connue des contemporains, le grand libraire-éditeur M. Dentu, et dont les duplicata sont entre les miennes. Ces documents ont donc caractère authentique et je reproduis ici ceux qui sont le plus probants pour la manifestation de la vérité.

---

### La crise du Bourget et le général de Bellemare.

A Versailles, où me retenaient les travaux de l'Assemblée nationale, je recevais au commencement de mai 1872 la lettre suivante de M. Dentu, que je ne connaissais pas et ne connais pas encore :

« Paris, le 8 mai 1872.

« Monsieur le général,

« Un livre ayant pour titre : *Histoire critique du siège*
« *de Paris par un officier de marine,* a été imprimé sans

---
[1] C'est moi-même qu'atteint ce reproche mérité.

« nom d'auteur à Bruxelles, chez M. Vanderauwera, et
« j'ai accepté d'en recevoir en dépôt un certain nombre
« d'exemplaires.

« M. le général de Bellemare, se jugeant offensé par un
« passage de ce livre relatif à l'affaire du Bourget, a cru
« devoir me faire un procès et me demander réparation du
« dommage qu'il prétend lui avoir été causé.

« Jusque-là, rien qui vous concerne personnellement ;
« mais, à la date du 2 mai, le général, pour justifier la
« conduite qui lui est imputée, m'a signifié des conclusions
« dans lesquelles se trouvent textuellement les passages
« suivants :

« *Attendu que l'affaire du Bourget a échoué par la
« volonté délibérée du général Trochu ;*

« *Attendu qu'il n'a consenti ni à donner les renforts et
« l'artillerie qui lui ont été demandés itérativement et dès
« la première heure, ni à envoyer l'ordre au général
« de Bellemare d'évacuer le Bourget ;*

« *Attendu que ces faits sont confirmés par le général
« Trochu lui-même dans une lettre qui a été reproduite, et
« qu'il reconnaît notamment que, dans la journée du
« samedi, il a reçu deux fois la visite du général de Belle-
« mare ;*

« *Donner acte au général de Bellemare de ce qu'il articule
« et offre de prouver les faits suivants, savoir :*

« *1° Que dès le vendredi 28 octobre 1870 il a demandé
« au gouverneur de Paris des renforts et des canons, et qu'il
« est allé deux fois dans la journée du samedi 29 octobre
« les réclamer au général Trochu.*

« M. le général de Bellemare me met en demeure de
« reconnaître ou de dénier ces faits, faute de quoi il
« demande une enquête. Comme ces imputations s'attaquent
« à votre personne, je crois obéir à de hautes convenances
« en les portant à votre connaissance, afin qu'un débat

« d'une telle nature ne s'engage pas à votre insu, et même
« que vous soyez mis dès le début en mesure d'apprécier
« s'il vous convient d'y intervenir.

« Le texte complet des conclusions signifiées est déposé
« entre les mains de mon avocat, M. Josseau, ancien
« député, rue de Surène, 7.

« Veuillez agréer, monsieur le général, l'assurance de
« ma haute et respectueuse considération.

« Dentu,
« libraire-éditeur, galerie d'Orléans, 17 et 19. »

J'ai déjà dit que, pénétré du principe, — tel qu'on l'entendait dans mon temps, — des responsabilités du commandement, je n'avais jamais mis en cause, pour répondre aux diatribes répandues contre moi, un seul de mes collaborateurs et sous-ordres. L'audacieuse entreprise, les incroyables assertions du général de Bellemare n'auraient pas suffi à me faire dévier du principe; mais le cas que M. Dentu me soumettait, en des termes pleins de réserve et de déférence en même temps, était particulier. Il me créait le devoir de témoigner de la vérité *devant la justice*, et, en réclamant mon témoignage, M. Dentu poursuivi était dans son droit. Je lui répondis :

« Versailles, le 11 mai 1872.

« Monsieur,

« Je suis toujours prêt à défendre la vérité. Je ne con-
« nais pas le livre intitulé : *Histoire critique du siège de*
« *Paris par un officier de marine*, mais j'ai sous les yeux
« les passages que vous m'avez fait connaître des conclu-
« sions qui vous ont été signifiées par le général de Belle-

« mare à l'occasion de le publication de ce livre. *Ces pas-
« sages sont d'un bout à l'autre une indigne altération de
« la vérité.*

« Je n'ai pas besoin d'ajouter que je suis en mesure d'en
« fournir la preuve dès qu'elle me sera demandée.

« Veuillez agréer l'assurance de ma considération très
« distinguée.

« Général Trochu. »

Informé le 2 juillet par M. Josseau, avocat de M. Dentu, que la cause — *Bellemare* contre *Dentu* — ne tarderait pas à être appelée devant le tribunal de la Seine, j'adressais à M. Dentu l'exposé qui suit :

« Tours, le 15 juillet 1872.

« Monsieur,

« Par lettre en date du 8 mai, vous m'avez donné com-
« munication des passages qui me concernent des conclu-
« sions que vous a fait signifier le général de Bellemare
« à l'occasion de la publication d'un livre intitulé : *Histoire
« critique du siège de Paris par un officier de marine.*

« Je vous ai répondu le 11 mai que j'étais prêt à dé-
« fendre la vérité.

« Aujourd'hui, par l'intermédiaire de M. Josseau, votre
« avocat, vous me priez de vous mettre en mesure de la
« montrer au tribunal. J'ai le devoir de déférer à cette
« demande, et ce que je me suis refusé à dire jusqu'à ce
« jour dans mon intérêt personnel, je le dirai dans l'intérêt
« de la morale, de la vérité et pour éclairer la justice.

« Avant d'entrer dans l'exposé des faits, je vous com-

« munique la lettre que j'ai écrite le 15 février dernier[1] au
« directeur de l'*Indépendance belge* (publiée par ce journal
« et reproduite par plusieurs journaux français), que le
« général de Bellemare ose invoquer dans son assignation
« comme une confession faite par moi-même au sujet du
« thème qu'il a imaginé pour expliquer l'affaire du Bourget.

« Cette lettre, où je me suis renfermé dans des termes
« généraux que j'ai l'obligation de préciser aujourd'hui, est
« pourtant, à elle seule, toute l'histoire morale de ce dou-
« loureux épisode du siège de Paris.

« Je déclare encore ici que je n'ai pas lu le livre ano-
« nyme : *Histoire critique du siège de Paris,* que je ne le
« lirai pas plus que les autres productions du même genre
« qui ont à peu près toutes pour origine des intérêts, des
« passions et des colères. Mais si, comme on me l'assure,
« ce livre est une sorte de pamphlet spécialement dirigé
« contre moi, mon intervention devant la justice au profit
« de l'éditeur qui le propage en France donnera la mesure
« de l'impartialité et de la bonne foi absolues avec lesquelles
« je fais ce récit.

« Veuillez agréer, etc.

« Général T‌ROCHU. »


## La crise du Bourget.

« Dans le système du siège de Paris, que j'exposerai
« sommairement, la position de Saint-Denis était *essen-*
« *tiellement et forcément défensive.* Elle est dominée au

---

[1] En réponse à un récit de l'affaire du Bourget. Je me bornais, sans nommer personne, à montrer que la responsabilité de l'entreprise ne pouvait incomber au chef militaire qui, non seulement ne l'avait pas ordonnée, mais n'en avait pas été informé.

« nord par de dangereuses hauteurs[1] et largement ouverte
« à l'est de tout l'espace en plaine qui s'étend du fort de
« l'Est au fort d'Aubervilliers. En outre, les travaux anté-
« rieurement publiés par les ingénieurs prussiens dési-
« gnant Saint-Denis comme un point d'attaque, il s'agissait
« d'y organiser la défense seulement, mais avec une garni-
« son nombreuse dont l'objet serait de combattre derrière
« les défenses créées et à créer.

« C'est dans ces vues que fut tendue préparatoirement,
« avec beaucoup de soins et d'efforts, l'inondation de la
« plaine de Saint-Denis dès le commencement du siège ;
« que le gros des troupes irrégulières (gardes mobiles de
« la Seine, francs-tireurs, etc.,) soutenus par quelques
« bataillons d'infanterie de récente formation, occupa la
« position ; qu'au contraire, toutes les troupes régulière-
« ment organisées en brigades et en divisions furent
« réunies dans l'espace qui s'étend entre le mont Valérien
« et Vincennes, en passant par les hauteurs de Châtillon
« et de Villejuif, vaste demi-cercle auquel il semblait
« probable que s'appuieraient les mouvements offensifs que
« nous pourrions tenter ultérieurement contre l'ennemi[2].

---

[1] Les hauteurs de *Pinson,* hors de portée de canon quand furent éle-
vés en 1840 les trois forts qui sont la ceinture défensive de Saint-
Denis, étaient à petite portée du canon moderne en 1870. C'est de là
que les trois forts et la ville elle-même furent en quelques heures foudroyés, quand les Allemands, en possession de leur grosse artillerie,
eurent recours au bombardement.

[2] Cet exposé de quelques lignes ne se borne pas à montrer que la
place de Saint-Denis était une position extérieure exclusivement
défensive. Il fait voir en même temps toute l'économie *du fameux
plan.*

Il est clair en effet que si l'ennemi, comme je le croyais, avait
attaqué Paris en se heurtant avec de grandes pertes à la succession de
défenses inabordables que nous avions accumulées, j'aurais pu, au
lendemain d'un de ses assauts manqués, prononcer sur quelques
points l'offensive, avec des chances de succès que je ne pouvais ren-

« Pour compléter cette défensive de Saint-Denis, il
« s'agissait de donner une organisation provisoire aux irré-
« guliers qui y étaient réunis, et de fermer par des travaux
« très étendus la large trouée qui existait à l'est.

« Je choisis pour cette importante mission un officier
« intelligent, jeune et actif. Ce fut le général de Belle-
« mare, qui, général de brigade depuis quelques mois
« seulement, se trouva par là en possession d'un comman-
« dement comprenant un territoire immensément étendu,
« quatre forts de haute importance et près de vingt-cinq
« mille hommes de troupes, l'équivalent numérique d'un
« corps d'armée.

« Comme lieutenant d'infanterie, *portant le nom de*
« *Billard* sous lequel je l'ai connu et affectionné pendant
« plus de vingt ans, il avait été officier d'ordonnance du
« général de La Moricière, dont, antérieurement, j'avais été
« moi-même l'aide de camp et à qui se rattachent les plus
« chers souvenirs de ma carrière. J'en faisais bénéficier le
« général de Bellemare par une éclatante faveur qu'il justifia
« d'abord, je dois le dire.

« Par des travaux considérables et bien conduits, il
« ferma la position de Saint-Denis dans toute l'étendue où
« elle était ouverte. Il organisa et disciplina, autant qu'il
« était possible, ses irréguliers. Par des instances répétées,
« il obtint de moi pour l'armement des forts de la Briche,
« de la Double-Couronne, de l'Est et d'Aubervilliers, un
« supplément considérable de bouches à feu du plus gros
« calibre, qui avaient primitivement une autre destination
« et qui donnèrent à l'action extérieure de ces forts, par le
« canon, une étendue considérable. Sous la protection de

contrer en attaquant directement les Allemands dans leurs positions,
comme j'ai été obligé de le faire. (Cette note explicative n'existait pas
dans ma lettre à M. Dentu.)

« ce canon, le général de Bellemare, à qui je laissais à cet
« égard une entière latitude, fit occuper et barricader de
« petits postes avancés (dont le principal était la Cour-
« neuve) entourant Saint-Denis d'une sorte de banlieue
« militaire où les isolés pouvaient aller et venir avec sé-
« curité, où les habitants recueillaient des récoltes passa-
« gères, etc., etc.

« A ce moment, les travaux de défense de la position de
« Saint-Denis étaient complets. Elle ne pouvait désormais
« être l'objet, soit d'une attaque de vive force, soit d'une
« attaque par surprise. Ma sécurité de ce côté devint
« entière, et je pus me livrer, de concert avec le général
« Ducrot, à la préparation exclusive des grands efforts qui
« devaient porter une partie de l'armée de Paris, d'abord
« dans la direction de Rouen, plus tard dans la direction
« d'Orléans par les hauteurs de la rive gauche de la Marne,
« pour donner la main à l'armée de la Loire.

« Je témoignai ma satisfaction au général de Bellemare,
« et je lui fis entendre que ses efforts, à un jour donné,
« recevraient leur récompense.

« Mais, à ce moment aussi, son attitude se modifia en
« m'inspirant des inquiétudes que j'exprimais souvent aux
« officiers de mon état-major. Il rêvait d'opérations offen-
« sives contre les positions prussiennes, car il commença,
« pour obtenir de l'artillerie de campagne, des instances
« analogues à celles qu'il avait faites précédemment pour
« obtenir des compléments de grosse artillerie de marine
« et de siège. C'est à ces instances qu'il fait allusion dans
« les conclusions qu'il vous a signifiées. Je lui répétai que
« son commandement était exclusivement défensif; que je
« limitais expressément à six pièces l'artillerie de cam-
« pagne dont il pouvait disposer pour agir dans la ban-
« lieue qu'il s'était faite sous la protection de la grosse

« artillerie des forts ; que toute autre entreprise extérieure,
« coûtant inévitablement du monde et ne pouvant avoir
« aucun avenir, serait très hasardée. Déjà le général de
« Bellemare avait fait exécuter sur Stains une reconnais-
« sance offensive qui avait occasionné des pertes regret-
« tables [1].

« Le vendredi 28 octobre au matin, l'officier de service
« me remit un télégramme qui m'annonçait l'occupation du
« Bourget effectuée cette nuit même par les francs-tireurs
« de la Presse. Le général de Bellemare demandait de
« l'artillerie pour appuyer cette occupation.

« Ma surprise et celle du chef d'état-major, général
« Schmitz, que je fis immédiatement appeler, furent grandes.
« *La veille, l'avant-veille et les jours précédents, aucune
« demande d'autorisation, aucun avis faisant pressentir
« l'exécution d'une telle entreprise n'étaient parvenus à
« l'état-major général!* Je comprends, dis-je au général
« Schmitz, que les francs-tireurs, dans une poussée de
« nuit qui fait beaucoup d'honneur à leur hardiesse, aient
« pu occuper le Bourget, mais comment s'y maintenir ?

« En effet, le Bourget, village étroit de près d'un kilo-
« mètre de longueur, borde en ligne droite dans la plaine
« la route nationale de Paris à Maubeuge, qui était en-
« filée dans toute son étendue par les redoutables batteries
« de position que l'ennemi avait établies à Pont-Iblon et

---

[1] Cette reconnaissance sur Stains, ordonnée par le général de Bellemare qui n'y parut pas, fut accompagnée, comme l'affaire du Bourget,
de circonstances qui auraient dû me le révéler tout entier et dissiper
mon aveuglement à son sujet. Mais elles ne furent portées à ma connaissance par ses officiers supérieurs, — acteurs-témoins irrécusables, —
que bien longtemps après ces événements, dans ma retraite de Tours.
Je n'en savais qu'une partie, quand j'ai adressé à M. Dentu la lettre
ci-dessus. Elle aurait été infiniment moins modérée, si j'avais été
informé comme je le suis aujourd'hui.

« sur les collines de la rive droite de la Morée. En outre,
« le village était pris d'écharpe par les batteries prus-
« siennes de Dugny et des hauteurs voisines. La position
« du Bourget, enveloppée par un cercle de feu d'artillerie
« et par les positions de l'ennemi (infanterie) à si petite
« distance, serait-elle tenable ? Comment lutter contre cette
« artillerie supérieure à la nôtre, dominante, battant in-
« cessamment et pouvant avec le temps détruire le village ?
« Nos pièces d'artillerie arriveraient-elles, et quand elles
« seraient arrivées, où et comment les mettre en batterie,
« en plaine, sous un tel feu ?

« Je dus prendre un parti. Je rencontrais là (comme
« l'exprime ma lettre à l'*Indépendance belge*) l'une de ces
« terribles situations exclusives au siège de Paris, où sur
« un champ de bataille de plus de seize lieues d'étendue,
« l'initiative locale se donnait carrière, notamment celle
« des irréguliers. Et il fallait que le gouverneur acceptât et
« couvrît les suites de ces entreprises *quand elles étaient*
« *accomplies*, à peine de décourager profondément les
« troupes qui en avaient fait vaillamment l'effort et de
« révéler à la population le décousu d'une défense faite
« dans de telles conditions et avec des éléments si inco-
« hérents[1].

« Je prescrivis par télégramme au général Ducrot qui
« avait seul de l'artillerie de 12[2] assez rapprochée de Saint-
« Denis, de lui donner immédiatement cette direction, et

---

[1] J'ai omis là une circonstance qui me liait encore plus étroitement. C'est qu'au moment où je recevais de Saint-Denis l'avis de l'occupation du Bourget, *les journaux recevaient de Saint-Denis l'avis de la grande victoire du Bourget*, et tout Paris se congratulait à l'heure où mes doutes et ma perplexité étaient au comble.

[2] L'artillerie de 12, dont nous n'avions qu'un petit nombre de pièces, était l'artillerie mobilisable la plus puissante dont la défense disposât.

« j'adressai les mêmes ordres au général Guiod, comman-
« dant l'artillerie à Paris. Enfin je fis partir pour le Bour-
« get un officier supérieur de mon état-major, le comman-
« dant de Lemud[1].

« Dans la matinée du lendemain, le général de Belle-
« mare, *que nécessairement je croyais au Bourget et diri-
« geant les suites de l'entreprise,* apparut dans mon ca-
« binet à Paris. Il était plein d'équilibre et de satisfaction :
« — Le succès est complet, et si vous m'envoyez l'ar-
« tillerie nécessaire, nous tenons définitivement le Bourget.
« — Dans la crise où l'événement nous met, ce n'est
« pas le moment de rechercher pourquoi et comment vous
« êtes au Bourget; mais par quels moyens, en y compre-
« nant l'artillerie qui vous arrive, entendez-vous vous
« maintenir au milieu des positions prussiennes?
« — Nous nous y maintiendrons parfaitement. J'ai été
« sur les lieux ; les barricades se font, tous les travaux de
« défense sont en voie d'exécution.
« Le général Schmitz, je crois, le chef d'escadron Bibesco
« et le capitaine A. Brunet, j'en suis absolument sûr,
« étaient présents à cet entretien, que le général de Belle-
« mare interrompit en me demandant de me dire quelques
« mots en particulier. Mes officiers se retirèrent.
« — *Mon général, j'invoque votre vieille amitié pour
« moi en vous priant d'examiner si l'heure n'est pas venue
« de me faire général de division.*
« Je restai surpris, glacé, apercevant le caractère et les
« vues du général sous un aspect qui ne m'avait pas frappé
« jusqu'alors. Je lui exprimais cette surprise, lui montrant

---

[1] C'est par erreur de souvenir que, dans la lettre originale qui est entre les mains de M. Dentu, j'ai indiqué le commandant Faivre comme ayant rempli cette mission.

« que ce n'était pas l'heure de se préoccuper d'avancement,
« quand un officier de service m'apporta un télégramme du
« chef d'état-major de Saint-Denis annonçant que l'en-
« nemi attaquait le Bourget.

« — Voilà où vous devriez être, » dis-je au général, et
« il partit.

« Cette apparition à Paris, inattendue, insolite, d'un
« général dont les troupes étaient engagées à deux lieues
« de là dans une entreprise pleine d'incertitude, les con-
« clusions personnelles auxquelles sa conversation avait
« abouti, m'avaient troublé dans mon affection pour lui et
« affligé. Sans aucune défiance par nature, j'eus le senti-
« ment qu'il se passait là quelque chose dont il impor-
« tait de garder le souvenir. Je rappelai le général Schmitz,
« le commandant Bibesco, le capitaine Brunet. Ils avaient
« assisté à la première partie de la conférence, je leur en
« fis connaître la seconde, prescrivant à mon aide de camp,
« le capitaine Brunet, d'en prendre note.

« A mon plus grand étonnement encore, le général
« de Bellemare me revint dans l'après-midi :
« — Ce n'était qu'une alerte. Des démonstrations d'in-
« fanterie et une violente canonnade avaient été dirigées
« contre le Bourget par l'ennemi. Les troupes avaient par-
« faitement supporté cette épreuve. Tous les hommes qui
« n'étaient pas nécessaires pour les travaux de la défense
« étaient à l'abri dans les caves. Ces travaux marchaient
« bien et marcheraient encore mieux dans la nuit. L'ar-
« tillerie allait enfin arriver. Elle avait été vue cheminant
« vers Saint-Denis. Je ne devais avoir aucune inquiétude
« sur les suites de l'entreprise.

« Ce second discours du général de Bellemare fut enten-
« due par les trois mêmes officiers (général Schmitz, com-

« mandant Bibesco, capitaine Brunet), et il se termina
« comme le premier *par une demande de huis-clos encore
« exclusivement relatif aux titres du général au grade de
« général de division.* Je le renvoyai à son poste, et
« comme le matin, mes trois officiers informés, je fis
« garder note de l'ensemble de ces faits par le capitaine
« Brunet.

« J'ignore si, comme l'affirme le livre publié par M. Dentu[1],
« le général de Bellemare *ne revint pas ce soir-là à Saint-
« Denis,* mais j'ai le souvenir qu'on m'a, dans la suite du
« siège, rapporté cette circonstance à laquelle je n'ai jamais
« cru.

« 1° De ce récit, il résulte jusqu'à l'évidence que l'occu-
« pation du Bourget n'a pas été ordonnée par le gouver-
« neur de Paris ;

« 2° Qu'il n'a pas été prévenu de cette entreprise, cir-
« constance qui l'eût mis en demeure de l'approuver ou de
« l'interdire ;

« 3° Que le général de Bellemare, en énonçant dans son
« assignation que le gouverneur n'a consenti ni à donner
« l'artillerie et les renforts demandés itérativement à la *pre-
« mière heure,* ni à envoyer l'ordre d'évacuer le Bourget, né-
« glige d'ajouter que ce qu'il appelle la *première heure,* c'est
« le *vendredi 28 octobre, après le coup de main accompli.*
« Il néglige aussi de dire la vérité, qui est que le gouver-
« neur a consenti, au contraire, en raison des circonstances
« de force majeure qu'il subissait, à donner ce qu'il avait
« systématiquement refusé jusque-là, de l'artillerie de

---

[1] M. Dentu m'avait informé de cette grave accusation portée contre le général de Bellemare par les livres (*Histoire critique du siège de Paris*), en joignant à la lettre du 8 mai 1872, par laquelle il appelait mon intervention devant le tribunal, un extrait que j'ai sous les yeux des pages 75 et 76 de ce livre.

« bataille (la plus puissante qu'il eût), à une troupe qui ne
« pouvait pas et ne devait pas livrer bataille ; mais que ses
« ordres ont été tardivement exécutés[1], comme il arrive
« quand, à la guerre, *la préparation ne vient qu'après*
« *l'exécution ;*

« 4° Que, quant à l'envoi par le gouverneur de l'ordre
« d'évacuer le Bourget, le général sait bien que cet ordre
« était *moralement* impossible, du moment que les francs-
« tireurs, dont la vaillance venait de mériter ses éloges,
« avaient été maintenus par lui dans le village, avaient
« reçu par lui le renfort de plusieurs bataillons et que
« l'occupation, tout à l'heure aux prises avec l'ennemi,
« était un fait consommé[2].

« Mais l'entreprise du Bourget a-t-elle été, par le géné-
« ral de Bellemare lui-même, l'objet d'une combinaison
« militaire méditée ? A-t-il donné pour son exécution,
« comme toujours en pareil cas, des ordres écrits, des
« instructions prévoyant les différentes éventualités d'une
« opération aussi incertaine ? Je ne le crois pas. *Il l'a laissé*
« *faire.* Peut-être l'a-t-il encouragée en considérant que
« l'effort d'une troupe de francs-tireurs n'est jamais bien
« compromettant, et en se réservant de prendre ultérieure-
« ment l'attitude que les résultats lui conseilleraient[3].

---

[1] Les généraux Ducrot et Guiod n'avaient pas perdu un instant pour exécuter mes ordres, mais ces lourdes pièces de 12, ne marchant avec les troupes que dans des cas extraordinaires, étaient en réserve. Il fallait former leur personnel, leurs attelages, leur faire franchir de grandes distances pour les mener au Bourget, dont l'ennemi, avec son artillerie de position (tirant à embrasure, par conséquent couverte) et avec son infanterie, n'était qu'à quelques centaines de mètres.

[2] J'aurais dû ajouter là que cette occupation était présentée par le général de Bellemare au gouverneur, à l'armée de Paris, à la population, comme une victoire éclatante.

[3] Dans ce paragraphe de ma lettre à M. Dentu, je n'exprimais que les soupçons dont cette affaire du Bourget, inexplicable dans ses

« On sait à présent quelle attitude il a eue devant moi
« dans ses deux visites de la journée du 29 octobre, l'atti-
« tude d'un victorieux qui, brigadier depuis six mois,
« réclame le grade de général de division !

« Le 30 octobre, je fus informé de l'évacuation du Bour-
« get par le général de Bellemare, non pas de l'importance
« du combat qui l'avait précédée et des pertes que nous
« y avions faites, ce qui me conduisit à rassurer la popu-
« lation dans un langage qui eût été différent si j'avais su
« la vérité. Le général me demanda lui-même à être relevé
« de son commandement de Saint-Denis, où sa situation
« était devenue difficile[1].

« Ces événements se passaient au moment même où
« commençait à se répandre dans Paris (dès le 28 octobre),
« par les avant-postes allemands, l'accablante nouvelle de
« la capitulation de l'armée de Metz, que les journaux de
« la démagogie accusaient le gouvernement de connaître et
« de cacher. Il n'en savait absolument rien, mais, dans
« ma pensée, cette nouvelle était probable[2]. On peut juger

origines, avait rempli mon esprit. On verra plus loin qu'après l'avoir
écrite et adressée à M. Dentu, j'ai découvert ces origines qui montrent
que mes soupçons n'étaient que trop fondés et mettent en lumière le
rôle inavouable qu'une ambition sans limites, comme sans scrupules,
a conseillé au général de Bellemare dans cette douloureuse crise du
siège de Paris.

[1] Cette demande du général de Bellemare m'arriva par un télégramme
chiffré qu'ouvrit le chef d'état-major général Schmitz et qu'il me lut.
Il est certain qu'en ce moment, parmi les troupes comme dans la
population de Saint-Denis, se formait un mouvement d'opinion très
hostile au général de Bellemare et qui rendait son commandement
impossible. Sa personne fut directement menacée et insultée.

[2] On sait que je n'avais pas cessé de considérer cette armée comme
perdue, depuis le jour où avait été commise l'erreur irréparable de la
concentrer autour de Metz, au lieu de la conduire sous Paris. Le

« par là de l'état d'esprit où j'étais pendant la crise du
« Bourget, comme on peut juger par cet unique épisode
« du Bourget de ce qu'ont été pour moi, militairement et
« politiquement, les épreuves du siège de Paris. L'insur-
« rection du 31 octobre fut la conséquence de cette accu-
« mulation de malheurs.

« J'ai assumé jusqu'à ce jour la complète responsabilité
« de ces événements en vertu d'une loi de commandement
« à laquelle j'ai toujours été fidèle. Je reconnais d'ailleurs
« que je supporte légitimement une grande part de cette
« responsabilité, parce que, occupé ailleurs[1], j'ai laissé au
« général de Bellemare, à Saint-Denis, avec la plus entière
« confiance (l'ayant surabondamment informé de mes vues),
« une latitude qui n'était pas rigoureusement limitée par
« des ordres écrits, qui pouvait par conséquent tout auto-
« riser. Mes sentiments pour lui étaient restés tels, qu'à
« quelques semaines de là, malgré les impressions que ses
« deux entretiens du 29 octobre, si caractéristiques de son
« ambition, avaient laissées dans mon esprit, je le nommais,
« sur la proposition du général Ducrot, après les batailles
« de Villiers-Champigny, général de division, et que, pour

désastre qui l'attendait était donc toujours probable à mes yeux, mais je croyais qu'elle se défendrait très longtemps. Aussi, quoique fort anxieux à son sujet, je jugeai que les Allemands, en faisant courir le bruit prématuré de la reddition de Metz à la fin d'octobre, voulaient décourager la résistance de Paris, et je me joignis à tous les membres du gouvernement pour protester, dans les termes qu'on sait, contre les imputations de la démagogie et l'assertion des Allemands.

[1] C'est à ce moment-là même que, par l'intermédiaire de M. Thiers allant et venant entre Versailles et Paris, nous traitions d'un armistice qui, avec le ravitaillement de Paris, aurait permis la convocation et la réunion d'une Assemblée nationale appelée à statuer sur les destinées du pays. L'insurrection du 31 octobre, en montrant la véritable faiblesse des assiégés, rendit tout leur équilibre aux assiégeants et mit fin aux négociations qui étaient en bonne voie.

« la bataille de Buzenval, je lui donnais à titre provisoire
« le commandement de deux divisions. Telle est la part
« d'influence que j'ai eue personnellement sur ses desti-
« nées !

« A Tours, où j'écris cet exposé, je ne dispose pas des
« documents et je n'ai pas auprès de moi les officiers qui
« pourraient fixer mes souvenirs. Mais je les ai très pré-
« sents, bien qu'ils se rapportent à une période du siège
« de Paris tourmentée par les crises les plus graves et les
« plus diverses. Elles ont eu pour témoins tous les officiers
« de mon état-major général et particulier, spécialement le
« général Schmitz (à Versailles, rue Saint-Médéric, 9),
« le capitaine Arthur Brunet (à Versailles, rue Neuve, 4),
« que le tribunal pourra faire intervenir s'il y a lieu, et le
« commandant Nicolas Bibesco, actuellement en Valachie.
« A aucun degré je ne me propose de rectifier les nom-
« breuses publications faites sur le siège de Paris au milieu
« et sous l'inspiration des passions que tant de douloureux
« événements ont excitées. Mais j'ai dû répondre, Monsieur,
« à l'appel que vous m'avez fait. La vérité de l'histoire, —
« quand elle est possible, — se fonde sur des éléments qui
« ne se produisent qu'avec le temps. Le temps révèle peu
« à peu des faits inconnus ou mal connus qui viennent
« contredire, avec une autorité indéniable, ceux que les
« passions et les intérêts avaient mis en crédit. Je crois
« que tel sera l'effet de ce récit.
« Veuillez agréer, etc.

« Général TROCHU. »

L'effet de ce récit, absolument imprévu pour M. Dentu
et pour son avocat, M. Josseau, — moins imprévu pour

moi, — me fut immédiatement annoncé par la lettre suivante :

« Paris, le 12 novembre 1872.

« Général,

« J'ai l'honneur de vous informer que le général de Belle-
« mare vient de signifier un désistement pur et simple de
« son procès contre M. Dentu, avec offre de payer les
« frais.

« Je juge que la communication faite par moi à son
« avocat, M⁰ Leblond, de votre lettre du 15 juillet à
« M. Dentu, a singulièrement contribué à déterminer cet
« abandon du procès.

« Je saisis cette occasion, général, pour vous remercier
« des renseignements précieux que vous avez bien voulu
« nous donner dans l'intérêt de la vérité, et je vous prie
« d'agréer, etc.

« Josseau,
« ancien député, 7, rue de Suresnes. »

Ainsi le général de Bellemare, qui, dans ce procès, l'avait pris si haut avec M. Dentu, n'hésitait pas à se désister et à payer : c'est qu'il ne s'attendait pas à voir apparaître sur le terrain de la publicité judiciaire le gouverneur de Paris, son ancien chef, à qui il devait de la reconnaissance et contre qui il avait imaginé la fable de ses exploits, accompagné d'officiers de notoriété dont les témoignages l'auraient accablé ! Il me connaissait assez pour savoir que je garderais le silence sur sa déconvenue, que je ne révélerais rien des échanges que je venais d'avoir avec M. Dentu et son avocat.

Le 18 novembre, je répondis à M. Josseau, et dans ma lettre je jugeai le général de Bellemare bien plus sévèrement que dans ma lettre du 15 juillet à M. Dentu. Lorsque j'écrivais la première, je ne savais sur le drame du Bourget que la moitié de la vérité, me bornant à soupçonner l'autre moitié. Quand j'écrivais la seconde, j'étais en possession de la vérité tout entière affirmée par les témoins les plus dignes de foi, acteurs au Bourget, confirmée par une publication, dont j'avais jusqu'alors ignoré l'existence, du général de Bellemare lui-même : *les Trois Journées du Bourget,* publication que je jugerai plus loin.

Je n'avais jamais pu comprendre comment un officier général, notoirement intelligent, sachant avec tous et mieux que tous :

1° Que le village du Bourget, absolument hors de notre action, enveloppé d'un côté et tourné par l'artillerie de position et par les masses prussiennes, ne devait pas être attaqué, par la raison *qu'il ne pouvait être pris si elles le défendaient, et qu'il ne pouvait être gardé si elles le cédaient,* car elles seraient toujours en mesure de l'écraser à leur volonté ;

2° Que la possession du Bourget, au centre d'une plaine bordée de hauteurs fortement occupées par l'ennemi, ne pouvait être utilisée par nous contre lui *qu'au jour d'une bataille où nous engagerions cent mille hommes de ce côté;*

3° Que la possession du Bourget, au centre de cette même plaine que borde la ligne de quatre de nos forts du côté de Saint-Denis, ne pouvait à aucun degré être utilisée par l'ennemi [1] contre nous ;

avait pu follement engager, sans l'ordre du gouverneur,

---

[1] Le village du Bourget constitué, en tant que position militaire, comme je viens de l'expliquer, ne pouvait servir aux Allemands et ne leur avait servi que comme *souricière.* L'exploit du général de Belle-

même sans lui en donner avis, ses troupes et sa responsabilité dans un tel guêpier !

On le comprendra sans peine quand on saura que le général de Bellemare *n'eut jamais la pensée et ne donna jamais l'ordre d'attaquer le Bourget.* Les Allemands en avaient masqué l'entrée de notre côté par une barricade établie à quelques centaines de mètres en avant du village, à la jonction de la route et du chemin de fer. *C'est de cette barricade isolée que le général, dans la soirée du 27 octobre, prescrivit verbalement aux francs-tireurs de la Presse de tenter l'enlèvement dans la nuit.*

Telle est l'origine unique du fait d'armes qui allait nous rendre maîtres de l'*importante position du Bourget, la clef de la plaine de Saint-Denis,* comme l'appelle dans son livre le général de Bellemare !

*Les francs-tireurs se mettent en mouvement, ils enveloppent la barricade et voient s'enfuir le poste qui le gardait. Étonnés et charmés, je pense, enhardis aussi, ils cheminent vers l'entrée du village, y pénètrent, ne rencontrent de résistance effective nulle part,* — *j'entends la résistance qui arrête en faisant des blessés et des tués,* — *et ils avertissent le général de leur surprenante réussite. Le général s'en empare, apercevant d'un coup d'œil tout le parti qu'il en peut personnellement tirer. Il dirige sur le Bourget de premiers bataillons de soutien, annonce le lendemain sa victoire à tous les échos en s'efforçant d'organiser, de loin, la défense de sa conquête, et vient de Saint-Denis, le surlendemain 29, par deux fois, me demander le grade de général de division !*

mare leur fournit l'occasion d'y prendre ou d'y tuer les braves gens qui, dédaignant de suivre le gros des fuyards, se défendirent à outrance, et de s'y établir définitivement en s'y fortifiant.

Voilà toute l'histoire de la crise du Bourget et de la trame qui l'avait préparée.

Dans cette même journée du 29 octobre, pendant que le général était à Paris, l'ennemi avait longtemps violemment canonné le village et ses défenseurs. Le général a osé dire et écrire que ses apparitions à Paris n'avaient pas d'autre but que de presser l'arrivée des renforts. Quoi ! un général qui dispose de la correspondance télégraphique avec son chef va personnellement et deux fois dans la même journée lui demander des renforts, à *trois lieues du champ de bataille où ses troupes sont engagées !*

La vérité, que je ne faisais que pressentir dans ma déclaration à M. Dentu, une vérité déplorable dont je regrette d'avoir eu trop tardivement la preuve, c'est que le général de Bellemare, sachant bien que sa conquête allait lui échapper dans les vingt-quatre heures, voulait, *avant qu'elle lui échappât et pendant que tout Paris la célébrait,* m'arracher le décret qui l'eût nommé divisionnaire !

Je résume en quelques lignes la situation que faisait au pays l'ensemble des événements.

La capitulation de l'armée de Metz qu'avait précédée le drame de Châteaudun, la crise du Bourget, l'insurrection du 31 octobre à Paris, la rupture des négociations conduites par M. Thiers pour un armistice et pour la convocation d'une Assemblée nationale, — une accumulation d'épreuves militaires et politiques, — préparaient la ruine de la Défense nationale. En jetant l'affolement dans les esprits, en remplissant les cœurs de défiance et d'amertume, elles créaient une légende générale très éloignée de la vérité historique, et pour le Bourget une légende spéciale non moins fausse. Moi-même, je le répète, je ne savais à son sujet que les faits énumérés dans ma lettre à M. Dentu.

C'est après l'avoir écrite que, recevant dans ma retraite la visite de quelques officiers présents à l'affaire du Bourget et lisant la brochure du général de Bellemare : *les Trois Journées du Bourget*, j'ai été définitivement fixé, comme je l'ai dit, sur les réalités de l'événement aussi bien que sur la valeur morale et le caractère de mon ancien sous-ordre.

C'est là que j'ai trouvé la preuve, établie par le général lui-même, quelque soin qu'il ait pris de laisser les réalités dans l'ombre, des faits indépendants de ses vues et de sa volonté qui ont amené sans combat méritant ce nom l'occupation du Bourget, dont il entendait retirer le profit qu'on sait. On peut juger de ce qu'il a osé dans ce récit par l'unique citation que j'en ferai :

*La prise du Bourget était incontestablement le fait militaire le plus saillant depuis le commencement du siège* (page 21).

J'ai dit ce que pouvait être le sort de cette occupation improvisée, au milieu des forces prussiennes, d'un village en plaine, sans aucune défense, écrasé par l'artillerie allemande des hauteurs où les occupants ne trouvaient d'abris que dans les caves. *C'était une troupe vouée à la destruction.*

Assaillis par des masses d'infanterie dont une division tout entière de la garde royale prussienne formait la tête, ceux des nôtres qui occupaient la portion du village rapprochée de nos positions purent se dérober par une retraite précipitée. Ceux qui tenaient le haut du village furent enveloppés et accablés. Là, un bataillon des mobiles de la Seine aux ordres du commandant Baroche, et quelques compagnies du 128ᵉ régiment de marche commandées par le chef de bataillon Brasseur, se défendaient jusqu'à la fin, combattant de maison en maison avec une rare énergie.

Le commandant Baroche, refusant de se rendre, mourait héroïquement les armes à la main.

Le commandant Brasseur, qui s'était hautement honoré au cours de cette lutte si extraordinairement inégale, était grièvement blessé.

Le sous-lieutenant d'état-major Hanrion (sorti de l'école d'application pour prendre part à la guerre de la Défense nationale) était tué sous les yeux de son père, le digne général Hanrion, qui accourait avec de nouveaux renforts devenus inutiles. Le nombre de nos tués et de nos blessés fut d'ailleurs, en raison de la rapidité des événements, très restreint ; celui des prisonniers faits par l'ennemi fut relativement considérable.

*Ainsi avertis, les Allemands, qui jusque-là n'avaient gardé le Bourget que par un poste, s'y établissaient définitivement et consacraient six semaines à des travaux de défense qui en faisaient, à leur profit, non plus une souricière, mais une forteresse point d'appui, contre laquelle, le 20 décembre suivant, devait se briser l'effort de nos marins et de nos soldats.*

De tout temps j'ai été classé parmi les pessimistes avec un très médiocre crédit, parce que, dès les illusions de la jeunesse passées, j'ai eu et j'ai exprimé la conviction que notre pays, de révolution en révolution, glissait irrésistiblement sur la pente que les nations, même avec des retours momentanés de fortune, ne remontent plus.

L'un des caractères les plus frappants de cette marche descendante, c'est, dans la direction des affaires publiques, la substitution des intérêts personnels aux intérêts généraux, effet inévitable de l'insuffisance morale des hommes, qui, pour arriver au pouvoir, se servent de tous les moyens et savent bénéficier de tous les événements.

A l'heure où j'écris (février 1887), ce fléau, qui sévit depuis longtemps sur le terrain de la politique et des affaires, atteint l'armée en lui préparant pour l'avenir des périls dont l'avenir montrera la grandeur. Quelques-uns de ses chefs d'aujourd'hui sont absolument inquiétants. Je ne me suis pas donné la mission de faire ici leur procès; mais, à l'occasion de la crise du Bourget, j'ai eu le devoir de mettre nominalement l'un d'eux en scène. Je veux achever de dire mon sentiment sur celui-là et sur la situation que préparent au pays les appétits à la fois militaires et politiques qui s'annoncent dans le généralat français.

La commission nommée en 1871 pour la revision des grades conférés pendant la guerre de la Défense nationale lui avait enlevé les étoiles de divisionnaire que lui avait values, à la fin du siège, l'intervention toute-puissante du général Ducrot. De Nancy, le 12 octobre 1871, il m'écrivait une lettre que j'ai sous les yeux, où il énumérait ses titres à la conservation de son grade et me demandait d'intervenir auprès de la commission pour qu'elle réformât sa décision.

A cette date, fondé à le considérer comme un jeune ambitieux sans mesure, par suite des démarches qu'il avait faites naguère auprès de moi pendant que se déroulait le drame du Bourget, je n'étais pas fixé sur les déplorables réalités du rôle qu'il avait eu là. Je lui gardais un reste des sentiments bienveillants que j'avais eus vingt ans pour lui, et j'aurais souhaité que son grade ne lui échappât pas. Je lui répondis cependant (16 octobre) que je ne pouvais faire droit à son vœu en raison du principe qui avait conduit les officiers généraux, membres de l'Assemblée nationale, à se refuser à toute démarche qui tendrait à influencer les résolutions de la commission des grades.

J'ajoutais que, dans son intérêt même, mon abstention serait opportune, car il pouvait arriver que, pressé par la commission de questions relatives à la crise du Bourget, j'eusse le devoir d'entrer dans des explications qui ne seraient pas favorables à sa cause.

Redevenu et resté longtemps brigadier dans une irritation profonde, le général comte de Carrey de Bellemare prit une éclatante revanche en se posant par un acte public retentissant en dévoué défenseur de la constitution républicaine contre le gouvernement du maréchal de Mac-Mahon, qu'il jugeait avec raison devoir durer moins que la république. Mis sur l'heure en retrait d'emploi par un décret qui révélait à la démocratie ses aptitudes républicaines jusque-là absolument inconnues et le posait en victime du devoir républicain, il reprit sous le gouvernement nouveau son vol vers les hautes sphères. Il est depuis longtemps à la tête d'un corps d'armée, et sa candidature au ministère de la guerre est permanente. On croit généralement qu'au cas où s'ouvrirait la succession du général Boulanger, autre soldat cher à la démocratie, le général de Bellemare la recueillerait.

Ces élévations et d'autres du même ordre qui ne peuvent, selon l'esprit du temps, manquer de les suivre, sont les symptômes d'un avenir militaire très alarmant. Malheur au pays et malheur à l'armée, si la règle s'établit que les généraux politiciens doivent remplacer dans le commandement les généraux soldats !

A la guerre, *où tout arrive,* on peut voir des généraux politiciens servis par les événements, par la fortune, atteindre à la renommée. Bien d'autres la rencontrent sur le terrain si incertain de la bataille qui n'ont pas leur intelligence et leur savoir-faire. Mais dans la direction suprême des choses militaires pendant les longues paix qui préparent la guerre, les généraux politiciens n'ont pas d'autre objectif que *la popularité,* pas d'autre règle de conduite que l'*omnia pro dominatione,* et, au point de vue des principes, ce sont des destructeurs.

C'est d'ancienne date que j'ai aperçu et signalé les symptômes de cette décadence spéciale qui semble aujourd'hui très avancée.

J'écrivais en 1867 [1] :

« Chez les officiers généraux, les mêmes causes pro-
« duisent les mêmes effets avec des périls plus grands
« encore, car ceux-là ne reçoivent pas l'exemple, ils le
« donnent, et quand dans leurs âmes le calcul a pris la
« place du patriotisme, c'en est fait des armées.

. . . . . . . . . . . . . . . . . . . . . . . . .

---

[1] *L'Armée française en 1867,* chap. VIII, l'Esprit du siècle dans l'armée.

« Qui ne voit que l'invasion parmi nous de ces passions
« destructives du désintéressement professionnel fait naître
« les rivalités et l'égoïsme, *favorise les audacieux,* écarte
« les dévouements sincères et désorganise peu à peu, par
« toute sorte de moyens aperçus et inaperçus, cette grande
« famille militaire française dont les membres étaient si
« étroitement unis dans la simplicité et dans l'honneur? »

# CHAPITRE X

LES ÉVÉNEMENTS POLITIQUES ET MILITAIRES D'OCTOBRE (SUITE)

### Historique de l'insurrection du 31 octobre.

De 1830 à 1870 j'ai vu quatre révolutions, *de mes yeux*, puis-je dire, car j'étais présent à Paris, assistant en observateur ou mêlé personnellement à ces redoutables crises de la vie nationale. J'ai fait aussi toutes les guerres contemporaines, et, septuagénaire aujourd'hui, je me crois autorisé à exprimer ici, sans prétendre d'ailleurs à l'exception, que j'ai été le témoin de beaucoup d'événements. Aucun ne m'a autant impressionné, autant attristé, n'a eu autant d'influence sur mes sentiments, sur mes espérances patriotiques, sur le dégoût déjà ancien et profond que j'avais de la vie publique, que l'insurrection du 31 octobre 1870.

J'avais pourtant fait entrer dans mes prévisions l'émeute au cours du siège, *l'émeute de la misère, des souffrances, de la faim.* Jamais, dans ma confiance de patriote, je n'aurais cru possible que pendant le combat et dès le commencement du combat, sous le canon qui déjà tonnait sans trêve autour de Paris, du sein de la population encore indemne de tout malaise, sortît l'anarchie ; que l'anarchie, prenant à revers l'armée engagée avec l'ennemi, chercherait à se saisir du gouvernement par la force, y réussirait pour un temps et ruinerait moralement, au profit de l'attaque, tous les ressorts de la défense de Paris.

Ce qui s'est condensé ce jour-là dans mon cœur, — pour y rester, — d'amertumes et de sentiments que je ne veux pas définir ici, dépasse tout ce qu'on pourrait croire. Je savais, j'avais constaté moi-même que nos révolutions avaient rempli le pays de possédants, de dépossédés, d'aspirants à la possession, et que les usurpations, les revendications, les appétits toujours en éveil et les haines politiques, avaient détruit l'esprit public. J'avais à présent la preuve qu'à Paris, dans ce grand centre qui décide si fatalement des destinées de la France entière, le mal était assez profond pour que le concert ne pût pas se rétablir devant l'ennemi victorieux et devant la menace de l'effondrement national !

Le 31 octobre, en effet, au groupe très restreint des sectaires en armes qui agissaient en criant : *Vive la Commune !* s'étaient joints des milliers de citoyens de toutes les catégories sociales, armés ou non, qui, sans agir, allaient criant partout : *A bas l'armistice !* Ceux-ci entendaient empêcher le gouvernement de réaliser une entreprise qui avait le mérite d'être moins désespérée et plus raisonnée que toutes les autres, *l'armistice avec le ravitaillement de Paris*, en vue de la convocation d'une Assemblée nationale.

Oui, j'ai cruellement souffert le 31 octobre, et ma pensée ne s'arrêtait pas seulement à la ruine de l'esprit public à Paris. Nous étions depuis longtemps en présence d'une très dangereuse et presque permanente agitation des grands centres provinciaux de Lyon, de Marseille, et j'avais comme la vision d'une autre ruine, celle de l'unité française périssant sous l'effort de la guerre étrangère et de la guerre civile.

J'écris ces lignes en mars 1887, et constatant les progrès

effrayants qu'ont faits en France, dans ces quinze ans de paix, tous les genres de haines intestines, haines sociales, religieuses, politiques, personnelles, et aussi l'isolement de la France dans le monde, je me demande si les calamités que le 31 octobre 1870 je regardais comme possibles ne le seront plus dans l'avenir. Tout n'est-il pas possible à présent dans ce pays divisé contre lui-même? Qui eût pensé, par exemple, que le crime et la honte de cette première insurrection en face de l'ennemi seraient cent fois dépassés par les crimes et les hontes de la seconde, celle de la Commune soutenant en 1871 contre l'armée française un autre siège de Paris encore entouré par les Allemands?

Ce que les sectaires ont dépensé de fiel démocratique, les conservateurs (le comte Daru menait toujours l'entreprise) de fiel monarchique, pour montrer que *le gouvernement de la Défense était responsable de l'insurrection du 31 octobre qu'il n'avait su,* au dire de ceux-ci, *ni prévenir ni réprimer,* est un exemple, que je crois rare, d'injustice politicienne de parti pris. C'est ainsi que s'est faite la légende de cette journée, qui n'est pas plus vraie que la légende du 4 septembre après Sedan et que les autres légendes par lesquelles la politique remplace l'histoire dans notre pays.

Je dirai tout ce que j'ai vu, tout ce que j'ai pu comprendre de cet épisode révolutionnaire du siège de Paris, qui eut les effets désastreux qu'on sait. Si après cette déplorable crise du 31 octobre la lutte a pu se prolonger *trois mois encore,* c'est moins à nos efforts qu'au patriotique esprit de patience et de sacrifice de la majorité des habitants de Paris restés étrangers aux passions sectaires, qu'a été due cette extraordinaire durée du siège, glorieuse pour la population en dépit de l'indifférence que la légende montre pour le résultat.

Autour des pourparlers commencés par M. Thiers pour un armistice au moment de l'insurrection du 31 octobre, on a beaucoup et passionnément discuté. J'ai sur ce point des données et des convictions qui représentent à mes yeux la vérité historique.

M. Thiers avait vu de près, à l'état de formation, quelques-uns déjà en action ou en marche pour l'action, les rassemblements armés qui se constituaient en province. Il les avait comparés aux troupes allemandes dont, en sauf-conduit, il venait de traverser les lignes, et cette comparaison avait à bon droit alarmé son patriotisme. En conseil, lui présent, j'ai assisté et pris part à un long et quelquefois ardent débat d'où j'ai pu inférer que M. Thiers, — sans l'exprimer nettement, — *tenait la continuation de la lutte pour impossible, par conséquent pour déraisonnable, et que*, — sans l'exprimer non plus, — *il tenait la conclusion d'un armistice avec la convocation d'une Assemblée pour nécessaire presque à toute condition.*

*Il jugeait que les Allemands, pressés d'en finir avec les sacrifices considérables que leur avait déjà coûtés cette guerre, étaient disposés à négocier. De nos mains armées pour la défense nationale, l'armistice ferait passer la direction des événements aux mains d'une Assemblée qui, moins ardente et moins engagée, aurait devant le pays toutes les grandes responsabilités de la situation.*

La plus lourde, la plus effective de toutes les responsabilités du gouvernement, c'était *la question du ravitaillement des places assiégées, de Paris expressément*. J'avais démontré sans peine au conseil que si cette garantie nous était refusée, nous ne pourrions admettre un armistice pendant lequel l'épuisement de notre approvisionnement en vivres nous laisserait, les hostilités reprenant leur cours, à la merci de l'ennemi.

Unanimes sur ce point, nous l'étions sur un autre, *l'extension des élections générales à toute la France, sans distinction des portions du territoire occupées par les armées allemandes.* Dans l'état d'esprit, d'entêtement patriotique si l'on veut, où nous étions, nous considérions que toute restriction de cette nature préjugerait l'entier effondrement de la France bien avant qu'il se fût réalisé, bien avant que le gouvernement de la Défense nationale eût prononcé l'effort auquel il se préparait, et qu'il eût épuisé les ressources que le pays lui offrait sans compter, pour la dernière lutte.

Ces conditions, que nous entendions exiger, tourmentaient évidemment M. Thiers. Il en sentait comme nous l'importance supérieure, la nécessité impérieuse, et je ne puis dire qu'il les combattît. Mais il jugeait en même temps qu'elles seraient l'écueil des négociations. Sa perplexité était telle, qu'elle ne lui permettait pas de se prononcer. La séance avait duré plusieurs heures sans aboutir, et la discussion, qui s'éternisait, fut renvoyée à une prochaine réunion avant laquelle M. Thiers, fixé sur nos vues, devait sonder celles des Allemands.

C'est l'insurrection du 31 octobre qui remplaça cette discussion, coupant court aux dispositions que M. de Bismarck pouvait avoir à l'accommodement, et mettant le feu à Paris, où assurément notre négociateur ne serait pas revenu sans péril.

---

L'irréparable désastre de Metz si malheureusement et sincèrement nié par le gouvernement, l'événement du Bourget, les pourparlers en vue d'un armistice, connus de tout Paris dans la soirée du 30 octobre, avaient jeté les esprits dans un désarroi profond et une vive irritation qui se manifestaient dès le 31 au matin par l'effervescence de la rue. De l'Hôtel de Ville, vers lequel convergeait la foule très bruyante et agitée, le préfet de Paris, M. Jules Ferry, — qui allait faire preuve, pendant toute la durée de cet orage et de ses suites, du plus ferme dévouement, — m'informait de la situation par un télégramme qui invitait le gouvernement à se réunir immédiatement à l'Hôtel de Ville en séance extraordinaire[1]. A la même heure, le préfet de police, M. Adam, arrivait pour en conférer avec moi.

M. Adam n'était pas seulement un républicain de la veille, comme on dit communément, je crois qu'il était républicain de naissance. Je n'ai eu avec lui que de très courtes et rares relations officielles. Je ne sais rien de sa vie, rien de lui, mais je l'ai vu à son office, très patriote, très résolu à concourir, selon ses moyens, au maintien de l'ordre dans Paris. Je me crois le devoir de repousser ici les accusations ouvertes ou sous-entendues qu'ont portées contre lui le passionné rapporteur de l'enquête sur les actes du gouvernement de la Défense, et la légende après lui.

Tous, nous étions accoutumés à l'agitation de la rue qui était presque permanente, même aux mouvements populaires, qui n'étaient pas rares; mais nous jugions que celui-là serait plus généralisé, plus dangereux en raison de ses origines. M. Adam (comme moi-même et comme nous tous) était bien loin de croire qu'il pût aller jusqu'à un soulèvement insurrectionnel; mais, dans la pensée que les anarchistes chercheraient à exploiter l'effervescence patriotique de la masse de la population, il me demandait de prescrire la

---

[1] A cette date du siège, le gouvernement se réunissait toutes les nuits à l'Hôtel de Ville. Les séances commençaient à dix heures et toujours se prolongeaient très avant dans la nuit.

réunion en armes d'un nombre de bataillons de la garde nationale suffisant pour imposer aux hommes qu'il appelait « les entrepreneurs de désordre ».

Le temps pressait (onze heures du matin); je décidai que seize à dix-huit bataillons choisis parmi ceux qui étaient réputés amis de l'ordre seraient réunis, partie aux abords de l'Hôtel de Ville, partie en réserve sur la place Vendôme et autour. C'était toute une petite armée, qui semblait plus que suffisante pour contenir un mouvement dont les manifestations n'étaient inquiétantes qu'aux environs du siège du gouvernement.

Il fut convenu que la voiture qui avait amené le préfet de police à mon quartier général le conduirait à celui de la garde nationale, place Vendôme; qu'il remettrait au commandant en chef, général Tamisier, l'ordre que je venais d'écrire et de signer d'urgence; qu'enfin il se concerterait avec lui pour les dispositions spéciales qu'il y aurait lieu de prendre au titre des services de la préfecture de police.

Mettre sur pied des troupes organisées et casernées, c'est une opération simple et qui s'exécute rapidement. Quand ces troupes sont formées de gardes nationaux individuellement dispersés dans tout un quartier et que la fièvre des événements et des nouvelles retient presque constamment hors de chez eux, l'opération est complexe et veut du temps. Pour réunir ces bataillons, nous avions dû renoncer, pendant le siège, au procédé traditionnel du rappel battu dans la rue. Dans l'état d'excitation désordonnée où était la population, le tambour appelant bruyamment aux armes eût mis le feu dans Paris, fait croire à l'entrée des Prussiens, fait apparaître des masses d'hommes armés, *ceux qu'on aurait voulus avec ceux qu'on n'aurait pas voulus,* un tumulte substitué à un rassemblement !

C'est au moyen d'un service d'avertissements bien entendu, fait par des agents dont les groupes étaient convenablement échelonnés sur le parcours des quartiers dont les bataillons lui inspiraient quelque confiance, que l'état-major de la garde nationale, très actif et très dévoué, avait assuré ses prises d'armes en cas de troubles intérieurs.

Ces dispositions prises, je montais à cheval, et, avec mon entourage ordinaire d'un officier et de deux gendarmes, je me rendais à l'Hôtel de Ville, où le gouvernement devait se réunir. Les rues étaient pleines de monde, d'un monde très excité, très bruyant, nullement offensif.

Aux abords et sur la place de l'Hôtel de Ville, la scène changeait d'aspect. Des foules irritées, au milieu desquelles les bataillons déjà arrivés se maintenaient avec quelque difficulté sur leur terrain, m'assaillaient de cris assourdissants, mais qui eurent toujours, pendant le laborieux trajet que j'avais à faire à travers la place, le même caractère et le même objet :

*Pas d'armistice, à bas l'armistice,* — *la levée en masse,* — *la guerre à outrance,* — *des armes, des armes !...*

J'affirme que je n'entendis là ni une clameur révolutionnaire, ni une interpellation injurieuse; ce que voyant, les bataillons de la garde nationale, qui sans doute ne voulaient pas être en reste de patriotisme avec la foule, eurent aussi beaucoup de voix qui criaient : *Pas d'armistice,* — *la guerre à outrance,* au moment où je passais devant eux.

Nous n'en étions encore qu'au premier acte du mélodrame qui se préparait, premier acte que j'appellerai d'*affolement patriotique.* Cet affolement était presque universel dans la population, dans la garde nationale, la bonne et la mauvaise, comme en témoignaient les cris de : *Guerre à outrance!* des bataillons *de choix* stationnés sur la place, et comme en témoigna encore mieux la neutralité de ces bataillons quand, à une heure de là, les affolés envahirent l'Hôtel de Ville.

La population et la garde nationale devaient rester dans cet état d'esprit jusqu'à l'heure assez avancée de la nuit où elles apprirent que les sectaires en armes, succédant aux affolés, étaient arrivés à l'Hôtel de Ville et y installaient la révolution avec l'anarchie.

Nous étions en séance, délibérant confusément, on le croira sans peine, sur une crise dont la solution n'apparaissait à aucun des membres du gouvernement, qui était d'ailleurs, on le sait, un ensemble de républicains d'ordre composite, différant par les vues aussi bien que par la doctrine; et il y a lieu de croire que si l'un des délibérants eût proposé une solution, elle eût été vivement contestée.

Tout à coup, quelques avertisseurs effarés entrèrent dans la salle des séances, annonçant que la foule escaladait les grilles fermées et pénétrait dans l'Hôtel de Ville sans que les bataillons de la garde nationale eussent mis obstacle à l'entreprise. La situation s'aggravait singulièrement.

Je jugeai que nous avions le devoir d'aller au-devant des envahisseurs, et suivi, je crois, de quelques-uns de mes collègues, je descendis précipitamment les degrés conduisant à la cour où aboutit le grand vestibule. Il était déjà rempli de monde. J'étais en uniforme, et ma plaque de la légion d'honneur me révélant à tous, je fus assailli et assourdi des clameurs que j'avais entendues quelques heures plus tôt en traversant la place de l'Hôtel-de-Ville :

*Pas d'armistice, — la levée en masse, — la guerre à outrance, — des armes !...*

Point d'insultes. Les plus ardents restaient arrêtés à quelques mètres en avant de moi, vociférant, comme je l'ai dit, et rendant absolument vaines mes objurgations patriotiques. Cependant la foule succédait à la foule, et je pus constater d'abord qu'on n'y apercevait pas une arme, ensuite que l'élément bourgeois y avait, numériquement, une place presque aussi grande que l'élément populaire. Débordé, désespérant de me faire entendre, encore plus de me faire comprendre, sentant bien que toute lutte était impossible, je me décidai à revenir auprès de mes collègues après avoir ordonné aux quatre compagnies (trois de mobiles, une de gendarmerie) qui formaient le piquet de service à l'intérieur de l'Hôtel de Ville, de se retirer dans l'arrière-cour, avec défense de faire usage de leurs armes hors le cas d'agression. Le rapporteur de la commission d'enquête, comte Daru, s'en étonne. S'en étonnerait-il autant si, au lieu d'entendre de loin dans une retraite sûre le bruit de ces terribles événements, il s'y était mêlé et avait été, par exemple, le 31 octobre 1870 à la place où j'étais sous les voûtes de l'Hôtel de Ville de Paris?

Quand les esprits sont profondément et universellement troublés par le sentiment des malheurs publics, on ne fait pas ouvrir le feu contre la multitude sans armes. Le voulût-on, on ne le pourrait pas! Sous un gouvernement depuis longtemps établi, sous l'empire cher à mon accusateur et au profit duquel il a mené toute cette odieuse campagne d'enquête, que s'était-il passé le 4 septembre 1870? Je réponds en répétant ici ce que j'ai déjà dit ailleurs :

La même multitude sans armes, enfiévrée à la nouvelle du désastre de Sedan par les mêmes colères patriotiques, s'était précipitée vers le palais du Corps législatif. Ce n'était pas un piquet de service qui le gardait, c'était une division d'infanterie tout entière, une division de véritables soldats commandée par trois officiers généraux qui venaient de recevoir *directement* les ordres et les instructions du ministre de la guerre, général de Palikao, pour la défense du palais. La troupe en occupait tous les abords et elle en tenait toutes les issues. Est-ce qu'il ne fut pas envahi? Non seulement la foule qui ne se montrait offensive que par ses clameurs ne rencontra pas de résistance, mais elle ne rencontra pas d'opposition, et le ministre de la guerre sortant du Palais législatif eut l'ennui d'être hué par elle sous les yeux de ses soldats.

Les foules *armées pour l'émeute* commencent toujours, ne fût-ce que par quelques individualités, l'agression. Les troupes immédiatement réveillées par elle ripostent, et le combat est définitivement engagé.

Telles sont les lois, consacrées par tous les événements révolutionnaires dont Paris a été le théâtre, qui règlent les situations respectives des troupes chargées de la défense de l'ordre et des foules en mouvement. Si dans l'avenir le sénat et la chambre des députés, — qui regretteront amèrement ce jour-là la sécurité qu'ils ont laissée à Versailles, — sont envahis, ils le seront par la multitude *sans armes*, jetée par les événements du moment dans une sorte de délire que ne manqueront jamais d'exploiter les meneurs de révolutions.

Rentré en séance, j'avais brièvement informé les membres du gouvernement, — qui ne me parurent à aucun degré troublés, — de l'insuccès de mon entreprise, exprimant l'opinion, acceptée par tous, que nous n'avions plus qu'à attendre sur nos chaises curules les effets de l'invasion. Pourtant, quand elle pénétra tumultueusement dans l'immense salle (dont je ne sais plus le nom) qui précédait celle de nos délibérations, je fis encore avec quelques-uns de mes collègues, notamment avec MM. Jules Favre et Jules Ferry, un effort pour l'arrêter. Nouveaux colloques, nouvelles discussions au milieu des mêmes cris : *Pas d'armistice, — la guerre, — la levée en masse!...*

Un de nos interlocuteurs qui se dit publiciste et se distinguait par son exaltation, commença, s'adressant à moi, une vive critique des opérations militaires du siège ; je le laissai à sa démonstration. Nous touchions à la porte ouverte à deux battants de la salle de nos séances, et, désespérant pour la seconde fois d'être entendus, nous reprîmes tous nos places autour de la table gouvernementale, suivis d'un très petit nombre d'envahisseurs, qui, arrivés là et ne sachant probablement que faire de l'envahissement, montraient quelque hésitation et nous laissaient un court répit.

C'est dans cette grande salle de l'Hôtel de Ville, où s'arrêtait le gros des manifestants, que se passa et que finit le deuxième acte de la crise que j'ai appelée d'*affolement patriotique*. Le troisième, aussi imprévu, je pense, pour eux, au moins pour l'immense majorité d'entre eux, que pour nous-mêmes, allait immédiatement commencer, *l'acte des violences anarchiques à main armée!* Déjà, dans cette salle même, les cris de : *Vive la Commune!* se faisaient entendre.

Par l'autre porte de la salle des séances qui s'ouvrait sur le grand escalier, une centaine d'hommes portant l'uniforme de la garde nationale (la vareuse et le képi), brandissant leurs fusils, hurlant : *Vive la Commune!* accompagnés de deux tambours qui battaient à outrance, firent autour de nous l'irruption la plus bruyamment assourdissante qui se puisse imaginer. C'était l'avant-garde des sectaires. D'autres les suivaient, se hâtant dans le grand escalier. En un clin d'œil ils remplissaient la salle en s'y entassant, les membres du gouvernement enveloppés, — chacun à sa place autour de la table des délibérations, — par un cordon de gardes, l'arme au pied.

A mes collègues républicains je dois encore rendre ici

cette justice, que, malgré la soudaineté et le fracas brutalement révolutionnaire de cette autre invasion, et aussi malgré la diversité, très accusée pour quelques-uns d'entre eux, de leurs visées démocratiques, leur attitude me parut exempte de faiblesse et tout à fait correcte.

J'étais à ma place accoutumée dans le fauteuil de la présidence, ayant à ma droite MM. Jules Ferry et Arago, à ma gauche MM. Jules Favre, Garnier-Pagès, Jules Simon, général le Flô, général Tamisier[1]. L'un de mes aides de camp, le commandant Nicolas Bibesco, se tenait derrière moi, appuyé au dossier de mon fauteuil, poste qu'il ne quitta pas un seul instant de toute cette orageuse soirée. Il me survivra sans doute longues années, et son témoignage sur les faits que j'expose ici, en toute vérité comme en toute simplicité, sera irrécusable.

M. Jules Ferry très audacieusement, M. Jules Favre très énergiquement, voulurent tenir tête à ces insurgés dont plusieurs, — le dessus du panier de l'anarchie, — avaient escaladé la table du conseil et s'y tenaient debout, parlant tous ensemble et objurguant violemment[2].

Les voix de MM. Ferry et Favre, immédiatement couvertes par les roulements de tambour, se perdirent dans le vacarme, et ils durent se résigner au silence. Quant à moi, je m'y étais, de parti pris, condamné dès les premiers moments. Me tournant vers le commandant Bibesco, je lui avais dit : « Je puis être par ces drôles l'objet d'outrages que je ne subirai pas sous les insignes du commandement. » Et reti-

---

[1] Il y a loin de ce tableau à celui qu'on rencontre dans la légende accréditée par l'odieux rapport du comte Daru, qui représente les membres du gouvernement comme *acculés devant l'invasion à l'embrasure d'une fenêtre!*

[2] On me dit leurs noms : Flourens, Dereure, Juglar, Lefrançais et d'autres que je ne me rappelle pas.

rant mes épaulettes avec la plaque de la Légion d'honneur, je les lui avais remises.

L'un des insurgés devenus orateurs par voie d'escalade, Flourens, plus autorisé que les autres à ce qu'il me parut, obtint leur silence et commença à lire longuement toute une série de décrets préparés par le gouvernement anarchique. Le premier proclamait la déchéance du gouvernement de la Défense nationale et en instituait un autre dont les titulaires tantôt acclamés, tantôt repoussés par les anarchistes eux-mêmes, étaient nombreux. Je me souviens de quelques noms : Dorian (qui était, je crois, président), Victor Hugo, Félix Pyat, Blanqui, Delescluze, Flourens, Greppo, Bonvallet (un restaurateur dont la popularité parmi les sectaires était infinie), et d'autres encore.

Le rapporteur de la commission d'enquête trouvant dans cette liste le nom de M. Dorian, ministre dans le gouvernement de la Défense nationale, ne pouvait manquer d'insinuer que sa popularité (qu'il accole charitablement à la mienne) était due à ses tendances démagogiques.

Je n'ai jamais eu de rapports avec M. Dorian (qui déclina bien entendu l'honneur que voulaient lui faire les anarchistes), et je ne sais à quel étage du monde républicain il appartenait. Mais j'ai le devoir de dire ici que sa popularité, qui fut grande, en effet, pendant le siège, était le résultat exclusif des efforts très patriotiques, très ardents, — ardents jusqu'à être quelquefois gênants pour la direction des affaires militaires, — qu'il fit dans sa spécialité ministérielle pour la défense de Paris (fabrication de canons du nouveau modèle, de projectiles de toute sorte, de poudre, construction d'affûts, etc. etc.). Ces efforts, vraiment dévoués et réussis, méritaient mieux que la physionomie plus qu'incertaine qu'avec sa bonne foi ordinaire le comte

Daru a faite à M. Dorian devant le pays, dans son réquisitoire.

L'un des assesseurs de Flourens, cheminant sur la table jusque devant moi, me présentait le décret de déchéance pour que, me dit-il, ma signature y fût apposée. Je répondais à cette insolence en repoussant la feuille qu'il me tendait silencieusement, mais d'un geste assez vif pour qu'elle lui échappât. Il n'y mit aucune insistance, et, rencontrant partout le même accueil, il revint à Flourens, et il me parut acquis que le groupe anarchiste, reconnaissant que le bruyant appareil de sa prise de possession n'avait intimidé aucun de nous, renonçait à nous faire accepter la déchéance.

Après la bacchanale des décrets, revint la bacchanale des discours et elle dura longtemps. Le commandant Ibos du 106ᵉ bataillon, l'un des plus sûrs de la garde nationale, monta lui aussi sur la table et tenta de se faire entendre contradictoirement. Le roulement des tambours anarchistes rendit vaine sa vaillante entreprise.

La nuit s'avançait. Observant attentivement l'attitude des insurgés, je fus frappé de leur indécision. Leurs discours continuaient, leurs tambours roulaient, personne n'agissait. Pas d'arrestations, aucun acte de violence. Des clameurs confuses montant tout à coup de la place de l'Hôtel-de-Ville jusqu'à nous, les orateurs qui se démenaient sur la table se laissèrent aller à un mouvement d'attention inquiète qui ne put pas m'échapper. Évidemment, les sectaires avaient improvisé leur invasion armée en bénéficiant de l'agitation patriotique de la population; ils n'avaient pas pu se concerter, ils n'avaient rien prévu, ils avaient peu de monde, ils avaient remplacé le programme d'exécution et l'équilibre qui leur manquaient par l'audace et par le bruit.

En ce moment, l'un de mes aides de camp, le commandant Faivre, parvint à travers la foule jusqu'à mon fauteuil sans rencontrer d'opposition, rallia derrière moi le commandant Bibesco et m'annonça que le général Ducrot, dont le quartier général était à Neuilly, avait, sur la nouvelle de l'insurrection, mis sur pied son corps d'armée et allait entrer dans Paris :

« Je défends formellement au général Ducrot et à tous
« autres commandants des troupes d'abandonner leurs
« postes de combat devant l'ennemi. Que cette interdic-
« tion soit immédiatement télégraphiée partout. Rappelez
« au général Schmitz, chef d'état-major général, que j'en-
« tends que, *dans aucun cas*, au cours du siège, les troupes
« soient mises en situation d'entrer en conflit armé avec la
« population de Paris. »

L'ordre d'urgence qu'emportait le commandant Faivre résumait les vues de principe dont j'ai fait l'application jusqu'à la fin de mon gouvernement de Paris. Je jugeais que c'était à la *garde nationale* qu'il appartenait d'y assurer le maintien de l'ordre; qu'elle en avait le devoir; qu'elle y avait le plus haut intérêt; que dans ses rangs, la majorité des citoyens qui entendaient remplir ce devoir, et qui avaient la conscience de cet intérêt, était immense; qu'enfin, si je me trompais sur tous ces points, l'effort désespéré que nous faisions à Paris était un contresens, et que la population de Paris n'en méritait pas le sacrifice.

Dans la nuit du 31 octobre, la population montra qu'elle le méritait, par la marche de concentration en quelque sorte triomphale que cent bataillons, enfin informés de ce qui se passait, firent sur l'Hôtel de Ville pour arracher le gouvernement de la Défense aux mains des sectaires qui n'attendirent pas la répression.

C'est par cette règle de conduite, qualifiée de faiblesse ou d'irrésolution, qui dérivait au contraire, je crois, d'un ferme et tranquille jugement de la situation, que côtoyant pendant tant de mois sous les yeux de l'ennemi la guerre civile, j'ai pu en empêcher l'explosion, enlever aux Allemands la joie d'entendre le canon tonner dans Paris, épargner aux Parisiens l'horreur de l'entendre tonner contre eux, et faire durer une résistance qui devait honorer le pays et dont je croyais alors que le pays s'honorerait lui-même.

Un incident singulier vint me confirmer dans le sentiment que j'avais de l'irrésolution et des incertitudes des sectaires.

Un homme aux galons de sergent, qui paraissait avoir un rôle dans l'insurrection, avait été ou s'était chargé spécialement de ma garde. Il me dit qu'il avait longtemps servi dans les zouaves. L'arme au pied, plein de déférence, il me laissait librement communiquer avec mon aide de camp, commandant Bibesco, toujours adossé à mon fauteuil, et avec quiconque se présentait. D'une nature alerte et gaie, il interpellait incessamment, en les accablant de lazzis, ses compagnons qui péroraient sur la table.

Flourens y était depuis longtemps, à bout de lecture et de commentaires de ses décrets, assailli par les continuelles et violentes sommations de ses gens restés dans la foule, ahuri, balbutiant, le gosier desséché, incapable de continuer son rôle.

*Voyez-vous, mon général,* — me dit le sergent d'insurgés, — *voilà des b... qui nous ont fait prendre les armes au galop et qui nous ont menés ici sans savoir qu'y faire.*

Et mettant ses deux mains en porte-voix : *Florence, ma vieille, tu faiblis !* lui cria-t-il, avec une intonation si bruyante et si pleine de raillerie, que j'en ris de bon cœur malgré moi et malgré les circonstances, pendant que Flourens, les yeux hagards, le regardait sans comprendre. Mais j'avais dès lors l'opinion bien arrêtée, que ne partageaient pas, je pense, la plupart de mes collègues, que la crise ne pouvait pas tourner à la tragédie.

Peu après cet épisode caractéristique, le commandant Ibos, du 106ᵉ bataillon, — que je n'ai jamais revu depuis cette nuit révolutionnaire, ce qui fait honneur à son caractère et à son désintéressement, — parut à côté de mes deux aides de camp (le commandant Faivre, sa mission accomplie, était revenu) :

« Mon général, j'ai en bas une partie de mon bataillon et quelques hommes ici, voulez-vous tenter la sortie ?

— Combien d'hommes ici ?

— Une vingtaine.

— Ce n'est pas suffisant. Il faut qu'il y en ait assez pour nous envelopper en demi-cercle pendant notre retraite. Faites-les venir, je vais *prévenir les membres du gouvernement.* »

Me penchant à droite et à gauche, et aussi par MM. Jules Ferry et Bibesco, je fis passer à mes collègues l'avis suivant : *Tout à l'heure, je me lèverai brusquement. Dirigez-vous tous à ma suite vers le grand escalier.*

L'avis parvint-il à tous exactement ou, parvenu, fut-il mal compris ? Ceux qui étaient en très grand nombre à ma gauche s'étendaient-ils trop loin pour être en mesure d'en profiter ? Quelques-uns jugèrent-ils que cette échappade était risquée ? Je ne sais. Ce qui est sûr, c'est que prévenu par le commandant Ibos que tout était prêt, je me levai vivement, marchant vers la porte du grand escalier, suivi par MM. Jules Ferry, Arago et mes deux officiers.

Mon sergent d'insurgés ne parut pas y prendre garde. Quelques mains, s'avançant pour me saisir, rejetèrent sur moi mon fauteuil que le commandant Bibesco releva par un mouvement brusque, en me faisant de ce meuble une protection momentanée. L'effort des sectaires pour me reprendre fut très mou et s'arrêta là. Mes deux officiers faisant arrière-garde, et, je pense, les apostés du commandant Ibos couvrant les flancs de notre courte ligne de retraite, nous pûmes gagner le haut du grand escalier et le descendre, au milieu d'un désordre indescriptible d'allées et de venues, de clameurs conservatrices et anarchiques, mais sans apparence de lutte, sans qu'aucun de nous eût à subir une violence ou même une insulte.

C'est que les sectaires d'en haut, avertis par les sectaires d'en bas, savaient que l'Hôtel de Ville était enveloppé par un afflux toujours grossissant de bataillons en armes, dont les cris contre-révolutionnaires montraient clairement l'esprit et les résolutions.

De cette scène dramatique dont le commandant du 106ᵉ bataillon, calme, perspicace et capable d'initiative, fut le véritable héros en servant avec dévouement la cause de l'ordre, j'ai gardé des souvenirs d'une précision spéciale, peut-être parce que j'étais calme moi-même et parce que, ayant expérimenté, au cours de ma vie, les hommes et les choses dans des jours de crise et de péril, je n'avais pas encore vu d'hommes comme ceux-là et de choses comme celles-là.

Dans ces souvenirs, je ne dois pas omettre l'assistance cordiale que me prêta personnellement sans me connaître, pendant toute la durée de l'aventure, le capitaine de la garde nationale Alexandre Brette. Ce fut lui qui, pendant que nous descendions pêle-mêle le grand escalier en ligne droite et d'une longueur infinie, me décoiffa inopinément, remplaçant mon képi brodé d'or d'officier général par le sien. Il croyait que les sectaires, postés sur le palier supérieur d'où ils voyaient de haut notre défilé, m'ajustaient sur ce point de mire.

Je juge que sa crainte était vaine et qu'aucun d'eux n'était en disposition de se signaler par une action d'éclat de cette nature; mais peut-être en firent-ils, pour la forme, la démonstration.

Cent témoins attesteraient aujourd'hui, les survivants attesteront après ma mort la sincérité, l'absolue vérité de ce simple récit. Voici celui du rapporteur de l'enquête comte Daru :

« Un garde, glissant sa tête entre le général et M. Emma« nuel Arago, leur dit tout bas : « Nous pouvons vous sau« ver. » *Le général hésitait. Aussitôt, un homme doué d'une* « *force athlétique l'enlève et l'emporte dans ses bras. La* « *foule le pousse vers la porte,* etc., etc. »

Et le général Ambert, dans son déplorable livre sur le siège de Paris, enchérissant sur le comte Daru, remplace *l'homme doué d'une force athlétique,* qui prend de telles libertés avec le gouverneur de Paris, *par le tambourmajor, d'une force herculéenne, du 106ᵉ bataillon!*

Comment comprendre que des hommes, — je ne dis pas de ce caractère, — mais de cette condition et de cet âge, l'un ancien ministre, l'autre conseiller d'État de l'empire, tous les deux plus qu'octogénaires aujourd'hui, aient pu descendre jusqu'à imaginer de si puériles et incroyables fables pour consoler leurs regrets et satisfaire leurs passions politiques, leurs aversions personnelles, leur rage de décri? Quels juges et quels historiens!

J'ai exprimé précédemment qu'en principe, je ne ferais entrer dans ce travail que l'exposé, avec le commentaire, des événements dont j'aurais le droit de témoigner pour les avoir conduits, ou y avoir participé, ou les avoir vus. Je n'ai donc rien à dire de ce qui se passa à l'Hôtel de Ville, depuis ma sortie jusqu'à la libération des membres du gouvernement restés prisonniers des anarchistes, ne pouvant prononcer entre les versions contradictoires qui se sont produites à ce sujet.

Revenu à mon quartier général, j'y trouvais réunis cent conseillers civils et militaires plus qu'agités, chacun envisageant la situation à son point de vue, tous parlant à la fois. Il fut cependant possible d'ouvrir au milieu de ce bruit qui me fatiguait (j'étais sur la brèche depuis douze heures) une conférence d'où sortit, sans tarder, la résolution d'aller reprendre possession de l'Hôtel de Ville avec les gardes nationaux qui affluaient et dont l'esprit, en revirement complet, se montrait excellent.

Le colonel Roger du Nord, de digne, patriotique et regrettée mémoire, répondant de sa troupe, demanda et obtint le commandement de la colonne qui allait marcher. M. Jules Ferry, plein d'une énergie toujours prête, demanda, à titre de membre du gouvernement et de préfet de Paris, la direction générale de l'opération [1]. On en sait les résultats.

Pendant que M. Jules Ferry faisait aux insurgés somma-

---

[1] Mes souvenirs, en raison des agitations au milieu desquelles ils s'étaient formés, étaient incertains au sujet des conditions dans lesquelles M. Jules Ferry et le colonel Roger du Nord avaient reçu cette mission. C'est le chef d'état-major général de l'armée de Paris, général Schmitz, présent à la conférence, qui les a fixés avec précision.

tion de se rendre, ceux-ci, sauf quelques comparses retardataires qui furent saisis, s'étaient échappés en vertu d'un compromis intervenu entre les prisonniers et leurs gardes. Quel compromis et quels en furent les médiateurs ? Je ne l'ai jamais su, ne l'ayant jamais demandé, par la raison que la question me paraissait d'intérêt très secondaire au milieu des orages où elle se produisait, et parce que je m'expliquais sans peine l'événement lui-même.

Je crois d'abord que tous éprouvaient quelque soulagement à rencontrer la possibilité de se libérer à bon compte, les uns des violences et des périls en face desquels ils étaient depuis douze heures, les autres des effets de la vindicte publique dont ils se savaient de plus en plus menacés.

Je crois ensuite que ce dénouement était en quelque sorte dans la force des choses, les gouvernants prisonniers convaincus de leur impuissance vis-à-vis des centaines d'hommes armés qui les entouraient, leurs gardes convaincus de leur impuissance à poursuivre l'entreprise anarchique vis-à-vis des masses qui enveloppaient l'Hôtel de Ville.

Enfin, il me paraît probable que la version attribuant au commandant de la garde nationale, général Tamisier, qui partageait le sort des membres du gouvernement, la conclusion du compromis, soit la vraie. Il avait sur les sectaires, tous gardes nationaux, une influence républicaine relative. Il est à croire qu'il s'en servit pour déterminer cette entente verbale dont les membres du gouvernement, plusieurs se refusant à intervenir, bénéficièrent.

Les politiciens ont poussé des cris de paon contre cette entente et aussi contre l'élargissement qui eut lieu, paraît-il, peu après (en exécution des mêmes engagements) des anarchistes qui avaient été arrêtés. Je juge que si les contractants ne pouvaient pas prétendre à l'héroïsme, il n'y avait là non plus rien qui ne s'expliquât par les circonstances que je viens d'exposer avec une entière impartialité, puisque je n'y étais pas participant, et que je m'étais libéré moi-même par d'autres voies.

Est-ce que d'ailleurs, — je l'ai déjà dit au commencement de ce livre, — le siège de Paris ne fut pas, d'un bout à l'autre, un compromis entre le gouvernement sans autorité possible par manquement de tous les moyens qui créent l'autorité, et les masses populaires en armes et en fièvre, au fond maîtresses de la situation, à qui ne pouvant montrer la force qu'il n'avait pas, il était réduit à déguiser de son mieux sa faiblesse?

N'est-ce pas ce compromis qui, au milieu d'intolérables souffrances, a fait durer plus de quatre mois, sans explosion de guerre civile, un siège auquel le monde politique ne croyait pas plus que le monde militaire et dont j'avais moi-même limité l'effort à soixante jours?

Est-ce que, à l'heure qu'il est (avril 1887), après de longues années de paix, la république gouvernée par les républicains échappe à une sorte de compromis permanent, — que je lui reproche amèrement à mon tour, — entre le mandat gouvernemental et la pression des foules?

Et pourquoi, si indulgent pour la république du siège, suis-je si rigoureux pour la république d'aujourd'hui? C'est qu'elle n'a pas devant elle l'*invasion* et *Sedan,* derrière elle l'affolement public, la multitude en armes, les menaces de la guerre civile ; c'est qu'enfin gouvernement établi, elle a la loi, les tribunaux, une police et une armée, toutes les forces sociales, politiques, judiciaires et militaires qui nous ont manqué pendant le siège.

Je crois avoir vu cette nuit-là, parce qu'on me les a montrés et nommés, tous les chefs principaux du groupe anarchiste et presque tous ses associés de marque. La plupart, et Flourens lui-même, semblaient pourtant reconnaître l'autorité d'un supérieur dont le nom, dans leurs bruyants colloques, revenait incessamment. C'était le citoyen Blanqui, qui menait toujours, paraît-il, et ne se montrait pas. Je ne l'ai jamais vu. J'appris par un des employés du secrétariat de l'Hôtel de Ville que pendant toute la nuit du 31 octobre il avait siégé dans un bureau, qu'il avait rédigé les décrets de l'insurrection et formé, sous la dénomination de « comité de salut public », la liste révolutionnaire des nouveaux gouvernants dont j'ai précédemment fait connaître les noms.

Tous les membres du gouvernement s'étaient réunis chez moi après leur libération. Il fut entendu que nos conseils se tiendraient désormais au quartier général, infiniment moins accessible à l'invasion que l'Hôtel de Ville, qui est l'objectif traditionnel de l'émeute.

Cependant, sur les boulevards, rue de la Paix, place Vendôme, rue de Rivoli, place de l'Hôtel-de-Ville, sur les quais, la garde nationale avait formé ses masses. Sur les instances du général Ducrot, qui m'avait rejoint au Louvre, je me décidais, — n'y inclinant guère, car on sait le peu de goût que j'ai pour ces représentations d'opéra, — à passer une revue de nuit aux lueurs du gaz.

Partout, excepté sur la place de l'Hôtel-de-Ville où des cris isolés et intimidés de *Vive la Commune!* se firent entendre, ce furent de longues et bruyantes acclamations. Je n'en pris, selon mon habitude, que ce que je devais, et enfin, après plusieurs heures de ce laborieux parcours, je rentrais avec le jour au quartier général assourdi, exténué, et, malgré ces apparences d'ovation, écœuré pour toujours. Je le suis encore, et de plus en plus, après seize ans de la plus étroite retraite.

Dans ma proclamation du lendemain 1ᵉʳ novembre à la

garde nationale de Paris, j'exposais avec une sincérité absolue la succession des événements qui avaient provoqué l'agitation populaire dont l'insurrection avait momentanément bénéficié ; le désastre de Metz que le gouvernement avait ignoré jusque-là ; l'origine des négociations pour l'armistice due à l'intervention des puissances neutres et leur objet patriotique ; le peu d'importance militaire, quant à l'avenir du siège, de la prise et de la reprise du Bourget.

Sur ce dernier point, abusé par les rapports du général de Bellemare[1], je commettais une grave erreur. J'attribuais pour une part, dans cette proclamation, la perte du Bourget à l'insuffisance de surveillance et d'énergie de ceux de ses défenseurs qui s'étaient laissé surprendre et avaient abandonné la position !

C'est que le général de Bellemare, rendant compte des événements (dans les termes que rapporte la note qu'on vient de lire) au chef militaire dont il dépendait, le gouverneur de Paris, *en rejetait la déplorable issue sur la faiblesse et l'incapacité d'un colonel, sur la débandade, qu'il déclarait injustifiable, d'une partie des troupes engagées.*

Et à. dix-neuf mois de là, quand il n'avait plus rien à

---

[1] Conclusion du rapport officiel (30 octobre) du général de Bellemare :

« Les troupes en petit nombre qui se sont trouvées devant l'ennemi « (il s'agit de la défense héroïque du commandant Baroche et de ses « soldats) ont fait courageusement et vaillamment leur devoir. Je n'en « dirai pas autant de celles qui, s'étant laissé surprendre, n'ont pas « montré le sang-froid et l'énergie qu'exigeait leur situation critique. » (Critique ! c'est perdue qu'il fallait dire.)

Extrait d'une lettre officielle (30 octobre) du général de Bellemare, jointe à ce rapport :

« La position du Bourget n'a été perdue que par les dispositions, « la négligence et l'incurie de celui (le colonel commandant sur les « lieux) qui avait reçu mes instructions particulières. » Quelle audace ! C'est le général lui-même qui aurait dû être là au lieu et place de ce colonel incriminé.

espérer et rien à craindre de ce chef militaire depuis longtemps disparu, le même général appelait, comme on l'a vu, M. Dentu devant la justice pour s'entendre dire que la perte du Bourget *était exclusivement due au mauvais vouloir du gouverneur de Paris, à son refus d'assistance*, et s'entendre condamner pour avoir publié un livre où le général de Bellemare était incriminé !

On sait comment, bien que ne connaissant alors qu'une part de la vérité, j'ai coupé court à cette ardeur judiciaire ; mais le trait que je viens de citer est caractéristique.

Je termine cette relation des événements qui attristèrent les derniers jours d'octobre, par une réflexion que ne m'inspire pas le besoin, — je ne l'ai à aucun degré, — de louer le gouvernement assiégé, mais par le besoin d'exprimer ce que je crois conforme à la vérité.

Si le 31 octobre 1870 le gouvernement, au lieu de tenir ferme au centre de la tempête, en se refusant obstinément à se démettre, s'était éclipsé, comme avaient fait en pareil cas d'autres gouvernements plus régulièrement et plus solidement établis, les citoyens Delescluze, F. Pyat, Blanqui et les autres meneurs de l'insurrection tenaient leur revanche. Ils ressaisissaient ce jour-là le pouvoir qui leur avait échappé le 4 septembre.

En ne se laissant pas accabler par la soudaineté et la violence de l'agression, le gouvernement de la Défense, au prix de douze heures de périls et d'angoisses tranquillement subis par la plupart de ses membres, donna le temps à la garde nationale de se reconnaître, d'apprendre le véritable état des choses, d'en mesurer l'effet qui allait à la fois livrer Paris à l'ennemi du dehors et à l'ennemi du dedans.

Cette marche convergente, dont j'ai déjà fait mention, de plus de cent bataillons parisiens acclamant la Défense nationale, déterminait au sein de la capitale, — bien moins révolutionnaire qu'incessamment révolutionnée, — un vif mouvement conservateur. Il fut assez profond pour assurer au gouvernement, à trois jours de là, *cinq cent cinquante huit mille votes de confiance, contre soixante-trois mille votes hostiles,* et pour soutenir pendant quatre-vingt jours encore, jusqu'aux dernières extrémités de la famine, la constance d'une population exténuée.

### Encore la justice militaire pendant le siège.

J'ai entendu soutenir, même par de bons esprits, que *l'énorme majorité obtenue par le gouvernement dans la votation du 3 novembre, le rendait maître de la situation, et qu'à dater de cette sorte de consécration plébiscitaire, il pouvait tout.* C'est là une erreur absolue.

L'événement du vote devait avoir et eut effectivement pour résultat principal et de haute importance, *de faire durer le siège,* comme je l'ai dit, en intimidant l'anarchie, au moins en arrêtant ses progrès et en contrariant ses entreprises. Il ne libérait le gouvernement d'aucune des causes de faiblesse qui l'énervaient. Je les ai définies dans les chapitres qui précèdent et je n'y reviens pas; mais elles allaient s'aggraver de toutes les divergences de vues, profondes comme on le verra plus loin, qui, dès le lendemain de l'orage du 31 octobre et à cause de lui, divisèrent les membres du gouvernement et leurs principaux auxiliaires au point d'amener la retraite de plusieurs d'entre eux. Enfin son triomphe électoral ne lui donnait ni la victoire sur les Allemands, que la foule attendait de lui, ni une justice qui se décidât à sévir, ni une police organisée qui fût en mesure d'agir.

Déjà, à l'occasion de l'arrestation et du scandaleux acquittement du révolutionnaire Sapia par le conseil de guerre auquel je l'avais déféré, j'ai fait ressortir l'état d'anémie des tribunaux militaires devant la criminalité politique (les anarchistes), en même temps que leur ardeur à frapper la criminalité exclusivement militaire (le déserteur de l'infanterie de marine), et j'ai expliqué les raisons peu avouables de ce contraste singulier.

A cet exemple de notre impuissance à donner satisfaction par le châtiment à la morale et à la conscience publiques, j'en ajoute ici quelques autres qui montreront ce que valent les déclamations du rapporteur de l'enquête contre le gouvernement de la Défense, quand il lui reproche « de n'avoir pas fait respecter les lois et de n'avoir pas su se servir de leur glaive ».

En vue de la répression de certains attentats, notamment des actes de pillage à main armée auxquels des malfaiteurs anarchistes se livraient dans la banlieue, le gouvernement avait institué, sur ma demande, aux quatre points cardinaux de Paris, des cours martiales jugeant sommairement, en vertu de la procédure qui est spéciale à ces tribunaux militaires. *Pas un, les attentats ayant leur cours, n'a prononcé une condamnation pendant toute la durée du siège.*

Le chef apparent de l'insurrection, Flourens, avait été arrêté, et je l'avais fait enfermer à Mazas qui est comme une forteresse. On m'inspire des doutes sur les dispositions du bataillon chargé de la garde de la prison. J'ordonne son relèvement par un bataillon sûr, et cette nuit-là même, le bataillon sûr à son poste, *Flourens est enlevé et conduit en triomphe à Belleville au milieu de ses fidèles.*

Le révolutionnaire Sapia, acquitté et devenu libre, se présente inopinément avec quelques centaines de sectaires en armes, vers la fin du siège, devant l'Hôtel de Ville solidement gardé, depuis le 31 octobre, par la mobile bretonne. Ils formaient sur la place un groupe isolé, et aucune agitation populaire ne pouvait faire prévoir l'agression, au moins aussi insensée que scélérate, qu'ils méditaient.

Tout à coup, ils ouvrent le feu contre la façade de l'Hôtel, devant laquelle s'entretenaient le colonel Vabre, très énergique officier que j'avais appelé là au commandement, en raison de son dévouement bien connu, le commandant de Legge et le capitaine Bernard, des mobiles du Finistère, qui est grièvement blessé. Les Bretons, appelés aux fenêtres par la fusillade des sectaires, ripostent et tuent Sapia avec un certain nombre des siens. Les autres fuient, mais on en fait quelques prisonniers qui sont déférés au conseil de guerre. *Le conseil de guerre les acquitte!*

Brunel, colonel du 36ᵉ régiment mobilisé de la garde nationale, et Piazza, ancien capitaine de l'armée, commandant le 107ᵉ bataillon, fomentent une insurrection. Ils se font élire, le premier, général commandant en chef la garde nationale, le second, chef d'état-major général, à ce qu'ils disent. Je parviens à les faire saisir. Traduits devant un conseil de guerre, ces deux hommes, criminels entre tous en raison du grade dont ils étaient revêtus et du commandement qu'ils exerçaient, *sont condamnés à la peine dérisoire de deux ans de prison!*

Il faut remarquer que, d'ajournement en ajournement, la justice militaire était parvenue à différer presque tous ses jugements jusqu'après la levée du siège, alors que l'incertitude de l'avenir et les grands périls avaient pris fin.

Tous les acquittements que je viens d'énumérer, un seul excepté, celui de Sapia, et la prétendue condamnation de

Brunel et de Piazza, ne furent prononcés que dans les derniers jours de 1871, quand l'Assemblée nationale, succédant au gouvernement de la Défense, avait pris la direction des affaires publiques, quand les esprits étaient rendus à un calme relatif, quand enfin la justice à Paris avait dû reprendre quelque équilibre, avec un plus digne et plus ferme sentiment de son mandat. On peut juger par là de ce qu'elle fut pendant la tourmente du siège !

L'enquête contre le gouvernement de la Défense reconnaît que cette tourmente avait eu pour effet, à Paris, *la perversion de la raison publique*. Elle reconnaît le scandale des acquittements dont la justice avait fait bénéficier de grands coupables, non pas pour en conclure que le gouvernement qui les lui avait livrés n'avait pas trouvé en elle l'appui qu'il lui demandait, mais pour en conclure *que la faiblesse du gouvernement avait détendu le ressort de la justice !*

Non, ce n'était pas seulement le ressort de la justice qui était détendu là ; c'était surtout le ressort des caractères. C'était cet état d'affaissement moral qui a inspiré aux politiciens la pensée de l'enquête ; qui, dans l'enquête, a subordonné la recherche de la vérité, le sentiment de l'équité, le souci de la paix publique, à l'ardent besoin des revanches politiques ; qui, dans le pays presque tout entier, soumet aujourd'hui la conduite des affaires aux visées particulières des castes ou des personnes, et qui, dans tous les dévouements qu'on montre, fait une place aux calculs qu'on tait.

# CHAPITRE XI

LES ÉVÉNEMENTS POLITIQUES ET MILITAIRES DE NOVEMBRE

## Les débats au sein du gouvernement après l'insurrection.

Nous avions été unanimes, dans le gouvernement, à demander à l'opinion par le vote du 3 novembre la restitution de la fragile autorité que l'insurrection venait de nous enlever vis-à-vis de la population. Quant à l'équilibre relatif que la sagesse, — jugée par comparaison, — de Paris pendant les six premières semaines du siège nous avait valu vis-à-vis des Allemands, nous l'avions perdu pour toujours. Ils étaient désormais assurés des effets conjugués de l'émeute et de la faim sur l'avenir de notre résistance.

Dès le lendemain de l'insurrection, cette unanimité du gouvernement et de ses principaux collaborateurs devait, je l'ai dit, se rompre.

Le 1ᵉʳ novembre, avant la réunion officielle de ce jour, nous avions décidé en séance préparatoire, MM. J. Favre, J. Ferry, Picard et moi, que le premier acte du gouvernement devait être l'ordre de mettre en état d'arrestation les chefs connus de l'insurrection. Cette proposition, que nous présentions le même jour au conseil, provoquait les dissentiments.

On trouvait mauvais que quatre membres du gouvernement eussent pris l'initiative d'une résolution qu'ils semblaient considérer comme hors de discussion.

Le préfet de police, M. Adam, déclarait que, dans son opinion, les insurgés étaient couverts par la convention de la nuit du 31 octobre, et il annonçait sa démission pour le cas où cette opinion ne serait pas accueillie.

M. Jules Simon, l'un des meilleurs esprits du conseil, s'associait au sentiment du préfet de police, exprimant son intention de le suivre dans sa retraite.

Après un interminable débat dans lequel plusieurs membres jugeaient que les arrestations ne pouvaient avoir lieu que sur des flagrants délits nouveaux, dans lequel je soutenais au contraire que *l'opinion attendait du gouvernement l'énergie actuelle et non pas l'énergie future*[1], le vote intervenait, et par six voix contre quatre notre motion était repoussée.

Il y eut là cette particularité singulière, que M. de Rochefort, dont la voix nous fut contraire et qui devait à bref délai se démettre, exprima une double opinion :

« L'attentat, dit-il, est tel, qu'aucun châtiment ne saurait être assez rigoureux, puisque les hommes qui sont en cause ont abandonné leur poste devant l'ennemi pour venir renverser violemment le gouvernement de la Défense nationale. Je suis d'avis de sévir avec la dernière rigueur ou de ne rien faire absolument. »

Cette doctrine de *tout* ou *rien*, à propos d'un attentat qu'il déclarait irrémissible, était assurément imprévue, et elle

---

[1] Compte rendu de la séance du 1ᵉʳ novembre 1870, par M. Dréo, secrétaire du gouvernement.

restait en dehors de la question sur laquelle il s'agissait de statuer, celle des arrestations. Mais le *tout*, c'est-à-dire le dernier châtiment, répondait à la pensée patriotique, et le *rien*, c'est-à-dire l'abandon de toute répression, répondait à la préoccupation démocratique de M. de Rochefort.

Par ses prémisses, il donnait satisfaction à la patrie. Par sa conclusion et par son vote, comme peu après en se démettant, il donnait satisfaction à la démocratie. Compromis français contemporain !

A la séance du 2 novembre, les rapports de police annonçant que les insurgés du 31 octobre s'agitaient, nous en faisions argument pour renouveler notre proposition de la veille au sujet des arrestations. Nouveau débat, nouveau vote qui, cette fois, par six voix contre quatre, décidait qu'elles auraient lieu.

Le préfet de police, M. Adam, donnait sa démission aux effets de laquelle mes collègues qui s'étaient, je pense, entendus entre eux, avaient pourvu. Sur la proposition de M. Jules Favre, sa succession échut à M. Cresson, avocat à la cour, homme de dévouement, de pondération, de grand sens, qui fut l'un des plus honorables et des plus utiles auxiliaires de la fin tourmentée du siège. Il exposait clairement, peu après ses débuts, les besoins, les abus, l'état vrai de son département, proposait de judicieuses et nécessaires réformes, et, autant qu'il était possible, les réalisait.

C'est de concert avec M. Cresson que, dans la séance du 3 novembre, le conseil, délibérant sur le nombre et sur les noms des insurgés à qui devait s'appliquer le décret d'arrestation, en fixait à vingt-trois le chiffre, qui comprenait tous les meneurs de notoriété vus à la tête du mouvement. Le nouveau préfet de police ne déclarait pas, comme son arrière-prédécesseur, qu'il était assuré du succès de l'entreprise. Il exprimait modestement qu'il ferait ce qu'il pourrait. Dès le lendemain, il avait pu saisir quatorze des principaux sectaires, et ce fut à mes yeux, eu égard aux chances de l'opération et à l'insuffisance des moyens dont il disposait, une véritable action d'éclat du préfet de police.

### Les démissions après l'insurrection du 31 octobre.

Elles se succédèrent, autant que je puis me le rappeler, dans l'ordre ci-après :

Le préfet de police, M. Adam ;

Le commandant en chef de la garde nationale, général Tamisier ;

Le maire de Paris (mairie centrale), M. Etienne Arago ;

Ses deux adjoints, MM. Floquet et Brisson ;

Le membre du gouvernement, M. de Rochefort.

J'ai déjà dit que le gouvernement de la Défense n'avait eu qu'à se louer du dévouement, de la loyauté et des services de M. Adam pendant sa courte apparition à la préfecture de police.

J'ai dit également que le général Tamisier, ancien élève de l'École polytechnique, savant officier d'artillerie, autrefois réputé dans l'armée pour d'ingénieuses recherches sur la balistique militaire et des perfectionnements apportés à l'armement, avait été appelé, *parce que républicain,* au commandement en chef de la garde nationale. Déjà alourdi par l'âge, d'une santé incertaine, d'un caractère doux et bienveillant, d'une parfaite droiture, le général Tamisier, prêt à tous les dévouements, n'était pas fait pour ce redoutable mandat.

Il fallait un Clément Thomas, et on sait quelle fut la destinée de ce vaillant et bon serviteur à qui j'ai spécialement consacré quelques pages de ce livre. Mais le général Tamisier était un homme de savoir modeste, de devoir et d'honneur. Quand il est mort, me souvenant de ses épreuves, j'ai rendu à sa mémoire un hommage que je renouvelle ici.

M. Étienne Arago, avec qui je n'ai jamais eu de rapports personnels, me paraissait bénéficier parmi les républicains qui m'entouraient, de la notoriété politique attachée à son nom et de sa doyenneté républicaine auxquelles il devait, je pense, l'importante situation (la mairie centrale de Paris) à laquelle ils l'avaient appelé. Je n'ai pas su ce qu'il y avait fait, non plus que les raisons qui avaient motivé sa démission, dont je fus informé en séance par mes collègues.

MM. Floquet et Brisson, au même titre républicain, étaient adjoints à M. Étienne Arago. C'étaient deux jeunes hommes dès cette époque en évidence dans leur parti et qui sont aujourd'hui (1887) de hauts personnage politiques. Je ne les connaissais pas, et ils n'entrèrent en relations avec moi, relations qui furent à la fois les premières et les dernières, qu'à l'occasion de la démission qu'ils donnèrent, eux aussi, après les événements du 31 octobre, avec cette particularité qu'ils me l'apportèrent au Louvre personnellement et en même temps.

Cette démarche, qui leur était, je crois, suggérée par un sentiment de courtoisie, me surprit. C'était au ministre de l'intérieur, non au président du conseil gouverneur de Paris, qu'elle devait s'adresser, et puis aucun des autres démissionnaires ne l'avait faite auprès de moi. Leur résolution, dont ils m'informaient en des termes d'une convenance parfaite, me choquait comme m'avaient choqué depuis le commencement du siège toutes les démissions. Déserter l'effort commun, l'ennemi présent, c'était à mes yeux un contresens patriotique, avec cette aggravation pour ceux qui disparaissaient à l'occasion et à la suite de l'insurrection (le général Tamisier malade excepté) qu'ils semblaient prendre fait et cause pour l'ennemi du dedans qui venait de se joindre, contre le gouvernement de la Défense, à l'ennemi du dehors.

Sincèrement, cordialement pourrais-je dire, je leur soumettais ces réflexions, sans prétendre au professorat patriotique, et en usant uniquement du privilège que je tenais de mon âge devant ces jeunes. Ils les accueillaient avec déférence sans les combattre directement, en me donnant à entendre qu'ils avaient, pour se retirer, des raisons qui étaient hors de ma compétence jugée par eux, je suppose, exclusivement militaire.

Ces raisons, je ne les apercevais que trop, c'étaient des raisons politiques, commandées par des exigences de situation dans le parti auquel appartenaient mes interlocuteurs ; mais cet échange entre eux et moi, dans les circonstances de péril public où il avait lieu, m'avait profondément attristé. Il m'apportait de nouveau la preuve et me confirmait dans l'opinion qui déjà me tourmentait depuis longtemps, qu'en France les suggestions de la politique en tout sens l'emporteraient désormais sur les principes, sur les sentiments, sur les considérations d'intérêt général, même dans l'esprit d'hommes distingués par la culture et par le savoir.

Les événements qui se succèdent depuis dix-sept ans dans le pays ont achevé la démonstration de cet irréparable désordre social, et on s'expliquera que j'aie fait une place dans ces récits à l'incident caractéristique que je viens de rapporter.

## Questions de politique et d'affaires discutées en conseil.

Des premiers aux derniers jours de novembre, date des grands efforts que, assurés de n'être pas attaqués dans nos formidable lignes de défenses, nous allions être contraints de porter hors de Paris en attaquant l'ennemi dans les siennes, les discussions du conseil n'eurent qu'un faible intérêt. Beaucoup avaient cependant pour objet des questions de haute importance, mais l'impuissance du gouvernement assiégé à résoudre celles qui ne concernaient pas exclusivement Paris était manifeste. Tout se bornait à des échanges, quelquefois à des luttes d'opinion, qui aboutissaient à des décrets, à des proclamations, à des notes diplomatiques, jamais à des actes capables d'influence effective sur la succession inéluctable des événements.

Non seulement le gouvernement assiégé ne pouvait rien, mais il ne savait rien. La délégation de Tours, qui n'était pas assiégée, qui par les télégraphes et par les postes était en communication avec toute la France non envahie, au sein de laquelle M. Gambetta avait pris une situation entièrement prépondérante et même absolument directrice, ne renseignait guère Paris, elle agissait.

En réalité, par l'irrésistible force des choses, les rôles étaient intervertis, et c'est le gouvernement de Paris qui était comme la délégation du gouvernement de Tours. Il ne s'y résignait qu'à demi et il avait tort. Non seulement il n'était pas possible qu'il en fût autrement, mais l'intérêt de l'entreprise extraordinaire que la province préparait, bien que dépendant expressément de la durée de notre résistance dans Paris assiégé, voulait que la province encore libre fût maîtresse du choix de ses moyens d'action comme de son action même.

Il y eut un conseil d'interminables, rétrospectifs et stériles débats sur la question de l'armistice avec ou sans ravitaillement de Paris, et sur la question des élections pour une assemblée nationale avec ou sans armistice. Je soutenais, j'en ai dit les raisons, que l'armistice sans ravitaillement, c'était la fin de toute résistance, et que les élections sans armistice, dans le pays envahi jusqu'à la capitale, se heurteraient à des impossibilités morales et matérielles invincibles. MM. J. Simon, J. Favre et Picard, bien qu'ils fussent hommes de gouvernement, avaient quelque peine à se rendre à ces raisonnements qu'ils trouvaient, je pense, plus militaires que politiques, M. Picard surtout, resté très sceptique à l'égard du siège et de ses conséquences; mais finalement l'unanimité du conseil les admit.

Au sujet de la rupture des négociations pour l'armistice qu'avaient proposé les puissances neutres, le ministre des affaires étrangères adressait le 7 novembre à nos agents diplomatiques une note circulaire qui était l'exposé sans emphase, non pas sans élévation, de l'impossibilité patriotique et morale où était le gouvernement de la Défense d'accepter les conditions qu'y mettait la Prusse. Ce document, qui fait honneur à M. Jules Favre, était vrai, sincère, et montrait clairement que nos adversaires s'opposaient virtuellement à l'armistice et aux élections.

De la délégation de Tours, dans les premiers jours de novembre, point de nouvelles, mais le public en avait. On savait dans Paris qu'elle rendait décret sur décret et décision sur décision pour la création des armées provinciales et pour leur organisation; qu'elle contractait des emprunts en France et en Angleterre; qu'elle donnait à l'Algérie une constitution nouvelle avec un gouvernement civil dont le titulaire, enfermé avec nous dans Paris, était M. Didier, procureur de la république!

Était-ce que les pigeons de quelques particuliers remplissaient mieux leur office que les pigeons de l'État, service dont l'organisation était encore rudimentaire? Était-ce, comme l'exprimaient quelques membres du conseil, que la délégation de Tours entendait se soustraire au contrôle du gouvernement central ou même, — l'un d'eux émit cette opinion singulière, — agir contre lui?

M. Picard, ministre des finances, était particulièrement excité, montrant que ses responsabilités étaient gravement engagées dans cette inquiétante question des emprunts dont il ignorait les conditions.

« Considérez, mon cher collègue, lui disais-je en souriant, que les responsabilités, nous ne les comptons plus. »

Mais il ne s'apaisait pas, et, revenant à plusieurs reprises sur son thème, il demanda au gouvernement et en obtint une déclaration qui le couvrait.

En fait, c'était la quasi-dictature de M. Gambetta qui s'affirmait de plus en plus par l'ascendant que son ardent patriotisme, que sa foi républicaine dans la légende de 92, que l'incontestable supériorité de ses facultés, lui avaient donné sur la délégation et sur tous ses auxiliaires. Est-ce que d'ailleurs, quand l'ennemi est partout pressant l'achèvement de son œuvre, on peut concerter des actes de gouvernement ou des opérations de guerre par voie de ballons et de pigeons? Enfin et pour tout dire, quoi de surprenant, si les moyens de communication n'avaient pas manqué, que le gouvernement n'eût pu s'entendre avec sa délégation de Tours, quand ses membres réunis autour de la table du conseil, au milieu d'événements si redoutables, avaient tant de peine à s'entendre entre eux !

Devrais-je rapporter ici les discussions du conseil sur la constitution de la garde nationale mobilisée et sédentaire; sur le péril croissant des réunions publiques, des clubs, des habitudes d'ivrognerie; sur la publication des images et caricatures immondes; sur la question capitale des approvisionnements de la ville qui diminuaient sensiblement; sur l'organisation des services de la boulangerie et de la boucherie; sur le rationnement du pain, de la viande, des liquides, du gaz; sur la réquisition des pommes de terre, etc., etc.?

Qui accorderait à l'heure où j'écris (1887), à plus forte raison quand après moi ce livre sera lu, quelque attention à toutes ces questions qui allaient avec le temps devenir si pressantes, être entourées de tant d'incertitudes, d'anxiétés, de périls sans cesse renaissants?

Pourtant, être engagé avec des centaines de mille hommes, — je ne dis pas de soldats, — dans une lutte inégale, pour l'honneur du pays; être engagé en même temps avec plus de deux millions d'êtres humains, l'émeute menaçant, dans une lutte de plus en plus douloureuse pour le pain de chaque jour, c'est une situation dont la grandeur et les tourments méritaient peut-être d'autres juges que ceux qu'elle a rencontrés.

---

## La situation militaire en novembre.

L'insurrection du 31 octobre et ses suites, l'espèce de plébiscite auquel elle avait donné lieu, la lassitude des esprits à tous les étages de la population, avait créé dans Paris une accalmie relative dont le mois de novembre allait bénéficier. Mais si, dans cette période d'attente, les événements politiques parisiens n'eurent qu'une importance médiocre, celle des événements militaires fut assez considérable pour m'obliger, comme on le verra plus loin, à changer *du jour à l'autre et du tout au tout* l'orientation des opérations de guerre qu'avaient préparées à Paris plus de deux mois de travaux opiniâtres. J'ai dit ailleurs avec quel patriotique dévouement les officiers, les soldats, les services publics, les ateliers industriels, les corporations, la population, s'y étaient appliqués.

Ces efforts continus avaient produit dès la première quinzaine de novembre, — en dehors de notre défensive depuis longtemps arrivée à la perfection, — des résultats d'organisation militaire proprement dite que je suis autorisé, n'y ayant participé que de très loin, à qualifier d'*extraordinaire*. L'honneur en revenait à tous, expressément à la capacité spéciale, au labeur infatigable du général Schmitz, du général Foy et de leurs dévoués auxiliaires de l'état-major général.

Ces résultats, c'étaient :

1° La constitution de trois armées dont on trouvera plus loin le tableau sommaire ;

2° Le complet achèvement de la préparation de notre grande entreprise de sortie vers la mer, par la vallée de la basse Seine, avec une élite de quarante mille hommes portée en dernier lieu à cinquante mille, sous le commandement du général Ducrot, les sept ponts volants de l'habile et actif ingénieur en chef, M. Krantz, *prêts* à remplir leur office pour le double passage de la Seine sous Paris.

Je rappelle que, pour organiser l'ensemble de ces forces, nous disposions :

De deux régiments réguliers,

De deux corps d'armée formés de nouveaux régiments de marche et de régiments ou bataillons de mobiles départementaux,

Des bataillons de la garde nationale parisienne mobilisée et sédentaire,

Des gardiens de la paix (sergents de ville) militairement constitués,

Des corps de volontaires, francs-tireurs, etc.

Si l'on considère :

Que de ces rassemblements si divers, la plupart habillés, équipés, armés de fusils de tout modèle, sommairement instruits, à peu près encadrés, au milieu d'une confusion qui semblait inextricable, sortaient en novembre :

Deux armées d'apparence presque régulière, pourvues de leurs principaux éléments de commandement, comprenant chacune six divisions d'infanterie, une de cavalerie, une artillerie divisionnaire, une artillerie de réserve, les services accessoires les plus indispensables;

Et une troisième armée formée de la garde nationale mobilisée, comprenant une force presque illimitée (je n'en sais pas le chiffre) de bataillons d'infanterie, avec une légion d'artillerie et un groupe de cavalerie, l'ensemble représentant la réserve des deux premières armées..., on reconnaîtra que, dans ces quelques semaines, le patriotisme n'avait pas chômé dans Paris et que j'ai été vrai en écrivant que les résultats qu'il avait produits étaient *extraordinaires*.

Pourtant, j'ai le devoir de dire ici que, en mérite devant le pays, ces résultats restaient au-dessous de ceux que la province obtenait dans le même temps, sous l'entraînante impulsion de M. Gambetta et de ses collaborateurs.

Ils avaient, il est vrai, la paix autour d'eux, la liberté d'action, l'équilibre moral dont à Paris nous étions absolument privés. Mais, — difficulté capitale, — *tous les éléments de constitution des armées, en hommes, en matériel, en approvisionnements de toute sorte, étaient pour la délégation de Tours éparpillés à l'infini dans la France entière, ou à créer.*

Réunir des centaines de mille hommes dans de telles conditions, les équiper, les armer, les encadrer, leur trouver des chefs ; les organiser en bataillons, en régiments, en brigades, en divisions, en corps d'armée ; les pourvoir d'artillerie et de munitions ; mettre ces groupes improvisés en état de marcher, et presque aussitôt de tenter la fortune du combat..., c'est un tour de force de patriotisme général et d'énergie gouvernementale qui, dans d'autres temps et dans un autre pays, eût excité la plus vive et la plus légitime admiration.

Abstraction faite de tout ce qui me sépare de M. Gambetta, j'aime à rendre ici à son effort la justice qu'il a quelquefois refusée au mien.

## Le combat de Coulmiers et la reprise d'Orléans. — Leurs effets sur l'état des esprits à Paris, sur le présent et l'avenir du siège.

Le 14 novembre, avec une proclamation très courte mais exaltée de M. Jules Favre, les habitants et l'armée de Paris lisaient au *Journal officiel* et affichée aux portes de toutes les mairies la dépêche suivante (apportée par pigeon) de M. Gambetta :

« L'armée de la Loire, sous les ordres du général d'Au-
« relles, s'est emparée hier d'Orléans, après une lutte de
« deux jours. Nos pertes, tant en tués qu'en blessés,
« n'atteignent pas deux mille hommes. Celles de l'ennemi
« sont plus considérables. Nous avons fait plus d'un millier
« de prisonniers et leur nombre augmente par la poursuite.

« Nous nous sommes emparés de deux canons modèle
« prussien, de plus de vingt caissons de munitions attelés
« et d'une grande quantité de fourgons et voitures d'appro-
« visionnement.

« La principale action s'est concentrée autour de Coul-
« miers, dans la journée du 9. L'élan des troupes a été
« remarquable malgré le mauvais temps.

« Tours, le 11 novembre 1870. »

Comment, aujourd'hui, pourrais-je exprimer l'intensité des émotions, l'explosion des joies, l'étendue des espérances que fit naître dans Paris ce coup de clairon victorieux ?

Les armées de province existaient ! Elles pouvaient combattre les Allemands ! Elles pouvaient les battre ! Tous les doutes qui tourmentaient les esprits s'évanouissaient à la fois. Le général d'Aurelles était un capitaine et un héros !

Par une déduction comparative qui était naturelle, les armées de Paris semblaient inférieures ; et comme, dans celles-ci et dans celles-là, la vaillance bien connue des soldats français était nécessairement la même, c'était à l'insuffisance du commandement dans Paris qu'était due l'incertitude de la situation militaire.

L'événement de Coulmiers eut d'autres effets bien plus graves.

Il fut le point de départ d'une succession d'instances de M. Gambetta, toutes très vives, quelques-unes malsonnantes pour moi, qui annonçaient incessamment la marche vers Paris de l'armée de la Loire qu'il croyait, de bonne foi, victorieuse ou à la veille de l'être, et demandaient *que l'armée de Paris fît une sortie dans cette direction pour leur donner la main et achever les Allemands.*

Militairement, ce thème était un rêve pour moi, qui savais ce que pèsent en rase campagne, *dans la guerre moderne,* en dehors de quelques succès de fortune partiels et momentanés, des rassemblements hâtivement formés, devant des troupes très solidement constituées, entraînées, portant en elles l'animation, la confiance, et servies par le prestige d'extraordinaires victoires. Mais le thème de M. Gambetta, tel qu'il était, devenait patriotiquement obligatoire, *et il y aurait eu forfaiture,* non seulement au jugement de l'opinion, mais au jugement du gouvernement de la Défense, à ne pas répondre, comme disait M. Jules Favre, *au généreux effort de la province.*

Pour y répondre, il fallait renoncer au plan de *sortie vers l'ouest,* dont les préparatifs, aussi ardemment que secrètement menés, allaient permettre l'exécution vers le 20 novembre.

Il fallait renoncer du même coup à faire usage de l'importante agglomération de moyens que nous n'avions cessé de réunir à l'ouest de Paris, en vue de cette opération (les ponts volants, dix-huit batteries de position puissamment armées, etc., travail de jour et de nuit de tout un mois).

Il fallait enfin, en quelques jours, décupler et transporter les uns (les ponts de bateaux), construire et armer les autres (les batteries de position), *à l'est de Paris,* pour effectuer et protéger la sortie de tout ce que l'armée assiégée, marchant au-devant de l'armée de la Loire, comptait de plus régulièrement constitué !

Je ne crois pas rencontrer de contradicteurs parmi les hommes en état de juger les choses de la guerre pour l'avoir faite sous les responsabilités du commandement, en affirmant que le problème militaire inattendu dont les événements m'apportaient le devoir de chercher et d'improviser la solution, n'était pas de ceux que, même avec l'activité, la hardiesse et la confiance que montrait M. Gambetta, on pouvait prétendre mener à bonne fin sans l'assistance d'un coup de fortune impossible.

## M. Ranc.

Je fais ici une place à un incident caractéristique des temps où nous sommes, qui se rattache à l'avortement de notre plan de sortie dans la direction de Rouen.

J'ai dit qu'en raison de l'expérience que nous avions faite de l'inconcevable exactitude des renseignements militaires que les agents de l'ennemi recueillaient parmi nous et lui transmettaient, le secret de notre opération vers l'ouest avait été étroitement circonscrit entre le gouverneur de

Paris, le chef d'état-major général chargé des détails de la préparation, le général Ducrot, chargé de l'exécution, et les deux officiers qui étaient mes secrétaires intimes. Pas un membre du gouvernement n'en avait eu communication.

Pourtant, dans la première quinzaine d'octobre, le dénouement n'étant plus très éloigné, je crus qu'il était de convenance gouvernementale que M. Jules Favre, vice-président de la Défense nationale, sûr par son caractère et par son âge, fût informé de nos résolutions. J'achevais de les lui expliquer dans leurs détails qu'il avait écoutés avec un vif contentement, quand m'interrompant :

« Avez-vous prévenu Gambetta avant son départ pour Tours ?

— Non, assurément ; ni lui, ni personne en dehors des cinq officiers dépositaires du secret de notre préparation, vous excepté à dater d'aujourd'hui.

— Il me semble que c'est regrettable. Soyez sûr que, fait comme il est, Gambetta va prendre en province la haute direction des affaires. Est-ce que, pour votre hasardeuse entreprise, le concours des troupes qui se forment à Tours ne vous serait pas utile ?

— Il nous serait très utile ; mais je ne crois pas que l'organisation des armées de province soit aussi avancée que l'organisation des nôtres à Paris[1]. Et puis, je n'ai pas eu un seul instant la pensée de considérer notre délégué à Tours comme un mandataire militaire.

— Il réunira tous les mandats. Je persiste à croire qu'en lui faisant connaître votre plan, avec la place qu'il y pourrait prendre, vous agiriez sagement.

— Mais je ne peux pas lui en écrire. Nous nous sommes engagés, le général Ducrot, le général Schmitz et moi, à ne jamais rien écrire, sous aucune forme, qui pût laisser sur le papier trace de notre projet.

[1] En quoi je me trompais absolument, je le reconnais.

— Vous avez une occasion sûre de l'informer par communication verbale. Son ami Ranc, très intelligent, dévoué, dont Ferry répond, va monter en ballon pour le rejoindre. Ayez une conférence avec lui. Quant à moi, je reste muet. »

Telle fut l'origine de la décision que je prenais, quelques jours après le départ de M. Gambetta, d'appeler M. Ranc au Louvre, la veille, peut-être le jour même de son ascension en ballon. Je ne l'avais jamais vu. Je ne l'ai jamais revu, je pense. Je savais qu'il passait dans le monde conservateur pour un républicain avancé. Il fut introduit dans mon cabinet par les deux officiers de mon état-major particulier initiés à la préparation de notre entreprise, le commandant Nicolas Bibesco et le capitaine Arthur Brunet, tous les deux présents à la conférence qui suivit.

J'avais sous les yeux, dans M. Ranc, un jeune homme vigoureux, barbu, de bonne mine, dont la physionomie très éclairée et les premières paroles me plurent. Il me parut saisir d'emblée l'importance de notre opération et de son but, ses chances possibles de réussite, ses périls probables, et comment une part de ces périls pourrait être atténuée, si la délégation de Tours se trouvait en mesure, — ce dont elle serait juge, — d'appuyer notre marche en avant par un déploiement de forces suffisantes sur notre flanc gauche, le long de la rive gauche de la Seine, vers la partie moyenne de son cours *entre Rouen et les Andelys* [1].

Eh bien, déposant devant la commission d'enquête,

---

[1] L'un des assistants à cette conférence, le capitaine Arthur Brunet, qui n'était là qu'auditeur et qui avait par conséquent l'esprit absolument libre, en a fait le récit détaillé dans une déposition adressée au président de la commission d'enquête, M. Saint-Marc Girardin, publiée avec toutes les autres pièces de ce grand procès politique. Cette déposition, qui relate des incidents dont je n'avais nul souvenir, est très intéressante, très probante et l'expression même de la vérité.

M. Ranc a nié qu'il eût reçu de moi cette mission pour M. Gambetta! Peut-être que dans cet entretien avec le gouverneur de Paris, qui eut, a-t-il dit en substance, divers objets (quels objets, je le demande?), il a été incidemment question d'un projet d'opération vers la basse Seine, mais rien de plus; par conséquent, pas de communication spéciale à faire à M. Gambetta et pas de demande de concours.

M. Ranc est aujourd'hui, m'assure-t-on, un personnage politique en évidence. Je n'ai pas contre lui l'ombre d'un mauvais sentiment; mais j'ai à la fois le devoir et le regret de dire que, dans le cas dont il s'agit, il a formellement nié la vérité.

Si les républicains et lui-même étaient disposés à contester sur ce point, il leur serait difficile, je pense, de ne pas reconnaître qu'il est nettement établi par la dépêche officielle suivante, adressée par M. Jules Favre à M. Gambetta et publiée depuis, avec toutes les dépêches de la Défense nationale, par le service télégraphique :

« *Jules Favre à Gambetta,* 19 octobre 1870.

« Général Trochu m'a expliqué tout son plan. Ranc
« vous en a porté tout ce qui est nécessaire, et vous savez
« comment opérer. »

M. Ranc, il est vrai, peut exciper d'une circonstance atténuante. La commission d'enquête devant laquelle il témoignait se montrait infiniment moins préoccupée de rechercher la vérité que de ruiner dans l'opinion, au profit de la monarchie, la république, la Défense nationale et M. Gambetta qui les représentait toutes les deux. Elle allait dans son aveugle passion jusqu'à lui faire *un crime de lèse-défense nationale* de n'avoir pas répondu à mon appel, et elle qualifiait son abstention de *refus de concours!*

Est-ce que de ce concours je pouvais faire une obligation à M. Gambetta, ne sachant rien de l'état de ses armées en formation, rien des événements qui le pressaient, rien de la situation de l'ennemi et des progrès de l'invasion? Je me bornais à lui donner un avis, à lui en expliquer l'importance par M. Ranc, mon porte-parole, mais à l'avance je tenais M. Gambetta pour absous s'il s'abstenait.

La commission d'enquête, pour l'accabler, manquait à la raison et à la justice. M. Ranc, pour le défendre, manquait à la vérité. Et pourquoi ai-je exposé ici ces deux manquements dont, jusqu'à présent, je ne me suis jamais plaint?

C'est que ce rapprochement de *l'accusation à tout prix* et de la *justification à tout prix* met une fois de plus en évidence l'irréparable désordre qui, à la suite des calamités de la guerre, s'était emparé de *tous les esprits dans tous les partis*. Ils avaient adopté et ils ont gardé ce principe qu'on retrouve à l'origine de toutes les décadences historiques :

« Périssent la vérité, l'équité, les personnes et les choses,
« plutôt que la politique qui est en cause et que les intérêts
« qu'elle sert. »

C'est à l'école de ce déplorable tribunal (la commission d'enquête), école de discorde, d'intolérance, de représailles politiques, de panégyriques et de dénigrements intéressés, admis aux honneurs de la publicité parlementaire, que se sont formées les générations qui, par l'éligibilité et par l'électorat, président aujourd'hui ou présideront demain aux destinées de la France. . . . . . . . . . . . . . . . .

## Discussions en conseil sur le combat de Coulmiers.

C'est sur les membres du gouvernement réunis en conseil et qui en eurent la primeur, que la victorieuse dépêche de M. Gambetta produisit peut-être le plus d'effet. Tous avaient les yeux fixés sur moi pour juger de mes impressions. Elles ne répondaient pas aux leurs, et la contenance réservée que je gardais, le calme avec lequel j'accueillais la grande nouvelle, leur fut incommode, en les confirmant dans l'opinion que la Défense nationale ne rencontrerait pas dans son président *le sauveur* qu'elle cherchait.

M. Picard, qui se rendait difficilement, comme on sait, aux raisons du siège de Paris, avec une pointe de malice bienveillante me dit en souriant :

« Déridez-vous, mon cher général ; voilà un retour de
« fortune qui nous dispensera peut-être d'aller jusqu'au
« bout de *notre héroïque folie*[1].

— N'en croyez rien, mon cher collègue. Pourtant, j'ad-
« mets pleinement le succès que nous annonce M. Gambetta,
« mais je ne pourrai en juger militairement la valeur que
« lorsque j'aurai su dans quelles circonstances de guerre
« la rencontre a eu lieu, et quelle était l'importance numé-
« rique relative des troupes engagées des deux parts. Je
« puis, au contraire, juger dès à présent le résultat qu'elle
« a eu, qui est la *reprise d'Orléans*, et je ne vous dissimule
« pas que ce résultat m'inquiète.

« Je connais Orléans et sa région. Je n'imagine pas
« comment l'armée du général d'Aurelles, qui ne diffère
« pas, au point de vue de la préparation et de l'équilibre,
« des armées que nous avons formées à Paris, pourra rece-
« voir le choc des masses très fortement organisées que

---

[1] Allusion à la déclaration qu'antérieurement j'avais faite en conseil à M. Picard au sujet du siège de Paris.

« les Allemands vont être en mesure de réunir sur ce
« théâtre imprévu de guerre, fait pour eux et non pas pour
« nous. »

### Mes avis à M. Gambetta.

La préoccupation de marcher sur Paris et de le dégager
par les efforts combinés de l'armée de la Loire et des défenseurs de la capitale, fut comme l'idée fixe de M. Gambetta et de ses collaborateurs civils. Elle se présentait
naturellement à leur esprit, elle souriait à leur patriotisme,
et la confiance, malheureusement excessive, que leur inspiraient les troupes qu'ils venaient de former leur conseillait l'entreprise. C'était raisonner plus patriotiquement que
militairement. C'était faire abstraction de presque toutes les
probabilités expérimentales de la lutte si extraordinairement
inégale où nous étions engagés.

Jamais je n'avais admis, je le répète, que nos rassemblements pussent recevoir en rase campagne le choc des
forces allemandes, encore moins le provoquer par l'offensive; mais je croyais qu'en se laissant attaquer dans des
positions préparées pour la défensive (villes, bourgs et villages fortifiés par des travaux de campagne, forêts, cours
d'eau), *avec retraite assurée,* elles pouvaient infliger à
l'ennemi des pertes considérables, le fatiguer et peut-être
le lasser.

Presque toutes mes dépêches à M. Gambetta, de la fin
d'octobre à la mi-novembre, lui avaient porté l'expression
et l'explication de ces vues générales sur le seul genre de
guerre qui me parût approprié à nos moyens, à défaut
d'instructions précises qu'il m'était matériellement impossible de lui donner. J'en retrouve l'esprit dans la réponse
que je faisais le 26 octobre à la dépêche du même jour dans

laquelle il m'annonçait le mouvement offensif du général d'Aurelles qui allait aboutir au combat de Coulmiers et à la reprise d'Orléans :

« *Gambetta à Trochu,* 26 *octobre.*

« Nous ferons samedi et dimanche une tentative en force
« sur Orléans. Faites vous-même une démonstration dans
« cette direction pour retenir l'ennemi et l'empêcher de
« venir renforcer le corps disséminé de Chartres à Jargeau
« en passant par Orléans. »

« *Trochu à Gambetta,* 26 *octobre.*

« Je ferai ce que vous souhaitez[1], mais j'ai préoccupation
« de ce que vous allez tenter. Je persiste à croire qu'il faut
« que par les ingénieurs vous mettiez en état de défense
« vos villes ouvertes. Quant à attaquer celles que l'ennemi
« occuperait et défendrait, c'est grave. »

Indépendamment de mes dépêches conçues dans le sens que je viens d'indiquer, l'ingénieur Cézanne (parti en ballon pour remplir une mission spécialement relative à la réunion des approvisionnements nécessaires au ravitaillement de Paris en cas de rupture de l'investissement) avait porté à M. Gambetta des avis plus explicites et plus étendus, où

[1] Aux jours indiqués, par une pluie battante et continue, je mis en mouvement trente mille hommes, marchant après une vive canonnade vers les positions ennemies, en avant de Vincennes, d'Ivry, de Bicêtre, etc. Ce simulacre était alors tout ce que je pouvais faire. Les troupes harassées et transpercées ne comprirent rien à cette opération, qui leur parut fantaisiste et dont je ne crus pas devoir expliquer les causes et l'objet d'ailleurs très problématique. Les journaux dirent que je les faisais marcher au hasard, et ce fut un concert de railleries.

j'énumérais les conditions dans lesquelles des troupes sans équilibre et sans cohésion peuvent aborder le champ de bataille. Mais, plus peut-être qu'aucun de ses coreligionnaires politiques, le président du gouvernement délégué était hanté par les souvenirs de l'invasion de 1792. Il croyait, — généreusement, — que tout était possible au patriotisme réuni à l'audace, et ses combinaisons militaires, celles de ses collaborateurs, reposaient sur cette donnée toute de sentiment.

Ils ne savaient pas que *la guerre moderne,* celle qu'avaient révélée les foudroyants événements des campagnes de Sadowa et de Sedan, était une guerre *de préparation, de nombre et d'arsenal,* qui n'avait pas plus de rapports avec Valmy et Jemmapes, que Valmy et Jemmapes avec Senef et Denain !

Déjà, par suite de cette grave erreur d'optique militaire, ils avaient sacrifié autour d'Orléans un vieux, très digne et très énergique soldat, le général de la Motte-Rouge, qui fut surpris au moment même où il prenait le commandement par des forces d'une supériorité numérique manifeste, d'une supériorité militaire accablante. Les deux tiers de ses troupes lâchèrent pied devant l'ennemi, bien qu'à la tête de l'autre tiers (les zouaves pontificaux et la légion étrangère) il eût personnellement renouvelé les preuves de vaillance qui avaient honoré sa carrière dans les guerres d'Orient (Sébastopol) et d'Italie.

Brutalement destitué, il avait été remplacé dans le commandement par le général d'Aurelles, le futur vainqueur de Coulmiers, qui ne devait pas, lui non plus, échapper, malgré sa victoire, à la destinée dont on a vu qu'à Paris, au milieu de l'ivresse qu'avait provoquée la nouvelle de ce premier triomphe de la Défense nationale, j'avais gardé et exprimé la prévision (déclaration de M. Picard).

### Les réalités du combat de Coulmiers.

Le combat de Coulmiers faisait-il du général d'Aurelles un général sauveur, de ses troupes une armée devenue l'émule de l'armée allemande, de l'événement lui-même une garantie, tout au moins un gage d'avenir pour la Défense nationale?

Non. C'était un coup de fortune démesurément grossi, comme toujours, par l'imagination française surexcitée par le patriotisme français.

Le corps d'armée bavarois du général von der Thann (deux divisions avec des compléments d'artillerie et de cavalerie prussiennes) avait battu sans beaucoup d'efforts le rassemblement du général de la Motte-Rouge. Il se tenait aux environs d'Orléans, en confiance, un peu en l'air, n'imaginant pas, je pense, que la Défense nationale, après cet échec, pût lui opposer des forces beaucoup plus redoutables que celles qu'il venait de disperser.

Tout à coup, à son grand étonnement (que j'aurais partagé), il apprenait qu'il avait devant lui le général d'Aurelles avec *cinq divisions d'infanterie, deux divisions de cavalerie et cent trente bouches à feu* (de ligne et de réserve). Sa confiance fut assez atteinte pour qu'il s'établît sur la défensive dans des positions fortifiées à la hâte, dont le point d'appui principal était Coulmiers. Il disposait d'environ quarante-cinq mille hommes.

Le général d'Aurelles prenait l'offensive contre lui avec quatre divisions (la cinquième restée sur la rive gauche de la Loire), toute sa cavalerie et quatre-vingt-dix pièces (l'artillerie de réserve n'ayant pas donné). En tout, soixante mille hommes.

Soixante mille hommes contre quarante-cinq mille, voilà toute la bataille de Coulmiers.

Le général von der Thann, qui ne fut que très faiblement entamé, dut être soulagé par la pensée qu'il avait pu être honorablement battu dans de telles conditions, et que sa chance avait été grande de n'avoir eu à lutter que contre une armée improvisée ; car, s'il en avait été autrement, le corps bavarois, poursuivi et débordé, n'aurait pas eu de retraite possible.

### Le général d'Aurelles.

Je ne crois pas avoir diminué les mérites du général d'Aurelles et de ses jeunes troupes, en disant sur le combat de Coulmiers la vérité, *cette vérité militaire* qu'en France on altère toujours, qu'on dénature souvent, en vue d'exalter dans le succès, de consoler dans la défaite l'orgueil national. Déplorable enseignement !

Et qu'arrive-t-il après ces premiers transports de l'enthousiasme public et après cet impérieux devoir fait à l'armée de Paris d'abandonner, à la veille de l'exécution prête, son entreprise à l'ouest, pour marcher à l'est audevant de l'armée libératrice ?

Il arrive que le général d'Aurelles, qui a pourtant pris à Orléans la meilleure position que lui offre la région, qui a judicieusement disposé ses troupes sur ce terrain défavorable à leur action décousue, qui s'est enfin montré aussi énergique qu'à Coulmiers, ne peut pas tenir devant les masses organisées qui viennent l'assaillir, prononce sa retraite et abandonne Orléans.

En quels termes l'événement m'est-il annoncé ?

*A la suite d'une monstrueuse défaillance du général d'Aurelles, Orléans a été évacué devant les efforts de Frédéric-Charles.*

Ces lignes sont extraites d'une longue dépêche par pigeon (Gambetta à Trochu) de Tours 5 décembre, postérieure, comme on voit, aux rudes combats que l'armée de Paris venait de livrer les 29, 30 novembre et 2 décembre, en avant de la Marne, pour s'ouvrir un passage à travers les lignes allemandes et marcher au-devant de l'armée de la Loire.

*Monstrueuse défaillance!* Voilà le vainqueur de Coulmiers, général d'Aurelles, au même niveau de chute que son prédécesseur dans le commandement, le vaincu d'Artenay, général de la Motte-Rouge !

Quelle consommation de généraux dans des temps ainsi faits, et même de héros ! Désordre dont on s'étonnera moins si on considère que trop souvent, pour faire des héros, il suffit d'un événement vivement exploité par quelques articles d'un journal en crédit. Qui cependant, parmi les juges compétents, pourrait refuser à ces deux vigoureux soldats la justice d'avoir fait tout ce que leur commandaient l'expérience professionnelle, le devoir et l'honneur?

Ce qui est véritablement surprenant dans cette éphémère victoire de Coulmiers et dans les événements militaires qui suivirent en province, ce qui mérita à M. Gambetta, je le répète, et à ses auxiliaires une place d'honneur dans l'histoire de cette guerre, c'est le fait à peine explicable d'avoir pu mettre en ligne devant l'ennemi, en quelques semaines, des armées presque régulièrement constituées. Quel ressort merveilleux de la Défense nationale dans un pays désorganisé, pénétré par l'ennemi, qui venait de voir disparaître à Sedan sa véritable armée avec ses généraux, ses officiers, ses soldats, son matériel de guerre, ses approvisionnements !

A quel degré ce *sursum corda* n'aurait-il pas honoré les malheurs de la France, en lui méritant l'estime et la sympathie des nations, si les partis n'avaient pas eu tant d'intérêt, attaché tant de prix, mis tant d'acharnement à en ternir l'éclat !

## L'amiral Fourichon.

Avant la prise de possession du gouvernement provincial par M. Gambetta, deux hommes que l'histoire de la Défense nationale, si elle était vraie, devrait recommander à la reconnaissance du pays, s'étaient livrés pour la constitution des armées qu'il s'agissait d'improviser, à d'ardents et persévérants travaux dont M. Gambetta fut le bénéficiaire. C'étaient l'amiral Fourichon et le général Lefort, celui-ci sous la direction de celui-là.

L'amiral autrefois aide de camp, comme moi et en même temps que moi, du maréchal Bugeaud, dont il était le compatriote et l'ami, avait vécu dans son intimité pendant toute la durée de la guerre de la conquête algérienne. Associé à ses entreprises et formé à cette école, il savait les choses militaires et il était certainement entre tous, le marin le mieux préparé au rôle d'organisateur que les événements l'appelaient à remplir auprès de la délégation de Tours.

Vice-amiral et doyen de l'amirauté française en 1870, ministre de la marine dans le gouvernement de la Défense, il apportait au général Lefort, délégué du ministre de la guerre général le Flô resté à Paris, l'appui de sa grande expérience, de sa capacité éprouvée, de sa droiture, de son rare bon sens. De plus, il mettait à la disposition de la Défense nationale le personnel et tous les moyens du département de la marine, ce personnel d'officiers et de soldats-marins qui, bien que dépaysés parmi nous, furent souvent à la peine en montrant l'exemple du plus ferme dévouement, et qui eurent la fortune d'être à l'honneur.

Le patriotisme de l'amiral, incapable de calcul, l'avait conduit à déférer à l'instante prière qu'après Sedan, et au lendemain de la révolution du 4 septembre (lettre du 5 septembre, page 263), je lui avais faite, de s'associer à mon sacrifice et à mon effort en acceptant le ministère de la marine. Le sacrifice et l'effort, il allait les faire pendant toute la durée de la guerre de la Défense nationale, avec une abnégation qui, dans d'autres temps, aurait été hautement honorée.

Il représentait à Tours dans l'isolement, comme moi à Paris, l'esprit et les principes conservateurs aux prises avec les tendances radicales, les préjugés, les partis pris des républicains. Mais, à Paris, j'étais fictivement en possession de la direction politique que j'avais voulue pour qu'elle me garantît la réalité de la direction militaire.

A Tours, l'amiral Fourichon, plus que sexagénaire et vieilli dans le commandement, s'était résigné à le voir exercé par un tout jeune politicien dont il reconnaissait l'ardent patriotisme et les brillantes facultés, mais dont les audaces, les idées absolues, les habitudes expéditives heurtaient à chaque instant ses propres vues. Au moment de se démettre, le sentiment de la détresse du pays et des devoirs qu'elle lui imposait l'amenait toujours à se soumettre pour échapper à la douloureuse extrémité de provoquer, au milieu des périls publics, un schisme gouvernemental. Jusqu'au bout, il subit sans se plaindre la contrainte et les dégoûts de cette difficile situation.

De tels hommes, dans l'état présent de notre pays, ne sont pas faits pour être compris.

## Les généraux sacrifiés.

Le général de division Lefort, laborieux et entendu, avait été directeur au ministère de la guerre, où il avait acquis en matière d'organisation une compétence spéciale, très précieuse puisque à Tours il s'agissait d'organiser, qui l'avait désigné au choix du ministre de la guerre pour être son représentant auprès de la délégation. Assisté par l'amiral, il s'était dévoué à l'accomplissement d'une tâche que pour mon compte, je l'ai déjà dit, j'aurais jugée à peu près impossible, et contre toute attente il était parvenu à en réaliser une part considérable en quelques semaines.

La mainmise de M. Gambetta sur tous les services de la guerre, ses procédés de direction très autoritaires, — inévitables et nécessaires dans l'effrayante situation à laquelle il s'agissait de pourvoir, — la destitution du général de la Motte-Rouge, l'arrivée de M. de Freycinet qui avait en réalité la direction des choses militaires, devaient atteindre profondément le général Lefort dans ses principes, dans ses traditions de travailleur méthodique et régulier.

Il prévint sa disgrâce en se démettant dans une lettre au général le Flô qui me fut communiquée, et dont la modération comme la fermeté faisaient beaucoup d'honneur à son caractère.

Si, à la suite des faits généraux relatifs au combat de Coulmiers et à ses graves conséquences, j'ai introduit ici quelques faits particuliers, c'est que mes récits sont une œuvre d'équité, d'impartialité, et que j'ai voulu mettre en lumière les efforts de deux fidèles serviteurs du pays, l'un éminent, l'autre très méritant, tous deux perdus, à des degrés différents, dans la foule de ceux qui ont beaucoup fait et n'ont pas recueilli.

Avant la Motte-Rouge et d'Aurelles, le général de Polhes avait été sacrifié à l'idée fixe d'offensive des directeurs civils de la guerre en province, obéissant au mirage de 92. Le général Fiéreck et d'autres encore, tous entourés de la confiance et de l'estime de l'ancienne armée, allaient subir le même sort. La Motte-Rouge, d'Aurelles, de Polhes, Lefort, Fiéreck étaient comme moi-même des généraux du temps passé et *du type réputé réactionnaire*. L'ère s'ouvrait des généraux des temps nouveaux et *du type réputé républicain*.

Ils ne devaient, pas plus que les premiers, refouler l'ennemi, mais l'admiration précédait leur effort réussi ou non réussi, et le suivait. Ils allaient être dans la légende, à l'exclusion absolue de tous autres, les héros de la défense nationale et en rester les bénéficiaires jusqu'à la fin de leur vie, dans la faveur et les grands emplois de la république.

---

### Changement de plan et nouvelle orientation des opérations du siège pour aller au-devant de l'armée de la Loire, en marche sur Paris.

Le nouveau problème dont le succès de Coulmiers, les instances de la délégation de Tours et l'entraînement de l'opinion nous forçaient à chercher la solution, ne déconcertait pas seulement notre plan de sortie à l'ouest. Il s'offrait à nous dans de telles conditions d'urgence, que *douze jours à peine* nous étaient donnés pour nous préparer à opérer à l'est.

Ce fut le tour de force le plus extraordinaire du siège de Paris, le moins apprécié par la foule hors d'état de le comprendre et par conséquent de le juger, celui où l'ardeur patriotique, le dévouement sans bornes, l'énergie de mes collaborateurs à tous les degrés et de mes sous-ordres, s'élevèrent à la plus grande hauteur.

Je me sens pénétré de gratitude en évoquant ici par le souvenir les noms de quelques-uns de ceux qui furent sans trêve à la peine et souvent au péril :

Le général Ducrot, qui allait commander la nouvelle armée expéditionnaire ;

Les généraux Tripier, Frébault, Favé, chargés de la direction des travaux à entreprendre ;

Le général Schmitz, chargé de l'organisation générale ;

L'amiral Saisset, qui occupait et armait, en une nuit, le mont Avron des lourdes bouches à feu de la marine ;

Les ingénieurs en chef des ponts et chaussées Krantz et Ducros, devenus, le premier, pontonnier militaire émérite ; le second, constructeur de batteries d'une surprenante habileté.

La grandeur de l'effort et ses résultats peuvent se mesurer par le court exposé qui suit :

1° Le 28 novembre au soir, nous étions en mesure d'effectuer entre Joinville et Nogent le passage de la Marne. Là avaient été réunis (travaux de nuit) soixante pontons lourds pour les ponts destinés à l'artillerie, cent quatre-vingts pontons légers pour les ponts destinés à l'infanterie, avec tous les accessoires de matériel nécessaires, les rampes d'accès et de franchissement préparées.

Nous avions ainsi sept voies de grand et moyen passage sur la Marne. En outre, nous étions en mesure d'en créer deux autres pour le passage de notre aile gauche en avant de Neuilly-sous-Bois (ponts militaires).

2° En quarante-huit heures, l'armée expéditionnaire avec

son artillerie, ses approvisionnements, etc., portée de l'ouest à l'est de Paris, bivouaquait sur la rive droite de la Marne à portée des ponts.

3° Les opérations du passage et la première marche en avant allaient être protégées par le feu, alternatif suivant la disposition des lieux où les troupes rencontreraient l'ennemi, de la puissante artillerie de deux forts, du plateau d'Avron, et des nombreuses batteries construites à la hâte sur tous les points de la rive droite qui avaient des vues sur notre champ de bataille.

4° Pour donner le change aux assiégeants, les occuper sur toute l'étendue du périmètre assiégé et les empêcher, autant qu'il était en nous, de faire converger leurs masses vers la région où l'armée expéditionnaire allait opérer, tout était préparé pour l'exécution d'une série de *démonstrations offensives,* au sud de Paris contre les positions prussiennes de l'Hay, à l'ouest contre celles de Bezons par l'occupation de l'île Marante et contre celles d'Épinay par l'enlèvement de ce village, au nord en avant du fort d'Aubervilliers contre celles du Bourget et de Blanc-Mesnil.

5° Enfin, — opération offensive plus effective que toutes celles que je viens d'énumérer, — les hauteurs de Mont-Mesly entre Seine et Marne, position devenue stratégiquement importante par rapport aux premiers efforts qu'allait faire le général Ducrot, devaient être enlevées et gardées jusqu'au moment où je n'en jugerais plus l'occupation utile.

Le 29 novembre au matin était le jour fixé pour la mise en œuvre de tout cet énorme appareil de guerre, les troupes debout avant l'aube et cheminant immédiatement vers leurs objectifs.

Je doute qu'en aucune guerre une telle accumulation de forces et de moyens ait jamais été improvisée aussi rapidement et correctement. Pour la réaliser, il ne fallait rien moins que les ressources infinies qu'offre une base d'opérations faite comme Paris.

Aux juges (militaires ou prétendant l'être) qui ont trouvé excessif l'entassement de canons protecteurs que j'avais formé autour du point de départ de l'armée, je me borne à dire qu'ils n'ont pas aperçu la redoutable éventualité que pouvait nous réserver notre hasardeuse entreprise :

*Nous allions combattre adossés à un cours d'eau infranchissable.*

En cas d'échec, une charge résolue des forces allemandes, déterminant une panique facile à produire sur des troupes absolument dépourvues de cohésion, les précipitait vers la Marne. De ce pêle-mêle effroyable, qui aurait mis mes canons protecteurs dans l'impossibilité de faire feu, pouvait sortir un immense désastre dont, si j'y avais personnellement échappé, le souvenir aurait pour toujours empoisonné ma vie.

Si, dans les rudes combats de la Marne, les rôles entre assiégeants et assiégés avaient été renversés, je crois que les Allemands refoulés des hauteurs dans la plaine (comme nous l'avons été) auraient vu arriver sur eux la charge française et qu'ils auraient subi le sort dont j'avais le souci pour mes troupes. Mais deux mois de siège m'avaient fait connaître mes adversaires.

Je les savais plus que jamais résolus à compter, pour la reddition de Paris, sur l'insurrection et sur la famine; à ne prononcer jamais l'attaque; à l'attendre toujours dans leurs positions retranchées; enfin à n'opérer contre nous que méthodiquement et sûrement. J'en inférais qu'avec le grand déploiement d'artillerie fixe que j'avais en arrière de la Marne et dont ils allaient durement subir les coups, je créais à l'armée du général Ducrot un *porte-respect* qui assurerait sa retraite en cas d'insuccès et lui permettrait de repasser avec sécurité sur la rive droite.

L'événement devait justifier cette prévision.

# CHAPITRE XII

LES ÉVÉNEMENTS POLITIQUES ET MILITAIRES DE NOVEMBRE (SUITE).
— LA BATAILLE DE LA MARNE
ET LA SÉRIE DES ÉVÉNEMENTS MILITAIRES CONTINGENTS.
— COMBAT DU 2 DÉCEMBRE

### Le général Ducrot avant la bataille.

Le général Ducrot, qui achevait les préparatifs de notre marche vers l'ouest, fut d'autant plus déconcerté par les ordres qui lui prescrivaient une urgente et laborieuse contre-marche vers l'est, qu'il avait été l'initiateur de la première. Les traces de sa déconvenue se retrouvent dans ce qu'il a écrit :

*Que le gouvernement, dans cette circonstance, subit l'influence de l'opinion au lieu de la diriger.*

J'imagine le vaillant général me remplaçant dans la direction des affaires, *et, pour diriger l'opinion,* tenant aux membres du gouvernement, aux chefs des services publics, à la population, à l'armée de Paris ce langage :

« L'armée de la Loire, victorieuse à Coulmiers, marche
« sur Paris pour le débloquer. Elle réclame, dans un appel
« auquel vous vous êtes fiévreusement associés, le con-

« cours de l'armée de Paris qui se porterait en avant d'elle
« dans la direction d'Orléans. Mes vues stratégiques exigent
« au contraire que, tournant le dos à l'armée de la Loire,
« l'armée de Paris marche vers Rouen par la vallée de la
« Seine à la conquête d'une base d'opérations maritime rap-
« prochée de Paris. Vous voilà avertis. »

Qui pourrait aujourd'hui se figurer et mesurer les effets
qu'aurait produits une telle déclaration sur un gouvernement, une population, une armée, emportés par l'élan
patriotique le plus naturel, le plus légitime, et qu'un raisonnement stratégique de *convention* et d'*hypothèse* aurait
prétendu refréner?

La réflexion du général Ducrot est de celles qu'on écrit
après les événements. Elle s'explique par la profonde aver-
sion politique que lui inspirait le gouvernement de la
Défense. Elle manque à la fois de justesse et de justice,
manquement auquel il était sujet quelquefois.

J'ai dit que cet homme, remarquable à beaucoup de
titres, avait le tempérament militaire le plus énergiquement
accentué qui fût. Il ne tardait pas à juger l'importance de
sa nouvelle mission, à s'y attacher, et il se mettait à
l'œuvre avec l'ardeur qui lui était propre. Sa nature absolue voulait que chargé de l'exécution il eût, à la condition
de mon approbation, le choix des voies et des moyens;
qu'aucun de ceux qu'il jugerait indispensables ne lui fût
refusé; qu'enfin il eût la haute main sur la préparation.

Il s'acquitta de sa double tâche avec une activité et une
intelligence des choses de la guerre qui, avec les preuves
qu'il allait faire pendant les combats de la Marne, lui auraient assuré, en des temps de pondération et d'équité,
dans l'histoire de la Défense nationale et dans la reconnaissance publique, une place que la légende a donnée à de

plus favorisés. J'en ai dit la raison, d'ordre exclusivement politique, et j'y reviendrai encore.

Malheureusement, extrême en tout, il se laissait invariablement emporter par la passion du moment qui l'agitait. Parlant à ses troupes prêtes pour l'action, il terminait par ces phrases imprudentes une proclamation enflammée :

« Pour moi, j'y suis bien résolu, j'en fais le serment
« devant vous, devant la nation tout entière : je ne ren-
« trerai dans Paris que mort ou victorieux. Vous pourrez
« me voir tomber, vous ne me verrez pas reculer. Alors ne
« vous arrêtez pas, mais vengez-moi. »

Par quelle passion le général se laissait-il emporter là? Par la plus noble et la plus généreuse qui puisse élever l'âme d'un soldat, par la passion de la patrie. Et la passion la plus sincère, car entre tous les généraux de mon temps celui-là fut l'un de ceux qui inclinaient le moins au charlatanisme et à la pose militaire. Il était ambitieux, violent, et comme tous les hommes qui ne sont pas toujours maîtres d'eux-mêmes, il était à de certaines heures injuste pour quelques-uns, rempli pour quelques autres d'un engouement qui ne se justifiait pas, mais toujours simple, toujours vrai, toujours convaincu jusque dans ses écarts et, — ce qui est rare aujourd'hui et montre qu'aucun sentiment subalterne n'entrait dans ce ferme esprit, — *dédaignant la popularité.*

Cette popularité, il l'avait eue autrefois, comme moi-même, sans la chercher, et M. Jules Ferry, caractérisant officiellement en conseil de gouvernement la situation du général Ducrot, l'avait justement appelé *l'idole militaire de Paris.* Mais toutes les idoles de Paris, quelles qu'elles soient, ont des pieds d'argile.

D'abord, en ne rencontrant pas la victoire dans les engagements qu'il avait jusqu'à présent conduits, le général avait subi devant l'opinion des foules un commencement de déchéance. Et puis, quand les Parisiens, armés de sa proclamation à la veille des combats de la Marne, le virent rentrer le lendemain dans Paris, *vaincu et vivant,* ce fut un concert de railleries analogue à celui qui vint m'assaillir, quand furent publiés et dénaturés quelques passages du testament que j'avais écrit au commencement de la guerre de 1870, sachant bien quelle en serait l'issue.

Les politiciens de Paris auraient toléré l'insuccès de Ducrot, peut-être même auraient-ils exalté sa mémoire avec érection de statue et le reste, mais il fallait pour cela que, fidèle à son serment, *il leur fût rapporté mort.* On verra plus loin que s'il ne put pas leur donner cette satisfaction, ce ne fut pas faute de l'avoir expressément et obstinément voulue. J'ai constaté par mes yeux, non par ouï-dire, qu'il employa tous les moyens connus sur les champs de bataille pour être tué. Il ne lui restait, le 1$^{er}$ décembre au soir, que le recours au suicide, insigne faiblesse dont la seule pensée devait révolter un homme de ce caractère militaire et religieux.

### La crue de la Marne. — Effets de ce grave contretemps.

Tout était prêt pour le 29 à l'aube, et j'avais passé la nuit au fort de Rosny pour être à portée de la bataille et m'y trouver le lendemain matin, quand le général Ducrot, dans un état d'inexprimable agitation, vint m'annoncer qu'une crue subite de la Marne rendait momentanément impossible notre opération ! Nos convois de bateaux étaient arrivés en Marne par le canal de Saint-Maur, mais ne pouvaient plus avancer. Quelques-uns de nos bateaux-pontons venaient de couler bas avec leur personnel, et le capitaine de frégate Rieunier [1], officier très énergique et entendu, à bord du remorqueur de tête, avait dû s'arrêter devant la violence du courant.

C'était un contretemps désastreux. Comment transformer une entreprise que tant d'efforts avaient préparée, qui avait motivé l'accumulation de tant d'hommes, de chevaux, de matériel? Nous étions arrêtés par la Marne, que nous avions jugée jusque-là comme une importante auxiliaire : 1° parce que l'ennemi ne devait pas nous attendre de ce côté-là ; 2° parce que, couvert par la rivière, il devait avoir moins de monde sur les hauteurs de la rive gauche que nous supposions, pour la même raison (espérance qui fut déconcertée par l'événement), moins solidement fortifiées que les autres parties du périmètre d'investissement. Mais l'éveil était désormais donné aux Allemands.

Après une discussion pleine d'anxiété il fut admis, les ingénieurs et les riverains consultés, que cette crue si subite pourrait décroître avec une rapidité proportionnelle (c'est ce qui arriva), et il fut décidé qu'ayant, dans tous les cas, un jour et une nuit de plus pour remettre notre flottille en ordre et construire nos ponts, l'opération du passage et l'attaque des positions allemandes seraient reportées du 29 au 30 novembre, tous les ordres donnés à l'armée expéditionnaire maintenus, sauf cette modification.

Mais fallait-il contremander les démonstrations offensives dont l'exécution autour de Paris devait commencer le 29 au point du jour?

Le général Ducrot se prononça en termes formellement

---

[1] Le même officier, je pense, qui est aujourd'hui contre-amiral avec une grande notoriété dans la flotte.

et solidement motivés pour la négative. Ces démonstrations, dit-il, n'ont pas d'autre but que de retenir les masses ennemies au sud, à l'ouest et au nord de Paris. Il sera aussi complètement et peut-être plus complètement atteint par des attaques prononcées demain matin et qui seront censées renouvelables, que par des attaques ajournées de vingt-quatre heures. Les sacrifices qu'elles peuvent exiger seront les mêmes dans les deux cas, et elles pourront, si elles sont vivement menées, fixer l'attention des Allemands assez sérieusement pour qu'ils en donnent moins à l'agglomération de troupes et de matériel réunis sur la rive droite de la Marne.

J'accédai à ce raisonnement du principal intéressé, en le prévenant toutefois que je modifiais ses vues dans ce sens que je laisserais les démonstrations se faire comme il avait été convenu, mais qu'après deux heures d'engagement (8 heures du matin) j'adresserais, pour limiter les efforts et les pertes, aux généraux engagés des ordres télégraphiques qui les informeraient du retard forcé de notre opération.

En conséquence, le 29, avant huit heures du matin, j'adressais au chef d'état-major général la dépêche suivante, reçue partout à huit heures et demie :

« Prévenez Vinoy, la Roncière, Beaufort, Liniers, que la
« grande opération est ajournée par suite de crue de la
« Marne et rupture du barrage. La suite de leurs opéra-
« tions doit se mesurer sur cet incident. Ils seront juges.
« Adressez-leur cette dépêche.

« Général TROCHU. »

Je suis entré, au sujet de cette crise si inquiétante et si imprévue, dans des détails que j'omets ordinairement, pour montrer par un exemple l'écart singulier qui sépare l'histoire de la légende. L'histoire, je viens de l'écrire. La légende, consacrée par nombre d'articles de journaux et de pamphlets, adoptée (avec quelques adoucissements) par des écrivains sérieux, la voici :

« Il n'y eut pas de crue de la Marne. La fable en fut
« imaginée par les chefs militaires en vue de déguiser
« l'inhabileté des dispositions prises et l'insuffisance des
« moyens réunis pour le passage de la rivière.

« Leur incapacité fut telle et leur trouble si profond,
« qu'ils oublièrent d'informer du retard de l'opération les
« troupes qui avaient mission d'occuper l'ennemi par des
« attaques latérales, oubli qui fut pour elles la cause de
« sacrifices aussi considérables qu'inutiles. »

Vivant, le général Ducrot a protesté contre la légende, en exposant les faits comme je viens de les exposer. Mort, je proteste après lui. Inutile souci de la vérité ! la légende restera.

### Combat de L'Hay (29 novembre).

Ma dépêche trouva les démonstrations du nord-est, du nord et de l'ouest à l'état de préparation terminée, les troupes prêtes à s'engager.

Au sud, la division de l'amiral Pothuau, suivant les bords de la Seine, dans la direction de Choisy-le-Roi, avait rencontré pour premier objectif le poste allemand dit de *la Gare-aux-Bœufs*, sur le chemin de fer d'Orléans, et son avant-garde venait de l'enlever au prix de quelques blessés, quand ma dépêche décida sa retraite.

La division de Maud'huy, de l'armée du général Vinoy, avait, dès le point du jour, attaqué le village de L'Hay, qu'elle trouva occupé par des forces considérables et défendu par une interminable succession de retranchements dont l'église, entourée de barricades, formait le réduit.

Ce combat de L'Hay (le deuxième de ce nom depuis le commencement du siège) fut très meurtrier. Nos jeunes soldats combattaient à découvert; mais, soutenus par les encouragements et par l'exemple de leurs officiers, trois fois repoussés, trois fois revenus avec de grandes pertes à l'assaut, ils s'étaient établis dans nombre de maisons du village, sans pouvoir pénétrer jusqu'à ses principales défenses et à son réduit. C'est à ce moment que le général Vinoy, jugeant les périls que créerait la continuation de cette lutte inégale, mais resté fort perplexe, reçut le télégramme qui l'autorisait à statuer. Il ordonna la retraite qui, comme toujours, ne fut pas pressée par l'ennemi.

Le 110e régiment de marche, commandé par le lieutenant-colonel Mimerel (blessé dans l'action), fit là des preuves qui auraient honoré de vieilles troupes, et ses pertes, en nombre et en qualité, furent considérables. Le 112e, les mobiles du Finistère, un peu moins maltraités, firent aussi d'énergiques efforts chèrement payés.

Je donnerai plus loin[1], me conformant autant que je le puis à la règle que je me suis faite, les noms des officiers qui furent tués, le 29 novembre 1870, devant L'Hay en s'offrant aux coups de l'ennemi pour entraîner leurs troupes.

---

[1] Les combats du 29 novembre devant L'Hay, du 30 novembre à Montmesly, du 30 novembre et du 2 décembre en avant de la Marne, forment un ensemble d'efforts qui concouraient au même but, la jonction de l'armée de Paris avec l'armée de la Loire. Ce fut une grande bataille en plusieurs journées dont j'ai réuni tous les nécrologes en un seul.

## BATAILLES DE LA MARNE
(30 novembre et 2 décembre.)

---

### Combats de Villiers, Cœuilly, Champigny, Montmesly (30 novembre).

#### A VILLIERS

Me conformant aux règles d'exposition que j'ai suivies jusqu'à présent, je n'entrerai pas dans le récit technique détaillé, malgré son importance, de ces luttes qui furent les plus disputées, les plus sanglantes, les plus mémorables du siège de Paris et, je pense, de toute la guerre de la Défense nationale, quoique la légende ne leur ait fait qu'une place de second rang. Je me bornerai à en tracer les grandes lignes, avec l'unique préoccupation d'être vrai et d'être juste, sentiment qu'on me contestera d'autant moins que je n'ai eu là qu'un rôle effacé. Il a été assez effacé (quoique, me rendant justice à moi-même, je croie pouvoir dire qu'à de certains moments il a été utile) pour que je m'abstienne de me mettre une seule fois en scène dans cette brève relation des événements militaires du 30 novembre et du 2 décembre 1870.

Le 30 novembre, au petit jour, le mont Avron, le fort de Nogent, nos redoutes et nos batteries fixes ouvraient le feu contre celles des positions allemandes sur lesquelles ils avaient des vues à portée. Nos troupes s'ébranlaient et effectuaient le passage de la Marne qui ne leur fut pas disputé, ayant pour objectif, avec les villages de Bry et Champigny en plaine, les hauteurs de la rive gauche, où Villiers et Cœuilly étaient les points d'appui de la portion de l'armée allemande qui défendait la région est de l'investissement. Les avant-postes de l'ennemi se repliaient après une courte fusillade et, à notre gauche, nous abandonnaient Bry. Un premier obstacle, un retranchement barrant la route qui passe en voûte sous le chemin de fer, arrêtait un instant nos jeunes soldats.

Le général Ducrot, pour leur donner confiance, se portait en avant d'eux et les menait lui-même à l'attaque de cette barricade, qui fut immédiatement enlevée. Enfin, en deux heures, quatre de nos divisions étaient entrées en ligne. Le village de Champigny, faiblement défendu, était occupé sans beaucoup d'efforts et de pertes.

Ce début, — comme antérieurement tous nos débuts, — était encourageant, et nombre de Parisiens qui, de tous les points dominants où ils avaient pu se poster, observaient notre marche en avant, criaient déjà victoire, et la bonne nouvelle commençait à se propager dans la ville. Nous sommes ainsi faits.

Nos soldats entendaient au-dessus d'eux le sifflement des projectiles de nos batteries fixes qui protégeaient encore leurs mouvements, et l'artillerie divisionnaire commençait à répondre à celle de l'ennemi. En tout, l'attitude des troupes, que j'observais avec un naturel et vif intérêt, annonçait un certain degré d'équilibre; quelques groupes même montraient de l'entrain. Pour moi, sans en rien témoigner, je restais soucieux. Je voyais venir le moment où ces soldats de moins de trois mois, arrivés en face de l'ennemi établi dans des positions dominantes et sans doute fortifiées, n'auraient plus l'appui moral et matériel des batteries fixes. Ils allaient se trouver livrés à eux-mêmes, dans des engagements où leur inexpérience, l'inévitable décousu de leurs efforts, leur agglomération en rase campagne devant des adversaires relativement abrités, enfin l'infériorité accablante de notre artillerie de campagne, seraient des causes de dépression que le sentiment du devoir patriotique et la fermeté en face du péril pourraient ne pas compenser.

Le village de Villiers était la clef de la position à enlever. Le village de Cœuilly, auquel il se reliait par la ligne des crêtes, avait une importance militaire presque égale. Contrairement à notre espoir, les travaux des Allemands, bien servis par la disposition des lieux, en avaient fait, depuis le commencement du siège, de véritables forteresses du moment. Villiers, avec son long mur (plus de trois cents mètres) de parc crénelé, précédé d'un fossé extérieur, suivi d'un retranchement intérieur formant une seconde ligne de défense, les maisons du périmètre préparées pour la fusillade, l'ancien cimetière faisant réduit, était une position difficile à enlever de vive force.

L'élan de nos troupes vint s'y briser deux fois, après que notre artillerie fusillée par les défenseurs du village, battue d'écharpe par l'artillerie allemande de Cœuilly, eût fait de longs, coûteux et vains efforts pour ouvrir la voie à nos bataillons. Ceux-ci, malgré le désordre où ils étaient après chaque retour, se reformaient à l'abri des crêtes, et ils purent reprendre assez d'équilibre pour rejeter dans Villiers les sorties qui furent tentées par l'ennemi.

L'une d'elles, nombreuse, menaçante, venant de notre gauche, circonstance qui la fit prendre un instant par le général Ducrot pour le 3ᵉ corps vainement attendu depuis le matin (il devait enlever Noisy, puis concourir à l'attaque, à revers, de la position de Villiers), mit en grand péril nos colonnes confusément massées derrière les crêtes. Le général Ducrot les rassure, prescrit le silence, laisse arriver les assaillants à petite portée et fait ouvrir sur eux un feu meurtrier qui les arrête et produit un flottement. A ce moment, l'épée haute, suivi de tous ses officiers et de son escorte, entraînant à l'attaque ses soldats à qui il donne le spectacle imprévu d'un général en chef aux prises avec un fantassin saxon qu'il tue, il pénètre les colonnes allemandes qui précipitent leur retraite et ne reparaissent plus.

J'imagine, sans rien affirmer, que si ceux des journalistes parisiens qui allaient aiguiser leurs plumes contre le général Ducrot l'avaient vu, comme moi, revenant de cette charge endiablée, l'épée nue, teinte de sang, dans un état d'exaltation qu'expliquait et excusait l'intensité de la crise, ils auraient attaché moins de prix à ce que ce vaillant homme fût rapporté mort dans Paris.

Dans ces engagements contre Villiers et autour de Villiers périt une élite d'officiers et de soldats.

Le vieux et brave général Renault, notre doyen dans le généralat, à qui j'ai donné au commencement de ce livre le souvenir de respect et de regret dû aux mérites de ses services et à sa glorieuse fin, y fut blessé mortellement.

Le colonel Sanguinetti, du 123ᵉ régiment de marche; le colonel Dupuy de Podio, du 124ᵉ; le chef de bataillon Bouillé, des mobiles du Loiret; le jeune capitaine de Néverlée, que son intelligente bravoure avait fait remarquer dès les premiers jours du siège, et beaucoup d'autres dévoués serviteurs du pays, furent tués à la tête de leurs soldats.

Dans l'après-midi, sur une étendue de deux kilomètres où nous avions en ligne soixante à soixante-dix bouches à feu cruellement maltraitées, mais tenant obstinément, nous soutenions un combat d'artillerie qui a laissé dans mon esprit, pour les officiers et les troupes de cette arme (un ensemble encore plus improvisé que l'ensemble de notre infanterie), des souvenirs de reconnaissance qui ne s'effaceront pas.

Ces braves gens luttaient à découvert et en contre-bas, avec un vieux matériel d'occasion, réuni comme nous avions pu, contre ces modernes bouches à feu de campagne au tir rapide, sûr, allongé, et qui étaient en partie abritées, au moins cachées ! Pour caractériser leur étonnante ténacité, je dirai, me servant encore une fois d'une qualification dont nous faisons en France un déplorable abus, dont, pour mon compte, je n'use qu'avec la plus rigoureuse circonspection, que leur attitude fut *héroïque*.

La fusillade et la canonnade, avec de rares intermittences, eurent leur cours jusqu'aux approches de la nuit ; mais bien avant, constatant que le 3ᵉ corps, dont l'assistance nous était plus que jamais indispensable pour tenter une nouvelle attaque contre la position de Villiers, n'apparaissait pas, nous avions décidé que nos efforts, de ce côté-là, ne seraient pas renouvelés.

---

### Première bataille de la Marne. — A Cœuilly.

Pendant que le 2ᵉ corps luttait sur les hauteurs de Villiers, le 1ᵉʳ luttait sur les hauteurs de Cœuilly, où il rencontrait les mêmes difficultés et les mêmes périls, un ravin à franchir, une longue succession d'obstacles naturels et d'obstacles créés, maisons du périmètre crénelées, grand parc fortifié comme celui de Villiers, le château qui dominait l'ensemble formant réduit.

Ce combat de Cœuilly eut un caractère particulier d'opiniâtreté, parce que nous mettions là en ligne la brigade de la Mariouse, digne successeur du regretté général Guilhem, formée comme on sait de mes deux uniques régiments réguliers, le 35ᵉ et le 42ᵉ de ligne, qui, depuis le commencement du siège, avaient toujours été les premiers au péril, toujours décimés, toujours renouvelant leurs efforts et leurs sacrifices qui, ce jour-là, furent encore infinis.

Décrire le combat de Cœuilly[1], ce serait répéter la brève relation que j'ai faite du combat de Villiers. Même énergie dans des attaques incessamment recommencées; même impossibilité d'enlever des retranchements d'où le feu du canon et de la mousqueterie accable les assaillants; même insuffisance et même ténacité de notre artillerie; mêmes retards ou omissions dans l'exécution des ordres donnés; même confusion dans les retraites où les différents corps sont souvent mêlés; même aptitude au débrouillement et à d'énergiques retours offensifs.

L'un de ces retours prononcé par le 35ᵉ de ligne, le 114ᵉ de marche et quelques compagnies des mobiles de la Vendée (jeune troupe étonnamment ferme), attaque un régiment wurtembergeois couvert par une tranchée, le poursuit au delà de son abri, lui tue, blesse ou prend quatre cents hommes, tous les officiers supérieurs blessés (détails fournis par les publications allemandes); mais ces braves gens arrivés sur le plateau sont écrasés par des feux convergents, font à leur tour des pertes énormes et doivent se résigner à la retraite.

La journée de Cœuilly finit comme la journée de Villiers. L'ennemi avait perdu beaucoup de monde. Nous en avions

---

[1] Pendant le combat de Cœuilly, j'avais établi sur le haut remblai du chemin de fer une batterie de notre artillerie de campagne. Ses premiers coups avaient atteint un groupe ennemi descendant des hauteurs. Presque aussitôt elle fut écrasée sous mes yeux par deux pièces prussiennes tirant des hauteurs de Cœuilly même, sous une portée dont les nôtres ne pouvaient atteindre la moitié.

perdu beaucoup plus que lui[1], et le tableau de nos officiers et soldats tués ou blessés était, comme toujours, cruellement chargé.

Le lieutenant-colonel Prévault, commandant brillamment le 42ᵉ de ligne, avait été tué; le lieutenant-colonel Lourde-Laplace, commandant le 35ᵉ de ligne, grièvement blessé; le colonel Aubry, des mobiles de la Vendée, grièvement blessé aussi, et resté aux mains de l'ennemi; le lieutenant-colonel Boulanger, commandant le 114ᵉ de marche, blessé et resté à son poste pendant toute la durée de l'action.

### Première bataille de la Marne. — A Montmesly (30 novembre).

J'ai dit dans quel but de point d'appui, éventuellement d'assistance effective pour l'armée du général Ducrot, j'avais prescrit l'occupation par nos troupes de la hauteur de Montmesly, où les Allemands étaient depuis longtemps établis.

J'avais jugé qu'en raison de son isolement et de ses déclivités en pente douce cette colline, bien que paraissant défendue à son sommet par quelques travaux, et à ses abords par le village fortifié de Mesly, se prêtait mieux à l'attaque qu'à la défense. En effet, la division du général de Susbielle, appuyée par une brigade de réserve, enleva par ses têtes de colonnes avec un entrain remarquable, grâce aux habiles dispositions de son chef, le village, les pentes défendues et la hauteur, sans pertes trop considérables.

Mais les Allemands n'avaient là que les troupes néces-

---

[1] J'ai longtemps cru que dans les combats de la Marne les pertes des Allemands avaient été égales aux nôtres. Leurs relations officielles, auxquelles j'accorde une entière confiance, m'ont montré que je me trompais, à notre avantage, de près de moitié.

saires à la défense d'un poste avancé retranché. Elles s'étaient repliées après le combat sur Bonneuil, village en arrière de Montmesly et en dépendant immédiatement, où était le gros de leurs forces. Avec ses maisons précédées de tranchées, son parc clos de murs et son bois, Bonneuil était constitué pour la défense comme Villiers, comme Cœuilly, comme toutes les positions allemandes autour de Paris, par des travaux multipliés, bien entendus, révélant le sagace et absolu parti pris de nos adversaires de ne se heurter jamais aux défenses de Paris, de nous forcer par conséquent à nous heurter aux leurs.

C'est contre ces obstacles, derrière lesquels combattaient des troupes incessamment renouvelées dans la journée et soutenues par leur puissante artillerie, que vint se briser l'effort des nôtres encouragées par leur premier succès, et ardentes à des attaques plus répétées que cohérentes. C'est là que fut mortellement frappé, après une première blessure qui n'avait pas un instant arrêté son élan, un vétéran, le général Ladreit de la Charrière, comme ce même jour Renault à Villiers, comme avant eux Guilhem à Chevilly!

Ces glorieux soldats de la Défense nationale sont aujourd'hui oubliés, même inconnus. Le moindre titre républicain eût valu à leurs descendants la consolation de voir leurs noms décorer nos rues, peut-être figurer sur un piédestal, recueillir dans tous les cas l'illustration que distribue si libéralement le journalisme politique. C'est avec un sentiment profond de ce que le pays leur doit, de ce que je leur dois moi-même, que j'évoque ici la mémoire de ces généraux, tués *en avant du rang tous les trois,* en donnant à des soldats d'hier, que le péril étonnait, un noble exemple.

A Montmesly, un jeune sous-lieutenant d'artillerie sorti

de l'école d'application pour prendre part à la guerre, de Bussières, commandant une section de deux pièces avec une énergie que n'avait pu lasser la chute, par le feu, de la plupart de ses servants et de ses chevaux, fut mortellement frappé à son tour après avoir fait des preuves qu'un vieux soldat eût enviées.

La retraite sur Créteil, qu'en cas d'insuccès j'avais signalé au général de Susbielle comme devant rester occupé, se fit en bon ordre. Elle se serait faite sans pertes nouvelles, si un très brave officier, le capitaine Tarigo, du 115e régiment de marche, ardent à lutte depuis le matin et commandant le dernier échelon de la retraite (deux compagnies), ne s'était attardé à combattre en plaine entièrement découverte les tirailleurs allemands. Enveloppé tout à coup par une charge de cavalerie que soutenait l'infanterie à petite distance, blessé avec presque tous ses officiers, le capitaine et la plus grande partie de son monde restèrent aux mains de l'ennemi.

### Première bataille de la Marne. — A Villiers (pour la seconde fois).

Cette journée du 30 novembre, dont je résumerai plus loin la physionomie et les effets, ne devait pas finir à Montmesly, après Villiers et Cœuilly. Trois autres combats, dont un imprévu (une nouvelle attaque contre Villiers), allaient en compléter le dramatique caractère.

J'ai dit que le 3e corps, attendu pour prendre part à l'attaque de Villiers, n'avait pas paru. Parti le matin des abords du fort de Rosny, et ayant pour premier objectif le village de Neuilly-sur-Marne qui ne lui fut que faiblement disputé, puis Noisy et Villiers, sa marche avait été arrêtée par divers incidents dont un seul peut être bien expliqué.

L'ennemi, au moment où l'équipage de ponts préparait les passages de la Marne spéciaux au 3° corps, rencontrant pour son artillerie des vues sur l'opération, lançait, malgré l'énorme distance qui l'en séparait, des obus qui finirent par arriver. Quelques-uns de nos pontons furent coulés, quelques travailleurs blessés, et, parmi eux, le capitaine de frégate Rieunier, qui restait fermement à son poste et remplissait jusqu'au bout sa mission.

La division de Bellemare, du 3° corps, passant la Marne dans l'après-midi, laissait à sa gauche un détachement en observation du côté de Noisy, et marchait droit sur Villiers. Le 4° régiment de zouaves (de marche), le 136°, les mobiles de Seine-et-Marne, les mobiles du Morbihan renouvellent plusieurs fois contre les retranchements du village les efforts qui avaient échoué le matin. Ils les renouvellent très bravement, mais tardivement et inopportunément, puisque leurs attaques devaient rester isolées, comme l'avaient été quelques heures auparavant celles du général Ducrot. Leurs pertes furent relativement considérables.

Notre artillerie, toujours vaillante et toujours accablée, soutint encore son inégale lutte avec une opiniâtreté que payèrent de leur vie le capitaine Tremoulet, officier dont j'avais déjà remarqué et loué la calme énergie, et le sous-lieutenant Chevalier, de l'âge et de la promotion du jeune de Bussières, tué à Montmesly presque à la même heure.

Averti par la fusillade et la canonnade de ce combat à contretemps, le général Ducrot accourt avec celles de ses troupes exténuées qui sont à sa portée. Il demeure évident pour lui que dans l'état, et le jour tirant à sa fin, les attaques qui ont déjà coûté cher ne peuvent être recommencées. La retraite est ordonnée. Là, comme sur toute l'étendue de notre ligne de combat, les troupes s'établissent en arrière des crêtes gardées par leurs avant-postes.

### A la Gare-aux-Bœufs (pour la seconde fois).
(Chemin de fer d'Orléans, 30 novembre.)

Pour soutenir l'attaque de Montmesly, le général Vinoy avait opéré une diversion dans la direction de Choisy-le-Roi, en faisant d'abord enlever par les troupes de l'amiral Pothuau l'avancée allemande de la Gare-aux-Bœufs, que nous avions précédemment occupée, mais que son éloignement ne nous permettait pas de garder.

L'attaque réussit pleinement, avec des pertes modérées; mais le capitaine de frégate Desprez, en reconnaissance sur Choisy-le-Roi, faisant en avant du gros une pointe audacieuse, se vit enveloppé par des forces supérieures, perdit du monde en se repliant et fut lui-même mortellement atteint. C'était un officier de haute valeur, et sa mort ajoutait beaucoup à nos deuils de cette journée.

### A Épinay (30 novembre).

Dans la même journée, l'amiral de la Roncière, effectuant la diversion latérale qui la veille avait été ajournée, portait ses troupes sur l'avancée allemande d'Épinay, et, poussant à fond, l'enlevait après un combat violent qui fit honneur aux fusiliers marins commandés par le lieutenant de vaisseau Glon-Villeneuve, au général Hanrion et à sa brigade, formée du 135° régiment de marche et des mobiles de la Seine aux ordres du colonel Piétri. Le commandant Saillard, du 2° bataillon des mobiles, qui s'était hautement distingué à la tête de sa troupe, succomba aux blessures qu'il avait reçues en pénétrant dans le village.

Le poste d'Épinay, au nord, comme le poste de la Gare-aux-Bœufs, au sud, était beaucoup trop avancé au milieu des positions prussiennes pour qu'il nous fût possible de le garder. Nos troupes rentrèrent dans les leurs, emmenant une soixantaine de prisonniers, dont un officier.

---

### La situation le 30 novembre au soir.

Le 30 novembre au soir, notre situation par rapport à l'ennemi se résumait ainsi :

Nous n'avions pas pu enlever les positions retranchées qui étaient, à l'est de Paris, les points d'appui de la ligne d'investissement. Sous ce rapport, qui était décisif, nous avions perdu la bataille, quelque illusion que cherchât à se faire le général Ducrot; perdu très honorablement, mais notre espoir d'aller donner la main à l'armée de la Loire en marche sur Paris s'évanouissait, *à moins que, victorieuse, elle ne vînt prendre à revers l'agglomération devenue considérable de troupes allemandes que nous avions combattue.* Aussi, malgré l'improbabilité de cette heureuse diversion, avions-nous le devoir de tenir ferme sur les hauteurs que nous avions si péniblement acquises.

L'ennemi, quelque peu étonné, je pense, de la vive succession de nos attaques, et d'ailleurs éprouvé lui-même par des pertes sérieuses, ne paraissait pas disposé, vers la fin de cette rude journée, à nous disputer nos positions.

Nos jeunes soldats étaient harassés, mais leur moral se soutenait. Ils se mirent avec beaucoup de bon vouloir au dur travail des tranchées-abris sur les crêtes qu'ils occupaient, des terrassements et des barricades dans les villages de Bry et de Champigny restés entre nos mains. Dans le cas probable d'un grand effort des Allemands sur nous le lendemain, ce labeur de surcroît allait nous donner les moyens de nous maintenir défensivement sur notre terrain.

### Les Frères des Écoles chrétiennes.

Mes préoccupations du moment étaient tout entières à nos blessés. Relevés dans nos lignes par les ambulances, ils étaient restés en assez grand nombre au pied des retranchements de l'ennemi dont le feu continu rendait les approches impossibles jusqu'à la nuit. Beaucoup furent ressaisis à la chute du jour, mais les impérieux devoirs que nous avions là ne purent être complètement remplis que le lendemain au jour, en vertu d'une suspension d'armes, et cette nuit fut glaciale !

On peut juger par là des maux que souffrirent ces malheureux, et, — j'ai le droit de le dire, — de l'affliction où m'avait jeté le sentiment qui m'accablait de ces maux et de mon impuissance à les adoucir. C'est ce jour-là, 1er décembre, et surtout les jours suivants, après les luttes meurtrières du 2 (l'entier achèvement de l'enterrement de nos morts n'eut lieu que le 8 décembre), qu'éclatèrent aux yeux de toute l'armée l'incomparable dévouement des Frères des Écoles chrétiennes et les mérites de l'assistance qu'ils nous apportaient.

Qu'on ne me fasse pas l'injure de croire que le témoignage que je leur rends ici soit influencé par les sentiments religieux qu'on me sait. Il m'est inspiré par le besoin que j'ai de faire justice à tous, par les souvenirs ineffaçables que m'a laissés l'abnégation de ces braves gens quand, le sol congelé et durci à une grande profondeur par un froid de 12° centigrades, nos soldats reculaient devant l'accablant travail de l'enterrement de leurs morts.

Une légion de Frères s'étendit sur nos champs de bataille, et je les vis, la pioche et la pelle aux mains, la prière aux lèvres, rendre à des centaines de Français morts pour le pays, les derniers devoirs avec une admirable constance et une touchante simplicité.

A côté de ces humbles, l'attitude d'un haut personnage de l'Église offrait un contraste frappant et scandaleux. Jeune, brillant, élégant, il avait eu sous l'empire la vogue de la cour, des salons, et les grandes dames de Paris se pressaient à l'église pour entendre sa parole; on l'appelait Mgr Bauer.

Quand, passant de la défensive à l'offensive, le siège devint meurtrier et mit en mouvement tous les services d'ambulance, on put voir dans Paris un religieux à cheval, en costume d'évêque, avec le complément imprévu des bottes à l'écuyère, suivi de deux cavaliers ambulanciers (soldats du train), — l'un d'eux portant haut le drapeau de la Croix-Rouge, — cheminer par nos rues. Hors de Paris, dans nos camps, il avait habituellement par surcroît le cigare à la bouche, et ne paraissait pas s'être donné d'autre mission que de poser incessamment parmi nous pour l'évêque militaire et militant.

On comprendra que j'aie appris sans étonnement, dans ma retraite, la décision prise par ses supérieurs religieux de laïciser ce membre compromettant de l'Église française, et de le rendre à la vie du boulevard.

### Deuxième bataille de la Marne. — Combats du 2 décembre, de Bry à Champigny.

J'ai expliqué les raisons du devoir qui nous était fait d'attendre des nouvelles de l'armée de la Loire en tenant ferme dans nos positions appuyées à gauche sur Bry, à droite sur Champigny, leur front défendu par quelques tranchées-abris improvisées. Les forces allemandes réunies devant nous s'étaient notablement accrues, mais cette fois elles avaient l'offensive, par conséquent l'obligation de sortir de leurs postes retranchés pour venir à nous, et j'avais la confiance que, malgré nos épreuves de la veille, partiellement retranchés à notre tour, nous pourrions soutenir leur choc.

Les rapports de l'état-major allemand, parus longtemps après ces événements, nous ont montré que mes préoccupations au sujet de notre adossement à la Marne et les mesures qu'elles m'avaient suggérées n'étaient pas vaines. Voici, en effet, les premières lignes de l'ordre général du prince Georges de Saxe, en vertu duquel l'ennemi marchant contre nous se mit en mouvement le 2 décembre :

« Champs, 2 décembre, trois heures et demie du matin.

« D'après les ordres donnés par le commandant supé-
« rieur de l'armée de la Meuse, les villages de Bry et de
« Champigny seront enlevés à l'ennemi à la pointe du jour.
« *On essayera également de détruire les ponts sur la Marne.* »

. . . . . . . . . . . . . . . . . . .

Pas plus que dans les récits qui précèdent, je n'ai l'intention de décrire ici, avec leurs péripéties très variées et très saisissantes, les combats du 2 décembre 1870, qui ne furent pas moins opiniâtres de part et d'autre, pas moins meurtriers, et qui furent peut-être encore plus honorables pour nos troupes que ceux du 30 novembre. Je vis là, de mes yeux, à Champigny, à Bry et sur d'autres points de l'étendue de nos lignes, des actes du plus courageux dévouement, des paniques avec des mouvements en arrière très confus et très inquiétants, suivies des plus vigoureux retours offensifs sur l'ennemi momentanément victorieux, et toujours notre artillerie renouvelant, malgré l'infériorité de ses moyens, ses efforts et ses sacrifices.

Je me bornerai à dire qu'au milieu de ces hauts et de ces bas du conflit, après une succession d'attaques menées avec plus de méthode que les nôtres et avec beaucoup d'énergie par nos redoutables adversaires, après des luttes de barricade à barricade et de maison en maison dans Bry et dans Champigny, nous eûmes la légitime fierté de les voir se replier sur toute la ligne avec des pertes qui étaient au moins égales aux nôtres.

Le répit qu'ils nous laissaient devait être de courte durée, et, dans ce même jour, nos positions allaient être encore attaquées deux fois avec le même acharnement, défendues deux fois avec la même fermeté, et finalement acquises à nos troupes restées en possession des deux villages, de leurs abords et des crêtes qui les reliaient.

Le général Ducrot tenait cette seconde journée pour une victoire, et il est sûr que, eu égard aux incroyables efforts qu'il avait faits pour l'obtenir, il avait le droit de juger ainsi. Pour moi, aux prises avec des devoirs, des responsabilités, des difficultés, des périls infiniment plus grands et plus pressants que les siens, c'était une victoire absolument négative.

Là comme partout, en province et à Paris, depuis les

commencements de la guerre de la Défense nationale, nous avions sauvé l'honneur, et nous l'avions sauvé par des souffrances et par des luttes qui peut-être méritaient que meilleure justice leur fût rendue. *Mais nous n'avions pas résolu le problème de la guerre, et nous ne pouvions pas le résoudre.*

Tout au plus, en faisant durer une lutte dont l'inégalité à dater du désastre de Sedan frappait le monde entier, faisions-nous vivre l'espoir, qui ne s'est pas réalisé, d'une intervention armée par le devoir ou par l'intérêt en faveur de la France.

### Cruelles souffrances de l'armée. — Elle repasse la Marne.

Il avait été entendu que, le lendemain 3 décembre, nous continuerions à soutenir le combat si l'ennemi reprenait l'offensive. Mais, dans la nuit, le froid était devenu intense (14° au-dessous de zéro), et le général Ducrot, visitant nos lignes un peu avant le jour, fut douloureusement impressionné par le tableau que lui offrait l'indicible misère des troupes exténuées, glacées, à peu près toutes sans abri, très irrégulièrement nourries pendant ces dures journées.

Il jugeait qu'il était humainement impossible de leur demander plus, et, constatant que l'ennemi ne prenait aucune disposition d'attaque, il donnait spontanément et très judicieusement l'ordre de la retraite. Elle était favorisée par un épais brouillard d'hiver et en même temps protégée par le feu qu'avaient repris dès l'aube toutes nos batteries de position, circonstance qui devait donner à penser aux Allemands que nous nous préparions à l'offensive.

Eux-mêmes, d'ailleurs, avaient à panser leurs plaies. Ils n'inquiétèrent pas ce mouvement en arrière, que j'avais dû approuver après avoir constaté par mes yeux l'attristante situation qui le justifiait.

L'opération était compliquée. Il s'agissait de faire repasser la Marne, sous les yeux de l'ennemi, au matériel de toute une armée, ensuite aux troupes. Elle s'accomplit méthodiquement, lentement, sûrement, avec beaucoup plus de calme et d'ordre que les circonstances et l'impressionnabilité de nos soldats n'en paraissaient comporter.

### Un souvenir à quelques vaillants cités dans les rapports officiels.

Dans les combats de la Marne, dans les autres engagements qui avaient pour but l'assistance latérale à distance, les troupes, malgré quelques rares et peu durables défaillances, avaient fait des preuves qui, je veux le répéter, dépassèrent de beaucoup à certains moments ce que j'aurais attendu d'elles. C'est pour une part principale à la bravoure, à la puissance d'entraînement de leurs officiers qu'il faut en attribuer l'honneur. Parmi eux, beaucoup furent tués ou blessés en faisant devant leurs soldats, à leur devoir de chefs militaires, le sacrifice de leur vie. J'en citerai, avec le regret de commettre bien des omissions, quelques-uns qui furent hautement remarqués.

Après le général Renault, mortellement frappé le 30 novembre devant Villiers, le général Paturel, qui avait fait avec sa brigade de brillants et périlleux retours sur l'ennemi le 2 décembre, et le général d'artillerie Boissonnet, entouré de beaucoup d'autorité dans son arme, furent blessés tous les deux au plus fort de l'action.

Le colonel de Grancey, des mobiles de la Côte-d'Or, ancien officier de marine très distingué, fut tué à Champigny à la tête de son régiment, deux fois ramené par lui au combat dans l'une des périodes les plus critiques de la journée. Il avait fait de ses mobiles bourguignons une troupe spécialement solide, et la mémoire de ce digne serviteur du pays mérite d'être honorée entre toutes.

Le colonel de Vigneral, des mobiles d'Ille-et-Vilaine, ancien officier d'état-major de grand mérite, fut grièvement blessé, *ses quatre officiers supérieurs hors de combat,* et l'un d'eux, Le Mintier de Saint-André, très gravement atteint.

Le colonel de la Monneraye, du 122ᵉ régiment de marche, vaillamment assisté par le capitaine adjudant-major Forest-Defaye, entraînait à l'offensive pour la seconde fois quatre compagnies de ce corps. Tous les deux furent mortellement blessés.

Les lieutenants-colonels Jourdain et Neltner, commandant les 125ᵉ et 126ᵉ de marche, furent frappés l'un et l'autre et périrent au milieu de leurs soldats. Le 126ᵉ avait déjà perdu le chef de bataillon Gillant et plusieurs de ses officiers dans les engagements très vifs dont le résultat fut la reprise par nos troupes du village de Bry, partiellement envahi par les Saxons.

Trois compagnies du 121ᵉ, un instant enveloppées par l'ennemi à notre droite, virent leurs trois capitaines, — Mainson, Legroux, Drouot, — tués presque en même temps en faisant l'effort qui allait les dégager.

### Réflexions sur les jugements
### dont les efforts des gens de guerre sont l'objet.

Les combats de la Marne avec leurs annexes de L'Hay, de la Gare-aux-Bœufs, d'Épinay, de Montmesly, qui avaient toutes concouru au même but, représentent une grande bataille, la plus grande, je l'ai dit, la plus disputée, je pense, de toute la guerre de la Défense nationale.

Peut-être était-il inévitable qu'en raison de la composition de l'armée de Paris et de son insuffisance d'équilibre, ce vaste ensemble d'entreprises, qui auraient dû n'en faire qu'une, fût décousu dans l'exécution d'ailleurs profondément troublée par un événement imprévu (la crue de la Marne). On sait que sa conception nous était commandée par une obligation impérieuse, celle d'aller au-devant de l'armée de la Loire; mais, sur ces divers points, je n'incline pas le moins du monde à la discussion. Mon but unique est d'insister sur la puissance de l'effort qui a été fait là et sur les titres, inconnus ou méconnus, que le général Ducrot, ses collaborateurs et les troupes y ont acquis à la gratitude publique.

En France, — j'ai déjà exprimé cette pensée et j'y reviendrai plus d'une fois, — les mérites des gens de guerre se mesurent à peu près exclusivement sur le succès quel qu'il soit, dans tous les cas, sur le bruit que le journalisme fait autour des événements militaires, un bruit qui retentit dans le pays tout entier et qui devient légendaire quand les chefs militaires intéressés appartiennent au parti politique qui détient le pouvoir.

L'estimation qu'on fait ainsi des services rendus omet toujours un facteur qui est de haute importance devant la vérité et la justice; c'est, dans le succès comme dans l'insuccès, le *chiffre* des gens de guerre, directeurs ou subordonnés, qui ont payé de la vie leur dévouement. N'est-ce pas dans la proportion des sacrifices qu'ils ont faits et de ce que l'effort leur a coûté, qu'est la mesure de l'honneur qu'ils ont acquis et de la reconnaissance qu'on leur doit?

La célèbre défense de Mazagran, que la légende française a élevée à la hauteur du grand fait d'armes des Thermopyles où *Léonidas* périt avec *ses trois cents compagnons*, ne serait-elle pas très justement diminuée devant l'opinion, si l'opinion savait que le dommage pour les défenseurs de ce poste imprenable par les Arabes se réduisit à trois tués et six blessés?

On peut juger de la durée et de l'intensité de la lutte dans les journées des 29, 30 novembre et 2 décembre; des obstacles auxquels se heurtèrent les chefs militaires et les soldats (des soldats de convention); de la constance qu'ils opposèrent aux plus durs sévices que la guerre et l'hiver (un hiver d'une singulière âpreté) puissent accumuler autour de l'action militaire, par la douloureuse mais, à mon jugement, glorieuse statistique que résume le tableau ci-après:

TUÉS A L'ENNEMI OU MORTS IMMÉDIATEMENT DE LEURS BLESSURES

*Officiers généraux:*

| | |
|---|---|
| Général de division commandant un corps d'armée. | 1 |
| Général de brigade. | 1 |
| TOTAL | 2 |

*Officiers supérieurs:*

| | |
|---|---|
| Colonel. | 1 |
| Lieutenants-colonels commandants des régiments [1]. | 7 |
| Chefs de bataillon. | 9 |
| TOTAL | 17 |

[1] La plupart des régiments engagés étaient commandés par des lieutenants-colonels. Au nombre de ces sept lieutenants-colonels tués se trouve un capitaine de frégate.

*Officiers de rang :*

| | |
|---|---:|
| Capitaines. . . . . . . . . . . . . . . . . . . | 46 |
| Lieutenants[1] . . . . . . . . . . . . . . . . . | 54 |
| Sous-lieutenants . . . . . . . . . . . . . . . | 31 |
| Total | 131 |

*Troupes :*

| | |
|---|---:|
| Sous-officiers et soldats. . . . . . . . . . . . . . | 1.811 |

BLESSÉS

| | |
|---|---:|
| Officiers de tout grade . . . . . . . . . . . . | 356 |
| Sous-officiers et soldats . . . . . . . . . . . | 6,028 |

En ajoutant à ces chiffres, qui parlent haut, le chiffre sujet à contestation, très considérable dans tous les cas, des disparus, j'arrive à établir *que la totalité de nos pertes dans ces trois journées dut atteindre l'effrayante moyenne de dix mille hommes, par l'effet du combat sur place et sans qu'aucune déroute, aucun désastre partiel fût venu, comme il arrive quelquefois, les exagérer.*

## Le général Ducrot aux batailles de la Marne et après.

Ce que j'ai dit sans rien atténuer, sans rien surfaire, attribue aux officiers et aux troupes la part de mérite qui leur est due. Il me reste à compléter celle qui revient au général Ducrot, dont le double rôle comme premier associé dans la préparation, comme directeur immédiat dans l'exécution, fut si considérable, qu'il l'éleva pendant ce violent épisode du siège de Paris, soit comme général, soit comme soldat, au-dessus de tous.

Comme général, il eut avec une rare énergie de volonté

---

[1] Dont un enseigne de vaisseau.

des vues d'ensemble et des prévisions de détail qui ne se rencontrent que chez les vrais hommes de guerre.

Comme soldat, il fut incessamment au péril avec une sorte de parti pris qui, outre qu'il lui était naturel, lui était sans doute aussi suggéré par le souvenir de son trop fameux serment. On en peut juger par cette circonstance frappante que, dans son état-major, — un groupe limité d'officiers qui le suivaient partout, — *dix furent blessés, deux mortellement,* proportion absolument extraordinaire et surtout caractéristique du régime auquel, pendant la bataille, il avait soumis ses auxiliaires personnels.

Les sentiments qui me liaient au général Ducrot quand il était parmi nous, qui me lient aujourd'hui à sa mémoire, n'ont jamais été affaiblis par les divergences de vues qui, pendant la guerre et depuis, nous avaient séparés. Si son nom se rencontre souvent dans ces pages, c'est qu'il y a droit, c'est qu'au siège de Paris il fut toujours sur la brèche et toujours au premier rang. Mais à lui, comme à tous les hommes à qui, de près ou de loin, ces douloureux événements m'ont associé, je dois la vérité avec la justice.

Je l'ai montré tout à l'heure s'élevant dans un jour de crise au-dessus de nous tous. A dater de cet apogée militaire et dans la dernière période du siège, aigri par le malheur commun, par l'insuccès personnel, par l'injustice, dominé par la violence de ses antipathies politiques, hors d'état d'opposer à l'épreuve la moindre part d'équilibre philosophique, le général Ducrot devint injuste à son tour, inquiet, déraisonnable, et fut au-dessous de lui-même.

## Souvenir aux morts.

NOMS DES OFFICIERS GÉNÉRAUX, OFFICIERS SUPÉRIEURS ET OFFICIERS DE RANG TUÉS A L'ENNEMI DANS LES JOURNÉES DES 29, 30 NOVEMBRE ET 2 DÉCEMBRE

*Les généraux :*
Renault,
Ladreit de la Charrière.

*Le colonel :*
Mandat de Grancey.

*Les lieutenants-colonels (chefs de corps):*
De la Monneraye,
Maupoint de Vandeuil,
Prévault,
Dupuy de Podio,
Sanguinetti,
Neltner.

*Le capitaine de frégate :*
Desprez.

*Les chefs de bataillon :*
Cristiani de Ravaran,
Guyot,
Mowat,
Grégoire,
Saillard,
Landry,
Bouillé,
Gillant.

*Le chef d'escadron :*
Franchetti.

*Les capitaines :*
Fabre,
Pérennès,
Bach,

*Les capitaines :*
de Kerdanet,
de Goësbriant,
Bertrand,
Daguet,
de Néverlée,
de la Moussaye,
Dejean,
Veyrnnes,
Lagroux,
Drouot,
Mainson,
Forest-Defaye,
Spilz,
Passano,
de Trécesson,
de Margeot,
Pallu,
Besnus,
Diem,
Proal,
Rameaux,
de Mouillebert,
Tatin,
Padovani,
Bourson,
Saingt,
Giroin,
Torterue de Sazilly,
Bourdil,
de la Rousserie,
Trémoulet,

## OFFICIERS TUÉS A L'ENNEMI

*Les capitaines :*

Maigne,
de Béon,
Berthaud,
Bonneterre,
Fellens,
Perrin,
Marc,
de Podenas,
Soudée,
Parisot,
Lesaulnier,
Mauriès.

*Les lieutenants :*

Huet,
Raynaud,
Noël,
Sutter,
Gauthier,
Lepôt,
Defoix,
Hanet,
Bouché,
Stinger,
Sorlin,
Pacaud,
de la Vieuville,
Delamaire,
Androuin,
Macé,
Brune,
de Gourdon,
Masseï,
Villemain,
Jourdain,
Leclerc,
Grégoire,
Apaty,
Piétri,
Brioux,
Perseval,
Jegondez,

*Les lieutenants :*

Cazal,
Leclerc,
Cassand,
de Chasteigner,
Vrignaud,
Chausse,
Rumèbe,
Chion,
Godard,
Plancq,
Chevalier,
de Gidrol,
Gascoin,
Masson,
Gallan,
Chauvin,
Thiébault,
Gérin,
Jubault,
Dassas,
Bressolles,
Leroux,
Primat,
Scabet,
Favre.

*L'enseigne de vaisseau :*

Versnheider.

*Les sous-lieutenants :*

Vallet,
Oudemart,
Perrot,
de Bussières,
Jacob,
Piédérier,
de Gourden,
Erminy,
de Froment de Bouaille,
Jacquard,
Colson,
Bossu,
de Saint-Estève,

*Les sous-lieutenants :*

| | |
|---|---|
| Capriata, | Puyo, |
| Rinck, | Reynaud, |
| d'Ile, | Degeilh, |
| Choloy, | Demandre, |
| Benech, | Denié, |
| Boissel, | Favier, |
| Martin, | Marterer, |
| de Cambrai, | Rouel, |
| Poupier, | Sautran. |

Il y eut en outre trente-trois officiers signalés disparus, sur le sort desquels je n'ai pas été fixé.

---

C'est à l'heure même de cette retraite de l'armée sur Paris, qui caractérisait notre impuissance à percer jusqu'à l'armée de la Loire, que nous recevions de M. Gambetta la dépêche suivante, confirmative de celles qui avaient décidé notre mouvement sur la Marne et les précisant par des dates :

« 30 novembre.

« Nous faisons préparatifs pour aller à votre rencontre
« avec cent vingt mille hommes suivis d'un corps de
« réserve. Nous nous acheminerons en deux colonnes,
« l'une par Pithiviers, Malesherbes, Chapelle-la-Reine,
« l'autre par Beaune-la-Rolande, Beaumont, Nemours.
« Nous comptons être dans la forêt de Fontainebleau, qui
« est notre objectif, mardi prochain 6 décembre. »

C'était une nouvelle ironie du sort. L'armée de la Loire ne devait, ne pouvait pas plus atteindre son objectif que l'armée de Paris le sien !

# CHAPITRE XIII

LES ÉVÉNEMENTS POLITIQUES ET MILITAIRES DE DÉCEMBRE (SUITE)

### L'état des esprits
### après les batailles de la Marne.

Par l'étendue des pertes qu'avait faites l'armée du général Ducrot, on peut mesurer l'urgence qui s'imposait à nous de la reconstituer. J'avais établi dans ce but, sans retourner à Paris où la conduite des pauvres affaires de mon pseudo-gouvernement ne me sollicitait guère, mon quartier général à Vincennes. C'est dans les grandes salles du château où j'avais appelé tous les généraux avec leurs états-majors, tous les chefs de corps et les chefs de service avec leurs principaux auxiliaires, que s'accomplit hâtivement ce grand travail de promotion, de refonte des corps d'armée, des divisions, des brigades et des régiments[1].

Le général Ducrot, à qui la direction en appartenait, statuait sur les questions spéciales qui étaient dans ses

---

[1] Pour cette réorganisation, j'avais fait rendre un décret qui, revenant sur celui qui avait si malencontreusement décidé que les nominations dans la garde mobile auraient lieu par voie d'élection, me donnait pouvoir de procéder par voie de choix.

attributions. J'intervenais pour la solution des questions d'ordre général qui ne pouvaient être tranchées que par moi, me tenant dans un cabinet de travail qui touchait à la salle des séances.

J'étais là, tout entier à l'étude de la situation militaire, quand je fus interrompu par un tumulte violent venant de la salle des séances où je me précipitai dans un émoi qui fut porté au comble par la scène qui m'y attendait. L'assemblée (plus de cinquante officiers de tout grade), debout dans une inexprimable agitation, entourait le général Ducrot, commandant en chef, et le général Blanchard, commandant l'un de ses corps d'armée, tous les deux profondément irrités, le général Blanchard dans l'attitude du défi.

Au moment où je me montrais sur le seuil, apparition qui déterminait le silence, le général Blanchard, — un vieil officier aussi recommandable par ses services que par l'honorabilité de sa vie, — criait à son chef :

*Je veux savoir si votre épée est aussi longue que votre langue...*

Jamais je n'avais vu ni prévu un si déplorable scandale militaire, particulièrement périlleux dans les circonstances où il se produisait. J'en saisis immédiatement les causes, n'ayant besoin d'aucune information pour être assuré que le général Ducrot, trop souvent hors de mesure, avait malmené son lieutenant devant ses sous-ordres; que celui-ci, divisionnaire comme lui et à son tour hors de garde, injuriait son chef et l'appelait au combat!

Je mis fin à la crise en leur donnant à tous deux, du point de vue de la discipline et des hauts intérêts que nous défendions au prix de tant de sacrifices, une leçon qui avait surtout pour but d'effacer de la pensée des subordonnés présents le souvenir de ce qu'ils venaient de voir et d'entendre.

Si j'ai fait ici une place à ce conflit très peu connu et d'un bien faible intérêt aujourd'hui, c'est qu'il est caractéristique de la situation qui m'était faite. Il m'apparut, au milieu des soucis qui me pressaient hors de l'armée, comme le présage de ceux qui m'attendaient dans l'armée.

Il me révélait cette attristante réalité qu'autour de la défense de Paris tout se détraquait, les esprits aussi bien que les moyens.

---

Deux incidents, l'un judiciaire, l'autre obsidional, m'attendaient à Paris où j'étais de retour dès le 6 décembre au matin.

### Incident judiciaire.

Je trouvais au Louvre, établi dans mon cabinet, un vieil et très sûr ami, M. Saunac, conseiller à la cour, qui m'annonçait que pendant mon absence le gouvernement avait décidé *que le jugement des prévenus du 31 octobre serait déféré à la justice ordinaire!*

Cette communication me mit hors de moi.

Je reconnais, j'ai déjà écrit au cours de ce récit que le gouvernement de la Défense, composé comme il l'était et aux prises à Paris avec l'ennemi par devant et la démagogie par derrière, n'avait vécu et n'avait pu vivre, en cet état de crise et de péril permanents, que d'expédients momentanés et de compromissions. De là un équilibre relatif qui fut, — je le redis, — après le dévouement patriotique du gros de la population de Paris, l'une des causes explicatives de l'extraordinaire durée du siège. Mais cette dernière concession à l'esprit révolutionnaire parisien, qui violait la loi sur l'état de siège, passait toute mesure et nous montrait, si dépourvus d'autorité que nous fussions, encore plus impuissants que nous n'étions.

Séance tenante, dépouillant ma qualité de président du gouvernement pour ne garder que celle de commandant de l'état de siège, j'écrivis de ma main au procureur général, M. Leblond, pour lui déclarer « qu'en vertu de la loi « et des pouvoirs qu'elle me conférait, je tenais pour nulle « et non avenue toute disposition, quelle qu'elle fût, qui « tendrait à soustraire les prévenus de l'insurrection d'oc-« tobre à la justice des conseils de guerre déjà saisis, et « que l'instruction commencée par eux suivrait son cours ».

M. Leblond, dont je pus voir ultérieurement que je m'étais fait un adversaire, se tint coi, le gouvernement aussi, et l'incident n'eut pas d'autre suite. La justice militaire resta en possession. Par malheur, le conseil de guerre appelé à juger ces criminels se montra plus faible, on le sait, que ne l'aurait été peut-être la cour d'assises statuant d'après la déclaration d'un jury. Que de misères !

### Incident obsidional.

Au cours de notre bataille de la Marne, qui avait un instant passé dans Paris pour une victoire, j'avais reçu du gouvernement une adresse si admirativement enflammée, que je ne la reproduis pas ici. J'en trouvais, rentrant à Paris après l'insuccès, l'inévitable réaction.

Déjà je savais qu'un membre du conseil, pendant mon

absence d'une semaine, avait dit en séance « que plein d'estime
« pour mon caractère, il restait dans le doute au sujet de
« mes talents militaires », et le silence qui avait accueilli
cette déclaration montrait assez que, dans les régions gouvernementales comme en ville, le sentiment du préopinant ne
rencontrait pas beaucoup de contradicteurs. J'étais, par continuation, politiquement suspect, et par aggravation, encore
plus déprécié militairement que je ne l'avais été depuis le
commencement du siège. Il était clair aussi que les idées
de paix, timidement exprimées par quelques-uns et bien
qu'encore vivement combattues par quelques autres, faisaient
du chemin dans les esprits.

D'un autre côté, par les échanges malheureusement trop
fréquents que les soldats de nos avant-postes avaient avec
les soldats des avant-postes prussiens, quelques journaux
allemands avaient pénétré dans Paris, qu'on se passait de
main en main. Ils nous apprenaient que l'opinion, en Allemagne, ne comprenait pas qu'après l'anéantissement de
l'armée française l'armée allemande fût depuis près de trois
mois retenue devant Paris, défendu par des rassemblements
et tourmenté par l'insurrection. Elle accusait avec de vives
objurgations la tiédeur, la lenteur des généraux, et les som-
mait d'en finir.

C'est dans ces conjonctures que du major général de
l'armée allemande, général comte de Moltke, je recevais
la communication suivante [1] :

« Versailles, le 5 décembre 1870.

« Il pourrait être utile d'informer Votre Excellence que
« l'armée de la Loire a été défaite hier près d'Orléans et

[1] Cette lettre, dont j'ai l'original, est ici textuellement reproduite avec
la forme que lui avait donnée son haut signataire.

« que cette ville est réoccupée par les troupes allemandes.

« Si toutefois Votre Excellence jugeait à propos de s'en
« convaincre par un de ses officiers, je ne manquerai pas
« de le munir d'un sauf-conduit pour aller et venir.

« Agréez, mon général, l'expression de la haute considé-
« ration avec laquelle j'ai l'honneur d'être

« Votre

« très humble et très obéissant serviteur.

« *Le chef d'état-major,*

« Comte DE MOLTKE. »

Avant de retracer ici les impressions que je reçus de cet avis si imprévu et de reproduire la réponse que je lui fis, je dois dire comment il fut accueilli par mon entourage gouvernemental et militaire.

La séance du 6 décembre, où tous les membres du gouvernement et tous les ministres étaient réunis, fut consacrée tout entière à la discussion de la lettre du comte de Moltke, autour de laquelle l'assemblée se divisa. Quelques-uns, — et non pas des moindres, — jugeaient qu'elle pouvait être le point de départ de négociations nouvelles que souhaitait peut-être l'ennemi pressé par l'opinion et par la presse allemande d'en finir avec Paris; que par conséquent, dans l'état à peu près désespéré de nos affaires, il convenait de la prendre en considération.

M. Picard, qui, on le sait, ne s'était jamais associé que *volens-nolens* à l'effort du siège, était très ardent à soutenir cette opinion. Il croyait que les conditions que nous feraient aujourd'hui les Allemands seraient moins dures que celles que nous serions forcés de subir après de nouvelles et définitives défaites.

M. Jules Favre, sans se prononcer aussi nettement, pensait qu'il fallait profiter de l'offre du comte de Moltke pour nous assurer de l'état vrai des affaires de la guerre à l'extérieur et de l'état moral des populations. Le gouvernement, fixé sur ces questions capitales, s'arrêterait aux résolutions que lui conseilleraient les circonstances.

C'est de toute la force d'une conviction tranquille et réfléchie qu'à cette argumentation j'opposais celle-ci :

« L'état-major allemand nous déclare officiellement que
« nous sommes perdus. Il se propose et il nous propose de
« nous en fournir la preuve. Voilà le fait.

« Venant de victorieux qui se croient sûrs à ce point de
« la situation respective des belligérants, la lettre que je
« vous ai lue n'est pas *une invite à négocier,* c'est *une invite*
« *à capituler.* Ils savent comme vous que la fin de la résis-
« tance de Paris, — qui les incommode singulièrement, —
« c'est la fin de toutes les résistances. Si, comme je le crois,
« la population de Paris (je ne parle pas de certains milieux)
« est capable de rester ferme jusqu'à son dernier morceau
« de pain, c'est-à-dire de souffrir encore un mois et plus,
« que répondriez-vous au pays s'il venait un jour vous
« dire :

« *Quelques jours de résistance de plus, et peut-être aurions-*
« *nous été sauvés?*

« N'est-ce pas le grief qu'a le pays contre le maréchal
« Bazaine, que déjà j'entends accuser de trahison?

« J'ajoute que cette proposition du comte de Moltke, d'au-
« toriser l'un de mes officiers à cheminer par le pays pour
« constater, sous un sauf-conduit prussien, la réalité et
« l'étendue de nos ruines, me blesse à ce point que je ne
« suis pas loin de la tenir pour une impertinente raillerie.
« Je déclare que je ne me soumettrai jamais à cette humi-
« liation et que je me propose d'y répondre comme il con-
« vient. »

MM. Jules Ferry, Simon, Arago, le général Le Flô appuyèrent énergiquement ces dires auxquels le conseil accédait à peu près unanimement. J'eus ensuite, non sans quelque surprise, à les répéter au général Ducrot, qui avait adopté le thème de notre impuissance absolue, par conséquent le thème de la nécessité des négociations, avec autant de fougue que, précédemment, celui de l'offensive à tout risque.

Il jugeait que le roi Guillaume, *qui ne traiterait jamais avec les républicains, traiterait avec moi!*

— L'un des officiers de mon état-major, disait-il, avait entendu, pendant les échanges parlementaires qui avaient eu lieu après la bataille de la Marne pour l'enterrement des morts, un officier allemand exprimer cette opinion.

Et voilà l'autorité qu'invoquait le général pour me décider à accepter ce qu'il appelait *les avances* du major général de l'armée prussienne. Quelles avances !

Dans le cas dont il s'agit, comme dans beaucoup d'autres au cours du siège de Paris, je reconnais que j'ai moins tenu compte des circonstances, comme le souhaitaient mes collègues Picard et Jules Favre, que de principes et surtout de sentiments qu'on peut trouver à leur place ou hors de leur place, mais que je me refuse à discuter.

Le général Ducrot ne parvint pas à me persuader, et voici la brève réponse, calquée, pour le fond et pour la forme, sur sa brève communication, que je fis à mon éminent correspondant prussien :

« Paris, le 7 décembre 1870.

« Votre Excellence a pensé qu'il pourrait être utile de
« m'informer que l'armée de la Loire a été défaite près
« d'Orléans et que cette ville est réoccupée par les troupes
« allemandes.

« J'ai l'honneur de vous accuser réception de cette com-
« munication que je ne crois pas devoir faire vérifier par
« les moyens que Votre Excellence m'indique.

« Agréez, mon général, l'expression de la haute consi-
« dération avec laquelle j'ai l'honneur d'être

« Votre

« très humble et très obéissant serviteur.

« *Le Gouverneur de Paris,*

« Général Trochu. »

Cette réponse n'était pas de nature à faire penser aux Allemands que leur entreprise d'intimidation avait réussi. Ils en imaginèrent une autre, plus singulière encore que la première, et qui ne réussit pas mieux.

Le 9 décembre, à la nuit, deux pigeons porteurs de dépêches (que notre agent déclarait n'avoir pas été fixées sous les ailes de ces messagers suivant le mode d'attache officiel) me furent apportés au Louvre.

### PREMIÈRE DÉPÊCHE

« Rouen, 7 décembre.

« *Gouverneur de Paris.*

« Rouen occupé par les Prussiens qui marchent sur Cher-
« bourg. Population rurale les acclame. Délibérez. Orléans
« repris par ces diables. Bourges et Tours menacés. Armée
« de la Loire complètement défaite. Résistance n'offre plus
« aucune chance de salut.

« A. Lavertujon. »

DEUXIÈME DÉPÊCHE

« Tours, 8 décembre.

« *Rédacteur Figaro, Paris.*

« Quels désastres ! Orléans repris. Prussiens deux lieues
« de Tours et Bourges. Gambetta parti Bordeaux. Rouen
« s'est donné. Cherbourg menacé. Armée Loire n'est plus.
« Fuyards, pillards. Pop. rurale en partie connivence Prus-
« siens. Tout le monde en a assez. Champs dévastés. Bri-
« gandage florissant. Manque de chevaux et bétail. Partout
« la faim, le deuil. Nulle espérance. Faites bien que les
« Parisiens sachent que Paris n'est pas la France. Peuple
« veut dire son mot.
« Comte DE (*illisible*). »

On voit que ces deux dépêches étaient assez savamment
graduées pour nous apporter d'abord l'anxiété et ensuite
l'angoisse. Mais outre que leur style, bien que suffisamment
correct, trahissait leur origine allemande, la première était
signée du nom de M. Lavertujon, — un nom notoirement
républicain et par conséquent bien choisi, — mais dont le
titulaire était à Paris, et, par surcroît, l'un des secrétaires
du gouvernement !

A la séance du lendemain, 10 décembre, je me permis la
récréation de lire gravement ces dépêches au conseil,
et, quand l'impression des assistants fut manifeste, de les
rendre à l'équilibre en leur montrant que la lettre du comte
de Moltke se doublait d'une ruse de guerre que, pour mon
compte, je jugeais permise, mais de conception tout à fait
germanique.

Les pigeons qui en avaient été les instruments étaient

d'honnêtes serviteurs de la Défense nationale dont un chargement, expédié de Paris à Tours, avait été saisi en partie par les Allemands à Ferrières où, en novembre, un de nos ballons était tombé.

---

### La garde nationale mobilisée. — Les subsistances. — Les officiers allemands prisonniers. — La conférence de Londres.

A partir de cette heure, je préparais activement (la réorganisation de l'armée complétée autant que je l'avais pu) la nouvelle prise d'armes qui devait aboutir aux combats des 20 et 21 décembre (bataille de Paris). La politique intérieure paraissait chômer, non pas l'esprit public qu'agitait incessamment une presse incendiaire dont les railleries et les violences, souvent dirigées contre le gouvernement, visaient toujours son président et encore plus le commandant en chef, gouverneur de Paris. N'ayant de rapports d'aucune sorte avec les journaux, j'étais et je suis resté jusqu'à la fin sans défenseurs et sans défense devant d'odieuses attaques dont je déclarais d'ailleurs, avec la plus entière sincérité, aux officiers de mon entourage qui les lisaient, que je n'avais nul souci. Mais elles pénétraient partout, elles portaient leurs fruits et je sentais que le moment n'était pas éloigné où ma situation, d'intolérable qu'elle était devenue, allait être impossible.

Le découragement gagnait l'armée, et quelques-uns de ses chefs en donnaient l'exemple. Enfin la plupart des membres du gouvernement me jugeaient de moins en moins capable de les conduire à la victoire. J'apprenais notamment que MM. Jules Favre et Picard, menant le mouvement, critiquaient les opérations militaires et exprimaient l'opinion que *le gouvernement devait intervenir par un contrôle dont les éléments lui seraient fournis par les généraux estimés les plus compétents.* . . . . . . . . . . . .

La garde nationale, *dans ses bas-fonds,* devenait de plus en plus inquiétante et indisciplinée. D'accord avec le général Clément Thomas, dont j'ai signalé dans une notice spéciale la rare énergie de commandement, je fis rendre des décrets qui prononçaient la dissolution de plusieurs bataillons et annulaient l'élection de plusieurs centaines d'officiers gravement compromis. L'un de ces bataillons dissous fut celui de Belleville, qui, après s'être acquis sous Flourens (décrété d'arrestation et enfermé à Mazas) une déplorable notoriété démagogique, venait de montrer aux avant-postes une lâcheté sans exemple, après s'être livré à de très graves désordres.

L'immense majorité de cette garde nationale, et dans cette majorité, les groupes dévoués à l'ordre, persistaient dans leurs instances pour entrer en ligne devant l'ennemi; et le général Clément Thomas s'en faisant incessamment l'écho auprès de moi, je lui dis dans les premiers jours de décembre :

« Je puis et dois tout confier à un collaborateur comme
« vous. Oui, d'instinct militaire et parce que je sens toute
« la gravité d'une telle entreprise, j'ai répugné jusqu'ici, je
« répugne encore à mener la garde nationale à l'ennemi.

« Je l'y mènerai cependant, mais ce sera à la dernière
« heure, quand la faim pressant la population et tout espoir
« d'être assistés nous abandonnant, nous ferons l'effort
« suprême, l'effort auquel les pères et les fils, les pauvres
« et les riches devront être associés. Il faut le préparer, et,
« dans cette vue, je vais constituer vos bataillons mobilisés

« en régiments commandés par des colonels de notre choix.
« Ils auront ainsi plus de cohésion, de confiance, avec une
« sorte d'esprit de corps, et nous pourrons les encadrer
« pour le combat entre les régiments de l'armée.

« D'ici là, nous les emploierons à distance, comme réserve
« des troupes engagées, pour les familiariser avec la vue et
« les impressions des sévices de la guerre. »

Dès le 10 décembre, nous étions à l'œuvre de cette organisation spéciale, dont tous les éléments étaient sous notre main. Nos régiments de garde civique, commandés par des colonels connus d'eux et qui avaient notre confiance, furent promptement en état de marcher.

Telles ont été, en intention et en fait, les origines de l'événement militaire qui allait terminer (19 janvier 1871) le siège de Paris, la bataille de Buzenval, où les citoyens de la grande ville, réunis aux soldats survivants d'une lutte sanglante de quatre mois, en devaient honorer si hautement la fin.

Dans le gouvernement, les débats au sujet des subsistances qui se raréfiaient de plus en plus, se multipliaient. En les rapportant, je pourrais retracer ici le tableau de la période d'accablante misère à laquelle nous touchions et les inventions presque incroyables qui l'ont fait durer, — les chevaux mangés et, après eux, tous les animaux qui pouvaient l'être, *le pain de siège* (mélange de farines de blé, de seigle, d'avoine, de riz), les mouvements populaires autour des boulangeries et des boucheries. — Par-dessus tout, j'aurais à montrer l'incomparable constance de cette population capable de s'élever, dans le dévouement, jusqu'au sacrifice de tous les jours, capable de céder, même d'obéir à une infime minorité prête à tous les excès.

Mais d'autres, mieux doués que moi pour le récit, ont

déjà présenté ce drame sous tous ses aspects possibles, quelquefois même impossibles. Et puis, je n'écris pas pour attendrir. J'écris pour éclairer le petit nombre d'hommes qui ont encore dans ce pays le goût de la vérité et qui n'acceptent pas sans examen contradictoire la légende.

Je me bornerai à dire que M. Magnin, ministre du commerce, qui s'efforçait avec la plus active sollicitude d'accroître nos ressources et d'en retarder l'épuisement, estimait que nous pourrions durer jusque vers la fin de janvier. Le lieutenant-colonel du génie Usquin et le capitaine Jules Lair, deux officiers de mon état-major, l'un et l'autre d'une capacité et d'une compétence éprouvées, que j'avais chargés du contrôle de ces évaluations, tendaient à les confirmer. C'est sur ces données que je faisais le calcul attristant de nos jours de répit, quant aux prises d'armes par lesquelles j'étais résolu à maintenir jusqu'à la dernière heure l'honneur de la Défense nationale.

Si les éléments de l'alimentation solide allaient à leur fin dans Paris, ceux de l'approvisionnement en liquides étaient encore considérables, et l'ivrognerie, avec toutes ses conséquences, était à la fois l'une des causes les plus effectives et l'un des effets les plus affligeants de l'affaissement moral dont j'étais le témoin. Cette désorganisation par l'ivrognerie, dans ces masses d'hommes armés qui peinaient durement et se nourrissaient mal, amenait de graves désordres. Elle enlevait aux derniers jours de notre lutte une part de ses moyens, une part aussi de sa dignité.

Un incident qui me fut particulièrement pénible survint dans la première quinzaine de décembre.

J'avais pourvu à la sûreté de quelques centaines de soldats allemands pris dans nos rencontres avec l'ennemi, en les faisant enfermer et les faisant garder dans la grande *maison d'arrêt de la Santé,* où ils avaient des préaux et des cours.

Je n'avais pas pu me résoudre à tenir sous clef quelques officiers qui étaient aussi tombés entre nos mains, et j'avais pris à leur égard les dispositions suivantes :

« Ils seraient prisonniers sur parole. Leurs uniformes
« leur seraient retirés et remplacés par des vêtements civils
« de gentlemen. Bien qu'entièrement libres, ils seraient
« sous le patronage permanent d'un négociant de Paris,
« Allemand naturalisé français, dont la préfecture de police
« se faisait garante et qui acceptait très volontiers cette
« mission. Il les suivrait partout, veillerait incessamment
« sur eux et répondrait à la fois de leur prudence et de
« leur sécurité. »

Cet arrangement libéral réussit d'abord pleinement. Mais un jour vint où je ne sais quelle circonstance appelant sur ces officiers attablés dans un restaurant l'attention et bientôt la suspicion des personnes présentes, ils furent insultés, malmenés, et ce fut à grand'peine que leur patron put les soustraire par une prompte retraite aux sévices qui les menaçaient. Que serait-il arrivé si la foule de la rue, informée du conflit, avait eu le temps d'intervenir ?

Cette petite crise m'impressionna en me faisant sentir très vivement le poids de la responsabilité que j'assumerais, en tant que représentant de l'armée française, si dans Paris, enfiévré comme il était, un malheur arrivait à ces officiers placés sous ma sauvegarde. Je les fis appeler au Louvre, leur déclarant que j'allais les faire conduire par un officier parlementaire au quartier général du prince de Saxe, sans conditions, mais avec la pensée que le prince voudrait me renvoyer à son tour un nombre égal d'officiers français, prisonniers des Allemands (obligation morale qu'il ne manqua pas de remplir).

On comprendra que j'aie voulu que cette entrevue fût très courte, mais le souvenir m'est resté de la parfaite correction avec laquelle ces officiers, remis en possession de leurs uniformes, se présentèrent à moi. Leur attitude fut devant le gouverneur de Paris ce qu'elle aurait été devant le commandant en chef de l'armée allemande, profondément respectueuse, toute militaire en même temps, révélant la solidité des principes qui président à l'éducation, à la tradition, à la fonction des armées dans ce pays.

En conseil, deux séances (16 et 17 décembre) furent remplies par l'une de ces discussions, sans effet pratique possible, qui avaient une si grande place dans la vie du gouvernement de la Défense.

Il s'agissait des conférences qu'au sujet du traité de 1856 (conclusion de la guerre d'Orient qui ne nous intéressait guère dans l'état où nous étions présentement) les puissances allaient ouvrir à Londres. L'Angleterre nous invitait à nous y faire représenter, et plusieurs des membres du gouvernement, après M. Gambetta qui nous en avait écrit de Tours, attachaient un haut prix à ce que nous eussions là un délégué. D'autres s'y refusaient et les débats prenaient une grande extension.

J'exprimais l'opinion que rien ne paraissait s'opposer à ce que nous fussions représentés aux conférences de Londres, puisque nous y étions conviés, bien que notre gouvernement ne fût pas reconnu par les puissances dont les délégués allaient se réunir; que M. Jules Favre, ministre des affaires étrangères, était tout naturellement désigné pour cette mission, mais que je n'apercevais pas les raisons de l'importance que la majorité du conseil semblait attribuer à cette affaire; qu'à supposer que les délégués des puissances consentissent par impossible à s'occuper officieusement de nous, quelle influence les *paroles* qu'ils échangeraient à ce sujet pourraient-elles avoir sur les *faits* qui nous pressaient à ce point que nous touchions fatalement au dénouement de notre patriotique entreprise? Comment admettre que la Prusse, qui avait défait et interné en Allemagne les armées qui représentaient toutes les forces vives de la France; qui avait à présent en France près d'un million de soldats amenés par un courant continu; qui n'était plus gênée dans l'entière exécution de ses desseins que par la résistance de Paris point d'appui unique de la résistance provinciale, lâcherait sa proie devant les discours que M. Jules Favre irait prononcer à Londres!...

M. Jules Favre expliquant très logiquement que si les conférenciers l'autorisaient, à propos du traité de 1856, à lui parler de nous, ce serait inévitablement pour l'entendre soutenir sa déclaration : *Pas une pierre de nos forteresses, pas un pouce de notre territoire,* qui n'était plus guère en situation, ces stériles discussions n'allèrent pas plus loin. Les événements, comme il n'était que trop facile de le prévoir, se précipitaient et faisaient oublier les conférences de Londres. Elles furent pourtant, un peu plus tard (séance du 9 janvier), l'objet de nouveaux débats qui n'aboutirent pas plus que ceux que je viens de rapporter. Je n'y reviendrai pas.

### La bataille de Paris (21 décembre 1870).

Comme tous les combats du siège de Paris, celui du 21 décembre avait pour point de départ dans notre pensée un *aléa,* c'est-à-dire une hypothèse dont il nous semblait possible d'espérer la réalisation.

Une longue suite de dures épreuves nous avait démontré que nos troupes, capables d'élans généreux mais toujours désordonnés et par conséquent sans durée, n'avaient pas le calme et la solidité nécessaires pour déloger méthodiquement l'ennemi de ses positions. Elles enveloppaient Paris, je l'ai dit, d'un réseau de petites forteresses scientifiquement et fermement défendues, dont les villages, les groupes de maisons entourées de murs, les hauteurs, les châteaux avec leurs parcs clos, les bois, formaient les éléments de résistance.

Mais si nos troupes manquaient de cohésion et de savoir-faire, elles étaient aujourd'hui relativement aguerries. Elles gardaient sous le feu du canon, même de la mousqueterie, une part d'équilibre qui m'avait frappé pendant nos rudes combats de la Marne. J'avais vu par exemple, de Bry à Villiers, notre régiment de zouaves improvisés qui avaient si honteusement lâché pied à notre premier combat de Châtillon et porté l'épouvante jusque dans Paris, se racheter par une vigueur d'offensive qui aurait fait honneur aux meilleures troupes.

Pourquoi ne pas tenter la fortune *d'un choc en ligne* avec l'armée allemande sur le seul terrain plan, très étendu, découvert, qui fût dans la banlieue de Paris, à portée de nos forts dont nous gardions la garantie contre un désastre, la plaine de Saint-Denis?

Là, nous pourrions former de vraies lignes de bataille et les présenter à l'ennemi, qui, attiré par cet appât et fort du sentiment de la supériorité de ses soldats, nous opposerait sans doute les siennes. Cette lutte d'armée contre armée aurait un autre caractère que les précédentes, marquées à peu près exclusivement par des successions d'assauts meurtriers contre des troupes presque invisibles postées derrière des obstacles.

Préalablement à la bataille, nous n'aurions à enlever à l'ennemi, pour assurer à notre gauche un point d'appui, qu'une seule position, le Bourget. A la vérité, dominée comme elle était par les hauteurs que bordait la puissante artillerie des Allemands, qui s'y étaient très solidement fortifiés depuis que la malencontreuse affaire des 28-30 octobre leur en avait donné l'idée, l'entreprise serait chanceuse; mais le village était en plaine, et en l'attaquant avec des forces suffisantes, nous pourrions prétendre à nous y établir.

Tel fut l'*aléa* sur lequel, d'accord avec le général Ducrot, le général Schmitz et mes autres conseillers militaires, je me résolus presque *in extremis* à risquer le sort du siège de Paris. Je tentais une sortie par le nord, ne pouvant plus rejoindre l'armée de la Loire battue et rejetée vers l'ouest, espérant, si je réussissais, mettre mes troupes expéditionnaires en contact avec l'armée du général Faidherbe.

Notre entreprise échoua, comme on le verra plus loin, par deux circonstances que nous avions envisagées, mais que, jugeant mal, nous avions cru improbables :

La position du Bourget ne fut pas prise ou plutôt fut mal prise, nos troupes n'ayant pu s'y maintenir après l'avoir un instant occupée;

Les Allemands ne déployèrent pas leurs lignes devant les nôtres.

Je serai bref sur le récit de cette journée qu'un brouillard épais, avec un froid noir qui glaçait physiquement et moralement les troupes, rendit très dure.

Pendant que l'armée du général Ducrot déployait ses lignes, trois colonnes aux ordres de l'amiral de la Roncière, commandant en chef à Saint-Denis, — deux attaquant (capitaine de frégate Lamothe-Tenet et général Lavoignet), une en réserve (général Hanrion), — allaient assaillir le Bourget, qui devenait, comme je l'ai dit, le nécessaire point d'appui, à gauche, de tout notre ordre de bataille. La division Berthaut, en avant de Drancy, était la réserve générale de ces troupes.

L'armée du général Vinoy, pénétrant dans la vallée de la Marne, devait s'emparer de Villa-Évrard, du groupe de la Maison-Blanche, menacer Gournay, et se reliant aux forces du mont Avron (général d'Hugues), à celles de Rosny (amiral Saisset), allait former le point d'appui de notre droite.

Tel était le plan raisonné et, à ce qu'il semble, raisonnable de l'entreprise.

Le commandant Lamothe-Tenet, officier supérieur d'une rare énergie, attaquant par le nord-ouest avec ses marins et quelques bataillons, enlevait de vive force plus de la moitié de la position du Bourget après une série de combats meurtriers où périrent glorieusement les lieutenants de vaisseau Morand, Peltereau, Laborde, Boisset, Patin, cruel sacrifice qui donne la mesure de l'héroïque dévouement de cette troupe d'élite.

Le général Lavoignet attaquant par le sud, et qui devait rallier dans le village le commandant Lamothe-Tenet, voyait sa colonne s'arrêter devant les obstacles et la résistance qui lui étaient opposés par l'ennemi. La première restait dans l'isolement au milieu de périls qu'allait doubler une déplorable méprise. L'artillerie du fort d'Aubervilliers hasardait sur le Bourget, malgré la distance qui l'en séparait, un feu qu'elle croyait devoir atteindre la zone que défendaient les Allemands et qui couvrait en réalité de ses projectiles celle où combattaient nos troupes.

Tardivement informé de l'échec de la colonne Lavoignet, ne sachant rien encore de la situation du commandant Lamothe-Tenet, surpris et mécontent de l'immobilité de la division Berthaut, réserve principale (j'ignorais que l'amiral de la Roncière, sans doute assuré du succès de ses troupes, lui avait prescrit de ne s'engager que sur son appel), j'envoyais à cet officier général l'ordre d'agir sans délai. Mais des heures s'étaient écoulées au milieu de ces contretemps, de ces à-coups, de ces erreurs, qui se rencontrent souvent à la guerre dans les armées solidement constituées, qui se rencontrent toujours dans les rassemblements armés que l'insuffisance et le décousu de leur organisation condamnent à l'incertitude dans l'action.

La colonne Lamothe-Tenet, soumise aux sévices que j'ai décrits, avait abandonné le Bourget, et sa réserve (général Hanrion) n'avait pu que protéger sa retraite effectuée sous une pluie de feu. L'ennemi, tous ses renforts arrivés, l'avait réoccupé tout entier et en augmentait les défenses en faisant sauter des maisons formant barrage. La journée s'avançait. Elle était, quant au Bourget, perdue pour nous.

Au cours de ces événements, l'armée du général Ducrot avait marché dans la direction de l'ennemi, qui la voyait depuis le matin se former et qui la voyait à présent s'avancer, *mais il ne se montrait pas*. Nos têtes de colonne poussaient successivement devant elles les avant-postes qu'il avait dans la plaine, après de petits combats qui n'engageaient à aucun degré la lutte que nous cherchions. Mais les Allemands accumulaient l'artillerie devant nous, et la nôtre, bien qu'inférieure en portée et en justesse, se portait en avant et répondait activement à leur feu.

Nos bataillons n'avaient pas dépassé le remblai du chemin de fer de Soissons que déjà, en l'absence de ceux de l'ennemi, il était apparent que la bataille d'infanterie et de cavalerie que nous venions leur offrir (le général Vinoy avait en réserve la division de cavalerie Bertin de Vaux) se transformait en bataille d'artillerie, une vaine canonnade à distance qui ne pouvait nous apporter aucune des solutions que nous poursuivions désespérément...

Vers quatre heures du soir, après avoir envoyé au général Ducrot l'ordre de s'arrêter, je me transportais à Drancy, dans le parc du château Ladoucette, où j'avais fait établir les jours précédents, en vue de la bataille, quatre pièces du plus gros calibre que nous eussions à Paris. Derrière épaulement et portant à de grandes distances, elles avaient sans doute fait quelque mal à notre ennemi invisible, car il venait de concentrer sur elles un feu très vif.

Informé, je fis là, pour encourager le monde, une courte apparition qui suffit à me montrer l'inanité de ce combat d'artillerie, même avec des pièces de dimension et de portée exceptionnelles, mais se chargeant par la bouche et lentes au tir. Chaque pièce du parc Ladoucette recevait quatre coups pour un qu'elle envoyait, et nos canonniers (l'ennemi ne paraissant à aucun point de l'horizon) en étaient réduits, pour se défendre contre un feu accablant, à prendre pour but les flocons de fumée provenant du tir de leurs adversaires. Ils combattaient au jugé.

Le jour déclinait. Il ne me restait plus qu'à mettre fin à ce simulacre de grande bataille, une bataille que *jugeant* à *la française*, à la fin comme au commencement du siège de Paris, j'avais cru probable, que je tenais pour nécessaire et qui m'échappait avec tout le reste.

Qu'on ne croie pas qu'en faisant ressortir le parti pris des Allemands de se dérober à l'épreuve de l'action générale que nous cherchions, j'entends le leur reprocher. Ils font la guerre sérieusement, pratiquement, et leur abstention systématique dans l'attaque, leur énergie, — à laquelle je rends toute justice, — dans la défense, furent au siège de Paris l'une des marques de la sagacité avec laquelle ils envisageaient notre situation et la leur. Dans le cas présent, ils savaient que le plus sûr moyen de faire échouer notre dessein, sans risquer de grandes pertes, c'était de ne répondre au déploiement de nos lignes que par le canon et de défendre à outrance le Bourget.

J'ai dit que ce village en contre-bas de leurs positions hérissées d'artillerie leur appartenait, et qu'il n'avait eu pour eux qu'une très faible importance tant que, renfermés dans nos lignes de Saint-Denis, nous nous y étions tenus en état de défensive absolue. Ils n'occupaient le Bourget, je le répète, que par un poste d'observation. Mais depuis l'aventure que le général de Bellemare avait été chercher là, et aujourd'hui que nous portions l'offensive dans la plaine de Saint-Denis avec le gros des forces de l'armée de Paris, le Bourget avait pour eux comme pour nous une importance supérieure. De là ils pouvaient nous tourner à chaque instant si nous avancions dans la plaine au delà d'une limite déterminée.

Pendant que ces événements se passaient dans la plaine de Saint-Denis, le général Vinoy, chargé de couvrir notre droite, prononçait son mouvement en avant dans la vallée de la Marne, secondé par le feu de l'artillerie du plateau d'Avron, des forts de Nogent et Rosny. La brigade Salmon s'emparait de la Maison-Blanche, la brigade Blaise du parc et des maisons de Villa-Évrard. Le canon tonnait de part et d'autre sur toute la ligne, et c'est à ce moment, vers la chute du jour, que le général Vinoy recevait de moi, avec l'avis de notre insuccès dans la plaine, l'ordre de s'arrêter dans les positions qu'il occupait.

Dans la nuit du 21 au 22, une crise imprévue où devait périr le général Blaise, vieux soldat que recommandaient de longs et honorables services à l'armée d'Afrique, se produisit à la Villa-Évrard.

Ses troupes se reposaient des fatigues de la journée et, se croyant en sécurité, ne se gardaient sans doute qu'à demi. Tout à coup la fusillade éclate et un groupe d'Allemands pénètre dans le village à la faveur du désordre que fait naître une agression si contraire à leurs habitudes et, militairement, si peu explicable. L'obscurité était profonde, la confusion extrême, et elle est portée au comble par quelques coups de feu que tirent des soldats allemands réfugiés dans les caves pendant le combat de la veille. Le général Blaise est tué, — tué presque seul, — dans cette échauffourée bien plus tumultueuse que meurtrière, en cherchant à rallier son monde qui finit par se reconnaître et par chasser les assaillants. (*Extrait du rapport officiel.*)

J'ai toujours soupçonné, sans en avoir eu la preuve, qu'il y avait eu à Villa-Évrard plus de Français en état de panique (peut-être motivée par les coups de feu partis des caves) que d'Allemands en état d'irruption dans le village. Je n'en déplorai que plus amèrement la mort du commandant de la brigade. Elle portait à quatre le chiffre des officiers généraux qui avaient payé de leur vie l'effort que nous faisions à Paris pour la défense nationale.

A notre extrême gauche, le colonel Dautrement, commandant un régiment des mobiles de la Seine et quatre compagnies de la garde nationale de Saint-Denis, avait fait, par les ordres de l'amiral de la Roncière, une démonstration pour contenir les forces allemandes qui occupaient Stains. Vigoureusement conduite, elle avait donné lieu à un combat, — où fut tué le chef de bataillon Jenny, des mobiles, — qui avait été, au rapport de l'amiral, très honorable pour ces jeunes soldats.

Dans cette journée, les troupes n'avaient pas manqué d'équilibre, mais leur attitude m'avait paru plus indifférente que par le passé. Évidemment (je parle ici leur langage) *elles en avaient assez*, et beaucoup de leurs chefs, qui ne s'en cachaient guère, *en avaient trop*. Pourtant nos pertes, au contraire de celles que nous avaient coûtées nos précédents combats, étaient minimes. Elles auraient été insignifiantes si le drame de l'attaque du Bourget, glorieux pour ceux de nos compagnons qui avaient péri là, mais localisé, n'avait pas grossi le nécrologe de la journée.

L'armée, moralement affaiblie, restait numériquement intacte, et, ne désespérant pas encore de la lutte, j'avais prescrit au général Ducrot et au général Vinoy de garder leurs positions. Mais cette nuit-là même (du 21 au 22 décembre), nous allions rencontrer un ennemi qui devait nous faire bien plus de mal que l'armée allemande, soumettre les troupes non abritées à d'intolérables souffrances et leur porter le dernier coup. Le thermomètre était descendu à quatorze et à quinze degrés de glace. Il descendait encore quand, par les rapports qui me furent soumis, j'eus le chagrin de constater que dans les vingt-quatre heures près de mille cas de congélation (980) s'étaient produits dans l'armée.

Par les causes, — où entrent des erreurs et des fautes,

— que j'ai sincèrement exposées, les résultats de cette grande prise d'armes que, selon la loi française, le gouvernement et la population n'avaient pas manqué d'escompter comme une grande victoire, avaient été militairement nuls. Ils achevaient les découragements que trois mois d'efforts et de sacrifices stériles avaient fait pénétrer, du haut en bas, dans l'armée. Politiquement, même socialement, ils furent désastreux en portant au plus haut degré de violence les passions qui agitaient le mauvais Paris, en jetant le doute avec un commencement de défiance dans l'esprit du bon.

Ce fut dans la presse et dans les clubs une tempête d'objurgations, de récriminations, d'insultes. Je n'ai pas besoin de dire que, des unes et des autres, j'étais l'objectif principal. Je me permets d'ajouter, m'en croyant le droit, qu'elles ne me firent ni sortir de mon calme, ni dévier de ma ligne de conduite et de mes vues, encore moins tomber dans l'abattement. J'ai la confiance que pas un des officiers, — amis ou adversaires, — qui furent en rapport avec moi jusqu'à la fin du siège, ne se refuserait à en témoigner.

### Souvenir aux morts.

*Officiers tués dans la journée du 21 décembre 1870 :*

| | |
|---|---|
| Le général. . . . . . . . . . . . . . . . . . . | Blaise. |
| Le chef de bataillon. . . . . . . . . . . . . | Jenny. |
| Les capitaines (lieutenants de vaisseau) . . . . | Morand. |
| — — | Peltereau, |
| — — | Laborde, |
| — — | Boisset, |
| — — | Patin. |
| — (des francs-tireurs de la Presse). . . | Fournier. |
| Les lieutenants . . . . . . . . . . . . . . | Charpentier, |
| — | Huguet, |
| — (des francs-tireurs de la Presse). . . | Colin. |

| Les sous-lieutenants. . . . . . | Seguin, |
| --- | --- |
| — | Le Saulnier de Saint-Jouan, |
| — | Belbezet, |
| — (des francs-tireurs de la Presse) | Audouanne. |

Il y eut en outre six officiers signalés disparus, sur le sort desquels je n'ai pas été fixé. Enfin, c'est devant le Bourget que périt, dans le courageux accomplissement de son charitable ministère, le brancardier d'ambulance frère Néthelme, de la doctrine chrétienne, tué à l'ennemi comme le soldat à son poste de combat.

Après la journée du 21 décembre je n'étais pas rentré dans Paris. Je m'étais établi au fort d'Aubervilliers, au centre de l'armée restée dans ses positions. J'étais résolu, comme je l'ai dit, à renouveler la lutte, avec l'espoir qu'une attaque mieux conduite et procédant par cheminements réguliers, que dans tous les cas je mènerais personnellement, nous rendrait maîtres du Bourget dont on a vu que la possession m'était indispensable pour porter mes troupes en avant aussi loin que l'exigerait l'éloignement systématique des Allemands.

J'ai dit quelques mots de ce que fut cette nuit du 21 au 22 décembre. Elle inaugurait une succession de sévices d'hiver dont la continuité et la violence, infiniment rares sous le climat de Paris, allaient moralement et matériellement achever la ruine des derniers ressorts de la Défense.

Je répète qu'écrivant pour éclairer les esprits, non pour toucher les cœurs, je ne décrirai pas les divers genres d'épreuves par lesquelles nos malheureux soldats furent assaillis. Elles furent telles, que la pensée de mener l'armée à la bataille dut faire place à la pensée de pourvoir à la conservation de ce qui en restait; que dans cette mortelle quinzaine, plus de vingt mille hommes, frappés d'anémie, de congélation des extrémités, d'affections pulmonaires, sortirent des rangs pour n'y rentrer jamais ; qu'enfin, profondément ému par le spectacle de cette grande détresse militaire, je me crus le devoir d'y rester associé, cheminant le jour au milieu des troupes et même la nuit à la lueur des feux des postes avancés, cherchant à encourager la constance de ces pauvres soldats, qui, loin de me maudire, me regardaient passer avec des yeux étonnés et bienveillants. Oh! les braves gens! Pourquoi faut-il que l'égarement social, après l'égarement politique, ait pénétré dans les âmes françaises!...

### Dissensions gouvernementales.

J'étais là le 25 décembre, quand un pressant avis du gouvernement, qui déjà m'avait envoyé une députation pour m'interroger sur la situation, vint m'inviter à revenir prendre ma place au conseil. Il s'était livré pendant mon absence, spécialement dans la séance de ce jour, 25 décembre, à de vives et aigres discussions dont j'avais été à peu près exclusivement l'objet, et on verra plus loin que, dans la séance du lendemain à laquelle j'étais convié, je fus moins au fauteuil de la présidence que sur la sellette.

M. Jules Favre, M. Picard et quelques autres devenus très ardents contre moi, avaient repris, en l'accentuant, le thème de leurs récriminations précédentes. J'étais l'homme le plus respectable du monde, mais le moins en état de porter le poids de la *dictature militaire* que j'exerçais sans contrôle. *Le système de temporisation* que j'avais adopté ne répondait ni aux exigences de la situation, ni aux desiderata de l'opinion. *On me pardonnait de perdre vingt mille hommes, à la condition que la vigueur et l'étendue de l'action fussent en rapport avec un tel sacrifice!* (Séance du 25 décembre.)

Ce que M. Gambetta appelait naguère *mon inaction*, ce que M. Favre appelait à présent *mon système de temporisation*, se chiffrait en décembre par six combats et deux batailles, ensemble dont l'importance, — quant aux efforts faits et aux sacrifices accomplis, — pouvait se mesurer par l'énumération qui suit :

*Tués à l'ennemi ou morts de leurs blessures*

(à la fin de décembre).

| | |
|---|---:|
| Généraux | 4 |
| Officiers supérieurs | 30 |
| Officiers de rang | 196 |
| Sous-officiers et soldats | 4 100 |

*Blessés ou disparus.*

| | |
|---|---:|
| Officiers, sous-officiers et soldats | 21 000 |

C'est-à-dire trois fois le chiffre des pertes qu'avaient, à la même date, coûtées aux armées de la Défense nationale opérant en province tous les combats qu'elles avaient livrés.

On voit que les éminents avocats du conseil, appliqués à leurs méditations de cabinet sur la Défense nationale et tout entiers à leurs souvenirs de 92, parlaient à leur aise de l'effort que nous venions de faire. Ils consentaient le sacrifice de *vingt mille hommes* en une fois, si la grande bataille qu'ils réclamaient le rendait nécessaire, avec une désinvolture qui était certainement patriotique, mais injustifiable devant l'expérience et même le bon sens.

Tous les détails de ces discussions me furent rapportés par le général Schmitz, chef d'état-major général de l'armée, qui, pendant mes absences, me représentait au conseil pour les affaires militaires. Elles aboutirent à la résolution suivante :

*Le gouvernement, entendant exercer un contrôle sur la conduite de la guerre, s'adjoindrait quelques officiers généraux pour examiner, dans une conférence spéciale que je présiderais, la situation militaire et statuer sur la direction qu'il conviendrait de lui donner.*

Un membre ayant fait observer que le conseil s'engageait sur une pente qui pourrait aboutir à *la révocation* du gouverneur de Paris, M. Jules Favre dit que, pour sa part, *il la prononcerait si elle était jugée nécessaire.*

Comme la grande majorité des Français aux prises avec des conjectures périlleuses et inextricables, M. Jules Favre et ses amis cherchaient un *sauveur*. On avait cru follement que je serais le sauveur. On s'était trompé, on en cherchait un autre ; nous sommes ainsi faits. Nous attribuons au maréchal de Moltke, — officier général d'un haut mérite, je pense, — tout l'honneur des extraordinaires victoires de la Prusse, alors qu'il revient pour la plus grande part à l'incomparable solidité de ses institutions et de son organisme militaires, à la continuité de la préparation dans la paix.

Dans la séance du 26 décembre, à laquelle j'assistais, je vis se reproduire les vues, les arguments, les critiques, que je viens d'énumérer. A l'appui du projet *d'une grande action générale où l'on risquerait tout,* j'entendais émettre cette opinion absolument imprévue :

*Que les grands sacrifices d'hommes déterminent le plus*

*souvent un redoublement d'élan que ne produisent pas les petites pertes et les actions restreintes* [1].

On voit, par cette citation textuelle, que le gouvernement de la Défense était une singulière école de guerre.

Resté très calme devant un orage que j'avais prévu dès le jour de mon avènement à la direction des affaires de la Défense, le 4 septembre, je me bornais à répondre à mes censeurs, sans aucun déguisement, par un court historique de ces trois mois de siège, suivi de l'état présent de l'armée de Paris et de quelques réflexions relatives à ma situation personnelle :

« Au moment de l'investissement, Paris n'avait pas d'ar-
« mée, mais croyait fermement en avoir une, car la rue
« était pleine d'hommes en uniformes et en armes. La jour-
« née de Châtillon, conduite audacieusement par un général
« audacieux, alors porté aux nues, conduite dans l'esprit
« qui animait la population et qui anime à présent le con-
« seil, eut des résultats déplorables.

« Il fallait faire une armée. Nous l'avons faite en deux
« mois. Mais, pendant ces deux mois, l'armée allemande,
« résolue à prendre Paris par la faim et par l'émeute, s'était
« fortifiée partout en nous entourant, à distance, d'une
« ligne de circonvallation dont les postes étaient électrique-
« ment reliés. Par complément, ses effectifs s'étaient accrus
« dans des proportions considérables, pendant ces deux
« mêmes mois, après les capitulations successives de Stras-
« bourg et de Metz.

« Quand il fut acquis que le formidable réseau défensif
« derrière lequel nos jeunes troupes et la garde nationale
« pouvaient défier toutes les attaques devenait inutile, il

---

[1] Opinion de M. Garnier-Pagès (séance du 26 décembre).

« fallut nous décider à l'offensive. *Elle nous faisait perdre*
« *tous nos avantages, et mettait l'armée allemande en pos-*
« *session de tous les siens.*

« C'est à cette œuvre, qui dépassait les aptitudes et les
« forces, non pas les courages, des soldats de Paris, qu'ils
« se sont usés.

« Après des efforts et des sacrifices qu'on ne trouve pas
« suffisants, — que je trouve énormes et profondément
« douloureux, — l'armée de Paris a perdu ses meilleurs
« officiers et ses plus vaillants soldats. Son alimentation,
« en l'état de nos approvisionnements, est loin de répondre
« à l'excès de ses fatigues, et elle lutte, mal vêtue, avec
« une résignation méritoire, contre d'extraordinaires vio-
« lences de température. Enfin la démagogie travaille inces-
« samment les masses qui s'étaient naguère associées pour
« la défense, quand nous espérions être attaqués, aux
« quelques milliers de vrais soldats que nous avions à l'ori-
« gine du siège. Ainsi tout souffre, tout périclite, et à
« l'affaiblissement des forces physiques s'ajoute le décou-
« ragement, même l'irritation dans les esprits.

« Je n'en reste pas moins pénétré du sentiment que nous
« avons le devoir de tenir ferme, de faire durer la lutte
« *tant qu'une armée française tiendra la campagne en pro-*
« *vince, tant qu'il restera du pain dans Paris.*

« Je reconnais d'ailleurs que, pour la direction de ce der-
« nier effort, je n'aurai plus, soit dans le gouvernement,
« soit dans l'opinion, les concours qui m'ont autrefois sou-
« tenu. Comme mon armée, je me suis usé à la tâche, une
« tâche dont les difficultés insurmontables ne sont pas de
« nature à être comprises par le plus grand nombre. Je me
« tiens prêt à me retirer, — non par démission donnée,
« mais par remplacement ordonné, — devant un plus habile
« ou un plus heureux.

« Quant à présent, je ne répugne à aucun degré à prési-

« der la conférence militaire où le conseil se propose d'en-
« tendre l'avis des officiers généraux de l'armée de Paris
« qui auraient sa confiance, à la condition que, conformé-
« ment à des principes que je ne puis pas déserter vis-à-vis
« de mes sous-ordres, ils soient convoqués par leur chef
« hiérarchique, le gouverneur de Paris. »

Le conseil désigna pour la conférence les généraux Ducrot, Vinoy et l'amiral de la Roncière, et je les convo-
quai. Mais, — comme toujours, — l'objet et les effets de
ces vains parlages gouvernementaux allaient s'effacer, au
moins momentanément, devant des événements qui devaient
surprendre le gouvernement, la population et l'armée, dès
le lendemain matin, **27** décembre, *le bombardement de
Paris!*

# CHAPITRE XIV

## LE BOMBARDEMENT DE PARIS

Je résume ici l'ensemble des faits principaux qui, de la fin de décembre 1870 à la fin de janvier de janvier 1871, ont caractérisé cette émouvante période du siège de Paris.

Il entrait dans son quatrième mois. Jusque-là, à l'étonnement de tous et de moi-même, à la grande irritation des Allemands, la résistance n'avait fléchi ni devant les cruelles épreuves qui allaient s'accumulant sur la population et sur l'armée, ni devant les émeutes intermittentes et les violences continues de la démagogie.

Sommé par l'opinion et par la presse allemandes *d'en finir*, l'ennemi se décidait à précipiter ce qu'il appelait, — avec une ironie peut-être un peu brutale, — *le moment psychologique*, en infligeant à la grande cité des sévices absolument imprévus, à l'aide d'une artillerie dont nous ne connaissions pas la puissance de destruction, et qu'à présent les voies ferrées lui apportaient tous les jours, l'obusier Krupp.

C'est avec un *crescendo calculé* que chaque jour, et *pendant trente-deux jours*, les Allemands lancèrent successivement les monstrueux projectiles de cette artillerie, d'abord sur les forts de Paris, puis sur l'enceinte et enfin sur les centres habités qui étaient spécialement à leur portée, le Paris de la rive gauche et la ville de Saint-Denis en son entier.

Jamais je n'ai parlé légèrement de la Prusse ni des Prussiens. On sait que je n'ai pas attendu la guerre de 1870 pour me déclarer l'admirateur de leur discipline nationale et gouvernementale, de leurs institutions militaires, de leur armée, et pour être, à leur sujet, l'avertisseur, — fort mal accueilli, — de l'empire. Pour tout dire, je juge qu'ils ont mérité leur fortune et que nous avons mérité la nôtre. Mais jusqu'à la fin de ma vie quelques-uns de leurs actes de guerre, *le bombardement de Paris expressément,* me pèseront sur le cœur.

Le bombardement des forts, celui de l'enceinte, bien qu'il dût détruire nombre d'habitations rapprochées d'elle, rentraient dans les traditions, dans le droit rigoureux de la guerre. Mais le bombardement de Paris! Et par surcroît, de la zone de Paris où les efforts des générations ont accumulé les plus célèbres monuments de son histoire, les collections artistiques et scientifiques qui font sa gloire devant le monde entier, et vingt grands établissements hospitaliers, asiles en ce moment (avec leurs ambulances annexes) de dix-huit mille des blessés du siège.

Qui croira, dans l'avenir, que sans aucun avertissement préalable, pendant de longs jours et beaucoup de nuits, le palais du Luxembourg, l'Institut de France et l'hôtel des Monnaies, la Sorbonne, Saint-Sulpice, le Panthéon, le Jardin des plantes et son Muséum, l'hôtel des Invalides, l'hôpital Necker et l'hospice des Enfants malades, l'hôpital de la Charité, l'institut des jeunes aveugles, l'hospice des Incurables, l'hospice de la Maternité, le Val-de-Grâce, etc.

etc., furent, sous le coup des éclats foudroyants de l'obus Krupp, plusieurs (le palais du Luxembourg, Saint-Sulpice, la Sorbonne, le Muséum, dont les célèbres serres furent détruites, le Val-de-Grâce, etc.) directement frappés !

On peut juger de la portée des projectiles du bombardement par ce fait extraordinaire que l'un d'eux, parti des hauteurs de Châtillon, vint tomber dans l'île Saint-Louis, à quelques centaines de mètres de Notre-Dame !

Pour ne pas charger le tableau, je ne dis rien ici des enfants, des femmes, des vieillards, des passants, victimes innocentes de cette guerre sans merci, qui périrent çà et là sous leurs toits ou dans les rues du faubourg.

Je m'étais cru le devoir d'aller visiter périodiquement les forts, les quartiers de la rive gauche, la ville de Saint-Denis, qui souffraient le plus cruellement.

Traversant au pas de mon cheval les groupes des pauvres émigrants qui, du périmètre immédiatement bombardé, allaient cherchant un refuge vers le centre de la ville par un froid glacial, j'acquérais la preuve que l'armée assiégeante échouait complètement dans son entreprise d'anéantissement, par l'obus, du moral des assiégés. Ils étaient irrités contre l'ennemi, nullement abattus, nullement disposés, comme je l'aurais cru, à me faire responsable de ce comble de misères qui les frappait.

Comme je suivais la chaussée du Maine, allant vers l'enceinte, momentanément arrêté par toute une population ouvrière émigrante qui poussait des charrettes à bras, une femme de haute taille, à cheveux gris, qui semblait avoir là quelque autorité, me criait d'une voix rentissante :

*C'est toi, Trochu? Eh bien, va toujours !*

Et je me sentis ému. De cette femme du peuple, sans qu'elle le sût, je recevais tout en une fois : la consolation, l'encouragement, la récompense. Elle avait en elle, sans qu'elle le sût davantage, une force que je crois aujourd'hui perdue, le patriotisme dégagé de l'intérêt personnel, de l'intérêt politique, dégagé de tout.

A dix-sept ans de ces événements, pensant à l'attitude de cette femme, à l'attitude de ce fond respectable de la population de Paris, qui a tant souffert sans se plaindre, au courageux et silencieux dévouement de beaucoup de ces soldats improvisés du siège, je me sens autorisé à dire que, si je n'ai pas fait de grandes choses, j'en ai vu.

### Les forts.

C'est par eux que commença la crise. Ceux qui subirent le bombardement, — un bombardement sur d'étroites surfaces et proportionnellement destructeur, — furent d'abord les forts de Nogent, de Rosny, de Noisy, à l'est ; puis ceux de Montrouge, de Vanves, d'Issy, au sud ; enfin ceux de La Briche, de la Double-Couronne, de l'Est, entourant tous trois la ville de Saint-Denis, au nord.

Si l'on considère que, pendant un long mois, des centaines de bouches à feu firent pleuvoir sur ces petites forteresses, — quelquefois à raison de mille coups en quarante-huit heures, — des projectiles dont l'éclatement en terrain meuble creusait un entonnoir de deux mètres, produisant les effets d'une mine, on peut mesurer la grandeur des épreuves auxquelles furent soumis leurs défenseurs.

Je les ai visités au cours de ces orages, et je puis dire que, dans tous les épisodes de guerre où j'ai figuré pendant ma carrière active, *ceux du siège de Sébastopol compris,* je n'ai rien vu qui m'ait pénétré d'un plus vif contentement militaire, d'une plus sincère admiration, que la ferme contenance de ces braves gens.

Tant que leur artillerie (une vieille et très insuffisante artillerie de toute origine) tint debout, ils furent à l'œuvre de la riposte, travaillant la nuit à la réparation de leurs ruines et subissant la fortune de cette lutte inégale et des pertes considérables avec une constance qui ne fléchit jamais.

Le 15 janvier, le fort de Montrouge, qui était déjà fort maltraité, battu par quatre batteries allemandes à la fois, leur envoyait, en huit heures de jour, cinq cents obus et vingt bombes de gros calibre. J'étais là, et jamais je ne vis un plus tenace et plus étonnant combat d'artillerie.

Ce fort était commandé par le capitaine de vaisseau Amet (aujourd'hui vice-amiral), un vaillant homme de mer et de terre qui fit, pendant toute la durée de son commandement, de hautes preuves de solidité, de calme et d'autorité. Je lui donne ici un cordial souvenir qui s'étend à ses camarades, le capitaine de vaisseau Mallet (mort contre-amiral) et le capitaine de frégate Lefort (aujourd'hui contre-amiral), commandants les forts de Rosny et de Nogent. Leur situation, pendant le bombardement, avait peu différé de celle du commandant Amet. Devant les mêmes périls, ils avaient eu les mêmes mérites.

Un moment vint où les forts bombardés offraient un spectacle saisissant. Les casernes, les magasins, tous les bâtiments, n'avaient plus de toitures et tombaient en ruines. Dans les cours et sur les terre-pleins, profondément labourés par les obus, la circulation était difficile. Beaucoup de pièces, canons et obusiers, gisaient à terre, leurs rouages et leurs affûts détruits.

Les casemates (abris voûtés à l'épreuve), où les blessés et le gros des défenseurs de chaque fort devaient trouver un refuge assuré, n'avaient pas été construits en vue de la formidable artillerie qui les battait. Leurs masques (murailles de fond), trop faibles, furent souvent pénétrés, et c'est en triplant leur épaisseur par des entassements de sacs à terre que nous pûmes mettre fin à des pertes d'hommes qui, si elles avaient duré, auraient rendu inévitable l'évacuation de ces forts qui seraient restés aux mains d'un petit nombre de gardiens.

Quelques-uns de mes officiers inclinaient à cette résolution extrême. On verra plus loin que le bombardement avait fait naître dans mon esprit des espérances que j'ai gardées longtemps, qui furent vaines comme toutes mes espérances, mais qui me défendaient de céder à de tels avis.

### Le mont Avron.

Un abandon qui devint nécessaire, ce fut celui du mont Avron.

On a vu que je ne m'étais décidé à occuper ce plateau, enveloppé par les positions allemandes, qu'en vue de l'assistance très efficace que nos luttes pour marcher au-devant de l'armée de la Loire (batailles de la Marne) pourraient en tirer. C'est la veille de ces luttes que nous avions établi là quarante-cinq pièces de grosse artillerie qui étaient à peu près à ciel ouvert. Le sol, presque partout rocheux, ne s'était prêté qu'à des travaux très insuffisants de protection et d'abri pour cette artillerie et pour les défenseurs du plateau, qui d'ailleurs ne pouvaient être alors inquiétés que par le feu des pièces de campagne de l'ennemi. Il n'avait pas encore ses obusiers Krupp.

On imaginera sans peine ce que devint la situation quand, à l'improviste, enveloppé par un cercle de feu, l'isolé et très étroit plateau d'Avron se vit, nuit et jour, foudroyé par les obusiers Krupp ! C'est miracle que les troupes qui l'occupaient eurent assez d'empire sur elles-mêmes pour ne pas se débander.

Le général Vinoy, qui avait le commandement de la région, m'écrivit à la première alerte (28 décembre) pour m'exposer la gravité de l'événement et de ses conséquences à venir, se gardant d'engager sa responsabilité jusqu'à conseiller l'évacuation dont il savait que, sur l'opinion dans Paris, les effets seraient désastreux.

A l'heure même, je partais pour Avron, et dès mon arrivée à proximité du plateau, je pouvais juger de l'intensité de la crise par le nombre des projectiles qui convergeaient vers lui.

Après une courte conférence avec le général d'Hugues et les commandants de l'artillerie et du génie, je gravissais la hauteur et, rendu sur le plateau, j'étais le témoin d'une scène de destruction émouvante. Pour y mettre fin, j'aurais immédiatement ordonné l'abandon de la position, s'il avait été réalisable de jour sous un tel feu, et si je n'avais eu l'obligation de ne rien laisser là de ma lourde artillerie et de ses approvisionnements de munitions.

L'évacuation résolue pour la nuit suivante, il me restait à faire prendre patience aux troupes et à leur montrer qu'au fond le mal n'était pas si grand que le bruit. En effet, les coups nous arrivaient de minute en minute, mais tous étaient tirés au hasard et la plupart restaient vains. Les hommes s'étaient creusé dans le sol rocheux et glacé de petits abris qui ne les couvraient pas, qui ne leur donnaient que l'illusion d'une protection ; mais comme ces tranchées n'avaient aucun relief, les canonniers allemands ne pouvaient ni les voir ni les viser à l'énorme distance où ils opéraient.

Lentement, et deux heures durant, je fis le tour du plateau le long des abris, annonçant la retraite pour la nuit et constatant, avec une bonne joie intime, que ces braves gens ne montraient aucune impatience, aucun mécontentement. Les marins étaient, comme d'ordinaire, inébranlables.

Passant devant un de leurs groupes où un mauvais coup venait de tuer deux hommes et d'en blesser six, je restai frappé du calme profond et singulièrement lucide avec lequel son commandant, un jeune lieutenant de vaisseau, raisonnait la situation et me montrait, répondant à mon propre sentiment, qu'elle était moins périlleuse que cette pluie de projectiles et leurs retentissantes explosions ne le faisaient craindre.

En France la bravoure brillante, même bruyante, n'est pas rare. La bravoure tranquille, *réfléchie*, qui examine et qui juge, ne se rencontre guère.

Je me passionnai pour le lieutenant de vaisseau Guibaud, et n'eus de paix que lorsqu'il fut promu capitaine de frégate, un peu malgré la marine qui ne s'y prêtait pas beaucoup. Je n'ai pas su, dans ma retraite, ce qu'il était devenu.

En exécution d'ordres qui furent exécutés avec un calme et une décision remarquables, une nuit, — nuit de neige et de froid glacial, — suffit pour l'évacuation du plateau d'Avron. Elle comportait, je l'ai dit, l'enlèvement par des pentes raides, chargées de neige et ravinées, d'une artillerie très peu maniable et d'un gros approvisionnement de projectiles.

L'amiral Saisset, dont l'occupation et l'armement d'Avron, en une nuit, avaient naguère mis en relief l'énergique activité et le dévouement, ne mérita pas moins devant l'armée de Paris, dans cette autre nuit où il fallut l'abandonner, en déployant d'extraordinaires efforts dans les circonstances les plus difficiles de la guerre.

En rappelant ces souvenirs presque personnels, avec d'autres du même ordre qui ont déjà trouvé ou trouveront encore leur place ici, je sais que je serai accusé par beaucoup de prétendre à la notoriété posthume d'avoir été, dans le commandement, maître de moi-même en face des grands périls.

Vivant, je n'ai jamais visé à cette notoriété. Mort, qu'en ferais-je? Je n'ai pas attendu, je le redis, d'appartenir à l'autre monde pour savoir ce que valent les illustrations, trop souvent dérisoires, qui se font dans celui-ci.

Non, ce que je veux, en revenant sur ces incidents du siège qui n'offrent aujourd'hui qu'un bien faible intérêt, c'est faire justice à qui de droit, et montrer, en ce qui me concerne, qu'à l'heure où j'étais l'objectif des railleries ou des insultes de la presse et des clubs, l'objectif des récriminations des maires républicains de Paris réclamant ma destitution, je m'appliquais à une tâche plus utile, dans tous les cas plus difficile que la leur.

### La ville de Saint-Denis.

Pendant que Paris bombardé (rive gauche) offrait le spectacle du mouvement et de l'agitation continus, la ville de Saint-Denis bombardée beaucoup plus tard, mais placée sous le feu direct et rapprochée de l'artillerie allemande, était couverte de ruines et abandonnée par la plupart de ses habitants, quelques-uns réfugiés dans les caves. Dans les rues pas un être vivant, partout un silence de mort violemment interrompu par la chute intermittente des obus. Le tableau en était douloureux et très émouvant.

Comme je remontais la grande rue, suivi du seul officier qui m'accompagnât dans ces tournées spéciales (le chef d'escadron Nicolas Bibesco), un obus tombait devant nous sur une petite maison à un étage, dont le rez-de-chaussée était occupé par un poste de vingt-cinq hommes d'infanterie.

Un sifflement strident, une explosion retentissante, un nuage aveuglant de poussière, de pierres, de débris de toute sorte, et quand il se dissipe, un amas de morts et de blessés ensevelis sous les ruines de la petite maison disparue... Voilà l'un des drames du bombardement de Saint-Denis, dont nous fûmes ce jour-là (21 janvier) les témoins attristés [1].

[1] L'amiral de la Roncière, l'un de mes plus éminents collaborateurs pendant le siège, commandait en chef à Saint-Denis. Dans son livre (*la Marine au siège de Paris*), parlant de ma visite du 21 janvier aux bombardés de Saint-Denis, il écrit :

*Que ma témérité ne peut s'expliquer que par les événements qui se passaient en ce moment même à l'Hôtel de Ville de Paris.*

Ces événements, c'étaient ma révocation et mon remplacement dans le commandement militaire, qui furent et que je savais devoir être prononcés ce jour-là. J'avais pensé que mon dernier acte de commandement devait être consacré à des encouragements et des marques de sympathie à la population et aux défenseurs de Saint-Denis, les uns et les autres accablés. De là cette tournée du 21 janvier au sujet de laquelle l'amiral donne à entendre que j'allais de parti pris au-devant de la mort.

M. Chaper, membre de l'Assemblée nationale et rapporteur de la commission d'enquête contre le gouvernement de la Défense, l'un des politiciens qui ont écrit avec le plus de désinvolture et de sans-gêne sur le siège de Paris, a exprimé le même sentiment que l'amiral de la Roncière, à propos de mon rôle à la bataille de Buzenval et aussi de ma visite du 21 janvier à Saint-Denis.

Je proteste de toutes mes forces contre de telles appréciations ou

### Souvenir aux morts.

Le bombardement de Paris s'est effectué au milieu d'événements si pressants et si violents, surtout vers la fin du siège, que le nécrologe en est resté fort incertain. Le souvenir que je donne ici aux morts de cette période tourmentée ne s'étend qu'à un petit nombre d'officiers, appartenant presque tous aux corps de la marine, tués dans des circonstances particulièrement dramatiques et qui avaient motivé des rapports dont je retrouve la trace dans mes archives personnelles.

| | |
|---|---|
| Le capitaine de frégate. . . . . . . . . . . | Kiesel. |
| Les capitaines de l'infanterie de marine . . . . . | Gillot, |
| — — | Kelland. |
| Les lieutenants de vaisseau. . . . . . . . . | Ardisson, |
| — | Saisset, |
| — | Carvès. |
| Les enseignes de vaisseau . . . . . . . . . | Arnaud, |
| — | Foillard, |
| — | Pérodeaud. |
| Les sous-lieutenants de l'infanterie de ligne. . . . | Moulin, |
| — de l'artillerie de marine. . . . | Mendousse. |

Le lieutenant de vaisseau Saisset était le fils unique de mon vaillant auxiliaire le vice-amiral Saisset, à qui j'ai déjà fait ici la place que méritaient ses grands services. Ce jeune officier, qui n'avait que vingt-quatre ans, venait d'être promu et allait à un brillant avenir. M'associant étroitement au deuil de l'infortuné père, je dus lui annoncer moi-même le terrible coup qui le frappait. Il le reçut stoïquement, en soldat patriote, préparé à tous les sacrifices.

insinuations qui sont, par rapport à mon caractère, de véritables contresens. Je suis trop chrétien et trop soldat pour m'être jamais arrêté à la pensée misérable de me faire tuer, en vue d'échapper à la destinée prévue et pleinement acceptée dont l'échéance arrivait.

## Mon dernier accès de naïveté militaire pendant le siège.

On a vu que dans les commencements du siège j'avais longtemps cru que les Allemands attaqueraient Paris, soit de vive force, soit en procédant par des travaux d'approche réguliers. J'ai expliqué que là était le salut et comment il m'avait échappé.

Le bombardement des forts me rendit, sous ce rapport, un peu d'espoir. Quand, après quelques jours, il s'étendit à l'enceinte, puis à la ville, ce secret espoir se fortifia dans mon esprit, peut-être exalté par les événements, au point de dominer l'indignation qui l'avait d'abord pénétré. *A la guerre, en effet, il est de règle absolue que toute attaque de vive force contre des positions fortifiées soit précédée de feux convergents d'artillerie dont le but est d'abord de ruiner les obstacles qui s'opposent à l'action des troupes, ensuite et surtout de ruiner au profit des assaillants le moral des assaillis que ces feux accablent.*

J'en vins à me persuader à moi-même, — naïvement et peut-être follement, je le reconnais, — *que les Allemands ne bombardaient pas Paris pour le bombarder; qu'ils avaient un but militaire déterminé; que sachant la Défense épuisée d'efforts et de ressources en vivres, décriée, menacée par l'émeute, ils pourraient l'achever d'un seul coup, au milieu de l'effarement jeté dans la population par un bombardement ininterrompu; que cette entreprise offensive de l'armée allemande serait le brillant complément de toutes celles que la victoire avait jusque-là couronnées, et, répondant aux ardents desiderata de la nation allemande, mettrait fin à la guerre.*

C'est dans ces espérances, qui devaient rester chimériques, que pendant de longs jours je tenais mes troupes, si éprouvées qu'elles fussent, en état permanent d'alerte et prêtes à repousser toutes les attaques qui pourraient se produire. En même temps, je rédigeais une proclamation qu'on lira plus loin, destinée à préparer la population et l'armée, — sans donner l'éveil à l'ennemi sur mes dispositions, — à une *bataille défensive,* la première du siège, la seule qui pût nous permettre d'utiliser les grands travaux de protection dont nous avions naguère entouré Paris.

Comme j'écrivais cette proclamation, l'un des aumôniers de l'armée, entrant et me trouvant dans cet état d'esprit, me dit que nous touchions à l'anniversaire, célèbre dans l'histoire religieuse, de l'intervention, pour le salut de la cité menacée par l'invasion des Huns, de sainte Geneviève enfant de Paris et encore aujourd'hui, après quatorze siècles, patronne de Paris !

Il y avait là une coïncidence dont, religieux comme je suis, et respectueux de toutes les grandes traditions françaises, je fus saisi. Moi aussi, j'étais devant l'invasion, et Paris était aussi à l'extrême péril. Sans hésiter, j'invoquai ce grand souvenir dans ma proclamation.


« *Aux défenseurs et aux familles de Paris!*

« Nous touchons au quatrième mois du siège, et ce grand
« effort a profondément remué le pays. Il est en armes, et
« partout il dispute vaillamment le territoire à l'ennemi.

« Je suis croyant, et j'ai demandé à sainte Geneviève,
« libératrice de Paris au temps de l'invasion des barbares,
« de couvrir encore une fois Paris de sa protection. Elle
« exauce mon vœu. Elle a providentiellement inspiré à

« l'ennemi la pensée du bombardement qui déshonore les
« armes allemandes, la civilisation, et qui fait ressortir
« d'une manière si éclatante et si touchante la fermeté du
« peuple de Paris.

« Des femmes, des enfants, des malades, des blessés,
« périssent; mais l'opinion qui gouverne le monde est à
« présent et restera tout entière avec nous.

« *Quand l'ennemi nous croira accablés par le bombar-*
« *dement, il prononcera ses attaques. Je suis sûr de les*
« *repousser. L'heure des nôtres viendra.*

« *Préparez-vous aux luttes suprêmes.*

« Soyez vigilants. Soyez économes de nos ressources,
« rationnez-vous. Que tous ceux qui ont des grains et des
« farines les remettent au gouvernement de la Défense
« pour les besoins communs. Prolongez la durée du siège
« par tous les moyens que le patriotisme peut inspirer.
« Continuez enfin la série des sacrifices féconds dont vous
« donnez depuis tant de jours l'exemple. Et surtout, gar-
« dez jusqu'à la dernière heure votre foi, qu'on cherche
« à ébranler, dans la délivrance de la patrie.

« Général Trochu. »

On peut se figurer l'effet que produisait ce manifeste à l'Imprimerie nationale, — un centre très républicain, — où je l'avais d'abord envoyé, puis dans le gouvernement que l'Imprimerie nationale, très émue, s'était hâtée d'informer. Jugé plus dangereux que les obus prussiens, cet obus clérical eut le double effet d'effrayer le monde des gouvernants par rapport au public parisien, et de l'égayer par rapport à moi. Il fut unanimement décidé que non seulement il ne serait pas publié, mais que, dans l'intérêt de l'État aussi bien que dans le mien, il resterait secret.

C'est l'auteur à la fois très humoriste et très fantaisiste du *Journal d'un officier d'ordonnance* (officier d'ordonnance du général Schmitz) qui a récemment (1885) exhumé ce document obsidional. Quoique infiniment peu républicain, je pense, il s'en amuse presque autant que s'en amusèrent autrefois mes collègues républicains du gouvernement de la Défense. Il juge que ce fut, proprement, « une bêtise », mais il admet les circonstances atténuantes. Un grand journal en vogue, qui se croit conservateur, qui est même religieux à ses heures, m'injurie le plus qu'il peut, par continuation, autour de ce manifeste qu'il appelle, avec l'atticisme qui lui est particulier, « une fumisterie ». Enfin les radicaux m'achèvent.

Aux railleurs du passé comme à ceux d'aujourd'hui, je me borne à répondre :

Qu'ils n'ont ni compris la situation militaire, ni su apercevoir les espérances qui avaient motivé cet ardent appel à la population de Paris ;

Qu'en ce qui touche son côté religieux, il avait pour origine des principes et des sentiments qui dépassent la conception morale des sceptiques, dont il semble que la mission, dans notre pays, soit de consommer la ruine des respects.

### Le général comte de Moltke.

Je complète ce que j'avais à dire sur le bombardement de Paris en reproduisant les deux notes qui furent échangées à son sujet entre le général comte de Moltke et le gouverneur de Paris.

« Paris, 11 janvier 1871.

« Depuis que l'armée allemande a ouvert le feu de ses
« batteries au sud de Paris, un grand nombre d'obus ont
« atteint des établissements hospitaliers de tout temps con-

« sacrés à l'assistance publique : la Salpêtrière, le Val-de-
« Grâce, l'hôpital de la Pitié, l'hospice de Bicêtre, l'hôpital
« des Enfants malades.

« La précision du tir, la persistance avec laquelle les
« projectiles arrivent dans une direction et sous une incli-
« naison constantes, ne permettent pas d'attribuer au
« hasard les coups qui viennent frapper dans les hôpitaux
« les femmes, les enfants, les incurables, les blessés ou
« les malades qui y sont enfermés.

« Le gouverneur de Paris déclare ici solennellement à
« M. le général comte de Moltke, chef d'état-major des
« armées allemandes, qu'*aucun des hôpitaux de Paris n'a
« été distrait de sa destination ancienne* pendant le siège.
« Il est donc convaincu que, conformément au texte des
« conventions internationales, aux lois de la morale et de
« l'humanité, des ordres seront donnés par l'autorité mili-
« taire prussienne pour assurer à ces asiles le respect que
« réclament pour eux les pavillons qui flottent sur leurs
« dômes.

« Général TROCHU. »


« Versailles, 15 janvier 1871.


« Le chef d'état-major général des armées allemandes
« proteste énergiquement contre la supposition que leurs
« batteries aient pris pour point de mire les établissements
« hospitaliers.

« L'humanité avec laquelle les armées allemandes ont
« conduit la guerre, autant que le permettait le caractère
« imprimé à cette même guerre par les Français depuis le
« 4 septembre, les met suffisamment à l'abri d'un pareil
« soupçon.

« *Aussitôt qu'une atmosphère plus pure et des distances*

« *plus courtes laisseront distinguer les dômes ou édifices
« sur lesquels flotte le drapeau blanc à croix rouge, il
« deviendra possible d'éviter les dommages dus au hasard.*

« Comte DE MOLTKE. »

Personne ne doutera de l'élévation des sentiments et de l'entière bonne foi qui avaient dicté à l'éminent major général cette réponse; mais quelle meilleure fortune nos hôpitaux pouvaient-ils attendre *d'une atmosphère plus pure ou de distances plus courtes,* puisque très souvent les batteries allemandes nous bombardaient *toute la nuit et à toute volée?* . . . . . . . . . . . . . .

Pendant toute la durée du bombardement, avec quelques rares intermittences, l'ennemi faisait pleuvoir ses obus sur les villages de la banlieue où se tenaient nos avancées, spécialement sur ceux de l'est, Bondy, Bobigny, Drancy, etc., en même temps que sur les forts et sur la ville.

Nos troupes, à l'abri dans les caves quand se produisait ce feu violent, étaient devenues très habiles à s'en garantir. Dès que la crise cessait, l'ennemi apparaissant pour les déloger, elles le recevaient chaudement, et au moment où il battait en retraite avec des pertes, elles faisaient contre lui d'énergiques sorties.

Le colonel Reille, des mobiles du Tarn, commandant dans cette région et remarqué pendant toute la durée du siège, se distingua particulièrement dans cette petite guerre d'avant-postes, et je donne ici à ce digne et vaillant officier un cordial souvenir pour les services qu'il a rendus à la défense de Paris.

### Les maires de Paris.

Le bombardement, faisant suite à nos insuccès militaires et mettant le comble aux agitations aussi bien qu'aux misères de Paris, devait appeler sur nous d'autres sévices que ceux que j'ai énumérés jusqu'à présent. L'un des plus dommageables à l'autorité et à l'action du commandant militaire fut l'intervention, je pourrais dire l'invasion, *des maires de Paris* dans le gouvernement de la Défense.

Il y avait parmi ces maires, élus au commencement de novembre, tous républicains, un petit nombre d'hommes réellement considérables dans leur parti, qui montraient un patriotisme éclairé, raisonnable, allié à un sentiment réfléchi de la grandeur des périls du pays et de Paris. MM. Vacherot, Henri Martin, Tenaille-Saligny, Desmarest, Pernolet, Arnaud de l'Ariège, Carnot, auraient pu être pour le gouvernement des auxiliaires très autorisés et très utiles, au moment de l'agonie de la Défense.

Les autres, formant une grande majorité, m'apparaissaient comme des révolutionnaires séparés entre eux par des dissentiments d'ordre social et d'ordre politique, mais tous pénétrés de la pensée *qu'il ne manquait pour vaincre les armées allemandes, au peuple armé par la Défense nationale, que d'autres chefs que ceux qu'il avait.*

MM. Tirard, Clémenceau (aujourd'hui grands personnages politiques) et quelques autres étaient les orateurs très ardents de cette opposition. MM. Delescluze, Ranvier et leurs adhérents ultra-révolutionnaires en étaient les orateurs invectivants, soutenus par les maires-adjoints : MM. Flourens, Millière, Jaclard, Malon et autres célébrités anarchistes, préludant au milieu de ces dernières crises de la fin du siège à la fondation de la future Commune.

Les maires de Paris, réunis le 29 décembre au ministère de l'intérieur, devant M. Jules Favre chargé de l'intérim de ce département, s'y étaient fait accompagner par leurs adjoints, malgré les protestations très énergiques, comme toujours, du préfet de Paris M. Jules Ferry. La conférence fut très orageuse. M. Delescluze, dans un furieux réquisitoire contre moi, réclamait ma destitution. M. Jules Favre ne disait ni oui, ni non. Mais si, dans ce premier conflit officiel avec les maires, il me jetait à l'eau comme général d'armée, il m'en retirait aussitôt en faisant un vif éloge de mon caractère et de ma vie. C'était d'un habile avocat.

### Les généraux de l'armée de Paris devant le gouvernement.

Le surlendemain 31 décembre eut lieu, en présence du gouvernement, la conférence militaire réclamée par lui, où se trouvaient réunis, sous ma présidence, tous les généraux qu'il avait voulu entendre. Les discussions en ont été publiées et je les résumerai en disant :

Que les officiers généraux et amiraux présents (MM. Ducrot, Vinoy, de Chabaud-la-Tour, Tripier, Guiod, Frébault, de Bellemare, Noël, Clément Thomas, de la Roncière, Pothuau) exposèrent successivement leurs vues, tantôt concordantes, tantôt divergentes, sur le redoutable problème qui leur était posé et dont aucun n'apercevait la solution, par la raison qu'elle n'existait pas théoriquement, et qu'elle dépendait exclusivement des événements;

Que pourtant, au point de vue des avis exprimés, les membres de la conférence pouvaient se subdiviser en trois groupes principaux :

1° Ceux qui déclaraient avec le général Ducrot qu'après tant de luttes et tant d'épreuves, étant constaté l'état d'épuisement moral et physique des troupes, aucun grand effort militaire n'était désormais possible, et qu'en y associant la garde nationale, incapable de tenir utilement devant l'ennemi, on irait à un désastre. *Mais aucun de ceux qui opinaient dans ce sens ne concluait, par la raison que l'unique conclusion logique de leurs déclarations, c'était la capitulation;*

2° Ceux qui soutenaient avec moi que la réunion des groupes les plus valides de l'armée aux groupes les mieux préparés de la garde nationale mobilisée, nous permettait de mener au combat, sur une portion du périmètre à déterminer, une armée de près de cent mille hommes ; que dans cette situation militaire relativement équilibrée, Paris ayant encore cinq semaines de vivres rationnés et les armées de province tenant toujours la campagne, nous avions le devoir étroit de tenter encore une fois la fortune des armes ;

3° Ceux (groupe formé en dehors des généraux par la plupart des membres du gouvernement) qui insistaient, en vertu d'une préoccupation très ancienne, exclusive de tout raisonnement militaire et à laquelle la population de Paris s'associait ardemment, *pour qu'on perçât à tout prix les lignes allemandes.*

*Percer les lignes!* C'était le *dada des Parisiens militants.* Aucun ne se demandait ce que pourrait bien devenir, — en l'absence désormais acquise de toute armée de secours, — la portion de l'armée de Paris qui aurait franchi par impossible, après des combats meurtriers, les lignes d'investissement. La chimère de la *sortie torrentielle* s'associait dans quelques esprits à cette idée fixe du *percement.*

Je n'ai pas besoin de dire que les longs et vains débats de cette conférence gouvernementale et militaire ne pouvaient aboutir à aucun résultat pratique. L'incertitude des gouvernants et le désaccord des généraux furent après la séance ce qu'ils étaient avant.

J'avais clos la discussion en formulent sans ambages ma résolution de livrer, dès que je serais prêt, ma dernière bataille. Personne n'ayant répondu à cette déclaration finale par une négation, je me tins pour autorisé. Je fis, à dater de ce jour, de concert avec le général Clément Thomas déjà associé à mes vues, les dispositions nécessaires pour réaliser, avec ce qui me restait de troupes et avec les régiments mobilisés de la garde nationale en état de combattre, le suprême effort de Paris.

# CHAPITRE XV

### LES ÉVÉNEMENTS POLITIQUES ET MILITAIRES DE JANVIER

Du 1$^{er}$ au 19 janvier (bataille de Buzenval), peu de grands événements vinrent agiter Paris, mais la fermentation des esprits était telle, que nous étions chaque jour dans l'attente de l'explosion du lendemain.

Ma situation devenait intolérable, et elle s'aggravait de tous les bruits qui couraient par la ville, des victoires de Chanzy, de Faidherbe, de Bourbaki, victoires qui, hélas! ne différaient pas, quant à leurs effets sur l'inexorable marche des événements, de celles que Paris avait plus d'une fois escomptées en voyant son armée aborder fermement l'ennemi. Mais on nous jugeait, moi et les officiers généraux sous mes ordres, par comparaison avec ces prétendus victorieux, et, dans les journaux comme dans les réunions de la démagogie, on nous accablait d'injures, en me réservant les outrages.

Nombre de raisonneurs, de juges militaires improvisés, de bonnes gens inconscients des invincibles réalités de cette guerre, joignaient à ces violences leurs déclamations écrites ou parlées.

J'ai signalé l'avènement des maires de Paris. Ils étaient devenus une puissance dont M. Jules Favre (séance du gouvernement du 5 janvier) *admettait la légitimité et l'utilité,* dont je disais en lui répondant (même séance) qu'elle constituait *un dangereux mouvement précurseur de la Commune.* Ils en vinrent, les uns à réclamer la destitution du commandant en chef de l'armée général Trochu, du commandant en chef de la garde nationale général Clément Thomas, du ministre de la guerre général Le Flô; les autres, plus tempérés, à demander que la ville de Paris fût représentée par les maires dans les conseils qui décidaient des opérations militaires.

Sur le déclinatoire absolu que j'opposais à ces prétentions municipales, un membre du conseil exprimant qu'il ne fallait pas *craindre les maires,* je répondais que je ne les craignais à aucun degré, que s'il leur convenait de se présenter à mon quartier général, ils me trouveraient prêt à leur faire connaître les causes et les effets des événements d'où était sortie notre situation militaire présente, mais que je n'irais pas au delà de cette communication que je devais et faisais chaque jour aux nombreux enquêteurs que je recevais au Louvre.

Ils y vinrent, en effet, et soit que ma sincérité, soit que l'enchaînement logique des faits les eussent impressionnés, je les trouvai infiniment plus modérés que je ne m'y attendais. Il est vrai que les maires les plus notoirement anarchistes s'étaient abstenus. Malgré l'état d'excitation nerveuse apparente, mais contenue, des principaux orateurs du groupe municipal, la discussion fut très calme et nous nous séparions beaucoup plus courtoisement que je ne l'aurais cru.

## Le gouverneur ne capitulera pas.

Dans la soirée du 5 janvier, le préfet de police, M. Cresson, dont j'ai déjà eu l'occasion de montrer le bon esprit et la ferme attitude, arrivait au Louvre et pénétrait dans mon cabinet, où je travaillais avec deux de mes officiers. Il me dit, avec toutes les marques de la plus vive agitation :

— Des informations de source absolument certaine m'apprennent qu'en dehors des accusations des clubs et de la presse démagogique, dont vous ne voulez pas vous occuper, on répand le bruit, qui s'accrédite dans la population, dans les rangs de la garde nationale et même de l'armée, *que vous négociez secrètement avec l'ennemi*. Déjà on crie à la trahison, et j'ai le devoir de vous dire que, dans l'état de démence où sont les foules, nous touchons à des événements d'une telle gravité, qu'il faut absolument les conjurer.

— Mais, mon cher préfet, comment diable voulez-vous que je les conjure? Nous en avons déjà beaucoup vu et nous en verrons bien d'autres. Nous sommes abonnés aux événements. Vous me trouvez ce soir préparant la bataille, et vous venez m'annoncer que je prépare la capitulation! C'est absurde et je n'en puis mais.

— Si. Vous pouvez écarter le péril de l'émeute, en signant une proclamation que je ferai afficher cette nuit même et qui dira aux Parisiens que vous ne capitulerez pas.

— Mais, en ce moment même, quelques-uns des membres du gouvernement et la plupart de mes généraux, jugeant que rien n'est plus possible, se prononcent ouvertement ou secrètement contre moi qui soutiens que nous avons l'obligation de lutter jusqu'à complet épuisement. Voulez-vous que j'aille crier cette situation sur les toits?

— Non. Il s'agit, dans l'intérêt même du nouvel effort que vous avez en vue et que tout mouvement insurrectionnel, comme toute agitation publique tumultueuse, empêcherait absolument et définitivement, de crier sur les toits que vous ne capitulerez pas.

Je me laissais persuader, et c'est ainsi que, sur l'heure et en collaboration avec le préfet et mes officiers, était rédigée la proclamation suivante dont M. Cresson, tout courant, allait prescrire l'affichage :

« Au moment où l'ennemi redouble ses efforts d'intimi« dation, on cherche à égarer les citoyens de Paris par la « tromperie et la calomnie. On exploite contre la Défense « nos souffrances et nos sacrifices.
« Rien ne fera tomber les armes de nos mains. Courage, « confiance, patriotisme !
« Le gouverneur de Paris ne capitulera pas. »

De toute évidence, cette déclaration, que demandait le préfet pour arrêter un mouvement populaire qu'il jugeait imminent, répondait expressément et uniquement à la situation qu'il avait en vue. Elle ne voulait pas dire que, quand mourraient de faim les deux millions et demi de créatures humaines enfermées dans Paris, je ne capitulerais pas ! Il arriva pourtant que, déjà déclaré « traître à la patrie », je fus, par surcroît, déclaré « traître à mon serment » quand, la famine venue, Paris dut mettre bas les armes, après les avoir portées devant l'ennemi, avec honneur, pendant près de cinq mois.

## Une lettre au général Ducrot.

Si la population de Paris, malgré ses souffrances devenues très aiguës, était bien plus agitée que découragée, l'armée de Paris, plus cruellement éprouvée et infiniment réduite, donnait, du haut en bas, les marques d'une inquiétante lassitude. On en peut juger par l'incident suivant que fit naître celui de ses généraux qui s'était le plus honoré pendant le siège par son dévouement, ses énergiques efforts, et, je le dis en connaissance de cause, son héroïsme.

Le général Ducrot, estimant que son rôle était fini à Paris, m'avait demandé à rejoindre en ballon les armées qui combattaient en province. Je m'étais formellement opposé à ce vœu imprévu, en lui montrant que l'inexplicable disparition d'un officier général, entouré d'une très haute notoriété et de la confiance des troupes, aurait sur leur moral, déjà fort atteint, une influence funeste. Il avait paru se rendre à mon amicale admonition, mais, au fond, le général ne se rendait jamais, et il fit revivre ses vues d'abstention sous une autre forme, en des termes qu'il résuma lui-même dans son livre : *la Défense de Paris*, en y joignant la réponse que je lui fis. Je lui emprunte le tout en le reproduisant ici, parce que cet échange entre lui et moi, dans la crise à peu près désespérée où il se fit, caractérise l'état d'esprit où étaient, en janvier 1871, les généraux de l'armée de Paris et l'état d'esprit où j'étais moi-même.

Il écrit (tome IV, page 53) :

« Depuis le 31 décembre, je m'étais abstenu de prendre
« part à ces réunions (les conférences des généraux avec le
« gouvernement), convaincu que j'étais de leur inutilité.

« *Voulant dégager complètement ma responsabilité*, j'avais
« adressé, le 6 janvier, au gouverneur de Paris une lettre
« par laquelle je le priais instamment de me relever de mon
« commandement et de m'autoriser à rentrer dans le rang
« comme simple combattant.

« A cette demande, le général Trochu avait répondu par
« la lettre suivante :

« Paris, le 7 janvier 1871.

« Cher ami,

« Dans les circonstances où sont Paris et le pays, ta
« résolution ne serait pas comprise et ne pourrait être jus-
« tifiée. On comprend et on honore la résolution d'un com-
« mandant de fort ou de navire qui, privé des moyens de
« combattre et ne pouvant plus soutenir la lutte, fait sauter
« son fort ou son navire. On ne peut admettre la décision
« qu'il prendrait de résigner le commandement, de se mêler
« à la foule des combattants et de subir le sort commun
« dans les rangs de cette foule.

« Ta résolution mettrait le comble au désarroi des troupes,
« qui reste cependant au-dessous du désarroi de leurs chefs.
« Hier au soir, à la conférence du règlement des détails de
« l'opération [1] avec Vinoy, Maussion a déclaré qu'il croyait
« *que ses troupes ne marcheraient pas*. Vinoy a naturellement
« tout suspendu et il est venu me rendre compte à minuit.

« Nous voilà bien loin des temps héroïques! Non pas
« que je mette dans mon jugement une poésie qui ne serait
« guère à sa place, mais j'ai en moi des sentiments qui me
« font considérer cette défaillance des esprits comme un

---

[1] Il s'agissait de l'opération sur Versailles dont, à cette date, le point de départ devait être le plateau de Châtillon, et qui fut remplacé par la bataille de Buzenval.

« déplorable abandon de ce que j'appelle les suprêmes de-
« voirs. Notre pays, gorgé de richesses et énervé, s'est
« trouvé dans le même cas que nous après le désastre de
« Sedan. Il n'a pas cédé, et sa défense *in extremis,* sans
« nuls moyens de défense, l'a relevé dans l'opinion du
« monde et dans sa propre opinion.

« Je te supplie de ne pas donner suite à ton projet; si
« fortes et honnêtes que soient tes convictions militaires,
« elles ne peuvent se concilier avec les devoirs civiques que
« les événements t'ont faits et nous ont faits à tous.

« Il faut que chacun de nous demeure à son poste et y
« meure dans la forme qu'il plaira à la Providence de dé-
« cider. Il faut surtout que nous donnions autour de nous
« l'exemple de la sérénité et de la fermeté.

« Ne te dissimule pas que tes convictions ont fortement
« pénétré ton entourage et tes officiers généraux. Sans
« doute ils les avaient d'eux-mêmes, et les événements les
« leur avaient suggérées. Mais elles sont devenues pour
« eux *un article de foi* qui va ravageant les esprits du
« haut en bas de la hiérarchie. C'est là un des plus dou-
« loureux empêchements de notre situation.

« Ton vieil ami,

« Général Trochu. »

Le général Ducrot n'ayant pas cru devoir publier la lettre à laquelle celle qu'on vient de lire répondait, je me crois lié envers sa mémoire à l'obligation de respecter sa volonté sur ce point et je ne la ferai pas connaître. J'ajoute que s'il n'avait pas introduit la mienne dans son livre, je ne l'aurais pas reproduite ici par la raison qu'elle a un caractère étroitement intime et personnel. Mais puisqu'elle a été rendue publique par un autre que par moi, il me sera permis d'en bénéficier et de dire :

Qu'écrite au milieu des plus cruelles épreuves qui aient jamais assailli un général et un citoyen (alors que chacun autour de lui s'efforçait *de dégager sa responsabilité*, lui-même engageant de plus en plus la sienne et tout entière), cette lettre est l'expression fidèle des principes et des sentiments qui, de la révolution du 4 septembre à la fin de mon commandement dans Paris et de ma présidence, ont inspiré l'effort, bien ou mal conduit, mais cordial et gratuit, que j'ai fait pour mon pays.

### Bataille de Buzenval (19 janvier 1871).

Par cette périlleuse entreprise, dont tous les patriotes parisiens demandaient instamment l'exécution, qu'en réalité tous ne souhaitaient pas avec le même degré de conviction, j'allais mettre en pratique la célèbre maxime du bailli de Suffren, que j'avais eu présente à l'esprit pendant toute la durée du siège :

*Allez jusqu'à votre dernier coup de canon, c'est peut-être celui-là qui sera le salut.*

Le général Ducrot consacre la moitié d'un volume au récit détaillé de la bataille de Buzenval; à la critique encore plus détaillée de la conception, de la préparation, de l'exécution; à l'explication du retard qu'a mis à entrer en ligne la colonne qu'il commandait, et tous les autres retards : il cite à l'appui de ses jugements les préceptes de Napoléon. C'est militairement très scientifique, politiquement très passionné, et la pauvre garde nationale de Paris est là durement traitée.

Mais quoi! est-ce que les erreurs et les fautes commises, les retards (ceux du général Ducrot compris), les à-coups de toute sorte, ne s'expliquent pas d'eux-mêmes? Est-ce que dans les batailles de la Marne, qui ruinèrent sa popularité vis-à-vis des Parisiens, qui lui firent tant d'honneur à nos yeux; pour lesquelles il eut le choix du terrain, la préparation, la direction et l'exécution; où il disposait de l'élite entière de l'armée de Paris, sans l'intervention d'un seul peloton de la garde nationale, on ne relèverait pas les mêmes erreurs, les mêmes fautes de détail, les mêmes retards partiels très préjudiciables à l'action générale, les mêmes défaillances isolées, et finalement le même insuccès, avec une perte d'hommes trois fois plus considérable?

C'est que là, comme ici, tout ce désordre était, je le répète, dans *la force des choses,* et je crois fermement que la plus rigoureuse application des maximes de Napoléon et des autres grands capitaines n'y eût rien changé.
Cette force de choses est toute l'histoire des batailles de la Défense nationale en province et à Paris, histoire bien moins amère à l'orgueil militaire de notre pays que celle des batailles de Reischoffen, de Spickeren, de Sedan et de Metz. La Défense nationale n'avait à opposer à l'armée allemande, victorieuse de la véritable armée française, que des soldats de convention dont le bon vouloir patriotique ne suffisait pas à égaliser les chances absolument disproportionnées de la lutte.

Dans deux conseils de guerre, au milieu de beaucoup d'objections, de contradictions, de réclamations, le programme de la future bataille avait été fort disputé. Finalement, l'objectif accepté par tous les généraux présents fut Versailles, où nous avions l'espoir de surprendre le quartier général allemand par l'audace même de l'entreprise. Mais, fallait-il attaquer à gauche par les hauteurs de Châtillon, ou à droite par le plateau de la Bergerie en avant du mont Valérien ?

Le général Vinoy avait entraîné les votes du premier conseil dans le sens de l'attaque par Châtillon. Mais on a vu (lettre au général Ducrot) qu'au moment de l'exécution, l'attitude nettement négative d'un des divisionnaires du général Vinoy avait déterminé l'ajournement et rendu nécessaire la réunion d'un second conseil. Là, le général Berthaut fit prévaloir le plan de l'attaque par les hauteurs en avant du mont Valérien avec assez de force et de succès pour obtenir *l'unanimité des suffrages*.

Au fond, la question était discutable dans les deux sens, avec une part à peu près égale de chances favorables et de chances contraires. Ce qui m'importait à moi, c'était l'unanimité, au moins la presque unanimité des votes. Il ne faut pas perdre de vue que les officiers généraux sous mes ordres étaient arrivés à un degré de désespérance que quelques-uns ne dissimulaient plus, désespérance militairement très explicable, patriotiquement très regrettable, et qui tendait à rendre impossible le *va-tout* que nous allions jouer. Pour le réaliser, leur adhésion m'assurant leur libre concours m'était indispensable. C'est dans ces vues que, pour la première fois depuis le commencement du siège, je les avais réunis autour de moi en conseil avant l'action.

De la bataille de Buzenval, comme des autres engagements du siège, je ne ferai qu'un court récit (toujours le même), en m'abstenant par continuation de toute discussion technique. Il suffira pour en montrer la physionomie générale, qui se résume ainsi :

« De premiers efforts semblent réussir, et l'espoir entre

« dans tous les cœurs, l'ennemi prononçant sa retraite
« après une lutte plus ou moins soutenue.

« Il se replie sur de premières réserves postées dans des
« positions préparées pour la défense par la mousqueterie,
« dont les abords sont battus par une puissante artillerie
« établie à grande distance sous bois, abritée, invisible,
« que notre artillerie, péniblement arrivée sur les crêtes
« (quand elle y arrive), ne peut contre-battre qu'au jugé.

« Nouveaux efforts beaucoup plus meurtriers que les
« premiers. Ici ils réussissent, là ils échouent. Nos jeunes
« troupes s'étonnent et montrent un commencement d'hési-
« tation avec un commencement de désordre. L'ennemi,
« très exercé, profite de ce temps d'arrêt pour prendre
« l'offensive. Elle échoue une première fois, même une
« seconde fois sur les points où nous sommes solidement
« établis. Mais nous n'avançons plus.

« Quelques groupes, entraînés par leurs officiers, re-
« viennent à la charge contre des obstacles qui ont résisté
« jusque-là à tous leurs efforts. Ils sont décimés, leurs
« chefs succombent. La nuit approche et va accroître la
« confusion dans nos rangs. Il faut se résoudre à la retraite
« qui peut encore se faire avec ordre, et que l'ennemi, très
« éprouvé lui-même, n'est pas en mesure d'inquiéter. La
« bataille est perdue, et l'entreprise échoue. »

J'entre à présent dans quelques détails sommaires, qui ont particulièrement pour objet de montrer les difficultés que nous avions à vaincre, les mérites des troupes (soldats du siège et gardes nationaux) qui furent directement aux prises avec l'ennemi, les mérites de leurs officiers, de ceux-là surtout qui payèrent de leurs vies, quelques-unes précieuses au pays, leur patriotique dévouement.

L'attaque devait être soudaine, puisque son unique chance de réussite était dans la surprise de l'ennemi. S'imaginet-on ce qu'est une opération qui consiste à faire marcher la nuit, en plein hiver, par les voies boueuses et enchevêtrées les unes dans les autres, de la banlieue de Paris, plus de *cent mille hommes, avec leur artillerie,* cent mille hommes chargés de leurs armes, de leurs cartouches, des vivres du moment, et dont les plus novices arriveront exténués sur le terrain de la lutte ?

Bien avant que l'attaque ne commençât, de premiers effets de confusion se manifestaient. Les troupes se heurtaient à des convois de matériel. Le corps d'armée de gauche arrivait à pied d'œuvre bien avant celui du centre, et le corps de droite longtemps après les deux autres. Quels calculs de marche, quelles prévisions des états-majors auraient pu écarter ces inévitables complications? Moi-même, cheminant en voiture vers le mont Valérien, où mes officiers et mes chevaux m'attendaient depuis la veille, j'éprouvais un retard forcé de près d'une heure. Enfin, le signal de l'action était mal compris, et les attaques, au lieu d'être simultanées, se succédaient à intervalles, au préjudice de l'unité et de la solidarité des efforts.

Je m'étais établi au saillant du bastion le plus avancé vers le sud du mont Valérien. Il avait des vues directes sur toute l'étendue du champ de bataille, qui s'élevait en amphithéâtre devant moi. J'y avais fait disposer des fils électriques qui me mettaient en communication avec la station convenue des trois commandants de corps d'armée, et pendant une part de la journée je pus surveiller l'action et donner des ordres généraux, dans des conditions qui étaient, je pense, entièrement nouvelles.

En me postant là, j'avais dit aux officiers de mon état-major et de l'état-major de la garde nationale réunis autour de moi :

*Ne perdez pas un instant de vue le plateau où nos colonnes en ascension vont arriver et, j'espère, se maintenir. A l'heure où l'une d'elles serait rejetée dans la plaine, c'est là que seraient le péril et notre place, car les troupes restées sur les crêtes, sans point d'appui, pourraient être tournées par cette lacune formée dans la ligne de bataille, et enveloppées.*

Entre onze heures et midi, de la Seine au château et au parc de Buzenval, en passant par Saint-Cloud, par le fort inachevé de Montretout et en suivant la ligne des crêtes sur une étendue d'environ une lieue et demie, nous étions établis, non sans peine et non sans pertes, mais tout allait bien.

Dans la seconde période du combat, les troupes, marchant en avant à la suite de l'ennemi, se heurtaient, comme je l'ai dit, aux obstacles sans nombre derrière lesquels l'ennemi avait posté ses premières réserves, maisons d'habitation et clôtures en état de défense, murs crénelés précédés de fossés et d'abatis, etc. Sur presque toute la ligne, sauf en deux points, ce second combat d'infanterie, très disputé, tournait encore à notre avantage. Mais, dès que nos gens avaient dépassé leur conquête du moment, ils étaient accablés par l'artillerie invisible et très éloignée dont j'ai parlé. Notre élan était brisé, et c'est alors que l'ennemi, toutes ses réserves réunies, prenait l'offensive contre nous, et que commençait la troisième période de la bataille de Buzenval.

Si nous avions échoué dans nos attaques contre la Bergerie et l'obstacle de Longboyau, les Allemands échouaient à leur tour dans les attaques qu'ils répétaient pour nous déloger, et à deux heures de l'après-midi nous tenions encore partout sur les hauteurs, *mais défensivement*, et les rôles des combattants étaient intervertis.

Dès ce moment, sans défaite acquise, l'avenir de notre

entreprise était ruiné. Non seulement nos troupes n'étaient pas de force à ressaisir l'offensive, mais elles n'étaient pas de force à soutenir la défensive au delà d'un temps déterminé, comme à une heure de là j'en avais sous les yeux la preuve.

C'est dans cette deuxième et troisième période de la journée que se montrèrent d'admirables dévouements et que s'accomplirent nos grands sacrifices, bien moins grands par le nombre que par les mérites des hommes courageux qui périrent là. Tout entiers à la fièvre qui dévore notre vie sociale et politique, nous avons déjà oublié la plupart des noms des victimes du devoir patriotique, qui devraient être honorés à toujours dans notre pays :

Du vénérable marquis de Coriolis, soldat plus que septuagénaire ;

Du vaillant colonel de Rochebrune ;

Du grand peintre Henri Regnault, tous de la garde nationale de Paris ;

Du colonel de Montbrison et du capitaine de Laumière, morts héroïquement après une carrière de siège marquée par des actions d'éclat ;

Du sergent Gustave Lambert, l'éminent ingénieur, engagé volontaire dans l'infanterie pour la défense de Paris ;

Du lieutenant du génie Beau, portant, assuré d'être tué, jusqu'au pied de ce mur crénelé qui fut à notre droite l'obstacle infranchissable, la charge de dynamite qui devait le faire sauter.

J'étais à mon observatoire du mont Valérien, recevant et envoyant des télégrammes, quand vers trois heures de l'après-midi mes officiers me signalèrent, à la gauche de notre ligne, une véritable débandade. Un gros de troupes descendait des hauteurs dans un désordre significatif, et cette retraite précipitée laissait à découvert la brigade Avril de l'Enclos, qui tenait ferme sur les crêtes.

A l'instant je montais à cheval, et suivi de mon état-major, de celui de la garde nationale, à la tête duquel marchait le digne général Clément Thomas, j'arrivais au pied des hauteurs, trouvant les fuyards groupés en troupeau de moutons derrière quelques maisons d'habitation. Elles les abritaient du feu déjà vif des Allemands qui avaient pris leur place sur le plateau. Il s'agissait de la reprendre.

Ces découragés étaient des soldats d'infanterie et des mobiles. Leur chef, un général de brigade, me déclara nettement qu'il jugeait impossible, dans l'état de désarroi où ils étaient, de les ramener à l'ennemi...

J'avais encore sous la main, à couvert dans un chemin creux, le régiment des mobiles vendéens, qui s'étaient jusque-là bien montrés pendant le siège, sous le commandement du lieutenant-colonel Madelor, un officier dont j'étais sûr. Me postant au-dessus de leur abri, je leur dis à haute voix *le pourquoi et le comment* de ce qu'il y avait à faire, en leur annonçant que j'allais le faire avec eux. Ils s'émeuvent, se décident à sortir de leurs couverts, et nous voilà partis.

Je ne me rappelle pas sans intérêt ce singulier épisode de la guerre du siège, plus singulier peut-être encore que le commandement télégraphique que j'exerçais tout à l'heure.

Qu'on se figure l'ascension très lente, sous un feu très incommode, d'une troupe de jeunes soldats mobiles précédée de ses tirailleurs, que poussaient en avant, sans trêve, cinquante officiers à cheval, tout un grand état-major d'armée, dont la moitié (l'état-major de la garde nationale de Paris) n'était sans doute pas préparée à cette aventure et en subissait l'épreuve, à l'exemple du général Clément Thomas, avec un calme imperturbable.

L'entreprise suffit à son objet, et le bon vouloir des mobiles de la Vendée leur porta bonheur. La fusillade des Allemands, bien que très active, fut plus émouvante que meurtrière. Comme nous cheminions en gravissant la pente, ils tirèrent constamment trop haut et il y eut beaucoup plus de bruit que de mal.

Dans ce court retour offensif, un de mes officiers particuliers, le jeune de Langle de Cary, encore sous-lieutenant élève à l'École d'application d'état-major, — un presque adolescent, — courait en avant de moi, exhortant et poussant les tirailleurs vendéens avec une énergie qui eût fait honneur à un vétéran. Frappé d'une balle qui, pénétrant dans la poitrine, traversait le poumon et sortait par le dos, il a survécu à cette mortelle blessure. Il est aujourd'hui l'un des plus jeunes officiers supérieurs de l'armée. Avant de recevoir ce violent baptême du feu, il avait été le premier sujet dans nos deux écoles. C'est un officier du plus rare mérite. Je lui donne ici un souvenir spécial, moins pour honorer les débuts que je lui ai vu faire dans l'armée, que pour affirmer qu'il en atteindra de bonne heure le sommet si, pour le commandement, les politiciens cessent d'être préférés aux vrais hommes de guerre.

La nuit descendait sur ce champ de bataille qui devait être, pour l'armée de Paris, le dernier. Elle était à bout de forces et de moyens, la famine entrait dans la cité, il n'y avait plus à combattre, il n'y avait plus à espérer. C'est dans ces sentiments que, profondément attristé, non pas abattu, et consolé par la penséee que j'avais rempli, dans la mesure de mes facultés, tous les devoirs dont après Sedan j'avais accepté le fardeau, j'ordonnais la retraite.

L'ennemi ne l'inquiétait sur aucun des points de notre ligne, et elle se serait effectuée sans incident, si le général de brigade qui commandait à l'extrême gauche n'avait omis de comprendre dans ses ordres de retraite le colonel de Lareinty. Cet officier supérieur tenait contre les Allemands dans le parc et la villa Zimmermann de Saint-Cloud, avec un détachement de francs-tireurs des Ternes très remarqués pendant le siège, et de mobiles de la Loire-Inférieure. Cette petite troupe, entraînée par son énergique commandant, avait été toute la journée, très vigoureusement, à l'offensive. Enveloppée dans son réduit, elle dut capituler après une défense à outrance honorée par les Allemands.

———

Les commentateurs de la bataille de Buzenval, tous passionnés politiciens, l'ont plus ou moins violemment décriée dans son principe et dans son exécution. Ceux-là même qui, la veille, m'auraient déclaré félon si je ne l'avais pas livrée, s'écriaient le lendemain qu'elle était inutile et me dénonçaient comme un grand coupable. Ils déshonoraient Bazaine pour n'avoir pas combattu, jusqu'à épuisement de forces et de moyens, autour d'une place encore approvisionnée. Ils m'incriminaient pour avoir combattu, jusqu'à épuisement de forces et de moyens, autour de la capitale française affamée. Justice des temps !

Sans les haines des partis et s'il y avait encore en France un esprit public, cette bataille de Buzenval où soixante mille Français érigés en soldats pour cette guerre et cinquante mille citoyens de Paris érigés en soldats pour cette journée, combattirent honorablement, après les épreuves d'un siège de quatre mois, l'armée allemande retranchée dans de fortes positions, eût pris la place qui lui était due dans l'histoire des grands efforts et des grands dévouements nationaux. Elle n'a rencontré dans la légende politicienne que des récriminations ou des railleries. Décadence!

Ces offenses à la vérité et à la justice allaient être dépassées par l'incident qui suit :

A l'égard des morts, des blessés qui gisaient sur le champ de bataille, j'avais à remplir des *devoirs impérieux, d'un caractère particulier et tout à fait nouveau dans les habitudes de la guerre.* Les devoirs ordinaires d'un général en chef après la bataille sont de se substituer autant qu'il le peut aux familles absentes, en faisant procéder à l'inhumation des morts et à l'enlèvement des blessés par les moyens dont il dispose, avec le consentement de l'ennemi quand il entoure le théâtre de l'engagement.

A Buzenval *les familles n'étaient pas absentes.* C'était sous les yeux de la population qu'une part de la population venait de combattre (elle ne comptait pas moins de quinze cents morts ou blessés), et tout à l'heure ces familles allaient venir dans les angoisses les plus légitimes interroger le champ de bataille, sans souci de la présence de l'ennemi, et réclamer à bon droit les moyens de ramener dans Paris non seulement leurs blessés, mais leurs morts!

Dans cette douloureuse préoccupation, j'allais m'établir au mont Valérien, et là, après avoir pourvu aux exigences militaires les plus pressantes de la nuit et du lendemain, j'adressais au chef d'état-major général de l'armée à Paris un télégramme qui se terminait ainsi :

« Il faut parlementer d'urgence à Sèvres pour un armis-
« tice de deux ou trois jours qui permette l'enlèvement des
« blessés, l'enterrement et l'enlèvement des morts. Il faudra

« pour cela du temps, des efforts, des voitures très solide-
« ment attelées (à cause de l'état du terrain et des che-
« mins) et beaucoup de brancardiers.

« Ne perdez pas de temps pour agir dans ce sens. »

Le gouvernement, qui se faisait remettre toute ma correspondance télégraphique, se saisissait de ces ordres adressés nominativement au général Schmitz et les rendait publics. Pourquoi cette publicité inattendue et pour le moins intempestive ? Pour séparer sa cause de la mienne devenue très critique vis-à-vis des foules et me livrer à leur discussion.

A l'instant, le clubisme et le journalisme s'emparaient du télégramme affiché. En termes violents ou solennels, ils le déclaraient *criminel. Il n'avait évidemment pas d'autre but que de terrifier l'énergique et généreuse population de Paris, en la préparant à la honteuse capitulation que mon insuffisance rendait inévitable et qui était mon objectif bien connu !*

Voilà comment, au sujet de ce télégramme, furent travestis et calomniés, non pas seulement par les démagogues, mais par les conservateurs adversaires de la Défense nationale au titre de l'empire, les sentiments les plus naturels, les plus humains, les plus respectables. Cela n'est pas nouveau dans l'existence des nations, mais ne se rencontre, je pense, que chez celles dont les révolutions ont altéré le sens moral par les colères de parti à parti et par l'abaissement des caractères.

La bataille de Buzenval fut de beaucoup la moins meurtrière de toutes les grandes luttes du siège de Paris. Les troupes successivement lancées à l'assaut des défenses allemandes, et celles qui durent s'y maintenir contre les retours offensifs des réserves de l'ennemi, furent seules éprouvées.

Les autres, établies sur les pentes, presque toujours en contre-bas du feu, en souffrirent peu.

On a dit et écrit que la garde nationale avait eu là un rôle d'empêchement bien plus qu'un rôle d'assistance, et, sur ce thème, les commentaires malveillants ou railleurs n'ont pas manqué. Ils sont absolument contraires à la vérité et à l'équité. La garde nationale ne pouvait prétendre à l'expérience du combat, et quelques-uns de ses groupes montrèrent au feu de l'*ahurissement*. Nulle part il n'y eut de *débandade;* et la seule troupe qui lâcha pied fut la brigade d'infanterie et de mobiles dont la retraite en désordre m'obligea, comme je l'ai dit, à intervenir personnellement pour la faire relever à son poste par les Vendéens.

Les gardes nationaux montrèrent généralement, en dépit de leur insuffisance militaire, beaucoup de bon vouloir et de fermeté. Plusieurs de leurs bataillons, engagés dans les attaques et ensuite dans la défense, se signalèrent par leur énergie, et j'oppose à leurs détracteurs une statistique qui prouve que ces soldats-citoyens ne s'épargnèrent pas à la peine et méritèrent une place à l'honneur.

| | |
|---|---|
| Officiers supérieurs tués. . . . . . . . . . . . . | 4 en tout. |
| (De la garde nationale). . . . . . . . . . . . . | 2 |
| Capitaines tués. . . . . . . . . . . . . . . . | 25 en tout. |
| (De la garde nationale) . . . . . . . . . . . . | 9 |
| Lieutenants tués . . . . . . . . . . . . . . . | 14 en tout. |
| (De la garde nationale) . . . . . . . . . . . . | 9 |
| Sous-lieutenants tués. . . . . . . . . . . . . . | 13 en tout. |
| (De la garde nationale) . . . . . . . . . . . . | 7 |

Je n'ajoute rien à ce frappant tableau qui fait voir : 1° que nos pertes en officiers furent très restreintes ; 2° que celles de la garde nationale furent à peu près égales à celles de l'armée, que la légende représente comme ayant porté presque tout le poids de la journée.

## Souvenir aux morts.

#### OFFICIERS TUÉS A LA BATAILLE DE BUZENVAL

*Le colonel :*
de Montbrison.

*Le lieutenant-colonel :*
de Rochebrune (garde nationale).

*Les chefs de bataillon :*
Bernard,
Boularon (garde nationale).

*Les capitaines :*
de Murat,
Gérodias,
Canu,
Montheil,
Lebonnois,
Sourdon (garde nationale),
Barbier,
Sallangau,
Gaillac,
Darribère,
Pithois,
Faivre (garde nationale),
Goeb —
Mangin,
Cassou,
de Laumière,
Conchet (garde nationale),
Hersant, —
Touraille, —
Hardel,
Deffuas, —
Brochard (garde nationale),
Huvet —

*Les capitaines :*
Junemann (garde nationale).
Péloux.

*Les lieutenants :*
Gontier,
Bonaffe,
Monteil,
Duboscq (garde nationale),
Ambacher —
Debacker —
Sara —
Junat —
Piron,
Serranier,
Seveste (garde nationale),
Valette,
Guillon (garde nationale).
Giroux —

*Les sous-lieutenants :*
de Geffrier,
Petion (garde nationale),
Bayle, —
d'Estournel —
Boissonnoux,
Mandemant (garde nationale),
Jourdain, —
Bay, —
de Richoufftz,
Chiez,
Hochley,
Poupier,
Castéres (garde nationale).

# CHAPITRE XVI

LES ÉVÉNEMENTS POLITIQUES ET MILITAIRES DE JANVIER (SUITE)

### Après la bataille.

La bataille de Buzenval devait avoir des effets très divers et très profonds :

1° Elle m'achevait, je n'ai pas à le dire, vis-à-vis du gouvernement et de l'opinion ;

2° Elle achevait le gouvernement lui-même, qui, ne se sentant plus maître de rien, allait associer, non plus accidentellement comme il était arrivé jusque-là, mais définitivement, les maires de Paris à ses résolutions. Il espérait trouver auprès d'eux, qui représentaient une république beaucoup plus radicale que la sienne, un point d'appui contre la foule surexcitée ;

3° Elle frappait de stupeur les bons citoyens, les jetait dans un découragement absolu et leur faisait perdre le reste de l'autorité incertaine et disputée qu'ils avaient eue jusque-là dans Paris ;

4° Elle faisait passer la démagogie de l'affolement au délire, et d'os à ronger, il n'y en avait plus d'autre à lui jeter que la personne et le commandement militaire du gouverneur de Paris.

Le gouvernement réuni aux maires (j'étais encore au mont Valérien, donnant une direction aux troupes, aux ambulances et aux services hospitaliers qui affluaient) décidait que ma disparition, comme directeur des opérations militaires, était la grande nécessité du moment ;

Que Paris avait devant la France l'impérieux devoir de renouveler l'effort qui venait d'échouer, sous un autre chef militaire dont le choix serait l'objet d'une délibération spéciale ;

Que mon remplacement dans le commandement donnerait satisfaction à un intérêt très pressant, celui de conjurer les mouvements populaires qui semblaient à la veille d'éclater dans Paris.

Qu'on ne me fasse pas le tort, en lisant ce récit, de croire qu'informé de ces dispositions, j'eusse l'ombre d'un sentiment d'amertume contre le gouvernement de la Défense aux prises avec les périls et les responsabilités qui l'accablaient. La situation, — angoisses patriotiques, fureurs démagogiques, redoublement du bombardement de Paris, famine, — était effrayante et faite pour troubler les âmes les plus fermes. Je jugeais, je juge encore, que le gouvernement aux abois ne pouvait, quoi qu'il en eût, agir mieux ni autrement qu'il agissait.

Des généraux furent appelés, et, quand gouvernants et maires se furent heurtés à leurs négations unanimes au sujet des projets de bataille en cours, des colonels, des lieutenants-colonels, des chefs de bataillon remplacèrent les généraux pour cette étonnante consultation. Même attitude négative, avec cette aggravation que quelques-uns de ces officiers firent, paraît-il, à leurs consultants la déclaration que toute portion de l'armée de Paris qui par miracle percerait en quelque point les lignes allemandes serait vouée, à dater du lendemain, à une destruction certaine.

En dehors du gouvernement, la conception de la *sortie torrentielle* reparut. Les vaillants adjuraient la république *de confier au génie patriotique du peuple la mission de délivrance dont étaient incapables les généraux de l'empire.*

## Révoqué de mon commandement.

Revenu du mont Valérien où ma présence n'était plus utile, j'étais convié à m'expliquer sur la situation militaire et sur mes intentions personnelles. Très nettement, j'exposais à l'assemblée formée des membres du gouvernement et des maires, *que la situation militaire était perdue et que je me refusais formellement à assumer la responsabilité de tout engagement nouveau qui serait une tuerie sans but militairement justifiable.*

A cette déclaration répondaient, du côté des maires, des exclamations qui me mirent immédiatement et personnellement en cause. Quelques-uns (les modérés), avec une déférence parfaite, quelques autres (les avancés), avec un sentiment d'hostilité caractérisée, me dirent, les uns, qu'il semblait difficile, les autres, qu'il était impossible, que dans les conditions que je venais d'exprimer, le commandement militaire ne changeât pas de mains. Comme précédemment, les maires anarchistes s'étaient abstenus de paraître à cette conférence où MM. Tirard et Clémenceau furent, comme toujours, mes opposants déclarés.

A tous je répondais que personne n'était plus pénétré que moi de la nécessité du changement qu'ils souhaitaient ou réclamaient; que je me refusais absolument, dans une pensée de devoir public et dans une préoccupation de dignité personnelle, à donner ma démission, mais que j'étais prêt à la recevoir d'une décision du gouvernement.

Cette décision rendue, les embarras, la perplexité du gouvernement n'en étaient pas diminués. Et d'abord, quel était le successeur qu'il convenait de me donner? Le général Le Flô, ministre de la guerre, à qui semblait devoir revenir ce déplorable héritage que lui offrait l'unanimité du conseil, le refusait formellement. Ce fut l'ex-gouverneur de Paris, ex-commandant en chef, qui intervint pour fixer les incertitudes gouvernementales.

Par des raisons que je n'ai pas à dire ici, je jugeais que le général Vinoy était, entre tous les divisionnaires de l'armée de Paris, le seul qui voulût accepter un tel mandat. Il était leur doyen. M. Jules Favre, qui considérait sa retraite fameuse de Mézières, au début de la guerre, comme un acte militaire révélateur des plus hautes facultés de commandement, appuya très vivement l'avis que je donnais de le bombarder mon successeur. Il le fut.

C'est au milieu même de cette crise (21-22 janvier) que le gouvernement fut comme achevé par deux entreprises démagogiques à main armée, dont j'ai déjà parlé : *l'enlèvement de Flourens* et de quelques dangereux sectaires détenus avec lui à Mazas, et *l'attaque de l'Hôtel de Ville par les anarchistes de Sapia!*

### Je garde la présidence.

J'étais résolu à disparaître, et cette résolution était logique, car je n'avais accepté au 4 septembre le mandat de la présidence que pour assurer au gouvernement de la Défense nationale, devant l'invasion, le concours de l'armée. Mon rôle de président, qui n'avait guère été que nominal, finissait avec mon rôle de commandant d'armée, le seul qui eût été effectif. Je gardais pourtant le premier, si dépourvu d'autorité et d'utilité qu'il fût désormais, cédant moins aux instances, qui me touchaient peu, de mes collègues en gouvernement, qu'à la pensée de la détresse où étaient le pays et Paris.

Il me semblait que l'honneur m'obligeait à rester lié jusqu'à la fin de la tempête aux solidarités, aux responsabilités que j'avais, dès son commencement, librement assumées. Et puis, le dirai-je, au sacrifice d'amour-propre que je croyais faire en gardant la présidence après ma révocation, s'ajoutait celui-là, que j'en avais naguère refusé le traitement, que je n'avais plus celui de commandant en chef, gouverneur de Paris, qu'ainsi c'était dans des conditions de gratuité, non plus relative comme autrefois, mais absolue, que j'allais exercer le semblant de pouvoir que je consentais à retenir. Cela me soulageait.

---

### Préliminaires des négociations à Versailles.

Si ma situation devenait secondaire, elle me laissait beaucoup plus de liberté d'esprit. Dégagé des travaux et des soucis du commandement, je m'appliquais plus assidûment aux devoirs du gouvernement. De tous, le plus important et le plus pressant à mes yeux, c'était de faire prévaloir contre les « patriotes » que j'appelais *les braillards de la guerre,* et qui s'y montraient d'autant plus ardents qu'ils la savaient devenue plus impossible, l'urgence à présent inéluctable de la capitulation. Paris mourait de faim.

— Il faut dire *négociations pour un armistice,* objectaient mes collègues.

— Oui, ce sera notre euphémisme gouvernemental vis-à-vis des Parisiens ; mais soyez sûrs que lorsqu'une cité renfermant deux millions et demi d'habitants, qui vont notoirement mourir de faim, entre en *négociations pour un armistice, elle capitule, et capitule à merci.* C'est une cruelle réalité dont il faut que nous sachions envisager les effets.

Les déclarations de la statistique officielle, très incertaines, évaluaient à huit, à dix, peut-être à douze jours, au moment où nous échangions ces explications en conseil, les moyens d'existence, — déplorable existence, — qui restaient à Paris !

J'ai consacré à M. Jules Favre, qui fut notre négociateur à Versailles, dans le rôle de victime expiatoire qu'il avait librement voulu, une notice spéciale qui me dispense d'entrer ici dans les détails fort connus et commentés contre lui avec une insigne malveillance de sa douloureuse et courageuse mission. Je crois avoir été, en cette occasion et en beaucoup d'autres, plus équitable pour lui qu'il ne l'a été pour moi au temps où nous étions en présence, et depuis. C'est la caractéristique de nos deux tempéraments.

Je me bornerai à rappeler quelques-unes des phases et des conséquences de ces négociations où j'intervins activement pour servir, autant qu'il était en moi, ceux des intérêts du moment qui, me paraissant d'importance supérieure, étaient le plus en péril.

M. Jules Favre allait partir pour Versailles. Il s'agissait de lui donner des instructions. Quelles instructions? L'armistice à régler ne devait-il comprendre que Paris et ses forts? N'était-il pas sage, même nécessaire, de l'étendre aux armées de province? Que pourraient désormais ces armées sans Paris? Dans tous les cas, quelles conditions pourraient être consenties, quelles conditions devaient être rejetées par notre délégué?

On croira sans peine qu'il y eut dans le conseil, où siégeaient tant d'habiles avocats, de longs débats autour de ces insolubles questions.

— A quoi, leur disais-je, vos discussions peuvent-elles aboutir? à cette attristante autant qu'inévitable formule qui résume toutes les instructions que peuvent donner, dans l'état où nous sommes, des gouvernants qu'accablent leurs incertitudes, leur perplexité et le sentiment de leur impuissance :

*Faites pour le mieux, mais ne statuez pas sur le principal sans nous en avoir référé.*

Ces brèves instructions, déjà de circonstance le 7 octobre précédent, M. Gambetta, partant de Paris en ballon, les avait emportées à Tours. Mais il s'abstint, sur le principal, de nous en référer, et il fit bien. Le referendum, je l'ai dit, aurait frappé d'impossibilité la Défense nationale en province.

## Le général Chanzy
### et la continuation de la guerre en province.

Délibérant sur la question fondamentale de l'extension, au pays tout entier et à toutes les armées, des négociations qui s'ouvraient à Versailles pour Paris et pour l'armée de Paris, le conseil avait unanimement reconnu qu'il ne pouvait statuer sans l'avis préalable et l'acquiescement des généraux en chef encore en opérations. On sait pourquoi le général Chanzy fut le seul à se rendre à cette convocation, et quelles conséquences, expliquées dans ma notice sur M. Jules Favre, eut l'abstention forcée du général Bourbaki.

De la gare d'arrivée à Paris, le général Chanzy venait directement au Louvre pour conférer avec moi. Après des explications, qui me parurent très sincères, sur la défaite de ses troupes au Mans, sur les effets de découragement et de dispersion qu'elle avait eus pour une part de ses effectifs, il n'hésitait pas un instant à exprimer l'opinion que l'effort de la Défense nationale en province ne pouvait pas être continué, et que par conséquent toutes les armées devaient être comprises dans l'armistice en négociation.

Pendant cet entretien, j'avais invité les membres du gouvernement à se réunir, et je leur présentais le général Chanzy, qui renouvelait devant eux ses déclarations. Elles fixèrent leurs hésitations, et le résultat de cette conférence officielle fut *la résolution de comprendre toutes les armées dans les négociations en cours.*

Immédiatement après, j'avais avec le général un autre échange de vues, d'un caractère exclusivement militaire. Il s'agissait d'envisager le cas où seraient rompues les négociations pour les armées de province, dont le sort n'était pas lié, comme celui de l'armée de Paris, au sort de la capitale affamée.

Il fut entendu que, cette éventualité se présentant, l'armée de la Loire prendrait la position stratégique suivante :

« Sa gauche vers Bordeaux pour assurer ses communica-
« tions avec la mer; son centre adossé aux montagnes de
« l'Auvergne; sa droite s'étendant dans la direction de
« Lyon. L'ensemble formerait une ligne défensive oblique
« contre l'invasion du sud, ligne qui serait prolongée vers

« l'est par l'armée du général Bourbaki. Le service en serait
« fait par le chemin de fer de Bordeaux à Lyon, et de Lyon
« aux Alpes. »

Par ces échanges très courts, mais caractéristiques, que le gouvernement avait eus, que j'avais eus moi-même à Paris avec le général Chanzy, on jugera que je n'avais pas été préparé à le voir voter plus tard à Bordeaux, avec quelques rares adhérents, la continuation de la guerre. L'armée du général Bourbaki avait cherché, après sa désorganisation, un refuge en Suisse ; celle du général Chanzy avait perdu toute cohésion ; il n'y avait plus, en fait, de défense nationale, et pour le pays la continuation de la guerre c'était la destruction pièce à pièce.

Le général Chanzy, votant pour la guerre, était absolument assuré de n'être pas pris au mot. Il achetait par conséquent à bon compte la gloire de s'entendre dire, jusqu'à la fin de sa vie, qu'il avait été, entre nous tous, *le dernier à désespérer des destinées de la patrie*. Depuis bien longtemps d'ailleurs, et de bon cœur, je lui ai pardonné cet écart, m'associant à tous les regrets que sa mort prématurée a provoqués dans le pays. J'ai tant de fois constaté, au cours d'une longue carrière, que la France, qui a la richesse des talents, a l'indigence absolue des caractères !

---

### M. Jules Favre a Versailles.

M. Jules Favre traitait à Versailles, muni d'un pouvoir *ad referendum*, signé de tous les membres du gouvernement. S'il n'y était pas à l'aise, nous étions aux prises dans Paris avec de grands périls. Le volcan populaire grondait partout, et il entrait çà et là en éruption. De notre armée de siège, les habitudes de discipline relative disparaissaient graduellement. Des soldats, des marins, entraînés par la démagogie, manifestaient avec elle dans la rue. Qu'adviendrait-il de Paris si, conformément aux usages de la guerre, l'une des conditions de la capitulation était le désarmement général et absolu des troupes ?

C'est obsédé par de tels soucis que j'adressais à M. Jules Favre, pour être mise sous les yeux des négociateurs allemands, la lettre qui suit :

« Paris, 27 janvier 1871.

« Mon cher collègue,

« Nous sommes en présence du problème le plus doulou-
« reux pour nous, le plus redoutable pour tous. Il touche
« à des questions qui assurément nous accablent, mais
« qui intéressent aussi à un haut degré l'armée allemande
« et les vues politiques de l'Allemagne quelles qu'elles
« soient.

« L'agitation des esprits dans Paris, à l'annonce des né-
« gociations, les protestations de la marine et de l'armée,
« qui se produisent sur quelques points et qui se font jour
« dans la presse, disent assez en face de quels périls va se
« trouver la convention qui se discute à Versailles, périls
« sociaux, périls politiques, et nous verrons peut-être la
« solution de ces grands intérêts tout à coup remise aux
« foules pour le présent et pour l'avenir !

« Je me persuade que M. le comte de Bismarck et les
« chefs de l'armée allemande se rendront compte de cette
« terrible situation. J'estime que le plus gros de ces périls
« pourrait être écarté, si le *statu quo* était maintenu pour
« la garnison de Paris et pour celle des forts, c'est-à-dire

« si elles conservaient leurs armes et concouraient avec la
« garde nationale au maintien de la paix publique, disposi-
« tion qui paraîtrait d'ailleurs propre à apaiser les esprits.

« Nos adversaires méconnaîtraient mon caractère et mes
« intentions, s'ils croyaient que j'insiste ici pour obtenir
« ce qu'on appelle « des conditions meilleures ». C'est dans
« un sentiment profond des catastrophes que tout notre
« patriotisme et toute notre fermeté ne pourraient conju-
« rer, que je vous adresse ces réflexions à la dernière
« heure.

« Général TROCHU. »

Par cette lettre, expression sincère de mes cruels soucis du moment, on voit que j'avais comme le pressentiment du criminel soulèvement qui ne devait se produire qu'à six semaines de là dans Paris, et qui, à l'heure présente, aurait mis fin aux négociations en livrant la France à l'ennemi par l'anarchie.

Fut-elle prise en considération par les Allemands ? Je ne sais. Peut-être contribua-t-elle à nous faire obtenir d'eux la concession de haute importance, bien que plus restreinte que celle que je demandais, de laisser en armes dans Paris une *division tout entière* (qui fut celle du général Farron, l'un des plus énergiques officiers du siège) et tous les corps de gendarmerie (garde municipale et légion de gendarmerie de la Seine).

En général, les Allemands, dans leurs échanges avec nous, produisaient d'abord des exigences énormes, pour se rabattre sur des exigences encore dures, mais bien moins dures; c'était leur manière de faire preuve de modération. Je viens de rappeler la profitable concession qu'ils nous avaient faite pour le désarmement des troupes. Encore plus grande fut celle qu'ils avaient consentie pour la contribution de guerre de la ville de Paris, fixée à un milliard, réduite à deux cents millions.

Je ne m'arrêterai pas longtemps à la querelle ridicule qu'au sujet du désarmement de la garde nationale, la commission d'enquête fit à M. Jules Favre et qu'il se fit, dit-on, à lui-même, en demandant du haut de la tribune *pardon à Dieu et aux hommes* d'avoir voulu que ce désarmement n'eût pas lieu.

Déposant devant cette commission qui s'acharnait sur ce grief, j'avais cherché à lui faire comprendre que ni M. de Bismarck, ni M. Jules Favre, ni personne, n'auraient pu faire que le désarmement de la garde nationale de Paris s'opérât effectivement ; qu'on désarme des troupes qui sont réunies, casernées ; qu'on ne peut pas désarmer des centaines de mille hommes répandus, chacun avec ses armes, dans toutes les maisons d'une grande capitale, et qu'à cette besogne la totalité de l'armée d'invasion n'aurait pas suffi.

*C'est elle qu'il en fallait charger,* me dit l'un des membres ultra-conservateurs de cet étrange tribunal parlementaire[1].

Voilà où en étaient les sentiments de dignité patriotique chez plusieurs de ces juges, dominés par les passions de la croisade exclusivement politique qu'à la suite de M. Daru ils menaient contre le gouvernement de la Défense nationale et la république.

---

[1] Procès-verbaux sténographiés de la commission d'enquête.

### Le bombardement pendant les négociations.

J'ai dit qu'au cours des négociations qui étaient pour les Allemands, après plus de quatre mois de siège, la marque de notre épuisement et le gage de la cessation forcée de la lutte, ils avaient continué le bombardement. Ils en avaient même, à certains moments, redoublé l'activité, et nous comptions une moyenne de dix tués ou blessés par jour. Du 26 au 27 janvier, — à la veille de la signature de l'armistice du 28, — de sept à onze heures du soir, les quartiers de Montparnasse, Luxembourg, Panthéon, Val-de-Grâce, Grenelle, Montrouge, avaient vu pleuvoir les obus et l'incendie s'allumer sur divers points. Enfin le 28, — jour de la signature, — la ville de Saint-Cloud était en feu.

Ces faits sont caractéristiques. Non pas caractéristiques « de la barbarie des Allemands », comme nous disons en France avec plus de colère que de justesse, mais caractéristiques *de la différence de tempérament* des deux nations.

En France (je ne remonte pas dans l'histoire moderne jusqu'à nos incendies du Palatinat), il nous plaît d'oublier les sévices dont nos soldats, de 1805 à 1813, ont laissé le souvenir en Allemagne. Là, généralement, c'était de soldats français tombés dans le relâchement disciplinaire, *des fricoteurs*, comme les appelait le maréchal Bugeaud qui les avait vus à l'œuvre, que venait l'oppression du pays. Elle venait, dans la France envahie, du commandement allemand qui, jugeant une exécution utile et nécessaire, y procédait *inflexiblement* et *méthodiquement* par des ordres auxquels des soldats merveilleusement disciplinés donnaient la suite voulue.

En ce qui concerne Paris, il avait admis, — se trompant absolument, comme je l'ai démontré, — que pour accélérer les négociations et la reddition, le bombardement était un argument topique. Nous, mis à la place des Allemands, nous l'aurions discontinué, les négociations ouvertes. Eux l'activaient.

---

### Les événements politiques et militaires de février. — L'incartade de M. Gambetta.

Un événement se préparait, qui allait prendre place parmi les plus considérables de cette période du siège et faire, — c'est au moins mon sentiment, — beaucoup d'honneur à la clairvoyance, au libéralisme, à la fermeté du gouvernement de la Défense. Cet événement est peut-être le seul, de tous ceux auxquels j'ai dû participer pendant le cours de ma présidence, sur le terrain politique, qui m'ait laissé des souvenirs exempts de mécontentement et de regrets.

C'est de Paris qu'au sujet de nos efforts pour la fin de la guerre nous attendions la révolte, c'est de Bordeaux qu'elle nous vint.

Le midi de la France n'avait pas été, comme le nord, épuisé par les luttes, par les souffrances de l'invasion, et ce milieu semblait favorable aux vues généreuses, mais folles, de M. Gambetta, qui rêvait la continuation de la guerre à outrance.

La reddition de Paris l'avait mis hors de lui. Recevant du gouvernement la notification de l'armistice, avec l'ordre d'en transmettre l'avis et d'en faire connaître les conditions à toutes les armées et à tous les départements, il n'avait pas pu se dispenser de l'exécuter. Mais, recevant en même temps le décret qui statuait sur toutes les questions relatives à l'élection d'une Assemblée nationale et à sa convocation à Bordeaux, il y répondait plus que hardiment par un décret complémentaire plus qu'imprévu. Ce décret frappait d'inéligibilité, comme on sait, de nombreuses catégories de citoyens jugés compromis par suite des positions qu'ils avaient occupées ou du rôle qu'ils avaient joué au temps de l'empire.

Parmi nous, ce fut une stupeur. Son effet, contrairement à ce qu'on aurait pu attendre d'un gouvernement constitué comme le nôtre, fut de réunir les républicains, les plus et les moins avancés, aux conservateurs (les généraux Le Flô et Trochu), dans un commun sentiment de réprobation indignée. Pour en avoir l'explication, il faut considérer que la république, jusque-là presque exclusivement militante devant l'invasion, n'avait pas habitué les esprits autant qu'ils le sont aujourd'hui à son système de *gouvernement par épuration*. Cette épuration du suffrage universel, — à laquelle on peut croire que les esprits de nos successeurs devront s'habituer, — parut, en 1871, un attentat.

De ces vives impressions sortit une proclamation (4 février 1871) portant décret d'annulation de cet acte si dangereux et si osé de notre délégation provinciale, signée par tous les membres du gouvernement et par tous les ministres. Son texte était en quelques points une charte de libéralisme moderne en matière d'élection et du respect du droit. Elle aurait mérité au gouvernement de la Défense, dans des temps d'impartialité, le pardon des erreurs et des fautes qu'il avait commises pendant le cours de sa redoutable gestion.

Je ne referai pas l'histoire de la mission de notre collègue M. Jules Simon à Bordeaux. Il n'avait pas seulement de pleins pouvoirs pour agir dans le sens du redressement que nous poursuivions. Nous l'avions muni, par surcroît, d'une cédule qui, le mettant en demeure et en mesure de briser les résistances qu'il rencontrerait, l'autorisait à procéder *manu militari* et à faire saisir, s'il le jugeait indispensable, la personne de M. Gambetta, devenu dictateur politique comme il avait été dictateur militaire.

On sait qu'avec beaucoup de tact, de mesure, de décision aussi, M. Jules Simon put accomplir son difficile mandat dont l'insuccès aurait provoqué un commencement de guerre civile. Il y fut aidé, je dois le dire, par M. Gambetta lui-même, dont le patriotisme recula devant un déplorable et dangereux conflit auquel il mit fin en disparaissant.

Cette disparition a été raillée et insultée selon la loi des temps, elle méritait mieux. Elle était la solution, — très dommageable à l'amour-propre du dictateur, en raison de sa grande popularité, — d'un problème devenu menaçant pour la paix publique, alors que nous étions encore loin de la paix avec l'ennemi.

Je n'ai pas à dire ici le rôle particulier que j'avais eu dans le gouvernement pendant cette crise, mais j'attache quelque prix à la révélation de l'incident dont je vais exposer les détails.

Le comte de Bismarck, qui disposait des télégraphes aboutissant à Paris, avait été naturellement informé avant nous de l'écart auquel s'était laissé aller M. Gambetta, en l'accompagnant de considérants où il *exprimait son mécontentement et ses vues sur la continuation de la guerre.*

A l'instant, sans aucun égard pour le gouvernement central dont M. Gambetta était le subordonné, sans aucun souci de la situation qu'il faisait à ce gouvernement vis-à-vis de l'opinion française en passant par-dessus lui pour atteindre le subordonné, le comte de Bismarck le prenait directement et durement à partie. M. Gambetta lui répondait délibérément, et le chancelier de l'empire allemand rendait publique cette correspondance extra-gouvernementale! La démagogie et les partis s'en emparaient pour montrer, en termes violents, que le gouvernement de la Défense, qui venait d'exécuter spontanément, librement et avec quelque fermeté, son subordonné, *n'avait été là que le complaisant des volontés du comte de Bismarck.*

De cette indigne calomnie, je fus outré. Personne mieux que moi ne se rendait compte de l'antipathie, du dédain de ce haut personnage pour le gouvernement de la Défense, *mais enfin, en ce moment même, il traitait avec lui.* Ce gouvernement était la faible et unique barrière capable d'arrêter, au milieu des passions enflammées qui s'agitaient autour de lui, l'explosion de la guerre civile et de l'anarchie que, dans la grande opinion que j'avais du comte de Bismarck, je me refusais absolument à croire qu'il pût chercher pour l'achèvement de notre ruine.

En cet état d'esprit, et considérant que des échanges personnels venaient de s'établir entre le chancelier et M. Gambetta, je jugeai que je pouvais, moi aussi, y prétendre à titre de protestation contre la situation qui nous était faite. J'écrivais au comte de Bismarck la lettre suivante :

### Ma lettre de protestation au comte de Bismarck.

« Paris, le 6 février 1871.

« *A son Excellence monsieur le comte de Bismarck.*

« Monsieur le comte,

« J'ai cherché à défendre mon pays. Ce devoir rempli,
« j'ai voulu, quoique vaincu et éloigné du commandement,

« rester dans le gouvernement pour avoir jusqu'à la fin
« la part de responsabilité que j'avais assumée.

« Ce gouvernement a fait devant vous de grands efforts,
« pleins de périls, pour sauver Paris des horreurs de la
« faim et mettre la France en possession de son droit de
« statuer elle-même sur son sort par une assemblée libre-
« ment élue. Sur ce terrain, il a rencontré la démagogie
« et la combat énergiquement, résolu à fonder la répu-
« blique sur le respect de la loi et des droits de tous.

« Votre Excellence, en publiant sa correspondance avec
« M. Jules Favre, *en écrivant directement à M. Gambetta*
« *en dehors du gouvernement*, a ruiné notre autorité morale.
« Nos adversaires, s'emparant des armes que vous leur
« avez offertes contre nous, nous accablent. Notre patrio-
« tique dévouement ne nous est plus compté. Nous avons
« l'apparence, si contraire à la réalité, d'être les instru-
« ments dociles de votre politique. En fait, nous sommes
« et demeurons vos ennemis, mais des ennemis loyaux,
« fidèles aux engagements qu'ils ont pris pour soustraire la
« France à de plus grandes calamités.

« Ce n'est pas l'heure de déserter la lutte, et pourtant je
« me sens fatalement entraîné vers cette extrémité par la
« situation que vous nous avez faite. Je confie à votre
« honneur, dans cette lettre d'un caractère tout personnel,
« le secret de la profonde douleur où je suis.

« Je vous offre, monsieur le comte, l'expression de ma
« haute considération.

« Général Trochu. »

### La réponse du comte de Bismarck.

A cette lettre, le comte de Bismarck faisait la réponse suivante :

« Versailles, le (quantième omis) février 1871.

« *A son Excellence le général Trochu.*

« Général,

« J'ai reçu la lettre que Votre Excellence m'a fait l'hon-
« neur de m'adresser, et je la remercie de ce témoignage
« de confiance dont j'apprécie pleinement la franchise.

« Les événements ont créé une situation difficile, en
« affaiblissant l'autorité du gouvernement et de tout autre
« que la France pourrait se donner. Ce n'est pas de ma
« vocation de remonter à l'origine et de constater la part
« de responsabilité qui revient à chacun dans ce résultat;
« mais ma conduite ne peut être guidée que par mon
« appréciation des intérêts politiques qui me sont confiés
« et qui me font désirer de ne pas aggraver les difficultés
« que vous avez à combattre.

« La situation, laquelle il y a quinze jours me parais-
« sait apte à devenir la base de la paix, s'est trouvée com-
« promise pour un instant lorsque M. Gambetta, par son
« décret sur les élections, a renouvelé l'appel aux armes.
« Le silence ne m'était pas permis dans des circonstances
« pareilles, et il ne m'était pas possible de prévoir quelle
« serait l'attitude de la majorité des membres du gouver-
« nement. La brièveté des délais, la difficulté des commu-
« nications télégraphiques n'admettaient aucun retard pour
« éclaircir cette situation qui, en se prolongeant davantage,

« nous aurait fait une position fausse et désavantageuse.
« Ces considérations et les intérêts que je représente me
« faisaient un devoir impérieux de manifester hautement et
« sans délai le point de vue du gouvernement allemand
« relativement à l'armistice et aux stipulations qui en font
« partie, en lui donnant la même publicité que M. Gambetta
« avait donnée à sa résistance.

« Je conserve volontiers l'espoir de voir réussir les efforts
« du gouvernement de la Défense nationale pour amener la
« paix et faciliter aux gouvernements allemands l'abstention
« de toute ingérence dans les questions se rattachant à la
« politique intérieure de la France.

« Je vous prie, général, d'agréer l'expression de ma
« haute considération.
« V. BISMARCK. »


Je ne ferai suivre cette réponse du chancelier que d'un très court commentaire :

Personne ne méconnaîtra que j'étais absolument fondé à lui adresser mon attristée et très vive protestation. Je reconnus autrefois *in petto*, je reconnais encore à présent, qu'il y répondait par de bonnes raisons.

Il est sûr *qu'il ne lui était pas possible de prévoir quelle serait l'attitude de la majorité des membres du gouvernement* devant la prise d'armes de M. Gambetta, puisque je ne fus moi-même pleinement rassuré sur cette attitude que lorsque je vis l'unanimité du conseil résolue à s'associer aux mesures de répression proposées.

J'ajoute que le comte de Bismarck en écrivant que « les
« événements avaient affaibli l'autorité du gouvernement
« de la Défense, *et de tout autre gouvernement que la France
« pourrait se donner* », exprimait une opinion que j'avais moi-même, que j'ai gardée, et qui n'a été que trop justifiée

par l'instabilité gouvernementale dont nous sommes depuis dix-sept ans les témoins affligés.

## Un rêve.

Je ne veux pas me séparer du comte de Bismarck (celui du siège de Paris), depuis longtemps prince de Bismarck, et qui est aujourd'hui la personnalité la plus en vue du monde contemporain, de qui d'ailleurs je n'ai pas l'honneur d'être connu, sans dire mon sentiment sur l'homme et sur son œuvre.

J'admire sans aucune restriction l'habileté, la persévérance, la fermeté des résolutions qu'il a mises au service de son pays. C'est un homme d'État transcendant. Je ne crois pas que la puissance de ses facultés morales soit à la hauteur de la puissance de ses vues politiques, et je fais à son sujet le rêve que voici :

La France est vaincue, désorganisée, ruinée. Elle est à la merci de la Prusse comme, en 1807, la Prusse avait été à la merci de la France, qui fut si cruellement punie, en 1815, de l'abus qu'elle avait fait de sa victoire. Le comte de Bismarck dit à son souverain :

« Accablez la France de contributions de guerre; mais,
« fidèle à la solennelle déclaration par laquelle vous avez
« dit au monde que, provoqué, vous alliez faire la guerre
« au gouvernement de la France, non à la nation française,
« respectez son intégrité territoriale.

« Restez dans le rôle du justicier, répudiez le rôle du
« conquérant. Ce sera dans l'histoire des guerres un exemple
« unique et du plus haut enseignement pour les gouverne-
« ments et pour les nations. Seul entre tous les victorieux
« connus, vous aurez librement limité vous-même les droits

« de la victoire et vous aurez fondé, par l'autorité morale,
« la grandeur, déjà fondée par les armes, de votre pays.

« La Prusse deviendra l'arbitre de l'Europe. Désarmée
« par tant de modération, la France s'inclinera, et les
« peuples, affamés de paix, béniront votre nom. »

La Prusse a saisi nos provinces. Démesurément étendue aujourd'hui, elle reste le grand et permanent souci de l'Europe tout entière sous les armes et ruinée par les armes, avant le choc effroyable où périront des millions d'hommes et sans doute l'existence de plusieurs nations.

Si le prince de Bismarck avait réalisé mon rêve, il serait *un grand homme* aujourd'hui, peut-être l'un des plus grands parmi ceux qui ont un nom dans l'histoire de tous les temps. Il aurait ouvert à la civilisation moderne des voies nouvelles.

Je ne puis, à présent, le juger que comme le comte de Maistre jugeait le roi Frédéric II : *C'est un grand Prussien.*

---

### Violente application par les Allemands des conditions de l'armistice.

La fin de janvier et le mois de février devaient être la période la plus remplie d'amertume, la plus cruelle de ma vie. Pourtant, je l'ai dit et je le redirai peut-être encore, je croyais être préparé à tout depuis Sedan et la révolution du 4 septembre ; je me trompais.

Je n'étais pas préparé à voir les violences et les calomnies des partis, — radicaux et conservateurs, — arracher à la Défense nationale le seul bénéfice qu'elle pût, avec le pays, retirer d'une lutte sans espoir, *le bénéfice de l'honneur national survivant à la ruine.*

Je n'étais pas préparé à voir la dureté, l'âpreté avec lesquelles les vainqueurs allaient appliquer aux vaincus les conventions de l'armistice.

De toutes parts m'arrivaient des plaintes, des réclamations, des cris de détresse, qui m'étaient d'autant plus douloureux que j'étais pénétré de l'impuissance du gouvernement républicain à obtenir des autorités allemandes des redressements ou des adoucissements.

Sous ma signature, j'avais remis à M. Jules Favre, pour être lue à Versailles, dès que les effets de l'armistice nous avaient été révélés, une note officielle, qui énumérait et justifiait tous nos griefs. — Griefs relatifs à la délimitation des zones à occuper ou à neutraliser, à laquelle les chefs militaires allemands procédaient arbitrairement, et en ne comptant qu'avec leurs intérêts. — Griefs relatifs à des interdictions prononcées dans les départements de la Côte-d'Or, du Doubs, du Jura, qui semblaient continuer, pour cette région, l'inexplicable ajournement admis par les Allemands des effets de l'armistice. — Griefs relatifs à l'énormité des contributions de guerre exigées des départements, des communes, des villes, dépassant leurs revenus de plusieurs années, avec menaces d'exécution militaire en certains cas prévus, circonstance qui maintenait en réalité, au cours de l'armistice, l'état de guerre.

On a vu que, pour un ordre particulier de plaintes que nous avions à former contre M. le comte de Bismarck, je les avais portées à lui-même, en me substituant, par une démarche personnelle, au gouvernement républicain.

En vue d'obtenir satisfaction, au moins satisfaction partielle, pour les griefs généraux infiniment graves que je viens d'énumérer, je résolus de me substituer encore une fois au gouvernement, par un intermédiaire, auprès du souverain lui-même, le roi Guillaume. L'entreprise était très irrégulière comme la précédente; mais, outre qu'elle était secrète et m'était entièrement personnelle, son but m'amnistiait.

Cet intermédiaire était l'un des aides de camp les plus considérables et les plus considérés du roi, le prince Antoine Radziwill. Je le connaissais et j'avais l'honneur d'être connu de lui. Je le savais plein de loyauté, de droiture. J'avais des raisons de croire qu'il avait pour moi des sentiments d'estime et de sympathie.

Dévoué à son souverain, dévoué à son pays, le prince était lié au nôtre par de chers intérêts, par la situation que lui avait faite son mariage avec une Française de la plus haute distinction. Et cette Française était la fille de M$^{me}$ la marquise de Castellane, l'une des plus grandes et des plus saintes femmes de ce temps, qui d'ancienne date m'honorait d'une amitié dont les marques me comblent encore aujourd'hui dans mon obscure retraite de Touraine.

C'est au prince Radziwill que je m'ouvris de mes chagrins patriotiques, en lui demandant immédiatement après l'armistice d'intervenir pour le soulagement des misères de Paris et de sa banlieue; en lui demandant dans une seconde lettre d'intervenir pour le redressement de nos griefs généraux, et pour le soulagement de l'oppression financière dont étaient menacés les départements occupés. Je reproduis ici cette correspondance.

## Ma première lettre au prince Radziwill.

« Paris, le 2 février, 1871 (après la reddition de Paris).

« Mon cher prince,

« Vous ne serez pas surpris qu'au milieu des désastres
« dont je suis le témoin et des impressions douloureuses
« dont mon âme est remplie, je vous adresse un souvenir.
« Peut-être ma position officielle devrait-elle m'interdire de
« tels épanchements; mais, outre qu'ils ont un caractère
« absolument privé, ils ont pour but de servir de si chers
« intérêts, que je ne crois pas devoir me laisser arrêter par
« les considérations ordinaires.

« Mon pays ne se relèvera désormais que par la restau-
« ration de la discipline sociale que tant de révolutions en
« sens divers ont détruite. Dans Paris investi et affamé
« l'exemple en est frappant, et si nous ne parvenons pas à
« faire revivre une partie des forces morales et conserva-
« trices qui défendent les foules contre le désordre et
« l'anarchie, tout sera perdu. Il y a ici, en particulier, une
« énorme agglomération de soldats livrés à tous les contacts,
« à toutes les oisivetés, que les liens de la discipline ne
« contiendront pas longtemps. Tous les excès deviendront
« possibles, et, à côté de ces périls, il y en a d'autres qui
« ne tarderont pas à se montrer.

« Les blessés, en très grand nombre, les malades, en
« plus grand nombre encore, tous les genres d'accumula-
« tions que la situation de Paris comporte, font craindre
« à nos médecins de terribles épidémies, et Paris peut
« devenir, avec le temps, un redoutable foyer de contagion.

« Je n'assombris pas le tableau, sachant bien que les

« plus généreux sentiments ne peuvent rien contre les lois
« impitoyables de la politique et de la guerre. Je vous
« montre les faits tels qu'ils sont, dans un intérêt qui me
« paraît commun, à des degrés inégaux, je le reconnais,
« aux assiégeants et aux assiégés.

« Pour servir ces divers intérêts dans l'ordre moral, que
« j'ai d'abord envisagé, comme dans l'ordre matériel, il
« y a d'importantes et pressantes mesures à prendre.

« La première consisterait à renvoyer dans leurs pro-
« vinces les gardes mobiles[1]. Que peut craindre la Prusse
« de ces troupes improvisées pour la guerre, accablées de
« fatigue, que réclament leurs familles et les travaux qui
« font vivre ces familles ? Nous serions prêts à prendre
« sous ce rapport, vis-à-vis des autorités allemandes, des
« engagements qui lui donneraient les garanties les plus
« complètes de sécurité. La même mesure serait appliquée
« ultérieurement aux soldats qui, déjà libérés envers l'État
« par leurs services antérieurs, ont été rappelés sous le
« drapeau en vertu d'une loi spéciale de guerre. Enfin, dès
« que le rétablissement des communications par voie ferrée,
« — qui est d'urgence extrême, — pourra être réalisé, il
« faudrait diriger les blessés et les malades sur les hôpi-
« taux du dehors.

« Je recommande encore à votre sollicitude une situation
« très intéressante et très malheureuse, celle des populations
« de la banlieue de Paris. Ces pauvres gens ont abandonné
« leurs demeures, dévastées par la guerre, pour se réfugier
« à Paris où la misère est au comble. Ils voudraient rentrer
« dans leurs villages et commencer les travaux de saison qui
« leur assureraient quelques moyens d'existence pour un ave-
« nir prochain. Mais les troupes allemandes y sont cantonnées

---

[1] L'armée de Paris comptait au commencement du siège plus de cent mille mobiles.

« en si grand nombre, que le retour des habitants, même
« avec la condition du partage, est à peu près impossible.
« L'effectif de ces troupes pourrait sans doute être réduit,
« sans aucun dommage pour les intérêts qu'elles défendent.

« Je m'arrête ici, mon cher prince, m'excusant de vous
« avoir si longuement entretenu de nos misères. Je sais que
« vous n'y serez pas indifférent et que, sous les réserves
« que commande votre haute situation dans l'armée alle-
« mande, vous tiendrez compte de cet exposé et lui don-
« nerez la suite utile qu'il vous paraîtra comporter. Dans
« tous les cas, j'ai cru remplir un devoir en vous écrivant
« cette lettre où vous retrouverez, sans que je les exprime
« ici, tous les sentiments que j'ai pour vous, et qui se rat-
« tachent à nos souvenirs communs.

« Général Trochu. »

### La réponse du prince Radziwill.

Devrais-je faire ici une place à la réponse du prince Radziwill, une réponse où je recevais d'un haut personnage allemand les marques de sympathie et d'estime que beaucoup de mes compatriotes ont refusées à mes efforts, que quelques-uns ont remplacées par l'injure et par la calomnie? Je me décide à la reproduire, non pour m'en faire un honneur qui ne m'importera guère quand elle sera lue, mais pour rendre à l'élévation des sentiments de mon correspondant prussien, à sa bienveillance cordiale pour la France, à la sincérité et à la justesse de ses vues, l'hommage qu'elles méritent.

« Versailles, le 4 février 1871,

« Mon cher général,

« C'est hier soir que votre aide de camp m'a remis votre
« lettre, et je tiens à vous dire sans retard combien j'ai été
« touché de votre souvenir. Mon estime pour vous, mon
« général, loin de s'altérer dans les douloureux temps par
« où vous avez passé, n'a fait que s'accroître, je vous le
« dis très sincèrement. Dans la carrière que vous avez
« fournie avec un si complet désintéressement, mon cœur
« vous suivait avec la sympathie que vous m'avez inspirée
« dès notre première connaissance.

« Quant au sujet de votre lettre, vous savez que dans la
« position de simple aide de camp je n'ai aucune part aux
« affaires et aucune influence sur les décisions qui se
« prennent en conseil. Mais, après mûre réflexion, j'ai cru
« agir en votre sens en soumettant la lettre que vous avez
« bien voulu m'écrire à l'empereur lui-même. Mieux que
« personne, il saura apprécier la générosité et la sincérité
« de vos intentions. Il ne m'a pas encore parlé depuis. J'ai
« pourtant cru ne pas devoir remettre ma réponse pour que
« vous sachiez le plus tôt possible que de votre lettre j'ai
« fait ce que j'ai cru pouvoir servir le mieux les intérêts
« qui vous sont confiés.

« Quant à mon opinion personnelle, je vous la donnerai
« avec toute la franchise à laquelle m'autorisent votre carac-
« tère et votre lettre. Si l'armistice reste ce qu'il doit logi-
« quement être, un acheminement à la paix, rien ne sera
« plus facile que de suivre, dans toutes les questions qui se
« présenteraient, l'intérêt d'humanité au lieu de l'intérêt
« militaire. Mais ce qui complique et compromet tout dans
« ce moment, c'est la violence de la délégation de Bor-

« deaux, ou, pour mieux dire, de M. Gambetta. Vous devez
« connaître sa proclamation où il continue à prêcher la
« guerre à outrance, et sa circulaire électorale où il est un
« homme de parti au lieu d'être un homme de gouverne-
« ment. Après ces deux pièces, que voulez-vous qu'on
« réponde ici à ceux des nôtres qui ne veulent écouter que
« l'intérêt militaire? Vous êtes trop juste, mon général,
« pour ne pas convenir de la difficulté de cette situation.

« Espérons que ce malheureux dualisme, qui par la force
« des choses a existé entre Paris et Bordeaux[1], viendra
« à disparaître. Alors, j'en ai le ferme espoir, toutes les
« difficultés s'aplaniront. Je parle ici au point de vue fran-
« çais plus qu'au point de vue allemand. Trop de liens
« intimes m'unissent à la France, je connais de trop près
« les belles et nobles qualités de la grande majorité de son
« peuple, pour que je ne désire pas de tout cœur son relè-
« vement. Et vraiment, il faudrait douter de la miséricorde
« divine si tant de larmes, tant de maux, tant de nobles
« élans restaient stériles. Cette guerre, quelque désastreuse
« et déplorable qu'elle soit par elle-même, a procuré à la
« nation allemande l'unité politique. Dieu ne voudra pas
« que, pour l'autre des deux grandes nations qui y ont été
« entraînées, elle ne soit qu'un sujet de deuil et d'affliction.
« Espérons que, pour la France, elle deviendra le point de
« départ d'une régénération politique et sociale.

« C'est dans cet espoir et en vous renouvelant l'assu-
« rance de ma sincère et inaltérable estime, mon cher
« général, que je vous serre la main bien cordialement.

« A. Radziwill,
« Aide de camp de l'empereur d'Allemagne, roi de Prusse. »

---

[1] Le prince Radziwill ignorait les dispositions très énergiques que, par l'envoi de M. Jules Simon à Bordeaux avec des pouvoirs illimités, le gouvernement avait prises pour faire cesser ce dualisme.

## Ma deuxième lettre au prince Radziwill.

Du prince Radziwill, eu égard à la réserve que lui commandait sa grande position militaire officielle, je n'attendais qu'une réponse courtoise. Elle était pleine de cœur, de sincérité, de bon jugement, et elle avait été suivie, notamment en ce qui touchait à la dure situation des populations des environs de Paris, d'effets d'adoucissement très marqués. Cette réponse m'encouragea, je devrais dire m'enhardit, jusqu'à lui adresser la lettre qu'on va lire, quand éclatèrent, autour du gouvernement frappé d'impuissance, les doléances des autorités françaises militaires et civiles des régions soumises aux conséquences de l'armistice.

« Paris, le 13 février 1871.

« Mon cher prince,

« En recevant votre lettre du 4 février, j'ai compris que,
« vous écrivant le 2, j'avais commis l'omission grave de
« vous dire *que je n'attendais de vous aucune réponse*. Je
« la répare aujourd'hui dès le commencement de cette
« nouvelle lettre (dont vous ferez tel usage qui vous pa-
« raîtra opportun et convenable, *ou que vous regarderez
« comme non avenue*) en vous exprimant que je ne vou-
« drais pas bénéficier de nos anciennes relations pour être
« indiscret. Votre situation est, je le sens, très délicate,
« comme la mienne propre ; mais il m'est bien difficile de
« ne pas décharger mon cœur quand il est plein. En vous
« rendant la victime de cette disposition qui m'est particu-
« lière, je ne devrais pas aller au delà ; mais enfin, aux
« réflexions et aux vœux que je vous ai adressés dans une

« première lettre, j'ajoute aujourd'hui d'autres réflexions et
« d'autres vœux.

« La reddition de Paris et l'armistice qui l'accompagne
« ont naturellement irrité au plus haut point une part du
« public français et la presque totalité du public parisien
« contre nous, qui avons négocié cet arrangement, malgré
« l'évidence de la pressante et cruelle extrémité où nous
« étions devant la famine. A notre douloureuse situation
« s'ajoutait notre ignorance, par suite des rigueurs de l'in-
« vestissement, de ce que faisaient les troupes françaises
« et des points où elles étaient. Il en est résulté que l'ar-
« mistice a été conclu, sous ce rapport, par l'état-major
« allemand dans des conditions dont l'armée allemande
« devait avoir tous les bénéfices. Il a tracé comme il l'a
« entendu les zones d'occupation et les zones neutralisées.
« Il a déclaré que, à moins que la place de Belfort ne se
« rendît immédiatement, l'armistice ne devait pas s'étendre
« à nos troupes et à nos départements de l'est, où il a
« occupé tous les points qui lui ont convenu.

« Autant de griefs que l'opinion française élève contre
« les négociateurs de la convention du 28 janvier! Mais
« cette convention a pour le pays des conséquences plus
« graves et moins prévues. Outre des réquisitions de toute
« nature, qui ont porté au comble, parmi les populations,
« les misères et les ruines de la guerre, l'autorité militaire
« allemande les frappe de contributions exorbitantes en
« argent, qui dépassent les revenus de plusieurs années des
« départements et des communes. Une clause spéciale
« stipule des intérêts non moins exorbitants pour chaque
« jour de retard dans les payements ; enfin elle annonce
« que l'exécution militaire suivra s'il n'est pas obéi aux
« ordres donnés dans un délai très court.

« Outre que ces exigences violentes, jusqu'à présent
« inconnues dans les guerres contemporaines, jetteront

« infailliblement nos populations dans le désespoir et dans
« la guerre à outrance, elles sont contraires au droit des
« gens, contraires aux stipulations consenties de bonne
« foi, et elles ont pour sanction l'exécution militaire, qui
« maintient en réalité l'état de guerre dans l'armistice.

« Telle est, entre autres, la situation du Loiret et de la
« Seine-Inférieure. Ce dernier département, arrivé par
« suite d'une longue occupation au plus haut degré de
« l'épuisement, a reçu l'avis, après la promulgation de
« l'armistice, qu'il aurait à payer *vingt-quatre millions*
« *de francs*, outre *six millions cinq cent mille francs* spé-
« cialement imposés à la ville de Rouen! A la ville de
« Rouen qui, sur cent dix mille habitants, en compte
« aujourd'hui trente-huit mille qui vivent de la charité
« publique! Enfin, l'envoi du Havre à Rouen des char-
« bons et des cotons qui pourraient donner un peu d'ac-
« tivité au travail dans cette malheureuse cité est interdit.

« Je doute, mon cher prince, que depuis les grandes
« invasions des temps historiques, dont nous trouvons le
« récit dans les livres, on ait rien vu de plus contraire,
« non seulement aux lois de la guerre et aux principes de
« la justice écrite, mais aux principes de la justice natu-
« relle. Je ne saurais, sans sortir de mon droit, si étendu
« que le fasse votre amitié pour moi, exprimer ce que je
« pense de la situation que créent pour mon pays ces ter-
« ribles abus de la force. Et cependant, j'irai jusqu'à dire
« qu'à une heure donnée ils terniront, devant la civilisa-
« tion et devant l'histoire, les grands succès que les armées
« et la nation allemandes viennent de recueillir.

« J'apprends, pour m'achever, que l'armée allemande a
« le dessein, quand le moment lui en paraîtra venu, d'oc-
« cuper Paris, au moins de traverser Paris. C'est là, je
« vous l'assure avec sincérité, un grand péril pour tout le
« monde et une responsabilité dont aucun gouvernement

« établi dans Paris, quel qu'il soit, ne pourra porter le
« poids.

« Cela dit, j'ai déchargé mon cœur, comme je vous
« l'annonçais au commencement de cette lettre, et je n'y
« retrouve plus que les sentiments de haute et affectueuse
« considération que j'ai pour vous.

« Général TROCHU. »

En fait, pour les départements, les communes et les villes, comme pour Paris, les exigences allemandes, quant aux contributions de guerre, furent généralement réduites des trois quarts, et il n'y eut pas, de ce chef, d'exécutions militaires.

Je n'ai jamais eu la pensée d'attribuer ce résultat aux plaintes dont ma lettre du 13 février avait porté la vive expression au prince Radziwill. En cette matière, je m'en suis précédemment expliqué, les Allemands faisaient d'eux-mêmes application d'un système qui consistait à exiger un tout considérable pour se rabattre sur une part réduite, système qui laissait dans l'esprit des autorités locales et des populations, d'abord atterrées, une impression de soulagement.

Ma lettre était d'ailleurs trop osée, je pense, pour que le prince pût la mettre, comme la précédente, sous les yeux de son souverain. En la relisant après dix-sept ans, je ne puis m'empêcher de reconnaître que je n'y avais pas gardé toute la mesure que je devais. Je m'en excuse auprès du prince Radziwill, que je n'ai revu ni alors ni depuis, qui me survivra sans doute de bien des années et qui lira peut-être ce livre. Je m'en excuse, en l'assurant que je n'ai de ressentiment ni contre l'Allemagne ni contre l'armée allemande, par la raison que, dans cette fatale guerre de 1870, le gouvernement de la France a été, follement et de parti pris, l'agresseur.

Quand j'écrivais au prince dans ces termes presque violents, j'étais dominé par une irritation patriotique qui a dû les lui expliquer. Je lui exprime ici, dans les sentiments que m'inspirent sa droiture et la noblesse de son caractère, ma gratitude pour l'accueil qu'en ces temps de calamités il a fait, lui, très haut personnage prussien, à mes obsessions françaises.

# CHAPITRE XVII

LES ÉVÉNEMENTS POLITIQUES ET MILITAIRES DE FÉVRIER (SUITE)

**Une lettre de S. A. le comte de Paris.**

Le 31 janvier, au milieu des orages que la convention du 28 avait soulevés dans Paris, je recevais par la poste, qui venait de reprendre son service, la lettre qu'on va lire et que la cessation des hostilités rendait désormais sans objet. Elle fait trop d'honneur au caractère et aux sentiments patriotiques de son haut signataire pour que je ne la reproduise pas ici.

« York-House (Twickenham, S. W.).

« Général,

« Lorsque deux de mes oncles et mon frère vinrent offrir
« leurs services au gouvernement de la Défense nationale,
« celui-ci, craignant que leur présence à Paris, le lende-
« main même de la révolution du 4 septembre, ne fût une
« occasion ou un prétexte de guerre civile, leur demanda
« de quitter la capitale.

« Près de quatre mois se sont écoulés depuis, pendant

« lesquels les plus dures épreuves n'ont fait que prouver
« l'union des citoyens et leur commun désir de se dévouer
« à la cause nationale. Tous ont répondu à l'appel du gou-
« vernement qui, par sa persévérance, a su si bien mériter
« le nom qu'il s'était donné. Tous les services ont été
« acceptés sans distinction d'opinions ou de situations poli-
« tiques. Les étrangers de bonne volonté ont été admis
« à côté des nationaux. Les rangs de l'armée française se
« sont ouverts à tous ceux qui avaient déjà fait la guerre
« à un titre quelconque, et, en particulier, à ceux qui,
« comme moi, ont combattu pour la liberté sous les dra-
« peaux de la république américaine.

« Aujourd'hui la France, animée d'une seule pensée,
« demande à ses enfants un nouvel et suprême effort. Dans
« un pareil moment, ce serait jeter un doute injuste et
« cruel sur la loyauté d'un citoyen que de lui interdire
« de chercher une place parmi les défenseurs de la patrie.

« C'est cette interdiction, prononcée dans des circon-
« stances différentes et que la délégation du gouvernement
« ne s'est pas crue autorisée à lever jusqu'à présent, que
« je viens vous demander de faire cesser. Je ne puis au-
« jourd'hui croire à un refus.

« Recevez, général, avec les vœux d'un Parisien pour
« le succès des armées qui, sous votre conduite, protègent
« sa ville natale, l'assurance de ma haute considération.

« Louis-Philippe d'Orléans. »

« Le 27 décembre 1870. »

Il est sûr que la présence à Paris des princes d'Orléans, après la révolution du 4 septembre et pendant le siège, eût été pleine de périls pour eux et pour le gouvernement. Il lui était interdit d'accéder à leur vœu.

En province, la situation était absolument différente. La

délégation de Tours, qui appelait Garibaldi en France et refusait le concours des princes français à l'heure la plus critique de cette guerre, se montrait plus préoccupée de politique républicaine que des intérêts de la Défense nationale. Cet étroit esprit d'exclusion a prévalu dans le parti républicain, ruiné la tradition libérale, et il est l'une des causes les plus effectives de l'irréparable désordre où est aujourd'hui (1888) notre pays.

Je joins ici la réponse qu'au premier moment de calme relatif, je faisais à ce ferme, logique et touchant appel du comte de Paris :

« Monseigneur,

« C'est le 31 janvier seulement, trois jours après la red-
« dition de Paris, que je recevais la lettre de Votre Altesse
« portant la date du 27 décembre. Depuis et jusqu'à ce
« jour, où j'ai été relevé de ma fonction présidentielle par
« M. Thiers, j'ai été aux prises avec des difficultés que
« vous avez pu juger par la lecture des journaux de Paris,
« à présent plus ardents peut-être à la guerre contre
« moi qu'ils ne l'étaient naguère à la guerre contre l'en-
« nemi.

« C'est la loi des temps, loi prévue, dont je ne fais ici
« mention que parce qu'elle a créé autour de moi de dan-
« gereuses agitations qui ont retardé la réponse que je dois
« à Votre Altesse; je m'en excuse auprès d'elle.

« Vous avez d'ailleurs pressenti cette réponse, j'en suis
« assuré. Dans mon libéralisme, qui est sincère et repose
« sur une large base, je juge que la demande que vous
« avez faite au gouvernement délégué pendant cette effroyable
« crise était toute naturelle, toute française et devait être

« accueillie. Je vais plus loin; d'ancienne date, j'ai exprimé
« l'opinion que tout gouvernement régulier du pays donne-
« rait une preuve de confiance en lui-même et montrerait
« sa force, en abolissant les lois spéciales de proscription
« qui retiennent dans l'exil les princes dont les familles
« ont régné sur la France. Ces familles ont dans notre
« histoire une place que les passions politiques peuvent
« diversement juger, que les révolutions n'ont pas le droit
« de confisquer.

« En vous remerciant de la marque de confiance que
« vous venez de me donner sans me connaître, je vous
« prie d'agréer, Monseigneur, l'hommage de mon respect.

« Général Trochu.

« Paris, le 21 février 1871. »

---

### Député malgré moi.

La date des élections pour l'Assemblée avait été fixée au 8 février.

Dans les premiers jours de ce mois, M. Dufaure, conduisant une députation d'électeurs parisiens, venait au Louvre et me pressait, dans les termes les plus obligeants, d'accepter la candidature qu'il avait mission de m'offrir au nom d'un comité dont il avait la présidence. Remerciant M. Dufaure et ses co-associés de l'honneur qu'ils entendaient me faire, je leur exprimai l'intention où j'étais et les raisons que j'avais de le décliner.

Le même jour, pour me libérer de toute préoccupation à ce sujet, je fis connaître par la voie des journaux, sous ma signature, cette intention et ces raisons, précaution sans doute inutile, car j'étais à cette heure, par la presse de Paris, expressément par les journaux du bonapartisme et de l'anarchie, l'objet de railleries et d'injures qui devaient se continuer pendant des années.

Mais, pendant qu'à Paris roulait autour de moi ce torrent d'invectives, les départements procédaient à leurs élections. Le torrent ne les avait pas encore atteints, et la masse des électeurs, dans leur naïveté provinciale, estimaient que le siège de Paris et cette lutte désespérée de quatre mois méritaient d'être honorés. Ils poussaient l'ingénuité jusqu'à m'attribuer une part de ce grand effort, jusqu'à vouloir m'en faire bénéficier, et tout à coup je fus abasourdi par la nouvelle qu'après M. Thiers (qui n'était pas encore le sinistre vieillard), je devenais (moi qui étais déjà le capitulard et le traître) l'homme le plus élu de France et que dix départements m'envoyaient à l'Assemblée nationale.

La résolution, que j'avais toujours, de me soustraire à ces démonstrations bienveillantes rencontrait dans mon entourage la plus vive opposition.

Ma famille soutenait que la détresse où était le pays me faisait le devoir étroit de répondre à ces marques de confiance.

Mes officiers se refusaient à comprendre qu'ayant osé, au temps de l'empire, écrire avant la guerre, dans *l'Armée française en* 1867, que nos forces militaires n'étaient pas en état de la soutenir, je pusse décliner l'obligation de dire à la tribune comment j'estimais qu'elles dussent être réorganisées après la guerre qui venait de les détruire.

C'est ce dernier argument qui, l'emportant dans mon esprit, me décidait à l'ajournement du vœu que j'avais formé le 4 septembre 1870 de sortir pour toujours de la vie publique si je survivais à la crise où je m'engageais ce jour-là. Mais il restait expressément entendu que je ne siégerais à l'Assemblée nationale qu'autant que dureraient les discussions relatives au remaniement de nos institutions militaires et à la réorganisation de l'armée.

On verra plus loin que, le soir même du jour où je descendais de la tribune, après avoir dit tout ce que j'avais à dire sur le grand intérêt national qui était en cause devant l'Assemblée, je disparaissais de la scène du monde pour n'y plus revenir jamais.

### Encore l'effort gratuit.

L'Assemblée nationale se réunissait et se constituait à Bordeaux. M. Thiers était nommé chef du pouvoir exécutif, et son ministère était formé. J'étais décidé à n'aller prendre possession de mon siège de député que lorsque viendrait le moment de remplir un grand et douloureux devoir qui, dans ma conviction, liait tous les généraux membres de l'Assemblée chargés de commandements dans la guerre de la défense nationale, le devoir de voter pour la paix. Devenu d'ailleurs à Paris l'objectif de toutes les violences politiciennes, je ne voulais pas que mon départ pour Bordeaux eût l'apparence d'une retraite précipitée devant les menaces du journalisme.

J'attendais donc à Paris l'heure de la discussion sur les préliminaires de paix, quand M. Jules Favre, ministre des affaires étrangères, venu de Bordeaux et devant y retourner, se présentait au Louvre où j'étais encore, et nous avions immédiatement la conversation que je rapporte ici :

— Général, le chef du pouvoir exécutif, voulant honorer dans votre personne la longue résistance de Paris devant l'armée allemande, m'a donné mission de vous dire qu'il allait vous élever à la dignité de maréchal de France.

— Je m'étonne, monsieur le ministre, qu'en contact de tous les jours avec moi pendant le siège de Paris et m'ayant entendu plus d'une fois déclarer, en conseil, que notre effort n'aurait de valeur à mes yeux qu'autant qu'il serait absolument gratuit (principe que je n'ai pas pu faire prévaloir, mais auquel vous savez que je suis personnellement resté fidèle), vous n'ayez pas dit à M. Thiers que je déclinerais l'honneur de cette promotion et tout autre qui pourrait m'être offert.

— Je le lui ai dit formellement.

— Veuillez le lui répéter en lui faisant agréer mes remerciements. Ajoutez, je vous prie, que j'ai une autre raison pour me renfermer dans cette négation. J'ai toujours dit et j'ai écrit que le maréchalat, en tant qu'ayant pour objet de pourvoir au commandement des armées dans la guerre, est un contresens militaire; que ces grands dignitaires sont quelquefois choisis par la politique, par la faveur; que dans tous les cas ils vieillissent avec le temps, s'usent dans les longues paix et que, l'heure du péril venue, ils ne répondent pas ou ne répondent plus aux exigences, écrasantes dans la guerre moderne, de leur mandat; que par conséquent il est d'intérêt national que les commandants des armées ne soient nommés que quand la guerre est menaçante, parmi les généraux, même les jeunes généraux, que la confiance des armées, le sentiment public militaire, désignent au choix du gouvernement. Les armées peuvent se tromper, mais moins souvent et moins gravement que les cours qui faisaient autrefois les commandants en chef et que les journalistes qui les font aujourd'hui.

M. Jules Favre s'en fut porter à Bordeaux mes remerciements, mon refus motivé, peut-être même mes avis sur le choix des généraux d'armée, dont M. Thiers n'avait que faire, car sur toutes les questions militaires ses vues étaient arrêtées et comme absolues.

A quelques jours de là, le chef du pouvoir exécutif venait à Paris sans être annoncé, et voulant, dans une pensée de très bienveillante courtoisie, me relever lui-même de ma présidence, il m'écrivait de sa main le billet suivant :

« 21 février, une heure et demie.

« Mon cher général,

« J'arrive de Bordeaux et vous êtes la première personne « que je désire voir ici. Soyez assez bon pour m'attendre « à trois heures et demie.

« Tout à vous de cœur.

« A. Thiers.
« Hôtel des affaires étrangères. »

Je fus profondément touché et très honoré des sentiments que M. Thiers voulut bien m'exprimer dans cette entrevue ; mais elle eut cela de particulier, de piquant, pourrais-je dire, qu'il ne me dit pas un traître mot de la précédente mission de M. Jules Favre auprès de moi, et du maréchalat... C'est que le très avisé chef d'État savait à présent que cette nomination serait très mal accueillie par les politiciens de Paris, par les radicaux, par les journaux des uns et des autres, et que le bruit qui en sortirait compromettrait gravement dans Paris ses débuts gouvernementaux. Revenant sur ce sujet délicat, il ne pouvait échapper à l'obligation polie de combattre mon refus, et si, par impossible, il était parvenu à le vaincre, quel gros embarras politique !

M. Jules Favre lui ayant porté mes remerciements, je

n'étais pas tenu de les renouveler, et je crus devoir rendre à mon éminent et très bienveillant successeur le service de rester muet, comme lui-même, sur l'incident. Cette petite scène de diplomatie gouvernementale égaya ce jour-là mon intimité depuis longtemps attristée par les événements.

### L'Assemblée nationale à Bordeaux.

J'arrivais à Bordeaux deux jours avant l'ouverture des débats de l'Assemblée nationale sur le principe et les conditions des préliminaires de paix. Dans mes échanges avec les généraux, mes collègues, et avec les députés avec qui j'étais en rapport, je montrais, rencontrant partout l'affliction, nulle part l'objection, que de la paix ou de la continuation de la guerre dépendait le salut ou la ruine du pays. Il devint évident pour moi qu'une écrasante majorité se prononcerait pour la paix.

Je ne referai pas l'histoire de ces douloureuses discussions conduites par M. Thiers avec une fermeté de bon sens patriotique, une portée de vue d'homme d'État et une autorité singulières. De cette crise, je me bornerai à rappeler un incident dont je fus plus particulièrement frappé, en raison des faits qui m'avaient mis antérieurement en relations avec le personnage qui le faisait naître.

Le chef du pouvoir exécutif, dans un éloquent et courageux discours fort applaudi, avait montré à l'Assemblée que si elle voulait reconstituer le pays et le faire revivre, la paix s'imposait à elle comme une loi inéluctable. Ses contradicteurs, révolutionnaires et radicaux, ou, — ce qui n'était que trop explicable, — Alsaciens-Lorrains, combattaient ses propositions.

M. Tirard, maire de l'un des arrondissements de Paris, l'un de mes adversaires les plus déraisonnables et les plus incommodes pendent le siège, se signalait parmi les opposants.

Répondant à tous, expressément à notre digne collègue M. Keller, représentant de l'Alsace, M. Thiers avait dit :

« Ne nous donnez pas des paroles, donnez-nous les
« moyens. »

M. Tirard, intervenant, prononçait les paroles suivantes :

« Vous demandez les moyens, on peut vous les indiquer :
« la levée en masse ! Que les sept cent cinquante représen-
« tants se mettent à la tête de la France, et vous sauverez
« la France ! Que la France tout entière se soulève ! »

(*Journal officiel* du 4 mars 1871.)

On voit que la fameuse *sortie torrentielle* du siège de Paris était dépassée. M. Tirard conseillait *la guerre torrentielle*, et sans doute il y croyait.

Quand on pense que les désastres de Sedan, de Metz, que l'effort désespéré de la Défense nationale n'avaient pas suffi à imposer silence à ces déclamations, et que la France, à l'agonie en 1871, pouvait être achevée par la réalisation de ces insanités, on reste confondu.

Et quand on pense, par surcroît, que l'homme déjà mûr, qui montrait au milieu de ce grand drame national un tel esprit, est aujourd'hui (février 1888) le gérant principal des destinées françaises, l'inquiétude patriotique est certainement naturelle et permise.

### Toujours Cassandre.

Le chef du pouvoir exécutif avait formellement déclaré à l'Assemblée que de Bordeaux, si éloignée de la capitale où aboutissaient tous les éléments de la direction des affaires publiques, il lui était impossible, dans ces conjonctures pleines d'incertitudes et de périlleuses difficultés, de gouverner. Il lui proposait de se rapprocher de Paris, de s'établir à Versailles[1], où entourée de calme, en complète sécurité, en communication incessante et presque immédiate avec la capitale, elle pourrait aborder l'étude des redoutables problèmes dont les événements lui faisaient le devoir de chercher et de fixer les solutions.

Le pouvoir exécutif suivrait l'Assemblée à Versailles avec une part du personnel auxiliaire du gouvernement, les rouages de la machine administrative et le centre des affaires proprement dites restant à Paris.

Le lendemain du vote qui fixait le siège de l'Assemblée à Versailles, j'étais chez M. Thiers dès huit heures du matin, demandant d'urgence une audience qui me fut gracieusement accordée, et la conversation suivante s'établit :

— Monsieur le président, devant votre déclaration d'empêchement gouvernemental, l'Assemblée a dû adopter vos propositions, et je les ai votées. Mais j'ai fait pendant cinq mois, et sous tous ses aspects, les meilleurs et les pires, l'étude expérimentale de l'état social et politique qui est la conséquence pour Paris des événements de la guerre, spécialement des événements du siège. Le désarroi

---

[1] M. Thiers avait d'abord pensé à Fontainebleau, et beaucoup de députés paraissaient incliner à ce choix. La discussion fit prévaloir celui de Versailles.

des esprits dans le haut, la démoralisation dans le bas, sont au comble. Les troupes dont vous pourrez disposer pour le maintien de l'ordre, — troupes de rassemblement et sans aucune cohésion, à l'exception de la gendarmerie de la Seine et de la garde républicaine, — ont eu pendant ces cinq mois des contacts qui les ont démoralisées à leur tour.

« Je crois remplir un devoir de patriotisme et de conscience, en vous assurant qu'à Paris le péril sera grand à ce point, qu'une explosion me paraît inévitable et qu'il semble nécessaire que vous en fassiez entrer la probabilité dans vos calculs.

— Mon cher général, nous pourrons, s'il le faut, remplacer les troupes de Paris par un effectif égal de corps constitués, empruntés à l'armée du général Chanzy qui n'a pas eu avec les foules parisiennes en délire les contacts dont vous me montrez les effets. Il s'en faut, d'ailleurs, que la situation soit aussi sombre que vous la voyez.

A ce moment, le président se lève, marche vers son bureau, et revient avec un papier qu'il déplie sans me donner lecture de ce qu'il contient.

— A l'heure même où vous m'exprimez ces préoccupations dont je vous remercie cordialement, mais qui sont un peu bien pessimistes, je reçois par cette dépêche l'avis que les insurgés qui se sont établis à Montmartre avec les canons qu'ils nous ont pris, *vont nous les rendre de bonne grâce* (textuel).

— Monsieur le président, si cet avis, que je trouve un peu bien optimiste, se réalise, je resterai confondu de l'évolution de sagesse qui se sera faite dans l'esprit des anarchistes de Paris. Sans insister, je me permets de vous dire que je n'y croirai que lorsque, rendu à Paris, je l'aurai personnellement constatée.

Et je me retirai.

Ainsi, ma déclaration à M. Thiers à quelques jours de la criminelle insurrection du 18 mars 1871, comme mon livre d'avertissement à l'empire sur l'état vrai de l'armée française à quelques années de la fatale guerre de 1870, ne devait servir qu'à accentuer ma notoriété de pessimiste. Cette notoriété-là, je l'ai eue pendant toute la durée de ma carrière publique, elle m'a suivi dans ma retraite, et je l'aurai jusqu'à la fin de ma vie, uniquement pour avoir eu l'honnête souci de chercher, au milieu des vaines et dangereuses fictions dont le pays se repaît, la vérité, avec le ferme propos de la dire.

---

### L'explosion anarchique (18 mars 1871).

Parti de Bordeaux avec mes collègues de l'Assemblée, j'étais à Paris où me fixait pour quelques jours le soin de mes affaires privées complètement abandonnées depuis de longs mois, quand le 18 mars, à trois heures de l'après-midi, je voyais entrer chez moi de vive force un sergent de la garde nationale, dont l'attitude dénotait la plus vive agitation. Très surpris, je reconnaissais dans ce sous-officier un éminent citoyen de Paris, dont j'honorais au plus haut degré le caractère et le talent, Augustin Cochin :

— Comment, vous êtes à Paris?
— Mais oui, pourquoi n'y serais-je pas?
— Vous ne savez donc pas ce qui se passe ?
— Non, que se passe-t-il?
— Les troupes du général Lecomte ont reçu l'ordre de reprendre possession des canons enlevés par les insurgés. Entourées par la foule, assourdies par ses clameurs, ces

troupes n'ont pas combattu. Elles ont laissé enlever, sans le défendre, leur général dont on dit que l'assassinat a suivi l'enlèvement.

« M. Thiers, son gouvernement et les troupes abandonnent Paris et se retirent à Versailles. Paris reste aux mains des révoltés. Il n'y aura plus ici de sécurité pour personne; et dès à présent il n'y en a aucune pour vous. Tout à l'heure, à cent pas d'ici[1], défilaient devant le palais Bourbon deux bataillons de la garde nationale de Grenelle. De leurs rangs s'échappaient des cris de vengeance auxquels votre nom était incessamment mêlé. J'apprenais en même temps que vous étiez ici, et j'accours, vous conjurant de partir à votre tour pour Versailles, où le gouvernement et l'Assemblée vont prendre des résolutions de salut public auxquelles vous trouverez certainement que vous avez le devoir de vous associer.

— Je ne puis trop vous remercier de votre affectueuse sollicitude pour moi. Si vous me trouvez moins ému, moins agité que vous par ces événements déplorables, c'est que connaissant les habitudes des sectaires, et fixé sur l'état moral des troupes, j'avais eu le pressentiment de quelque terrible explosion dans Paris. Je me rendrai dès demain à Versailles.

— Non, pas demain; mais aujourd'hui même, et à l'instant.

— Calmez-vous. Je ne veux pas sortir de Paris en fuyard. J'attendrai la confirmation, que j'aurai certainement dans la soirée, de vos désolantes nouvelles.

Nous discutions, quand mon vieil ami l'amiral Fourichon, membre, comme moi, de l'Assemblée nationale, et présent à Paris, entrait à son tour chez moi en coup de vent. Il

---

[1] L'hôtel de Maillé, dont j'habitais un pavillon, est voisin du palais Bourbon, à l'extrémité de la rue de Lille.

nous annonçait l'assassinat des généraux Lecomte et Clément Thomas, la retraite du gouvernement sur Versailles, l'ordre de départ donné à toutes les troupes, et en voie d'exécution immédiate. Il avait amené une voiture, et entendait qu'en y montant sans délai, tous les deux nous fussions rendus à notre poste de députés cette nuit même.

Ce fut une retraite en bon ordre, non pas une fuite, et notre entreprise ne fut pas inquiétée.

J'ai dû aux dévouées prévisions d'Augustin Cochin, à l'insistance affectueusement résolue de l'amiral Fourichon, d'échapper à la destinée des otages de la Commune, innocentes et touchantes victimes des fureurs antisociales de ce temps. Aux regrets que le pays donne à ces deux morts, qui furent au premier rang de ses meilleurs serviteurs, j'ai le droit de joindre ici les miens avec l'hommage particulier de ma gratitude.

Dès le lendemain, l'insurrection gardait toutes les portes de Paris. Lorsque les envoyés de cette criminelle association de meurtriers et d'incendiaires se présentèrent à mon logis, j'étais hors de leurs atteintes. Quand mes souvenirs se reportent à ce passé tragique, et que j'envisage le temps présent incessamment et de plus en plus tourmenté par les haines sociales et politiques, le principe d'autorité et les habitudes de respect s'affaiblissant tous les jours, je reste pessimiste.

En consentant l'énorme sacrifice, en assumant l'effrayante responsabilité de *l'abandon de Paris* par le gouvernement et par les troupes, M. Thiers, à qui ses adversaires ne pouvaient manquer de le reprocher, se montrait homme d'État plein de clairvoyance et de courageuse résolution. A l'âge où communément les facultés s'affaiblissent, où le ressort se détend, il ne fléchit pas sous le fardeau le plus écrasant qu'aucun chef de gouvernement, en aucun temps, eut à porter :

L'anarchie en pleine possession de la capitale, formidablement armée contre une attaque dont les Allemands n'avaient pas cru pouvoir risquer l'entreprise ;

La paix à conclure avec l'ennemi en pleine possession du pays ruiné ;

Des milliards à trouver pour la libération du territoire ;

Une Assemblée, divisée par d'intraitables passions politiques, à raisonner, à persuader, à associer tous les jours à l'œuvre du salut commun, alors que, pour la réaliser, la toute-puissance d'une dictature momentanée eût paru à peine suffisante aux plus hardis ! . . . . . . . . . . .
. . . . . . . . . . . . . . . . . . . . . . . . . . . . . . .

Que ceux d'entre nous dont le dévouement et les efforts ont été insultés et calomniés, écoutent les propos et lisent les écrits outrageants qui cherchent à atteindre, — après une première et courte explosion de la gratitude publique, — la mémoire de cet homme hors de pair par les services rendus en 1871. Ils seront vite consolés, et s'honoreront d'être associés par le décri à sa fortune [1].

## Un commentaire militaire
### sur l'évacuation de Paris par les troupes (18 mars 1871).

Au milieu de ces terribles événements et dans la précipitation, par conséquent dans la confusion où se fit la retraite sur Versailles du gouvernement et des troupes, d'inévi-

---

[1] Je lis dans un journal qu'une statue de M. Thiers, faite par et pour les Provençaux ses compatriotes, reléguée dans un musée provençal, attend depuis des années l'heure de son inauguration solennelle.

On ne veut pas et, pour mieux dire, on n'ose pas aborder cette manifestation publique dont les effets sur les foules semblent et sont réellement très incertains.

tables omissions et une erreur grave furent commises. Cette erreur consistait dans l'abandon *de la totalité* de l'enceinte de Paris aux anarchistes insurgés.

Il faut considérer que ce qui a fait leur force, ce qui a mis ces bandes indisciplinées en mesure de résister trois mois dans Paris, c'est l'entière possession de l'enceinte. J'ai déjà dit quel imprenable front de défense, incessamment perfectionné, formidablement armé et approvisionné de munitions, en vue de l'attaque des Allemands qui ne vint pas, l'enceinte présentait. Derrière elle, les insurgés étaient chez eux, ils étaient les maîtres; elle devint même entre leurs mains *une base d'opérations* d'où ils faisaient, assurés de leur retraite, d'incessantes sorties.

Il fallait qu'à tout prix, le gouvernement gardât dans Paris une sorte de *pied-à-terre militaire* qui, créant une lacune dans l'occupation de l'enceinte par les anarchistes, *mît la place en communication constante avec le dehors.* Ce pied-à-terre était tout indiqué, c'étaient les hauteurs de Passy, le triangle dont le sommet est en face du Trocadéro, et la base sur l'enceinte même, de la porte Dauphine à la porte de la Muette, comprenant avec ces deux portes de sortie les bastions 55, 56 et 57.

Le relief et l'assiette topographiques de ces hauteurs en font une position militaire défendable au moyen de barricades convenablement établies. Si la gendarmerie de la Seine, la garde républicaine, les compagnies de génie organisées pendant le siège, les gardiens de la paix constitués en bataillons qui s'étaient montrés solides devant l'ennemi, soutenus par l'infanterie de ligne et par l'artillerie, avaient été chargés de cette défense, tous les efforts des insurgés, bien plus bruyants qu'osés, auraient échoué devant cette forteresse improvisée.

Les troupes, assurées dans tous les cas de leur retraite

sur le mont Valérien et sur Versailles, auraient combattu là avec beaucoup plus de confiance que perdues dans les rues de Paris et enveloppées par la foule. A Versailles et dans Paris on aurait eu le temps de se reconnaître. Le gouvernement aurait été en mesure d'agir sur Paris, où ses adhérents, formant la presque totalité de la population, seraient revenus à l'équilibre. Enfin, les bataillons de la garde nationale qui, pendant le siège, s'étaient montrés dévoués à l'ordre, seraient certainement sortis de leur torpeur en rencontrant ce point d'appui et auraient apporté leur concours aux troupes engagées.

Quand à Versailles, au cours du siège soutenu par la Commune, j'exposais discrètement ces vues et ces regrets à quelques-uns de mes plus intimes collègues, ils ne leur apparaissaient guère que comme une spéculation d'esprit après coup. Je croyais, je crois encore que ces vues étaient réalisables et que ces regrets étaient fondés. *Je ne les ai rappelés ici que dans la pensée qu'ils pourraient être pris en considération par les gouvernements de l'avenir qui, accablés par les mêmes épreuves que M. Thiers, se verraient condamnés à prendre les mêmes résolutions.*

## Encore la politique
## et les généraux de la Défense nationale.

En France, dans les guerres conduites par la première république, la politique fut, autour des armées et dans les armées, l'élément prédominant, quelquefois dirigeant. La troisième république, engagée dans la guerre de la Défense nationale, ne pouvait échapper à cette tradition d'origine essentiellement démocratique.

J'ai déjà montré la rudesse avec laquelle le gouvernement délégué à Tours avait disgracié, dès les commencements de sa dictature provinciale, les généraux qu'il avait *forcés* à combattre l'armée allemande avec des troupes encore dépourvues de l'organisation élémentaire qu'elles eurent dans la suite, — de Polhes, de La Motte-Rouge, Fiéreck, d'Aurelles, le victorieux de Coulmiers devenu le vaincu d'Orléans. — Il va sans dire que si ces généraux avaient été républicains, la république de Tours leur aurait été clémente et les aurait amnistiés. Mais tous sans exception étaient des réactionnaires avérés, et ils ne pouvaient prétendre à être jugés équitablement, pas même à être entendus.

Au cours de cette guerre et après, le parti républicain, maître de la situation et disposant d'une presse qui dirigeait l'opinion, décidait, malgré ses revers militaires, qu'à côté des généraux disgraciés il y aurait des généraux illustrés, et le mot d'ordre donné dans ce sens formait la légende qui a prévalu. C'est ainsi que le général Chanzy, qui a eu des statues après sa mort, et le général Faidherbe, qui a la sienne de son vivant, ont atteint à la plus haute notoriété, et qu'à côté d'eux, mais à distance, quelques autres généraux, tous devenus ministres et grands personnages dans l'État, Farre, Thibaudin, etc., ont leur place dans la légende républicaine de la Défense nationale.

De cette notoriété, je n'incline pas le moins du monde à discuter ici la légitimité; mais, jugeant par comparaison, je demande pourquoi d'autres généraux, par exemple Ducrot et Bourbaki, tous les deux en possession d'une bien plus ancienne et bien plus grande renommée militaire, n'ont pas leur part dans cette étrange distribution des gloires contemporaines.

Ont-ils été moins battants à certains moments, plus battus

à d'autres moments, que leurs camarades illustrés? Les faits répondent nettement à ce point d'interrogation.

Le rôle du général Ducrot au siège de Paris a été éclatant. Comme chef militaire, je l'ai dit, il a fait des preuves extraordinaires ; comme soldat, des preuves héroïques. *Avec tous les généraux de la Défense nationale,* il a subi l'inexorable loi de cette guerre improvisée, *en rencontrant les apparences de la victoire bientôt remplacées par les réalités de la défaite.*

Le général Bourbaki, en traversant la France de l'ouest à l'est, sous les sévices de l'hiver le plus violent, avec des troupes incapables de supporter de telles épreuves, pour aboutir à la lutte de Villersexel où il devait, lui aussi, *rencontrer les apparences de la victoire bientôt remplacées par les réalités de la défaite,* a fait des efforts prodigieux[1]. La donnée stratégique en était théoriquement judicieuse, car il s'agissait d'atteindre l'ennemi sur les derrières de l'invasion. Mais la réalisation pratique de l'aventure où l'engageait le gouvernement de Tours était, avec les moyens dont il disposait et dans les conditions où il opérait, radicalement impossible.

Comment omettre dans ce tableau, si incomplet qu'il soit, de mes revendications pour la vérité et pour la justice, le souvenir du général de Sonis, ce grand soldat chrétien dont l'admirable dévouement, la bravoure chevaleresque,

---

[1] Je fais ici abstraction du coup de pistolet du général Bourbaki, qui l'a rendu particulièrement intéressant aux yeux de la foule. Un chef militaire qui n'associe pas étroitement son sort à celui de ses troupes, quel qu'il soit, *à fortiori* quand ce sort est désespéré, se laisse aller à une défaillance de caractère en se réfugiant dans le suicide.

l'esprit de sacrifice et d'abnégation, auraient fait dans d'autres temps le *héros vrai* de la Défense nationale?

C'est ainsi que nos officiers, de révolution en révolution, mais surtout depuis la dernière (1870), ont été graduellement amenés à considérer la politique, avec le journalisme pour auxiliaire, comme le véhicule le plus sûr de leur carrière. A présent la politique chemine activement, — avec encouragement si elle est républicaine, — dans l'armée. Elle est, sans que notre légèreté s'en émeuve, l'un des grands périls de l'avenir du pays.

Quel gouvernement pourra jamais faire revivre dans l'esprit des généraux et de leurs collaborateurs, après des années d'un tel régime, le principe :

« Que la notoriété et les honneurs vraiment enviables
« ne sont pas ceux qu'on a obtenus, mais ceux qu'on
« a mérités? »

Le « boulangisme », fléau militaire corrupteur et désorganisateur qui sévit à l'heure où j'écris, a pour origine spéciale l'ensemble des faits que je viens d'exposer. Ils ont semé dans l'armée les ambitions malsaines.

### Les proclamations pendant le siège.

La légende a dit et redit que *j'avais conduit le siège de Paris avec des proclamations et avec des phrases.*

J'ai la confiance que ceux de mes compagnons qui m'ont vu au milieu d'eux, à certaines heures critiques, ailleurs que sur le terrain des proclamations et des phrases, ont un autre sentiment.

Mais enfin, étant donnée la situation de Paris assiégé, — qu'on ne peut imaginer si on ne l'a vue, — par quels autres moyens que des affiches sur les murs pouvais-je dire, à la masse de la population qui remplissait les rues, ce que j'avais à lui dire? Les avis les plus importants, comme les moindres, pouvaient-ils être donnés par une autre voie? Chef d'État sans traitement, sans relations d'aucune sorte avec les journaux, je ne disposais, pour exhorter ou pour informer mes deux millions et demi de clients, que du *Journal officiel,* qu'ils ne lisaient pas, et des murs de la cité.

Quant aux phrases, j'en ai beaucoup usé, en effet, et bien plus encore que la légende ne le dit. On en peut juger par la statistique suivante :

Je n'ai jamais reçu pendant le siège de Paris, — entre ma tournée quotidienne aux avant-postes et mon conseil de nuit à l'Hôtel de Ville, — moins de cinq députations par jour, dont plus de la moitié, très ordinairement détournées par le dévouement du général Schmitz, chef d'état-major général, étaient entendues et raisonnées par lui. C'est donc, pendant quatre mois, une moyenne de *deux cent quarante députations* qu'au milieu de mes travaux et de mes soucis j'ai reçues *personnellement* et auxquelles j'ai dû répondre. Il y eut là, on le croira sans peine, un échange de phrases plus étendu que dans aucun des sièges dont l'histoire fasse mention. J'ajoute qu'elles étaient creuses.

Et je ne dis rien ici des porteurs de conseils[1] (très sou-

---

[1] Entre tous les faits épars dans ce livre, qui témoignent du degré d'affolement où étaient arrivés certains esprits pendant le siège, aucun ne dépasse le suivant :

L'un de ces faiseurs de plans de salut, qui demandait le secret et ne voulait s'en ouvrir qu'à moi, me remit un mémoire qui ne tendait

vent des personnages connus) qui venaient tous les jours, forçant les portes et perçant les murailles du Louvre, m'apporter verbalement ou par écrit : 1° le salut de Paris; 2° le salut de la France entière. Je ne dis rien non plus des railleries ou des injures dont ils me poursuivaient dans les journaux quand *mes phrases*, toujours polies, mais exprimant quelquefois la fatigue, les avaient éconduits.

Quel métier de général en chef et comme j'envie le sort de tous ceux, militaires ou civils, qui n'avaient alors et n'ont encore aujourd'hui qu'à en parler ou à en écrire ! Si j'étais assez jeune et assez malheureux pour voir le retour de ce temps de calamités, avec quel désintéressement convaincu je leur céderais la place que j'avais alors et solliciterais la leur !

### Souvenir à quelques-uns de mes collaborateurs.

Au moment où se terminaient les opérations du siège, j'avais le devoir de déposer aux archives du ministère de la guerre la totalité de ma correspondance officielle. C'est

à rien moins qu'à la destruction assurée des Allemands qui bloquaient Paris.

La ville, selon lui, ne renfermait pas moins de soixante mille chiens qu'il s'agissait de livrer successivement à M. Sanfourche, directeur du grand hôpital de l'espèce canine, où était réunie une quantité de sujets atteints d'hydrophobie. Par ses soins, les chiens de Paris subiraient l'inoculation du virus rabique et seraient lâchés sur les assiégeants sans défense contre un mode d'attaque si nouveau et si imprévu...

Cet étrange conseiller, qui se présentait avec les dehors d'un homme du monde, ne me parut déraisonner que sur le point particulier de son invention. Bien que résolu à ménager ce cas inattendu de démence patriotique, j'eus beaucoup de peine à réprimer quelques sourires devant les commentaires fort animés dont il accompagnait son mémoire, et il s'en fut très mécontent.

donc sans le secours de ces documents que j'ai écrit ce livre, et on comprendra qu'introduisant çà et là, de mémoire, les noms de ceux de mes auxiliaires dont le cordial concours m'avait le plus touché, j'aie commis des omissions dont je m'excuse auprès des intéressés, ou, s'ils ont disparu, auprès de leurs représentants. J'en répare une partie en donnant ici un souvenir à quelques-uns de ceux que j'ai vus de près à l'œuvre autour de moi, sous la direction du général Schmitz, dont j'ai fait connaître ailleurs les mérites, les grands services, et de son digne collaborateur, le général Foy, sous-chef d'état-major.

Le colonel d'état-major Ferri Pisani (aujourd'hui divisionnaire en retraite), alors qu'au commencement du siège l'emploi très difficile et surchargé de chef d'état-major de la garde nationale était refusé par tous les officiers supérieurs de l'armée à qui je l'offrais, acceptait sans hésitation cette ingrate mission. Il s'agissait de constituer, en décuplant les effectifs existants, la garde nationale du siège. A chaque instant aux prises avec ces foules tumultueuses, le colonel Ferri Pisani réussit, autant qu'il était possible, à les organiser, en faisant des preuves de compétence et de ferme dévouement que je ne puis oublier.

Le colonel Montagut (de la garde nationale), ancien officier d'artillerie, avait succédé dans l'emploi de chef d'état-major au colonel Ferri Pisani[1]. Républicain, mais homme d'ordre et homme de résolution autant que patriote éprouvé, il fut l'auxiliaire le plus sûr de l'infortuné général Clément Thomas, contribua fermement avec lui à la répression des désordres habituels à certains groupes de la garde nationale, forma les régiments de marche qui combattirent à

---

[1] Promu général au cours du siège.

Buzenval, et fut sans bruit, ce qui n'était pas ordinaire, l'un des officiers les plus utiles et les plus méritants du siège.

Sa fin tragique devait attrister profondément les premières années de ma retraite. Il a disparu avec sa femme et son enfant dans le naufrage du transatlantique *l'Europe*, abordé de nuit en plein océan et coulé.

Le colonel du génie Usquin, dont la mort récente a excité d'universels regrets parmi les survivants de l'état-major du siège, était un homme considérable par la valeur des services rendus, par la dignité de son caractère et de sa vie. D'une instruction très variée et très étendue, il l'avait mise avec un zèle infini au service de tous les intérêts de la Défense qui exigeaient, avec des connaissances spéciales, l'habitude des grands travaux. Je garde fidèlement la mémoire de cet excellent serviteur du pays.

Le capitaine Lair, de la garde nationale (aujourd'hui directeur à Paris des magasins généraux), collaborait ordinairement avec le colonel Usquin, notamment pour le contrôle des ressources créées ou à créer dans le service des subsistances de la population, le plus important du siège. M. Lair est l'un des hommes les mieux doués, les plus capables, les plus dignes de confiance, avec qui les vicissitudes de la fin de ma carrière m'aient mis en contact. Je lui garde de vifs sentiments d'affection et de gratitude.

Le lieutenant-colonel de Lemud était un officier de mérite et de grand dévouement, très instruit, très modeste, à qui des aptitudes diverses promettaient un bel avenir. A mon vif chagrin, il est mort bien avant le temps, en pleine carrière, laissant son héritage militaire à un jeune officier de l'état-major du siège, de Langle de Cary, aujourd'hui chef de bataillon, sujet de la plus haute valeur, à qui, faisant dans ce livre le récit de la bataille de Buzenval, j'ai prédit une grande fortune dans l'armée.

Le chef d'escadron d'état-major Faivre (aujourd'hui officier général) était l'un de mes plus sûrs amis, avant d'être l'un de mes meilleurs officiers. Il représente, dans ce qu'ils ont de plus respectable, des principes et des traditions qu'à cette heure (1888) la politique a singulièrement affaiblis dans le pays et dans l'armée. Je me persuade que, lorsque j'aurai disparu, le souvenir particulier que je lui donne ici ne sera pas indifférent à cet homme de bien.

Le chef d'escadron d'état-major (au titre étranger) prince Nicolas Bibesco était accouru de Bucharest, à la nouvelle de la déclaration de guerre, pour défendre la France qui était comme son pays d'adoption. Élevé dans nos écoles, marié à une Française portant un grand nom militaire [1], il avait antérieurement servi avec distinction à l'armée d'Afrique. Entré dans mon état-major, établi avec sa nombreuse famille à mon quartier général du Louvre, il était le seul de mes officiers que j'eusse incessamment sous la main, et pendant toute la durée du siège je n'ai pas été une seule fois à l'ennemi ou à l'émeute qu'il ne m'y ait suivi. Plein de zèle dans le travail et d'équilibre dans le péril, il a rendu à la Défense des services considérables.

Le chef d'escadron d'état-major de Vigneral, homme du monde très distingué et soldat accompli, était au nombre de mes officiers pendant la première période du siège. Je savais, sans le connaître personnellement, que sa notoriété l'avait fait appeler par le général Schmitz à prendre rang dans l'état-major général de l'armée de Paris. Nommé lieu-

---

[1] Hélène d'Elchingen.

tenant-colonel des mobiles d'Ille-et-Vilaine, il fit, à la tête de ses troupes qui furent durement éprouvées, de brillantes preuves aux batailles de la Marne, où lui-même fut très grièvement blessé. Je ne sais ce qu'est devenu le colonel de Vigneral, que je crois rentré dans ses foyers après la guerre. S'il lit un jour cette page, il verra que les efforts qu'il a faits au siège de Paris, et dont il porte les glorieuses marques, ont laissé dans ma mémoire des traces que le temps et les événements n'ont pas effacées.

Dans l'état-major général de l'armée de Paris et dans mon état-major particulier, les capitaines Thory, d'Hérisson, Madelor, Lestrohan, Delatre, Arthur et Richard Brunet, le jeune sous-lieutenant de Langle de Cary (le vaillant blessé de Buzenval), formaient un groupe dont le dévouement était toujours prêt.

Le capitaine d'état-major Thory, qui avait quitté l'armée, y était rentré pour s'associer à la Défense nationale. Très capable et très laborieux, avec un esprit bien ordonné et un dévouement toujours prêt, il fut la cheville ouvrière des travaux qu'exigeaient la préparation et l'exécution, pleines d'imprévu, des mouvements des troupes et des opérations militaires.

Le capitaine d'Hérisson, doué d'aptitudes très diverses, a déjà figuré dans ces récits à l'occasion de l'arrivée à Paris des officiers américains Burnside et Forbes. Ce fut lui aussi qui, à titre d'interprète pour la langue allemande, fut associé à la douloureuse mission de M. Jules Favre à Versailles pour l'armistice et la capitulation. Sa pénétration et son intelligente activité furent très utiles au négociateur, et servirent bien les négociations.

Les capitaines Madelor et Lestrohan, promus chefs de bataillon au cours du siège, et le capitaine Delatre, dévoués à l'œuvre commune, ont leur place marquée dans ce mémorial de mes obligations personnelles. Le capitaine Madelor, sujet d'avenir, est aujourd'hui officier général. Les deux autres, qui avaient fait pour coopérer à la Défense nationale de libres et grands sacrifices de famille et de position, ne recevront pas, j'en suis sûr, sans quelque satisfaction, dans la retraite honorée où ils vivent, cette marque posthume de mon reconnaissant souvenir.

Le capitaine d'état-major Arthur Brunet, aujourd'hui lieutenant-colonel, et le capitaine de la garde nationale Richard Brunet, aujourd'hui chef d'un des services du département de l'intérieur, deux frères, étaient les fils de ce regretté général Brunet dont j'ai rappelé ici (Introduction) l'attristante et glorieuse fin devant Sébastopol. Tous deux, je l'ai dit, m'avaient été recommandés par leur père, marchant à une mort qu'il jugeait certaine, et autant que je l'avais pu, j'avais rempli ce mandat sacré qui fait comprendre que les terribles événements de 1870 aient trouvé ces frères étroitement associés à l'effort désespéré que je tentais.

L'un et l'autre étaient de jeunes hommes de grande valeur et de grand avenir. Mais, volontairement sorti du monde avec le principe arrêté de ne chercher jamais à y exercer le patronage, j'ai eu le chagrin de ne pouvoir contribuer au développement de leurs carrières, dont les progrès n'ont pas répondu à leurs mérites. Ils ne s'en sont pas émus, et ma retraite n'a pas d'amis plus fidèles. C'est moi qui suis aujourd'hui leur débiteur.

# CHAPITRE XVIII

L'ASSEMBLÉE NATIONALE A VERSAILLES

### Sa composition et ses vues.

Des événements qui ont précédé et préparé le siège de Paris, du siège lui-même, de leurs causes et de leurs effets (quand je les ai aperçus et constatés moi-même), j'ai cherché à reproduire le tableau vrai.

Plus ce douloureux passé s'éloigne de nous, plus son souvenir s'efface dans l'esprit des générations qui ont souffert et que tourmente le souci trop légitime du présent et de l'avenir, moins elles accorderont d'intérêt à ces récits. Elles auront presque disparu quand ils seront publiés, si je dois vivre encore quelques années, et les générations qui leur succéderont, luttant contre une destinée encore plus troublée peut-être que la nôtre, seront indifférentes à nos épreuves.

Ces réflexions ne m'encouragent pas à pousser plus loin une entreprise dont nul ne doit bénéficier, et qui n'a pas, je le sens, d'autre côté utile, très personnel, que de faire diversion à l'isolement où je vis. Aussi bien, puis-je considérer cette étude comme terminée avec le siège de Paris, autour duquel j'ai réuni, me laissant aller à mes impressions, beaucoup de souvenirs antérieurs et d'exposés philosophiques, *senilia somnia!* Pourtant, au cours de l'apparition que j'ai faite à Versailles dans la politique, j'ai vu se succéder des événements qui se rattachent assez directement à ceux de la Défense nationale pour qu'ils aient ici, à titre complémentaire, une place qui sera d'ailleurs très restreinte.

Pour comprendre l'ineffaçable impression que j'ai reçue de mon court passage à l'Assemblée nationale, il faut se pénétrer des espérances et des illusions patriotiques que j'y apportais. Sa composition, très supérieure à celle des assemblées qui lui ont succédé, infiniment supérieure à celle de l'assemblée qui préside aujourd'hui (1888) aux destinées du pays, me semblait rassurante. Tous les partis, il est vrai, y étaient représentés, avec le contraste frappant, à Bordeaux, de leurs vues et de leurs procédés de discussion; mais par l'éducation et les sentiments d'origine, par la science du monde et l'intelligence des affaires, enfin par la préparation au travail gouvernemental, la majorité des députés paraissait offrir de sérieuses garanties de sagesse politique jointe au sentiment réfléchi de la grandeur du péril national.

Je croyais la majorité, qu'elle fût républicaine ou monarchiste, en volonté et en état de faire prévaloir, d'abord dans l'Assemblée, ensuite dans le pays, l'unique principe qui pût relever sa fortune : *le renoncement absolu aux compétitions politiques, aux compétitions personnelles, aux divisions de toute nature, pour arracher la France à la ruine sociale, politique, économique, sous laquelle elle succombait.*

Ces espérances patriotiques étaient aussi naïves, et devaient rester aussi vaines que toutes celles dont je m'étais bercé depuis que s'appesantissaient sur nous les inexorables conséquences de la défaite. J'allais assister, dans l'Assemblée nationale, à des luttes de plus en plus âpres qui annonçaient et préparaient l'état d'irrémédiable désunion où est aujourd'hui le pays, entre les groupes politiques que j'énumère ici sommairement :

Quelques énergumènes visant au bouleversement social ;

Des radicaux visant à l'avènement d'une république violente et oppressive ;

Des républicains modérés jugeant possible, et voulant l'avènement d'une république tempérée ;

Une considérable majorité de conservateurs, quelques-uns, — très rares, — inclinant vers la république raisonnable, la plupart préparant le retour de la monarchie, c'est-à-dire des trois monarchies qui étaient alors en présence, l'une d'elles (le bonapartisme encore sous le coup des calamités de la dernière guerre) déguisant les visées de restauration impériale qu'il affiche hautement aujourd'hui.

C'était une Babel avec la diversité des langues, avec la confusion des principes, des systèmes et des vues, diversité et confusion poussées à ce point, que ni la présence de l'ennemi installé en France, ni la douloureuse incertitude des négociations en cours pour le traité de paix, ni la prise de possession de Paris par l'insurrection anarchique jusque-là victorieuse, ne purent rendre l'Assemblée nationale à l'équilibre et au concert.

Beaucoup de questions de la plus haute importance s'imposaient aux délibérations de l'Assemblée. Plusieurs étaient, pour le pays aux abois, des questions de vie ou de mort. Entre toutes, — qui le croira dans l'avenir ? — celle qui passionna le plus profondément et le plus longuement les représentants de la France, la seule peut-être autour de laquelle une apparence d'accord parut s'établir, *ce fut l'enquête sur les actes du gouvernement de la Défense nationale !*

Les démagogues, les intransigeants, les radicaux, qui réclamaient la mise en accusation, trouvaient sur ce terrain l'occasion de satisfaire leur haine contre les républicains du gouvernement de la Défense, atteints à leurs yeux de modérantisme, et dont les principaux venaient d'entrer dans le cabinet formé par M. Thiers.

Les légitimistes, les orléanistes, les impérialistes, qui se bornaient à demander l'enquête, qu'acceptait naturellement le gouvernement de la Défense, n'avaient pas d'autre but que de vouer la république à l'exécration, et d'ouvrir du même coup la voie à la monarchie de leur choix. Par surcroît, les impérialistes entendaient démontrer par l'enquête que les calamités de la guerre étaient imputables à la Défense nationale, et qu'elles n'engageaient pas les responsabilités de l'empire !

J'ai dit ailleurs ce que furent les procédés de cette enquête, champ de bataille non pas unique, mais principal, de toutes les passions politiques, de toutes les revendications qui sont pour la France l'accablant héritage de ses neuf révolutions. Que serait-ce, si je faisais ici leur place aux rivalités d'ambition et d'intérêt, aux aversions et aux haines personnelles, entretenues par un échange à peu près continu d'accusations, de récriminations, quelquefois d'insultes dont le journalisme, avec des commentaires enragés, allait porter l'écho dans la France entière !

La France, en péril de mort, regardait ahurie les combattants sans rien comprendre au combat. Elle avait cru à la Défense nationale, elle y était entrée avec tout son cœur, sans arrière-pensée politique, elle lui avait fait les derniers sacrifices, et les politiciens la déshonoraient à plaisir! Dévouement sans bornes, flots de sang versé, efforts suprêmes, n'étaient donc en réalité qu'une duperie politique, dont le pays avait été la victime!...

Leçon déplorable, par laquelle les débats de l'Assemblée achevaient la ruine de l'esprit public. Ils semaient partout la défiance, la désunion, avec le scepticisme insulteur et railleur qui a pénétré les mœurs, qui a rendu impossible le gouvernement de M. Thiers, du maréchal de Mac-Mahon, de tous autres, et réalisé l'opinion, — qui déguisait peut-être une espérance, — exprimée par le prince de Bismarck :

« Les événements ont créé une situation difficile en
« affaiblissant l'autorité du gouvernement *et de tout autre*
« *que la France pourrait se donner.* »

(Lettre du prince de Bismarck au général Trochu, p. 556.)

Les élections de 1871 sont, dans l'histoire parlementaire de la France, *les seules peut-être qui aient été absolument libres et comme spontanées.*

Le pays était livré à un affolement qui ne permettait à l'opinion de s'orienter en aucun sens.

Le gouvernement de la Défense ne fonctionnait plus.

Le gouvernement de M. Thiers était encore à naître.

Pas de candidatures officielles ou seulement officieuses, pas même d'intrigues locales conduites par les candidats et leurs ayants cause; car, de l'armistice aux élections, les événements s'étaient succédé avec une telle rapidité, que pour agir le temps avait manqué aux politiciens. J'ai déjà dit que ceux de Paris, qui me tenaient à l'index, n'avaient rien pu pour empêcher ma décuple élection par la province.

Aussi bien que les républicains de toute nuance, la majorité dite réactionnaire, et même le groupe légitimiste numériquement considérable qui émergeait sur le terrain de la politique et des affaires après une presque disparition de quarante ans, jugeant le *suffrage universel direct et sans conditions* par les résultats dont ils étaient les bénéficiaires, trouvaient que ce mode de consultation populaire valait beaucoup. Quelques-uns allaient jusqu'à l'invoquer dans leurs discours à la tribune, comme le palladium de la politique contemporaine...

Voilà comment cette Assemblée, tout entière aux stériles débats dont j'ai esquissé le tableau, n'eut pas la force, pas même la pensée, de rendre au pays le service capital de réglementer, sans la restreindre, la votation des foules inconscientes, aveugles ou aveuglées, prêtes dans tous les cas aux entraînements les moins prévus, qui sont aujourd'hui pour toujours, je pense, les arbitres du sort de la France.

### La loi sur l'armée.

Je ne comptais pas trois mois d'existence législative que j'avais acquis l'attristante conviction de l'impuissance de l'Assemblée divisée à l'infini, et du pays désormais divisé autant qu'elle, à fonder par l'union des partis un gouvernement qui pût durer.

Plus que jamais décidé à disparaître à bref délai, non moins décidé à n'intervenir jamais que par mon vote dans les débats d'ordre politique, je limitais étroitement l'accomplissement de mon mandat à la discussion de deux intérêts différents : je me croyais le droit d'expliquer le siège de Paris défiguré dans ses causes et dans ses effets par les passions du temps, et je me croyais le devoir d'apporter mon concours à l'élaboration de la loi militaire compromise, comme on le verra plus loin, par l'incompétence de l'initiative parlementaire.

A cette règle de conduite j'ai été fidèle, et mon rôle à l'Assemblée nationale, en dehors des deux questions précitées, fut si effacé, que lui faire une place dans ces souvenirs, avec un retour sur les événements politiques oscillatoires de ce lointain passé, serait de ma part une prétention. Je me bornerai à rappeler sommairement ceux qui se rattachent à la discussion de la loi organique de 1872, parce qu'ils révéleront la cause principale de l'incertitude qui pèse encore aujourd'hui (1888), après quinze ans des plus regrettables tâtonnements, sur la constitution définitive de l'armée française.

On dit communément que c'est à l'instabilité ministérielle qu'est dû, dans notre pays, le perpétuel flottement des choses politiques, expressément et avec un péril particulier, des choses militaires. On dit vrai; mais en ce qui concerne celles-ci, on ne dit pas tout. On ne reconnaît pas que la constitution d'armée, votée en 1872, a pour origine un *contresens initial* qui condamne le législateur à retoucher incessamment son œuvre.

J'étais l'un des membres de la commission qui avait reçu le mandat de préparer la loi. Les généraux en activité, les députés anciens militaires, les hommes d'État y figuraient en grand nombre, et sa composition offrait certainement de solides garanties de compétence et de sérieux examen; mais à quelle condition? *A la condition que ses travaux eussent pour point de départ la présentation par le département de la guerre d'un projet d'ensemble comprenant :*

1° *Les principes, qui seraient la base invariable des nouvelles institutions militaires ;*

2° *L'organisation, qui réglerait la fonction de tous les rouages dont se composerait le mécanisme infiniment compliqué de la nouvelle armée.*

Ces vues m'étaient inspirées par la conviction où j'étais et que je garde, que les assemblées politiques délibérantes, faites pour consacrer par la loi la constitution des armées, doivent en *discuter* les principes aussi bien que les voies et moyens, mais qu'il leur est très difficile de les *trouver* et qu'il leur est impossible de les *coordonner*.

« Imaginez, disais-je à mes collègues de la commission,
« que le ministre de la guerre forme autour de lui, *sous sa*
« *présidence effective*, une commission de cinq officiers
« généraux et d'un intendant général choisis parmi les plus
« notoirement expérimentés, représentant les spécialités de
« l'état-major, de l'infanterie, de la cavalerie, de l'artille-
« rie, du génie, de l'administration militaire, et que chacun
« d'eux préside une sous-commission de quatre conseillers
« appartenant à sa spécialité.

« En assemblée générale de cette commission, les prin-
« cipes fondamentaux, ceux qui formeraient ce que j'ai appelé
« la *base invariable des institutions militaires*, seraient défi-
« nis, fixés, réunis en un code régulateur de l'esprit mili-
« taire et de l'état moral des armées.

« En assemblée particulière, les sous-commissions étu-
« dieraient et détermineraient la constitution et le fonction-
« nement, en temps de paix et en temps de guerre, de
« l'arme qu'elles représentent, œuvre complexe qui veut
« des connaissances théoriques et pratiques spéciales.

« Toutes ces études préalables terminées, le ministre
« réunirait périodiquement les sous-commissions en assem-
« blée générale pour discuter en commun et arrêter le tra-

« vail d'ensemble dont toutes les parties, soigneusement
« coordonnées, représenteraient, avec le code des principes,
« le projet de loi concret qui serait soumis aux délibéra-
« tions de la commission législative, et, par elle, aux déli-
« bérations de l'Assemblée nationale.

« Devant ces deux pouvoirs, le projet se présenterait
« avec l'incontestable autorité qu'il devrait à ses origines.
« Il serait défendu par le ministre de la guerre avec une
« compétence et des convictions qu'aurait rendues très solides
« sa coopération personnelle aux travaux préparatoires de
« la loi. Elle échapperait ainsi à la plupart *des modifica-*
« *tions de hasard, des vicissitudes imprévues* qui sont la
« conséquence ordinaire des débats législatifs où chacun
« propose et où l'Assemblée dispose sans avoir été préala-
« blement et fermement éclairée. »

Ces vues isolément, peut-être timidement exprimées devant une commission qui ne se souciait guère de mes avis, devaient d'autant moins prévaloir qu'elles n'étaient pas soutenues par le département de la guerre, principal intéressé.

Pas plus que sa commission, l'Assemblée, partagée entre d'incessantes luttes politiques et de pressantes discussions d'affaires, n'eut la pensée de faire au ministre de la guerre général de Cissey, qui d'ailleurs ne le demandait pas, le long crédit de temps nécessaire pour l'exécution du travail préparatoire que j'ai défini.

Sur le projet de loi élaboré par sa commission, le *tot homines quot sententiæ* se donna carrière dans l'Assemblée jusqu'au milieu de l'année 1872, et c'est au cours de ces débats que, dans les séances des 27 mai, 6 juin et 8 juin, j'intervenais pour exprimer mes vues sur la constitution de la nouvelle armée. Je puis dire qu'à ce dernier acte de ma vie publique, je mis tout ce que j'avais en moi d'expérience acquise et de conviction raisonnée.

J'avais là pour adversaires le chef de l'État, M. Thiers, et le ministre de la guerre, qui ne paraissait plus avoir d'autre souci que de le suivre pas à pas[1]. Le combat fut vif, assez vif pour que vers sa fin mon illustre et alors tout-puissant contradicteur, voyant que l'Assemblée se prononçait manifestement contre lui, crut devoir jeter dans la balance des votes qui se préparaient le poids énorme de l'avis de sa démission s'ils lui étaient contraires. A une médiocre majorité ils lui devinrent favorables, fondant la loi organique de 1872 tant de fois remaniée depuis et dont, à l'heure où j'écris (1888), le parlement se dispose à transformer le principe fondamental qui est le service à cinq ans, dada militaire de M. Thiers.

C'est expressément autour de ce principe fondamental *de la durée du service obligatoire* que le combat eut lieu. M. Thiers, historien autant qu'homme d'État, devait une part de son illustration aux livres qu'il avait écrits sur la guerre avec une ardeur passionnée et d'éclatants succès. Il ne s'était pas borné à décrire les opérations des armées *constituées sur le principe du service à long terme*. Il les avait fait manœuvrer lui-même dans la période la plus glorieuse des fastes militaires français, par conséquent conduites à la victoire, et il croyait sincèrement, — peut-être ne se trompait-il pas, — que sa vocation vraie était celle du généralat.

C'est pénétré de cet idéalisme militaire, dont l'origine remontait pour lui à des temps bien éloignés et bien diffé-

---

[1] Le général de Cissey, à son retour de captivité, avait produit sur la réorganisation de l'armée un travail où il préconisait la plupart des principes et des idées que j'allais défendre contre lui à la tribune, notamment le service de trois ans!

rents du nôtre, que renonçant à obtenir de l'Assemblée le service de sept ans qu'il tenait, sans l'avouer, pour nécessaire, M. Thiers se rabattait sur le service de cinq ans considéré comme un minimum. Aucun raisonnement, aucune preuve tirée des récents et saisissants résultats des guerres de 1866 et de 1870, ne purent le détourner de ce parti pris où entraient d'ailleurs avec lui la plupart des militaires et des hommes publics que leur âge rattachait à la même tradition.

J'avais la conviction réfléchie, peut-être devrais-je dire intraitable, que dans la constitution des armées d'aujourd'hui *l'obligation ne pouvait pas se concilier avec la durée* sans détendre à la fois tous les ressorts de l'activité nationale, péril que je définissais ainsi : *Il ne faut pas, pour faire l'armée, défaire le pays.* Et je montrais que le service de trois ans, — adopté dès lors et depuis par toutes les armées que recrute le service obligatoire, — représentait en durée la moyenne qui servait le mieux les divers intérêts qu'il s'agissait de mettre d'accord.

A l'appui de cette opinion, qui fut le grief contre moi des partisans du service à long terme, je plaçais une importante observation que, dans leur bonne foi, ils ont toujours passée sous silence ; à l'adoption du service de trois ans je mettais une condition expresse : la substitution dans nos régiments *de l'éducation militaire au dressage monotone et purement technique qui fait le soldat français depuis que l'armée française existe.*

C'est dans la séance du 27 mai que se produisait l'incident suivant.

Je venais d'exprimer la pensée que, pour réaliser la réforme de l'éducation nationale dans le pays, et la réforme de l'éducation militaire dans l'armée reconstituée, une longue période de paix était nécessaire. Interrompu par le cri isolé de : *Et la revanche!* je répondais à l'interruption en me tournant vers la gauche de l'Assemblée d'où elle était partie :

« Oui, la paix !... Vous voyez qu'audacieusement peut-
« être je dis la paix, que je ne dis pas la revanche, *esti-*
« *mant que la grande revanche que nous avons à prendre,*
« *c'est contre nous-mêmes.* L'autre revanche ne viendra que
« quand nous l'aurons méritée ! »

(Journal officiel du 28 mai 1872.)

L'Assemblée, profondément émue, applaudit à cette déclaration de sentiments qui recommandait aux générations présentes *la réforme d'elles-mêmes,* avec le patriotisme silencieux, résigné mais obstiné, capable de préparer dans une paix douloureuse les destinées des générations futures.

Des années se sont écoulées depuis que ces paroles, expression d'une honnête et ferme conviction que j'ai gardée, produisaient très inutilement cette émotion passagère. Les générations, loin de se réformer et de « mériter l'autre revanche », ont élargi à outrance le champ des anciennes erreurs, en y joignant des éléments nouveaux et imprévus de désordre intérieur et de péril extérieur. Je ne les énumérerai pas, me bornant à signaler ici un de leurs effets les plus alarmants. Le patriotisme « silencieux, résigné mais obstiné », préparant dans l'union de toutes les forces nationales l'avenir du pays, a été remplacé par le *déroulédisme* et par le *boulangisme,* aujourd'hui même (16 avril 1888) acclamés par les foules ! . . . . . .
. . . . . . . . . . . . . . .

Sans doute, l'Assemblée nationale, après sa commission déléguée, a travaillé consciencieusement, patriotiquement, à la réorganisation de l'armée ; mais l'erreur de son point de départ, je crois l'avoir démontré, a été préjudiciable au résultat obtenu. Elle a statué sans principes arrêtés, sans plan d'ensemble, sans direction, adoptant de petites résolutions, en négligeant de grandes, commettant en certaines parties (telles que le recrutement, la constitution de l'infanterie, des états-majors, etc.) de graves erreurs, aboutissant enfin à une œuvre qui est incessamment aux prises avec la vieille loi française *du faire, du défaire et du refaire.*

L'armée d'aujourd'hui est, avec un immense effort budgétaire, une puissante machine de guerre; mais son moteur est faible, par conséquent son jeu incertain, et quelques-uns de ses organes sont défectueux ou manquent de liaison entre eux. C'est enfin une création dont le produit n'est pas en rapport avec son coût.

### Incident personnel.

Si je reproduis ici la lettre qu'on va lire, ce n'est pas dans la misérable intention de mettre encore une fois mon désintéressement en lumière. Je la reproduis pour montrer que si, au cours de la Défense nationale, j'ai échoué, comme on l'a vu, dans mon entreprise de faire prévaloir le *principe de l'effort gratuit,* je lui suis du moins resté personnellement fidèle jusqu'à la fin.

Un officier de la maison militaire du président, m'abordant un jour dans les couloirs de l'Assemblée nationale, m'annonçait que le ministre de la guerre général Le Flô, d'accord avec M. Thiers, allait soumettre à sa signature un décret qui m'élevait dans la Légion d'honneur au grade de *grand-croix.* J'adressais ce jour-là au ministre la lettre confidentielle suivante :

« Versailles, le 19 mai 1871.

« Cher général et ami,

« Vrai ou faux, le bruit est venu jusqu'à moi que vous vous proposiez de me faire, moi aussi, grand-croix de la Légion d'honneur.

« Permettez-moi de vous dire à l'avance, — parce qu'il est difficile et que pour moi il serait prétentieux de le dire après, — que je ne pourrais pas accepter cette distinction honorifique. En voici la raison :

« Au début du siège de Paris, *j'ai fait le vœu,* comme nous disons en Bretagne, de tenter gratuitement ce dernier effort et d'arrêter là, dans le sens de l'avancement et dans tous les sens, l'élan de ma carrière.

« Voilà pourquoi j'ai refusé à cette époque le traitement qu'on voulait attacher à ma fonction de président du gouvernement, trouvant que le traitement de ma fonction militaire était suffisant.

« Voilà pourquoi encore j'ai prié M. Jules Favre, qui m'avait annoncé que M. Thiers, en vue d'honorer le siège de Paris, comptait m'élever au maréchalat, de dire au président que je déclinerais absolument cette haute dignité.

« Gardez pour vous, je vous prie, cher général et ami, cette petite profession de foi officieuse et croyez à tous mes sentiments dévoués.

« Général Trochu. »

### Encore M. de Rochefort.

L'armée, péniblement reconstituée, mais se retrouvant tout entière au devoir en face du péril public, avait, après un long siège, repris Paris aux insurgés de la Commune. Ils s'entassaient par milliers dans des prisons improvisées, attendant à Versailles leur jugement, dont l'instruction laborieuse se dénouait tous les jours devant les conseils de guerre siégeant en permanence. Parmi ces prisonniers se trouvait M. de Rochefort.

Je ne l'avais pas revu depuis l'insurrection du 31 octobre, qui avait motivé sa démission de membre du gouvernement de la Défense nationale; mais j'en avais beaucoup entendu parler, et c'était dans un sens qui avait singulièrement refroidi les sentiments que son attitude très patriotique et très correcte m'avait inspirés dans les premiers temps du siège.

D'abord, j'avais incidemment appris que lui, qui avait alors adopté avec tant de conviction mon principe de l'*effort gratuit,* qui avait par suite refusé devant le conseil réuni tout traitement de fonction, en avait peu après réclamé sans bruit, en cachette, pour tout dire, le bénéfice au distributeur de ce fonds.

Cette revendication après coup pouvait, je le reconnais, s'expliquer par les difficultés de la vie matérielle qui pesaient pendant le siège sur tous et sur chacun; mais le réclamant avait, à mon sens, le devoir étroit de la faire connaître au conseil. Il était tenu de ne pas garder devant les membres du gouvernement le profit d'un acte de désintéressement qui, je l'ai dit, lui avait fait à mes yeux beaucoup d'honneur.

D'autre part, j'avais lu dans un journal appartenant à

M. de Rochefort, à l'occasion des criminels exploits de la Commune, quelques articles qui le solidarisaient avec elle et m'avaient révolté.

J'étais à son sujet dans cet état d'esprit quand je reçus de lui la lettre suivante :

« 1ᵉʳ septembre 1871.

« Général,

« Je vous demande d'abord mille pardons de ma lettre
« et du dérangement que je vais peut-être vous causer. Je
« ne vous aurais certainement pas donné cet embarras si
« mon pauvre honneur qu'on vilipende, et tout mon passé
« qu'on incrimine, n'avaient pas le plus sérieux besoin de
« votre honorable témoignage.

« Je vous serais, général, extrêmement reconnaissant
« si vous vouliez bien déposer devant le conseil de guerre
« du fait suivant :

« Au 4 septembre, alors que je venais d'être porté par
« la foule à l'Hôtel de Ville et que je tenais dans ma main
« toute la force populaire de Paris, c'est moi qui ai, non
« pas seulement demandé, mais presque exigé que vous
« fussiez nommé à la présidence du gouvernement, afin
« qu'il fût bien compris par tous que la politique devait
« s'effacer devant la nécessité de la défense.

« Si j'avais eu la moindre arrière-pensée d'ambition per-
« sonnelle, je n'aurais pas été assez naïf, vous en convien-
« drez, pour adjuger ainsi la première place à un général
« dont la dictature n'aurait pu que contrecarrer mes projets.

« Vous ne pouvez avoir oublié que jusqu'au jour où le
« premier armistice, à la suite duquel j'avais donné ma
« démission, a été proposé, je n'ai cessé de vous appuyer
« de toutes mes forces et de me donner tellement à l'idée

« de sauver Paris, que j'ai supprimé de mon plein gré le
« journal *la Marseillaise,* qui me faisait vivre, pour éviter
« de semer la moindre agitation dans les esprits; et que la
« haine que m'a vouée Ernest Picard vient de ce que je lui
« ai précisément reproché d'avoir gardé l'*Électeur libre,*
« qu'il remplissait de nouvelles dangereuses.

« J'ai quitté le gouvernement avec quarante francs dans
« ma poche, à ce point qu'après avoir déclaré à Étienne
« Arago que je ne voulais pas toucher mes appointements
« de membre de la Défense nationale, je me suis vu forcé
« d'aller piteusement les lui réclamer. Eh bien, à ce moment
« même, un éditeur de journaux est venu m'offrir cinquante
« mille francs de prime, si je voulais faire avec lui un jour-
« nal jusqu'à la fin du siège, journal à qui mes deux mois
« de séjour au gouvernement auraient donné un grand inté-
« rêt. Mais l'idée que je pourrais amener le moindre trouble,
« et avancer seulement d'une heure la capitulation, me
« préoccupait tellement que j'ai obstinément refusé.

« Vous pouvez, cher général, hardiment déposer de mes
« faits et gestes pendant la durée de la Défense; car,
« quelques infamies qu'on ait publiées sur moi, je vous
« donne ma parole d'honneur, — et vous y croirez, — que
« je n'ai pas vu un seul membre de la Commune pendant
« mon séjour à Paris, où je ne suis arrivé que quinze jours
« après le 18 mars, rappelé par une lettre de ma sœur qui
« m'annonçait que mon père se mourait.

« Tout mon rôle s'est borné à protester contre les arres-
« tations et les projets de massacre. C'est sur un article de
« moi que le commandant Girot, condamné à mort par une
« cour martiale, a eu sa peine commuée. J'ai tout fait pour
« faire anéantir le décret concernant les otages, et j'ai fina-
« lement détourné sur ma tête l'orage qui menaçait celle
« des autres; car c'est un miracle que je n'aie pas été arrêté
« par la Commune, et fusillé comme Chaudey.

« On m'a accusé d'avoir poussé à la démolition de l'hôtel
« de M. Thiers. J'y ai si peu poussé que je l'ai déconseil-
« lée. Mon seul tort est d'avoir protesté contre les obus
« qui pleuvaient dans Paris et jusqu'à ma porte, désastre
« qu'avec un peu de bon sens il eût été si facile d'éviter;
« car, après avoir mis le feu sous le ventre de la population
« par des promesses qu'il savait bien ne pas pouvoir tenir,
« c'était de la part de M. Jules Favre un acte de folie que
« de laisser trois cent mille fusils entre les mains d'un
« peuple aussi irrité.

« Le résultat était fatal. Il a demandé pardon de ses
« fautes à Dieu et aux hommes. En attendant, ce sont ceux
« qui, comme moi, ont tout fait pour les réparer qui
« payent pour lui.

« Je ne sais, cher général, si vous consentirez à me
« prêter votre appui, et témoigner au moins de mon peu
« d'ambition et de mon désintéressement. Si, ce qui est
« probable, je sors condamné de cette épreuve, je voudrais
« bien en sortir pur; car le diable m'emporte si j'ai la
« plus petite chose à me reprocher.

« Je ne sais quand la Chambre se séparera. Tout ce que
« je crains, c'est que vous ne soyez plus à Versailles
« quand viendra mon procès, dans dix ou douze jours.

« Veuillez agréer, général, l'expression de tous mes bons
« souvenirs et de mes meilleurs sentiments.

« Henri ROCHEFORT. »

Cette lettre, très courtoise, même très déférente, plus diffuse que probante, pleine de hors-d'œuvres imprévus (M. Picard, M. Jules Favre, les fusils, les journaux, etc.), où enfin le vrai et le faux étaient opportunément mêlés, ne laissa pas de m'émouvoir. Mes souvenirs des premiers mois du siège, où M. de Rochefort avait montré beaucoup de patriotisme et de sagesse, se réveillant, me portaient à répondre à son appel en l'assistant dans le grand péril où il était. Mes impressions ultérieures et le sentiment, très vif à cette heure, des devoirs que de détestables événements révolutionnaires venaient de nous créer à tous, me le défendaient. Je lui répondis :

« Versailles, le 3 septembre 1871.

« Monsieur,

« J'ai reçu à Paris la lettre que vous venez de m'écrire.
« Si je suis appelé devant la justice, soit par elle, soit par
« vous, j'aurai à déposer des faits suivants qui sont l'ex-
« pression de la vérité absolue :
« La députation qui est venue au Louvre, le 4 septembre
« au soir, pour me demander de me rendre à l'Hôtel de
« Ville, me remit une liste des membres du gouvernement
« provisoire où votre nom ne figurait pas. C'est à l'Hôtel
« de Ville que je fus informé de votre présence dans le
« gouvernement où on me demandait d'entrer comme
« ministre de la guerre, sous la présidence de M. Jules
« Favre.
« J'acceptai, sous la condition que le gouvernement ad-
« mettrait certains principes[1] que je formulai immédiate-
« ment. Après avoir reçu de lui la réponse la plus nette-
« ment affirmative, je me rendis auprès du ministre de la
« guerre général Palikao pour l'informer de l'état des
« choses. A mon retour à l'Hôtel de Ville, j'exprimai l'opi-
« nion que ce qui restait de l'armée se rallierait autour de
« moi, si j'étais le chef du gouvernement de la Défense,
« mais ne se rallierait probablement pas autour de M. Jules
« Favre.
« Immédiatement, *et sans discussion d'aucune sorte*, je

[1] Dieu, la famille, la propriété.

« fus nommé président du gouvernement de la Défense au
« lieu et place de M. Jules Favre devenu vice-président.

« Vous n'avez donc pas été dans le cas d'insister, comme
« vous le dites, pour ma nomination à la présidence, car
« cette nomination a été faite sous mes yeux, à l'imprévu,
« et sur des observations relatives à l'esprit de l'armée, que
« j'avais présentées moi-même.

« Je vous ai vu ce jour-là pour la première fois, et je
« vous ai vu pour la dernière la veille du 31 octobre.

« Dans l'intervalle, c'est-à-dire pendant le temps que vous
« avez siégé à l'Hôtel de Ville, je vous ai trouvé très active-
« ment occupé de la Défense, sans ambition personnelle appa-
« rente, et plus modéré que votre notoriété ne me l'aurait
« fait supposer. Plusieurs des mesures, d'un caractère con-
« servateur, que je proposais ont été appuyées par vous.
« L'un de vos actes m'avait particulièrement touché. Avec
« un autre membre du gouvernement, dont je n'ai pas à
« rappeler le nom ici, vous aviez refusé tout traitement
« pour votre participation à la direction des affaires. Mais
« j'ai appris depuis qu'après ce *refus public,* — car il avait
« été fait en conseil, — vous aviez *secrètement* réclamé le
« traitement dont il s'agit, circonstance qui a gravement
« compromis à mes yeux votre caractère.

« Je ne me rappelle pas vous avoir vu à l'Hôtel de Ville
« le 31 octobre au milieu des périls communs.

« Le lendemain, vous avez donné votre démission; mais
« je me refuse absolument à admettre qu'elle ait eu pour
« cause, comme vous me le dites, la négociation d'armis-
« tice que M. Thiers poursuivait en ce moment à Versailles.

« Vous saviez, comme nous tous, que l'idée de cet ar-
« mistice venait du dehors, que le gouvernement informé
« en avait délibéré, qu'il s'était unanimement prononcé,
« vous présent, pour un ultimatum qui était *l'armistice*
« *avec le ravitaillement de Paris, l'élection dans tous les*

« *départements, et la réunion d'une Assemblée nationale.*

« Cette déclaration, antérieure au 30 octobre, ne vous
« avait pas conduit à vous retirer. Enfin, votre lettre de
« démission, lue en conseil le 1ᵉʳ novembre, exprimait
« purement et simplement qu'en présence des événements
« survenus, vous ne pouviez pas suivre le gouvernement
« dans la voie où il s'engageait. Or, cette voie, c'était la
« lutte avec la démagogie dont les chefs venaient d'être
« décrétés d'arrestation.

« Depuis, j'ai échangé avec vous une lettre au sujet
« d'une mère de famille dont le mari avait été tué à l'ennemi,
« et pour laquelle vous me demandiez en bons termes
« d'obtenir un secours du ministre de la guerre.

« Là se sont arrêtés mes rapports avec vous.

« En dernier lieu, on m'a fait lire dans les journaux,
« pendant le règne sanglant de la Commune, des articles
« tirés du journal *le Mot d'ordre* qui vous appartenait. Ils
« étaient du plus abominable caractère. L'un d'eux provo-
« quait la foule à la destruction de la maison de M. Thiers.
« Il vous a achevé dans mon esprit.

« Général Trochu. »

Je crois être dans la vérité et dans l'équité en disant de M. de Rochefort qu'il n'a pas d'ambition, comme il l'affirme, hors celle d'avoir un nom partout répété, et d'être populaire.

Socialement, par des raisons que j'ignore, il s'est volontairement déclassé, et comme la plupart des hommes qui abjurent une religion pour en adopter une autre, il est excessif dans sa nouvelle religion, démocratique ou démagogique, je ne sais.

Je répète que je l'ai vu faisant abstraction, comme il le dit, de toute politique pour être exclusivement patriote, puis à l'heure où ce patriotisme était le plus nécessaire, retournant à la politique, et à la pire. Sujet, pour les personnes et pour les choses, à d'extraordinaires engouements et à de violentes aversions, il me paraît manquer de consistance au titre du caractère et du jugement, mais je lui crois du cœur et de bonnes intentions.

---

### Un dernier échange avec M. Thiers.

Le vote de la loi constitutive de l'armée me libérait des engagements qu'en me résignant conditionnellement aux honneurs de la députation, j'avais pris vis-à-vis de moi-même. Il me restait à en remplir un autre, celui auquel me liait religieusement *le vœu* que j'avais formé le 4 septembre 1870, de sortir pour toujours de l'armée, des affaires publiques et du monde, si j'échappais aux conséquences de l'entreprise désespérée dont j'assumais la direction.

Ma résidence de retraite, depuis longtemps préparée à Tours, m'attendait. Décidé à m'y rendre sans perdre un instant, et ne voulant pas entendre discuter ma résolution, je la gardais secrète et quittais Versailles, sous un prétexte d'affaires de famille, en vertu d'un congé parlementaire régulier. Mais, au moment de m'éloigner, un incident se produisit, dont le récit qui va suivre peut offrir quelque intérêt.

Je venais de combattre avec de fermes convictions, et peut-être avec quelque vivacité, les vues de M. Thiers sur la constitution de l'armée. Mais la cordiale bienveillance dont il m'honorait depuis de longues années n'en avait pas été atteinte, et le scrupule me vint, — scrupule inspiré par mes habitudes hiérarchiques et respectueuses, — de disparaître à jamais sans lui avoir présenté mes devoirs. Je me rendis à l'hôtel de la présidence, non pour y porter ma confidence, mais pour que le chef de l'État, quand lui parviendrait ultérieurement l'avis officiel de ma retraite, eût la pensée que, jusqu'au dernier moment de ma vie publique, j'avais été correct et déférent envers lui.

Dès les premiers mots, ma confidence devenait nécessaire, M. Thiers m'annonçant qu'il m'appelait au commandement d'un des corps d'armée en formation. Je ne pouvais exciper d'une autre impossibilité que celle qui résultait pour moi de ma résolution de retraite. Je la lui dis, et la conversation suivante (dont je pris note le même jour) s'établit entre le président très bienveillamment agité, et moi très fermement décidé :

— Cette retraite, mon cher général, à votre âge et dans ces temps-ci, est une erreur et une faute. Donnez-moi une bonne raison.

— Je vous en donnerai deux, monsieur le président, une petite et une grande :

*La petite* a un caractère philosophique et tout personnel. Je suis un vaincu, vaincu dans la défense d'une cause où je savais si bien que je succomberais, que lorsque je l'ai assumée, je me suis en même temps lié à l'obligation de disparaître après l'accomplissement de ma tâche. J'estimais que les vaincus n'ont plus devant la foule l'autorité et le prestige nécessaires pour diriger.

*La grande,* c'est qu'après quarante ans de vie publique, au milieu de beaucoup de révolutions et de guerres dont je me suis appliqué à juger les causes et les conséquences, j'ai acquis l'inébranlable conviction *que le pays, fait comme il est, ne voudra plus de serviteurs faits comme je suis.*

Sur cette déclaration, M. Thiers, visiblement ému, se levait comme poussé par un ressort, venait à moi qui m'étais levé de mon côté, et me prenant les deux mains :

« Que vous êtes pessimiste ! Et nous qui, plus confiants

que vous dans la sagesse et dans l'avenir du pays, resterons sur la brèche?

— Vous n'y resterez pas longtemps. Les Français qui sont comme vous, monsieur le président, et comme moi-même, *libéraux-conservateurs,* sont voués à la dépossession de toutes les situations qu'ils détiennent.

J'étais destiné par la Providence, je l'ai déjà dit, au rôle de Cassandre.

Jamais, dans ce rôle inutile, ingrat et douloureux, je n'ai annoncé l'avenir, un avenir qui ne devait pas se faire attendre, avec plus de sûreté que ce jour-là, dans cet échange d'adieux avec M. Thiers que je n'ai jamais revu. Nous nous étions d'ailleurs séparés dans les meilleurs termes, lui plein d'une condescendante bonté pour son visiteur malgré la hardiesse de son langage, le visiteur plein d'un respectueux étonnement devant cet extraordinaire vieillard, dont l'équilibre et la confiance politiques paraissaient avoir résisté à toutes les expériences d'une carrière si remplie d'enseignements!

De ma retraite de Tours, j'ai vu son expulsion du pouvoir, celle de son successeur le maréchal de Mac-Mahon; toute une série d'exécutions qui n'ont pas sévi seulement sur le terrain de la politique proprement dite. Elle n'a épargné, dans les fonctions publiques, aucune des catégories de titulaires qui déplaisaient au pouvoir du moment.

L'armée elle-même n'a pu lui échapper, et sans parler des actes de violence comme celui qui, après la destitution de M. le duc d'Aumale, l'a frappé de l'exil, aucun des généraux de mon temps, pénétrés des principes militaires qui sont les miens et en possession d'un certain degré d'évidence dans les grands emplois de l'armée, n'a pu s'y maintenir jusqu'au terme fixé par les règlements ou par la tradition.

# CHAPITRE XIX

### DANS MA RETRAITE A TOURS

J'étais libre pour la première fois depuis quarante ans, et j'en sentais très vivement le bienfait.

Dans la petite maison et le petit jardin, aux abords de la ville, qui s'offraient à moi, je voyais se réaliser le rêve d'humble et paisible existence que tant de fois, au milieu des tourments de la fin de ma carrière militante, j'avais fait. Quand j'en pris possession, j'avais cinquante-six ans. J'en ai aujourd'hui soixante-treize, et je puis dire que dans cet asile fermé au monde j'ai trouvé la fin la plus douce, la plus sereine, la plus enviable qui soit.

J'y entrais bien préparé. Tous mes sacrifices avaient été prémédités, librement faits, et n'avaient conséquemment laissé dans mon esprit aucun regret. J'étais las, j'avais soif de repos. J'avais le dégoût de tout ce qui fait bruit, le dédain de tout ce qui brille, ayant longuement expérimenté que dans la société française, telle qu'elle est faite aujourd'hui, le bruit est trop souvent artificiel et l'éclat trop souvent faux.

Pourtant, dans cette heureuse période de ma vie, je n'ai pu échapper à deux ordres différents d'épreuves.

J'ai vu se réaliser avec le temps mes pires prévisions sur le sort de mon pays. J'ai souffert de ses erreurs, de ses fautes, et quelques-uns de ses abaissements, — le boulangisme entre tous, — m'ont humilié autant qu'affligé.

En outre, dans ces dernières années, l'équilibre de ma vie privée a été gravement atteint avec la sécurité de mon foyer. Celle qui en est l'honneur, qui fut, avec un si ferme dévouement, mon auxiliaire la plus sûre au milieu des grands périls, est frappée d'un mal cruel et incurable. Mais nous nous réfugions tous les deux dans le sentiment chrétien, nous ne sommes pas des désespérés et notre vie s'achèvera dans la soumission.

Dès mon arrivée au logis, j'adressai au ministre de la guerre ma demande de retraite, au président de l'Assemblée nationale ma démission de député, me réservant de porter moi-même au conseil général du Morbihan, dont j'étais membre depuis vingt-quatre ans et président en dernier lieu, ma démission de mandataire cantonal. Enfin, je prenais congé de mes électeurs en leur donnant des explications que je reproduis ici, parce qu'en les relisant je trouve qu'elles résument tout l'esprit du livre que j'achève.

### Aux électeurs du Morbihan.

« Dans une lettre rendue publique avant les élections
« générales de 1871, j'avais annoncé qu'épuisé par les
« efforts d'une carrière laborieuse, dont les événements qui
« venaient d'accabler le pays, en m'accablant moi-même,
« devaient nécessairement marquer le terme, j'étais résolu
« à n'accepter aucune candidature politique et à rentrer
« dans la vie privée.

« Les électeurs du Morbihan et de plusieurs autres départements n'ont tenu aucun compte de cette déclaration
« et m'ont appelé à les représenter à l'Assemblée nationale.
« Je suis venu y siéger pour répondre à une marque de

« confiance dont je sentais tout le prix, et pour obéir à
« des préoccupations de conscience. Elles m'avertissaient
« qu'avant de sortir pour toujours de la vie publique,
« j'avais à remplir envers le pays et envers moi-même un
« double devoir :

« *Conseiller et voter la paix en m'associant, comme
« député et comme général en chef de l'une des armées
« rassemblées pour la défense nationale, aux responsabilités
« de cette douloureuse et nécessaire résolution;*

« *Exposer à la tribune les principes et les vues que je
« professe depuis longtemps sur l'état de nos institutions
« militaires et sur l'armée.*

« J'ai été fidèle à ces engagements et je me retire après
« les avoir remplis.

« J'ai été fidèle aussi, pendant ma courte carrière parle-
« mentaire, aux idées libérales conservatrices que j'ai eues
« toute ma vie. Absolument étranger *aux partis politiques*,
« à leurs passions et à leurs ambitions, je suis du seul
« parti, — encore à constituer, malheureusement, — qui
« puisse, à mon avis, prétendre à gouverner et à sauver
« le pays. Je veux parler du *parti social* qui réconcilierait
« et réunirait tous les autres sous le drapeau des honnêtes
« gens et sous la forme de gouvernement que les événe-
« ments ont donnée au pays, pour combattre les hommes
« d'appétit et d'anarchie.

« Dans ces vues :

« *J'aurais voulu que la religion, avec l'esprit de sacrifice
« qui est son haut caractère, fût la base de la réforme de
« l'éducation nationale et des mœurs publiques;*

« *Que l'œuvre de la réorganisation de l'armée fût en
« même temps l'œuvre de la régénération sociale;*

« *Que le pays, au lieu de rechercher sous l'inspiration
« de la colère et des partis, et trop souvent de la haine des
« personnes, les responsables des calamités qui l'ont frappé,*

## AUX ÉLECTEURS DU MORBIHAN

« *s'en déclarât lui-même responsable,* — *comme il l'est en*
« *effet,* — *et fît de cette déclaration solennelle le point de*
« *départ d'une ère nouvelle de grandeur morale, de vérité*
« *et de justice, en même temps que de conciliation et de*
« *paix.*

« Ces vues n'ont pas prévalu. Usé par les événements,
« je n'ai pas les facultés et je n'ai plus la santé qui sont
« nécessaires pour continuer la lutte où j'ai fait pendant
« longues années, spécialement en ce qui touche la réforme
« des institutions militaires, d'ardents efforts. J'ai l'espoir
« que des hommes nouveaux, inspirés par le sentiment des
« grandes nécessités sociales contemporaines, auront une
« meilleure fortune et feront triompher les vrais principes.

« Avant de disparaître dans la retraite, j'ai voulu adres-
« ser aux électeurs du Morbihan, mes compatriotes, à qui
« m'attachent héréditairement tant de liens d'affection et
« d'estime, ces explications cordiales, avec mes remercie-
« ments sincères pour l'honneur qu'ils m'ont fait.

« Général Trochu. »

« Tours, le 1ᵉʳ juillet 1872. »

Par la comparaison de ce programme social et politique d'il y a seize ans, dont je ne changerais pas une ligne aujourd'hui, avec l'état présent de notre pays, on peut mesurer le néant des espérances que je fondais sur les hommes nouveaux.

## Philosophie.

De mon existence de disparu, je ne dirai rien. L'histoire n'en intéresserait personne, pas même à Tours, où jamais on ne m'a vu dans une réunion publique ou privée, en sorte que, en dehors de quelques rares personnalités avec lesquelles j'ai d'anciennes relations, je suis aujourd'hui aussi inconnu que le premier jour des habitants de cette ville.

Le temps est depuis longues années passé, où les officiers en activité de service se croyaient tenus à certaines marques de déférence vis-à-vis de leurs anciens, rendus à la vie privée. Je ne suis donc que par exception en rapport avec quelques-uns d'entre eux, dans une ville qui en est remplie. J'ai pu vérifier dans ma retraite la justesse de ce que me disait dans la sienne, au temps de l'empire, un illustre vétéran, La Moricière, qui avait d'autres titres que moi au souvenir des gens de guerre :

« Sans vous et Bentzmann, je pourrais croire que je n'ai jamais appartenu à l'armée. »

Bentzmann (mort général d'artillerie) avait été autrefois en Afrique, comme capitaine, officier d'ordonnance du général de La Moricière, dont j'étais, dans le même grade et en même temps, l'aide de camp. A Paris, nous nous étions entendus pour nous relayer auprès de notre ancien et glorieux chef revenu de son long exil, et à qui la pensée de son isolement avait arraché la réflexion philosophique que je viens de rapporter.

Mon isolement m'a valu une précieuse indépendance et un équilibre particulier que n'a pu troubler un instant la guerre de parti pris que m'ont faite pendant des années, que me font encore quelquefois les politiciens, par les livres qu'ils écrivent ou par les journaux dont ils disposent. En ce moment, par exemple, à l'occasion de l'invasion *boulangiste*, que je tiens pour l'effet et pour la preuve de notre empoisonnement social et politique, je vois mon nom accolé au nom du général auteur et fauteur de cette invasion ! Je vois travestir le sacrifice qu'après Sedan j'ai fait autrefois pour sauver l'honneur de mon pays, en effort pour conquérir la faveur populaire !

C'est donc vainement que toute ma vie j'ai professé ce principe : *que le besoin et la recherche de la popularité sont l'indice de la subalternité du caractère*. Mais je ne m'indigne pas, je ne proteste pas, je suis cuirassé contre les jugements et le décri des contemporains.

## M. Grévy.

Il ne me reste, pour achever mon œuvre, qu'à y introduire le récit de quelques incidents survenus depuis ma disparition, qui n'ont aucune importance effective, mais qui empruntent peut-être quelque intérêt à la notoriété des personnes qu'ils mettent en cause. Pour se rendre compte de l'état d'esprit où j'étais quand que je provoquai celui qui va suivre, quelques explications préalables, qui sont comme un exposé de mes sentiments en matière politique, sont nécessaires.

En France, depuis la révolution de 89, trois républiques et quatre monarchies se sont succédé. Aucun de ces gouvernements n'a pu fixer les destinées du pays, ni les siennes propres, et tous ont fini par une catastrophe. Il en résulte qu'un Français parvenu à l'âge où l'examen, le raisonnement et l'expérience remplacent les entraînements de la jeunesse, qui de plus, comme moi, n'a pas d'ancêtres et n'a pu conséquemment recevoir d'eux, à titre de devoir transmis, une foi politique, n'en a aucune. Il est éclectique. Il n'est ni l'ami ni l'ennemi des gouvernements qui se suivent. Il ne demande à chacun d'eux que de bien servir les grands intérêts dont la dernière révolution l'a fait responsable, et, content ou mal content, il espère, — toujours vainement, — que ce gouvernement rendra au pays la stabilité dans l'équilibre, l'ordre et la paix dans la liberté.

Telles étaient, quoique inclinant d'instinct et par raison vers le gouvernement monarchique représentatif, mes dispositions politiques, quand apparut la république de M. Grévy.

Il me semblait que la ruine de tous les gouvernements qui l'avaient précédée avait bien préparé son terrain ; qu'en renonçant aux traditions brillantes, bruyantes, conventionnelles et certainement corruptives, qui à dater du premier empire avaient pénétré dans la société française ; qu'en instituant une république ouverte, tolérante, vraiment libérale ; qu'enfin en montrant au pays une présidence aussi simple dans son attitude et dans ses habitudes que la présidence des États-Unis d'Amérique, le nouveau gouvernement pourrait se fonder, dominer avec le temps l'hostilité des partis et réformer les mœurs publiques.

Je confesse que ces aspirations étaient aussi chimériques que celles qui m'avaient précédemment déçu, comme ma confiance dans le redressement des erreurs de la nation par la foudroyante leçon de 1870, comme mon espoir de voir l'union prévaloir à Paris dans tous les partis au milieu des périls du siège, de voir tous les Français associés pour la Défense nationale accepter et pratiquer mon principe de l'effort gratuit, etc., etc.

Oui, j'ai vécu de chimères, d'honnêtes chimères, dans un temps et dans un milieu qui étaient, *quant aux questions de profit,* essentiellement positifs. Je dirai, en m'appliquant la pensée de Fontenelle, à ceux qui m'accusent d'avoir été chimérique :

*Si vous m'aviez ôté mes chimères, que me serait-il resté ?*

L'élévation à la présidence de M. Grévy, bourgeois et républicain authentique, me parut devoir réaliser mon rêve.

Il ne faut pas juger mon sentiment sur ce point par ce qu'on dit aujourd'hui de M. Grévy dépossédé, et par ce qu'on en écrit. Président de l'Assemblée nationale, grave, impartial, bienveillant, entendu en affaires, il avait parmi les républicains un renom d'intégrité, même d'austérité, auquel la majorité monarchiste elle-même ne contredisait pas. A ces titres, il avait l'autorité politique voulue pour remplacer au pouvoir le maréchal de Mac-Mahon, monarchiste avéré d'origine et d'opinion, dont la présidence, d'ailleurs loyale et correcte, était, au moins pour les débuts de la république désormais instituée par la loi, un véritable contresens républicain.

Au temps où je siégeais à l'Assemblée, j'étais avec M. Grévy dans les meilleurs termes. Il me montrait des sentiments d'estime auxquels je répondais par les marques d'une très sincère et déférente confiance. Recevant l'avis de ma démission, il m'avait adressé à Tours une lettre autographe où il m'exprimait des sympathies et des regrets dont j'avais été profondément touché. Apprenant son avènement à la présidence, je crus pouvoir m'autoriser de ces précédents pour lui adresser à mon tour de cordiales et respectueuses félicitations, auxquelles je joignais librement un court exposé de quelques-unes de mes vues sur la situation politique. Je reproduis ici cette lettre :

« Monsieur le président,

« Dans l'été de 1872, j'étais à la préfecture de Versailles
« avec quelques membres de l'Assemblée nationale, échan-
« geant avec l'illustre président d'alors, M. Thiers, dans une
« causerie d'occasion, des idées sur la forme du gouverne-
« ment républicain en France. Exprimant les miennes, je
« dis que si la république s'établissait jamais dans notre
« pays, elle ne rencontrerait l'équilibre que lorsqu'elle
« aurait pour président « un notaire ».

« On rit, M. Thiers tout le premier, qui me demanda
« pourquoi j'avais cette préférence imprévue.

« *C'est*, lui dis-je, *une figure que j'emploie pour expri-*
« *mer l'opinion que tous les gouvernements, depuis le com-*
« *mencement de ce siècle, ont demandé leur prestige, même*
« *leur autorité, à des conventions que je crois absolument*
« *usées: les brillants états-majors, les parades et les revues,*
« *le cérémonial, le ruban et le galon, enfin la représenta-*
« *tion sous toutes les formes qu'ils ont pu aborder. Tous,*
« *du plus au moins, ont voulu parler aux yeux. Il convient*
« *que la république parle aux esprits et aux cœurs; que*
« *le gouvernement républicain fasse dépendre son influence*
« *de la grandeur vraie, non pas des apparences de gran-*
« *deur, de sa mission; qu'enfin il introduise dans les mœurs*
« *publiques, avec le goût de la simplicité, l'habitude des*
« *réalités.*

« Comment pourrais-je sans émotion voir se réaliser,
« aujourd'hui, si logiquement et heureusement, ma pensée
« de ce temps-là? Le notaire est bien dépassé! Un homme
« considérable par l'unité et la dignité de sa vie publique,
« par l'équilibre et la droiture de son caractère, devient le
« chef de l'État. Il va fonder à son sommet une grande

« magistrature, des exemples, toute une école nouvelle de
« large et libre gouvernement.

« Permettez à un vieil officier, depuis longtemps et pour
« toujours disparu, dont vous avez autrefois honoré la
« retraite volontaire par une lettre d'adieu qui l'a touché,
« de saluer par celle-ci votre avènement. Vous n'y verrez
« pas, il en est sûr, une prétention. Vous y verrez une con-
« viction qu'il vous exprime, monsieur le président, dans
« les sentiments du dévouement le plus respectueux. »

« Général TROCHU. »

« Tours, le 7 février 1879. »

On voit que j'avais de M. Grévy une grande opinion. Ce n'est pas le cas de la désavouer, aujourd'hui que tout le monde, avec l'âpreté sans mesure qui est la caractéristique de ce temps, l'accable. Je le plains encore plus que je ne l'accuse.

A ma lettre de joyeux avènement, le président ne crut pas devoir répondre. De son silence, ne comptant plus depuis des années dans le monde, et identifié comme je l'étais avec mon rôle de non-valeur, je ne pouvais être blessé. Mais accoutumé à la bienveillance de M. Grévy, je fus naturellement conduit à rechercher la raison de cette attitude négative, et ce fut le général de Galliffet, avec qui j'en causais, qui sans aucune hésitation me la fit toucher du doigt :

« Ne voyez-vous pas, me dit-il, que la liberté de votre théorie à la fois présidentielle et bourgeoise du notaire, a déplu au chef de l'État ? »

A n'en pas douter, le général jugeait bien, et j'en fus convaincu quand je vis M. Grévy, très peu disposé à s'établir à l'Élysée comme le président des États-Unis à la

Maison-Blanche, couler sa haute magistrature républicaine dans le moule où tous ses successeurs sont aujourd'hui tenus à chercher le modèle de la leur : *une maison militaire, le grand cordon, au besoin la Toison d'or, enfin presque tout l'appareil impérial-royal,* il est vrai, à *l'échelle réduite* qu'exigent une certaine retenue républicaine et surtout la mesure des crédits alloués. Mais si l'échelle de l'appareil est réduite, celle du contresens républicain reste entière.

### M. Jules Ferry.

Dans le même temps et dans le même esprit, j'adressais une lettre de félicitations à M. Jules Ferry qui venait d'entrer dans le ministère.

Au cours de ces récits, j'ai plus d'une fois témoigné de la sympathie que m'avaient inspirée la sincérité de son patriotisme devant les émouvantes péripéties du siège de Paris, et la fermeté de son attitude devant la démagogie. Le croyant judicieux autant que résolu, et le sachant modéré, j'étais alors bien loin de supposer que des préjugés d'éducation, ou résultant de ses contacts républicains, le conduiraient à déclarer à la religion et à l'Église une guerre dont l'effet a été de rendre la république odieuse à une part de l'indigénat français.

Parmi les citoyens qu'avaient révoltés les fameux décrets, — *jugés suffisants* par le gouvernement, après le rejet d'une loi qu'il avait d'abord *jugée nécessaire*, — la plupart étaient disposés à voir la république à l'œuvre avant de la combattre, plusieurs à l'accueillir, quelques-uns même à la servir. Ce retour plus qu'impolitique à l'esprit d'intolérance qui avait inspiré jadis à Louis XIV contre le protestantisme *la révocation de l'édit de Nantes,* a ruiné les espérances que j'exprimais à M. Jules Ferry dans la lettre qu'on va lire, soulevé contre sa personne des haines implacables, et préparé sa chute que d'autres événements (une panique au Tonkin provoquant une panique au palais Bourbon) devaient précipiter.

« Tours, le 14 février 1879.

« Mon cher Ferry,

« Le dangereux contresens que la crise du 24 mai avait
« institué au sommet des pouvoirs publics disparaissant,
« votre avènement à une grande direction d'affaires était
« sûr. Je m'en réjouis.
« A l'expression de ce cordial sentiment, je joins un
« vœu sincère. Puissiez-vous, avec l'aide du vigoureux
« caractère et de l'ardent patriotisme que je vous ai vu
« mettre au service d'une cause sans espoir, mais qu'il
« fallait défendre jusqu'à la fin, contribuer à rendre au
« pays l'équilibre et la paix. La république a cette fois la
« partie belle, bien qu'au plus haut point difficile à jouer.
« Si elle parvient, à force de modération et de fermeté
« combinées, à être au pouvoir autre chose que ce qu'y
« ont été les gouvernements qui se sont succédé en
« France depuis le commencement du siècle, c'est-à-dire
« *un parti,* elle aura résolu le grand problème de l'avenir
« national.
« Bien affectueusement à vous.
*Sans réponse.*
« Général Trochu. »

La république, pour le malheur de la France et pour le sien, est devenue le gouvernement d'un parti, un parti d'exclusion en matière de politique, un parti d'accaparement en matière d'emplois publics, en sorte qu'elle réalise à son profit une sorte de confiscation du pays.

Par surcroît, le parti républicain s'est divisé, même subdivisé, chacun des groupes dissidents excluant les autres. Cette guerre intestine s'est peu à peu étendue à tous les partis politiques, à la nation entière; la compétition et la lutte sont partout.

Enfin, le nombre des emplois publics et des concessions de toute nature, productifs de revenu, ne pouvant plus suffire à l'apaisement des appétits surexcités, des créations nouvelles ont été faites, et pour les multiplier encore des pensions de retraite anticipées ont été attribuées à une foule de fonctionnaires frappés de suspicion.

De cet ensemble d'erreurs et de fautes résultent pour la paix intérieure un péril permanent, et pour la richesse publique une dépression qui se traduit par d'insurmontables difficultés budgétaires.

Quand, à huit ans de là, j'apprenais que M. Jules Ferry, plusieurs fois frappé à bout portant par les balles d'un criminel ou d'un fou, avait par impossible échappé à cet extraordinaire péril, le fonds de rancune que je lui gardais pour ses décrets de persécution religieuse disparut absolument devant mon émotion et mon contentement. Je lui écrivais le billet suivant :

« Tours, le 11 décembre 1887.

« Mon cher Ferry,

« Avouez-moi confidentiellement que la Providence, en
« vous faisant devant le monde entier le bénéficiaire d'un

« miracle plus saisissant qu'aucun de ceux auxquels vous
« ne croyez pas, s'est libéralement vengée de vous.

« Et permettez que l'en remercie avec tout son cœur
« un vieux croyant resté fidèle au souvenir de votre coura-
« geuse et dévouée collaboration pendant l'effort du siège
« de Paris.

« Général Trochu. »

Par continuation de mauvaise fortune dans mes rapports avec les personnages républicains, je n'ai pas reçu de réponse à cette petite lettre qui, en raison de sa cordialité, en méritait peut-être une.

Je me refuse à croire que mon innocente allusion aux dispositions bien connues de M. Jules Ferry à l'égard de la Providence lui ait été incommode. Ce serait lui prêter une étroitesse d'esprit qu'il n'a pas.

Peut-être a-t-il su, car j'en parle souvent et librement, que je suis l'adversaire résolu des entreprises coloniales auxquelles il a consacré une partie de son activité gouvernementale. Mais deux hommes de bon propos ne peuvent-ils différer d'opinion sur des intérêts de cet ordre, sans que la cordialité de leurs échanges personnels en soit atteinte ? Quoi qu'il en soit, je saisis l'occasion de ce dernier doute pour exprimer nettement, une fois de plus, mon sentiment sur la question qui l'a fait naître : *Je crains que l'erreur coloniale contemporaine ne soit l'une de celles que la France doive le plus chèrement payer dans l'avenir.*

En principe, je crois qu'une nation risque beaucoup en cherchant à établir une part de sa puissance au delà des mers, sur des territoires *où elle n'est pas assurée de pouvoir toujours défendre les intérêts qu'elle y fonde.* Seule, l'Angleterre, avec ses frontières fermées et sa grande suprématie maritime, est en possession de cette confiance, et nous n'avons autrefois perdu nos magnifiques colonies du Canada, de la Louisiane, de l'Inde, plus tard de Saint-Domingue, que parce que les voies maritimes qui y conduisaient nous étaient disputées ou fermées. Toutes ces anciennes possessions françaises, admirablement défendues, succombèrent faute de secours opportuns et suffisants.

Il n'existe dans le monde entier qu'une colonie qui soit à la portée de sa métropole : l'Algérie, et, par cette raison, *nous devons prétendre à en garder le chemin*. Mais, dans les guerres à venir, la France, attaquable par toutes ses frontières, pourrait perdre encore une fois ses colonies lointaines et l'Algérie elle-même, sur laquelle il lui serait impossible de concentrer tous les efforts de sa marine occupée un peu partout.

Si nous avions consacré à l'Algérie les millions que nous avons éparpillés si follement ailleurs, nous aurions fondé dans ce pays de promission une puissance française annexe de premier ordre, puissance maritime, agricole, commerciale, industrielle, et par conséquent puissance politique.

---

### La désunion. — L'abaissement des caractères.

D'une main devenue incertaine, je finis aujourd'hui ce travail commencé, abandonné, repris dans ces dernières années et enfin achevé.

La vieillesse, avec son cortège d'inévitables afflictions qui assombrissent la vie, et d'empêchements physiques qui annoncent l'invalidité, m'a saisi. Mais je ne me sens pas moralement affaibli, je crois avoir encore *la jeunesse de l'âme, éternelle jeunesse*, et c'est dans cet état qui me laisse, avec la vivacité des souvenirs, une part de lucidité et de ressort d'esprit, que je résume les impressions que j'ai reçues en écrivant ce livre et celles que je trouve en moi après l'avoir écrit. Elles sont douloureuses. Elles me conduisent à étudier, — je n'aurai pas le courage de le résoudre, — ce redoutable problème :

*La société française, dans l'état de désordre moral où elle est, le pays, dans l'état de désorganisation où il s'agite, sont-ils en présence d'une éclipse ou de la décadence?*

Pour les croyants, la France est sous le coup d'un arrêt biblique dont la formule, dans sa concision, est accablante : *Toute nation divisée contre elle-même périra;* et même pour les libres penseurs, il semble que cette maxime, que ne peut contredire le raisonnement, doive être inquiétante.

Y eut-il en aucun temps une nation qui offrit au monde le spectacle d'une division des esprits, des cœurs, des intérêts, plus profonde et plus étendue que celle dont nous voyons les effets? Elle ne sévit pas seulement dans les assemblées délibérantes où combattent à outrance des partis politiques fractionnés à l'infini. Du haut au bas de l'échelle sociale, elle a pénétré toutes les classes de la nation, même la famille, et de l'agression au revolver, en passant par la série des arguments intermédiaires plus avouables, la lutte sociale-politique ne recule devant aucun moyen [1].

Par surcroît, l'abaissement des caractères est à ce point, que les hommes qui font à leurs principes le sacrifice de leurs intérêts ont le pire destin, en sorte que l'espèce en devient on ne peut plus rare; qu'au contraire, ceux qui font à leurs intérêts le sacrifice de leurs principes, réussissent toujours et atteignent souvent les sommets, si bien que l'espèce s'en multiplie indéfiniment et que l'intérêt public

[1] Quand j'écrivais cela, l'agression à la dynamite n'avait pas dans les procédés d'exécution de l'anarchie la place que depuis elle y a prise.

n'est plus dans l'État et autour de l'État que le déguisement de l'intérêt particulier.

Les causes de cette périlleuse dérivation du sens moral et patriotique se démontrent avec autant de précision qu'un théorème de géométrie, si on admet à titre d'axiome que : *Toute révolution fait des vainqueurs et des vaincus.*

Il y a par conséquent d'inévitables dépossessions, des besoins proportionnels de revendication, beaucoup d'élévations et beaucoup de ruines. C'est comme un ensemencement de colères et de haines qui créent et qui multiplient les partis politiques ennemis.

Si l'on considère que la France, — exemple unique dans l'histoire de l'Europe moderne, — a été neuf fois atteinte en moins d'un siècle par ce terrible agent de bouleversement, on reconnaîtra jusqu'à l'évidence que l'état aigu de désunion où nous sommes est le résultat des passions accumulées dans l'esprit de six générations françaises par ce redoutable passé.

Si l'on considère en outre qu'au cours de celles de nos révolutions qui ont paru se fixer, une part de plus en plus importante des partis vaincus n'a pas longtemps hésité à passer au parti vainqueur pour s'associer à ses bénéfices, on reconnaîtra encore jusqu'à l'évidence que chacune d'elles, en semant la discorde dans le pays, y a été en même temps une école d'abaissement des caractères.

---

### Les fictions.

Dans ma lettre du 7 février 1879 à M. Grévy (page 632), j'exprimais le vœu que « son gouvernement introduisît dans les mœurs publiques, avec le goût de la simplicité, *l'habitude des réalités* ».

C'est que j'ai vécu quarante ans, sous quatre gouvernements différents, au milieu de continuelles et décevantes *fictions* qui s'appliquaient aux mérites des personnes comme à la valeur des choses. Toutes ont été préjudiciables au pays. Quelques-unes, inspirées par des sentiments de vanité nationale qu'aucune leçon n'a pu rectifier, ont préparé nos plus douloureux revers.

Ces fictions font vivre la nation dans la satisfaction d'elle-même, dans une sorte de mirage permanent qui la dispense d'examiner, d'étudier, de craindre, de préparer. Négligeant toutes celles qui ont trait à la politique, je citerai quelques-unes de celles dont se repaissait dans ma jeunesse la génération à laquelle j'appartiens :

« Les efforts de la conquête algérienne sont une école permanente de guerre. Elle fait des généraux, des officiers, des soldats constamment tenus en haleine et qui assurent à l'armée française, sur les armées d'Europe qui s'atrophient dans la paix, une supériorité décisive. »

« La légende napoléonienne et son produit spécial, — le chauvinisme, — entretiennent dans l'armée des traditions, des convictions et un ressort qui sont les gages de nos triomphes militaires à venir. D'ailleurs, la révolution économique que les chemins de fer vont étendre au monde entier confondra et solidarisera les intérêts internationaux au point de rendre les guerres infiniment plus rares que par le passé. »

« La diffusion de la propriété française en un nombre de plus en plus considérable de mains, la création des caisses d'épargne et de toutes les institutions qui reçoivent et font fructifier l'épargne des classes vouées au travail manuel, créent des intérêts conservateurs nouveaux dont l'effet sera de rendre impossible l'extension des passions communistes, etc., etc., etc. »

De toutes ces illusions, que reste-t-il aujourd'hui? J'insisterai sur l'une de celles qui nous ont le plus dangereusement aveuglés, la guerre d'Afrique.

J'étais là, jeune, ardent, partageant l'enthousiasme commun, et je ne crois pas faire acte de prétention en disant que, successivement officier de troupe, aide de camp de La Moricière, aide de camp du maréchal Bugeaud, j'étais bien placé pour voir et pour savoir. Ces souvenirs qui me sont chers et qui sont très précis, je les rapproche des grands événements militaires auxquels, depuis, j'ai été mêlé par l'action ou par la direction, et ce rapprochement me conduit à des réflexions qui montrent jusqu'où peuvent aller en France *la fiction* et *le péril de la fiction*.

Sous le gouvernement de Juillet qui avait pour la paix une prédilection si intelligente des intérêts du pays, la guerre d'Afrique, qui ne pouvait les compromettre gravement, a été la guerre unique. Elle fut comme l'exutoire des instincts belliqueux qui semblaient se réveiller dans le pays, après de longues années d'une paix dont les politiciens commençaient à être las. L'entreprise était ardue, scabreuse, coûteuse, mais pleine d'intérêt, et malgré les négations des opposants, pleine de l'avenir que la France d'aujourd'hui voit réalisé. Elle imposait aux troupes, au milieu de souffrances souvent cruelles, des efforts quelquefois surhumains. Elle a eu de tragiques péripéties, comme la sanglante défaite de la Macta, comme le massacre de Sidi-Brahim, et de retentissants succès comme la prise de la Smalah et la bataille d'Isly.

Les journaux et les livres du temps, célébrant à l'envi l'importance des événements et le mérite des personnes, faisaient incessamment des *éminents*, des *illustres*, des *héros*, et plusieurs prirent dans l'opinion les proportions des grands généraux d'armée. Le pays était fier de son armée d'Afrique, l'armée d'Afrique était fière d'elle-même, et les choses en vinrent à ce point que les vétérans du premier empire, encore très nombreux et impatientés de tant de bruit, décernaient aux conquérants de l'Algérie un titre qui eut quelque succès auprès des observateurs sérieux : *la Société d'admiration mutuelle africaine.*

Mais rien n'y fit, et le courant admiratif ne put être détourné par ces innocentes railleries. La France s'accoutumait de plus en plus à considérer son armée d'Algérie, et par induction l'armée française tout entière qui avait de bonne foi la même confiance, comme les héritières glorieuses *et toujours prêtes* des grandes armées d'Austerlitz et d'Iéna.

C'était, je le répète, un mirage, et on peut juger de son intensité par le court exposé qui suit :

La guerre d'Afrique, guerre de marches de nuit, de surprises, de razzias, même accompagnées de combats sérieux, se rapprochait plus dans ses procédés de la guerre des Stradiots au xv<sup>e</sup> siècle que des combinaisons stratégiques et tactiques de la guerre moderne en Europe. Les plus réputés des grands généraux algériens n'avaient jamais commandé, réunis pour le combat, que des groupes qui auraient à peine aujourd'hui des colonels pour chefs. Dans ces rencontres, quand elles étaient bien conduites, quand nos colonnes n'étaient pas, comme à Sidi-Brahim, accablées par le nombre sur un terrain défavorable, la supériorité d'organisation et d'armement assurait à nos troupes assez d'ascendant pour que leurs pertes fussent proportionnellement très restreintes.

Qui pourrait croire qu'à la célèbre bataille d'Isly elles se réduisirent, comptées par moi-même, *à vingt-huit tués!* C'est que si cette bataille, *qui ne fut en réalité qu'un combat à petite distance et à peine disputé*, fit à bon droit tant d'honneur comme conception et comme préparation à l'expérience, à l'énergie, à la capacité militaire du maréchal Bugeaud, elle ne soumit les troupes à aucune épreuve inquiétante, et n'exigea d'elles aucun effort particulier. Une nuée de cavaliers tourbillonnant en désordre, *sans jamais charger à fond*, sous le feu d'une nombreuse artillerie (dix-huit pièces), sous le feu de la plus solide infanterie de l'armée d'Afrique, et ce fut tout.

En Algérie, nos soldats ne rencontraient aucune des tentations qui viennent les assaillir dans les guerres d'Europe et qui détendent peu à peu le grand ressort des armées, la discipline. Dans les solitudes au milieu desquelles nous opérions, rien à prendre, pas de convoitise à exercer ou de violence à commettre. Les abandons de poste, les désertions n'étaient pas à craindre. Le coude-à-coude des troupes en mouvement avait pour sanction permanente ce fait avertisseur que tout soldat qui s'écartait de quelques centaines de mètres du rang ou du campement ne revenait plus. Ses compagnons le retrouvaient mutilé.

Par ces brèves indications, on voit qu'aucune comparaison n'était possible entre la guerre en Afrique et la guerre en Europe, que la première n'était pas pour nous une préparation à la seconde, et que l'illusion qui nous faisait conclure des succès de l'une aux succès de l'autre, était pleine de périls à venir. Par complément, cette illusion nous éloignait de l'étude de *la grande guerre*, — celle de la période napoléonienne, — à laquelle au contraire l'armée prussienne, sous le professorat du célèbre général de Clausewitz, qui l'avait faite, qui l'avait comprise et en avait tiré d'admirables enseignements, s'appliquait avec opiniâtreté.

C'est armés par des traditions militaires d'origine française qu'avec l'aide d'une supériorité numérique et organique considérable, les Prussiens ont battu les Français aveuglés par les traditions et par les succès de vingt ans de guerre algérienne.

Le goût des fictions, des apparences, des exagérations dans tous les cas, a dans notre tempérament national de si profondes racines, que le cruel redressement de 1870 n'a pas suffi à l'en arracher. Au Tonkin, dans une guerre spéciale qui avait avec la guerre d'Afrique plus d'une analogie, nous avons commis les mêmes erreurs de proportion, nous avons eu les mêmes illusions d'optique. Les éminents, les illustres, les héros commençaient à poindre, et si le conflit tonkinois avait duré vingt ans comme le conflit algérien, la collection du premier aurait été aussi brillante que celle du second. De cet excès je citerai un exemple qui me paraît caractéristique.

Assurément l'amiral Courbet, en prenant une place défendue par les Chinois, en détruisant quelques navires de guerre chinois, en ruinant l'arsenal chinois de Fou-Tchéou, avait fait preuve de capacité, de décision, d'autorité, et justifié de ses droits à la plus honorable notoriété. Mais, appliquant à ce dernier fait d'armes la consciencieuse analyse que j'ai appliquée à nos faits d'armes algériens, je constate :

Que l'amiral, remontant pour aller à Fou-Tchéou la rivière Min *en pleine paix*, n'a pas eu à subir le feu des forts qui la défendaient contre une attaque venant de la haute mer;

Qu'arrivé à Fou-Tchéou il y a séjourné, toujours en pleine paix, et qu'enfin recevant l'ordre d'agir, non pas comme belligérant, mais à titre de représailles que légitimaient les agressions maintes fois dirigées contre nous par les Chinois, il a opéré avec autant d'habileté que de résolution, terminé brillamment l'entreprise et justifié la confiance que son escadre et la petite armée du Tonkin mettaient en lui.

Voilà les faits. Ils sont très intéressants, je le reconnais, et si entre les combattants et les engins chinois, les combattants et les engins français, la lutte avait été absolument égale, elle eût mérité d'être qualifiée de glorieuse. Mais nous allons bien plus loin.

La marine française a le malheur de perdre cet officier général devant qui s'ouvrait un bel avenir, et toutes les trompettes de la renommée voilées de deuil résonnent à la fois. Nous entourons son nom d'une illustration, sa mémoire d'honneurs publics qui égalent ceux que la reconnaissance de l'Angleterre a voulu attacher au nom et à la mémoire de Nelson!

Nelson, amputé d'un bras au combat de Ténériffe dès sa jeunesse, avait anéanti dans les eaux d'Aboukir la flotte qui avait porté l'armée française en Égypte. Il avait détruit à Trafalgar les flottes combinées de France et d'Espagne (quarante vaisseaux), *définitivement assuré à son pays l'empire des mers* et payé de sa vie, frappé sur son banc de commandement, cette éclatante victoire. . . . . . . .
. . . . . . . . . . . . . . . .

Ainsi en France, même quand la louange est *à sa place*, elle est rarement *à sa proportion*. Par cette exagération des faits, par ces exaltations de sentiment, nous croyons qu'en grandissant, — quelquefois jusqu'à l'apothéose, — tantôt les bons serviteurs du pays, tantôt les hommes à qui les événements ont apporté l'évidence, tantôt les habiles ou les audacieux qui ont su se la donner, nous nous grandissons nous-mêmes; à nos yeux peut-être, aux yeux du monde, non.

J'ai vécu au milieu de ces illustrations surfaites ou imaginaires, et souvent je les ai vues à des œuvres par lesquelles le pays devait payer cher sa tendance au grossissement ou à l'invention en matière de grandeurs françaises.

C'est dans la guerre de 1859, en Italie, que devaient se manifester pour les clairvoyants les effets de ce contentement de nous-mêmes que nous tenions des mirages dans lesquels nous nous complaisons. Rien de plus caractéristique en ce sens et de plus aveuglant que l'éclat sans mesure que nous avons donné à nos victoires de ce temps-là.

Absolument improvisée, comme devait l'être plus tard celle de 1870, aussi bien dans sa préparation stratégique que dans sa préparation des voies et moyens, cette campagne de 1859 avait révélé dans le commandement une incertitude, dans l'action un décousu et des manquements qui mirent plus d'une fois l'armée à deux doigts de la défaite et l'empire à deux doigts de la ruine. Ils expliquent l'avortement politique et militaire qui, malgré le solennel engagement pris vis-à-vis des Italiens par la proclamation de Milan de les conduire jusqu'à l'Adriatique, nous arrêtait sur le Mincio.

La guerre d'Italie (je l'avais dit dans mon livre : *l'Armée française en* 1867) avait été pleine d'avertissements que l'empire n'avait pas compris ou dont il n'a pas voulu tenir compte.

## Conclusion.

Les révolutions, les guerres, la légende, ont produit dans notre pays d'extraordinaires fortunes, souvent éphémères, mais dont le retentissement a fait naître d'insatiables ambitions. Il n'est pas d'aventurier servi par les circonstances, par son audace, par un groupe politique dont il devient le héros, par le journalisme, qui ne puisse prétendre aux plus hautes destinées. Il n'est pas non plus de nation qui, par suite d'un long dressage révolutionnaire et de la ruine de l'esprit public, abandonne plus facilement le gouvernement qui s'en va, et s'accommode mieux du gouvernement qui vient. Moralement, elle a été profondément atteinte.

Avant la révolution, la *corruption royale* avait perdu la noblesse. Après la révolution, la *corruption impériale* a perdu la bourgeoisie. Depuis longues années, et aujourd'hui avec une puissance de pénétration qui est sans limites, la *corruption parlementaire*, bien plus redoutable que les deux autres, s'étend du haut au bas de l'échelle sociale à toutes les classes de la nation. Que de périls et de menaces s'accumulent autour de son avenir!

Je suis arrivé au terme de ces récits qui n'ont d'autre valeur que leur sincérité. Ils ont de beaucoup dépassé mon cadre, — le siège de Paris, — pour embrasser une période de cinquante ans dans une discussion philosophique des erreurs ou des fautes qui ont eu pour résultat l'invasion et le siège.

Tous les jours, je remercie le ciel de m'avoir inspiré les fermes convictions auxquelles je suis redevable d'avoir pu échapper, ma dette publique payée, à l'attristante obligation de prendre place dans l'un des partis qui déchirent la France et de chercher mon devoir au milieu de l'obscurité qu'ils font.

Je m'interroge et je ne trouve en moi aucun souvenir des efforts que j'ai faits autrefois devant l'invasion, et je veux le redire, aucune amertume des épreuves qu'ils m'ont values. Le sacrifice ne perdrait-il pas tout son prix, ne serait-il pas la plus vaine de nos vaines conventions françaises si, en bruit dans le monde, en honneurs, en richesse, il était productif d'intérêts? Mais si je m'abandonne sans peine à mes détracteurs, je n'abandonne pas la *Défense nationale* à ceux que, si ardents et en si grand nombre, elle a rencontrés.

*Moins de deux mois* avaient suffi à l'armée allemande (du combat de Wissembourg à la capitulation de Metz), pour anéantir toutes les forces militaires organisées de la France et conduire en Allemagne, sous l'escorte de quelques bataillons, cette armée que notre vanité avait si longtemps proclamée la première du monde.

Aux victorieux dont rien ne pouvait plus arrêter l'élan, encore *trois mois de combats incessants* ont été nécessaires pour réduire les rassemblements désordonnés dont la Défense nationale avait improvisé l'organisation sous les yeux de l'envahisseur!

On chercherait vainement dans l'histoire des guerres modernes l'équivalent d'un si prodigieux effort de patriotisme, d'union des cœurs et des bras, de sacrifices librement consentis. L'Espagne d'autrefois, justement fière de son indomptable résistance à l'invasion française, avait pour auxiliaire, outre le trésor anglais, la redoutable armée anglaise incessamment renouvelée par ses vaisseaux. Et la France envahissant l'Espagne était follement engagée à l'autre bout de l'Europe dans les guerres de 1809 et 1812, suivies des guerres de 1813 et 1814, qui consommaient la ruine du gouvernement impérial.

La France de 1870, sans gouvernement et Paris assiégé, reconstituait au milieu même de l'invasion ses armées détruites, son matériel de guerre resté aux mains de l'ennemi, et rentrait dans la lutte sans l'assistance militaire, sans l'assistance politique d'aucune des nations de l'Europe silencieuse et peut-être satisfaite, çà et là de voir les grands vainqueurs d'autrefois abaissés à leur tour.

Honte aux partis qui ont terni l'éclat de ce généreux et magnifique élan de la nationalité française !

Notre isolement s'est aggravé depuis dix-huit ans. L'Europe en armes resserre autour de nous le faisceau des alliances qui nous menacent, et d'incurables divisions ont remplacé parmi nous le *sursum corda* de 1870. Aux Français qui ont insulté et raillé la Défense nationale, je dis aujourd'hui :

« Saluez-la pendant que le souvenir en est encore au
« milieu de vous. Vos successeurs ne la reverront pas. »

Je vais sortir de la vie plus que jamais pénétré des sentiments de dévouement que je dois à mon pays. Je l'ai servi cordialement aux jours de sa détresse, sans lui avoir rien demandé, pas même sa justice.

La justice, je l'attends de plus haut. Mais il en est une que je me rends à moi-même et qui a suffi à la paix de la fin de ma carrière :

Je n'ai été ni le complice, ni l'instrument, ni le bénéficiaire des abaissements du temps où j'ai vécu ;

Et j'ai fait en 1870, quand militairement et politiquement je savais tout perdu, pour avoir une part dans l'effort qui devait sauver l'honneur public, un sacrifice dont l'unique mérite à mes yeux était dans la certitude que j'avais qu'il ne serait jamais compris et qu'il serait souvent insulté.

Général T<small>ROCHU</small>.

Novembre 1890.

FIN

# TABLE ANALYTIQUE DES MATIÈRES

Avant-propos . . . . . . . . . . . . . . . . . . . . . . . . v

Introduction . . . . . . . . . . . . . . . . . . . . . . . . 1

Réflexions philosophiques sur le temps présent. — Le général Bedeau et la révolution de 1848. — Le général Eugène Cavaignac. — Le général de La Moricière. — Les généraux Brunet, Mayran, Frossard, au siège de Sébastopol. — M. Jules Favre avant, pendant et après les événements de 1870. — Le général Clément Thomas et les meurtres révolutionnaires du 18 mars 1871. — Le chef d'escadron d'état-major Capitan.

Conclusion. J'ai toujours vu les généreux périr. . . . . . . . 57

Chap. I. — Exposé sommaire des faits qui ont précédé, en le préparant, le dernier effort de ma carrière (le siège de Paris). 59
Ma famille, mon éducation. — Mes vues sur nos institutions militaires et sur l'armée avant la chute du second empire. — Lettre à mon père sur le coup d'État (décembre 1851). — Lettre du ministre de la guerre maréchal Vaillant (1855). — Une réponse prophétique. — La guerre austro-prussienne et la bataille de Sadowa. — La commission impériale de réorganisation de l'armée française. — Mon opinion sur le vaincu de Sadowa général Benedeck. — La déclaration de guerre de la France à la Prusse. — Ma lettre du 8 juillet 1870 au ministre de la guerre. — Pseudo-crainte de guerre avec l'Espagne. — Le maréchal Le Bœuf. — Projet de diversion politique, navale et militaire dans la Baltique. — Conférence à la présidence de l'empereur où font explosion les divisions intestines gouvernementales. — Les vues de l'empereur et de l'impératrice. — Ma déclaration au ministre de Danemark comte de Moltke.

Chap. II. — La guerre de 1870 et ses premières conséquences Wissembourg. — Reischoffen. — Spickeren. . . . . . . . . 96

Ma lettre du 10 août 1870 au général de Waubert, aide de camp de l'empereur, destinée et remise à l'empereur. — La réponse du général de Waubert (13 août). — Paris unique base d'opérations défensives après nos défaites. — La politique du désarroi à Paris et ses effets en ce qui me concerne. M. Émile Ollivier, le président Schneider, l'amiral Jurien de la Gravière. — De Paris à Châlons. — L'ingénieur en chef Jacqmin. — L'indiscipline d'un régiment revenant de Reischoffen. — Saisissante arrivée à Mourmelon de l'empereur venant de Metz. — La conférence de Châlons, sa haute importance. — Ma réponse en trois points à une question de l'empereur. — La conférence de Châlons selon le rapporteur de l'enquête. — Ferme attitude et rôle décisif du prince Napoléon à la conférence. — Les souvenirs du maréchal de Mac-Mahon sur la conférence. — Mes raisons d'accepter la mission pleine de périls que me donne l'empereur, de préparer son retour à Paris et d'en prendre le gouvernement militaire. — Physionomie des assistants à la conférence de Châlons : l'empereur, le prince Napoléon, le maréchal de Mac-Mahon, le général Schmitz. — De Châlons à Paris. Mes espérances et mes illusions. — Une ironie du destin pendant le trajet. Elle me donne le temps d'écrire en wagon ma proclamation aux habitants de Paris.

Chap. III. — A Paris. L'impératrice Eugénie. — Un jugement impartial . . . . . . . . . . . . . . . . . . . . . . . . . . 140
L'impératrice me montre une railleuse et outrageante défiance en me proposant le rappel en France des princes d'Orléans. L'amiral Jurien de la Gravière intervient. — L'impératrice me déclare que l'empereur ne reviendra pas à Paris et me fait rayer de ma proclamation l'avis de ce retour. Elle ajoute, mettant à néant les stipulations de la conférence de Châlons, que l'armée qui se réunit là fera sa jonction avec celle de Metz. — Mon entrevue avec le ministre de la guerre général de Palikao. — Ses aveugles, inébranlables et fatales résolutions. — Le conseil de l'impératrice aux Tuileries. M. Rouher. — Crise aiguë au conseil entre le ministre de la guerre et moi, au sujet de l'exécution extra-légale d'un officier prussien. — Je cesse de paraître au conseil. — Réflexions sur l'état d'abaissement des esprits que révélait l'objection : *Il fallait donner votre démission*, qui me fut faite à l'Assemblée nationale écoutant le récit de mes tribulations impériales. — Exposé sommaire de l'état des fortifications de la capitale en 1870. — L'inquiétude dans Paris. Affluence à mon quartier général de sénateurs et de

députés en quête de nouvelles que je n'avais pas et d'avis que je donnais librement. — Ma lettre au ministre de la guerre au sujet du séquestre militaire sous lequel il tenait systématiquement le gouverneur de Paris. — Le désastre de Sedan et la journée du 4 septembre.

Chap. IV. — La république. — Où, comment et par qui je suis informé du désastre de Sedan. . . . . . . . . . . . . . . 175

Loyal avertissement de la situation que me fait le ministre de la guerre, par une lettre de mon sous-ordre le général Soumain. — Le matin du 4 septembre je suis reçu par l'impératrice aux Tuileries. M. de Lesseps. — Calomnies et calomniateurs. M. Oscar de Vallée. — Intervention auprès de moi, dans l'après-midi du 4 septembre, du général Lebreton, questeur de l'Assemblée. Mon effort personnel au milieu des foules en délire pour la dégager. — Témoignage de M. de Lesseps contre le mensonge impérial qui m'accuse de n'avoir pas paru aux Tuileries le 4 septembre. — La princesse Clotilde. — Mon testament du 15 juillet 1870 avant l'ouverture des hostilités. — Un procès fameux. Réflexions qu'il me suggère. — A l'Hôtel de Ville. Avant d'accepter un rôle dans le gouvernement provisoire, je lui impose trois conditions qu'il s'engage à remplir, et une quatrième qui m'est personnelle, celle d'avoir l'autorisation du ministre de la guerre encore en fonctions. Je vais la chercher. — A l'hôtel de la guerre. Excellent accueil du général de Palikao. Une tragédie qui déguise une comédie. — La trinité de l'impératrice Eugénie, de M. Rouher, du général de Palikao au cours de l'effondrement de 1870. — Retour à l'Hôtel de Ville. Réflexions sur l'attitude et sur les vues qu'au milieu de ses événements m'ont prêtées l'intérêt politique et la haine. — Comment et pourquoi je deviens le président du gouvernement de la Défense nationale. — M. de Rochefort. Son rôle comme membre du gouvernement, jugé par M. Picard. — Physionomie générale du gouvernement de la Défense. Ses mérites et ses démérites. La tiédeur de mon enthousiasme et de ma confiance dans la victoire finale me compromettent gravement vis-à-vis de lui et de la population. Ma vive opposition à la grande revue patriotique m'achève vis-à-vis de tous. — La revue du 14 septembre a lieu. Elle exalte tous les cœurs. Elle glace le mien, mais je refoule tous les sentiments dont me pénètre l'expérience de la guerre, pour parler au patriotisme enflammé le langage qu'il attend de moi. Ordre du jour du 14 septembre 1870.

CHAP. V. — Le fameux plan. — Situation militaire de Paris
après Sedan . . . . . . . . . . . . . . . . . . . . . . . 223
Considérant l'armée de Metz comme perdue pour la France et
assuré d'être un jour attaqué dans Paris par toutes les forces
prussiennes, je prépare la défense sur le modèle du *siège de
Saragosse en 1809*, dont les récits de mon professeur de guerre
le maréchal Bugeaud remplissent mon esprit. — Exposition du
plan raisonné de la défense. Elle est à la fois *extérieure* au début
de la lutte, *périmétrique* quand, nos dehors perdus, le combat
sera transporté sur l'enceinte, *intérieure* quand l'enceinte sera
perdue. Développement énorme et achèvement complet de ces
travaux. Hommage de gratitude aux défenseurs de Paris à qui
en revient l'honneur. En conseil, dans la séance du 13 septembre, *je déclare que Paris me paraît imprenable.* L'ennemi
le sait. *Il n'attaquera jamais.* Il formera le blocus, se fortifiant
sur tous les points qu'il occupe, avec un art auquel je rends
justice entière. Dans ces forteresses ainsi préparées il attendra
patiemment nos attaques quand, après l'émeute, la réduction
progressive et la fin de nos approvisionnements nous forceront
à renoncer à tous les avantages de notre situation pour aller
affronter avec nos rassemblements armés tous les avantages de
la sienne. — État d'esprit où me laisse cette cruelle déception.
Réflexions douloureuses sur le second siège de Paris soutenu
contre l'armée française par les insurgés de la Commune, qui
seuls ont bénéficié, pour leur criminelle entreprise, des moyens
de défense inutilement accumulés pour la préparation du premier siège. — Résumé du plan de défense et des circonstances
restées incomprises ou inaperçues qui l'ont frappé de stérilité.
— Constitution et commandement des troupes de la Défense.
Elles sont, avec des degrés, pleines de bon vouloir patriotique.
Elles manquent entièrement de cohésion et d'équilibre militaire. — La garde nationale. Réponse aux politiciens qui ont
fait un crime au gouvernement de la Défense d'avoir armé la
population de Paris. — Souvenir à quelques-uns de mes principaux collaborateurs militaires. L'un d'eux, le général Ducrot,
est l'un des hommes de guerre les plus considérables de la
France contemporaine.

CHAP. VI. — Le gouvernement de la Défense à Paris (de la révolution du 4 septembre à l'arrivée de l'ennemi, 15-18 septembre).
— Le gouvernement n'a que deux semaines pour s'annoncer
au pays et préparer son action . . . . . . . . . . . . . . . 256
Proclamation libérale et sage avec laquelle il se met en contradic-

tion par ses premiers actes. — Vaines discussions politiciennes en conseil. — La vérité sur les dispositions où était le gouvernement à l'égard de la convocation d'une Assemblée nationale. La première délégation à Tours, MM. Crémieux et Glais-Bizoin. Ma lettre à l'amiral Fourichon. — La nomination, à l'élection, des officiers des gardes mobiles, l'une des plus graves erreurs du gouvernement, spécialement de M. Gambetta. Elle est punie par le résultat des élections qui tournent contre eux. — L'affaire Ambert. Réflexions sur l'inconsistance de l'opinion qui fait les notoriétés ou les illustrations militaires, et sur les périls qui peuvent en résulter pour le pays. — L'effort de M. Thiers auprès des neutres. — Le scandale des caricatures.

Chap. VII. — L'ennemi forme le blocus. Le grand quartier général allemand à Versailles. Premiers engagements. — Auspices sous lesquels s'ouvre le siège de Paris . . . . . . . . . . . 271
Comment j'envisage les responsabilités du commandement. — L'escadron des éclaireurs volontaires de la Seine. Le combat de Châtillon. Ses origines. Vues secrètes du général Ducrot menant l'entreprise, contraires aux miennes et à mes instructions écrites. Les péripéties de l'engagement. Ses conséquences sur l'état de l'opinion dans Paris. Souvenir aux morts de Châtillon. — Faciles conquêtes, autour de Paris, de villages faiblement défendus par les Allemands. Prise de possession de Villejuif. — Scies patriotiques. — La préfecture de police et M. de Kératry. — Garibaldi en France. — Le combat de Chevilly. Ses origines. Le général Vinoy. Péripéties du combat. Mort glorieuse du général Guilhem. Le 35ᵉ et le 42ᵉ de ligne. — Souvenir aux morts de Chevilly. — L'état des esprits dans Paris.

Chap. VIII. — Les événements politiques et militaires d'octobre. — L'illusion du concert patriotique. . . . . . . . . . . . . . 301
M. Picard et l'héroïque folie. — Attitude inquiétante de la délégation de Tours. — Circonstances au milieu desquelles M. Gambetta est désigné pour aller en prendre la direction, au refus de M. Jules Favre qui décline ce mandat. — Les pouvoirs du nouveau délégué. — Les premières manifestations démagogiques. — Pseudo-pourparlers américains. — Le général Burnside et le colonel Forbes. Le demi-armistice. — M. de Rochefort et le traitement des membres du gouvernement de la Défense. — M. de Kératry de nouveau en scène. Incidents qui motivent sa démission. — La justice militaire pendant le siège. Elle n'offre aucun point d'appui à l'action gouvernemen-

tale. — M. Adam préfet de police. Réflexions sur la situation au moment où il prend possession de son emploi. — Combats de Bagneux, Clamart, Châtillon. Leurs origines. Encore les 35ᵉ et 42ᵉ de ligne. Mort glorieuse du commandant de Dampierre, des mobiles de l'Aube. Ces engagements, très honorables pour nos jeunes troupes, me montrent clairement l'avenir du siège et la résolution de l'ennemi de ne jamais prononcer d'attaque contre Paris. Souvenir aux morts. — Projet de sortie à l'ouest. Les vues et les espérances qui le motivent. Préparatifs secrètement et ardemment poursuivis. — Le combat de la Malmaison. Ses origines. Ses péripéties. Les contes auxquels il donne lieu. La haute valeur dont le général Ducrot a fait preuve, ne trouve pas grâce devant l'effet de ces contes sur la foule. Bel exemple de bravoure et de constance militaire du chef de bataillon Jacquot. Souvenir aux morts du combat de la Malmaison.

Chap. IX. — Les événements politiques et militaires d'octobre (*suite*). — Événements précurseurs de l'insurrection du 31 octobre. Un rêve de réforme sociale. . . . . . . . . . . . . . . 332
Origines vraies de l'insurrection du 31 octobre. La capitulation de Metz et les événements du Bourget. Les négociations de M. Thiers à Versailles. Fatale coïncidence. — Bonne foi entière du gouvernement dans sa négation du désastre de Metz. — La crise du Bourget et le général de Bellemare. Circonstances qui me conduisent à faire en juillet 1872, à titre de document judiciaire, l'exposé de tout ce que je savais alors de la crise du Bourget. — Historique de l'occupation de Saint-Denis pendant le siège. Son objet exclusivement défensif. — Les suites pleines d'imprévu et de péril que lui donne, dans le sens de l'offensive, l'ambition du général de Bellemare. — Effet sur ce personnage de la production de mon document judiciaire. — J'avais découvert postérieurement, par le témoignage d'officiers survivants du drame du Bourget et par la publication d'un impudent récit du général de Bellemare lui-même, la vérité tout entière sur ces graves événements du siège de Paris. En leur faisant à dix-sept ans de là (1887) une place dans le livre que j'écris, je reviens au général de Bellemare et j'en vois à l'œuvre un autre qui semble le dépasser, le général Boulanger. — Réflexions sur les périls que préparent à l'armée et au pays les ambitions malsaines du généralat contemporain.

Chap. X. — Les événements politiques et militaires d'octobre (*suite*). — Historique de l'insurrection du 31 octobre. — Douloureuses impressions dont m'a pénétré cet attentat. . . . . . 364

# TABLE ANALYTIQUE DES MATIÈRES 659

Les négociations de M. Thiers à Versailles mises à néant par l'insurrection. — Grande agitation dans Paris le 31 octobre au matin. — Dispositions prises en vue d'un mouvement populaire autour de l'Hôtel de Ville. — Attitude des foules que je traverse pour me rendre à l'Hôtel de Ville et des bataillons chargés de les contenir. — Première invasion. — Vains efforts pour l'arrêter dans la cour de l'Hôtel. Elle pénètre jusqu'au seuil de la salle où le gouvernement est en séance. — Ces foules sont sans armes et ne manifestent que l'affolement patriotique. — Par le côté opposé, les anarchistes en armes se précipitent tumultueusement dans la salle des séances. — Scènes révolutionnaires où Flourens a le premier rôle. — Mes ordres au général Ducrot en marche sur Paris. La raison de ces ordres. — Évidente irrésolution des anarchistes devant la calme et ferme attitude des membres du gouvernement. — Le commandant Ibos, du 106ᵉ bataillon. — Je concerte avec lui la sortie des membres du gouvernement qui voudront me suivre. Quelques-uns s'associent à mon entreprise qui réussit pleinement. — L'incroyable légende que lui font les politiciens. — Réflexions sur la situation faite aux membres du gouvernement restés aux mains des révolutionnaires — La garde nationale de Paris désabusée revient presque tout entière à son rôle conservateur de l'ordre public. Une revue aux flambeaux. — Encore la justice militaire pendant le siège.

Chap. XI. — Les événements politiques et militaires de novembre. — Débats au sein du gouvernement après l'insurrection. — Premières divisions dans le gouvernement au sujet des suites judiciaires et pénales à donner à l'insurrection. . . . . . . . 304
La doctrine de M. de Rochefort. — M. Cresson succède comme préfet de police à M. Adam démissionnaire. — La série des démissions. MM. Floquet et Brisson. — La délégation de Tours, devenue prépotente, gouverne en réalité. — Questions de politique et d'affaires traitées en conseil à Paris. — La situation militaire en novembre. — Constitution définitive des forces du siège. — Efforts considérables et réussis d'organisation militaire en province sous l'active impulsion de M. Gambetta. — Le combat de Coulmiers et la reprise d'Orléans. Leurs effets sur l'état des esprits à Paris, sur le présent et l'avenir du siège. Ils déterminent l'avortement de notre grande opération de sortie vers l'ouest. — M. Ranc et l'incident caractéristique où il a un rôle. — Discussions en conseil sur le combat de Coulmiers. Mes échanges de dépêches avec M. Gambetta.

— Les réalités du combat de Coulmiers. — Le général d'Aurelles. L'amiral Fourichon. — Les généraux sacrifiés. — Changement de plan et nouvelle orientation des opérations du siège, pour aller au-devant de l'armée de la Loire en marche sur Paris. — Le tour de force du siège de Paris. Les généraux et les ingénieurs qui l'ont accompli. — Le péril spécial de la nouvelle entreprise.

Chap. XII. — Les événements politiques et militaires de novembre (*suite*). — La bataille de la Marne et la série des événements militaires contingents. — Le combat du 2 décembre. — Le général Ducrot avant la bataille. Son généreux serment. 429 La crue de la Marne. Effets de ce grave contretemps. — Combat de L'Hay. — 1$^{re}$ bataille de la Marne, à Villiers, où le général Ducrot se montre héroïque, à Cœuilly, à Montmesly, à Villiers pour la seconde fois, à la Gare-aux-Bœufs, à Épinay. — La situation le soir de ces engagements, 30 novembre. — Les frères des Écoles chrétiennes. — 2$^e$ bataille de la Marne, à Bry, à Champigny et sur les crêtes qui relient ces villages. Ils nous restent avec les hauteurs conquises le 30 novembre. — Le jugement du général Ducrot et le mien sur cette seconde journée de combats très disputés. — Cruelles souffrances de l'armée par quatorze degrés de froid. Elle repasse la Marne. — Souvenirs à quelques vaillants cités dans les rapports officiels. — Réflexions sur les jugements dont les efforts des gens de guerre sont l'objet. — Le général Ducrot aux batailles de la Marne et après. — Souvenir aux morts. — Dépêche de M. Gambetta.

Chap. XIII. — Les événements politiques et militaires de décembre (*suite*). — L'état des esprits après les batailles de la Marne. — Réorganisation de l'armée considérablement affaiblie par ses pertes. . . . . . . . . . . . . . . . . . . . . . 463 Violente altercation entre deux divisionnaires français en présence de leurs subordonnés. — Un grave incident judiciaire. — Un incident obsidional. — Débat gouvernemental à ce sujet et ma réponse à l'avis du général comte de Moltke qui a motivé l'incident. — Stratagème singulier des Allemands pour faire tomber la résistance de Paris. — La garde nationale mobilisée. Mes échanges à ce sujet avec le général Clément Thomas. — Les subsistances. — Les officiers allemands prisonniers. — La conférence de Londres. — La bataille de Paris. Ses origines. — Espérances déçues par suite de l'immobilité de l'ennemi dans ses lignes et de l'insuccès de notre effort sur le Bourget. — Valeureuse conduite du commandant Lamothe-Tenet et de ses marins. — Le drame inexpliqué de Villa-Évrard, où le général Blaise trouve la mort. — Intolérables souffrances de l'armée sans abris par quinze degrés de froid. — Souvenir aux morts. — Dissensions gouvernementales. — Je suis sur la sellette et mes collègues cherchent un sauveur. — Je leur expose les réalités militaires du siège de Paris. Leurs vaines discussions sont momentanément interrompues par le bombardement.

Chap. XIV. — Le bombardement de Paris. — Mon sentiment sur cette extraordinaire et inutile violence . . . . . . . . . . . . 496
Attitude des émigrants chassés de leurs foyers par le feu. Une parole de sublime abnégation patriotique. — Les forts de Paris sous le bombardement. — Le fort de Montrouge. — Les capitaines de vaisseau Amet et Mallet. — Le capitaine de frégate Lefort. — Dramatique épisode du mont Avron. — Le lieutenant de vaisseau Guibaud. — La ville de Saint-Denis sous les effets foudroyants du bombardement. — Souvenir aux morts. — Souvenir spécial au jeune lieutenant de vaisseau Saisset, fils unique d'un de mes plus énergiques auxiliaires, l'amiral Saisset. — Mon dernier accès de naïveté militaire pendant le siège. — Ma protestation au général comte de Moltke contre le bombardement. Sa réponse et le commentaire qu'elle comporte. — Les maires et les maires adjoints de Paris. Leur esprit. — Les généraux de l'armée de Paris appelés par le gouvernement à une conférence. Débats sans issue. Je prépare ma dernière bataille.

Chap. XV. — Les événements politiques et militaires de janvier. — Effet sur l'opinion publique des bruits, répandus dans Paris, des victoires remportées sur les Allemands par les armées opérant en province . . . . . . . . . . . . . . . . . . . . . . 517
Les maires de Paris dans le gouvernement. — Origines de la déclaration : *le gouverneur ne capitulera pas*. Son explication. — Lettre au général Ducrot qui demande à résigner le commandement de son armée. — La bataille de Buzenval. Discussion sur le choix des directions qu'il convient de donner à l'armée marchant sur Versailles. Physionomie générale de la bataille. Ses péripéties. Coriolis, Rochebrune, Henri Regnault, Montbrison, Gustave Lambert, Beau. — Un retour offensif imprévu. — Le sous-lieutenant d'état-major de Langle de Cary.

— L'accueil que les politiciens font à mes ordres pour l'enlèvement des morts et des blessés. — En montrant l'étendue de ses pertes à la bataille de Buzenval, je demande justice pour la garde nationale de Paris. — Souvenir aux morts.

Chap. XVI. — Les événements politiques et militaires de janvier (*suite*). — Après la bataille. — Je suis révoqué de mon commandement. . . . . . . . . . . . . . . . . . . . . . . . . . 533
Aucun officier général ou supérieur ne voulant de ma succession, je tire le gouvernement d'embarras en désignant à son choix le seul de mes sous-ordres qui puisse et veuille l'accepter, le général Vinoy. — Je garde la présidence. Pourquoi je la garde. — Préliminaires des négociations à Versailles. — M. Jules Favre et ses instructions. — Le général Chanzy et la continuation de la guerre en province. M. Jules Favre à Versailles. Ma lettre du 27 janvier à notre négociateur. — Le désarmement de la garde nationale. — Le bombardement pendant les négociations. — Les événements de février. — L'incartade de M. Gambetta. Sa répression. — M. Jules Simon à Bordeaux. Ma lettre au comte de Bismarck et sa réponse. — Un rêve au sujet du comte de Bismarck et de l'emploi qu'il aurait pu faire de sa haute influence après la guerre. — Violente application par les Allemands des conditions de l'armistice. — Le prince Antoine Radziwill, aide de camp de l'empereur d'Allemagne, roi de Prusse. — Ma première lettre de protestation à cet officier général. Sa réponse cordiale. — Ma deuxième lettre de protestation au même, trop vive pour qu'elle puisse être répondue. Jugement sur les effets de cette correspondance quant au ménagement des populations. — A dix-sept ans de ces événements, j'offre au prince Radziwill mes excuses avec un souvenir de gratitude.

Chap. XVII. — Les événements politiques et militaires de février (*suite*). — Une lettre de S. A. le comte de Paris. . . . . . . 572
Réflexions sur l'objet de cette lettre. Ma réponse. — Député malgré moi. — Encore l'effort gratuit. — Comment et pourquoi j'ai décliné les honneurs du maréchalat au grand soulagement de M. Thiers qui me les conférait. — L'Assemblée nationale à Bordeaux. J'y retrouve M. Tirard plus belliqueux encore qu'au siège de Paris. — Toujours Cassandre. Je ne déconcerte pas la confiance de M. Thiers en lui prédisant la Commune. — L'explosion anarchique du 18 mars 1871. — A Augustin Cochin et à l'amiral Fourichon je dois d'avoir échappé au sort tragique

des otages. — M. Thiers et l'évacuation de Paris par les troupes. Considérations d'ordre militaire. — Encore la politique et les généraux de la Défense nationale. Irréfutables comparaisons. — Les périls de la politique dans l'armée. — Les proclamations pendant le siège. — Souvenir à quelques-uns de mes collaborateurs.

Chap. XVIII. — L'Assemblée nationale à Versailles. — Sa composition et ses vues. . . . . . . . . . . . . . . . . . . . 600
La détresse du pays, les périls du dedans et du dehors n'arrêtent pas un instant le déchaînement des passions des partis politiques et des intérêts. — L'enquête sur les actes de la Défense nationale. Elle viole toutes les lois de l'impartialité, de l'équité, et attise le feu des divisions, des colères et des haines, qui couve dans le pays. — La loi sur l'armée. — Contresens qui condamne le législateur à retoucher incessamment son œuvre. — Ma lutte avec M. Thiers basée sur ce principe qu'à peine de ruine de la nation, l'obligation du service militaire ne peut pas se concilier avec sa durée. — Un incident personnel. — Encore M. de Rochefort. Sa lettre et ma réponse. Portrait, selon mes souvenirs, de ce personnage singulier. — Un dernier échange avec M. Thiers. En lui annonçant ma résolution de sortir de la vie publique, je lui prédis la fin prochaine de la sienne.

Chap. XIX. — Dans ma retraite à Tours. — Je disparais de la scène du monde. . . . . . . . . . . . . . . . . . . . 624
Mes adieux et mes remerciements aux électeurs du Morbihan mes compatriotes. — M. Grévy. Je le félicite de son avènement par une lettre restée sans réponse. — M. Jules Ferry. Je lui écris deux lettres. Réflexions sur la question de l'empire colonial. — — La désunion, l'abaissement des caractères. — Les fictions. — La guerre d'Afrique. — L'amiral Courbet au Tonkin. — La guerre d'Italie.

Conclusion. . . . . . . . . . . . . . . . . . . . . . . 648